马克思主义
经典作家民族问题文选

马克思恩格斯卷

（下册）

中国社会科学院
民族学与人类学研究所民族理论室
编

社会科学文献出版社
SOCIAL SCIENCES ACADEMIC PRESS(CHINA)

选编说明

《马克思主义经典作家民族问题文选》（全五册）是对马克思、恩格斯、列宁和斯大林关于民族问题论述的集中辑录，分为《马克思恩格斯卷》（上下册）、《列宁卷》（上下册）和《斯大林卷》，力图用原文汇编的形式全面展示马克思主义经典作家的民族理论及其形成发展过程。这五册书按照统一的安排同时选编同时推出，体例统一、主题统一，以便读者作为一套书使用。

本文选原计划是对署名"中国社会科学院民族研究所编"的五卷本丛书《马克思恩格斯论民族问题》（上下册）、《列宁论民族问题》（上下册）和《斯大林论民族问题》（以下简称"原五卷本"）的修订。该丛书主要是由中国社会科学院民族学与人类学研究所（即前中国社会科学院民族研究所）的部分学者选编、民族出版社在1987～1990年出版发行的。由于该书所收经典作家有关论述的全面性和代表性，长期以来成为我国理论界学习和研究马克思主义民族理论的必读书目，有着广泛的社会影响。然而，进入21世纪以来，随着国内外民族问题变化以及中央马克思主义理论学习和建设工程的开展，学界和社会上系统学习和研究马克思主义民族理论的要求不断增长，特别是出版界陆续推出了《列宁全集》《马克思恩格斯选集》《列宁选集》《马克思恩格斯全集》《马克思恩格斯文集》《列宁专题文集》等经典著作的新版本，这就使重新梳理和选编马克思主义经典作家关于民族问题的论述成为必要。为此，我们将修订马克思主义经典作家论民族问题原五卷本丛书作为一项重要课题加以提出和实施。

经过几年来的努力，丛书的修订基本结束。我们主要做了以下几项工作。

一、分工合作，以新版本的经典原著为准对"原五卷本"的内容做出修正。这种修正是必要的，因为新版本不但在所辑文章上更趋全面和丰富，在译文上也有所改进。为准确传达经典作家的思想，无疑是要以后出的新版本译文为标准的。当然，在新版本尚未出齐或没有新版本的情况下，仍要使用旧版的内容。以此，我们对版本要求的顺序是：

1.《马克思恩格斯文集》（十卷本）、《列宁专题文集》（五卷本）；

2.《马克思恩格斯全集》新版（即第2版，未出齐）、《列宁全集》新版（即第2版），或《马克思恩格斯选集》新版（即第2版，共四卷）和《列宁选集》新版（即第2版，共四卷）；

3.《马克思恩格斯全集》旧版（即第1版）。

斯大林的著作未出新版，故只能用已有的《斯大林全集》（十三卷）和《斯大林文集》（一卷）。

二、在通览原著的基础上增添了部分选文。其中马克思恩格斯部分增添了14篇；列宁部分增添了15篇；斯大林部分增添了17篇。除了斯大林部分之外，新增选文均选自经典著作的新版本。

三、删减和调整了部分内容。在增添部分选文的同时，也删去了原来过于简略或与民族问题关系不大的个别篇目，以使选文不论整篇还是节选都尽量保持意思的完整。此外，对原为一文而被分为两篇文章的个别篇目做了合并处理。

四、对注释和部分篇目的顺序做出调整。"原五卷本"（原著亦同）的注释有页下注和书后注两种。其中页下注基本取自选文原著，书后注则既有取自选文原著的，也有选编者自加的。自加的内容主要是选编者对该文时代背景的介绍或观点的评价。由于书后注离原文正文太远，查阅起来不方便，自加的内容也带有一定的时代痕迹和历史局限，故本书将原来的书后注一律改为文后注，撤去原选编者自加的注释，尽量保留原著的注释文字。此外，对各篇文章的写作或发表时间做了认真核实，依此在选文的排序上也做了一些调整。

上述工作完成之后，我们发现，尽管我们的选编是在"原五卷本"的基础上进行的，但如果把这项成果称为"修订"却是有问题的。因为参与这次选编的已不是"原五卷本"的选编人员，事前也没有得到他们的授权，而出版社也发生了变更。在这种情况下，还用"原五卷本"的书名，称其为该丛书的"修订本"就很不合适了。正因为这样，我们将五册总称为《马克思主义经典作家民族问题文选》，而不再是《马克思恩格斯论民族问题》等"原五卷本"的"修订本"。

实际上，与"原五卷本"相比，这套文选在选文篇目上因增减已有所不同，注释的方式和部分内容发生了大的改变，译文也有了变化，已在事实上形成经典作家民族问题论著选编的另一种读本。所以，本文选出版后和"原五卷本"作为并列的两套书为读者所选用，而不成为一种前后取代的关系，可能更好一些。

此外，尽管我们的选编工作是在"原五卷本"基础上完成的，也做了大量的工作，但我们不敢说这个本子就会超过原本。就此来看，我们以不同于"原五卷本"的书名面世，也是承担责任的需要。

本文选是中国社会科学院民族学与人类学研究所民族理论室承担的中国社会科学院重点学科方向"马克思主义民族理论研究"的重点课题。我主持了本课题的筹划设计、组织协调、审稿统稿，并参与了具体选编。郑信哲、周竞红、杨华、刘玲以及我的博士生张淑娟、侯发兵分别承担了各卷的选编工作；我的博士生杨须爱及博士后张三南、肖斌分别对各卷的体例做了规范性调整，对全文做了校对。陈建樾研究员为本书的出版做了大量协调工作。

中国社会科学院民族学与人类学研究所前所长郝时远研究员为本文选提出了指导性意见，在此谨表谢意！

王希恩

2015 年 6 月 30 日

凡　例

一、本书选文均来源于中文版的马克思恩格斯原著，选文版本依序是《马克思恩格斯文集》（10卷本，人民出版社，2009）、《马克思恩格斯全集》第2版（人民出版社，未出齐）、《马克思恩格斯选集》第2版（4卷本，人民出版社，1995）、《马克思恩格斯全集》第1版（50卷，人民出版社）。

二、选文篇目依据该文发表或写作的时间排序。选文出处均在文后标出。

三、文中的黑体字、外文单词和加重号等，均为选文原著所有。

四、本书注释分脚注（页下注）和尾注（文后注）两种。脚注及脚注中的"编者注"均为选文原著所有；尾注也均为原著编者所加，但其中提及的马克思恩格斯和列宁著作，本书均按新版做出核对和注出，一些重复的释条做了省略。

目　录

卡·马克思	马克思致恩格斯（节选）	1
卡·马克思	马克思致恩格斯（节选）	3
卡·马克思	1867年12月16日在伦敦德意志工人共产主义教育协会所作关于爱尔兰问题的报告的提纲	7
卡·马克思	关于爱尔兰问题的报告的记录	18
卡·马克思	资本论（节选）　政治经济学批判	23
卡·马克思	马克思致路德维希·库格曼	30
弗·恩格斯	恩格斯致马克思（节选）	32
弗·恩格斯	恩格斯致马克思（节选）	33
卡·马克思	总委员会关于不列颠政府对被囚禁的爱尔兰人的政策的决议草案	34
卡·马克思	马克思致路德维希·库格曼	37
卡·马克思	马克思致恩格斯（节选）	40
卡·马克思	总委员会致瑞士罗曼语区联合会委员会	42
卡·马克思	马克思致恩格斯（节选）	45
卡·马克思	马克思致德维希·库格曼	48
卡·马克思	马克思致齐格弗里特·迈耶尔和奥古斯特·福格特（节选）	50
弗·恩格斯	爱尔兰歌曲集代序	55
弗·恩格斯	爱尔兰史	58

弗·恩格斯	"爱尔兰史"的片段	74
卡·马克思	马克思致欧根·奥斯渥特（节选）	76
卡·马克思	马克思致保尔·拉法格和劳拉·拉法格（节选）	77
弗·恩格斯	恩格斯致马克思（节选）	79
卡·马克思	卡·马克思致《人民国家报》编辑部（节选）	83
卡·马克思	《法兰西内战》草稿（节选）	84
卡·马克思	马克思致弗里德里希·阿道夫·左尔格（节选）	87
卡·马克思	爱尔兰的警察恐怖 国际工人协会总委员会声明	89
弗·恩格斯	关于各爱尔兰支部和不列颠联合会委员会的相互关系	91
卡·马克思	总委员会向在海牙举行的国际工人协会第五次年度代表大会的报告（节选）	95
卡·马克思	1872年夏总委员会批准的国际工人协会共同章程和组织条例草案	97
卡·马克思和弗·恩格斯	社会主义民主同盟和国际工人协会（节选）	100
弗·恩格斯	关于德国的札记	108
弗·恩格斯	"德国农民战争"一八七〇年版序言的补充	112
弗·恩格斯	流亡者文献	116
弗·恩格斯	支持波兰	128
弗·恩格斯	给奥·倍倍尔的信（节选）	133
卡·马克思	哥达纲领批判（节选）	136
弗·恩格斯	《论俄国的社会问题》一书导言（部分）	141
弗·恩格斯	恩格斯致瓦列里·符卢勃列夫斯基（节选）	144
弗·恩格斯	在一八六三年波兰起义纪念会上的演说	146
弗·恩格斯	恩格斯致古斯达夫·腊施（节选）	149
弗·恩格斯	卡尔·马克思（节选）	151

弗·恩格斯	反杜林论　欧根·杜林先生在科学中实行的变革（节选）	155
弗·恩格斯	论德意志人的古代历史	188
弗·恩格斯	法兰克时代　墨洛温王朝和加洛林王朝的土地占有关系的变革	224
卡·马克思和弗·恩格斯	致日内瓦1830年波兰革命50周年纪念大会	237
弗·恩格斯	恩格斯致爱德华·伯恩施坦	241
弗·恩格斯	恩格斯致卡尔·考茨基	243
弗·恩格斯	恩格斯致爱德华·伯恩施坦（节选）	251
弗·恩格斯	布鲁诺·鲍威尔和原始基督教（节选）	256
弗·恩格斯	恩格斯致卡尔·考茨基（节选）	260
弗·恩格斯	马尔克	263
弗·恩格斯	卡尔·马克思的葬仪	281
弗·恩格斯	自然辩证法（节选）	285
卡·马克思	资本论（节选）	296
弗·恩格斯	家庭、私有制和国家的起源	300
弗·恩格斯	论封建制度的瓦解和民族国家的产生	468
弗·恩格斯	路德维希·费尔巴哈和德国古典哲学的终结（节选）	479
弗·恩格斯	恩格斯致斐迪南·多梅拉·纽文胡斯	494
弗·恩格斯	恩格斯致若昂·纳杰日杰（节选）	496
弗·恩格斯	暴力在历史中的作用	498
弗·恩格斯	俄国沙皇政府的对外政策	512
弗·恩格斯	恩格斯致维拉·伊万诺夫娜·查苏利奇（节选）	534
弗·恩格斯	恩格斯致保尔·拉法格勒-佩斯（节选）	537
弗·恩格斯	恩格斯致约瑟夫·布洛赫	538
弗·恩格斯	恩格斯致康拉德·施米特	542

弗·恩格斯	恩格斯致保尔·拉法格勒-佩斯 ·················	545
弗·恩格斯	给奥地利党第二次代表大会的贺信（节选）········	547
弗·恩格斯	1891年社会民主党纲领草案批判（节选）·········	549
弗·恩格斯	恩格斯致奥古斯特·倍倍尔（节选）·············	554
弗·恩格斯	恩格斯致海尔曼·施留特尔（节选）·············	556
弗·恩格斯	恩格斯致劳拉·拉法格（节选）·················	558
弗·恩格斯	恩格斯致沙尔·博尼埃 ························	560
弗·恩格斯	新发现的一个群婚实例 ························	562
弗·恩格斯	五一节致捷克同志们 ··························	568
弗·恩格斯	恩格斯致弗兰茨·梅林（节选）·················	570
弗·恩格斯	恩格斯致约瑟夫·涅尔谢索维奇·阿塔贝强茨 ······	575
后　记	····································	577

卡·马克思

马克思致恩格斯（节选）

曼彻斯特

1867 年 11 月 2 日 ［于伦敦］

……

过去我认为爱尔兰从英国分离出去是不可能的。现在我认为这是不可避免的，即使分离以后还会成立**联邦**。几天以前出版的今年的《农业统计》[1]以及逐出土地的方式，都说明了英国人的凶残。爱尔兰总督阿比康①（**大概**是这样叫法）勋爵最近几个星期用强迫迁出的手段在他的领地上"清扫"了好几千人。其中也有一些富裕的佃户，他们改良土壤的费用以及其他的投资就这样被没收了！任何其他欧洲国家的异族统治，都没有对当地居民采取这种直接的剥夺形式。俄国人只是出于政治上的考虑才实行没收；普鲁士人在西普鲁士则实行赎买。

你的卡·马

---

① 詹姆斯·汉密尔顿·阿伯康公爵。——编者注

选自《马克思恩格斯全集》第 31 卷，人民出版社，1972，第 381 页

注释：

[1] 指《农业统计，爱尔兰。附1866年平均估产表，1866年1月1日至12月31日从爱尔兰各港口向外移民统计表，以及每个州郡的亚麻厂的数目表》1867年都柏林版（《Agricultural Statistics, Ireland. Tables showing the Estimated Average Produce of the Crops for the Year 1866; and the Emigration from Irish Ports, from 1st January to 31st December, 1866; also the number of Mills for scutching flax in each County and Province》. Dublin, 1867）。

卡·马克思

马克思致恩格斯（节选）

曼彻斯特

1867 年 11 月 30 日于伦敦

……

……英国人还不知道，自从 1846 年以来，英国在爱尔兰的统治的经济内容，因而还有政治目的都进入一个崭新的阶段，正因为如此，芬尼运动[1]的特点是，它具有一种社会主义的倾向（从否定的意义上说，即作为反对强占土地的运动），而且是下层等级的运动。把伊丽莎白或克伦威尔想用英国（罗马式的）殖民者来排挤爱尔兰人的那种野蛮行为，同当前想用羊、猪、牛来排挤爱尔兰人的这种制度混为一谈，还有什么比这更可笑呢！1801～1846 年的制度（那时逐出土地只是例外，大都发生在土地特别适宜于畜牧业的伦斯特）及其高额地租和中间人，已经在 1846 年一起垮台了。谷物法的废除[2]（部分地是由于爱尔兰的饥荒，至少是这次饥荒起了促进作用）剥夺了爱尔兰在平常年景供给英国谷物的**垄断权**。羊毛和肉变成了口号，这就是要把耕地变为牧场。因此，从那时起就系统地合并农场。负债地产法令使一批过去发了财的中间人变成了地主，加速了这一过程。[3] **清扫爱尔兰的领地！**——这就是英国目前在爱尔兰的统治的唯一含义。在伦敦的**愚蠢的**英国政府对于1846年以来所发生的这一巨大变化自然是一无所知。但是爱尔兰人却知道这一情况。从**米格尔的声明**（1848年）直到**亨尼西的选举宣言**（托利党和乌尔卡尔特派）（1866年），爱尔兰人都以极其明确和极其有力的方式表明了他们对这件事的认识。

现在的问题是，**我们应当给**英国工人提什么样的建议呢？我认为他们应当在自己的纲领中写上**取消合并**这一条（简单地说，就是**1783年的要求**，只是要把它民主化，使之适合于当前的形势）。[4]这是一个**英国政党**在其纲领中所能采纳的使爱尔兰获得解放的唯一**合法的**，因而也是唯一可能的形式。以后的经验一定会表明：两个国家之间的单纯的君合制是否能持续存在。即使到时候出现这种情况，我也不太相信能持续下去。

爱尔兰人需要的是：

1. 自治和脱离英国而独立。

2. 土地革命。英国人即使有再好的愿望，也不能替爱尔兰人实行这种革命，但是能够给他们合法的手段，让他们自己去实行。

3. **实行保护关税制度以抵制英国**。从1783年到1801年，爱尔兰的所有工业部门都繁荣起来了。英爱合并废除了爱尔兰议会已经建立的保护关税制度，摧毁了爱尔兰的全部工业生命。[5]这无论如何也不是一点麻纺织业所能补偿的。1801年的合并对爱尔兰工业的影响同英国议会在女王安、乔治二世等人统治时期对爱尔兰毛纺织业所采取的压制措施的影响是完全一样的。爱尔兰人一旦获得独立，他们的处境就会迫使他们变成保护关税派，就像在加拿大和澳大利亚等国所发生的情况一样。

你的卡·马

选自《马克思恩格斯文集》第10卷，人民出版社，2009，第271~272页

注释：

[1] 芬尼运动是19世纪50年代开始的爱尔兰反对英国殖民统治、争取独立的革命运动，其核心力量是爱尔兰革命兄弟会，即芬尼社。芬尼运动的宗旨是推翻英国在爱尔兰的统治、废除大地主所有制、建立共和国。

[2] 19世纪英国工业资产阶级开展了废除谷物法的斗争。谷物法是1815年以来英国历届托利党内阁为维护大土地占有者的利益而实施的对谷物征收高额进口关税的法令，旨在限制或禁止从国外输入谷物。谷物法规定，当英国本国的谷物价格低于每夸特80先令时，禁止输入谷物。1822年对这项法律作了某些修改，1828年实行了滑动比率制，即国内市场谷物价格下跌时提高谷物进口关税，反之，谷物价格上涨时降低谷物进口关税。谷物法的实施严重影响了贫民阶层的生活，同时也不利于工业资产阶级，因为它使劳动力涨价，妨碍国内贸易的发展。谷物法的实施引起了工业资产阶级和土地贵族之间的斗争，这场斗争是由曼彻斯特的两个纺织厂主理·科布顿和约·布莱特于1838年创立的反谷物法同盟领导，在自由贸易的口号下进行的。1846年6月26日英国议会通过了《关于修改进口谷物法的法案》和《关于调整某些关税的法案》，从而废除了谷物法。

[3] 1849年，英国议会通过了负债地产法令，同年成立了皇家专门委员会以加速和简化按优惠价格出售负债地产的过程。1849年实施的这一法令最初只是一种临时性措施，后来延长了有效期，并由1852、1853、1854和1858年颁布的法律加以补充。这一法令的实施加快了土地从贵族土地占有者手里向高利贷者和大土地经营者手里的转移，促进了爱尔兰农业资本主义的发展。

[4] 英国在美洲殖民地争取独立的战争中的失败引起了爱尔兰民族运动的高涨。1782年，英国议会迫于爱尔兰民族运动的压力，通过了关于废除英国议会替爱尔兰颁布法律的权利和把这项权利移交给爱尔兰议会的法令。1783年英国议会通过了一项新的《放弃权利法令》，再次确认了1782年的法令。这意味着在立法方面承认了爱尔兰的自治。但是，在1798年爱尔兰民族解放起义被镇压下去后，英国政府实际上取消了对爱尔兰的这些让步，而把英爱合并强加给了爱尔兰。从1801年1月1日起生效的英爱合并，消除了爱尔兰自治的最后痕迹，并取消了爱尔兰议会。英爱合并巩固了英国在爱尔兰的殖民统治。

因此，英爱合并遭到爱尔兰人的反抗，从 19 世纪 20 年代起，取消合并的要求在爱尔兰成为深得人心的口号。

[5] 1801 年英爱合并以后，废除了爱尔兰议会在 18 世纪末为了保护刚刚萌芽的爱尔兰工业而建立的保护关税制度，导致爱尔兰工业完全衰落。

卡·马克思
1867年12月16日在伦敦德意志工人共产主义教育协会所作关于爱尔兰问题的报告的提纲[1]

一

芬尼运动[2]的特征是什么？它实际上是在爱尔兰血统的美国人、即住在美国的爱尔兰人中间产生的。他们是发起人和领导者。但是在爱尔兰本土，这个运动只是扎根于（并且至今仍然真正扎根于）人民群众即下层阶级中。这就是芬尼运动的特点。在以前所有的爱尔兰运动中，人民只是跟着贵族或者中间阶级人士跑，而且向来是跟着天主教教士跑。在起义反对克伦威尔的时候，领导者是英格兰和爱尔兰的氏族领袖和教士[3]，在对威廉三世作战的时候，领导者甚至是英国国王詹姆斯二世[4]，在1798年革命中，领导者是阿尔斯特的共和派新教徒（沃尔夫·汤恩、菲茨杰拉德勋爵）[5]，最后，在本世纪，领导者是资产者奥康奈尔，他得到天主教教士的支持，而天主教教士在过去除1798年以外的历次运动中也都起过领导作用。芬尼运动被天主教教士革出教门。后者直到害怕因此而完全失去在爱尔兰人民群众中的影响时，才停止与芬尼运动为敌。

二

英国人感到困惑的是：他们发现，和过去英国对爱尔兰的压迫相比较，目前的制度已经是温和的了。那么，目前怎么会出现这样特别坚决而不可调和的对抗方式呢？我要指出（甚至支持爱尔兰人并承认爱尔兰人有与英国分离的权利的那些英国人也没有认识到这一点），从1846年以来，压迫虽然形式上不那么野蛮了，但实质上却是毁灭性的，除了或者英国自愿解放爱尔兰，或者进行一场殊死的斗争之外，没有别的出路。

三

至于过去的历史，在任何一部历史著作中都可以找到**种种事实**。因此，我应当只指出其中几件事实，以便首先说明目前和过去时代的区别，其次阐明目前称之为爱尔兰人民的那些人的某些特点。

（a）新教改革运动以前英国人在爱尔兰

1172年。亨利二世。连爱尔兰的三分之一也未征服。**名义上的征服**。教皇阿德里安四世（英国人）的礼物[6]。大约经过了400年（伊丽莎白时代）（1576年），另一个教皇，格雷戈里十三世，又从英国人（伊丽莎白）手里夺回了这个礼物。"**英国的佩耳**"[7]。**首都——都柏林**。一般的英国**移民**和爱尔兰人的混合，**盎格鲁诺曼贵族**和爱尔兰的首领们的混合。总的来说，征服战争（最初）就像征服**红种印第安**人的战争一样。1565年（伊丽莎白）以前，英国没有派援军去爱尔兰。

（b）新教时代。伊丽莎白。詹姆斯一世。查理一世。克伦威尔。殖民计划（16~17世纪）

伊丽莎白。计划是在至少到香农河为止的地区内消灭爱尔兰人，夺得他们的土地，让英国移民住进他们的地区等等。在反对伊丽莎白的斗争中，仍然信奉天主教的英国血统的爱尔兰人和本地居民一起同英国人作战。英国人公然承认的计划。**清扫岛上的本地居民，把忠君的英国人安置到该岛**。他们只做到了安置土地贵族。从英国国王手中取得没收来的土地的**英国新教徒"冒险家们"**[8]（商人、高利贷者），以及应把本地英国人家庭安置到让出的地产上的"经营贵族"。

詹姆斯一世。阿尔斯特①。（詹姆斯时代的殖民，1609～1612年）。英国的经营者必须"把爱尔兰人安置在没收和窃取的土地上"。直到**1613年，爱尔兰人才被认为是英国的臣民**，在这以前，他们被视为"不受法律保护的人"和"敌人"，而**爱尔兰议会**[9]只管辖佩耳。对天主教徒的迫害。

伊丽莎白向芒斯特殖民，詹姆斯一世向阿尔斯特殖民，但是伦斯特和康诺特尚未被清扫。**查理一世企图清扫康诺特**。

克伦威尔：爱尔兰的首次民族起义，它再度被完全征服，部分地再度殖民地化（1641～1660年）。

1641年的爱尔兰革命。1649年8月，克伦威尔在都柏林登陆。（在他之后还有艾尔顿、兰伯特、弗利特伍德、亨利·克伦威尔）。**1652年，爱尔兰第二次被完全征服。根据1652年8月12日和1653年9月26日的英国议会法令250瓜分战利品**。政府本身、为11年战争贷款36万英镑的"冒险家"、军官和士兵。将爱尔兰民族斩尽杀绝的亚玛力人[10]，在这些再次荒芜了的土地上重新建立完全是外来的英国清教徒的新殖民地。流血，破坏，使整个整个的郡人口减少，将它们的居民移居别处，把许多爱尔兰人卖到西印度群岛做奴隶。

克伦威尔通过征服爱尔兰而推翻了英格兰共和国。

从此以后，爱尔兰人对**英国人民政党**就失去了信任。

---

① 原为爱尔兰最北端的一个省，按照1921年英爱条约的规定，爱尔兰南部组成自由邦以后，仍归英国统治的北爱尔兰通称阿尔斯特。——编者注

(c) 斯图亚特王朝的复辟。威廉三世。第二次爱尔兰起义和有条件投降[11]。1660～1692年①

那时，在爱尔兰的**英国人**比任何时候都多。他们在爱尔兰人口中所占的比例不多于十一分之三，也不少于十一分之二。

1684年。**查理二世**开始庇护爱尔兰天主教的利益并征募天主教军。

1685年。詹姆斯二世给爱尔兰的天主教徒完全自由。天主教军扩大并受到庇护。天主教徒不久就声明必须废除整顿法令250，并恢复1641年的土地所有者的权利。詹姆斯征集几个爱尔兰团前往英格兰。

1689年。英国的威廉三世。**1689年3月12日**。詹姆斯率领爱尔兰士兵在**金塞尔登陆**。**利默里克向威廉三世投降，1691年**。无耻地破坏协定的行为在威廉三世时即已发生，而到安时更是变本加厉。

(d) 爱尔兰被愚弄并受尽屈辱。1692年～1776年7月4日

(α) 让英格兰和苏格兰的自耕农或租佃农场主"**殖民**"于这个国家的一切打算都放弃了。企图使德国和法国的新教徒移居。城镇中的法国新教徒（毛织手工业厂主）逃避英国的保护关税和重商主义的制度。

1698年。英爱议会（就像顺从的移民那样）根据宗主国的命令，**对爱尔兰毛织品输出到别的国家实施禁止性关税**。

1698年。就在同一年英国议会决定对爱尔兰产品输入英格兰和威尔士课以**重税**，并**完全禁止爱尔兰产品向其他国家输出**。英国摧毁了爱尔兰工场手工业，使爱尔兰城市人口减少，迫使居民回到土地上去。

威廉时代的（外来地主中的）**在外地主**[12]。自1692年开始出现对在外地主的怨言。

类似的抵制爱尔兰畜牧业的英国法律。

---

① 在手稿上下面还有："（1701）（安）"等字。——编者注

1698年：莫利纽的小册子①拥护爱尔兰议会（即**英国在爱尔兰的殖民地**）脱离英国人而独立。这样就开始了**英国在爱尔兰的殖民地和英格兰民族的斗争**。同时，英国的爱尔兰殖民地和爱尔兰民族之间的斗争。威廉三世反对英国议会和**英爱议会破坏利默里克协定和戈尔韦协定**的无耻的企图。

（β）**女王安（1701～1713年；乔治，1776年以前）**。

惩治法典[12]由英爱议会拟就并经英国议会批准。通过调整"财产"使爱尔兰天主教徒**改信新教**这种极可耻的手段。惩治法典的目的：使"财产"从天主教徒手中转入新教徒手中，或者使"**英国国教**"成为财产的合法凭证。（教育。个人权利的丧失。）（天主教徒都不得当兵。）宣讲天主教是应处以流放的重罪，使新教徒改信天主教是叛国行为。担任天主教大主教要被放逐；如果他从放逐地返回便是叛国，处以绞刑，活活地开膛剖肚，然后被肢解。企图强迫爱尔兰人民大众改信英国国教。天主教徒被剥夺了选举议员的权利。

这一惩治法典加强了天主教教士对爱尔兰人民的控制。

穷人养成了游手好闲的习惯。

在新教统治极盛和天主教衰落时期，新教徒在数量上并没有超过天主教徒。

（e）**1776～1801年**。**过渡时期**

（α）在谈到这一过渡时期以前，让我们先看一看，英国恐怖统治的结果是什么？

英国移民溶入爱尔兰人民中并改信天主教。

英国血统的爱尔兰人建立起城市。

不存在**英国人移民区**（除阿尔斯特的苏格兰人移居区以外），但是存在着英国的土地占有者。

---

① 威·莫利纽：《英国议会法令束缚下的爱尔兰的状况》，1698年都柏林版。——编者注

北美的革命乃是爱尔兰历史中第一个转折点。

(β) 1777年英国军队在萨拉托加斯普林斯向美国"反叛者"投降。英国内阁被迫对在爱尔兰的（英国）民族主义政党作出让步。

1778年。罗马天主教徒补偿法案①（由英爱议会通过）[14]。（天主教徒仍然没有权利通过购买或租赁获得**自由地产**[15]。）

1779年。和大不列颠实行自由贸易。几乎所有加于爱尔兰工业的限制都废除了。

1782年。惩治法典中的一部分条款失效。准许罗马天主教徒获得**自由地产**，终身或世袭占有，并准许开办学校。

1783年。英爱议会获得平等权力。

1792～1793年冬季。法国政府并吞比利时，英国决定对法国开战，此后，惩治法典又有一部分条款失效。爱尔兰人可以担任军队中的上校，获得了选举爱尔兰议会的权利，等等。

1798年的起义。贝尔法斯特的共和派（沃尔夫·汤恩、菲茨杰拉德勋爵）。爱尔兰农民尚未成熟。

英爱议会下院投票赞成1800年通过的合并法令[16]。英国血统的爱尔兰人同英国人的斗争由于英国和爱尔兰的立法机构以及关税制度的统一而告结束。殖民地反对非法的合并法令。

……

卡·马克思写于1867年12月16日以前
第一次用俄文发表于《马克思恩格斯全集》1960年俄文第2版第16卷

原文是英文
选自《马克思恩格斯全集》第21卷，人民出版社，2003，第341～348页

---

① 《罗马天主教徒补偿法案。[1704年]》。——编者注

注释：

[1] 这一提纲是马克思在1867年12月16日伦敦德意志工人共产主义教育协会会议上就爱尔兰问题所作的报告的基础。出席这次会议的还有伦敦许多其他工人团体的代表以及国际总委员会的一些成员。报告时间是一个半小时，报告引起了与会者的极大兴趣。马克思被邀请就同一题目在伦敦其他的德国工人团体中作报告。尽管这个提纲相当详细，但它还是没有包含马克思所作报告的全部内容。

国际总委员会成员埃卡留斯认为这篇报告极为重要，他做了记录准备发表（见《马克思恩格斯全集》中文第2版第21卷，第579~581页）。记录的副本寄给了《先驱》的编辑约·菲·贝克尔，但是没有发表。

提纲是马克思于1867年12月16日以前用德文和英文写的。它第一次用俄文发表于《马克思恩格斯全集》1960年莫斯科第2版第16卷。第一次用英文收入马克思和恩格斯《爱尔兰和爱尔兰问题》1971年莫斯科版。

伦敦德意志工人共产主义教育协会（又称德意志工人教育协会）是1840年2月7日正义者同盟盟员卡·沙佩尔、约·莫尔和其他活动家在伦敦建立的，有时用会址名称作大磨坊街协会。共产主义者同盟成立后，在协会中起领导作用的是同盟的地方组织。1847年和1849~1850年，马克思和恩格斯积极参加了协会的活动。在马克思和恩格斯领导下的共产主义者同盟中央委员会的多数派同冒险主义宗派集团的少数派（维利希—沙佩尔集团）之间的斗争中，协会中大部分会员站在少数派一边，因此马克思、恩格斯和他们的许多拥护者在1850年9月17日退出了协会。从50年代末起，马克思和恩格斯重新参加了该协会的活动。国际工人协会成立之后，该协会（列斯纳是协会的领导人之一）就加入了国际工人协会，成为国际协会在伦敦的德国人支部。伦敦教育协会一直存在到1918年为英国政府所查封。

[2] 芬尼运动是19世纪50年代开始的爱尔兰反对英国殖民统治、争取独立的革命运动。它以詹·斯蒂芬斯领导的小资产阶级秘密革命组织爱尔兰革命兄弟会（即爱尔兰共和革命兄弟会）为核心。该组织于19世纪50年代末先在侨居美国的爱尔兰人中间，不久即在爱尔兰本土出现。芬尼的古爱尔兰语Fiann，是传说中爱尔兰古代英雄芬恩·麦库尔统帅的武装民团的名称。爱尔

兰革命兄弟会即自称芬尼社。芬尼运动的宗旨为推翻英国在爱尔兰的统治、废除大地主所有制、建立共和国。芬尼社曾广泛活动于英格兰、爱尔兰和美国等地。

1865年，芬尼社社员准备了武装起义，但是他们的密谋活动没有成功。在同年9月，英国政府逮捕了芬尼运动的首脑（卢比、奥利里、奥顿诺凡-罗萨），芬尼社的报纸被查封，人身保护法停止生效。在英国掀起的声援被判罪的芬尼社社员的运动，得到第一国际总委员会的支持。1866和1870年芬尼社社员曾两度从美国进攻加拿大，企图挑起国际冲突，从而为爱尔兰解放创造有利条件，1867年3月芬尼社发动武装起义，遭英国政府镇压。由于芬尼社领导内部的分歧和英、美政府的镇压，这一运动在19世纪70年代后即迅速衰落。马克思和恩格斯不止一次地指出芬尼运动的弱点，批评芬尼社社员的密谋策略，宗派主义的和资产阶级民族主义的错误，但是对这个运动的革命性做了很高的评价，竭力使它走上进行群众性发动并和英国工人运动共同行动的道路。

[3] 指反对克伦威尔的起义（1641～1652年），起义的起因是英国专制政体实行的、并且在17世纪英国革命时期英国资产阶级和"新兴的"贵族继续执行的殖民政策。大多数起义者是在被没收领地的克兰首领和天主教教士领导下的爱尔兰平民。参加起义的还有第一批英国征服者的后裔英格兰爱尔兰贵族（他们和爱尔兰克兰贵族结下亲缘关系并接受了很多爱尔兰风俗习惯）。1642年10月，起义者在基尔肯尼成立了爱尔兰联盟。联盟内部发生了分裂，一方是爱尔兰本土人，他们主张爱尔兰独立并且反对长期国会和英国保皇派，另一方是英格兰爱尔兰贵族，他们试图以保持贵族地位并获得信奉天主教的自由为条件，和查理一世达成妥协。英格兰爱尔兰贵族曾占上风，并且和查理一世的代理人签订了协议。保皇派在英国失败后，新资产阶级共和派的领导人奥·克伦威尔在搜捕保皇党人的借口下，组织了对爱尔兰的征讨，镇压了这次起义。

[4] 指反对威廉三世的起义（1689～1691年），起义的起因是英国1688～1689年政变（即光荣革命）。这次政变推翻了詹姆斯二世，在英国建立了以奥伦治王朝的威廉三世为首的资产阶级贵族的立宪君主制。爱尔兰天主教贵族在不满殖民政权的群众的支持下，起义反对威廉三世。在保卫斯图亚特王朝的旗帜

下,起义者为废除爱尔兰政治和宗教的不平等以及归还被没收的爱尔兰财产而斗争。被英国放逐躲在爱尔兰的詹姆斯二世企图利用爱尔兰运动夺回王位,并且曾正式领导起义,在起义者的压力下他不得不承认了爱尔兰议会的独立。但是,起义者尽管进行了顽强斗争,最终还是失败了。

[5] 爱尔兰1798年革命即1798年起义,它是受18世纪末美国和法国资产阶级革命的影响而掀起的民族解放运动的高潮。组织这次起义的是资产阶级革命者(西·沃·汤恩、爱·菲茨杰拉德和其他人),他们于1791年在贝尔法斯特建立了一个秘密团体"爱尔兰人联合会",宣称为独立的爱尔兰共和国而战。然而,在起义前夜,爱尔兰人联合会的大部分领导人就被政府逮捕。起义于1798年5月23日爆发,持续到6月17日止。爆发起义的有爱尔兰东南部和北部的很多郡,尤其是韦克斯福德郡。大多数起义者是农民和城市贫民。1798年8月和9月在支援爱尔兰爱国者的一支法国部队登陆之后,起义扩展到康诺特省的很多地方。英国政府在残酷镇压了起义之后,通过了英爱合并法令。

[6] 这个礼物指的是罗马教皇阿德里安四世1155年左右颁布的一个训谕,赏赐英王亨利二世以爱尔兰最高统治者的称号,并且准许他在整顿宗教事务的借口下征服这一国家,作为交换条件,英王答应使爱尔兰教会服从罗马教皇。亨利二世就利用这一"礼物",于1171年发动了对爱尔兰的征讨。

1576年,由于信奉新教的英国和天主教国家之间的矛盾趋于尖锐化,罗马教皇格雷戈里十三世宣布剥夺伊丽莎白女王的爱尔兰王位。

[7] 佩耳(Pale,意为"栅栏")是中世纪英国在爱尔兰的殖民区的名称,这种殖民区是12世纪时英格兰诺曼封建主征服爱尔兰岛东南部以后建立的。征服者在殖民区的四周筑起了围栅(上述名称即由此而来),并利用它作为基地,对爱尔兰未被征服部分的居民不断发动战争,最后终于在16～17世纪征服了爱尔兰全国。

[8] "冒险家们"是16和17世纪对参与殖民掠夺和金融投机的,尤其是来自伦敦西蒂区的商人和银行家的称呼。他们因一家英国商业公司"商人冒险家公司"而得名。17世纪中叶英国革命时期,这些"冒险家"借给议会一笔数目可观的资金资助同保皇派的战争,以此交换没收来的爱尔兰土地。

"冒险家"中还有很多政治家、中上层阶级成员以及公务员。

[9] 指13世纪末首次召集的英爱议会,最初由英国在爱尔兰的殖民区(佩耳)的大封建主和上层教士的代表组成。随着英国人的势力扩大到爱尔兰全岛,议会成为英国驻爱尔兰总督属下的英格兰贵族和英格兰爱尔兰贵族的代表机构,议会的权力受到极大限制。根据1495年颁布的法律,只有在皇家枢密院的准许之下,议会才能召开并通过法令。由反动分子组成的、实际上并无主动立法权的英爱议会,在长时期中只是英国殖民当局的工具。直到18世纪80年代,在民族解放运动高涨的影响下,英国政府才不得不同意扩大爱尔兰议会的权力。不过,自1801年实行英爱合并后,爱尔兰议会就被根本取消了。

[10] 亚玛力人指古代生活在西奈半岛上的游牧部族。亚玛力人曾劫掠巴勒斯坦,并且囚禁当地居民。实际上,他们在公元前10世纪末至9世纪初就被消灭了。此处用"亚玛力人"喻指杀人越货的强盗。

[11] 指利默里克投降协定。该协定于1691年10月由爱尔兰起义者和英国司令部的代表在爱尔兰利默里克郡签订并经英王威廉三世批准。根据协定,起义军在保持荣誉的条件下投降;士兵和军官有权就职国外或加入威廉三世的军队;允许包括天主教徒在内的爱尔兰居民获得大赦,保留财产,并享有选举权及信仰自由等。利默里克协定签订几个月之前,戈尔韦等城市起义的守军投降时,也签订过类似的协定。这些协定中所规定的条件很快就为英国殖民者所破坏。

[12] 在外地主源于absentee(缺席者)一词,通常指那些在爱尔兰拥有地产却长期居住在英格兰的地主。他们把地产交给土地代理人管理,或者出租给靠投机获利的经纪人,后者再以苛刻的条件转租给小佃户。

[13] 惩治法典(Penal Code或Penal Laws)是17世纪末和18世纪上半叶英国殖民者以反对天主教阴谋和反对英国国教的敌人作借口,对爱尔兰颁布的一系列法律。这些法律实际上剥夺了本地爱尔兰人的一切公民权利和政治权利,因为他们大多数人是天主教徒。这些法律限制爱尔兰天主教徒享有继承、接受和转让财产的权利,并且广泛采取因极小的一点过失就没收他们的财产的做法,因而成为剥夺还保有土地的爱尔兰人的工具。惩治法典为信奉天主教的农民规定了苛刻的租佃条件,更便于英国的大地主和土地中间人奴役他们。这一法典也企图消灭爱尔兰的民族传统:封闭爱尔兰本民族的学校,对教师、爱尔兰天主教教士规定严厉的惩罚措施,禁止天主教徒参加选举、担任

公职、占有土地、将罗马宗教文件传入英国、发表或出售天主教教义读本或担任教学职务等等。直至18世纪末，由于爱尔兰民族解放运动的高涨，实施1791年的天主教宽容法令之后，惩治法典才被部分废除。

[14] 罗马天主教徒补偿法案是在美国独立战争（见注20）期间美国军队于1777年10月在萨拉托加取得胜利后施行的，它说明英国政府不得不对爱尔兰作出的一系列让步，以及这一事件在英国的反应。爱尔兰人深恶痛绝的惩治法典中有些法令被废除了（1778年政府废除了禁止天主教徒从新教徒手中租种两英亩以上的土地，或同新教徒签订商业或信贷协定的法律）。然而，天主教徒仍像以前一样被剥夺选举议员的权利。

[15] 自由地产是小地产的一种，这种名称起源于中世纪的英国。自由地产的所有者向**贵族**缴纳少量固定的货币地租，有权自由支配自己的土地。在爱尔兰，自由地产的所有者主要是英国殖民者及其后裔。

[16] 英国政府在镇压1798年爱尔兰民族解放起义后，把英爱合并的法令强加给爱尔兰。合并法令自1801年1月1日起生效，它剥夺了爱尔兰的最后一点自治权，并解散了爱尔兰议会。合并使英国在爱尔兰的殖民统治臻于巩固。实行合并的后果之一是取消了18世纪末爱尔兰议会为维护新生的爱尔兰工业而制定的保护关税政策，导致爱尔兰的企业无法与英国工业竞争而纷纷破产，爱尔兰变成了英国的农业附属地。

卡·马克思

*关于爱尔兰问题的报告的记录

**1867年12月16日在伦敦德意志工人
共产主义教育协会所作的报告**[1]

12月16日，卡尔·马克思在伦敦工人教育协会就爱尔兰的情况作了发言，指出过去若干世纪中英国政府企图把爱尔兰居民英国化的一切尝试都是徒劳的。在宗教改革[2]以前就移居爱尔兰的英国人，包括贵族在内，由于娶了爱尔兰妻子，也变成了爱尔兰人，而他们的后代则起来反对英国。伊丽莎白女王时期对爱尔兰人进行残酷的战争，毁坏庄稼，为了给英国殖民者腾出地方而迫使居民东移西迁，但这一切都无济于事。那时，贵族和投机商在英国人开发土地的条件下，获得了大块大块的土地。在克伦威尔时代，这些殖民者的后代和爱尔兰人一起反对英国人。克伦威尔把他们许多人卖到西印度去做奴隶。在复辟王朝时期[3]，爱尔兰受到许多优待。在威廉三世的时候，一个只想赚钱的阶级掌握了政权，它压制爱尔兰的工业，以便迫使爱尔兰人无论如何都将原产品卖给英国。女王安在位时，新兴的贵族借助新教的惩治法[4]获得了行动的自由。爱尔兰议会[5]是一个镇压工具。凡是天主教徒，都不能担任公职，不能成为土地所有者，不能立遗嘱，不能接受遗产；担任天主教主教就是叛国。这一切都是掠夺爱尔兰人土地的手段；尽管如此，阿尔斯特①的英国人后裔仍然有半数以上是天主教徒。人民被赶入天主教教士的怀抱，天主教因此获得了力量。英国政府惟一做到的，是在爱尔兰培植了贵族。英国人建立的城市变成爱尔兰的了。因此，在芬尼社社员中可以看到那么多的英国名字。

在美国独立战争[6]的时候，对爱尔兰的控制略有放松。在法国革命的时候，不得不作进一步的让步。爱尔兰很快就站立起来，以致爱尔兰居民恐怕就要超越英国人了。英国政府驱使爱尔兰人举行起义，并且通过收买达到了合并的目的。[7]合并给复苏的爱尔兰工业带来了致命的打击。马尔有一次曾经说：爱尔兰的所有工业部门都遭到毁灭，我们剩下的只有棺材的生产了。拥有土地成为生存的条件；大土地所有者把土地租给投机者；经过四五层租约，土地才到农民手里；由此造成土地价格大幅度上扬。农民靠马铃薯和水生活，小麦和肉类都运往英国去了；地租在伦敦、巴黎和佛罗伦萨被挥霍掉。1836年寄给居住国外的土地所有者的款项共达700万英镑。除了产品和地租，连肥料也输出国外；土地贫瘠了。局部的饥荒常常发生，而1846年的马铃薯病害更引起了全面的饥荒。一百万人死于饥饿。马铃薯病害是地力耗竭的结果，是英国统治的产物。

由于谷物法的废除[8]，爱尔兰丧失了在英国市场上的垄断地位，再也无法支付过去那样的地租了。高昂的肉价以及残存的小土地所有者的破产使小农被逐出土地，他们的土地变为放羊的牧场。1860年以来，有50多万英亩耕地停止耕种。每英亩土地的收获量减少了：燕麦减产16%；亚麻减产36%；马铃薯减产50%。目前，给英国市场种植的只有燕麦，而小麦则要输入。

随着地力的耗竭，居民的体质也恶化了。在人口减少的情况下，跛子、盲人、聋哑人和精神病患者的绝对数字却增加了。

110多万人为960万只羊所排挤。类似的情况在欧洲是闻所未闻的。

---

① 原为爱尔兰最北端的一个省，按照1921年英爱条约的规定，爱尔兰南部组成自由邦以后，仍归英国统治的北爱尔兰通称阿尔斯特。——编者注

俄国人是用俄国人而不是用羊来代替被迁走的波兰人。只有在蒙古人统治下的中国曾经讨论过拆除城市以便腾出地方来放羊的问题。

因此，爱尔兰问题不单纯是个民族问题，而是一个土地问题和生存问题。不革命，即灭亡，这就是当前的口号。所有爱尔兰人都深信，如果应该有所行动的话，那就得立即动手。英国人应该要求爱尔兰分离，让爱尔兰人自己去解决土地所有权问题。别的一切措施都是无济于事的。如果这不能很快实行，那么爱尔兰的移民会引起一场对美国的战争。目前对爱尔兰的统治就是替英国贵族榨取地租。

第一次用俄文发表于《马克思恩格斯全集》1960年俄文第2版第16卷

原文是德文
选自《马克思恩格斯全集》第21卷，人民出版社，2003，第579~581页

注释：

[1] 这是马克思于1867年12月16日所作关于爱尔兰问题的报告的记录。马克思本人为作这一报告所写的提纲见本卷第341~358页，这一记录是埃卡留斯作的，原拟在《先驱》杂志上发表，为此弗·列斯纳把它寄给了在瑞士的约·菲·贝克尔，但后来没有发表。

[2] 指英国宗教改革，它是16世纪英国王权为加强专制统治而进行的。当时英格兰新贵族和资产阶级对罗马教皇干预英国事务日益不满。1533年，英王亨利八世禁止英格兰教会向罗马教廷缴纳岁贡。1534年，亨利八世以教皇不准其与王后西班牙公主喀德琳离婚为理由，促使国会通过《至尊法案》，规定英格兰教会不再受制于教皇而以英王为最高元首，并将英格兰教会立为英格兰地区的国教，称英国国教会。此后，英国国王加强了对教会的控制。伊丽莎白一世即位后重申国王对宗教事务的至尊地位，颁布《三十九条信纲》，否认或背离这个信纲，均被视为异端，予以惩罚。三十九条从1563年起是所有神职人员就职时宣誓恪守的英国国教会的信条。1571年，三十九条经议会通过，正式成为英国国教会信守的教义。把改革引入爱尔兰天主教，是以反对天主教的斗争为借口，使爱尔兰服从英国君主制政体并没收爱尔兰居民财产以利

于英国殖民者的一种手段。

[3] 英国斯图亚特王朝于1660年复辟。复辟时期的斯图亚特王朝（查理二世和詹姆斯二世）一直统治到1688年光荣革命。这一时期爱尔兰受到的优待，参看21卷第345页。

[4] 惩治法典（Penal Code 或 Penal Laws）是17世纪末和18世纪上半叶英国殖民者以反对天主教阴谋和反对英国国教的敌人作借口，对爱尔兰颁布的一系列法律。这些法律实际上剥夺了本地爱尔兰人的一切公民权利和政治权利，因为他们大多数人是天主教徒。这些法律限制爱尔兰天主教徒享有继承、接受和转让财产的权利，并且广泛采取因极小的一点过失就没收他们的财产的做法，因而成为剥夺还保有土地的爱尔兰人的工具。惩治法典为信奉天主教的农民规定了苛刻的租佃条件，更便于英国的大地主和土地中间人奴役他们。这一法典也企图消灭爱尔兰的民族传统：封闭爱尔兰本民族的学校，对教师、爱尔兰天主教教士规定严厉的惩罚措施，禁止天主教徒参加选举、担任公职、占有土地、将罗马宗教文件传入英国、发表或出售天主教教义读本或担任教学职务等等。直至18世纪末，由于爱尔兰民族解放运动的高涨，实施1791年的天主教宽容法令之后，惩治法典才被部分废除。

[5] 指13世纪末首次召集的英爱议会，最初由英国在爱尔兰的殖民区（佩耳）的大封建主和上层教士的代表组成。随着英国人的势力扩大到爱尔兰全岛，议会成为英国驻爱尔兰总督属下的英格兰贵族和英格兰爱尔兰贵族的代表机构，议会的权力受到极大限制。根据1495年颁布的法律，只有在皇家枢密院的准许之下，议会才能召开并通过法令。由反动分子组成的、实际上并无主动立法权的英爱议会，在长时期中只是英国殖民当局的工具。直到18世纪80年代，在民族解放运动高涨的影响下，英国政府才不得不同意扩大爱尔兰议会的权力。不过，自1801年实行英爱合并（见21卷注258）后，爱尔兰议会就被根本取消了。

[6] 美国独立战争即1775～1783年北美独立战争，它是英国十三个北美殖民地推翻英国统治、争取独立的战争。七年战争后英国加强对北美殖民地的压迫和剥削，激起当地新兴资产阶级和人民群众的反抗。1774年北美殖民地代表召开第一届大陆会议，通过呈交英王的请愿书和抵制英货的法案。1775年4月19日，战争在列克星敦爆发，5月10日在费城召开的第二届大陆会议，决定

组织大陆军,任命华盛顿为总司令。1776年7月4日在进行反英战争中的大陆会议通过《独立宣言》,宣告美利坚合众国的成立。1781年9月,英军主力在约克镇被击溃,被迫讲和,最后战争双方于1783年9月签订巴黎和约。在条约中英国正式承认美国独立,取得胜利的北美人民建立了美洲第一个资产阶级共和国。

[7] 英国政府在镇压1798年爱尔兰民族解放起义后,把英爱合并的法令强加给爱尔兰。合并法令自1801年1月1日起生效,它剥夺了爱尔兰的最后一点自治权,并解散了爱尔兰议会。合并使英国在爱尔兰的殖民统治臻于巩固。实行合并的后果之一是取消了18世纪末爱尔兰议会为维护新生的爱尔兰工业而制定的保护关税政策,导致爱尔兰的企业无法与英国工业竞争而纷纷破产,爱尔兰变成了英国的农业附属地。

[8] 废除谷物法的法案是在1846年6月通过的。英国的谷物法规定了高额的谷物进口税,其目的在于限制或禁止从国外输入谷物。此项法律是为大地主的利益于1815年实行的。谷物法引起了工业资产阶级和土地贵族之间的斗争,这一斗争是由曼彻斯特的工厂主科布顿和布莱特于1838年创立的反谷物法同盟领导的,反谷物法的工业资产阶级在自由贸易的口号下取得了胜利,结果在1846年通过了关于废除谷物法的法案。这一措施以及由此引起的谷物价格的下跌,虽然使生活费用有所减低,但归根结底还是降低了工人的工资,增加了资产阶级的利润。谷物法的废除沉重地打击了土地贵族,促进了英国资本主义更迅速的发展。

卡·马克思

资本论（节选）
政治经济学批判

第三卷　资本主义生产的总过程

……

第四篇　商品资本和货币资本转化为商品经营资本和货币经营资本

……

第二十章　关于商人资本的历史考察

……

商人资本的独立发展与资本主义生产的发展程度成反比例这个规律，在例如威尼斯人、热那亚人、荷兰人等经营的转运贸易（carrying trade）的历史上表现得最为明显，在这种贸易上，主要利润的获取不是靠输出本国产品，而是靠在商业和一般经济不发达的各共同体间的产品交换中起中介作用，靠对两个生产国家进行剥削。① 在这个场合，商人资本是

---

① "商业城市的居民从一些富国运进精致的工业品和昂贵的奢侈品，因而助长了大地主们的虚荣心，这些大地主热中于购买这种东西，并且用大量的本国原产品来支付。因此，当时欧洲大部分地区的商业，都是一个国家用自己的原产品去交换一个工业比较进步的国家的工业品……一旦这种嗜好普遍流行，以致引起大量需求，商人为了节省运费，就开始在他们本国建立类似的制造业。"（亚·斯密［《国富论》阿伯丁发行，1848年伦敦版］第3卷第3章［第267页］）

纯粹的,是同两极即以它作为中介的各个生产部门相分离的。这就是商人资本形成的一个主要源泉。但是,转运贸易的这种垄断权,从而这种贸易本身,是随着这样一些民族的经济发展而衰落下去的,这些民族从两方面受这种垄断的剥削,其不发达状况曾是这种垄断的存在基础。就转运贸易来说,这种衰落不仅表现为一个特殊商业部门的衰落,而且也表现为纯粹商业民族的优势的衰落和这些民族的以这种转运贸易为基础的商业财富的衰落。这只是商业资本在资本主义生产的发展进程中从属于产业资本这一事实借以表现的一种特殊形式。商人资本在它直接支配生产的地方是怎样干的,关于这一点,不仅一般的殖民地经济(所谓殖民制度),而且特别是旧荷兰东印度公司[1]的经济,提供了鲜明的例证。

因为商人资本的运动是 G—W—G′,所以商人的利润,第一,是通过只在流通过程中发生的行为获得的,也就是说,是通过买和卖这两个行为获得的;第二,它是在后一种行为即卖中实现的。因此,这是让渡利润,profit upon alienation[2]。乍一看来,只要产品按照它们的价值出售,纯粹的、独立的商业利润好像是不可能的。贱买贵卖,是商业的规律。也就是说,不是等价交换。这种交换中所包含的价值概念就是,不同商品都是价值,从而是货币;从质的方面来说,它们同样是社会劳动的表现。但它们不是相等的价值量。产品进行交换的数量比例,起初完全是偶然的。它们所以取得商品形式,是因为它们是可以交换的东西,也就是说,是同一个第三者的表现。继续不断的交换和比较经常的为交换而进行的再生产,越来越消除这种偶然性。但是,这种情况首先不适用于生产者和消费者,而是适用于二者之间的中介人,即把货币价格加以比较并把差额装入腰包的商人。商人通过自己的运动本身确立起等价。

商业资本起初只是不受它支配的两极之间、并非由它创造的两个前提之间的中介运动。

正像货币不仅作为价值尺度和流通手段,而且作为商品的从而财富的绝对形式，作为贮藏货币，从简单商品流通形式 W—G—W 中产生出来，并且货币作为货币而自行保存和增加成为目的本身一样，货币，贮藏货币，也会作为某种通过简单让渡而自行保存和自行增加的东西，从商人资本的简单流通形式 G—W—G′ 中产生出来。

古代的商业民族存在的状况，就像伊壁鸠鲁的神存在于世界的空隙中[3]，或者不如说，像犹太人存在于波兰社会的缝隙中一样。最初的独立的、获得巨大发展的商业城市和商业民族的商业，是作为纯粹的转运贸易建立在生产民族的野蛮状态的基础上的，这些商业城市和商业民族对这些生产民族起着中介人的作用。[4]

在资本主义社会以前的各阶段中，商业支配着产业；在现代社会里，情况正好相反。当然，商业对于那些互相进行贸易的共同体来说，会或多或少地发生反作用；它会使生产越来越从属于交换价值，因为它会使享受和生活日益依赖于出售，而不依赖于产品的直接消费。它由此使旧的关系解体。它增进了货币流通。它已经不再是仅仅掌握生产的余额，而且逐渐地侵蚀生产本身，使整个整个的生产部门依附于它。不过，这种解体作用，在很大程度上取决于从事生产的共同体的性质。

只要商业资本是对不发达的共同体的产品交换起中介作用，商业利润就不仅表现为侵占和欺诈，而且大部分是从侵占和欺诈中产生的。撇开商业资本榨取不同国家的生产价格之间的差额（就这方面来说，它促使商品价值均等化和使之确定下来）不说，上述这些生产方式造成了如下结果：商人资本占据了剩余产品的绝大部分，这一方面源于商人资本充当各个共同体之间的中介，这些共同体基本上还是生产使用价值，对于它们的经济组织来说，大体说来进入流通的那部分产品的出售，也就是大体说来产品按照其价值的出售，还居于次要的地位；另一方面，是因为在以往那些生产方式中，商人与之做生意的剩余产品的主要占有者，即奴隶主，封建地主，国家（例如东方专制君主），代表供人享受的财富，对于这些财富，商人会设下圈套来猎取，这一点在上面引用的亚·斯密有关封建时期的那段话中已经被正确地嗅出来了。因此，占主要统治地位的商业资本，到处都代表着一种掠夺制度①，它在古代和近代的商业民族中的发展，是和暴力掠夺、海盗行径、绑架奴隶、征服殖民地直接结合在一起的；在迦太基、罗马，后来在威尼斯人、葡萄牙人、荷兰人等等那里，情形都是这样。

商业和商业资本的发展，到处都使生产朝着交换价值的方向发展，使生产的规模扩大，使它多样化和世界化，使货币发展成为世界货币。因此，商业对各种已有的、以不同形式主要生产使用价值的生产组织，到处都或多或少地起着解体的作用。但是它对旧生产方式究竟在多大程度上起着解体作用，这首先取决于这些生产方式的坚固性和内部结构。并且，这个解体过程会导向何处，换句话说，什么样的新生产方式会代替旧生产方式，这不取决于商业，而是取决于旧生产方式本身的性质。在古代世界，商业的影响和商人资本的发展，总是以奴隶经济为其结果；不过由于出发点不同，有时也只是使家长制的、以生产直接生存资料为目的的奴隶制度，转化为以生产剩余价值为目的的奴隶制度。相反，在现代世界，它会导致资本主义生产方式。由此可以得出结论，这些

---

① "现在，商人对贵族或盗匪非常埋怨，因为他们经商必须冒巨大的危险，他们会遭到绑架、殴打、敲诈和抢劫。如果商人是为了正义而甘冒这种风险，那么他们当然就成了圣人了……但既然商人在全世界，甚至在他们自己中间，干下了这样多的不义行为和非基督教的盗窃抢劫行为，那么，上帝让这样多的不义之财重新失去或者被人抢走，甚至使他们自己遭到杀害，或者被绑架，又有什么奇怪呢？……国君应当对这种不义的交易给予应有的严惩，并保护他们的臣民，使之不再受商人如此无耻的掠夺。因为国君没有这么办，所以上帝就利用骑士和强盗，假手他们来惩罚商人的不义行为，他们应当成为上帝的魔鬼，就像上帝曾经用魔鬼来折磨或者用敌人来摧毁埃及和全世界一样。所以，他是用一个坏蛋来打击另一个坏蛋，不过在这样做的时候没有让人懂得，骑士是比商人小的强盗，因为一个骑士一年内只抢劫一两次，或者只抢劫一两个人，而商人每天都在抢劫全世界。""以赛亚的预言正在应验：你的国君与盗贼作伴。因为他们把一个偷了一个古尔登或半个古尔登的人绞死，但是和那些掠夺全世界并比所有其他的人都更肆无忌惮地进行偷窃的人串通一气。大盗绞死小偷这句谚语仍然是适用的。罗马元老卡托说得好：小偷坐监牢，戴镣铐，大盗戴金银，衣绸缎。但是对此上帝最后会说什么呢？他会像他通过以西结的口所说的那样去做，把国君和商人，一个盗贼和另一个盗贼熔化在一起，如同把铅和铜熔化在一起，就像一个城市被焚毁时出现的情形那样，既不留下国君，也不留下商人。"〔马丁·路德：《论商业与高利贷》（1527年）〕

结果本身，除了取决于商业资本的发展以外，还取决于完全另外一些情况。

城市工业本身一旦和农业分离，它的产品会从一开始就是商品，因而它的产品的出售就需要有商业作为中介，这是理所当然的。因此，商业依赖于城市的发展，而城市的发展也要以商业为条件，这是不言而喻的。但工业的发展在多大程度上与此齐头并进，在这里，却完全取决于另外一些情况。在古罗马，还在共和制的后期，商人资本已发展到古代世界前所未有的高度，而工业的发展却没有什么进步；在科林斯，在欧洲和小亚细亚的其他希腊城市，商业的发展却伴随有手工业的高度发展。另一方面，正好与城市的发展及其条件相反，对那些没有定居下来的游牧民族来说，商业的精神和商业资本的发展，却往往是它们固有的特征。

毫无疑问，——并且正是这个事实产生了完全错误的观点，——在16世纪和17世纪，由于地理上的发现[5]而在商业上发生的并迅速促进了商人资本发展的大革命，是促使封建生产方式向资本主义生产方式过渡的一个主要因素。世界市场的突然扩大，流通商品种类的倍增，欧洲各国竭力想占有亚洲产品和美洲宝藏的竞争热，殖民制度，——所有这一切对打破生产的封建束缚起了重大的作用。但现代生产方式，在它的最初时期，即工场手工业时期，只是在它的各种条件在中世纪内已经形成的地方，才得到了发展。例如，我们可以拿荷兰同葡萄牙进行比较。① 另外，如果说在16世纪，部分地说直到17世纪，商业的突然扩大和新世界市场的形成，对旧生产方式的衰落和资本主义生产方式的勃兴，产生过压倒一切的影

---

① 撇开其他情况不说，由渔业、工场手工业和农业打下的基础，对荷兰的发展起了多么重大的作用，这已经由18世纪的著作家说明了。我们可以参看例如马西的著作。——前人总是低估亚细亚的、古代的和中世纪的商业的规模和意义；与此相反，对它们异乎寻常地予以过高的估计，现在已经成了一种时髦。纠正这种看法的最好办法，是考察一下18世纪初英国的进出口，并把它们同今天的进出口相比较。不过就在当时，英国的进出口也比任何一个过去的商业民族大得不可比拟。（见安德森《商业史》[第261页和以下各页]）

响，那么，这种情况反过来是在已经形成的资本主义生产方式的基础上发生的。世界市场本身形成这个生产方式的基础。另一方面，这个生产方式所固有的以越来越大的规模进行生产的必要性，促使世界市场不断扩大，所以，在这里不是商业使工业发生革命，而是工业不断使商业发生革命。商业的统治权现在也是和大工业的各种条件的或大或小的优势结合在一起的。例如，我们可以拿英国和荷兰来比较一下。荷兰作为一个占统治地位的商业国家走向衰落的历史，就是一部商业资本从属于工业资本的历史。资本主义以前的、民族的生产方式具有的内部的坚固性和结构，对于商业的解体作用造成了多大的障碍，这从英国人同印度和中国的交往中可以明显地看出来。在印度和中国，小农业和家庭工业的统一形成了生产方式的广阔基础。此外，在印度还有建立在土地公有制基础上的村社的形式，这种村社在中国也是原始的形式。在印度，英国人曾经作为统治者和地租所得者，同时使用他们的直接的政治权力和经济权力，以图摧毁这种小规模的经济公社。① 如果说他们的商业在那里对生产方式发生了革命的影响，那只是指他们通过他们的商品的低廉价格，消灭了纺织业，——工农业生产的这种统一体的一个自古不可分割的部分，这样一来也就破坏了公社。但是，就是在这里，对他们来说，这种解体进程也是进行得极其缓慢的。在中国，那就更缓慢了，因为在这里没有直接政治权力的帮助。因农业和手工制造业的直接结合而造成的巨大的节约和时间的节省，在这里对大工业产品进行了最顽强的抵抗；因为在大工业产品的价格中，会加进大工业产品到处都要经历的流通过程的各种非生产费用。同英国的商业相反，俄国的商业则没有触动亚洲生产的经济基础。②

---

① 如果有哪一个民族的历史可以看作失败的和真正荒唐的（在实践上是无耻的）经济实验的历史，那就是英国人在印度经营的历史了。在孟加拉，他们创作了一幅英国大土地所有制的漫画；在印度东南部，他们创作了一幅小块土地所有制的漫画；在西北部，他们又做了他们能做的一切，把实行土地公有制的印度经济公社，变成了它本身的一幅漫画。
② 自从俄国竭力发展完全依赖国内市场和接壤的亚洲市场的本国资本主义生产以来，这种情况也开始发生变化。——弗·恩·

……

选自《马克思恩格斯全集》第 46 卷，
人民出版社，2003，第 366~372 页

注释：

[1] 荷兰东印度公司存在于 1602~1798 年。它是荷兰人在印度尼西亚推行殖民主义掠夺政策的工具。公司不仅控制贸易垄断权，而且具有政府职权。它用强制手段巩固和保存资本主义以前的生产关系（奴隶占有制关系和封建关系），在为荷兰人效劳的土著政权的封建官僚机构的帮助下，掠夺被征服的居民。公司从印度尼西亚运出农产品，从这些产品的出售中取得巨额收入。后来，还强制性地引进新的农作物（特别是咖啡），其收获全部归公司占有。荷兰人的残酷剥削和压迫引起印度尼西亚人民一系列大规模的起义，随着荷兰共和国的全面衰落，公司于 1798 年宣告倒闭。

[2] 让渡利润（Profit upon Alienation）是詹·斯图亚特在《政治经济学原理研究》1805 年伦敦版第 1 卷第 244 页使用的用语，其含义是：资本家的利润来自商品高于其价值的出售。马克思在《剩余价值理论》中分析了这一提法，见马克思《政治经济学批判（1861—1863 年手稿）》第 VI 笔记本，第 220~221 页。

[3] 古希腊哲学家伊壁鸠鲁认为有无数的世界，这些世界是按照它们本身的自然规律产生和存在的。神虽然存在，但存在于世界之外，存在于世界之间的空隙中，对宇宙的发展和人的生活没有任何影响。

[4] 本段和以下三段的论述，参见马克思《政治经济学批判（1861—1863 年手稿）》第 XV 笔记本，第 947、949 页。

[5] 地理上的发现，指古巴、海地和巴哈马群岛的发现，北美大陆的发现，绕过非洲南端到达印度的航路的发现以及南美大陆的发现，由此世界市场大大扩大，开始了殖民地掠夺，加速了欧洲资本的原始积累。地理发现后意大利北部热那亚、威尼斯等商业城市丧失了原有的作用，而葡萄牙、尼德兰、西班牙和英国由于地处大西洋沿岸而开始在世界贸易中起主要作用。

卡·马克思

马克思致路德维希·库格曼

汉诺威

1868 年 7 月 11 日于伦敦

亲爱的朋友：

……至于《中央报》，那个人已经作了尽可能大的让步，因为他承认，如果想象价值这个东西总还有点什么内容，就只好同意我的结论。[1]这个不幸的人看不到，即使我的书中根本没有论"价值"的一章，我对现实关系所作的分析仍然会包含对实在的价值关系的论证和说明。[2]胡扯什么价值概念必须加以证明，只不过是由于既对所谈的东西一无所知，又对科学方法一窍不通。任何一个民族，如果停止劳动，不用说一年，就是几个星期，也要灭亡，这是每一个小孩子都知道的。小孩子同样知道，要想得到与各种不同的需要量相适应的产品量，就要付出各种不同的和一定量的社会总劳动量。这种按一定比例**分配**社会劳动的**必要性**，决不可能被社会生产的**一定形式**所取消，而可能改变的只是**它的表现方式**，这是不言而喻的。自然规律是根本不能取消的。在不同的历史条件下能够发生变化的，只是这些规律借以实现的**形式**。而在社会劳动的联系体现为个人劳动产品的**私人交换**的社会制度下，这种按比例分配劳动所借以实现的形式，正是这些产品的**交换价值**。

……

选自《马克思恩格斯文集》第 10 卷，
人民出版社，2009，第 289 页

注释：

［1］指署名"赫"的书评《卡尔·马克思〈资本论。政治经济学批判〉（共三卷）。第一卷第一册。资本的生产过程。1867 年汉堡奥·迈斯纳出版社版》，载于《德国中央文学报》，1868 年 7 月 4 日第 28 号，第 754~756 页。

［2］指《资本论》第一卷德文第一版第一章（《商品与货币》）。在德文第二版及以后各版中，这一章相当于第一篇。

弗·恩格斯

恩格斯致马克思（节选）

伦　敦

1869 年 7 月 30 日于曼彻斯特

……

十分清楚，肥胖的巴枯宁隐藏在幕后。如果这个该死的俄国人真想用阴谋手段窃取工人运动的领导，那末现在该是好好教训他的时候了，该是提出一个泛斯拉夫主义者究竟能否成为国际工人协会会员的问题的时候了。这家伙很容易被捉住。他不要存在幻想，以为可以在工人面前扮演一个世界主义的共产主义者，而在俄国人面前扮演一个狂热的民族主义者——泛斯拉夫主义者。现在波克罕正好在对付他，给波克罕一些暗示，是极为适时的；当然，波克罕只能理解直率而明确的暗示。

……

你的弗·恩·

选自《马克思恩格斯全集》第 32 卷，
人民出版社，1974，第 334 页

弗·恩格斯

恩格斯致马克思（节选）

伦　敦

1869 年 10 月 24 日于曼彻斯特

……

从爱尔兰历史的例子中就可以看到，如果一个民族奴役其他民族，那对它自己来说该是多么的不幸。英国的一切卑鄙现象都可以从爱尔兰的佩耳找到它们的根源。关于克伦威尔时代，我还应当去研究，可是无论如何我认为有一点是无疑的：假如没有必要在爱尔兰实行军事统治和形成新的贵族，那末连英国也会呈现另一种局面。

你的弗·恩·

选自《马克思恩格斯全集》第 32 卷，
人民出版社，1974，第 359 页

卡·马克思

总委员会关于不列颠政府对被囚禁的爱尔兰人的政策的决议草案[1]

决定:

格莱斯顿先生在答复爱尔兰人要求释放被囚禁的爱尔兰爱国分子时(这一答复见格莱斯顿先生给奥谢先生等的信①)有意地侮辱了爱尔兰民族。

他提出的实行政治大赦的条件,无论对于坏政府手下的牺牲者或对于这些牺牲者所代表的人民,都同样是一种侮辱;

格莱斯顿身为政府官吏,曾经公开而郑重地表示欢迎美国奴隶主的暴动[2],而现在却向爱尔兰人民宣传消极服从的学说;

格莱斯顿先生对爱尔兰人大赦问题的全部政策,十足地、彻底地表现了他先前曾慷慨激昂地加以揭露因而推翻了他的政敌托利党的内阁的那种"征服政策"。[3]

国际工人协会总委员会对爱尔兰人民勇敢坚决而高尚地要求大赦的运动表示敬佩;

---

① 在总委员会的记录簿中,这句话是这样:"这一答复见格莱斯顿先生1869年10月18日给奥谢先生的信和1869年10月23日给伊萨克·巴特先生的信。"——编者注

本决议应通知欧美各国的**国际工人协会**的所有支部以及所有同它有联系的工人组织。

卡·马克思于1869年11月16日提出 载于1869年11月21日"雷诺新闻"、1869年11月27日"人民国家报"第17号、1869年12月12日"国际报"第48号	原文是英文 选自《马克思恩格斯全集》第16卷，人民出版社，1964，第433～434页

注释：

[1] "总委员会关于不列颠政府对被囚禁的爱尔兰人的政策的决议草案"是在1869年11月16日总委员会讨论爱尔兰问题时由马克思提出的。

　　1869年的夏天和秋天，在爱尔兰广泛地展开了争取赦免被囚禁的芬尼亚社社员的运动；在许多次群众大会（里美黎克和其他城市）上通过了请愿书，要求英国政府释放爱尔兰革命者。英国政府首脑格莱斯顿拒绝了爱尔兰人的要求。他在1869年10月18日和23日给争取大赦运动领导人奥谢和巴特的信中作了答复；这些信件载于1869年10月23日和27日的"泰晤士报"（马克思对格莱斯顿答复的评论见《马克思恩格斯全集》中文第1版第16卷，第665～668页）。英国政府拒绝赦免被囚禁的芬尼亚社社员一事，引起了1869年10月24日的伦敦抗议示威游行。伦敦工人参加了游行；马克思也参加了这次游行。

　　1869年11月9日，总委员会根据马克思的提议决定讨论不列颠政府对被囚禁的爱尔兰人的态度以及英国工人阶级在爱尔兰问题上的立场。在讨论过程中，马克思曾两次发言（见《马克思恩格斯全集》中文第1版第16卷，第664～669页），结果在1869年11月30日总委员会一致通过了马克思所提出的决议草案，只有一处根据英国工联改良主义领袖之一奥哲尔的提议作了修改，即删去了决议第一段中"有意地"三字。

　　决议草案的草稿见于1869年11月18日马克思给恩格斯的信的手稿，此外草案也见于埃卡留斯所做的总委员会记录中。决议发表于1869年11月21日"雷诺新闻"、1869年11月27日"人民国家报"第17号、1869年11月

28日"国民改革报"、1869年12月11日"平等报"第47号、1869年12月12日"国际报"第48号等。

列宁在他的著作"论民族自决权"中曾经全文引用了这一决议草案（见"列宁全集"中文版第20卷，第440页）。

[2] 指1862年10月7日格莱斯顿在新堡所做的演说。他在演说中祝贺杰·戴维斯担任分裂出来的南部蓄奴州同盟的总统。这一演说发表于1862年10月9日的"泰晤士报"，在总委员会的这次讨论中曾经不止一次地提到这个演说。

[3] 1868年12月，格莱斯顿的自由党政府替代了以迪斯累里为首的托利党政府。自由党提出的、使他们得以在议会选举中获得胜利的蛊惑性口号之一，就是格莱斯顿关于解决爱尔兰问题的诺言。当竞选正在激烈进行的时候，反对党在下院的会议上批评了托利党在爱尔兰的政策，把它同十一世纪时的诺曼底公爵威廉对英格兰的征服政策相比。

卡·马克思

马克思致路德维希·库格曼

汉诺威

1869年11月29日于伦敦

亲爱的库格曼：

……也许你在《人民国家报》上已经看到我提出的在爱尔兰大赦问题上反对格莱斯顿的决议案①。我现在抨击格莱斯顿——这件事在这里已经引起轰动——和以前抨击帕麦斯顿②完全一样。在这里进行煽动的流亡者喜欢从安全的远方攻击大陆上的专制君主。对我来说，只有当着威势逼人的暴君的面做这类事才觉得够刺激。

但是，我的关于爱尔兰大赦问题的发言，以及紧接着我在总委员会里提出的讨论英国工人阶级对爱尔兰的态度并作出有关决议的建议，除了要人声疾呼坚决支持被压迫的爱尔兰人反对他们的压迫者以外，当然还有其他目的。

---

① 马克思：《总委员会关于不列颠政府对被囚禁的爱尔兰人的政策的决议草案》，见《马克思恩格斯全集》中文第1版第16卷。——编者注
② 马克思：《帕麦斯顿勋爵》，见《马克思恩格斯全集》中文第2版第12卷。——编者注

我越来越确信——问题只在于要让英国工人阶级也确信——，只要英国工人阶级对爱尔兰的政策还没有和统治阶级的政策一刀两断，只要英国工人阶级还没有做到不仅和爱尔兰人一致行动，而且倡议取消1801年所实行的合并[1]，代之以自由联盟的关系，它在英国本土就永远不会有所作为。这是必须做到的，这并不是出于对爱尔兰的同情，而是基于英国无产阶级利益的要求。如果不这样做，英国人民就还得受统治阶级的摆布，因为**他们**必然要和统治阶级结成反对爱尔兰的统一战线。在英国本土的任何人民运动都会因为和爱尔兰人（他们占英国本土工人阶级的相当大的一部分）的不和而陷入瘫痪状态。英国无产阶级解放的**首要条件**——推翻英国的土地寡头政权——也就不能实现，因为当英国的土地寡头政权在爱尔兰还保持着自己的非常巩固的前哨时，它在英国本土的阵地就不可能被摧毁。但是，在那里，只要事情掌握在爱尔兰人民自己的手中，只要他们成为自己国家的立法者和执政者，只要他们获得了自治权，那么消灭土地贵族（其中大部分**也就是**英国的地主）要比在这里容易得多，因为这在爱尔兰不仅是一个单纯的经济问题，同时还是一个**民族**问题，因为那里的地主不像在英国这样是传统的显贵和代表人物，而是令人深恶痛绝的民族压迫者。英国和爱尔兰目前的关系不仅阻碍了英国内部的社会发展，而且也妨害了它的对外政策，特别是对俄国和美国的政策。

但是，因为英国工人阶级在整个社会解放的天平上毫无疑问是举足轻重的，所以杠杆必须安放在这里。实际上，克伦威尔时代的英吉利共和国就是由于爱尔兰而覆灭的。[2]不要重蹈覆辙！爱尔兰人和英国政府开了个大玩笑，他们把"被判决的重罪犯"奥顿诺凡—罗萨选为议员。政府报纸正以重新废除"人身保护法"[3]、重新恢复恐怖制度来进行威胁！实际上，英国从来都是依靠最残酷的恐怖政策和最卑鄙的收买手段来统治爱尔兰的，而且只要现在的关系继续保持下去，它也决不**可能**依靠别的手段来统治……

选自《马克思恩格斯文集》第 10 卷，人民出版社，2009，第 313～315 页

注释：

[1] 英国在美洲殖民地争取独立的战争中的失败引起了爱尔兰民族运动的高涨。1782 年，英国议会迫于爱尔兰民族运动的压力，通过了关于废除英国议会替爱尔兰颁布法律的权利和把这项权利移交给爱尔兰议会的法令。1783 年英国议会通过了一项新的《放弃权利法令》，再次确认了 1782 年的法令。这意味着在立法方面承认了爱尔兰的自治。但是，在 1798 年爱尔兰民族解放起义被镇压下去后，英国政府实际上取消了对爱尔兰的这些让步，而把英爱合并强加给了爱尔兰。从 1801 年 1 月 1 日起生效的英爱合并，消除了爱尔兰自治的最后痕迹，并取消了爱尔兰议会。英爱合并巩固了英国在爱尔兰的殖民统治。因此，英爱合并遭到爱尔兰人的反抗，从 19 世纪 20 年代起，取消合并的要求在爱尔兰成为深得人心的口号。

[2] 1641 年 10 月，在英国资产阶级革命前夕，爱尔兰爆发了一次民族起义，几乎使该岛的大部分完全脱离英国。这次起义于 1649～1652 年被奥·克伦威尔镇压下去。对爱尔兰起义的残酷镇压，使英国新土地贵族夺取了大量土地，资产阶级大地主势力的加强为 1660 年王朝复辟提供了基础。

[3] 人身保护法是 1679 年英国议会通过的一项法令，根据这一法令，被捕者可以要求公布将其送交法庭的命令，说明逮捕的理由，以便审查逮捕的合法性。同时被捕者必须于短期内（3～20 天）送交法庭，法庭根据对逮捕原因的审查，或释放被捕者，或将其押回监狱，或取保释放。人身保护法不适用于叛国罪案件，而且根据议会的决定可以暂时中止其生效。

卡·马克思

马克思致恩格斯（节选）

曼彻斯特

1869 年 12 月 10 日于伦敦

……

下星期二我将把这个问题用下列形式提出来：完全撇开**替爱尔兰主持公道**的各种"国际主义的"和"人道主义的"词句——这一点在**国际委员会**里是不言而喻的——，指出**英国工人阶级直接的绝对的利益，是要它摆脱现在同爱尔兰的关系**。我确信这一点，至于其理由，有一部分我是**不能**向英国工人说明的。我长期以来认为可以借英国工人阶级的崛起来推翻统治爱尔兰的制度。我在《纽约论坛报》上总是维护这种观点①。但是我更加深入地研究了这个问题以后，现在又得出了相反的信念。只要英国工人阶级没有摆脱爱尔兰，那就**毫无办法**。杠杆一定要安放在爱尔兰。因此，

---

① 参看马克思《强迫移民。——科苏特和马志尼。——流亡者问题。——英国选举中的贿赂行为。——科布顿先生》，《马克思恩格斯全集》中文第 2 版第 11 卷。——编者注

爱尔兰问题才对整个社会运动有这样重大的意义。

……

你的卡·摩尔

选自《马克思恩格斯文集》第 10 卷，人民出版社，2009，第 316 页

卡·马克思

总委员会致瑞士罗曼语区联合会委员会

……
5. 关于总委员会就爱尔兰大赦所作的决议①**问题。**

如果说英国是大地土所有制和欧洲资本主义的堡垒，那末唯一能使官方英国受严重打击的地方**就是爱尔兰**。

第一，爱尔兰是英国大地主所有制的**支柱**。如果大地主所有制在爱尔兰崩溃了，它在英国也必定要崩溃。在爱尔兰发生这样的事可能要容易一百倍，因为**那里的经济斗争只是集中在土地所有制上**，因为在那里这一斗争同时又是民族斗争，因为爱尔兰人民比英国人民更富有革命情绪和更加顽强不屈。爱尔兰的大地主所有制仅仅是靠**英国军队**来维持它的地位。一旦这两个国家的**强制的合并**[1]停止，社会革命，尽管是古老形式的社会革命，就会在爱尔兰爆发。英国的大地主所有制不仅会失去它的巨大的财富来源，而且会失去作为**英国统治爱尔兰的代表者的那种道义力量的最重要来源**。另一方面，如果让英国大地主在爱尔兰保持强大的势力，英国无产阶级就无法使他们在英国本土受到损害。

第二，英国资产阶级不仅利用爱尔兰的贫困，以便通过对爱尔兰贫民

---

① 见《马克思恩格斯全集》中文第 1 版第 16 卷，第 433~434 页。

采取的**强制移民**手段来使英国工人阶级的状况更加恶化，除此以外，它还把无产阶级分成两个敌对的营垒。克尔特工人的革命热情和盎格鲁撒克逊工人的严肃的但是迟缓的性格没有和谐地结合起来。相反，在所有的**英国大工业中心**，英国无产者和爱尔兰无产者之间存在着很深的对立。普通的英国工人憎恨爱尔兰工人，把他们看做降低工资和 standard of life［**生活水平**］的竞争者，他们对爱尔兰工人抱有民族的和宗教的厌恶，几乎像美国南部各洲的 poor white［**白种贫民**］看待黑奴那样看待他们。资产阶级在英国本土的无产者之间人为地煽起和培植这种对立。资产阶级知道，无产者的这种分裂状态是保存它的势力的真正秘诀。

在大西洋彼岸也产生了这样的对立。被**牛群**和**羊群**从故乡排挤出去的爱尔兰人在美国重逢，他们是那里的居民中人数众多而且不断增长的一部分。他们一致的思想，一致的情感就是憎恨英国。英国政府和美国政府，也就是说这两个政府所代表的那些阶级，正在培植这样的情感，其目的是使美国和英国之间的隐蔽的斗争永远继续下去。它们以此来阻挠大西洋两岸的工人之间的严肃而真诚的联合，从而阻挠他们的共同解放。

爱尔兰是英国政府维持**庞大的常备军**的唯一借口，一旦需要，正像已经发生过的那样，就把这支在爱尔兰受过军阀主义教育的军队用来对付英国工人。

最后，目前在英国正重复着在古罗马到处都能看到的事件。奴役其他民族的民族是在为自身锻造镣铐。

因此，国际协会在爱尔兰问题上的立场是十分明确的。它的主要任务是加速英国的社会革命。为了达到这个目的，必须在爱尔兰进行决定性的打击。①

总委员会关于爱尔兰大赦的决议只是其他另一些决议的引言，那些决议将讲到：姑且不谈国际上的公道，英国**工人阶级解放的先决**条件是把现

---

① 手稿上在"必须在爱尔兰进行……打击"之后删去了下面一句话："用一切方法促进爱尔兰人的经济斗争和民族斗争"。——编者注

存的**强制的合并**，即对爱尔兰的奴役，变为**平等自由的联盟**——如果这是可能的话，或者**完全分离**——如果这是必要的话。

此外，《平等报》和《进步报》所提出的关于社会运动和政治运动之间的联系的理论，或者更确切些说，关于二者之间没有联系的极端无知的理论，据我们所知，从来没有在任何一次国际代表大会上被承认。它同我们的章程相矛盾。……

受总委员会的委托

卡·马克思写于1870年1月1日左右　　　　　　　　　　　　原文是法文
　　　　　　　　　　　　　　　　　　　　　选自《马克思恩格斯全集》第16卷，
　　　　　　　　　　　　　　　　　　　　　人民出版社，1964，第439~441页

注释：

［1］指英国政府在镇压1789年爱尔兰民族解放起义后强加给爱尔兰的英爱合并。于1801年1月1日生效的合并消灭了爱尔兰自治的最后痕迹，并且废除了爱尔兰议会。合并使英国在爱尔兰的殖民统治臻于巩固。实行合并的后果之一是取消了十八世纪末爱尔兰议会为维护新生的爱尔兰工业而制定的保护关税政策，这一来爱尔兰的工业便完全凋敝了。

卡·马克思

马克思致恩格斯（节选）

曼彻斯特

1870 年 2 月 12 日 ［于伦敦］

……

恩·弗列罗夫斯基的书的名称是：

《**俄国工人阶级的状况**》。**1869** 年圣彼得堡尼·彼·波利亚科夫出版社版。

弗列罗夫斯基的书使我非常开心的一点，就是他针对农民**直接税**的论战。这完全是沃邦元帅和布阿吉尔贝尔的再现。他也感到，农民的状况和过去法国帝制时代（从路易十四时期以来）相似。象蒙泰一样，他很了解每个民族的性格特点——"卡尔梅克人爽直"，"莫尔多瓦人尽管很脏，然而富有诗意"（他拿他们和爱尔兰人相比），"鞑靼人机灵，活泼，崇尚享乐"，"小俄罗斯人富有才华"，等等。他作为一个善良的大俄罗斯人，教训自己的同胞怎样才能把所有这些民族对他们的**仇恨**转变过来。同时，他还引用一个真正**俄罗斯**的移民区从波兰迁移到西伯利亚的事件作为仇恨的例子。这些人只懂俄语，不会说一句波兰语，然而都认为自己是波兰人，并对俄罗斯人怀着波兰人的仇恨，等等。

从他的书中可以得出无可争辩的结论：俄国的现状再不能维持下去了，解放农奴自然只是加速了瓦解的进程，可怕的社会革命迫在眉睫。从这里也可以看到现在俄国大学生等等中间风行一时的学校青年虚无主义的现实基础。顺便提一下，在日内瓦成立了一个新的俄国大学生流亡者的侨民团体，他们在自己的纲领中宣布要同泛斯拉夫主义进行斗争，并代之以"国际"。[1]

弗列罗夫斯基在专门的一章中指出，异民族"俄罗斯化"纯属乐观的幻想，**甚至在东方**也是如此。

……

你的卡·马·

选自《马克思恩格斯全集》第 32 卷，
人民出版社，1974，第 428 页

注释：

[1] 马克思指一批俄国政治流亡者，这些人是非贵族出身的具有民主主义思想的青年，革命民主主义者车尔尼雪夫斯基和杜勃罗留波夫的追随者。1870 年春季，他们在日内瓦成立了第一国际俄国支部。1869 年逝世的国际会员亚·亚·谢尔诺-索洛维也维奇在这个支部的筹建工作中起过重大的作用。1870 年 3 月 12 日支部委员会把它的纲领、章程寄给了总委员会，并且写信给马克思，请他担任支部在国际工人协会总委员会中的代表。俄国支部的纲领规定支部的任务如下："1. 利用一切可能的合理手段（其特殊方式和方法决定于国内状况本身）在俄国宣传国际协会的思想和原则；2. 协助在俄国工人群众中建立国际支部；3. 帮助建立俄国劳动阶级和西欧劳动阶级之间的巩固的团结一致的联系，并通过互助来促使他们共同的解放目的能够较顺利地实现。"（1870 年 4 月 15 日《人民事业》创刊号）

在 1870 年 3 月 22 日的总委员会会议上，俄国支部被接受加入国际，马克思承担了该支部在总委员会中的代表的任务。俄国支部在马克思和恩格斯反对巴枯宁分子的分裂活动的斗争中给了他们很大的帮助。俄国支部的成员——尼·吴亭、安·特鲁索夫、叶·巴尔田涅娃、格·巴尔田涅夫、伊·德米特里耶娃和安·科尔文-克鲁科夫斯卡娅，积极地参加了瑞士的和国际的工人运动。支部曾经试图同俄国本土的革命运动建立联系。支部实际上在1872年停止了活动。

卡·马克思

马克思致德维希·库格曼

汉诺威

1870 年 2 月 17 日于伦敦

亲爱的库格曼：

……你寄给我的小册子，是德国人居住的俄罗斯波罗的海沿海各省的特权等级目前用来呼吁德国人给予同情的一种辩护词。这帮**流氓**一向都以热心为俄国的外交、军队和警察效劳而出名，自从这些省区从波兰划归俄国以后，他们便心甘情愿地出卖自己的民族来换取剥削农民的合法权利，现在却因为看到自己的特权地位受到威胁而喊叫起来。旧的等级制度、正统的路德教以及对农民的榨取，这就是他们所谓的**德国文化**，他们要欧洲现在行动起来，保卫这种文化。因此，这本小册子的最后一句话也是，**地产是文明的基础**，而据这位可怜的小册子作者自己供认，这种地产大多是领主的地产或**须交纳赋税的小农地产**。

这个家伙在他的那些——有关俄国公社所有制方面的——引证中既表现了自己的无知，也露出了马脚。谢多—费罗蒂就是这类人中的一个，他们宣称（当然是为了地主的利益）公社所有制是造成俄国农民悲惨境况的原因，这同以前有人把西欧**农奴制度的废除**——而不是把农奴丧失自己的土地——说成产生赤贫现象的原因是一模一样的。俄文的《土地和自由》

一书也是这类货色。它的作者是波罗的海的地主**冯·利林费尔德**。造成俄国农民贫困的原因也就是在路易十四等人统治下造成法国农民贫困的原因，即**国税和交给大地主的代役税**。**公社所有制**并没有造成贫困，恰恰相反，只有它才减轻了贫困。

其次，**公社所有制起源于蒙古**的说法是一个历史谎言。正像我在我的著作①中多次指出的那样，它起源**于印度**，因而在欧洲各文明民族发展的初期都可以看到。俄国公社所有制的特殊的**斯拉夫的**（不是蒙古的）形态（它也可以在**非俄罗斯的南方斯拉夫人**中看到），经过相应的改变，甚至与印度公社所有制的**古代德意志的**变种极为相像。

波兰人**杜欣斯基**在巴黎宣称大俄罗斯部族**不是斯拉夫族**，而是**蒙古族**，并且旁征博引试图证明这一点，②这从一个波兰人的立场来说是正常的。但是这种见解是错误的。不是在俄国农民中，而只是在俄国贵族中才混杂着大量的蒙古—鞑靼族成分。法国人**昂利·马丁**的理论是从杜欣斯基那里搬来的，而"有灵感的哥特弗里德·金克尔"翻译了马丁的书③并成为波兰的热心拥护者，目的是让民主党忘记他在俾斯麦面前的卑躬屈节行为……

选自《马克思恩格斯文集》第 10 卷，
人民出版社，2009，第 319~320 页

---

① 马克思：《政治经济学批判·第一分册》，见《马克思恩格斯全集》中文第 2 版第 31 卷，第 426 页。另见马克思《资本论》第 1 卷，《马克思恩格斯文集》第 5 卷，第 95 页。——编者注
② 弗·杜欣斯基：《斯拉夫人的起源。波兰人和卢西人》，1861 年巴黎版。——编者注
③ 昂·马丁：《俄国和欧洲》，1866 年巴黎版。——编者注

卡·马克思

马克思致齐格弗里特·迈耶尔和奥古斯特·福格特（节选）

纽　约

1870年4月9日于伦敦

……

后天（4月11日）我将把手头的一些国际的文件寄给你们。（今天已经来不及送到邮局去了。）同时，我将再寄给你们一些"巴塞尔"的材料。

在我寄给你们的材料中，你们还可以找到几份你们所知道的总委员会**11月30日通过的关于爱尔兰大赦**的决议（由我起草的），以及一本关于被判刑的芬尼社社员所受待遇的爱尔兰文小册子。

我曾打算再提出几个关于必须把现在的这种合并[1]（即对爱尔兰的奴役）变为同大不列颠的自由平等的联盟的决议案。由于我无法出席总委员会，这件事情就暂时搁置起来，没能作出公开的决议。总委员会里没有一个委员可以在这方面代替我，因为他们对爱尔兰问题没有足够的知识，而且在总委员会的**英国**委员中也没有足够的威信。

可是时间并没有白白地过去，我请你们特别注意下列各点：

对爱尔兰问题作了多年研究之后，我得出了这样的结论：**不是在英**

国，而**只有在爱尔兰**才能给英国统治阶级以决定性的打击（而这对全世界的工人运动来说是有决定意义的）。

1870年1月1日①总委员会发出一个由我用法文草拟的秘密通告②（就反过来影响英国而言，重要的仅仅是法国报纸，而不是德国报纸），其中阐述了爱尔兰的民族斗争和工人阶级解放的关系，从而也就阐述了国际工人协会对爱尔兰问题应该采取的态度。

在这里，我只简略地把要点告诉你们。

爱尔兰是**英国土地贵族**的堡垒。对爱尔兰的剥削不仅是他们的物质财富的主要来源，而且也是他们最大的**精神**力量。英国土地贵族事实上代表着**英国对爱尔兰的统治**。所以爱尔兰是英国贵族用来维持**他们在英国本土的统治**的最重要的工具。另一方面，如果英国军队和警察明天从爱尔兰撤走，那末爱尔兰立刻就会发生土地革命。但是，英国贵族如果在爱尔兰被推翻，那末，他们在英国也就会并且必然会被推翻。这就为英国的无产阶级革命创造了前提。因为在爱尔兰**土地问题**一向是社会问题的**唯一形式**，因为这个问题对绝大多数爱尔兰人民来说是一个生存问题，即**生或死的问题**，同时它又是同民族**问题**分不开的，所以，在爱尔兰消灭英国的土地贵族比在英国本土要容易得多。何况爱尔兰人比英国人更热情，更富于革命性。

至于英国**资产阶级**，它首先是和英国贵族有着共同的利益，都想把爱尔兰变成一个纯粹的牧场，向英国市场提供最廉价的肉类和羊毛。他们也都想用驱逐佃户和强制移民的办法使爱尔兰的人口尽量减少，少到能够让**英国资本**（租佃资本）"安全地"在这个国家里发挥作用；他们都想清扫爱尔兰领地，象过去清扫英格兰和苏格兰的农业区的领地一样。此外，现在每年流入伦敦的在外地主[2]的收入和其他从爱尔兰得到的收入六千到一

---

① 手稿为："1869年12月1日"。——编者
② 卡·马克思：《总委员会致瑞士罗曼语区联合会委员会》，见《马克思恩格斯全集》中文第1版第16卷。——编者注

万英镑，也应当计算在内。

但是，英国资产阶级在爱尔兰当前的经济中还有更重要得多的利益。由于租地日益集中，爱尔兰就不断为英国的劳动市场提供自己的过剩人口，因而使英国工人阶级的工资降低，物质状况和精神状况恶化。

而最重要的是：英国所有工商业中心的工人阶级现在都**分裂为**英国无产者和爱尔兰无产者这样两个**敌对**阵营。普通的英国工人憎恨爱尔兰工人，把他们看作会使自己的生活水平降低的竞争者。英国工人觉得自己对爱尔兰工人来说是**统治**民族的一分子，正因为如此，他们就变成了本民族的贵族和资本家用来**反对爱尔兰**的工具，从而巩固了贵族和资本家**对他们自己**的统治。他们对爱尔兰工人怀着宗教、社会和民族的偏见。他们对待爱尔兰工人的态度大致象以前美国各蓄奴州的白种贫民对待黑人的态度。而爱尔兰人则以同样的态度加倍地报复英国工人。同时，他们把英国工人看作**英国对爱尔兰的统治**的同谋者和盲目的工具。

报刊、教堂讲坛、滑稽书刊，总之，统治阶级所掌握的一切工具则人为地保持和加深这种对立。**这种对立就是英国工人阶级虽有自己的组织但没有力量的秘密所在**。这就是资本家阶级能够保存它的势力的秘密所在。这一点资本家阶级自己是非常清楚的。

祸害还不止于此。它还越过了大洋。英国人和爱尔兰人之间的对立是美国和英国之间的冲突的隐秘的基础。它使两国工人阶级之间不可能有任何认真的和诚意的合作。它使两国政府能在它们认为合适的时候，用互相恐吓的手段，在必要时用两国之间的战争去缓和社会冲突。

英国作为资本的大本营，作为至今统治着世界市场的强国，在目前对工人革命来说是最重要的国家，同时它还是这种革命所需要的物质条件在某种程度上业已成熟的**唯一**国家。因此，加速英国的社会革命就是国际工人协会的最重要的目标。而加速这一革命的唯一办法就是使爱尔兰独立。因此，国际的任务就是到处把英国和爱尔兰的冲突提到首要地位，到处都公开站在爱尔兰方面。伦敦中央委员会的特殊任务就是唤醒英国工人阶级，使他们意识到：**爱尔兰的民族解放对他们来说**并不是一个抽象的正义或博爱的问题，而是**他们自己的社会解放的首要条件。**

这个通告的几个要点大致就是这样，同时通告还说明了中央委员作出爱尔兰大赦的决议的理由。此后不久，我寄给《国际报》（在布鲁塞尔的我们的比利时中央委员会①的机关报）一篇论述英国人对芬尼亚社社员及其他人的待遇并反对格莱斯顿等人的激烈的匿名文章②。我在这篇文章中还同时指责了法国的共和主义者们（《马赛曲报》登载了可怜的塔朗迪埃在这里所写的论述爱尔兰的一篇愚蠢的东西），说他们由于民族的自私心，而把自己全部的愤怒都贮藏起来准备对付法兰西帝国。

这篇文章发生了作用。我的女儿燕妮用"燕·威廉斯"的笔名（她在给编辑部的私人信中自称燕妮·威廉斯）给《马赛曲报》写了一系列文章，并且还公布了奥顿诺凡—罗萨的一封信。③ 由此引起了很大的轰动。**格莱斯顿**多年来一直无耻地拒绝**议会调查**对被囚禁的芬尼社社员的待遇问题进行，最后他也**因此**不得不同意了。燕妮现在已经是《马赛曲报》在爱尔兰问题方面的正式通讯员了。（**这一点当然不要对外人说。**）英国政府和英国报刊感到非常恼火的是，爱尔兰问题目前在法国**成了注意的中心**，而且整个大陆上的人们正在通过巴黎来监视和揭露这些坏蛋。

还有一个附带的收获：我们已经迫使在都柏林的爱尔兰领袖和新闻工作者等等同我们建立了联系，而这一点是**总委员会**至今没有做到的！

在美国，现在你们有广阔的天地，来按同样的精神进行工作。使**德国工人同爱尔兰工人**（当然，也同那些愿意联合的英国工人和美国工人）**联合起来**，这就是你们现在能够进行的最重要的工作。这必须以国际的名义

---

① 比利时联合会委员会。——编者注
② 卡·马克思：《英国政府和被囚禁的芬尼亚社社员》，见《马克思恩格斯全集》中文第1版第16卷。——编者注
③ 燕妮·马克思关于爱尔兰问题的文章，见《马克思恩格斯全集》中文第1版第16卷附录。——编者注

去做。必须把爱尔兰问题的社会意义解释清楚。

下一次，我将专门谈谈英国工人的情况。

敬礼和兄弟情谊。

卡尔·马克思

选自《马克思恩格斯全集》第 32 卷，
人民出版社，1974，第 654~658 页

注释：

[1] 马克思指的是取消 1801 年英爱合并的要求。英爱合并是英国政府镇压 1798 年爱尔兰民族解放起义后强迫爱尔兰接受的。合并自 1801 年 1 月 1 日起生效，它消灭了爱尔兰自治的最后痕迹，并废除了爱尔兰议会。从十九世纪二十年代起，取消英爱合并的运动在爱尔兰获得广泛的开展。但是领导运动的资产阶级自由派（奥康奈尔等人）却只是把为取消合并而进行的鼓动看作是爱尔兰资产阶级从英国政府取得小小让步的一种手段。在群众运动的影响下，爱尔兰的自由派不得不在 1840 年建立了合并取消派协会，他们力图使这个协会和英国各统治阶级妥协。

[2] 在外地主（来自《absent》——"缺席者"）是通常不居住在自己地产上的大地主，这里指的是那些把爱尔兰地产上的收入挥霍于英国的地主，他们把地产交给土地代理人管理，或者出租给靠投机中饱的经纪人，后者再以苛刻的条件转租给小佃户。

弗·恩格斯

爱尔兰歌曲集代序[1]

爱尔兰的民间歌曲一部分产生于古代，另一部分产生于近三四百年间，其中有许多是上一世纪才产生的；创作特别多的是当时最后一批爱尔兰弹唱诗人中的卡罗兰。这些弹唱诗人或竖琴手（他们既是诗人，又是作曲家，又是歌手）以前为数很多，每一个爱尔兰首领在他的城堡中都有自己的弹唱诗人。不少弹唱诗人也作为流浪歌手，飘泊在全国各地，遭受着英国人的迫害；英国人把他们看做民族的、反英格兰的传统的主要代表者，并不是毫无根据的。这些弹唱诗人使人民始终鲜明地记得那些歌唱芬·麦库阿耳（麦克菲尔逊在他的完全根据这些爱尔兰歌曲编成的"奥辛"[2]中，从爱尔兰人那里剽窃了这个人物，易名为芬加耳，并改为苏格兰人）的胜利、古代塔腊王宫的豪华、布里安·博卢国王的英雄事迹的古代歌曲，以及稍后一些的关于爱尔兰首领同Sassenach（英国人）作战的歌曲，弹唱诗人在他们的歌曲中也颂扬了他们同时代的为独立而战的爱尔兰首领们的功勋。但是，到十七世纪时，伊丽莎白、詹姆斯一世、奥利弗·克伦威尔和荷兰的威廉使爱尔兰人民完全沦为奴隶，掠夺他们，把他们的土地抢去给英国征服者，使爱尔兰人失去法律的保护，成为一个备受压迫的民族，这时流浪歌手们也像天主教神甫们一样遭到了迫害；到本世纪初，他们已经逐渐绝迹了。他们的名字被遗忘，他们的诗歌只留下一些片断；他们给自己被奴役的但是没有被征服的爱尔兰人民留下的最宝贵的遗产，就是他们的歌曲。

所有用爱尔兰文写的诗，每一节都是四行；因此，这种四行一节的格式，虽然往往不大明显，通常还是大多数歌曲、特别是古老的歌曲的基础；此外还常常附有叠句或竖琴弹奏的尾声。目前，在爱尔兰的大部分地区已经只有老年人才懂得爱尔兰语，或者已经谁也不懂得爱尔兰语，但即使在这个时候，有许多这种古老的爱尔兰歌曲，人们还是只知道它们的爱尔兰文名称或者开头的歌词。大部分比较晚近的歌曲，则已经有了英文名称和英文歌词了。

这些歌曲大部分充满着深沉的忧郁，这种忧郁直到今天也还是民族情绪的表现。当统治者的压迫手段日益翻新、日益现代化的时候，难道这个被统治的民族还能有其他的表现吗？四十年前第一次使用而在近二十年间达到顶点的最新手段，就是把爱尔兰人大批地驱逐出他们的故土，而在爱尔兰，这就等于驱逐出国境。从1841年起，爱尔兰的人口减少了250万，有300万以上的爱尔兰人流亡国外。这一切都是由于来自英格兰的大地主追求利润和强行勒索而造成的。如果这种情况再继续三十年，爱尔兰人恐怕只有在美洲才能找得到了。

弗·恩格斯写于1870年7月5日左右　　　　　　　　　　　　　　　　原文是德文

选自《马克思恩格斯全集》第16卷，
人民出版社，1964，第574~575页

注释：

[1]"爱尔兰歌曲集代序"是恩格斯应马克思的大女儿燕妮的请求写作的。这篇短文本来是为准备出版的歌曲集"爱尔兰竖琴"（《Erins-Harfe》，按诗人托马斯·穆尔所著"爱尔兰旋律"谱成）写的。1870年7月17日，燕妮·马克思将恩格斯的这篇短文寄给汉诺威的库格曼博士，请他转给这本集子的出版人和编者约·里谢。但是，根据马克思列宁主义研究院所保存的1870年在汉诺威出版的"爱尔兰竖琴"看来，序言中未采用恩格斯的短文。1955年这篇

短文第一次发表于意大利杂志"工人运动"(《Movimento Operaio》)第2期，以后，1957年又发表于法国杂志"思想"(《La Pensée》)第75期；在本卷中这篇短文第一次以俄文发表。

[2] 指苏格兰诗人麦克菲尔逊所写的所谓"奥辛诗集"，1760～1765年他把这诗集作为传说中的克尔特弹唱诗人奥辛的作品出版。麦克菲尔逊是以后来在苏格兰经过加工的古爱尔兰史诗作为这些诗歌的基础的。

弗·恩格斯

爱尔兰史[1]

自然条件

欧洲的西北角有一个国家，它的历史我们将要加以研究；这是一个面积为1530平方德里或32500平方英里的岛屿。而在爱尔兰和欧洲的其余部分之间还有一个三倍大的岛屿，为简便起见，我们通常称它为英格兰；这个岛屿从北、东和东南三面环抱爱尔兰，只在朝向西班牙、法国西部和美洲方面给它留下一个空隙。

把这两个岛屿分隔开来的一条海峡，南部最狭窄处是50～70英里，北部有一处是13英里宽，另一处是22英里宽，所以在北部，爱尔兰的苏格人早在公元五世纪以前就移居到邻岛，并在那里建立了苏格兰国。南部的海峡太宽，爱尔兰人和不列颠人的小船都无法通过，甚至对罗马人的近海航行的平底船来说，也是一种严重的障碍。但是，一到弗里西安人、盎格鲁人、撒克逊人、以及后来的斯堪的那维亚人大胆地坐上龙骨船驶进一望无边的大海时，这个海峡就不再成为障碍了；爱尔兰遭到了斯堪的那维亚人的海盗式的侵袭，并且成了英格兰人的唾手而得的猎物。而一当诺曼人在英格兰建立起统一而强大的政权以后，这两个相邻的岛屿中较大的一个岛屿就开始显示出它的作用，——当时这就意味着征服战争。[2]

此后，在进行这一战争时，英格兰取得海上霸权的时期来到了，这就使任何旁来的干预都不可能获得成功。

最后，既然较大的岛屿完全成为一个统一的国家，那末这个国家自然也就力图把爱尔兰完全同化。

这种同化如果真的成功，它的进程就应完全归入历史领域。这一进程应由历史来判决，但是要回到过去却已经不可能了。而既然在七个世纪的斗争以后同化**并没有**成功；既然在征服者对爱尔兰接连不断地进行冲击的每次新的浪潮之后，反而是他们自己**被爱尔兰**所同化；既然爱尔兰人直到现在也并没有成为英格兰人或者所谓的"西不列颠人"，就像只受了一百年压迫的波兰人并没有成为"西俄罗斯人"那样；既然斗争还没有结束，而且除了消灭被压迫的 race〔种族〕，也没有可以用别的方式来结束这一斗争的征兆——那末，任何地理上的借口都不能证明征服爱尔兰乃是英国的天职。

……

如果不抱任何成见，没有被爱尔兰地主和英国资产者的自私自利的叫嚷搅昏头脑，那就应当说，就土壤和气候而论，爱尔兰有些地区较适宜于畜牧业，有些地区较适宜于农业，还有一些地区（它们占绝大部分），就像到处可以遇到的情况那样，既适宜于畜牧业，也适宜于农业。和英国相比，爱尔兰总的来说更适宜于畜牧业；不过要把英国和法国相比，那英国也同样更适宜于畜牧业。但是，难道因此就可以说全英国都应该变成牧场，就可以说，为了要腾出地方来饲养牲畜以便日后把牲畜运到法国去换取丝织品和酒类，英国的所有农业人口，除了少数牧民以外，都得迁到工业城市或美国去？然而，渴望提高地租的爱尔兰地主和力图压低工资的英国资产者，对爱尔兰却正是这样要求的，这一点高德文·斯密斯已说得够清楚了。并且，这种变耕地为牧场所暗示的社会革命，其规模在爱尔兰将比在英国更大得多。在英国，占优势的是大规模的农业，雇农劳动已多半为机器所代替，那种社会革命至多是使100万人迁离故土；但是在爱尔兰，占优势的是小规模的农业，甚至是用铁锹进行的耕作，那种社会革命就会把400万人逐出故土，根本灭绝爱尔兰人。

我们看到，甚至自然现象本身也成了英国和爱尔兰两国之间争执的对象。而我们同时也看到，英国统治阶级的舆论（大陆上只有它能够为人所知）如何随着时势和利益的变化而反复无常。今天英国急需有保证地输入粮食，于是爱尔兰就似乎是天生适于种小麦的；明天英国需要肉类，于是爱尔兰就又只适于作牧场之用了；存在500万爱尔兰人这件事实把一切政治经济学规律都破坏了，必须把他们赶走，让他们随便滚到什么地方去吧！

古代的爱尔兰

古希腊和古罗马的著作家以及教会的神甫们，关于爱尔兰都讲述得很少。

但是还存在着相当丰富的地方文献，虽然在十六世纪和十七世纪时有许多爱尔兰的手稿已经毁于战火。这些文献包括短诗、文法、辞典、年表和其他历史著作以及法律汇编。不过，除去极少数的例外，所有这些至少包括了八世纪至十七世纪这一时期的文献，都只是**手写本**。用爱尔兰语出版书籍是不久以前才开始的，恰好是在这种语言已开始消亡的时候。因此，原有的丰富材料只有极小的一部分可以被利用。

在年表中最重要的是《**提格尔纳赫**神甫年表》（该神甫于1088年去世），《**奥尔斯脱年表**》，特别是《**四教长**年表》。《四教长年表》是1632～1636年圣芳济派教士迈克尔·奥克莱里领导其他三个seanchaidhes（编年史家）在多尼果耳修道院编成的，他们所根据的材料现在几乎已经完全散失。这部带有批注并附有英译文的年表是奥顿诺凡于1856年据现在还保存着的多尼果耳修道院原手稿出版的。①以前查理·奥康瑙尔博士出版的书（《四教长年表》第1部分，《奥尔斯脱年表》等）的原文和译文都是不可靠的。[3]

---

① 由约翰·奥顿诺凡博士出版并附有英译文的"四教长编爱尔兰王国年表"七卷集，1856年都柏林第2版四开本（《Annala Rioghachta Eireann，Annals of the Kingdom of Ireland by the Four Masters》．Edited，With an English Translation，by D-r John O'Donovan，2edit，Dublin，1856，7vol. in 4°）

这些年表大都从爱尔兰的神话式的史前史开始，它们的基础是古代民间传说，这些传说曾由九世纪和十世纪的诗人大加修饰，后来又由教士编年史家按年代加以整理。例如，《四教长年表》以创造世界后的第2242年作为开始的日期，据说当时挪亚的孙女凯撒尔在洪水之前的40天在爱尔兰登岸；别的年表则认为苏格人的祖先，这些最后来到爱尔兰的移民，源出于雅典的直系血统，并把他们同摩西、埃及人和腓尼基人联系起来，正如我们的中世纪编年史家把日耳曼种族的祖先同特洛伊、亚尼雅士或亚历山大大帝联系起来一样。《四教长》一共只用几页记述了这些无稽之谈（迄今还没有能够把其中唯一有价值的东西，即真正的古代民间传说区分出来）；《奥尔斯脱年表》对这些完全没有记载；而提格尔纳赫则以在当时来说是惊人的大胆的批判精神，宣称基姆拜特王（约纪元前300年）以前的苏格人的所有传说都不可靠。但是到了上一世纪末叶，爱尔兰开始了一种新的民族生活，同时对爱尔兰的文献和历史也产生了新的兴趣，于是教士们的这些虚构正好成了最珍贵的材料。由于道地的克尔特人的热情以及爱尔兰那种特有的天真，信仰这些奇谈曾被宣布为爱尔兰爱国主义的重要组成部分。这当然也就为绝顶聪明的英国学术界人士（他们在语言学和历史学批判方面的著作在世界所有其他地方都享有很高的声誉）提供了一种求之不得的借口，好把爱尔兰的一切都当做极端荒谬的东西而加以摒弃。①

---

① 当时的最天真的作品之一是"艾里编年史，盖尔人、苏格人、伊伯尔人或爱尔兰人的历史，奥康瑙尔译自斯基台语腓尼基方言的原手稿"两卷集1822年伦敦版（《The Chronicles of Eri, being the History of the Gaal Sciot Iber, or the Irish People, translated from the original manuscripts in the Phoenician dialect of the Scythian Language by O'Connor》, London, 1822, 2 vol.）。斯基台语腓尼基方言，这当然就是爱尔兰人的克尔特语，而原手稿则是任意选出的一篇诗体的编年史。这本书的出版者阿瑟·奥康瑙尔是1798年的流亡者，后来成为英国宪章运动领袖的菲格斯·奥康瑙尔就是他的侄子。据说他是古代奥康瑙尔家族，即康诺特诸王的后裔，而且可以说是爱尔兰王位追求者。扉页前还有一张他的照片，他有一张爱尔兰人的漂亮而愉快的面庞，和他的侄子菲格斯像得出奇；他右手拿着王冠。下面写着"奥康瑙尔——本族的首领，奥康瑙尔——本国被辱人民的领袖：'战败的，但不是屈服的'"（《O'Connor—cear-rige, head of his race, and O'Connor, chief of the prostrate people of his nation；《Soumis, pas vaincus》）。

......

爱尔兰的神话式的史前史中谈到许多次入侵，那些入侵一次接着一次地发生，而且大多数总是以这个岛国被新来的入侵者征服而告结束。最近的三次入侵是：菲尔博耳格人入侵、达南族人入侵、米莱济人或苏格人入侵，而后者似乎来自西班牙。一般的爱尔兰历史文献把菲尔博耳格人［firbolgs］（fir 爱尔兰语作 fear，拉丁语作 vir，哥特语作 vair，意思是"人"）径直称为比利时人，根据需要把达南族人（tuatha 爱尔兰语的意思是"族"，"地区"，哥特语作 thiuda）或者称作希腊的丹瑙人，或者称作日耳曼的丹麦人。奥顿诺凡认为传说，至少是有关上述那些入侵的传说，是有某些历史事实作为基础的。年表中在公元 10 年下面载有 aitheach tuatha（十七世纪一位优秀的古代语言学家林奇把它译为 plebeiorum hominum gens［平民出身的人］的起义；看来，这就是那次把贵族（saorchlann）全部歼灭的平民革命。这指明了苏格征服者对较古老的居民的统治。奥顿诺凡从有关达南族人的民间传说中得出结论说，这个在后来民间迷信传说中变为山林爱尔菲神的部族，到公元二世纪或三世纪，在某些山区还残存着。

毫无疑问，早在英国人开始大批迁居爱尔兰以前，爱尔兰人就已经是一个混合的民族了。早在十二世纪时就和现在一样，爱尔兰人中绝大多数人的头发是浅色的。吉拉德"爱尔兰地形"第 3 部分第 26 章）在写到两个外国人时说，他们的头发很长，而且像爱尔兰人一样，是**淡黄色**的。不过，直至目前，特别是在西部，我们还可以看到两种完全不同类型的黑头发的人。一种类型的人身材高大而匀称，面貌漂亮，头发卷曲，给我们的感觉是，似乎我们在意大利阿尔卑斯山区或伦巴第曾经看到过他们；这种类型的人在西南部最多。另一种类型的人身材短小而结实，头发乌黑、平直而粗硬，脸扁平得和黑人差不多，这种人在康诺特常常可以看到。对于原来是浅色头发的克尔特人中有这种深色头发的人存在这一点，赫胥黎是用伊比利安人（即巴斯克人）血统的混入来解释的[4]，而这一解释看来至少有一部分是正确的。但是，到了可以肯定爱尔兰人在历史上出现的那个时期，他们已成为说克尔特语的单一的民族，而从那时起，除了战俘和买来的奴隶（大多数为盎格鲁撒克逊人）以外，在任何地方都再也看不到异族人了。

古代著作家们把爱尔兰人说得可不怎么体面，**狄奥多洛斯**说，居住在伊里斯岛（或伊林岛？原文为第四格：˜Iplv）的不列颠人是吃人的[5]。**斯特拉本**就说得更为详细：

> 关于这个国家〈耶尔讷〉，我们可以谈到的唯一令人置信的一点，就是它的居民比不列颠人更野蛮，因为他们是食人者，而且是可怕的贪食者〈πολ-υφάγοι；另一种写法是ποηφάγοι—食草者〉；吃父母的尸体，并公开和别人的妻子以及自己的母亲和姊妹发生肉体关系，这对他们来说是完全合乎规矩的。[6]

爱国的爱尔兰史学界对这种臆造的污蔑十分愤慨。但是近代科学已经肯定证明：吃人，包括吞吃自己的父母，看来是所有民族在发展过程中都经历过的一个阶段。如果爱尔兰人知道，在整整一千年以后，现代柏林人的祖先对这些现象还持有同样实际的看法，那他们大约就会处之泰然了：

> 《Aber Weletabi, die in Germania sizzent, tie wir Wilze heiʒên, die ne scament〈schämen〉sih nieht ze chedenne〈zu gestehen〉daʒ sie iro parentes mit mêren rehte eʒen sulîn, danne die wurme》[我们称之为维耳茨的住在德国的韦累塔比人，认为他们比蛆虫更有权利吃掉他们的父母，而并不感到这是一种耻辱]（诺特克尔语，雅科布·格林"古代德国法律"第488页中引用）。[7]

我们将看到，就是在英国人统治爱尔兰的时期，也不止一次地发生过吃人的事。至于指摘爱尔兰人为傅立叶所说的"显花植物"[Phanerogamie][8]，那末所有的野蛮民族都有这种情况，更不要说多情的克尔特人了。有意思的是，那时候这个岛屿就已经有了目前的地方性称呼（伊里斯、伊林和耶尔讷这些名字是同艾雷、艾林相吻合的），而且托勒密已经知道爱尔兰首都都柏林现时的名称，称它为埃布拉纳（带有正确的重音的 ''Εβλανα）。[9]在这方面更令人感到奇怪的是，爱尔兰的克尔特人却从古以来对这个城市就有另外一个名称——Athcliath，而 Duibhlinn（"黑色的沼泽"）这一名称他们是用来称呼利菲河的一段河流的。

……

在中世纪初期的所有文献中，爱尔兰人被称作苏格人，他们的国家被称作苏格蒂亚；我们在克罗狄安、伊西多尔、贝达的著作中，在腊万纳的地理学家的著作中，在爱因哈德的著作中都可以看到这种称呼，甚至阿尔弗勒德大帝还这样写道："海伯尼亚，我们称它为苏格兰"（《Igbernia theve Scotland hatadh》）。[10]现在的苏格兰那时有一个外国名称叫做凯利多尼亚，它的当地名称则是阿里巴，阿里巴尼亚；苏格蒂亚或苏格兰这个名称只是在十一世纪才被移到东边岛屿的北端来。大约在三世纪中叶，爱尔兰的苏格人开始大批迁往阿里巴；早在公元360年，阿米亚努斯·马尔塞利努斯就已经知道他们住在那里了。[11]他们通过最近的海路即从安特林迁居到金太尔半岛；南尼阿斯就明确地提到过，那时统治着到克莱德河和福思河为止的全部苏格兰低地的不列颠人，**西面**受到苏格人的侵袭，北面受到皮克特人的侵袭。[12]古威尔士的历史著作"三组文"[13]第7卷记载着，魁迪耳菲希提人［gwyddyl ffichti］（见下面）从爱尔兰经诺曼海（Môr Llychlin）漂流到阿里巴尼亚，并在沿海地区定居下来。苏格兰和赫布里底群岛之间的海称作诺曼海，这个事实就足以证明，上述的"三组文"是在诺曼人征服赫布里底群岛以后编成的。公元500年左右，又有大批苏格人迁入，他们逐渐建立了自己的王国，脱离爱尔兰以及皮克特人而独立，最后在九世纪肯尼思·麦卡尔平时征服了皮克特人，创立了约一百五十年后（大概首先由诺曼人）改称为苏格兰、苏格蒂亚的国家。

古代威尔士文献（南尼阿斯，"三组文"）提到魁迪耳菲希提人或盖尔的皮克特人在五、六世纪时对威尔士的入侵，而且每次都说成是爱尔兰的苏格人的入侵。Gwyddyl 这个词（gavidheal 的威尔士写法）是爱尔兰人用来称呼自己的名称。至于为什么同时还提到"皮克特人"，则有待于他人的研究了。

在五世纪二十年代中到四十年代末，由于帕特里齐乌斯（爱尔兰语为 Patraic，因为克尔特人总是按古罗马人的方式，把《c》读《k》的音）的活动，基督教没有经过暴力的震动，就成了爱尔兰的占统治地位的宗教。这时候，与不列颠早就存在的联系也活跃起来了，不列颠的建筑师和营造匠到了爱尔兰；他们教会原来只知道用**光秃秃**的石块堆砌建筑物的爱尔兰人使用石灰浆。从七世纪到十二世纪只有教会的建筑物使用石灰浆，这就足以证明，这种方法是随着基督教的传播而引入的，并且也证明，从那时起，宗教界（异族文化的代表）在自己的精神发展过程中是和人民完全隔绝的。在人民的社会生活毫无进步或者进步极慢的时候，在宗教界中文化却很快获得了发展，这种文化，在当时来说是异乎寻常的，它按照时代的风格常常表现为迫切地促使异教徒改教和建立修道院。科伦巴使不列颠的苏格人和皮克特人改信基督教，加尔（圣加伦修道院的奠基人）和弗里多林使阿勒曼尼人改信基督教，基利恩使居住在美因河的法兰克人改信基督教，佛吉利厄斯使萨尔茨堡的居民改信基督教；这五人都是爱尔兰人；盎格鲁撒克逊人改信基督教，主要也是由于爱尔兰传教士的作用。同时，在整个欧洲，爱尔兰更以学问的发源地见称，这种见解在当时可说是根深蒂固，查理大帝就曾经请爱尔兰教士阿尔宾到帕维亚去任教，以后又由另一爱尔兰人敦加尔代替了他的职位。在当时起过重要作用、但现在已多半被人遗忘的许多爱尔兰学者中间，最卓越的是被称为"中世纪哲学之父"或被艾尔德曼称为"中世纪哲学的 Carolus Magnus［查理大帝］"的**约翰·司各特·伊里吉纳**。黑格尔在论及他时这样说："他是当时第一个开创真正的哲学的人。"[14] 在九世纪的西欧人中他是唯一懂得希腊文的，他翻译了被认为是迪奥尼修斯法官的著作，从而重新建立了和古代哲学的最近一代人的联系，和亚历山大里亚新柏拉图学派[15]的联系。他的学说在当时来说是特别大胆的；他否定"永恒的诅咒"，甚至对于魔鬼也如此主张，因而十分接近于泛神论;因此,当时正统思想的代表人物对他就不乏恶意的攻击。直到整整两个世纪之后,伊里吉纳所奠基的科学才有了坎特伯雷的安瑟伦这样一个继承人。①

但是这种较高发展的文化还来不及对人民发生影响,就被诺曼人的强盗式的侵袭所中断了。这种强盗式的侵袭成为斯堪的那维亚的、特别是丹麦的爱国主义的贸易的主要对象;只是由于开始得太晚,而且出于太小的民族,所以才没有能够像过去日耳曼人入侵那样,大规模地发展为征服、殖民化和形成国家。诺曼人的侵袭引起了巨大的即使对斯堪的那维亚国家本身也毫无裨益的动乱,和这种动乱比起来,这些侵袭对历史发展的好处是完全不值一提的。

在八世纪末,住在爱尔兰的还绝对不是一个统一的民族。全岛的最高王国政权只是表面上存在,而这个表面上存在的最高政权也绝对不是永久性的。各地区国王的数字经常变动,就像他们的属地经常变动一样;他们之间经常处于内战状态,而各处的更小的首领们也同样忙于私人的倾轧。但是总的来说,在这些内讧中,看来存在着某种规则,使得破坏有一定的范围,从而使国家不致受害太大。但是后来发生了注定不可避免的变化。公元795年(在这个掠夺性民族首次光顾英格兰之后若干年),诺曼人在安特林岸边的腊思林岛登陆,并把一切付之一炬;798年,他们又在都柏林上岸,从那时起,年表上几乎每年都用"异教徒"、"异族人"、"海盗"等名称提到他们,而且还总是提到他们在某一处或某几处《loscadh》(纵火)。他们移居于奥克尼群岛、设得兰群岛和赫布里底群岛(南方群岛,古斯堪的那维亚史诗中的 Sudhreyjar),并以此作为进攻爱尔兰、英格兰以

---

① 伊里吉纳的详细学说和著作见艾尔德曼著"哲学史纲"1869年柏林第2版第1卷第241~247页(《Grundriss der Geschichte der Philosophie》, 2. Aufl., Berlin, 1869, Bd., S. 241-247)。从伊里吉纳(他绝非什么宗教人物)身上,我们可以看到爱尔兰人所特有的那种灵敏机智。一次,法国国王秃头查理和他隔一张桌子坐着,查理问他,苏格人(scot)和笨蛋(sot)相差多少,伊里吉纳答道:"相差一张桌子那么远。"

及未来的苏格兰的基地。九世纪中叶，他们统治了都柏林①，据吉拉德说，都柏林就是由他们初次改建成一个真正的城市；他认为建立瓦特福德和里美黎克两城市的也是他们。瓦特福德这一名称本身就是古斯堪的那维亚语Vedhrafiördhr按英语方式的改写（改写后已经失去原义），它的原义应是避风港（Wetterföhrde）或"公羊港"［Widderbucht］。当诺曼人一在爱尔兰住下来以后，当然他们首先就需要攫取设防的港埠；这些港埠的居民在长时期中都是斯堪的那维亚人，不过到十二世纪时，在语言和风俗方面，他们早已被爱尔兰人同化了。爱尔兰首领们相互之间的纠纷，大大有利于诺曼人对这个国家的掠夺，并在这个国家建立他们的移民区，甚至使他们能够在一个时期内征服全岛。大约在公元1000年写成的《Krakumal》，即因禁在诺森伯里亚国王埃拉的蛇塔中的腊格纳·洛德布罗克的所谓死前之歌，表明了斯堪的那维亚人自己如何把爱尔兰当作一个经常给他们提供战利品的国家。[16]古代多神教的那种野蛮，在这首歌中似乎最后一次强烈地表现出来了；这首歌以歌颂腊格纳王的功绩为名，实际上则是这整个北方民族不仅在本国，而且在从杜纳闵德到弗兰德的海岸，在苏格兰（它这时已被称为苏格蒂亚，并且可能是第一次被这样称呼）和爱尔兰举行强盗式的进军的简述。说到爱尔兰的有：

> 我们挥动利剑，旷野里积尸如坟，
> 狼兄狼弟兴高采烈，将鲜血开怀痛饮，
> 铁剑击铜盾；爱尔兰君主马斯太因
> 不使鸷鹰饥饿，更让恶狼狂吞，
> 在韦德腊福德给大鸦献上牺牲。
> 我们挥动利剑，早晨发起一场游戏——

---

① 斯诺里所著的《哈拉德史诗》中说，哈拉德·哈法格尔的儿子托尔吉耳斯和弗罗迪比所有其他诺曼人更早占据都柏林（即至少比我们这里所说的晚50年），这是和所有就当时来说确切可靠的爱尔兰史料相矛盾的。斯诺里的叙述中显然把哈拉德·哈法格尔的儿子托尔吉耳斯和下面将谈到的托尔吉耳斯或土尔格齐混淆起来了。

> 在林迪赛里同三个国王愉快地比比高低。
>
> 只有少数幸运儿活着回去；
>
> 鹰隼与饿狼争肉，豺狼大口吞食人体，
>
> 爱尔兰人的群血像潮水泛滥海堤。

早在九世纪上半叶，诺曼海盗托尔吉耳斯（爱尔兰人称他为土尔格齐）就已经征服了整个爱尔兰，但是在844年他死去以后，他的国家也就瓦解，而诺曼人也就被赶了出来。入侵和战斗继续着，双方互有胜负，最后，到十一世纪初，原来只在曼斯特一部分地区为王的爱尔兰民族英雄布里安·博卢高升为全爱尔兰的统治者，于1014年4月23日（耶稣受难节）在克隆塔尔弗（紧靠都柏林）和入侵爱尔兰的诺曼人进行了一场决战。结果，入侵者的统治被永远摧毁了。

……

我们越是深入地追溯历史，同出一源的各个民族之间的差异之点，也就越来越消失。一方面这是由于史料本身的性质，——时代越远，史料也越少，只包括最重要之点；另一方面这是由这些民族本身的发展所决定的。同一个种族的一些分支距他们最初的根源越近，他们相互之间就越接近，共同之处就越多。雅科布·格林在研究德意志民族性格、德意志风俗习惯和法律关系时，一向把从记载基姆布利人进军[17]的罗马史学家到不来梅的亚当和萨克森·格腊马提克所提供的一切证据，从"贝奥伍耳夫"和"希尔德布兰德之歌"到"艾达"[18]和古史诗的一切古代文学作品，从Leges barbarorum[19]到古丹麦和古瑞典法律以及日耳曼习惯法记录的一切法律汇编，都看作同样珍贵的史料，是完全有理由的。这一种或那一种特点，可能只有地方性的意义，但是它所反映的那种特征却是整个种族所共同具有的，而史料的年代越是久远，这种地方性的差别就越是少见。

七世纪和八世纪时，斯堪的那维亚和德意志的居民相互间的差别比目前来得小，同样，最初在爱尔兰的克尔特人和高卢的克尔特人之间，也一定比现在的爱尔兰人和法国人之间有更多的相同之处。因而我们不必感到惊奇，为什么凯撒当时所说的高卢人的那许多特征，在十二个世纪以后，吉拉德又在爱尔兰人中重新发现，而且直到今天，我们在爱尔兰的民族性格中也仍然可以看到这些特征，尽管他们已经大大地混杂了日耳曼血统……[20]

弗·恩格斯写于1870年5月~7月上半月
第一次用俄文发表于"马克思恩格斯文库"1948年版第10卷

原文是德文
选自《马克思恩格斯全集》第16卷，人民出版社，1964，第525~526、549~551、557~559、561~566、570~571页

注释：

[1]《马克思恩格斯全集》第16卷所发表的"爱尔兰史"的一些章节是恩格斯准备就这个题目写作的长篇历史著作的一部分，1869年的后几个月和1870年上半年他曾从事这一著作的写作。恩格斯写作的意图，是以爱尔兰历史为例，揭露英国殖民统治的制度和方法，指出它不仅对被压迫民族而且对压迫民族的历史命运造成恶果，批判英国资产阶级史学家、经济学家、地理学家著作中以种族主义沙文主义态度对爱尔兰的历史和现实所作的歪曲。

1869年夏天，恩格斯就想写一部爱尔兰的历史。他于这一年的9月在爱尔兰作了一次旅行，以便进一步熟悉这个国家。为了从事这一著作，恩格斯研究了大量的文献和各种历史资料，其中有古代和中世纪著作家的著作，年表，古代法律汇编，各种法令，民间传说，古代文学作品，游记以及许多历史、考古、经济、地理和地质方面的著作。现在保存下来的、恩格斯所开列的关于爱尔兰历史的书目计达150种以上。在他这时期所做的15本笔记中，大部分是为本书准备的材料，此外还有札记、单页片断、剪报等。为了研究爱尔兰的史料，恩格斯还不得不学习古爱尔兰语。爱尔兰年表和古斯堪的那维亚史诗的某些片断就是由恩格斯自己译成德文的。在研究爱尔兰历史时，马克思经常给恩格斯帮助，他认为恩格斯的著作很有意义。马克思和恩格斯在爱尔兰历史的最重要问题上的观点，是在共同讨论的过程中形成的。

1870年5月，恩格斯根据他研究中所积累的材料，正式动笔写作。下面就是现在保存下来的他所拟定的写作提纲：

"1. 自然条件

2. 古代的爱尔兰

3. 英国的征服

　　（1）最初的入侵

　　（2）'佩耳'和爱尔兰本区［Irishry］

　　（3）征服和剥夺。152…~1691

4. 英国的统治

　　（1）惩治法典。1691~1780

　　（2）起义和合并。1780~1801

　　（3）爱尔兰并入联合王国

　　　　（a）小农时期。1801~1846

　　　　（b）灭绝时期。1846~1870"

恩格斯只写完了第一章即"自然条件"。第二章即"古代的爱尔兰"没有写完，后两章恩格斯没有能够动手写作，虽然这一著作每一章节的材料，他基本上都已经搜集齐全（前两章及一部分准备材料最初发表于"马克思恩格斯文库"1948年俄文版第10卷）。1870年7月开始的一些重大政治事件所造成的情况使恩格斯不得不中断他的写作。普法战争、巴黎公社、同巴枯宁派的斗争以及国际的浩繁的实际工作，这一切都妨碍了恩格斯完成他的著作。但是恩格斯在以后的理论活动和政治活动中却运用了他的科学研究的成果。例如在1884年著述"家庭、私有制和国家的起源"中有关的部分时，恩格斯就在相当大的程度上依靠了他在研究古代爱尔兰克尔特人社会制度时所作出的一些科学结论。

［2］1066年诺曼底公爵征服者威廉征服了英格兰之后，在十一世纪至十二世纪期间，英格兰形成了中央集权的封建国家。十二世纪时普兰塔日奈家族的亨利二世实施的改革，大大巩固了国王的权力。爱尔兰成了英格兰君主极力图征服的对象之一。由于1169~1171年进军的结果，盎格鲁诺曼贵族在爱尔兰的东南部建立了以后得名为"佩耳"的殖民地（见《马克思恩格斯全集》中文第1版第16卷注395）。

[3] 恩格斯指的是"爱尔兰古代编年史家"文集（《Rerum Hibernicarum Scriptores Veteres》），该文集于 1814 年、1825～1826 年由查·奥康瑙尔分四卷在白金汉出版。

该书首次发表了"四教长年表"的一部分，"提格尔纳赫年表"（写于十一世纪至十五世纪，包含从三世纪末起的史实），"奥尔斯脱年表"（由十五世纪至十七世纪的一些编年史家编成，包含从五世纪中叶起的史实）以及恩格斯在下面谈到的"因尼斯法耳年表"（写作年代一般认为开始于 1215 年，史实的叙述直到 1318 年）等等。

[4] 1870 年 1 月 9 日，赫胥黎在曼彻斯特以"英国人的祖先"为题作公开讲演时做了这样的解释。1870 年 1 月 12 日"曼彻斯特观察家时报"详细地报道了这一讲演。

[5] 西西里的狄奥多洛斯"史学丛书"第 5 卷。

[6] 斯特拉本"地理学"，K. 克尔歇尔译，1835 年杜宾要版第 7 卷（Strabo《Geographie》，übersetzt von K. Kärcher. Buch 7，Tübingen，1835）。

[7] J. Grimm.《Deutsche Rechtsalterthümer》，Göttingen，1928，S. 488。

[8] 沙·傅立叶"经济的和协会的新世界，或按情欲分类的引人入胜的和合乎自然的劳动方式的发展"（Ch. Fourier《Le nouveau monde industiel et sociétaire ou invention du procédé d'indust-trie attrayante et naturelle distribuée en series passionnées》）。该书第一版于 1829 年在巴黎出版。恩格斯所说的地方见该版第 399 页。

[9] 托勒密"地理学"第 2 卷第 2 章。

[10] 指以下的著作：克罗狄安"霍诺里·奥古斯都第四执政时代颂"（Claudianus.《De IV consulatu Honorii Augusti panegiricus》）、塞维尔的伊西多尔"词源学"二十卷集（Isidorus Hispalensis.《Etymologiarum libri XX》）、贝达大师"教会史"五卷集（Beda Venerabilis.《Historiae Ecclesiasticae libri quinque》）、腊万纳的匿名作者"地理学"五卷集（Anonymus Ravennatis.《De Geographiae libri V》）、爱金哈特"查理大帝生平业迹史"（Eginhart.《Vita et gesta Karoli Magni》）、阿尔弗勒德大帝"史学家奥罗修斯著作盎格鲁撒克逊文译本"（Alfred the Great.《Anglo-Saxon Version of the Historian Orosius》）。恩格斯所引用的上述著作中的摘录大约是根据卡·措伊斯"日

耳曼人和邻近各部落"（K. Zeuβ.《Die Deutschen und die Nachbarstämme》）一书。见该书1837年慕尼黑版第568~569页。

[11] 阿米亚努斯·马尔塞列努斯"历史"三十一卷集第20卷（Ammianus Marcellinus.《Rerum gestarum libri XXXI》, liber XX）。

[12] 南尼阿斯"不列颠人的历史"，附加恩的英译，1819年伦敦版第15节（Nennius.《Historia Brittonum》; with an English Version by Gunn. London, 1819, §15）。

[13] "三组文"是中世纪的威尔士的一种著作，按威尔士古克尔特人诗歌的独特的传统形式写成，其特点是在作品中列举三个人、三种事物或三种现象。"三组文"按内容分历史的、神学的、法学的、诗歌的和谕人为善的。最早的"三组文"的写作年代不迟于十世纪，这些作品的现存手抄本则是十二世纪至十五世纪的。

[14] 黑格尔"哲学史讲演录"第3卷；见"黑格尔全集"1836年柏林版第15卷第160页（G. W. F. Hegel.《Vorlesungen über die Geschichte der Philosophie》, Bd. 3. In: Werke, Bd. XV, Berlin, 1836, S. 160）。

[15] 亚历山大里亚新柏拉图学派是公元三世纪时出现于亚历山大里亚（埃及）的古代哲学中的一个反动的神秘主义流派，它反映了罗马帝国衰亡时期奴隶主贵族的思想体系。新柏拉图主义的根源是柏拉图的客观唯心主义以及亚里士多德学说的唯心主义的一面，后者在新柏拉图派的哲学中被发展到承认神的原初存在的地步。在公元五世纪时，一个不知名的新柏拉图学派信徒曾经以雅典第一个基督教主教迪奥尼修斯法官的名义出版了他的著作，企图把基督教教义和新柏拉图主义结合起来。

[16] 《Krákumál》（"克腊卡之歌"）是中世纪斯堪的那维亚的诗作之一，以被俘的丹麦海盗腊格纳·洛德布罗克（九世纪）临死前叙述他的战迹的形式写成。根据传说，这歌是腊格纳的妻子克腊卡唱给她的孩子们听的，她鼓励孩子们为他们被诺森伯里亚国王埃拉杀死的父亲复仇。恩格斯所引用的歌词系根据弗·爱·克·迪特里希"古斯堪的那维亚文学读本"1864年莱比锡版第73~80页（F. E. Ch. Dietrich.《Altnordisches Lesebuch》Leipzig, 1864, S. 73-80）。

[17] 指公元前113~101年日耳曼族基姆布利人对南高卢和北意大利的入侵。公

元前101年，基姆布利人为罗马统帅马利乌斯在韦尔切利（北意大利）战役中击溃。关于罗马人和基姆布利人的战争，普卢塔克（在马利乌斯传记中）、塔西陀（在"日耳曼"中）以及别的古代史学家都有所记述。

[18] "贝奥伍耳夫"是叙述传奇英雄贝奥伍耳夫事迹的史诗，是现存古代盎格鲁撒克逊诗歌中最出色的作品。这一史诗大概产生于八世纪；它是以六世纪上半叶日耳曼部落的民间传说为基础的。

"希尔德布兰德之歌"——见《马克思恩格斯全集》中文第1版注83。

"艾达"是一部斯堪的那维亚各民族的神话和英雄传说与歌曲的集子；保存下来的有两种形式，一种是十三世纪时的手稿，1643年为冰岛主教斯魏因森所发现（即所谓"老艾达"），另一种是十三世纪初诗人和编年史家斯诺里·斯土鲁森所编的古北欧歌唱诗人诗歌论集（即所谓"小艾达"）。"艾达"中的诗歌反映了氏族制度解体和民族迁徙时期斯堪的那维亚社会的状况。从中可以看到古代日耳曼人的民间创作中的一些形象和情节。

[19] *Leges barbarorum*（野蛮人法典）是五世纪至九世纪间编成的各日耳曼部落的习惯法的记录。

[20] 恩格斯的手稿到此中断。从现存的他的爱尔兰史第二章的写作计划中可以看出，恩格斯原来准备在这一章（"古代的爱尔兰"）中还要阐述古爱尔兰人的氏族制、土地所有制和法律等问题（见"马克思恩格斯文库"1948年俄文版第10卷，第100页）。原计划中的这一重要部分未能实现。

弗·恩格斯

"爱尔兰史"的片段

英国人已经做到了使属于各个不同种族的人安于它的统治。对于自己的民族特性和语言非常保守的威尔士人，已经完全和不列颠王国结合在一起了。苏格兰的克尔特人虽然直到1745年[1]还具有反抗精神，虽然在这以后他们几乎先后为政府和他们自己的贵族所完全歼灭，他们现在却想也没有想到起义。诺曼底群岛的法国人即使在法国大革命时期也曾进行反抗法国的激烈的战斗。但是甚至被丹麦出卖给英国的黑尔郭兰岛的弗里西安人[2]也安于自己的命运，而只是在经过一个很长的时期之后，萨多瓦的胜利和北德意志联邦的成功才使他们从心底发出同"伟大的祖国"合并的痛苦呼声。只有爱尔兰人，英国人没有把他们制服。原因在于爱尔兰种族的异乎寻常的伸缩性。在极端残暴的镇压以后，在每一次要把他们歼灭的企图以后，经过一个短时期，爱尔兰人又比过去任何时候都更加坚强地站了起来；他们似乎总是从骑在他们头上压迫他们的异族驻军那里汲取了主要的力量。异族人在第二代，甚至往往在第一代，已经变得比爱尔兰人更像爱尔兰人（Hiberniores ipsis Hibernis），而后者则愈是掌握了英语而忘掉自己固有的语言，就愈是成为爱尔兰人。

……

弗·恩格斯写于1870年5月~7月上半月

原文是德文
选自《马克思恩格斯全集》第16卷，

第一次用俄文发表于"马克思恩格斯文库"1948年版第10卷

人民出版社，1964，第572页

注释：

[1] 指1745年的苏格兰山民为反抗英格兰爱尔兰土地贵族和资产阶级的压迫和强占土地而举行的起义。山民的不满情绪被一部分苏格兰山地贵族所利用，他们希望保存封建家长式的氏族制，支持已被推翻的斯图亚特王朝的代表夺取英国王位（起义者宣称要使斯图亚特王朝詹姆斯二世的孙子查理-爱德华登王位）。由于起义遭到镇压，苏格兰山地的氏族制度被破坏，苏格兰农民从土地上被赶走的进程也加剧了。

[2] 自古以来住着日耳曼族弗里西安人的黑尔郭兰岛（北海）于十八世纪时转归丹麦统治。1807年（在1807~1814年英丹战争时期），该岛为英国所占；1814年，根据基尔和约，丹麦人将该岛割让给英国；1815年的维也纳和约又追认了基尔和约。以后，到1890年，英国用黑尔郭兰岛向德国交换了桑给巴尔岛。

卡·马克思

马克思致欧根·奥斯渥特（节选）

伦　敦

1870 年 7 月 26 日于［伦敦］西北区
哈佛斯托克小山梅特兰公园路 1 号

……

如果宣言在这里发表，那您会发现，尽管我们的社会见解多么不同，宣言所阐述的**政治**观点（这是首先要涉及到的）是同您的观点一致的。无论如何，我坚信，**只有工人阶级**才是能够对抗民族纠纷的复活和现今整个外交的真正力量。

……

忠实于您的**卡尔·马克思**

选自《马克思恩格斯全集》第 33 卷，
人民出版社，1972，第 132 页

卡·马克思

马克思致保尔·拉法格和劳拉·拉法格（节选）

巴 黎

1870年7月28日 [于伦敦]

……

当然，你们很想听到一些有关战争的情况。毫无疑问，路·波拿巴已经错过了他初期的良好机会。你们明白，他原先的计划是出其不意地袭击普鲁士人，并靠这种突然性来保证对普鲁士人的优势。的确，法军进入战斗准备状态要比普军容易得多，因为法军目前全部是由基干兵组成的，而在普军中，后备军里的非军事人员占着相当的分量。所以，假如波拿巴象他起初打算的那样，用即使是半集中起来的兵力迅速出击，那末他也可能出其不意地占领美因兹要塞，同时向维尔茨堡方向推进，从而切断北德意志和南德意志的联系，使敌人营垒惊慌失措。然而，他错过了这一机会。他看到了德国这场战争的明显的**民族**特征，并对南德意志一致地、迅速地、毫不迟疑地归附普鲁士感到震惊。他的一贯的犹豫不决占了上风，这是很符合于他这个策划政变和全民投票的阴谋家的老行业的。但是这种方法用在战场上是不行的，战争要求迅速而果断地作出决定。他放弃了他原先的计划，决定集中自己的全部武装力量。这样一来，**他就丧失了他所拥有的主动性**即突然性这一**优势**，而普鲁士人则**赢得了**动员自己的部队所需要的时间。因此，可以说，波拿巴一开始作战就已打了败仗。

但是，目前不管起初的事态怎样，战争将是非常激烈的。即使法国初获大胜，也解决不了什么问题，因为法军在自己的途程上很快就会遇到三个准备长期防守的大要塞——美因兹、科布伦茨和科伦。归根到底，普鲁士比波拿巴拥有更强大的军事力量。甚至可能出现这种情况，普鲁士在这个或那个地方越过法国边境，使"祖国的神圣领土"——立法团的沙文主义者认为，这种"神圣领土"就在莱茵河的法国一岸——成为作战区！

两个民族使我想起有关两个俄国贵族的笑话，这两个贵族由他们的两个农奴犹太人跟随着。贵族甲打了贵族乙的犹太人，贵族乙回答说："既然你打了我的犹太人，我就要打你的犹太人。"看来，两个民族都顺从它们自己的专制君主，容许本民族去攻打另一个民族的专制君主。

在德国，战争被视为**民族**战争，因为这是防御性的战争。资产阶级（更不用说土容克地主）在表示自己的忠顺方面大显身手。可以认为，我们已经回到了1812年和这以后的年代了，喊着那些年代的口号："为上帝、国王和祖国而战"，念着老驴阿伦特的诗句："德国人的祖国，它意味着什么！"①

……

忠实于你们的**老尼克**②

选自《马克思恩格斯全集》第 33 卷，
人民出版社，1972，第 132～134 页

---

① 恩·摩·阿伦特：《德国人的祖国》。——编者注
② 马克思在家里的绰号。——编者注

弗·恩格斯

恩格斯致马克思（节选）

兰兹格特

1870年8月15日于曼彻斯特

……

实在软弱不堪的白拉克对民族热情究竟迷恋到什么程度，我不知道，同时，由于我两个星期至多只收到一号《人民国家报》，所以，除了以邦霍尔斯特给威廉的信（这封信总的说来是沉着的，但暴露了理论上的不坚定性）作为根据，我就无法判断委员会①在这方面的态度。比较起来，李卜克内西那种死守原则的狭隘的坚定性一般说来倒显得好些。[1]

我看情况是这样：德国已被巴登格[2]卷入争取民族生存的战争。如果它被巴登格打败了，那末，波拿巴主义就会有若干年的巩固，而德国会有若干年、也许是若干世代的破产。到那时，就再也谈不上什么独立的德国工人运动了，到那时，恢复民族生存的斗争就将占去一切，在最好的场合下，德国工人也只能跟在法国工人后面跑。如果德国胜利了，那末，法国

---

① 在不伦瑞克的德国社会民主工党委员会。——编者注

的波拿巴主义就无论如何都要遭到破产，因恢复德国统一而发生的无穷无尽的争论就将最终平息，德国工人就能按照与过去截然不同的全国规模组织起来，同时，不管法国出现什么样的政府，法国工人无疑将获得比在波拿巴主义统治下要自由一些的活动场所。包括各个阶级在内的德国全体人民群众已经了解到，问题首先正是在于争取民族生存，因此，他们立即表示了投入这场斗争的决心。在这种情况下，一个德国的政党要按照威廉的那一套去宣传全面抵制，并把形形色色的次要的考虑置于主要的考虑之上，我认为是不行的。

此外，如果没有大批法国人的沙文主义，即资产者、小资产者、农民以及由波拿巴在大城市中所创造出来的、怀有帝国主义情绪的、欧斯曼的、出身于农民的建筑业无产阶级[3]的沙文主义，巴登格是无法进行这场战争的。这种沙文主义不遭到打击，而且是彻底的打击，德国和法国之间的和平就不可能。本来可以指望这一工作由无产阶级革命担负起来；但是战争既已开始，那末德国人就只好自己来做这一工作，并且立即做这一工作。

现在来谈谈次要的考虑。这场战争是在列曼①和俾斯麦之流指挥下进行的，如果他们打赢了这场战争，那他们必然会赢得暂时的荣誉，这一点，我们要归功于德国资产阶级的软弱无力。这种情况确实非常讨厌，然而是无法改变的。但是，因此就把反俾斯麦主义提高为唯一的指导原则，那是荒谬的。首先，现在俾斯麦同1866年一样，在按照**他自己**的方式给我们做一部分工作，虽然他并不愿意做，然而还是在做着。他在给我们创造比过去更宽阔的活动场地。此外，现在已经不是1815年了。现在，南德意志人必然要参加国会，从而就将产生一种普鲁士主义的对立物。而且，落在俾斯麦身上的民族责任，如你所写的，根本不允许同俄国结成同盟。总之，象李卜克内西那样，由于他不喜欢1866年以来的全部历史，就想使这

---

① 威廉一世的绰号。————编者注

段历史退回去,那是愚蠢的。但是我们了解我们的典型的南德意志人。同这些蠢才是什么事也办不成的。

我认为我们的人可以:

(1) 参加民族运动,——这种运动强大到什么程度,你从库格曼的信中可以看到[4]——只要这一运动是保卫德国的(但这并不排斥在缔结和约以前在某种情况下的进攻);

(2) 同时强调德国民族利益和普鲁士王朝利益之间的区别;

(3) 反对并吞亚尔萨斯和洛林的一切企图——俾斯麦现在暗示,他打算把这两个地方并入巴伐利亚和巴登;

(4) 一等到巴黎由一个共和主义的、非沙文主义的政府掌握政权,就力争同它光荣媾和;

(5) 不断强调德国工人利益和法国工人利益的一致性,他们过去不赞成战争,现在也不互相交战;

(6) 至于**俄国**,就象国际的宣言①中所说的那样。

……

你的**弗·恩·**

选自《马克思恩格斯全集》第33卷,
人民出版社,1973,第41~43页

注释:

[1] 指马克思从德国收到的德国社会主义工党不伦瑞克委员会委员们的书信及其他材料,当时委员会和党的中央机关报《人民国家报》编辑部之间在估计普法战争的性质和确定工人阶级的策略上产生了分歧。

《人民国家报》编辑部总的说来虽然站在国际主义立场上,并正确地把波

---

① 卡·马克思:《国际工人协会总委员会关于普法战争的第一篇宣言》。——编者注

拿巴主义看作欧洲最反动的势力，把拿破仑第三的胜利看作工人阶级和民主势力的失败，但是忽视了德意志国家统一的任务。不伦瑞克委员会委员们在批评编辑部在国家统一问题上的立场时，本身也犯了严重错误。他们把战争看作纯粹防御性的，不懂得德国工人阶级必须采取独立的立场，也不去批判俾斯麦政府的政策。由于分歧非常尖锐，委员会委员们请马克思就这些问题发表自己的观点。

马克思和恩格斯详细地制定了德国无产阶级和社会民主工党的策略路线，在他们共同给党的委员会的信中说明了这条路线（见《马克思恩格斯全集》第1版第17卷，第282～284页）。

[2] 巴登格是拿破仑第三的绰号，因为1846年他从狱中逃出时穿的是泥水匠巴登格的衣服。

[3] 指从事巴黎改建工程的工人，该工程是十九世纪五十至六十年代在塞纳省省长欧斯曼领导下大规模进行的。改建工程除了使贵族区设备完善和扩建原有的街道，以便在人民起义时便于军队和炮兵行动外，另一个目的是暂时为无产阶级的一部分人提供工作，从而加强波拿巴在他们中间的影响。

[4] 在库格曼1870年8月7日给马克思的信中，有关于战争在德国引起民族运动高涨的消息。

卡·马克思

卡·马克思致《人民国家报》编辑部（节选）

……

这就是总委员会的声明。旧社会中身居高位的人物和统治阶级只有靠**民族**斗争和**民族**矛盾才能继续执掌政权和剥削从事生产劳动的人民群众，很自然，他们都把**国际工人协会**看做自己共同的敌人。只要能消灭它，一切办法都是好的。

……

国际工人协会总委员会**德国书记** 卡尔·马克思

载于1871年3月29日《人民国家报》第26号、1871年3月31日《平等报》第6号（有删节）、1871年4月23日《先驱》杂志第4期

1871年3月23日于伦敦
原文是德文
选自《马克思恩格斯全集》第17卷，人民出版社，1963，第316页

卡·马克思

《法兰西内战》草稿（节选）[1]

……

这里说得很清楚：工人阶级的政府首先是为拯救法国，使它免于统治阶级强加于它的毁灭和腐化所必需的；夺去这些阶级（已经丧失了治理法国能力的阶级）的政权是**拯救民族的必要条件**。

但是，这里也说得很明白：工人阶级的政府只有致力于**工人阶级自身的解放**才能拯救法国，完成民族事业，因为工人阶级解放的条件同时也就是法国复兴的条件。

工人阶级的政府被宣布为劳动对劳动资料的垄断者、对资本的战争。

资产阶级的**沙文主义**只不过是一种虚假的装饰，它给资产阶级的种种无理要求罩上一件民族的外衣。沙文主义是借助常备军来延续国际斗争的手段，是用挑拨本国的生产者反对另一国生产者弟兄的办法以压服本国生产者的手段，是防止工人阶级的国际合作的手段，而这种合作是工人阶级解放的首要条件。在色当之后的自卫战争中，沙文主义资产阶级到处起着瘫痪作用，于是这种沙文主义（它早已成为一句空话）的真正性质就暴露出来了：表现在法国的投降上，表现在梯也尔这位沙文主义最高祭司在俾斯麦的恩准下进行的国内战争上！也表现在反德同盟的鬼祟的警察伎俩上①，表现在投

---

① 见《马克思恩格斯全集》第17卷，人民出版社，1963，第312~313页。——编者注

降之后巴黎城内对外国人的搜捕上。他们希望，巴黎人民（和全体法国人民）会被民族仇恨的情绪所愚弄，会被对外国人的蓄意迫害所迷惑，而忘记自己的真正愿望，忘记内奸！

这种蓄意挑起的运动是怎样在革命的巴黎的呼声前消散（消失）的呀！巴黎响亮地宣布了它的国际倾向——因为生产者的事业到处是一样的，他们的敌人不论属何国籍（不论穿着什么样的民族服装）也到处是一样的，——它把允许外国人加入公社当做一条原则加以宣布，它甚至把一位外国工人①（国际会员）选入执行委员会，它下令毁除法国沙文主义的象征——旺多姆圆柱！

当资产阶级沙文主义者已肢解了法国并在外国侵略者的专断命令下行动起来的时候，巴黎的工人打击了他们本国的阶级统治者，从而痛击了外敌；他们争得了作为所有国家工人的先锋的地位，从而消除了派系集团！

资产阶级的纯正的爱国主义，对真正的各国"民族"产业所有者说来是很自然的，但是，由于他们的财政、商业和工业活动已带有世界的性质，这种爱国主义现在已只剩下一个骗人幌子。在类似的条件下，这个幌子在所有国家也会像在法国一样被戳穿。

……

卡·马克思写于1871年4～5月　　　　　　　　　　　　原文是英文
第一次用英文和俄文全文载于"马克思　　　　　　选自《马克思恩格斯全集》第 17 卷，
恩格斯文库" 1934 年版第 3（8）卷　　　　　　　人民出版社，1963，第 605～606 页

注释：

[1]"'法兰西内战'草稿"是马克思在1871年4～5月间写成的。在3月18日革命后的最初几天，马克思就开始仔细地研究有关巴黎事件的所有材料，收集剪报，从英法报纸上摘录大量的材料。4月下半月马克思动手写初稿，大约

---

① 列奥·弗兰克尔。——编者注

写到5月10日左右，接着写"法兰西内战"二稿，这一工作在5月中结束，随后就开始"法兰西内战"的定稿工作，把它写成国际工人协会总委员会宣言的形式。有关巴黎公社最后一个星期的剪报和马克思笔记本上摘录的材料，没有在二稿中，而是直接在宣言中加以利用。

"法兰西内战"初稿和二稿的手稿，都是写在大张的纸上。篇幅最大的初稿的手稿，看来是完整地保存下来了，它共占11张纸，由于两面都书写，故共有22页，从第1页至第22页，除了当中的第6页和第13页以外，都有马克思标的页码。二稿的手稿，根据马克思标的页码（不是每张纸上都标有）来看，共有13张，保存下来的有11张（其中8张是一面书写，3张是两面书写）。在保存下来的第五节："内战的开始。3月18日的革命。克列芒·托马。勒康特。旺多姆广场事件"之前的第四节，看来是手稿的丢失部分。未标明页码的最后三页（见《马克思恩格斯全集》第1版第17卷，第656～662页）主要是对二稿的个别地方的修订。马克思在进行"法兰西内战"的定稿工作时，通常用垂直线和斜线把初稿和二稿中已利用过的地方划掉，所以初稿和二稿的手稿中大部分地方都划有这种垂直线和斜线。只有马克思用横线划掉的辞句，本版才未收入。两部手稿中有许多在工作时标用的标记、括弧、方括弧等，本版均未收入。

马克思在他的草稿中摘引或者提及公社的指令和公告时，通常都是按照它们发表的日期或者在伦敦见报的日期来引用。

"'法兰西内战'草稿"在马克思和恩格斯生前以及这两位马克思主义创始人逝世后长时期内未发表过。初稿的一些片断最初发表在1933年3月14、18日"真理报"第72、76号上。初稿和二稿的全文第一次用原文（英文）和俄译文发表在苏共中央马克思列宁主义研究院1934年出版的"马克思恩格斯文库"第3（8）卷中。

卡·马克思

马克思致弗里德里希·阿道夫·左尔格（节选）

霍布根

1871年11月29日于伦敦

……

现在来谈谈麦克唐奈的问题。[1]

在接受他之前，总委员会对他的品行作过仔细的调查，因为他和**所有**其他的爱尔兰政治家一样，也受到他本国同胞的不少攻击。

在得到关于他个人品行的确切材料之后，总委员会便选了他，因为**住在英国的爱尔兰工人群众**对他比对任何其他人都更信任。麦克唐奈没有宗教偏见，至于他的一般观点，要是说他有什么"资产阶级"倾向，那是荒谬的。从他的生活方式和观点来看，他是一个无产者。

如果人们对他有什么责难，那就让他们直截了当地说出来，不要转弯抹角地暗示。依我看来，那些长期被监禁而脱离运动的爱尔兰人并不是权威的裁判。最好的证明就是他们同《爱尔兰人报》的关系，该报的出版者皮哥特是个投机分子，而经理墨菲是个恶棍。这家报纸一直阴谋反对我们，尽管总委员会为爱尔兰的运动出了不少力。在这家报纸上，麦克唐奈经常遭到一个跟坎伯尔（伦敦**警察机关**的官员）有联系的爱尔兰人（奥当奈）的攻击；这是个酒鬼，只要警察给他一杯杜松子酒，他就会把他所知道的一切秘密都说出来的。

麦克唐奈被任命以后，墨菲就在《爱尔兰人报》上对**国际**（不仅是对麦克唐奈）进行攻击和诽谤，**与此同时**，私下却要求我们任命他为爱尔兰书记。

至于奥顿诺凡—罗萨，我很奇怪为什么在您写信把他的事情告诉我以后，您至今还把他当做权威。如果说有人从个人来说应当感激**国际**和法国的公社社员，那正是他，可是您看到，我们从他那里得到的是什么样的感激。

请纽约委员会的爱尔兰会员们不要忘记，为了对他们有好处，我们首先要对**住在英国的爱尔兰人施加影响**，为此目的，我们所能确定的人没有比麦克唐奈更好的了。

致兄弟般的敬礼。

您的**卡尔·马克思**

选自《马克思恩格斯全集》第33卷，
人民出版社，1972，第354~356页

注释：

[1] 1871年8月1日麦克唐奈被选为总委员会爱尔兰书记。他的任务是不仅在爱尔兰，而且在英国工厂里工作的爱尔兰人中宣传国际的思想。麦克唐奈的工作得到马克思、恩格斯的大力协助，结果1871年至1872年在英国的许多城市里建立了国际爱尔兰支部。

卡·马克思

爱尔兰的警察恐怖
国际工人协会总委员会声明[1]

英国工人和爱尔兰工人间的民族对抗，在英国至今还是横在争取工人阶级解放的一切运动的道路上的主要障碍之一，因而也是英国和爱尔兰的阶级统治的主要支柱之一。国际在爱尔兰的发展和各爱尔兰支部在英国本土的建立，有结束这种情况的危险。因此，不列颠政府使用警察迫害的一切手段，企图把爱尔兰的国际扼死在襁褓之中，是非常自然的。由于那些高压法和国内事实上在不断实行戒严，政府就能任意使用这些警察迫害手段。……

起草于1872年4月初
1872年4月在伦敦印成传单，并载于1872年5月18日《解放报》第49号

原文是英文
译自《马克思恩格斯全集》第18卷，人民出版社，1964，第711页

注释：

[1] 在国际工人协会总委员会1872年4月2日的会议上，爱尔兰通讯书记麦克唐奈报告了警察当局对各爱尔兰支部的迫害。根据马克思的提议选出一个委员会负责就这件事情起草一个专门的呼吁书，委员会的成员有马克思、麦克唐奈和米尔纳。4月9日，麦克唐奈代表该委员会把一项关于爱尔兰的警察恐怖

的声明提交总委员会，在对这个声明是否适于公布的问题进行讨论以后，这个声明被通过了，并根据恩格斯的提议，决定把它印成1000份传单在爱尔兰散发。

声明的全文也在西班牙的"解放报"上刊登过，刊登时加有编辑部按语，按语中还援引了麦克唐奈1872年4月2日的报告。

弗·恩格斯

关于各爱尔兰支部和不列颠联合会委员会的相互关系[1]

作者在总委员会1872年5月14日会议上的发言稿

公民恩格斯说：这个建议的真正目的在于使各爱尔兰支部受不列颠联合会委员会的管辖。这是各爱尔兰支部绝对不会同意的、而总委员会也既无权利又无权力强加于它们的事情。根据章程和条例，总委员会无权强迫任何一个支部或分部承认任何一个联合会委员会的管辖权。毫无疑问，总委员会在决定接受或不接受任何一个联合会委员会管辖下的任何一个新支部以前，必须听取该委员会的意见。恩格斯断言，英国的各爱尔兰支部并不比在这个国家的法国人支部、德国人支部或意大利人支部①更应该接受不列颠联合会委员会的管辖。爱尔兰人在各方面都组成了自己的独立的民族，他们讲英语这个事实并不能使他们丧失在国际内部具有独立的民族组织这一大家共同享有的权利。

公民黑尔斯把英国和爱尔兰之间的关系说成像克里木战争期间在英国和法国之间存在过的关系那样最富有田园诗的性质，当时英法两国的统治

---

① 在总委员会的记录簿里接着是："和波兰人支部"。——编者注

阶级无休止地互相吹捧，一切都充满了最高度的和谐。可是，这里的情况完全不是这样。英国征服和压迫爱尔兰达七百年之久是现存的事实，只要这种压迫还存在，对爱尔兰工人说来，要求他们接受不列颠联合会委员会的管辖，就会是一种侮辱。爱尔兰同英国的关系，就像波兰同俄国的关系一样，是不平等的。如果总委员会号召各波兰人支部承认在彼得堡的俄国联合会委员会的领导，号召普属波兰、北什列斯维希或亚尔萨斯的各支部承认在柏林的联合会委员会的领导，人们会怎么说呢？要知道，对各爱尔兰支部提出的要求实质上和这一样。如果属于统治民族的国际会员号召被征服的和继续受压迫的民族忘掉自己的民族性和处境，"抛开民族分歧"等等，这就不是国际主义，而只不过宣扬向压迫屈服，是企图在国际主义的掩盖下替征服者的统治辩护，并使这种统治永世长存。这只会加深在英国工人中间流行很广的一种观念：他们比爱尔兰人高一等，对爱尔兰人说来他们是贵族，正如蓄奴州的最堕落的白人认为自己对黑人说来是贵族一样。

在像爱尔兰这样的情况下，真正的国际主义无疑应当以独立的民族组织为基础。爱尔兰人也和其他被压迫民族一样，只有在和统治民族的代表享有平等权利并反对奴役的情况下才能加入协会。所以，各爱尔兰支部的存在不仅是正当的，而且，他们甚至必须在自己章程的导言中宣布，作为爱尔兰人，他们的首要的和最迫切的职责是争取自己的民族独立。在英国，爱尔兰工人和英国工人的对抗，始终是英国的阶级统治赖以维持的最有力的手段之一。这种对抗使人想起了菲格斯·奥康瑙尔和英国宪章派被爱尔兰人逐出曼彻斯特科学厅这件往事[2]。现在，英国工人和爱尔兰工人第一次有可能协同一致来争取自己的共同解放——这种结果至今英国的任何一次运动都还没有达到。但是，在这个目的尚未达到之前，就有人要求我们向爱尔兰人发号施令并对他们说，他们不应发展自己的运动，而应服从英国委员会的领导！要知道，这等于在国际内部实行英国人对爱尔兰人的压迫。

如果提出这个建议的人们是那样充满了真正的国际主义精神，那就请他们把不列颠联合会委员会的驻在地迁移到都柏林去，并服从一个由爱尔兰人组成的委员会的管辖，以便证明这一点吧！

至于各爱尔兰支部同各英国支部之间的所谓冲突，其产生的原因是：不列颠联合会委员会的委员们企图干涉各爱尔兰支部的事务，强迫它们抛弃自己的民族特性而承认不列颠委员会的领导。

此外，在英国的各爱尔兰支部不能同在爱尔兰的各爱尔兰支部分割开来；不能允许有一些爱尔兰人受伦敦联合会委员会的领导，而另一些爱尔兰人则受都柏林联合会委员会的领导。在英国的各爱尔兰支部是我们对爱尔兰本土的爱尔兰工人进行工作的据点。只要使各爱尔兰支部处在更有利的条件下，那它们就会取得更大的成就，而爱尔兰运动的宣传和组织工作只有通过它们才能进行。难道我们应当故意地破坏自己的这些据点，毁灭国际在整个爱尔兰扩大自己影响的唯一手段吗？不应该忘记，各爱尔兰支部绝不会同意放弃自己独立的民族组织而受不列颠委员会的管辖，它们这样做是完全正当的。因此，问题在于：给爱尔兰人以行动自由呢，还是把他们推出协会？如果提出的建议被总委员会接受，那就等于说，总委员会要向爱尔兰工人声明：在英国贵族统治爱尔兰之后，在英国资产阶级统治爱尔兰之后，现在他们应该准备接受英国工人阶级对爱尔兰的统治。

弗·恩格斯写于1872年5月14日左右

原文是英文

选自《马克思恩格斯全集》第18卷，人民出版社，1964，第86~88页

注释：

[1] 5月14日在总委员会会议上讨论了关于在英格兰和爱尔兰成立的各爱尔兰支部同不列颠联合会委员会之间的相互关系问题（见《马克思恩格斯全集》第1版第18卷注14）。恩格斯在自己的发言中揭露了黑尔斯以及总委员会和不列颠委员会的某些委员的沙文主义观点，他们反对在国际内建立独立的爱尔兰组织，以及这个组织为爱尔兰的独立而进行的斗争。在会议上展开的讨论

中，委员会的多数委员都支持恩格斯。

　　恩格斯的发言以他本人写的供报纸发表的发言稿形式保存下来，同时也载入总委员会记录簿中（不全）。由于在总委员会的下一次会议上，决定不把关于爱尔兰问题的讨论情况写进要在报上发表的报道中，所以这篇发言没有发表。这是因为考虑到，发表包括黑尔斯的发言在内的某些发言，会使国际遭受损失。

［2］指1842年3月8日宪章派和爱尔兰人在曼彻斯特发生的冲突。这场冲突是由对英国工人运动，尤其是对宪章派运动持敌视态度的资产阶级民族主义者——全爱尔兰合并取消派（主张取消1801年合并的人）协会的领导人挑起的。奥康瑙尔和一些宪章派被合并取消派逐出了科学厅；奥康瑙尔本来要在那里做报告的。

卡·马克思

总委员会向在海牙举行的国际工人协会第五次年度代表大会的报告（节选）

1872年9月2～7日

……

这个号召在德国得到了热烈的响应，因此总委员会有充分的权利断言：

"官方的法国和官方的德国彼此进行同室操戈的斗争，而法国的工人和德国的工人却互通和平与友谊的音讯。单是这一件史无前例的伟大事实……表明，同那个经济贫困和政治昏聩的旧社会相对立，正在诞生一个新社会，而这个新社会的国际原则将是**和平**，因为每一个民族都将有同一个统治者——**劳动**！

这个新社会的先声就是国际工人协会。"（1870年7月23日宣言）

……

你们，工人阶级的代表们，聚会在一起，为的是加强旨在解放劳动和消灭民族纠纷的协会的战斗组织。几乎与此同时，旧世界的帝王们也在柏林聚会，为的是锻造新的锁链和策划新的战争。[1]

国际工人协会万岁！

卡·马克思写于 1872 年 8 月底
1872 年在不伦瑞克印成传单:《伦敦总委员会在国际代表大会的公开会议上作的正式报告》并载于 1872 年 9 月 18 日《人民国家报》第 75 号;1872 年 9 月 29 日《自由报》第 39 号;1872 年 10 月 6 日《国际报》第 195 号;1872 年 10 月 5 日和 13 日《解放报》第 68、69 号;1872 年 10 月 5、12 和 19 日《国际先驱报》第 27、28 和 29 号

原文是英文
选自《马克思恩格斯全集》第 18 卷,人民出版社,1964,第 145、152 页

注释:

[1] 指 1872 年 9 月德国、奥匈帝国和俄国的皇帝在柏林的会晤,这是一次恢复这些国家的反动同盟的尝试;在他们所讨论的问题中也包括关于共同对革命运动进行斗争的问题。

卡·马克思

1872年夏总委员会批准的国际工人协会共同章程和组织条例草案[1]

国际工人协会共同章程

鉴于：

工人阶级的解放应该是工人自己的事业；

工人阶级的解放斗争不是要争取阶级的特权和垄断权，而是要争取平等的权利和义务，并消灭任何阶级统治；

劳动者在经济上受劳动资料即生活泉源的垄断者的支配，是一切形式的奴役——社会贫困、精神屈辱和政治依附——的根本原因；

因而工人阶级的经济解放是一切政治运动都应该作为手段服从于它的伟大目标；

为达到这个伟大目标所做的一切努力至今没有收到效果，是由于每个国家里各个不同劳动部门的工人彼此间不够团结，由于各国工人阶级彼此间缺乏亲密的联合；

劳动的解放既不是一个地方的问题，也不是一个民族的问题，而是一个社会问题，它涉及存在有现代社会的一切国家[2]，它的解决有赖于最先进各国在实践上和理论上的合作；

目前欧洲各个最发达的工业国工人运动的新高潮，在鼓起新的希望的同时，也郑重地警告不要重犯过去的错误，要求尽快把各个仍然分散的运动联合起来；

鉴于上述理由，

创立了**国际工人协会**。

协会宣布：

加入协会的一切团体和个人，应承认**真理**、**正义**和**道德**是他们对一切人的关系的基础，因不分肤色、信仰或民族；

……

代表大会每年确定总委员会驻在地，并选举总委员会委员，每一民族各选出三名。这样选出的总委员会有权更换辞职的或因故无法履行职责的委员，有权在代表大会选出的委员少于章程规定之数额时用增选的办法加以补足。

第一次用俄文发表于《第一国际总委员会会议记录 1871–1872》1965 年莫斯科版

原文是法文

选自《马克思恩格斯全集》第 44 卷，人民出版社，1982，第 572～574 页

注释：

[1] 总委员会根据马克思的建议在 1872 年 6～8 月修订的共同章程和组织条例的草案，拟提交国际海牙代表大会（1872 年 9 月 2～7 日）批准。由于时间仓促和代表大会总的形势，马克思、恩格斯及其战友们只限于解决几个最重要的问题：章程中写进了关于工人阶级政治行动的第七条（a），为了加强纪律和组织上的集中制，对条例中的一些提法作了修改。用作修订的原稿是 1871 年共同章程的正式法文本，总委员会通过的对原稿所作的修改是保·拉法格亲笔记下的，同马克思本人写的草稿完全一致。

[2] 在 1872 年 7 月 9 日总委员会会议上讨论共同章程草案时，总委员会委员、英国社会主义者马耳特曼·巴里建议去掉"存在有现代社会的"这几个字，说它限制了协会活动的范围。恩格斯为此声明说："如果象所建议的那样去掉这

句话，就会把协会变成一个类似资产阶级创建的慈善性团体。现代社会——这是一个资本进行统治，而工人只被当作工具使用的社会。认为可以立即把古巴或巴西的奴隶，或者把中国和印度的居民变成有组织的工人，那是荒谬的。在他们获得解放以前，他们就先成为自由的工人。抛弃'现代社会'这几个字就意味着取消这种实质性的提法"（《第一国际总委员会会议记录。1871—1872》，第189页）。

卡·马克思和弗·恩格斯

社会主义民主同盟和国际工人协会（节选）

根据国际海牙代表大会决定

公布的报告和文件[1]

……

十

补充

……

2. 巴枯宁的泛斯拉夫主义宣言

1861年3月3日，亚历山大二世在欧洲全体自由派的响亮的掌声中宣布废除农奴制。车尔尼雪夫斯基和革命派争取保持公社土地所有制的努力虽然获得了结果，但是结果是如此不能令人满意，早在关于废除农奴制的宣言尚未公布以前，车尔尼雪夫斯基就痛心地承认道：

　　如果我知道，我提出来的这个问题会得到这样的解决，我宁愿遭到失败也不愿获得这样的胜利。我宁愿让他们按他们自己的意愿行事而完全不考虑我们的要求。

事实上，关于废除农奴制的法令无非是一种诈骗伎俩。相当大一部分土地被从真正的所有者手中夺走，而宣布了实行农民赎买土地的制度。沙皇这个背信弃义的法令成了车尔尼雪夫斯基和他那一派人反对皇帝的各项改革的新的、无可辩驳的论据。而自由派却站到赫尔岑的旗帜下面，大声高呼："加利利人，你胜利啦！"加利利人这个词在他们嘴里就是亚历山大二世。——从此以后，以赫尔岑的"钟声"为主要机关报的自由派，就不断吹捧解放者沙皇，为了转移社会上对这个反人民的法令所引起的怨恨和抗议的注意力，他们竟呼吁沙皇继续进行他的解放事业，并且为解放被压迫的各斯拉夫民族、为实现泛斯拉夫主义的思想而开始一次十字军征讨。

1861年夏天，车尔尼雪夫斯基在"同时代人"（《Sovremennik》）杂志[2]上揭穿了泛斯拉夫主义者的阴谋，并且向各斯拉夫民族说明了关于俄国的真正局势和他们的虚伪朋友——泛斯拉夫主义者主张自私自利的蒙昧主义的真相。当时，从西伯利亚回来的巴枯宁认为发表意见的时候到了。于是，他写了以"告俄国、波兰和全体斯拉夫族友人书"为题的长篇宣言的第一部分，作为附录刊载在1862年2月15日的"钟声"上。宣言的第二部分一直没有出现。

宣言一开始就做了如下的声明：

> 我保持着战无不胜的思想的勇敢精神，我的身心、意志、激情都仍然忠实于朋友们，忠实于伟大的共同事业和我自己……久经考验的老朋友以及与我们同思想共意志的年轻朋友，现在我来到你们这里，请求你们：再次接受我加入你们的队伍，允许我在你们中间，和你们一道，把我的全部余年贡献给争取俄国的自由、争取波兰的自由、争取全体斯拉夫人的自由和独立的斗争。

巴枯宁之所以向他的老朋友和年轻朋友提出这种毕恭毕敬的请求，是因为：

> 在异邦做一个活动家是不愉快的。我在革命的年代里对这一点深有所感：无论在法国还是在德国，我都不能扎根。因此，由于我还保持着当年对全世界进步运动的全部热烈同情，而且为了不白白地浪费我的余年，我现在应该把自己的直接活动局限在俄国、波兰和全体斯拉夫人的范围之内。在我的爱情和信仰中，这三个单独的世界是不可分割的。

1862年，即十一年以前，当时年满51岁的伟大的无政府主义者巴枯宁声明崇拜国家和泛斯拉夫主义的爱国主义。

> 直到现在，大俄罗斯民族可以说只是过着外部的国家生活。无论他们在国内的状况多么艰难，尽管他们陷于极度的破产和遭受奴役，他们仍然珍重俄国的统一、力量和伟大，并且甘愿为这些做出一切牺牲。这样就在大俄罗斯民族当中形成了国家观念和不讲空话而务实际的爱国主义。可见，在斯拉夫各部族之中只有这个民族保全下来了，只有这个民族在欧洲站稳了脚跟，并且使一切人都感觉到它是一种力量……别担心这个民族会丧失它的合法的感召力，以及它用三百年来为了自己国家的完整而以难以忍受的自我牺牲精神建树的功绩在自己内部培植的政治力量……我们将把我国的鞑靼人发送到亚洲去，把我国的德国人发送到德国去，我们将是自由的纯粹俄罗斯民族……

为了使这篇以要求进行一场反对鞑靼人和德国人的十字军征讨为结尾的泛斯拉夫主义宣传更有分量，巴枯宁指点读者去找尼古拉皇帝：

> 甚至有人说，尼古拉皇帝本人在临死以前不久准备对奥地利宣战，他想号召奥地利和土耳其的一切斯拉夫人、马扎尔人、意大利人

发动总起义。他自己制造了一场反对自己的东方风暴,而为了躲过这场风暴,他曾想从一个独裁的皇帝变成一个革命的皇帝。据说,致斯拉夫人的各篇呼吁书上已经由他签了字,而且其中还有一篇致波兰的呼吁书。不管他怎样仇恨波兰,他还是知道,没有波兰要发动斯拉夫人的起义是不可能的……他已经彻底战胜了自我,以致准备承认波兰的独立存在,但是……只是在维斯拉河的西岸。

就是这个从1868年以来一直伪装成国际主义者的人,在1862年为了俄国政府的利益宣扬种族战争。泛斯拉夫主义是圣彼得堡内阁的发明,它的目的无非是要把俄国的欧洲疆界向西面和南面推进。但是,因为他们不敢向居住在奥地利、普鲁士和土耳其的斯拉夫人直截了当地宣布,他们将要被溶化在大俄罗斯帝国之中,所以他们只是在这些人面前把俄国描绘成一个能够把他们从外国人的压迫下解放出来并把他们联合成伟大的自由联邦的强国。于是,泛斯拉夫主义就具有了各种不同的色彩,从尼古拉的泛斯拉夫主义一直到巴枯宁的泛斯拉夫主义;但是,这一切泛斯拉夫主义所追求的是同一个目的,实质上它们彼此之间是完全一致的,我们刚才引用的那段文字就证明了这一点。我们现在即将谈到的一篇宣言,将毫无疑义地确证这一点。

3. 巴枯宁和沙皇

……

接着,巴枯宁大骂"年轻的俄罗斯"一文的作者们,指责他们死搬教条、想充当人民的导师和糟蹋事业;他把他们称为什么也不懂、只会从他们读过的几本西方书籍中吸取思想的毛孩子。当政府把这些青年当做纵火犯关进监狱的时候,对他们提出的指责同这是一模一样的。为了让自己的沙皇安心,巴枯宁声称:

人民并不拥护这个革命派……我国青年绝大多数属于人民派，属于把人民事业的胜利作为自己的唯一目的的那一派；这一派没有成见，既不拥护沙皇，也不反对沙皇，如果沙皇本人开始了伟大的事业，以后又不背叛人民，这一派就永远不会离开沙皇；现在还不晚，只要他自己去领导人民，这批青年会很高兴地跟着他走。**任何西方革命的成见都阻挡不了这批青年**。而德国人该回德国去了。如果沙皇认识到他今后不应该成为暴力的集中制的首脑，而应该成为**各自由民族的自由联邦**的首脑，那末，依靠坚实的、复兴的力量，与波兰和乌克兰结成同盟，割断一切可恨的德国人的同盟，大胆地举起全斯拉夫族的旗帜，他就会成为**斯拉夫世界的救主**！

实在说，讨伐德国人是一件斯拉夫族的很好的，而主要是必要的事业，无论如何总比为了讨好德国人而扼杀波兰人要好。积极行动起来，把斯拉夫人从土耳其和德国的枷锁下解放出来，这将是一件必要的事情，是解放了的俄国人民的神圣职责。

在这个小册子中，他号召革命派在人民事业的旗帜下团结起来。下面就是这个沙皇式的人民事业的纲领的几个要点：

第一条 我们〈巴枯宁及其同伙〉希望人民的——即公社的、省的①、区域的以及国家的 *self-government*［**自治**］，有沙皇还是没有沙皇，反正一样，看人民希望怎么样。——第二条……我们准备并且必须帮助波兰、立陶宛、乌克兰反对任何暴力和反对一切外来的敌人，特别是反对德国人。——第四条我们同波兰、立陶宛、乌克兰一起，希望向目前在普鲁士王国、奥地利帝国和土耳其帝国的压迫下受折磨的我们的斯拉夫兄弟伸出援助的手，只要还有一个斯拉夫人仍然处在

---

① 巴枯宁用的是："乡的、县的"。——编者注

德国人、土耳其人或者其他什么人的奴役之下,我们就必须不让利剑入鞘。

第六条规定与意大利、匈牙利、罗马尼亚和希腊结成同盟;这恰好就是当时俄国政府所寻求的同盟。

第七条 我们将同一切斯拉夫部族一起,力求实现斯拉夫人梦寐以求的理想:建立伟大的、自由的全斯拉夫族的联邦……以便有一个统一的、不可分割的全斯拉夫族的力量。

这就是斯拉夫族事业的广泛的纲领,这就是人民俄罗斯事业的最高成就。就是为这个事业,我们献出了自己的全部生命。

现在我们将同谁在一起走,走到哪里去,跟着谁走呢?走到哪里去?——这我们已经谈过了。同谁在一起走呢?——这我们也谈过了:显然,不是同别人而是同人民在一起走。但是,跟着谁走呢?跟着罗曼诺夫走,跟着普加乔夫走,还是跟着彼斯节里走,如果发现了新的彼斯节里的话?①

说实话:如果罗曼诺夫能够并且想从彼得堡的皇帝变成农民的沙皇,**我们最乐意跟着罗曼诺夫走**。我们乐意站到他的旗帜下面,因为俄国人民还承认他,因为他的力量已经建立,可以立即用于事业,只要他对它进行人民的洗礼,它就能够成为一种不可战胜的力量。我们乐意跟着他走,还因为**他曾经一个人**进行并完成了一场伟大的和平革命,没有流一滴俄罗斯人或斯拉夫人的血。由于人们的愚蠢,流血革命有时是必要的,但是,它仍然是一种祸害、大祸害和很大的不幸,不仅对于革命的牺牲者说来是这样,而且对于干净而彻底地达到革命所追求的目的说来也是这样。在法国革命中,我们看到了这种例子。

---

① 罗曼诺夫是沙皇的姓;普加乔夫是叶卡特林娜二世在位时期一次伟大的哥萨克人起义的领袖;彼斯节里是反对尼古拉一世的1825年阴谋的首脑,他被绞死了。

可见，我们对罗曼诺夫的态度是明确的。**我们不是他的敌人**，但是也不是他的朋友。我们是人民俄罗斯的、斯拉夫的事业的朋友。如果沙皇领导这个事业，我们就拥护他。但是，当他要反对这个事业的时候，我们就将是他的敌人。因此，全部问题就在于：他是想做俄国的沙皇、农民的沙皇罗曼诺夫呢还是想做霍尔施坦—哥托尔普的彼得堡皇帝？他是想为俄国、为斯拉夫人服务呢还是想为德国人服务？这个问题很快就会解决，那时我们将知道我们该做什么。

遗憾的是，沙皇认为无需乎召开国民议会，而从这个小册子可以看出，巴枯宁已经提出自己作为这个议会的议员候选人了。他的竞选宣言和对罗曼诺夫的屈膝下跪算是白费功夫了。他的幼稚的轻信态度可耻地受了欺骗，于是他没有其他出路，只好冒冒失失地投身到破坏一切的无政府状态中去。

这位对自己的农民沙皇五体投地的导师做出了这些无聊的杜撰，他的学生和朋友阿尔伯·里沙尔和加斯帕尔·勃朗就有充分的权利高呼：农民皇帝拿破仑第三万岁！

……

卡·马克思和弗·恩格斯在保·拉法格的参与下写于1873年4～7月 1873年8月以小册子在伦敦和汉堡出版	原文是法文 选自《马克思恩格斯全集》第18卷，人民出版社，1964，第489～492、498～500页

注释：

　　[1]"社会主义民主同盟和国际工人协会"这一著作是卡·马克思和弗·恩格斯于1873年4～7月在保·拉法格的参与下写成的。

　　　　在"社会主义民主同盟"这一著作中，彻底打击了巴枯宁分子妄想在欧洲工人运动中称霸的一切野心。作者根据大量的实际材料（这些材料在海牙代表大会上未能全部加以审阅）揭穿了巴枯宁分子为了力图操纵整个国际、利用国际的影响和组织来达到自己的目的所施展的那些阴谋诡计和各种诈骗伎俩。这个著作总结了国际在理论上和组织上反对巴枯宁分子的斗争。

这个著作是依据海牙代表大会秘密同盟活动调查委员会所提出的大量文件写成的。其中包括拉法格、梅萨等人从西班牙寄来的材料，约·菲·贝克尔从瑞士寄来的材料，丹尼尔逊和柳巴文从俄国寄来的材料，以及吴亭受1871年伦敦代表会议的委托而写的长篇报告（见注《马克思恩格斯全集》第1版第18集注22），马克思和恩格斯在写第八章"同盟在俄国"时利用了这个报告。有一部分文件是在海牙代表大会以后才交给马克思和恩格斯的；同盟的有几个说明它的目的和任务的文件，马克思和恩格斯在第十一章里引用了。

马克思和恩格斯编写的他们在写作过程中使用过的文件的目录保存下来了。根据这个目录可以看出，马克思和恩格斯掌握有吴亭寄来的许多俄文书刊的法译本；因此，巴枯宁的文件的许多引文都是根据法译文摘录下来的。

"社会主义民主同盟和国际工人协会"于1873年8月用法文印成单行本；1874年，它以"一个反对国际工人协会的阴谋"（《Ein Complot gegen die Internationale Arbeiter-Association》）为题在不伦瑞克用德文出版。恩格斯直接参加了德译本的审订工作。纽约"工人报"刊载过"社会主义民主同盟"。"社会主义民主同盟"的俄译本最先摘要刊印在1928年维·波朗斯基编的"米·巴枯宁的传记材料"一书第3卷中。

[2] "同时代人"是俄国的一家文学和社会政治性杂志，从1836年至1866年在彼得堡出版（从1843年起每月出版）；它由亚·谢·普希金创办，从1847年起，该杂志的编辑是涅克拉索夫和帕纳也夫。别林斯基、杜勃罗留波夫和车尔尼雪夫斯基曾经为该杂志撰稿；在六十年代，该杂志实际上是俄国革命民主派的机关报。

弗·恩格斯

关于德国的札记[1]

1. 导言。1500～1789年

1. 到十五世纪末德国愈来愈分裂了，它的中央愈来愈衰落，而这时法国和英国已经或多或少地实现了中央集权，而且逐渐形成了民族。在德国这是不可能的，因为：（1）在德国封建主义的发展迟于那些经过征服的国家；（2）德国包括有一些法兰西人和斯拉夫人的地区，而且它把意大利视为自己的财产，把罗马视为自己的中心，因而它不是一个**民族**综合体；（3）因为，——这是主要的，——各个省以及一部分省和另一部分省之间是完全隔绝的：它们之间没有任何往来等等（参看"农民战争"）。汉撒同盟、莱茵城市同盟和士瓦本城市同盟就是自然形成的、但彼此分散的集团的代表。

关于第一点。西班牙、法国、英国在十五世纪末都已结合为形成了的民族国家。这种统一对于十五世纪说来具有世界历史意义。（西班牙——卡塔卢尼亚族和加斯梯里亚族的统一，葡萄牙——伊比利安的荷兰——由于航海业的发达为自己争得了独立生存的权利，法国——由于王室的王朝权力，逐渐把民族纳入自己的轨道。英国由于蔷薇战争消灭了上层贵族而统一起来了；英国之所以能实现统一，只是因为它被迫放弃了像德国人远征罗马那种对法国的唐·吉诃德式的侵略计划，这些计划会使它一蹶不振，就像远征罗马使德国一蹶不振一样。）德国内部虽然缺乏经济联系，但本来还是会实现而且其至还可能更早实现（例如，在奥托王朝时期）中央集权的，其所以没有能实现，是因为：第一，罗马皇帝的称号和由此而来的称霸世界的野心使得民族国家不可能组成并且使得力量在历次侵略意大利的征战中消耗尽了（其后果在奥地利一直到 1866 年仍然在起作用！），——况且德国的利益总是被出卖而遭到破坏；第二，皇帝要由选举决定，这就绝对不容许一个王朝的权力成为民族的体现，相反地只要各诸侯开始感到某皇室的权力变得过分强大，就经常引起——尤其是在有决定意义的十五世纪——王朝的更替。——在法国和西班牙也存在过经济上的分散状态，但被用暴力克服了。

在中世纪，皇帝为反对教皇而进行了"文化斗争"，结果既造成了德国的分裂，也造成了意大利的分裂（在意大利，教皇权力是民族统一的障碍，但它总是经常装成民族统一的代表，然而尽管如此，但丁却仍然认为意大利的救星是外国皇帝）；从 1500 年起，当教皇还是一个势力不太大的诸侯的时候，他就用自己的领地把意大利分割开来，使得它的统一事实上无法实现。

2. 但是不管怎样，由于贸易的自然发展，斯拉夫人的日耳曼化，以及法兰西人地区和意大利的丧失，德国本来是能够合而为一的，因为世界贸易的道路通过德国境内，但是在这一时期发生了两个重大事件：

（1）德国市民阶级完成了自己的革命，由于时代精神的缘故，这个革命是以宗教形式表现出来的，即表现为宗教改革。但是真糟糕！如果没有帝国骑士等级和农民，革命根本不可能实现。但是，所有三个等级的互相矛盾的利益起了阻碍作用：骑士——城市的经常掠夺者（见蒙果德·冯·艾伯施坦的著作）和农民的压迫者；城市也狠狠地剥削农民（乌尔姆市委员会和农民！）。最先起义的是帝国骑士，但是，由于资产者背弃了他们，所以遭到了彻底失败。继他们之后农民也起义了，然而市民们**却直接反对他们**。与此同时市民们的宗教革命在极大程度上被阉割了，于是不得不迎合**诸侯**的胃口，而领导作用也就转到**诸侯**手中去了。——十六世纪德国革命的特殊的神学－理论的性质。主要是注意这个世界之外的事物。摆脱贫穷不堪的现实，这就是后来德国人在理论方面（从莱布尼茨到黑格尔）占优势的基础。

（2）世界贸易的道路从德国移开了，于是德国好像被排挤到了穷乡僻壤；这样一来资产者 dito［以及］宗教改革的力量被破坏了。

（3）结果是 cuius regio, eius religio［谁的领土就信仰谁的宗教］和德国实际上的分裂，主要是分裂为信仰新教的北部和形形色色的信仰都有、但主要信仰天主教的西南部以及纯粹信仰天主教的东南部。这里已经留下了1740～1870年的恶性发展（普鲁士，北部和南部的分裂，最后，小德意志和奥地利）的根源。法国的相反的过程。对胡格诺教徒的镇压（见"札记"第2页）①。

……

弗·恩格斯写于1873年底～1874年初
第一次用俄文发表于《马克思恩格斯文库》1948年版第10卷

原文是德文
选自《马克思恩格斯全集》第18卷，人民出版社，1964，第647～649页

注释：

[1] 关于德国的札记（《Varia über Deutschland》）的手稿反映了恩格斯由于想写一本德国史而对德国人民的已往历史所进行的深刻研究。恩格斯一再谈到德国史的问题，在1873～1874年他又对这些问题做了努力的探讨。关于自己的这些工作他在1874年1月27日写信给威·李卜克内西说："我想给'人民国家报'写一点关于德国的东西，但是我却因此埋头钻研了很多经济和统计资料，结果也许能写成一本小书，甚至是一大本书。"这一意图没有实现；从他所准备的材料来看，恩格斯是想阐明包括他当时经历过的1873年的各种事件在内的德国史的进程，其中着重叙述自法国革命以来的德国史。从中世纪末到

---

① 见《马克思恩格斯全集》第18卷，人民出版社，1964，第653～654页。——编者注

1789年这一时期预计在一篇分量较重的导言中加以阐述。本卷中所发表的恩格斯的手稿是这一导言的大纲和包括1789年至1815年这一时期的第一篇的梗概。

本卷中还发表了就其内容而言和导言的大纲有关的由个别段落组成的"关于德国的札记"第二个手稿的片断。

比较完整的"关于德国的札记"和恩格斯关于德国史的其他一些准备性稿件一起发表在"马克思恩格斯文库"1948年版第10卷上。

弗·恩格斯

"德国农民战争"一八七〇年版序言的补充[1]

上面那一部分是四年多以前写成的。它直到现在还具有意义。在萨多瓦会战及德国分裂后是正确的东西，在色当会战及普鲁士民族的神圣德意志帝国[2]建立以后又得到了证实。可见，所谓伟大政策造成的"震撼世界的"重大国家事件，并不能使历史运动的方向发生什么变化。

但是这些事件可以加速这个运动的进程。在这方面，上述那些"震撼世界的事件"的肇事者无意中得到了大概是极不合他们自己心愿的成果，但不管愿意与否，他们都不得不注意这些成果。

……

在未来的历史学家看来，在1869年至1874年德国的历史上施皮歇恩、马尔斯-拉-土尔和色当等地会战[3]中的炮火声以及与此有关的一切，比起德国无产阶级那种质朴、平稳但不断向前的发展，其意义将小得多。早在1870年德国工人就经受住了一个严重的考验，即波拿巴的战争挑衅及其自然的结果——德国普遍的民族热情。德国社会主义的工人一刻也没有被人引入迷途。他们没有被卷入民族沙文主义的狂澜。当举国若狂地沉醉于胜利时，他们保持了冷静，要求"同法兰西共和国缔结公正的和约并且不要任何割地"，就连戒严状态也不能迫使他们沉默。不论是对战争光荣的迷恋，不论是关于"德意志帝国伟大"的废话，在他们中间都得不到响应；

他们唯一的目标仍旧是整个欧洲无产阶级的解放。我们有充分的理由可以说，到现在为止还没有一个国家的工人如此辉煌地经受住了这样艰巨的考验。

……

德国工人同欧洲其他各国工人比较起来，有两大优越之处。第一，他们属于欧洲最有理论修养的民族，他们保持了德国那些所谓"有教养的人"几乎完全丧失了的理论感。如果不是先有德国哲学，特别是黑格尔哲学，那末德国科学社会主义，即过去从来没有过的唯一的科学社会主义，就决不可能创立。如果工人没有理论感，那末这个科学社会主义就决不可能像现在这样深入他们的血肉。这两个优越之处无限重大，从以下的事实就可以看出：一方面，英国工人运动虽然单个行业有很好的组织，但是前进得非常缓慢，其主要原因之一就是对于一切理论的漠视；另一方面，法国人和比利时人由于原有形式的蒲鲁东主义的传播而发生混乱和动摇，西班牙人和意大利人则由于被巴枯宁滑稽化了的蒲鲁东主义的传播而发生混乱和动摇。

……

必须承认，德国工人非常巧妙地利用了自己地位的有利之处。自从有工人运动以来，斗争是第一次在其所有三方面——理论方面、政治方面和实践经济方面（反抗资本家）互相配合，互相联系，有计划地进行着。德国工人运动所以强大有力和不可战胜，也正是由于这种可以说是向心的攻击。

一方面由于德国工人具有这种有利的地位，另一方面由于英国工人运动具有岛国的特点，而法国工人运动又受到暴力的镇压，所以现在德国工人是处于无产阶级斗争的前列。事变究竟容许他们把这种光荣地位占据多久，这是不能预先断言的。但是，可以相信，只要他们还占据这个地位，他们就能很好地执行这个地位所加给他们的种种责任。要做到这一点，就必须在斗争和鼓动的各个方面都加倍努力。特别是领袖们有责任越来越透彻地理解种种理论问题，越来越多地摆脱那些属于旧世界观的传统词句的影响，而时时刻刻地注意到：社会主义自从成为科学以来，就要求人们把它当做科学看待，就是说，要求人们去研究它。必须以高度的热情把由此获得的日益明确的意识传布到工人群众中去，必须日益加强团结党组织和工会组织。虽然社会党人在1月份所争得的选民就已经是一支相当庞大的军队，但是他们远还不是德国工人阶级的多数；而且，在农民中宣传的成就虽然很令人振奋，但正是在这方面还应该做无数的事情。因此，不能在斗争中懈怠下来，而必须从敌人手中把城市和选区一个接一个地夺取过来。但是，首先必须维护真正的国际主义精神，这种精神不容许产生任何爱国沙文主义，并且欢迎无产阶级运动中任何民族的新进展。假使德国工人将来还是同样地前进，那末虽然不能说他们一定会走在运动的前列（只是某一个国家的工人走在运动的前列，这并不符合运动的利益），但是一定会在战士的行列中占据一个光荣的地位；而将来如果有意外严重的考验或者伟大的事变要求他们表现出更大的勇气、更大的决心和毅力的时候，他们一定会有充分的准备。

弗里德里希·恩格斯
1874年7月1日于伦敦

载于弗里德里希·恩格斯《德国农民战争》1875年莱比锡版

原文是德文
选自《马克思恩格斯全集》第18卷，人民出版社，1964，第561、564～567页

注释：

[1] 恩格斯在他于1850年写的"德国农民战争"一书的第三版准备付印时，对他在1870年2月给该书第二版写的序言做了补充。经过补充的序言载于1875年在莱比锡出版的"德国农民战争"（F. Engels.《Der deutschen Bauernkrieg》. Leipzig, 1875）第3版上。本卷发表了序言的第二部分，恩格

斯注明写作日期是1874年7月1日。序言的第一部分，按照它写作的日期收入《马克思恩格斯全集》中文第1版第16卷，第446~455页。

［2］恩格斯说普鲁士民族的神圣德意志帝国时，是套用了中世纪的德意志民族神圣罗马帝国的名称，以此强调指出，德国的统一是在普鲁士的霸权下实现的，同时还引起了德国土地的普鲁士化。

［3］1870年8月6日在施皮歇恩（洛林）进行的会战（1870~1871年普法战争中最初的几次大会战之一）中，普鲁士军队打败了法国部队。在历史文献中，施皮歇恩会战也称为福尔巴赫会战。

马尔斯-拉-土尔会战（也称为维昂维耳会战）发生于1870年8月16日。这次会战的结果，德军成功地阻止了法国莱茵军团从麦茨开始的退却，然后截断了它的退路。

关于色当，见《马克思恩格斯全集》第18卷，人民出版社，1964，注404。

弗·恩格斯

流亡者文献[1]

一 波兰人的声明[2]

当俄国皇帝到达伦敦的时候,那里的全部警察都行动起来了。据说波兰人想刺杀他,已经物色到了一个新的贝雷佐夫斯基,而且这次比上次在巴黎武装得更完善。著名的波兰人士的住宅受到了便衣警察的包围,甚至还从巴黎召来了一个在帝国时代专门监视那里的波兰人的警官。在沙皇从他的住处到市中心的路上,警察防范措施已按战略原则作了严格部署,——可是,所有这些辛劳都白费了!没有发现任何一个贝雷佐夫斯基,没有响过一次手枪声,同自己的女儿一样提心吊胆的沙皇虚惊一场。然而,这些辛劳毕竟没有完全白费,因为皇帝吩咐赏给为他效劳的警监每人5英镑,督察员每人2英镑(合100马克和40马克)的小费。

其实,波兰人所想的完全是另一回事,而不是刺杀高贵的亚历山大。波兰人协会[3]发表了一篇《波兰流亡者告英国人民书》,在这份呼吁书上签名的有:协会主席瓦·符卢勃列夫斯基将军;秘书扬·克林斯基。这份呼吁书在沙皇访问期间在伦敦流传得很广。除《雷诺新闻》外,伦敦各家报纸都一致拒绝刊登它,说是不应得罪"英国的贵宾"!

呼吁书一开头就向英国人指出①，沙皇正好是当他在中亚细亚进行一切准备来推翻英国人在印度的统治的时候来访问他们的，沙皇没有给他们增光，而是使他们受辱，如果英国不去倾听沙皇这位自诩为受他压迫的各民族之父的诱惑性言词，而稍微关心一下波兰人争取独立的愿望，那么英国和西欧其余国家都可以安心地停止自己的大规模备战活动。这样说是完全正确的。俄国的军国主义是整个欧洲军国主义的后台。在1859年战争期间俄军充当了法国的后备，而在1866年和1870年则充当了普鲁士的后备，从而使这两个各在自己的时代领先的军事大国能够击溃自己的孤立无援的敌人。普鲁士作为欧洲头等的军事大国，是俄国一手造成的，尽管它后来超过了自己的保护者而令其感到不快。

接着呼吁书中说：

> 由于自己的地理位置以及准备随时挺身捍卫人类利益的决心，波兰过去是，将来也始终是捍卫整个东北欧的权利、文明和社会进步的先锋。许多世纪以来波兰一方面反抗东方野蛮人的入侵，另一方面又反抗当时几乎压迫着整个西方的宗教裁判所，就是不可辩驳的证明。西欧各国人民能在新时代的决定性时期不受干扰地发展自己的社会的生命力，这是靠了什么呢？是靠了而且只是靠了在欧洲东部边界上有波兰士兵在守卫着，他始终保持着警惕，随时准备战斗，从不吝惜自己的健康、自己的财产、自己的生命。欧洲在艺术和科学方面于16世纪重新苏醒了的生活所以能继续向前发展，工商业和财富所以能达到目前这种惊人的高度，都应当归功于波兰武器的保护。例如，假若不是波兰不顾自己后方遭到蒙古寇群的威胁而去援助中欧反抗土耳其人，不是它用维也纳城下的光辉胜利粉碎了奥斯曼人的强大实力，西方200年来的辛勤努力所获得的文明的遗产会变得怎么样呢？

---

① 本段和以下引文，均引自《波兰流亡者告英国人民书》，第2～5页。——编者注

往下呼吁书中指出，就是现在，阻碍俄国用自己的力量来反对西方的，主要也还是波兰的反抗。正是由于这种反抗，俄国的最阴险的盟友——它的泛斯拉夫主义的代理人才被解除了武装。俄国最著名的历史学家波戈金在一本根据俄国政府的命令并由俄国政府出资印行的书中写道，波兰一向是俄国躯体中的一根刺，现在应当使它成为俄国的右臂，为此就必须使波兰恢复为一个受某位俄国公爵管辖的弱小的王国，——这样就很容易把居住在土耳其和奥地利的斯拉夫人吸引到自己这边来。

我们将用一个宣言来宣布这一点；英国和法国会忍痛不言，而对奥地利来说，这是一个致命的打击……所有的波兰人，甚至是最不妥协的波兰人都将投入我们的怀抱；奥地利和普鲁士的波兰人将同自己的兄弟们重新亲近起来。现在所有斯拉夫族都在受奥地利的压迫，捷克人，克罗地亚人，匈牙利人〈！〉，直到土耳其的斯拉夫人，都将殷切地等待有一天能像当时的波兰人那样自由地呼吸。我们将成为一个处于统一王权之下的有一亿人的民族，到那时，欧洲各民族，你们来吧，来同我们较量较量吧！①

遗憾的是，在这个美妙的计划中缺少一种主要的东西：波兰的同意。其实，

全世界都知道，波兰这样回答了所有这些诱惑：如果说我本来就该活着的话，那么我就要而且也一定要作为欧洲各自由民族中的一个自由民族而活着，而不是作为异邦君主征服全世界的计划的工具而活着。

---

① 引自《波兰流亡者告英国人民书》，第3页，另参看米·彼·波戈金《波兰问题。议论、笔记和意见集。1831—1867年》，1867年莫斯科版，第54~55页。——编者注

往下呼吁书阐述了波兰是如何证明自己的这个不可动摇的决心的。当法国爆发革命的时候，波兰正处于生死存亡的关头，它已被第一次瓜分[4]弄得支离破碎，它已为四个国家所分割。虽然如此，它仍然勇敢地借助1791年5月3日的宪法[5]在维斯瓦河两岸竖起了法国革命的旗帜——它以这一举动使自己大大高出所有的邻居。波兰昔日的混乱状态由此而被消除；如果再有几十年平稳的、没有外来破坏的发展，波兰就会成为莱茵河东岸最先进最强大的国家。但是，瓜分波兰的列强是不喜欢波兰重新站起来的，尤其是不喜欢它由于把革命引进东北欧而站起来。它的命运被决定了：俄国人在波兰做到了普鲁士人、奥地利人和帝国军队在法国所没有做到的事情。

考斯丘什科曾同时为波兰的独立和为平等的原则而战斗。众所周知，波兰从丧失自己的民族独立的时候起，就不顾这种独立的丧失，依靠自己的爱国心，依靠同一切为人类利益而斗争的民族的团结，随时随地做保护遭到破坏的权利的先锋，参加一切旨在反对暴政的战斗。波兰没有因自己的灾难而气馁，没有因欧洲各国政府的盲目和恶意而动摇，它一刻也没有违背它本身、历史以及未来所赋予它的义务。

它同时也制定了组织这个未来的即新的波兰共和国所应当遵循的原则；这些原则在1836年、1845年和1863年的宣言中都作了阐述。[6]

这些宣言中的第一个宣言，除了宣布波兰的不可动摇的民族权利而外，还宣布了**农民的平等权利**。1845年的宣言是在波兰的领土上，在当时还是自由城市的克拉科夫发表的，并得到波兰各地代表的确认；它不仅宣布了这种平等权利，而且还宣布了**农民应当成为**他们世世代代耕种的**土地的所有者**这一提法——在被俄国人占领的那部分波兰领土上，地主们把上述宣言看做是波兰民族权利的基础，他们依据这些宣言，在沙皇的所谓解放宣言发表之前很久，就决定自愿地和通过同农民协商的办法来解决这个使他们的良心受到责备的内部问题（1859～1863年）。波兰的土地问题，原则上已由1791年5月3日的宪法解决了；如果说波兰农民仍然遭受着压迫，这完全归咎于沙皇的专制和**权谋**，他是把自己的统治建立在地主和农民之间的仇恨上的。上述决定早在1861年2月19日沙皇宣言发表之前很久就已经作出了，而这个受到全欧洲热烈欢迎的、似乎要确立农民的平等权利的宣言本身，只不过是沙皇用来掩饰他夺取别人财产的一贯图谋的一个幌子而已。波兰农民依旧受着压迫……**沙皇成了土地的所有者！**而为了惩罚1863年波兰为反抗自己压迫者的阴险野蛮行为而举行的流血起义[7]，对波兰进行不断的残酷迫害，其残酷程度甚至会使过去许多世纪的专制暴君都要不寒而栗。

但是，不论是整整一个世纪以来沙皇对它的残酷压迫，不论是欧洲的冷漠态度，都不能扼杀波兰。我们活过来了，我们还要活下去，因为我们靠的是自己的意志，自己的力量，自己的社会的和政治的发展，这种发展使我们大大超出我们的压迫者之上，因为后者的存在彻头彻尾是依靠野蛮的暴力、监狱和绞架，而他们的对外行动的基本手段就是秘密的阴谋，背信的袭击，最后就是暴力的征服。

以上援引的这几段话已足以表明这个呼吁书的特点，我们现在暂且把这个呼吁书放一放，来就波兰问题对德国工人所具有的重要性谈几点意见。

不管俄国从彼得大帝以来有了怎样的发展，不管它在欧洲的势力有了多么大的增长（普鲁士国王弗里德里希二世在这方面出了不少力，尽管他非常清楚自己在做什么），在占领波兰之前，它实质上一直像土耳其一样是一个欧洲之外的大国。1772年波兰遭到第一次瓜分[8]；1779年俄国已经根据泰申和约[9]要求并得到了干涉德国事务的正式权利。这对于德国各邦君主应当是一个教训；但是，尽管如此，弗里德里希-威廉二世，这个唯一认真反抗俄国政策的霍亨索伦王朝成员和弗兰茨二世仍然同意完全消灭波兰。拿破仑战争之后俄国又攫取了前普鲁士所属和奥地利所属波兰各省的极大部分，现在它公然以欧洲仲裁者的身份出现了；这个角色它连续不断地扮演到1853年。普鲁士对自己在俄国面前摇尾乞怜颇感自豪；奥地利则违背己愿跟着俄国走，但是在决定关头它总是由于对革命的恐惧而让步，因为沙皇始终是反对革命的最后支柱。于是俄国便成了欧洲反动势力的堡垒，同时也不放弃利用泛斯拉夫主义的煽动在奥地利和土耳其准备实行进一步的掠夺。在革命年代俄国军队对匈牙利的镇压，对东欧和中欧说来，就像巴黎六月战斗[10]之于西欧一样，是有决定意义的事件；其后，当尼古拉皇帝在华沙充当普鲁士国王和奥地利皇帝之间的仲裁者的时候，反动派对欧洲的统治也就随着俄国的统治的建立而建立起来了。克里木战争[11]使西欧和奥地利不再受沙皇的鄙视；普鲁士和德国各小邦则更加殷勤地匍匐在沙皇面前；但是，在1859年沙皇就因为奥地利人的不顺从而惩罚了他们，不让他的德国藩臣袒护他们，而在1866年普鲁士则完成了对奥地利的惩罚。上面我们已经看到，俄国军队充当了整个欧洲推行军国主义的借口和后备。只是因为尼古拉自恃有百万大军——诚然大部分都是有名无实——，在1853年向西方进行挑战，路易-拿破仑才能利用克里木战争作为借口来把当时相当弱的法军变成欧洲最强的一支军队。只是因为俄国军队在1870年阻碍奥地利站到法国那边，普鲁士才能战胜法国，并建成普鲁士德意志军事王国。在所有这些重大政治历史事件的幕后，我们都看到了俄国军队。虽然毫无疑问，只要俄国的内部发展不是很快地转入革命轨道，德国对法国的胜利就必然会引起俄国和德国之间的战争，就像普鲁士在萨多瓦战胜奥地利[12]引起了普法战争一样①，——但是，俄国军队将始终帮助普鲁士来反对国内的任何运动。官方的俄国直到现在仍然是欧洲一切反动势力的堡垒和保护伞，而俄国军队则仍然是其他一切镇压欧洲工人

---

① 这在《国际工人协会总委员会关于普法战争的第二篇宣言》（1870年9月9日）中已经谈到。

阶级的军队的后备军。

这支庞大的专事压迫的后备军的矛头首先针对的正是德国的工人,其中既包括所谓德意志帝国的工人也包括奥地利的工人。只要奥地利和德国的资产阶级和政府还有俄国撑腰,整个德国的工人运动的双手就一直会被束缚住。所以,我们比别人更关心摆脱俄国的反动势力和俄国军队。

在这方面我们只有一个可靠的,而且在任何情况下都是可靠的盟友:**波兰人民**。

波兰由于其全部历史发展和目前所处的状况,较之法国在更大程度上面临着一种抉择:不是革命就是灭亡。因此,关于波兰运动本质上是贵族性质的运动的一切无稽之谈都是不攻自破的。在波兰流亡者中可以见到不少怀有贵族欲望的人;但是只要波兰本身一投入运动,他们就会成为完完全全的革命者,正像我们在1846年[13]和1863年[14]所看到的那样。这些运动不仅是民族运动,而且还直接为了解放农民和把土地转归农民所有。1871年,在法国的人数众多的波兰流亡者完全听从公社的支配,难道这是贵族的行为吗?难道这不是证明这些波兰人已经完全站在现代运动的高峰上了吗?自从俾斯麦把文化斗争[15]引入波兰并且借口教皇受亵渎而取缔波兰文教科书,限制使用波兰语,并且利用各种办法迫使波兰投入俄国的怀抱以来,发生了什么事情呢?波兰贵族越来越接近俄国,以便在它的统治下至少重新统一波兰;革命群众的回答则是:建议同德国工人政党结成同盟,参加国际的斗争行列。

波兰是扼杀不了的,它在1863年证明了这一点,而且现在每天都在证明着。它在欧洲各民族大家庭中独立生存的权利是不容争辩的。但是,波兰的恢复,对于德国人和俄国人这两个民族自身来说尤其是必要的。

压迫其他民族的民族是不能获得解放的。它用来压迫其他民族的力量,最后总是要反过来反对它自己的。只要俄国士兵还侵占着波兰,俄国人民就既不能获得政治解放,也不能获得社会解放。但是在俄国目前的发展水平下,有一点是毫无疑问的:俄国失去波兰之日,也就是俄国国内的运动强大到足以推翻现存秩序之时。波兰的独立和俄国的革命是互为条件的。而波兰的独立和俄国的革命——在社会、政治和财政无止境地陷入崩溃的情况下，在贪污贿赂之风腐蚀着整个官方俄国的情况下，这个革命的爆发比乍看起来要快得多——对德国工人来说，就意味着德国的资产阶级和政府，简言之即德国的反动势力，将只能依靠自身的力量了，而这些力量，随着时间的推移，我们自己是能够对付的。

……

弗·恩格斯写于1874年5月中～1875年6月

载于1874年6月17日和26日，10月6日和8日《人民国家报》第69、73、117和118号；1875年3月28日，4月2、16、18和21日《人民国家报》第36、37、43、44和45号

原文是德文

选自《马克思恩格斯文集》第3卷，人民出版社，2009，第349～356页

注释：

[1]《流亡者文献》是恩格斯阐述欧洲民主运动、工人运动和俄国问题的一组文章。恩格斯在这组文章中介绍了波兰、法国和俄国流亡者对本国发生的革命事件的看法，同时批判了布朗基主义、巴枯宁主义以及其他小资产阶级社会主义关于革命的任务和策略、革命的前途和动力的错误观点。他根据对这些国家的革命运动的分析，论述了欧洲革命的前景，通过对巴黎公社经验的回顾，阐释了无产阶级斗争的战略和策略。

这组文章共五篇，是1874年5月中～1875年4月写成的，于1874年至1875年陆续发表在《人民国家报》上。1894年恩格斯把其中的第一篇、第二篇和第五篇收入《〈人民国家报〉国际问题论文集（1871—1875）》，并分别加了标题。

1939年延安解放社出版了由柯柏年、艾思奇、景林等翻译的《马恩通信选集》，其中收有这组文章的第五篇，篇名为《俄国社会状况》。

[2]《波兰人的声明》是《流亡者文献》中的第一篇文章。这篇文章是恩格斯针

对波兰流亡者的组织波兰人协会1874年5月初在伦敦发表的《波兰流亡者告英国人民书》而写的。恩格斯在文中指出，波兰人民为恢复波兰独立而进行的斗争具有重大意义，支持波兰的解放斗争是国际无产阶级应尽的义务，工人阶级为反对剥削阶级统治而进行的斗争是与被压迫民族争取民族解放的斗争紧密联系在一起的。恩格斯还强调指出："压迫其他民族的民族是不能获得解放的。它用来压迫其他民族的力量，最后总是要反过来反对它自己的。"（见《马克思恩格斯文集》第3卷，第355页）

1874年5月4日，波兰人协会主席瓦·符卢勃列夫斯基将《波兰流亡者告英国人民书》寄给恩格斯。恩格斯于5月中旬～6月10日之间写了这篇文章，发表在1874年6月17日《人民国家报》第69号。1894年这篇文章被收入《〈人民国家报〉国际问题论文集（1871—1875）》，恩格斯加了标题。

[3] 指波兰民主协会，该协会于1832年在法国成立，是波兰流亡者中左派贵族资产阶级的组织。1836年协会成立了其领导执行机关"集中"。协会于1836年12月4日发表宣言，号召实行"人民革命"，呼吁人民起来进行斗争。协会的纲领规定了恢复波兰独立，取消封建徭役和等级不平等，把农民耕种的土地无偿地交归农民自己所有，以及一系列其他进步措施。波兰民主协会积极参加了1846年争取波兰民族解放的克拉科夫起义的准备工作。1849年夏季，波兰民主协会在法国被禁止活动以后，伦敦便成了"集中"的驻地，但大部分协会会员仍然留在法国。1862年，由于波兰建立了准备起义的全国中央委员会，该民主协会便决定解散。

[4] 第一次瓜分波兰是普鲁士、奥地利和俄国根据1772年8月5日在圣彼得堡签订的协定进行的。奥地利分得了加利西亚，普鲁士分得了瓦尔米亚以及波美拉尼亚、库亚维恩和大波兰区的一部分；利夫兰和白俄罗斯东部的一部分划归俄国。波兰当时失去了29%的领土。

[5] 波兰1791年宪法是在法国资产阶级革命的影响下制定的，于1791年5月3日经议会通过。这部宪法反映了波兰小贵族中最进步的人士和城市资产阶级的意愿。它废除了联邦议会的决议必须一致通过的原则，改为只要多数通过即可作出决定；禁止小贵族联盟，加强中央行政权；以及扩充军队等。这部宪法没有触动农奴制的基础，贵族仍拥有全部经济特权和政治权力。

[6] 1836年12月4日波兰流亡者组织波兰民主协会（见《马克思恩格斯文集》

第 3 卷，第 669 页注 181）发表宣言，号召实行"人民革命"，呼吁人民起来进行斗争，争取废除封建徭役和等级不平等，把农民耕种的土地交归农民自己所有。

1845 年底起草并于 1846 年 2 月 22 日以传单形式发表的克拉科夫起义宣言，要求废除农奴制，取消封建赋税并把土地交给农民。

波兰中央民族委员会在 1863 年 1 月 22 日发表的宣言是 1863～1864 年波兰起义的纲领。宣言号召波兰人民拿起武器，要求废除等级和等级不平等，将农民耕种的土地划归他们自己所有，要求以 1772 年确定的疆域为准保持波兰的独立，同时还要求乌克兰、白俄罗斯和立陶宛人民从今以后应该有决定自己命运的权利。

[7] 1863 年 1 月 22 日在沙皇俄国统治下的波兰王国境内爆发了民族解放起义。领导起义的是由小资产阶级民主主义者和小贵族分子组成的中央民族委员会，后来改称临时民族政府。起义的参加者有手工业者、工人、青年学生、农民等。临时民族政府颁布的宣言为建立资产阶级民族国家提供了法律基础。宣言声明，全体公民一律平等，并宣告波兰独立；宣言还要求把农民耕种的土地转归农民所有，取消农民的一切封建徭役。在起义的过程中，代表右派势力的小贵族分子在临时民族政府中占优势，他们惧怕人民群众的革命行动，在同沙皇的斗争中表现出动摇性和不彻底性，并寄希望于欧洲各国政府的干涉，同时他们还阻挠农民获得土地，争取解放，因而起义逐渐失去了农民群众的支持。尽管起义者作战英勇，各国进步力量也对起义在物质上和道义上给予了大力支援，但是，由于领导核心不健全，1864 年 4 月在沙皇军队的残酷镇压下，起义终于失败。

[8] 第一次瓜分波兰是普鲁士、奥地利和俄国根据 1772 年 8 月 5 日在圣彼得堡签订的协定进行的。奥地利分得了加利西亚；普鲁士分得了瓦尔米亚以及波美拉尼亚、库亚维恩和大波兰区的一部分；利大兰和白俄罗斯东部的一部分划归俄国。波兰当时失去了 29% 的领土。

[9] 泰申和约是以奥地利为一方，普鲁士和萨克森为另一方于 1779 年 5 月在泰申签订的和约。和约的签订结束了巴伐利亚王位继承战争（1778～1779 年）。根据和约规定，普鲁士和奥地利各获得了巴伐利亚的一些地区，萨克森则得到了赔款。巴伐利亚王位归普法尔茨选帝侯所有。泰申和约确认了以前德意

志各邦所签订的、从 1648 年的威斯特伐利亚和约起,至 1763 年的胡贝图斯堡条约止的一系列和约。俄国最初充当交战双方的调停人,后来在和约的一项专门条款中和法国一起被宣布为条约所规定的秩序的保证国,实际上获得了干涉德意志各邦事务的权利。

[10] 六月起义指 1848 年 6 月巴黎无产阶级的起义。二月革命后,无产阶级要求把革命推向前进,资产阶级共和派政府推行反对无产阶级的政策,6 月 22 日颁布了封闭"国家工场"的挑衅性法令,激起巴黎工人的强烈反抗。6 月 23~26 日,巴黎工人举行了大规模武装起义。经过四天英勇斗争,起义被资产阶级共和派政府残酷镇压下去。马克思论述这次起义时指出:"这是分裂现代社会的两个阶级之间的第一次大规模的战斗。这是保存还是消灭资产阶级制度的斗争。"(见《马克思恩格斯文集》第 2 卷,第 101 页)

[11] 对俄战争即克里木战争,是 1853~1856 年俄国对英国、法国、土耳其和撒丁的联盟进行的战争。这场战争是由于这些国家在近东的经济和政治利益发生冲突而引起的,故又称东方战争。克里木战争中俄国的惨败重挫了沙皇俄国独占黑海海峡和巴尔干半岛的野心,同时加剧了俄国国内封建制度的危机。这场战争以签订巴黎和约而告结束。

[12] 萨多瓦之役即萨多瓦会战,是 1866 年 7 月 3 日以奥地利和萨克森的军队为一方,普鲁士军队为另一方,在捷克萨多瓦村附近的克尼格雷茨(赫拉德茨-克拉洛韦城郊)进行的会战。这是 1866 年普奥战争中的一次决定性会战,以奥军败北而告终。历史上这次会战又称克尼格雷茨(赫拉德茨-克拉洛韦)会战。

[13] 1846 年 2 月,波兰人民为争取民族解放曾准备进行起义。起义的主要发起人是波兰的革命民主主义者埃·邓波夫斯基等人。但是,由于波兰小贵族的背叛以及起义领袖遭普鲁士警察逮捕,总起义未能成功。仅在从 1815 年起由奥地利、普鲁士和俄国共管的克拉科夫举行了起义,起义者在 2 月 22 日获胜并建立了国民政府,发表了废除封建徭役的宣言。克拉科夫起义于 1846 年 3 月初被镇压。1846 年 11 月,奥地利、普鲁士和俄国签订了关于把克拉科夫并入奥地利帝国的条约。

[14] 1863 年 1 月 22 日在沙皇俄国统治下的波兰王国境内爆发了民族解放起义。领导起义的是由小资产阶级民主主义者和小贵族分子组成的中央民族委员

会，后来改称临时民族政府。起义的参加者有手工业者、工人、青年学生、农民等。临时民族政府颁布的宣言为建立资产阶级民族国家提供了法律基础。宣言声明，全体公民一律平等，并宣告波兰独立；宣言还要求把农民耕种的土地转归农民所有，取消农民的一切封建徭役。在起义的过程中，代表右派势力的小贵族分子在临时民族政府中占优势，他们惧怕人民群众的革命行动，在同沙皇的斗争中表现出动摇性和不彻底性，并寄希望于欧洲各国政府的干涉，同时他们还阻挠农民获得土地，争取解放，因而起义逐渐失去了农民群众的支持。尽管起义者作战英勇，各国进步力量也对起义在物质上和道义上给予了大力支援，但是，由于领导核心不健全，1864年4月在沙皇军队的残酷镇压下，起义终于失败。

[15] 文化斗争这一概念是由左翼自由派医生鲁·微耳和提出的，是对19世纪70年代以俾斯麦政府与资产阶级自由派为一方，以具有资产阶级分裂主义倾向的教会中央党和天主教教会为另一方展开的政治论战的概括。由于内政和外交上的原因，俾斯麦与天主教教权主义势力处于敌对状态。中央党与其他分裂主义势力，其中包括进入帝国国会的波兰人结成了联盟，俾斯麦认为这一联盟危及具有普鲁士特征的、以新教为主的帝国的进一步巩固，因而采取了一系列有针对性的法律措施。

俾斯麦利用在论战过程中、于1872年3月11日在普鲁士公布的教学监督法压制波兰居民的文化活动，推行波兰居民的普鲁士化。按照这项法律，普鲁士官员不仅应对波兰神职人员进行监督，而且也应对所有波兰居民的学校进行监督。此外，1872年10月26日的一项王室法令以及1873年10月27日由波森省颁布的一项命令还规定，除宗教课以外，德语为波森中等学校和国民学校的教学用语。

在反对天主教的借口下，俾斯麦政府在普鲁士统治下的波兰地区加强民族压迫，同时煽起宗教狂热使一部分工人脱离阶级斗争。80年代初，在工人运动发展的形势下，俾斯麦为了纠集反动力量，取消了大部分法律措施。

弗·恩格斯

支持波兰[1]

今年在伦敦隆重庆祝了1863年1月22日波兰起义纪念日。参加纪念会的有我们德国党的许多同志；其中有些人，包括恩格斯和马克思在内，在会上发表了演说。

恩格斯说："在这里大家已经谈到了使各国革命者同情和捍卫波兰事业的那些原因了。只有一点忘记提到，这就是：波兰所处的政治形势已经彻底革命化了，波兰不是革命就是灭亡，除此以外，再也没有别的抉择。这一点早在第一次瓜分以后就显露出来了。第一次瓜分是由于波兰贵族力图保存已经失去存在权利的宪法和特权而引起的；那部宪法和那些特权不仅没有维持安宁和保证进步的发展，反而破坏了公共秩序，给国家带来了危害。在第一次瓜分以后，有一部分波兰贵族承认了这个错误，并且确信波兰只有通过革命才能恢复；十年之后，我们看见了，波兰人是怎样在美国为自由而斗争的。1789年的法国革命立刻在波兰引起了回响。宣布人权和公民权的1791年宪法成了维斯拉河两岸的一面革命旗帜，使波兰成了革命法国的前卫，并且这恰好是在一度掠夺过波兰的三个大国联合起来，以便扑向巴黎，扼杀革命的时候发生的。难道这三个大国会允许革命在这个同盟的中心扎根生长吗？——绝对不会。它们再次向波兰扑去，打算在这一次彻底消灭波兰民族。波兰打起了革命旗帜，是它受奴役的主要原因之一。这个由于革命而被宰割得支离破碎并被从各民族的名单上勾销了的国家,除了革命,已经找不到任何挽救危亡的办法了。因此,在一切革命战斗中,我们都可以看到波兰人。1863年波兰人就懂得了这一点,并且在我们今天所纪念的那次起义中宣布了一个在东欧提出过的所有革命纲领中最激进的革命纲领。根据波兰存在一个贵族党,就认为波兰的革命者是希望恢复1772年的贵族波兰的贵族分子,是可笑的。1772年的波兰已经永远灭亡了。任何力量也不能把它从棺材里拉起来。由于革命而站立起来的新波兰,在社会和政治方面,都将和1772年的波兰根本不同,就像我们尽力追求的新社会和现代社会根本不同一样。

再说几句话。谁也不能奴役一个民族而不受惩罚。曾经消灭了波兰的三个大国,受到了严厉的惩罚。请看一下我自己的祖国——普鲁士德国吧。在民族统一的幌子下,我们把波兰人、丹麦人和法国人并入我国,——现在我们有三个威尼斯[2];我们到处都有敌人,为了供养那些同时也被用来镇压德国工人的无数士兵,我们肩负着沉重的债务和赋税。奥地利,甚至奥地利的官方都知道得很清楚,它为自己占领的那一小块波兰要付出多少代价。在克里木战争期间,奥地利曾经以占领和解放俄属波兰作为反对俄国的条件。但是,这并不在路易-拿破仑的计划之内,更不在帕麦斯顿的计划之内。至于俄国,我们可以看到:1861年在那里爆发了第一次重大的学生运动,这次运动之所以特别危险,是因为当时解放农奴的结果使人民到处都处在群情极其激愤的状态中。俄国政府非常清楚地看见了这种危险性,可是它究竟做了些什么事情呢?——**它在波兰引起了1863年起义**;因为已经得到证实,这次起义是由它一手造成的。一当问题牵涉到维持俄国在波兰的统治时,学生运动、人民中的深刻的激愤情绪便立刻平息了,并让位给了俄国的沙文主义,这种沙文主义淹没了波兰。由于对波兰进行极其有害的斗争,俄国第一次重大的运动就这样被断送了。波兰的恢复是真正符合于革命的俄国的利益的,今天晚上我很高兴知道,这个意见同俄国革命者的看法是一致的。"(他们在这次纪念大会上说出了这种看法[3])

马克思的讲话大致如下:欧洲的工人政党同波兰的解放是休戚相关

的，国际工人协会的第一个纲领就说恢复波兰是工人政策的目的之一。[4]是什么原因使工人政党这样特别同情波兰的命运呢？

首先，当然是由于对一个被奴役的民族的同情，这个民族对奴役他们的人进行了不断的英勇斗争，从而证明了它具有民族独立和民族自决的历史权利。**国际的**工人政党力求实现波兰民族的恢复，这根本没有丝毫矛盾。相反地：只有在波兰重新争得了自己的独立以后，只有当它作为一个独立的民族重新掌握自己的命运的时候，它的内部发展过程才会重新开始，它才能够作为一种独立的力量来促进欧洲的社会改造。当一个富有生命力的民族受外国侵略者压迫的时候，它就必须把自己的全部力量、自己的全部心血、自己的全部精力用来反对外来的敌人；当它的内部生活因此陷于瘫痪的时候，它是不能为争取社会解放而斗争的。爱尔兰、在蒙古人压迫下的俄罗斯等，明显地证实了这个道理。

工人政党同情波兰恢复的另一个原因是波兰的地理、战略和历史地位所具有的特点。瓜分波兰是把俄国、普鲁士和奥地利这三个军事专制国家连结起来的锁链。只有波兰的恢复才能拆散这种联系，从而扫除横在通向欧洲各民族社会解放道路上的最大障碍。

但是，工人政党同情波兰的主要原因是：不仅在斯拉夫民族中，而且在欧洲民族中，波兰都是唯一的一个过去和现在都一直以全世界的革命战士身分进行战斗的民族。波兰在美国独立战争中流下了自己的鲜血；它的几个军团曾经在法兰西第一共和国的旗帜下战斗过；1830年它用自己的革命防止了参加瓜分波兰的国家当时已经决定了的对法国的入侵；1846年在克拉科夫，波兰第一个在欧洲打起了社会革命的旗帜；1848年波兰的子弟杰出地参加了匈牙利、德国和意大利的革命战斗；最后，在1871年，它给巴黎公社提供了优秀的将军和最英勇的兵士。

欧洲的人民群众在他们能够自由地呼吸的那些短暂的时刻，记起了波兰对他们的恩情。1848年柏林三月革命胜利以后，人民的第一个行动就是释放波兰的囚犯——梅洛斯拉夫斯基及其难友——并宣布恢复波兰；1848年5月布朗基在巴黎领导工人反对反动的国民议会，迫使它出兵干预以保卫波兰；最后，在1871年，当巴黎工人组成政府的时候，他们表示了对波兰的尊敬，委派波兰的子弟担任军事指挥，统率他们的武装力量。

就在现在，德国工人政党也绝不会由于波兰议员们在德意志帝国国会里发表反动演说而分不清是非；德国工人政党知道，这些先生的行动不是为了波兰的利益，而是为了他们个人的私利；德国工人政党知道，波兰的农民、工人，一句话，每一个没有被本阶层的利益弄瞎眼睛的波兰人，一定了解：**波兰在欧洲只有而且只能有一个同盟者——工人政党。**[5]——波兰万岁！

弗·恩格斯起草
载于1875年3月24日《人民国家报》第34号

原文是德文
选自《马克思恩格斯全集》第18卷，人民出版社，1964，第628~631页

注释：

[1] 这篇转述了马克思和恩格斯于1875年1月23日在伦敦举行的1863~1864年波兰起义十二周年纪念会上的讲话的文章是恩格斯为《人民国家报》撰写的。纪念会由瓦·符卢勃列夫斯基主持，波兰、俄国、德国、法国和其他国家的最先进的革命民主主义流亡者的代表们出席了纪念会，并在会上讲了话。其中包括巴黎公社参加者列·弗兰克尔、利沙加勒等人。关于纪念会的报道1875年1月30日发表在于苏黎世出版的波兰杂志《征召义勇军》（《Wici》）上，接着又发表在于里沃夫出版的波兰自由主义报纸《波兰报》（《Dziennik Polski》）上。2月15日俄文报纸《前进！》也发表了一篇报道。《前进！》在报道中说，恩格斯在马克思之后，用英语发表了演说。

[2] 1799年至1805年和1814年至1866年期间先后归入奥地利帝国版图的意大利威尼斯地区，是反对奥地利压迫的意大利民族解放运动的经常策源地。

[3] 从《前进！》的报道中可以看出，《前进！》编辑部的秘书弗·斯米尔诺夫曾经在1月23日的纪念会上讲过话，他强调指出俄国工人阶级和波兰工人阶级的利益的一致性，并代表俄国革命者宣布，每一个俄国革命者都已准备好，"当革命的钟声一敲响，就投入波兰人的队伍，去为波兰人民争得社会自由"。

俄国流亡者索洛维约夫也讲了话，他指出要提防波兰地主自由派和沙皇政府可能勾结起来。

［4］见《马克思恩格斯全集》中文版第16卷，第14页。

［5］弗·斯米尔诺夫1875年2月给马克思的信保存下来了。斯米尔诺夫在信中说，他在给《前进！》写一篇有关波兰纪念会的报道。斯米尔诺夫出席这次纪念会时，曾听到马克思讲过下面这句话："因此，必须在波兰人民中间宣传国际工人协会的原则。"由于波兰报刊的报道中没有这句话，斯米尔诺夫便请马克思证实他是否讲过。马克思的答复我们没有见到，但是，《前进！》的报道中转述了这句话。

弗·恩格斯

给奥·倍倍尔的信[1]（节选）

1875年3月18～28日于伦敦

……

第二，工人运动的国际性原则实际上在当前完全被抛弃，而且是被五年来在最困难的情况下一直极其光荣地坚持这一原则的人们所抛弃。德国工人处于欧洲运动的先导地位，**主要**是由于他们在战争期间采取了真正国际性的态度；任何其他国家的无产阶级都没有能做得这样好。现在，在国外，当各国政府极力镇压在某一个组织内实现这一原则的任何尝试，而各国工人到处都极力强调这个原则的时候，竟要德国工人抛弃这个原则！工人运动的国际主义究竟还剩下什么东西呢？只剩下渺茫的希望——甚至不是对欧洲工人在今后争取解放的斗争中进行合作的希望，不是的，而是对未来的"各民族的国际的兄弟联合"的希望，是对和平同盟[2]中的资产者的"欧洲合众国"的希望！

当然根本没有必要谈国际本身。但是，至少不应当比1869年的纲领后退一步，而大体上应当这样说：**虽然**德国工人党**首先**是在它所处的国境之内进行活动（它没有权利代表欧洲无产阶级讲话，特别是讲错误的话），但是它意识到自己和各国工人的团结一致，并且始终准备着一如既往继续履行由这种团结一致所带来的义务。即使不直接宣布或者认为自己是"国际"的一部分，这种义务也是存在着的，例如，在罢工时进行援助并阻止本国工人移居国外，设法使德国工人通过党的机关刊物了解国外的运动的情况，进行宣传反对日益迫近的或正在爆发的王朝战争，在这种战争期间采取1870年至1871年所模范地实行过的策略等等。

……

用"消除一切社会的和政治的不平等"来代替"消灭一切阶级差别"，这也很成问题。在国和国、省和省、甚至地方和地方之间总会有生活条件方面的**某种**不平等存在，这种不平等可以减少到最低限度，但是永远不可能完全消除。阿尔卑斯山的居民和平原上的居民的生活条件总是不同的。把社会主义社会看做**平等**的王国，这是以"自由、平等、博爱"这一旧口号为根据的片面的法国人的看法，这种看法作为当时当地一定的**发展阶段**的东西曾经是正确的，但是，像以前的各个社会主义学派的一切片面性一样，它现在也应当被克服，因为它只能引起思想混乱，而且因为这一问题已经有了更精确的叙述方法。

……

弗·恩格斯写于1875年3月18～28日
第一次发表于奥·倍倍尔《我的一生》
1911年斯图加特版第2卷

原文是德文日
选自《马克思恩格斯文集》第3卷，人民出版社，2009，第411～412、414～415页

注释：

[1]《给奥·倍倍尔的信》是恩格斯批判拉萨尔主义的重要文献。恩格斯批评了德国社会民主工党（爱森纳赫派）在准备与全德工人联合会（拉萨尔派）合并时在纲领草案中对拉萨尔派的无原则妥协让步。恩格斯强调指出，对于工人阶级政党来说，一个新的纲领是一面公开树立起来的旗帜，外界就是根据它来判断这个党的，因此必须清除纲领草案中的拉萨尔主义。他在信中批判了斐·拉萨尔鼓吹的"对工人阶级说来，其他一切阶级只是反动的一帮"以及

所谓"铁的工资规律"和"国家帮助"等错误观点。他还批判了纲领草案中关于建立"自由国家"的错误主张,指出:"当无产阶级还需要国家的时候,它需要国家不是为了自由,而是为了镇压自己的敌人,一到有可能谈自由的时候,国家本身就不再存在了"。(见《马克思恩格斯文集》第 3 卷,第 414 页)

这封信同马克思的《哥达纲领批判》有密切的联系,表明了马克思和恩格斯对拉萨尔主义进行坚决斗争以维护科学社会主义原则的共同立场和观点。写信的直接原因是,1875 年 3 月 7 日《人民国家报》和《新社会民主党人报》发表了两个工人党的合并纲领草案。这个草案在原则上认同了拉萨尔主义,充斥着大量的荒谬论点。马克思和恩格斯对这个纲领草案进行了严厉批判。他们认为,必须在理论问题和政治问题上坚持原则,决不能向拉萨尔派妥协让步,而应当迫使拉萨尔派放弃他们的错误主张,只有在这种条件下才能实行两党的合并。但是,爱森纳赫派领导人没有接受马克思、恩格斯的批评,这个合并纲领草案只在文字上略加修改就于 1875 年 5 月在哥达举行的合并大会上通过。

恩格斯的这封信写于 1875 年 3 月 18～28 日,36 年后才首次发表在奥·倍倍尔的回忆录《我的一生》1911 年斯图加特版第 2 卷。

这封信的中译文 1939 年发表在何思敬、徐冰翻译,延安解放社出版的《哥达纲领批判》。

[2] 指国际和平和自由同盟,是由一批小资产阶级共和主义者和自由主义者(维·雨果、朱·加里波第等人曾积极参加)于 1867 年在瑞士的日内瓦建立的资产阶级和平主义组织。1867～1868 年,米·巴枯宁参加了同盟的领导工作,同盟在巴枯宁的影响下企图利用工人运动和国际工人协会来达到自己的目的。和平和自由同盟曾宣称通过建立"欧洲联邦"可以消除战争。这一思想反映了小资产阶级广人阶层的和平愿望,但在群众中散布了荒谬的幻想,诱使无产阶级放弃阶级斗争。马克思指出,这一组织是"为同无产阶级国际相对抗而创立的国际资产阶级组织"(见《马克思恩格斯文集》第 10 卷,第 331 页)。

卡·马克思

哥达纲领批判[1]（节选）

……

德国工人党纲领批注

一

……

5. 工人阶级为了本身的解放，首先是**在现代民族国家的范围内**进行活动，同时意识到，它的为一切文明国家的工人所共有的那种努力必然产生的结果，将是各民族的国际的兄弟联合。

同《共产主义宣言》①和先前的一切社会主义相反，拉萨尔从最狭隘的民族观点来理解工人运动。有人竟在这方面追随他，而且这是在国际进行活动以后！

不言而喻，为了能够进行斗争，工人阶级必须在国内**作为阶级**组织起

---

① 即《共产党宣言》。——编者注

来，而且它的直接的斗争舞台就是本国。所以，它的阶级斗争不就内容来说，而像《共产主义宣言》所指出的"就形式来说"，是本国范围内的斗争。但是，"现代民族国家的范围"，例如德意志帝国，本身又在经济上"处在世界市场的范围内"，在政治上"处在国家体系的范围内"。任何一个商人都知道德国的贸易同时就是对外贸易，而俾斯麦先生的伟大恰好在于他实行一种**国际**的政策。

而德国工人党把自己的国际主义归结为什么呢？就是意识到它的努力所产生的结果"将是**各民族的国际的兄弟联合**"。这句从资产阶级的和平和自由同盟[2]那里抄来的话，是要用来代替各国工人阶级在反对各国统治阶级及其政府的共同斗争中的国际兄弟联合的。这样，**关于德国工人阶级的国际职责竟一字不提**！德国工人阶级竟然应当这样去对付为反对它而已经同其他一切国家的资产者实现兄弟联合的本国资产阶级，对付俾斯麦先生的国际阴谋政策[3]！

实际上，这个纲领的国际信念，比自由贸易派[4]的国际信念**还差得难以估量**。自由贸易派也说，它的努力所产生的结果是"各民族的国际的兄弟联合"。但是它还**做**一些事使贸易成为国际性的，而决不满足于意识到一切民族只在本国从事贸易。

各国工人阶级的国际活动绝对不依赖于**"国际工人协会"**的存在。"国际工人协会"只是为这种活动创立一个中央机关的第一个尝试；这种尝试由于它所产生的推动力而留下了不可磨灭的成绩，但是在巴黎公社失败之后，已经不能再以**它的第一个历史形态**继续下去了。

俾斯麦的《北德报》为了使其主子满意，宣称德国工人党在新纲领中放弃了国际主义，这倒是完全说对了。[5]

……

卡·马克思大约写于1875年4月底~5月7日

载于1890年~1891年《新时代》杂志

原文是德文

选自《马克思恩格斯文集》第3卷，人民出版社，2009，第438~439页

马克思主义经典作家民族问题文选

第 9 年卷第 1 册第 18 期

注释：

[1]《哥达纲领批判》是科学社会主义的重要文献，包括马克思的《德国工人党纲领批注》和他在 1875 年 5 月 5 日给威·白拉克的信。在这部著作中，马克思逐条批判了纲领草案中的拉萨尔主义观点，阐述了科学社会主义的基本原理，丰富和发展了科学社会主义理论。针对拉萨尔派离开生产关系空谈"劳动"和"公平分配"的错误观点，马克思指出："消费资料的任何一种分配，都不过是生产条件本身分配的结果；而生产条件的分配，则表现生产方式本身的性质。例如，资本主义生产方式的基础是：生产的物质条件以资本和地产的形式掌握在非劳动者手中，而人民大众所有的只是生产的人身条件，即劳动力。既然生产的要素是这样分配的，那么自然就产生现在这样的消费资料的分配。"（见《马克思恩格斯文集》第 3 卷，第 436 页）即使在共产主义社会，劳动者也不可能得到拉萨尔所谓"不折不扣的劳动所得"，只有从社会总产品中扣除用于补偿生产资料、扩大再生产、建立后备基金、支付管理费用、满足共同需要、为丧失劳动能力的人设立基金等各部分之后，才谈得上在劳动者之间进行消费资料的分配。在阐述未来社会的分配方式时，马克思第一次区分了共产主义社会发展的两个阶段，并阐明了两个阶段的基本特征，指出在共产主义社会的第一阶段，由于在经济、道德和精神上都还带着资本主义社会的痕迹，消费品分配只能遵循商品等价交换的原则，即实行按劳分配，"每一个生产者，在作了各项扣除以后，从社会领回的，正好是他给予社会的"（见《马克思恩格斯文集》第 3 卷，第 434 页）；只有到了共产主义社会的高级阶段，随着社会生产力高度发展，社会财富极大丰富和人本身的全面发展，"社会才能在自己的旗帜上写上：各尽所能，按需分配"（见《马克思恩格斯文集》第 3 卷，第 436 页）。马克思还批判了拉萨尔派所谓废除"铁的工资规律"的谬论，指出正确的提法应当是废除"雇佣劳动制度"。针对拉萨尔派关于"依靠国家帮助建立生产合作社"、"自由国家"等错误观点，马克思阐明了历史唯物主义关于国家的基本观点，强调了国家的阶级性，指出现代国家"都建立在现代资产阶级社会的基础上"（见《马克思恩格斯文集》第 3 卷，第 444 页），并明确提出："在资本主义社会和共产主义社会之

间，有一个从前者变为后者的革命转变时期。同这个时期相适应的也有一个政治上的过渡时期，这个时期的国家只能是无产阶级的革命专政。"（见《马克思恩格斯文集》第3卷，第445页）此外，这部著作还论述了工人阶级政党在教育和宗教等问题上的重要观点。

　　1875年2月，德国社会民主工党（爱森纳赫派）和全德工人联合会（拉萨尔派）在哥达召开了合并预备会议，并拟定了合并纲领草案《德国工人党纲领》。马克思针对这个纲领草案于4月底5月初写了《德国工人党纲领批注》，并把它和信一起寄给了白拉克，后来该著作被通称为《哥达纲领批判》。

　　《哥达纲领批判》在马克思生前没有公开发表。1891年1月，恩格斯为了反击德国党内日见抬头的机会主义思潮，肃清拉萨尔主义的影响，帮助德国社会民主党制定正确的纲领，不顾党内某些领导人的反对，将这一著作发表在1890～1891年《新时代》杂志第9年卷第1册第18期，并写了序言。恩格斯在发表《哥达纲领批判》时，考虑了《新时代》杂志的出版者约·亨·威·狄茨和编辑卡·考茨基的要求，删去了一些针对个别人的尖锐词句和评语。

　　《哥达纲领批判》最早由熊得山译成中文，1922年发表在北京《今日》杂志第1卷第4号（马克思特号）；1925年上海解放丛书社出版了李春蕃（柯柏年）的中译本；1939年延安解放社出版了何思敬、徐冰的中译本。

[2] 指国际和平和自由同盟，是由一批小资产阶级共和主义者和自由主义者（维·雨果、朱·加里波第等人曾积极参加）于1867年在瑞士的日内瓦建立的资产阶级和平主义组织。1867～1868年，米·巴枯宁参加了同盟的领导工作，同盟在巴枯宁的影响下企图利用工人运动和国际工人协会来达到自己的目的。和平和自由同盟曾宣称通过建立"欧洲联邦"可以消除战争。这一思想反映了小资产阶级广大阶层的和平愿望，但在群众中散布了荒谬的幻想，诱使无产阶级放弃阶级斗争。马克思指出，这一组织是"为同无产阶级国际相对抗而创立的国际资产阶级组织"（见《马克思恩格斯文集》第10卷，第331页）。

[3] 俾斯麦上台后，为了镇压各国工人阶级的革命运动，搞了一系列阴谋活动。1871年，他同法国反动头子阿·梯也尔勾结，镇压了巴黎公社；此后，

1871～1872年他企图同奥匈帝国、俄国缔结一个正式协定，以便共同镇压革命的工人运动，尤其是第一国际。1873年10月22日，根据俾斯麦的倡议，俄、奥、德三国皇帝缔结了协定，即"三国同盟"，规定一旦出现战争或革命的危险，三国应立即协商，采取共同行动。

[4] 自由贸易派也称曼彻斯特学派，是19世纪上半叶英国出现的资产阶级政治经济学的一个派别，其主要代表人物是曼彻斯特的两个纺织厂主理·科布顿和约·布莱特。19世纪20～50年代，曼彻斯特是自由贸易派的宣传中心。该学派提倡自由贸易，要求国家不干涉经济生活，反对贸易保护主义原则，要求减免关税并奖励出口，废除有利于土地贵族的、规定高额谷物进口关税的谷物法。1838年，曼彻斯特的自由贸易派建立了反谷物法同盟。40～50年代，该派组成了一个单独的政治集团，后来成为自由党的左翼。

[5] 指1875年3月20日《北德总汇报》在每日政治新闻栏目就德国社会民主党的纲领草案发表的一篇社论，社论指出，"社会民主党的鼓动在某些方面变得比较谨慎了：它在背弃国际……"

弗·恩格斯

《论俄国的社会问题》一书导言[1]（部分）

　　俄国事态的发展，对德国工人阶级有极其重大的意义。现存的俄罗斯帝国是整个西欧反动势力的最后一根有力支柱。这在1848年和1849年已经非常清楚地显示出来了。由于德国在1848年没有及时促使波兰起义并同沙皇作战（像《新莱茵报》一开始就要求的那样），以致这个沙皇能够在1849年镇压了已经迫近维也纳大门的匈牙利革命，在1850年又在华沙裁判了奥地利、普鲁士和德意志各小邦[2]并恢复了旧联邦议会。就在几天以前，即1875年5月初，俄国沙皇正像25年前一样，在柏林接受了他的仆从们的效忠宣誓，从而证明了在今天他也依然是欧洲的仲裁人。西欧的任何革命，只要在近旁还存在着现在这个俄罗斯国家，就不能获得彻底胜利。而德国却是俄国最近的邻国，因此俄国反动派军队的第一个冲击便会落到德国身上。因而，俄罗斯沙皇制度的覆灭，俄罗斯帝国的灭亡便成了德国无产阶级取得最终胜利的首要条件之一。

　　但是，它的覆灭绝不能从外部引起，虽然外部战争有可能大大加速它的覆灭。俄罗斯帝国内部具有正在大力促使它崩溃的因素。

　　第一个因素就是**波兰人**。他们经过百年来的压迫，已处于这样的境地：或者起来革命，支持西欧的一切真正的革命起义，作为解放波兰的第一步；或者就只有灭亡。现在他们恰好处于这种境况，即他们只能在无产阶级阵营里寻找自己的西欧盟友。近百年来，他们不断地被西欧的一切资产阶级政党出卖。在德国,资产阶级一般地只是从1848年起才算数的,从那时以来它始终敌视波兰人。在法国,1812年拿破仑出卖了波兰人,而由于这次背叛,他的远征失败了,皇冠和帝国都丢掉了;资产阶级王国在1830年和1846年,资产阶级共和国在1848年,第二帝国在克里木战争[3]期间和在1863年都效法了他的榜样。它们都同样卑鄙地背叛了波兰人。就是现在,法国的资产阶级激进共和派还仍然匍匐于沙皇面前,希望用再一次对波兰人的出卖来换得一个反普鲁士的复仇同盟,正好像德意志帝国的资产者把这同一个沙皇尊崇为欧洲和平的保护者,也就是说尊崇为德意志普鲁士兼并地区保护者一样。除了革命工人而外,波兰人不论在哪里也找不到真诚的和毫无保留的支持,因为推翻共同的敌人对他们两者都有同样的利害关系,因为波兰的解放就意味着推翻了这个敌人。

然而,波兰人的活动受到了地域上的限制。这种活动只限于波兰、立陶宛和小俄罗斯。俄罗斯帝国的真正核心——大俄罗斯——几乎完全处于这个活动的影响之外。4000万大俄罗斯人是一个非常大的民族,而且经过了非常独特的发展,以致不能从外面把一种运动强加给他们。而这样做也完全没有必要。的确,俄国人民的主体,农民,千百年来在脱离历史发展的泥潭中世世代代愚昧地过着苟且偷安的生活,而打破这种荒漠状况的惟一变动,便是零星的毫无结果的起义,以及贵族和政府的新压迫。这种脱离历史发展的生存,已由俄国政府自己通过再也不能拖延下去的废除农奴制度以及实行徭役赎买结束了(1861年)。徭役赎买这个办法实行得非常狡猾,它使大多数农民以及贵族遭到了必不可免的破产。由此可见,俄国农民现在所处的环境本身,正推动他们投身到运动中去,这个运动诚然在目前还刚刚产生,但是,农民群众日益恶化的经济状况,将不可遏止地推动它朝前发展。农民的愤恨不满,现在已经是政府以及一切不满意的党派和反对党派都不得不予以重视的事实了。

因此,下文中说到的俄国,不是指整个俄罗斯帝国,而是专门指大俄罗斯，这个地区最西的省份是普斯科夫和斯摩棱斯克，而最南的省份是库尔斯克和沃罗涅日。

弗·恩格斯写于1875年5月下半月	原文是德文
第一次发表于弗·恩格斯《论俄国的社会问题》1875年莱比锡版	选自《马克思恩格斯全集》第25卷，人民出版社，2001，第35～37页

注释：

[1] 恩格斯于1874年5月中旬至1875年4月撰写了《流亡者文献》一组文章。这组文章的第五篇是恩格斯在对俄国，首先是对1861年以来俄国农村社会发展的新文献进行深入研究的基础上写成的。恩格斯认为俄国国内政治和经济的矛盾迅速激化，革命运动高涨，俄国社会的发展对国际工人运动，尤其是对德国工人运动具有重大的意义。恩格斯的这篇文章在《人民国家报》上发表以后又于1875年6月底到7月初以《论俄国的社会问题》为标题在莱比锡出版了单行本。《人民国家报》编辑部成员海·朗格于1875年5月24日将小册子清样随信寄给了恩格斯。本文就是恩格斯于1875年5月下半月为单行本写的序言。恩格斯在序言中特别强调指出了俄国革命的国际意义，尤其指出了革命的工人运动与波兰人民争取恢复波兰的独立的斗争之间存在联系。

恩格斯写的这篇序言于1894年被收入《〈人民国家报〉国际问题论文集(1871—1875)》，序言的波兰译文于1894年在伦敦出版的波兰社会主义杂志《黎明》第7期上发表；本文的第一个俄文译本连同恩格斯的《论俄国社会问题》在《弗里德里希·恩格斯论俄国》的标题下于同年以单行本的形式出版。

恩格斯的手稿没有保存下来。

[2] 指在沙皇尼古拉一世调停下，奥地利皇帝弗兰茨-约瑟夫一世和普鲁士首相勃兰登堡伯爵弗里德里希·威廉为调整普奥两国的关系于1850年10月在华沙举行的谈判。

[3] 克里木战争是1853～1856年俄国对英国、法国、土耳其和撒丁的联盟的战争。这场战争是由于这些国家在近东的经济和政治利益发生冲突而引起的，又称东方战争。克里木战争中俄国的惨败重挫了沙皇俄国独占黑海海峡和巴尔干半岛的野心，同时加剧了俄国国内封建制度的危机。

弗·恩格斯

恩格斯致瓦列里·符卢勃列夫斯基[1]（节选）

伦　敦

1875年12月4日中午于［伦敦］
西北区瑞琴特公园路122号

……

很遗憾，今天晚上我不能去表达我对波兰人民事业的感情，但这种感情是永远不变的：我将永远认为，波兰的解放是欧洲无产阶级彻底解放、特别是其他斯拉夫民族解放的基石之一。只要对波兰人民的分割和奴役还继续下去，瓜分波兰的那些国家之间的神圣同盟就注定要继续保持下去并将不断地重新缔结，这种同盟无非是意味着对俄国人民、匈牙利人民和德国人民的奴役，正如同对波兰人民的奴役一样。波兰万岁！

您的弗·恩格斯

选自《马克思恩格斯全集》第34卷，人民出版社，1972，第166页

注释：

[1] 这封信的主要部分发表在1875年12月31日《前进!》第24号刊载的《纪念1830年波兰起义》一文中，这篇文章报道说，"在大会开幕时，符卢勃列夫斯基宣读了卡尔·马克思和弗里德里希·恩格斯的信"。

弗·恩格斯

*在一八六三年波兰起义纪念会上的演说[1]

公民们：

波兰在欧洲革命的历史上起着非常特殊的作用。西方任何一次革命，凡是不能把波兰吸引到自己方面以及保证它获得独立和自由的，都注定要失败。就拿1848年革命来说。这次革命席卷的地区，比以前任何一次革命都广阔得多。它吸引了奥地利、匈牙利、普鲁士。但是它在俄国军队所占领的波兰的边界停住了。当尼古拉皇帝得到二月革命的消息时，就对群臣说："去备马吧，先生们！"他立即动员军队，并在波兰集结了军队，以便在适当时机调遣军队过境对付叛乱的欧洲。革命者本身也十分清楚地知道，波兰将是一个决战场。5月15日，巴黎人民高呼着"**波兰万岁！**"的口号冲入国民议会，去迫使议会为波兰的独立而战。马克思和我当时在《**新莱茵报**》[2]上要求普鲁士立即对俄国宣战以解放波兰，而且整个德国先进的民主派都支持我们。可见，在法国和德国，人们都十分清楚地知道，决定性的关键在于：联合波兰，革命就保证成功，否则，革命就必定灭亡。但是，法国的拉马丁、普鲁士的弗里德里希-威廉四世（沙皇的内兄）以及他的资产阶级大臣康普豪森根本不打算粉碎俄国的力量，他们理所当然地把这一力量看做他们抵御威胁到自己头上的革命的最后堡垒。当匈牙利起义者的成功还没有威胁到战胜了维也纳起义的奥地利反动势力时，尼古拉还可以按兵不动，他的军队还可以暂时只限于扼守波兰和威胁普鲁士、奥地利、匈牙利。只有威胁到反动势力时，这些俄国军队才大举入侵匈牙利，镇压匈牙利革命，保证反动势力在整个西方取得胜利。欧洲所以处在沙皇的支配之下，就是因为放弃了波兰。波兰确实不同于任何其他国家。从革命的观点来看，这是欧洲大厦的基石，因为革命势力或反动势力谁能在波兰站稳脚跟，谁就能在整个欧洲取得彻底胜利。正是这一个特点使波兰对一切革命者说来都具有莫大的意义的，使我们现在也要高呼：**波兰万岁！**

弗·恩格斯发表于1876年1月22日
载于1876年2月15日《前进报》（伦敦）第27号

原文是法文
选自《马克思恩格斯全集》第19卷，人民出版社，1963，第39~40页

注释：

[1] 这是恩格斯于1876年1月22日在1863年波兰起义的国际性纪念会上的演说。出席会议的有数十人——波兰人、捷克人、塞尔维亚人、俄国人、德国人、法国人。主持会议的是波兰社会主义者、国际的委员瓦·符卢勃列夫斯基，他在会上发表了简短的致词并转达了马克思和拉甫罗夫对与会者的问候。恩格斯在会上用德语发表了演说，马克思和恩格斯一直对波兰人民的解放事业倾注了极大的关心和热忱。1847年11月29日在伦敦举行的纪念波兰起义17周年的国际性会议上，马克思和恩格斯就波兰的问题第一次公开发表了演说。从那以后30多年来，马克思和恩格斯采用了发表演说，撰写文章，书信往来等多种形式支持波兰人民反对沙皇俄国、普鲁士以及奥地利的压迫，争取民族解放的斗争。恩格斯指出："波兰人民的解放是欧洲无产阶级彻底解放，特别是其他斯拉夫民族解放的基础之一。"（恩格斯1875年12月4日给瓦列里·符卢勃列夫斯基的信）马克思也认为："波兰的解放是欧洲工人阶级获得解放的条件之一。"（马克思1875年12月3日给彼得·拉甫罗维奇·拉甫罗夫的信）

有关这次会议的详细报道发表在1876年2月15日、3月1日《前进！》

第 27 号和第 28 号上，报道中用俄文刊登了恩格斯在会上的演说。

因为符卢勃列夫斯基不懂德文，《马克思恩格斯全集》历史考证版第 1 部分第 25 卷收入的现有的这篇文章是由恩格斯本人将他自己在会上的演说转译成法文的，《前进！》第 27 号上刊登的俄文译文可能是由符卢勃列夫斯基从恩格斯的法文译文逐字逐句转译成俄文的。

法文译文的手稿和信封一直保存完好，从信封上的邮戳日期可以推断，恩格斯这篇演说词的法文本完成的时间为 1876 年 1 月 22 日～2 月 1 日之间。《马克思恩格斯全集》历史考证版第 1 部分第 25 卷是第一次以法文原文发表这篇演说。

[2] 指 1848 年 5 月 15 日巴黎人民的革命行动。这一行动是在进一步推动革命和支持意大利、德国、波兰的革命运动的口号下进行的，参加游行的有 15 万余人，其中主要是以布朗基等为首的巴黎工人。游行者向当天讨论波兰问题的制宪议会走去，闯进了波旁王宫的会议大厅，要求议会兑现诺言，要求对为争取独立而斗争的波兰给予军事援助，要求采取断然措施消除失业和贫困，给工人以面包和工作，成立劳动部；但是，5 月 15 日的示威运动被镇压下去了。运动的领导人布朗基、巴尔贝斯（他曾提出向富人征收 10 亿税款）、阿尔伯、拉斯拜尔等人遭逮捕。这次革命行动失败后，临时政府采取了一系列废除国家工场的措施，实施了禁止街头集会的法律，封闭了许多民主派俱乐部。1849 年 3 月 7 日～4 月 3 日，在布尔日对 1848 年 5 月 15 日事件的参加者进行了审判。巴尔贝斯被判处无期徒刑，布朗基被处以 10 的单独监禁，德弗洛特、索布里埃、拉斯拜尔、阿尔伯等人各被判处期限不等的徒刑，有的被流放到殖民地。

弗·恩格斯

恩格斯致古斯达夫·腊施[1]（节选）

维也纳

[1876年11月底于伦敦]

……

还有一点。如果什么时候，承您再次荣幸地谈到我们在伦敦的会见时，我请您不要再那样描绘，好象我谈过一些我根本没有同您谈到的事情。[2]关于人的自决，我只能说，我认为这种笼统的提法是毫无意义的。关于民族自治，我至多只是谈到，我否定南方斯拉夫人以此为借口为俄国征服计划效劳的权利，正象现在我真诚地为塞尔维亚人挨打而感到高兴一样。而关于社会共和国和巴登的被处决者，据我所知，我们根本没有谈及。仅仅由于某种偶然的情况，马克思在您的文章发表后才没有声明他根本没有见到您，因而完全不可能进行这次谈话。

……

您的弗·恩·

选自《马克思恩格斯全集》第 34 卷，人民出版社，1972，第 211、213 页

注释：

[1] 1876 年，在《前进报》上发生了古·腊施和卡·沙伊伯勒之间的论战。论战的导火线是古·腊施发表在 1876 年 7 月 30 日《人民国家报》第 88 号上的文章《伦敦的德国流亡者》和卡·沙伊伯勒发表在 1876 年 11 月 12 日《前进报》第 19 号上的文章《一个德国人对古斯达夫·腊施〈伦敦的德国流亡者〉一文的答复》。第二天，11 月 13 日，腊施给恩格斯写信，请恩格斯告诉他沙伊伯勒同布林德的关系以及沙伊伯勒在马克思同福格特斗争过程中的表现。腊施在信中说，他希望从恩格斯那里得到关于这一问题的材料，他想在反驳沙伊伯勒时加以利用。

恩格斯的这封信就是对腊施 1876 年 11 月 13 日来信的答复。腊施在他又一篇反驳沙伊伯勒的文章中利用了恩格斯的回信。这篇文章同沙伊伯勒的文章一样，也题为《一个德国人对古斯达夫·腊施〈伦敦的德国流亡者〉一文的答复》，发表于 1877 年 1 月 12 日《前进报》第 5 号。腊施在这篇文章中引用了恩格斯信中谈到布林德和沙伊伯勒的整个部分，但没有说明来源。

[2] 恩格斯指的是 1876 年 7 月 30 日《人民国家报》第 88 号刊登的古·腊施的文章《伦敦的德国流亡者》。腊施在文章的结尾中说，他在伦敦拜访了恩格斯和马克思，并且"在那里谈到人的自决权、民族自治、社会共和国以及巴登的被处决者"。

弗·恩格斯

卡尔·马克思[1]（节选）

……

在马克思使自己的名字永垂科学史册的许多重要发现中，这里我们只能谈两点。

第一点就是他在整个世界史观上实现了变革。以前所有的历史观，都以下述观念为基础：一切历史变动的最终原因，应当到人们变动着的思想中去寻求，并且在一切历史变动中，最重要的、支配全部历史的又是政治变动。可是，人的思想是从哪里来的，政治变动的动因是什么——关于这一点，没有人发问过。只有在法国历史编纂学家和部分英国历史编纂学家的新学派中，才产生了一种信念，认为至少从中世纪起，欧洲历史的动力是新兴资产阶级为争取社会的和政治的统治而同封建贵族所作的斗争。现在马克思则证明，至今的全部历史都是阶级斗争的历史，在全部纷繁复杂的政治斗争中，问题的中心仅仅是社会阶级的社会的和政治的统治，即旧的阶级要保持统治，新兴的阶级要争得统治。可是，这些阶级又是由于什么而产生和存在的呢？是由于当时存在的基本的物质条件，即各个时代社会借以生产和交换必要生活资料的那些条件。中世纪的封建统治依靠的是自给自足的小规模的农民公社的经济，这种经济自己生产几乎所有必需品，几乎不进行交换。农民公社由好战的贵族保护它们不受外敌侵害并使它们具有民族的或者甚至是政治的联系。当城市产生，而独立的手工业和最初在国内后来在国际上的商业交往也随之产生的时候，城市资产阶级就发展起来了，这个资产阶级早在中世纪时期，就已经在反对贵族的斗争中争得了在封建制度内同样跻身于特权等级的地位。可是随着15世纪中叶以后欧洲以外的世界的发现，资产阶级得到了一个更广大得多的通商区域，从而也得到了发展自己工业的新刺激；在一些最重要的生产部门中，手工业被已经具有工厂性质的工场手工业所排挤，工场手工业又被大工业所排挤，而这种大工业是由于前一世纪的各种发明，特别是由于蒸汽机的发明才有可能建立的。大工业又反过来影响商业，它在落后国家里排挤旧式手工劳动，在比较发达的国家里，创造出现代的新式交通工具——轮船、铁路和电报。这样，资产阶级日益把社会财富和社会权力集中在自己手里，虽然它在长时期内还被排除于政权之外，政权仍然操在贵族和靠贵族支持的王权手里。但到了一定的发展阶段——在法国是从大革命起——它把政权也夺到手了，于是它对于无产阶级和小农说来就成了统治阶级。从这个观点来看，在充分认识了该阶段社会经济状况（而我们那些专业历史编纂学家当然完全没有这种认识）的条件下，一切历史现象都可以用最简单的方法来说明，同样，每一历史时期的观念和思想也可以极其简单地由这一时期的经济的生活条件以及由这些条件决定的社会关系和政治关系来说明。历史破天荒第一次被置于它的真正基础上；一个很明显的而以前完全被人忽略的事实，即人们首先必须吃、喝、住、穿，就是说首先必须**劳动**，然后才能争取统治，从事政治、宗教和哲学等等，——这一很明显的事实在历史上的应有之义此时终于获得了承认。

这种新的历史观，对于社会主义的观点有极其重要的意义。它证明了：至今的全部历史都是在阶级对立和阶级斗争中发展的；统治阶级和被统治阶级，剥削阶级和被剥削阶级是一直存在的；大多数人总是注定要从事艰苦的劳动而很少能得到享受。为什么会这样呢？这只是因为在人类发展的以前一切阶段上，生产还很不发达，以致历史的发展只能在这种对立形式中进行，历史的进步整个说来只是成了极少数特权者的事，广大群众则注定要终生从事劳动，为自己生产微薄的必要生活资料，同时还要为特权者生产日益丰富的生活资料。对历史的这种考察方法通过上述方式对至今的阶级统治作了自然而合理的解释，不然这种阶级统治就只能用人的恶意来解释；可是这同一种考察方法还使我们认识到：由于现时生产力如此巨大的发展，就连把人分成统治者和被统治者、剥削者和被剥削者的最后一个借口，至少在最先进的国家里也已经消失了；居于统治地位的大资产阶级已经完成了它的历史使命，它不但不能再领导社会，甚至变成了生产发展的障碍，如各国的商业危机，尤其是最近的一次大崩溃[2]以及工业不振的状态就是证明；历史的领导权已经转到无产阶级手中，而无产阶级由于自己的整个社会地位，只有完全消灭一切阶级统治、一切奴役和一切剥削，才能解放自己；社会生产力已经发展到资产阶级不能控制的程度，只等待联合起来的无产阶级去掌握它，以便建立这样一种制度，使社会的每一成员不仅有可能参加社会财富的生产，而且有可能参加社会财富的分配和管理，并通过有计划地经营全部生产，使社会生产力及其成果不断增长，足以保证每个人的一切合理的需要在越来越大的程度上得到满足。

……

弗·恩格斯写于1877年6月中

载于1878年在不伦瑞克发行的《人民历书》

原文是德文

选自《马克思恩格斯文集》第3卷，人民出版社，2009，第457～460页

注释：

[1]《卡尔·马克思》是恩格斯应威·白拉克的请求为他主编的《人民历书》丛刊撰写的马克思传略。在这篇文章中，恩格斯介绍了马克思作为无产阶级革命家和理论家的伟大一生，概述了马克思为创立马克思主义学说和争取工人阶级解放而进行的理论活动和实践活动。他着重阐释了马克思的具有划时代意义的两大理论发现——唯物史观和剩余价值理论，指出这两大发现为社会主义提供了科学依据，使社会主义从空想变为科学。

恩格斯的这篇文章写于1877年6月中旬，发表在1878年《人民历书》

上。文章发表以后，迅速得到广泛传播。后来介绍马克思生平事业的文章，绝大多数都是依据恩格斯这篇文章中的事实材料，就连马克思的女儿爱琳娜在马克思逝世以后发表的回忆文章，也主要是以本文为依据；一些比较有影响的回忆录，如保·拉法格的《回忆卡尔·马克思》以及弗·列斯纳的《一个工人对卡尔·马克思的回忆》，也吸收了本文的内容和思想。恩格斯在1892年为《政治科学手册》写的《马克思，亨利希·卡尔》一文中说："过去出版的马克思传记大多数都是错误满篇。唯一可靠的传记是发表于白拉克在不伦瑞克出版的1878年《人民历书》中的那篇传记（作者恩格斯）。"（见《马克思恩格斯全集》中文第1版第22卷，第400页）

1939年3月延安《解放》周刊第66期发表了黎平、石巍译的这篇传记，篇名为《马克思小传》；1940年8月上海读书出版社出版的何封等译的《卡尔·马克思——人、思想家、革命者》一书中也收有这篇传记。

[2] 指1873年世界经济危机。这次危机席卷了奥地利、德国、北美、英国、法国、荷兰、比利时、意大利、俄国和其他国家，具有猛烈而深刻的特点。在德国，这次危机从1873年5月以"大崩溃"开始，一直延续到70年代末。

弗·恩格斯

反杜林论
欧根·杜林先生在科学中
实行的变革（节选）[1]

……

第一编　哲学

……

十　道德和法。平等

……

虽然我们关于杜林先生对平等观念的浅薄而拙劣的论述已经谈完，但是我们对平等观念本身的论述没有因此结束，这一观念特别是通过卢梭起了一种理论的作用，在大革命中和大革命之后起了一种实际的政治的作用，而今天在差不多所有国家的社会主义运动中仍然起着巨大的鼓动作用。这一观念的科学内容的确立，也将确定它对无产阶级鼓动的价值。

一切人，作为人来说，都有某些共同点，在这些共同点所及的范围内，他们是平等的，这样的观念自然是非常古老的。但是现代的平等要求与此完全不同；这种平等要求更应当是从人的这种共同特性中，从人就他们是人而言的这种平等中引申出这样的要求：一切人，或至少是一个国家的一切公民，或一个社会的一切成员，都应当有平等的政治地位和社会地位。要从这种相对平等的原始观念中得出国家和社会中的平等权利的结论，要使这个结论甚至能够成为某种自然而然的、不言而喻的东西，必然要经过而且确实已经经过几千年。在最古老的自然形成的公社中，最多只谈得上公社成员之间的平等权利，妇女、奴隶和外地人自然不在此列。在希腊人和罗马人那里，人们的不平等的作用比任何平等要大得多。如果认为希腊人和野蛮人、自由民和奴隶、公民和被保护民、罗马的公民和罗马的臣民（该词是在广义上使用的），都可以要求平等的政治地位，那么这在古代人看来必定是发了疯。在罗马帝国时期，所有这些区别，除自由民和奴隶的区别外，都逐渐消失了；这样，至少对自由民来说产生了私人的平等，在这种平等的基础上罗马法发展起来了，它是我们所知道的以私有制为基础的法的最完备形式。但是只要自由民和奴隶之间的对立还存在，就谈不上从一般**人**的平等得出的法的结论，这一点我们不久前在北美合众国各蓄奴州里还可以看得到。

基督教只承认一切人的**一种**平等，即原罪的平等，这同它曾经作为奴隶和被压迫者的宗教的性质是完全适合的。此外，基督教至多还承认上帝的选民的平等，但是这种平等只是在开始时才被强调过。在新宗教的最初阶段同样可以发现财产共有的痕迹，这与其说是来源于真正的平等观念，不如说是来源于被迫害者的团结。僧侣和俗人对立的确立，很快就使这种基督教平等的萌芽也归于消失。——日耳曼人在西欧的横行，逐渐建立了空前复杂的社会的和政治的等级制度，从而在几个世纪内消除了一切平等观念，但是同时使西欧和中欧卷入了历史的运动，在那里第一次创造了一个牢固的文化区域，并在这个区域内第一次建立了一个由互相影响和互相防范的、主要是民族国家所组成的体系。这样就准备了一个基础，后来只是在这个基础上才有可能谈人的平等和人权的问题。

此外，在封建的中世纪的内部孕育了这样一个阶级，这个阶级在它进一步的发展中，注定成为现代平等要求的代表者，这就是资产阶级。资产阶级本身最初是一个封建等级,当15世纪末海上航路的伟大发现为它开辟了一个新的更加广阔的活动场所时,它使封建社会内部的主要靠手工进行的工业和产品交换发展到比较高的水平。欧洲以外的、以前只在意大利和黎凡特①之间进行的贸易,这时已经扩大到了美洲和印度,就重要性来说,很快就超过了欧洲各国之间的和每个国家内部的交换。美洲的黄金和白银在欧洲泛滥起来,它好似一种瓦解因素渗入封建社会的一切罅隙、裂缝和细孔。手工业生产不再能满足日益增长的需要;在最先进的国家的主要工业部门里,手工业生产为工场手工业代替了。

可是社会的政治结构决不是紧跟着社会经济生活条件的这种剧烈的变革立即发生相应的改变。当社会日益成为资产阶级社会的时候,国家制度仍然是封建的。大规模的贸易,特别是国际贸易,尤其是世界贸易,要求有自由的、在行动上不受限制的商品占有者,他们作为商品占有者是有平等权利的,他们根据对他们所有人来说都平等的、至少在当地是平等的权利进行交换。从手工业向工场手工业转变的前提是,有一定数量的自由工人(所谓自由,一方面是他们摆脱了行会的束缚,另一方面是他们失去了自己使用自己劳动力所必需的资料),他们可以和厂主订立契约出租他们的劳动力,因而作为缔约的一方是和厂主权利平等的。最后,一切人类劳动由于而且只是由于都是**一般人类**劳动而具有的等同性和同等意义②,在现代资产阶级经济学的价值规律中得到了自己的不自觉的,但最强烈的表现,根据这一规律,商品的价值是由其中所包含的社会必要劳动来计量的③。——但是,在经济关系要求自由和平等权利的地方,政治制度却每一步都以行会束缚和各种特权同它对抗。地方特权、差别关税以及各种各样的特别法令,不仅在贸易方面打击外国人或殖民地居民,而且还时常打

---

① 地中海东岸诸国的旧称。——编者注
② 参看马克思《资本论》第1卷,《马克思恩格斯文集》第5卷,第70~75页。——编者注
③ 从资产阶级社会的经济条件中这样推导出现代平等观念,首先是由马克思在《资本论》中作出的。

击本国的各类国民；行会特权处处和时时都一再阻挡着工场手工业发展的道路。无论在哪里，道路都不是自由通行的，对资产阶级竞争者来说机会都不是平等的，而自由通行和机会平等是首要的和愈益迫切的要求。

社会的经济进步一旦把摆脱封建桎梏和通过消除封建不平等来确立权利平等的要求提上日程，这种要求就必定迅速地扩大其范围。只要为工业和商业的利益提出这一要求，就必须为广大农民要求同样的平等权利。农民遭受着从十足的农奴制开始的各种程度的奴役，他们必须把自己绝大部分的劳动时间无偿地献给仁慈的封建领主，此外，还得向领主和国家交纳无数的贡税。另一方面，也不能不要求废除封建特惠、贵族免税权以及个别等级的政治特权。由于人们不再生活在像罗马帝国那样的世界帝国中，而是生活在那些相互平等地交往并且处在差不多相同的资产阶级发展阶段的独立国家所组成的体系中，所以这种要求就很自然地获得了普遍的、超出个别国家范围的性质，而自由和平等也很自然地被宣布为**人权**。这种人权的特殊资产阶级性质的典型表现是美国宪法，它最先承认了人权，同时确认了存在于美国的有色人种奴隶制：阶级特权不受法律保护，种族特权被神圣化。

可是大家知道，从资产阶级由封建时代的市民等级破茧而出的时候起，从中世纪的等级转变为现代的阶级的时候起，资产阶级就由它的影子即无产阶级不可避免地一直伴随着。同样地，资产阶级的平等要求也由无产阶级的平等要求伴随着。从消灭阶级**特权**的资产阶级要求提出的时候起，同时就出现了消灭**阶级本身**的无产阶级要求——起初采取宗教的形式，借助于原始基督教，以后就以资产阶级的平等理论本身为依据了。无产阶级抓住了资产阶级所说的话，指出：平等应当不仅仅是表面的，不仅仅在国家的领域中实行，它还应当是实际的，还应当在社会的、经济的领域中实行。尤其是从法国资产阶级自大革命开始把公民的平等提到重要地位以来，法国无产阶级就针锋相对地提出社会的、经济的平等的要求，这种平等成了法国无产阶级所特有的战斗口号。

因此，无产阶级所提出的平等要求有双重意义。或者它是对明显的社会不平等，对富人和穷人之间、主人和奴隶之间、骄奢淫逸者和饥饿者之间的对立的自发反应——特别是在初期，例如在农民战争中，情况就是这样；它作为这种自发反应，只是革命本能的表现，它在这里，而且仅仅在这里找到自己被提出的理由。或者它是从对资产阶级平等要求的反应中产生的，它从这种平等要求中吸取了或多或少正当的、可以进一步发展的要求，成了用资本家本身的主张发动工人起来反对资本家的鼓动手段；在这种情况下，它是和资产阶级平等本身共存亡的。在上述两种情况下，无产阶级平等要求的实际内容都是**消灭阶级**的要求。任何超出这个范围的平等要求，都必然要流于荒谬。我们已经举出了关于这方面的例子，当我们转到杜林先生关于未来的幻想时，我们还会发现更多的这类例子。

可见，平等的观念，无论以资产阶级的形式出现，还是以无产阶级的形式出现，本身都是一种历史的产物，这一观念的形成，需要一定的历史条件，而这种历史条件本身又以长期的以往的历史为前提。所以，这样的平等观念说它是什么都行，就不能说它是永恒的真理。如果它现在对广大公众来说——在这种或那种意义上——是不言而喻的，如果它像马克思所说的，"已经成为国民的牢固的成见"[2]，那么这不是由于它具有公理式的真理性，而是由于18世纪的思想得到普遍传播和仍然合乎时宜。因此，如果杜林先生能够直截了当地让他的有名的两个男人在平等的基础上料理家务，那是由于这对国民的成见来说是十分自然的。的确，杜林先生把他的哲学叫做**自然**哲学，因为这种哲学是仅仅从那些对他来说是十分自然的东西出发的。但是为什么这些东西对他来说是自然的呢？——这一问题他当然是不会提出来的。

……

十三　辩证法。否定的否定

……

历史方面的情形也没有两样。一切文明民族都是从土地公有制开始的。在已经越过某一原始阶段的一切民族那里，这种公有制在农业的发展进程中变成生产的桎梏。它被废除，被否定，经过了或短或长的中间阶段之后转变为私有制。但是，在土地私有制本身所导致的较高的农业发展阶段上，私有制又反过来成为生产的桎梏——目前无论小地产还是大地产方面的情况都是这样。因此就必然地产生出把私有制同样地加以否定并把它重新变为公有制的要求。但是，这一要求并不是要重新建立原始的公有制，而是要建立高级得多、发达得多的共同占有形式，这种占有形式决不会成为生产的束缚，恰恰相反，它会使生产摆脱束缚，并且会使现代的化学发现和机械发明在生产中得到充分的利用。

……

第二编 政治经济学

一 对象和方法

政治经济学，从最广的意义上说，是研究人类社会中支配物质生活资料的生产和交换的规律的科学。生产和交换是两种不同的职能。没有交换，生产也能进行；没有生产，交换——正因为它一开始就是产品的交换——便不能发生。这两种社会职能的每一种都处于多半是特殊的外界作用的影响之下，所以都有多半是各自的特殊的规律。但是另一方面，这两种职能在每一瞬间都互相制约，并且互相影响，以致它们可以叫做经济曲线的横坐标和纵坐标。

人们在生产和交换时所处的条件，各个国家各不相同，而在每一个国家里，各个世代又各不相同。因此，政治经济学不可能对一切国家和一切历史时代都是一样的。从弓和箭，从石刀和仅仅是例外地出现的野蛮人的交换往来，到上千马力的蒸汽机，到机械织机、铁路和英格兰银行，有一段很大的距离。火地岛的居民没有达到进行大规模生产和世界贸易的程度，也没有达到出现票据投机或交易所破产的程度。谁要想把火地岛的政治经济学和现代英国的政治经济学置于同一规律之下，那么，除了最陈腐的老生常谈以外，他显然不能揭示出任何东西。因此，政治经济学本质上是一门**历史的**科学。它所涉及的是历史性的即经常变化的材料；它首先研究生产和交换的每个个别发展阶段的特殊规律，而且只有在完成这种研究以后，它才能确立为数不多的、适用于生产一般和交换一般的、完全普遍的规律。同时，不言而喻，适用于一定的生产方式和交换形式的规律，对于具有这种生产方式和交换形式的一切历史时期也是适用的。例如，随着金属货币的采用，一系列适用于借金属货币进行交换的一切国家和历史时期的规律起作用了。

随着历史上一定社会的生产和交换的方式和方法的产生，随着这一社会的历史前提的产生，同时也产生了产品分配的方式方法。在实行土地公有制的氏族公社或农村公社中（一切文明民族都是同这种公社一起或带着它非常明显的残余进入历史的），相当平等地分配产品，完全是不言而喻的；如果成员之间在分配方面发生了比较大的不平等，那么，这就已经是公社开始解体的标志了。——不论是大农业还是小农业，按照所由发展的历史前提，各自都可以有十分不同的分配形式。但是很明显，大农业所决定的分配，总是和小农业所决定的分配完全不同；大农业以阶级对立为前提或者造成阶级对立——奴隶主和奴隶，地主和徭役农民，资本家和雇佣工人；而在小农业中，从事农业生产的个人之间的阶级差别决不是什么前提，相反，正是这种差别的存在标志着小农经济在开始瓦解——在至今还完全是或主要是自然经济的国家中，金属货币的采用和推广，总是同先前的分配的或慢或快的变革相联系，这种变革使个人之间分配上的不平等，即贫富的对立，日益增长起来。——中世纪地方行会的手工业生产使大资本家和终身的雇佣工人不可能存在，而现代的大工业、今天的信用制度以及与此二者的发展相适应的交换形式，即自由竞争，则必然要使他们产生出来。

但是，随着分配上的差别的出现，也出现了**阶级差别**。社会分为享有特权的和受歧视的阶级，剥削的和被剥削的阶级，统治的和被统治的阶级，而同一氏族的各个公社自然形成的集团最初只是为了维护共同利益

（例如在东方是灌溉）、为了抵御外敌而发展成的国家，从此也就同样具有了这样的职能：用暴力对付被统治阶级，维持统治阶级的生活条件和统治条件。

可是分配并不仅仅是生产和交换的消极的产物；它反过来也影响生产和交换。每一种新的生产方式或交换形式，在一开始的时候都不仅受到旧的形式以及与之相适应的政治设施的阻碍，而且也受到旧的分配方式的阻碍。新的生产方式和交换形式必须经过长期的斗争才能取得和自己相适应的分配。但是，某种生产方式和交换方式越是活跃，越是具有成长和发展的能力，分配也就越快地达到超过它的母体的阶段，达到同当时的生产方式和交换方式发生冲突的阶段。前面已经说过的古代自然形成的公社，在同外界的交往使它们内部产生财产上的差别从而发生解体以前，可以存在几千年，例如在印度人和斯拉夫人那里直到现在还是这样。现代资本主义生产则相反，它存在还不到300年，而且只是从大工业出现以来，即100年以来，才占据统治地位，而在这个短短的时期内它已经造成了分配上的对立——一方面，资本积聚于少数人手中，另一方面，一无所有的群众集中在大城市——，因此它必然要走向灭亡。

一个社会的分配总是同这个社会的物质生存条件相联系，这如此合乎事理，以致经常在人民的本能上反映出来。当一种生产方式处在自身发展的上升阶段的时候，甚至在和这种生产方式相适应的分配方式下吃了亏的那些人也会欢迎这种生产方式。大工业兴起时期的英国工人就是如此。不仅如此，当这种生产方式对于社会还是正常的时候，满意于这种分配的情绪，总的来说，会占支配的地位；那时即使发出了抗议，也只是从统治阶级自身中发出来（圣西门、傅立叶、欧文），而在被剥削的群众中恰恰得不到任何响应。只有当这种生产方式已经走完自身的没落阶段的颇大一段行程时，当它多半已经过时的时候，当它的存在条件大部分已经消失而它的后继者已经在敲门的时候——只有在这个时候，这种越来越不平等的分配，才被认为是非正义的，只有在这个时候，人们才开始从已经过时的事实出发诉诸所谓永恒正义。这种诉诸道德和法的做法，在科学上丝毫不能把我们推向前进；道义上的愤怒，无论多么入情入理，经济科学总不能把它看做证据，而只能看做象征。相反，经济科学的任务在于：证明现在开始显露出来的社会弊病是现存生产方式的必然结果，同时也是这一生产方式快要瓦解的征兆，并且从正在瓦解的经济运动形式内部发现未来的、能够消除这些弊病的、新的生产组织和交换组织的因素。愤怒出诗人①，在描写这些弊病或者抨击那些替统治阶级效劳而否认或美化这些弊病的和谐派的时候，愤怒是适得其所的，可是愤怒在每一个这样的场合下能**证明**的东西是多么少，这从下面的事实中就可以清楚地看到：到现在为止的全部历史中的**每一个**时代，都能为这种愤怒找到足够的材料。

……

二　暴力论

在我的体系中，一般政治对经济法的形式的关系被规定得十分肯定，同时又十分独特，为了使研究易于进行而特别把这点指出来，想必不会是多余的。政治关系的形式是历史上基础性的东西，而经济的依存不过是一种结果或特殊情形，因而总是次等的事实。有些最新的社会主义体系把完全相反的关系的一目了然的假象当做指导原则，他们以为政治的从属似乎是从经济状态中产生的。当然，这些次等的结果本身确实是存在的，而且在目前是最能使人感到的；但是本原的东西必须从直接的政治暴力中去寻找，而不是从间接的经济力量中去寻找。

在另一个地方也是这样，在那里杜林先生

从这样的原理出发：政治状态是经济状况的决定性的原因，相反

---

① 这一说法出自罗马诗人尤维纳利斯的第一首讽刺诗。——编者注

的关系只是次等的相反结果……只要人们把政治组合不是看做达到自己目的的出发点,而仅仅把它当做达到糊口目的的手段,那么不管这些人看来是多么激进社会主义的和革命的,他们总是包藏着一部分隐蔽的反动性。

这就是杜林先生的理论。这一理论在这里和其他许多地方都是直截了当地提出的,可以说是颁布下来的。在厚厚的三大部书里,任何地方都没有作过证明这一理论或者反驳相反意见的哪怕一点点尝试。即使论据像乌莓子一样便宜[3],杜林先生也没有给我们拿出一个来。事情本来已经由鲁滨逊奴役星期五这一著名的原罪证明了。这是一种暴力行为,因而是一种政治行为。这种奴役构成了到现在为止的全部历史的出发点和基本事实,并给这一历史注入了非正义的原罪,以致这种奴役在往后的时期中只是有所缓和并"变为较为间接的经济依存形式";同样,直到现在还通行的全部"基于暴力的所有制"也是以这种原始奴役为基础的,——正因为如此,很显然,一切经济现象都应该由政治原因来解释,即由暴力来解释。而谁对此不满意,谁就是隐蔽的反动派。

首先应当指出,一个人只有像杜林先生那样自以为是,才能把这个毫不独特的观点看得"十分独特"。把重大政治历史事件[4]看做历史上起决定作用的东西的这种观念,像历史编纂学本身一样已经很古老了,并且主要是由于这种观念的存在,保留下来的关于各国人民的发展的材料竟如此之少,而这种发展正是在这个喧嚣的舞台背后悄悄地进行的,并且起着真正的推动作用。这种观念曾支配已往的整个历史观,只是法国复辟时代的资产阶级历史编纂学家①才使之发生动摇;在这里,"独特"的只是杜林先生对这一切又毫无所知。

其次,即使我们暂且认为,杜林先生关于到目前为止的全部历史可以

---

① 指奥·梯叶里、弗·基佐、弗·米涅和阿·梯也尔。——编者注

归结为人对人的奴役的说法是正确的,那还远未弄清事情的根底。而首先发生了这样的问题:鲁滨逊为什么要奴役星期五呢?单是为了取乐吗?完全不是。相反,我们看到,星期五是"被迫作为奴隶或单纯的工具去从事经济的劳务,而且也只是作为工具被养活着"。鲁滨逊奴役星期五,只不过是要星期五为鲁滨逊的利益来劳动。但是鲁滨逊怎样能够从星期五的劳动中获得好处呢?这只是因为星期五以他的劳动所生产的生活资料,多于鲁滨逊为维持他的劳动能力而不得不给予他的东西。因此,鲁滨逊违背了杜林先生的明确的规定,把由于奴役星期五而造成的"政治组合不是看做达到自己目的的出发点,而仅仅把它当做达到糊口目的的手段",现在可以让他自己想想,他怎样去向他的主人和师长杜林交代。

这样,杜林先生为了证明暴力是"历史上基础性的东西"而特意编造的天真的例子证明:暴力仅仅是手段,相反,经济利益才是目的。目的比用来达到目的的手段要具有大得多的"基础性",同样,在历史上,关系的经济方面也比政治方面具有大得多的基础性。因此,上述例子证明的同它所要证明的正好相反。在鲁滨逊和星期五的例子上如此,在到目前为止的一切统治和奴役的事例上也都是如此。用杜林先生的优雅词汇来说,压迫始终是"达到糊口目的的手段"(指最广义的糊口目的),但是无论何时何地,它都不是什么为"达到自己目的"而实行的政治组合。只有像杜林先生这样的人才能设想,捐税在国家中只是"次等的结果",或者,进行统治的资产阶级和被统治的无产阶级的目前的政治组合是为了"达到自己目的"而存在,而不是为了进行统治的资产者的"糊口目的",即为了榨取利润和积累资本而存在。

现在回过头来再谈我们的两个男人。鲁滨逊"手持利剑"把星期五变成自己的奴隶。但是鲁滨逊为了做到这一点,除利剑之外还需要别的东西。并不是每个人都能使用奴隶服役。为了能使用奴隶,必须掌握两种东西:第一,奴隶劳动所需的工具和对象;第二,维持奴隶困苦生活所需的资料。因此,先要在生产上达到一定的阶段,并在分配的不平等上达到一定的程度,奴隶制才会成为可能。奴隶劳动要成为整个社会中占统治地位的生产方式,生产、贸易和财富积聚就要有大得多的增长。在古代自然形成的土地公有的公社中,奴隶制或是根本还没有出现,或是只起极其次要的作用。在最初的农民城市罗马,情形也是如此;当罗马变成"世界城市",意大利的地产日益集中于人数不多的非常富有的所有者阶级手里的时候,农民人口才被奴隶人口所排挤。波斯战争时期,在科林斯奴隶数目达到46万,在埃吉纳岛达到47万,平均每个自由民有10个奴隶[5],为此,除"暴力"之外,还需要其他东西,即高度发展的工艺美术业和手工业以及广泛的贸易。美国的奴隶制对暴力的依赖,要比它对英国的棉纺织工业的依赖少得多;在不种植棉花的地方,或者不像边境各州那样为各植棉州蓄奴的地区,奴隶制未经使用暴力就自行消失,这仅仅是因为奴隶制不上算。

这样,杜林先生把现代的所有制叫做基于暴力的所有制,并且称它为

> 这样一种统治形式,这种统治形式的基础不仅在于禁止同胞使用天然的生活资料,而且更重要得多的是在于强迫人们从事奴隶的劳役——

他就把全部关系弄颠倒了。

要强迫人们从事任何形式的奴隶的劳役,强迫者就必须拥有劳动资料,他只有借助这些劳动资料才能使用被奴役者;而在实行奴隶制的情况下,除此以外,他还必须拥有用来维持奴隶生活所必需的生活资料。这样,在任何情况下,他都必须拥有一定的超过平均水平的财产。但是这种财产是怎样来的呢?无论如何,有一点是清楚的:虽然财产可以由掠夺而得,就是说可以建立在**暴力**基础上,但是决不是必须如此。它可以通过劳动、偷窃、经商、欺骗等办法取得。无论如何,财产必须先由劳动生产出来,然后才能被掠夺。

私有财产在历史上的出现,决不是掠夺和暴力的结果。相反,在一切文明民族的古代自然形成的公社中,私有财产已经存在了,虽然只限于某

几种对象。在这种公社的内部，最初是在同外地人进行的交换中，它就已经发展成商品的形式。公社的产品越是采取商品的形式，就是说，产品中为生产者自己消费的部分越小，为交换目的而生产的部分越大，在公社内部，原始的自发的分工被交换排挤得越多，公社各个社员的财产状况就越不平等，旧的土地公有制就被埋葬得越深，公社就越迅速地瓦解为小农的乡村。东方的专制制度以及东征西讨的游牧民族的不断更迭的统治，几千年来都对这些旧的公社无可奈何；由大工业产品的竞争引起的自然形成的家庭工业的逐渐破坏，却使公社日益瓦解。在这里，像目前在摩泽尔河地区和霍赫瓦尔德地区仍在进行的"农户公社"公有耕地的分配一样，谈不上什么暴力；农民恰恰认为，耕地公有被耕地私有取而代之，对自己是有利的。① 甚至原始贵族的形成，像在凯尔特人中、日耳曼人中和在印度旁遮普是在土地公有制的基础上发生的那样，最初也完全不是基于暴力，而是基于自愿和习惯。私有财产的形成，到处都是由于生产关系和交换关系发生变化，都是为了提高生产和促进交换——因而都是由于经济的原因。在这里，暴力没有起任何作用。显然，在掠夺者能够**占有**他人的财物以前，私有财产的制度必须是已经存在了；因此，暴力虽然可以改变占有状况，但是不能创造私有财产本身。

甚至"强迫人们从事奴隶的劳役"的最现代的形式，即雇佣劳动，我们也不能用暴力或基于暴力的所有制去说明。我们已经说过，劳动产品转化为商品，即不是为自身消费而是为交换所进行的产品生产，对古代公社的瓦解，因而对私有制的直接或间接的普遍化，起了怎样的作用。马克思在《资本论》中再清楚不过地证明（杜林先生小心翼翼地对此甚至一字不提），商品生产达到一定的发展程度，就转变为资本主义的生产；在这个阶段上，"以商品生产和商品流通为基础的占有规律或私有权规律，通过它本身的、内在的、不可避免的辩证法转变为自己的对立物。表现为最初

---

① 参看格·汉森《特里尔专区的农户公社（世代相承的协作社）》，1863年柏林版。——编者注

活动的等价物交换,已经变得仅仅在表面上是交换,因为,第一,用来交换劳动力的那部分资本本身只是不付等价物而占有的他人的劳动产品的一部分;第二,这部分资本不仅必须由它的生产者即工人来补偿,而且在补偿时还要加上新的剩余额〈余额〉……最初,在我们看来,所有权似乎是以自己的劳动为基础的……现在〈据马克思分析的结果〉,所有权对于资本家来说,表现为占有他人无酬劳动的权利,而对于工人来说,则表现为不能占有自己的产品。所有权和劳动的分离,成了似乎是一个以它们的同一性为出发点的规律的必然结果。"① 换句话说,即使我们排除任何掠夺、任何暴力行为和任何欺骗的可能性,即使假定一切私有财产起初都基于占有者自己的劳动,而且在往后的全部进程中,都只是相等的价值和相等的价值进行交换,那么,在生产和交换的进一步发展中也必然要产生现代资本主义的生产方式,生产资料和生活资料必然被一个人数很少的阶级所垄断,而另一个构成人口绝大多数的阶级必然沦为一无所有的无产者,必然出现狂热生产和商业危机的周期交替,出现整个现在的生产无政府状态。全部过程都由纯经济的原因来说明,而根本不需要用掠夺、暴力、国家或任何政治干预来说明。"基于暴力的所有制",在这里,原来也不过是用来掩饰对真实的事物进程毫不了解的一句大话。

  历史地说,这个进程是资产阶级的发展史。如果"政治状态是经济状况的决定性的原因",那么,现代资产阶级就不应当是在反对封建制度的斗争中发展起来的,而应当是封建制度自愿生产的宠儿。任何人都知道,实际情形正好相反。资产阶级起初是一个被压迫的等级,它不得不向进行统治的封建贵族交纳贡税,它由各种各样的依附农和农奴补充自己的队伍,它在反对贵族的不断斗争中占领了一个又一个的阵地,最后,在最发达的国家中取代了贵族的统治;在法国它直接推翻了贵族,在英国它逐步地使贵族资产阶级化,并把贵族同化,作为它自己装潢门面的上层。它是

---

① 参看马克思《资本论》第1卷,《马克思恩格斯文集》第5卷,第673~674页。——编者注

怎样达到这个地步的呢？只是通过"经济状况"的改变，而政治状态的改变则是或早或迟，或自愿或经过斗争随之发生的。资产阶级反对封建贵族的斗争是城市反对乡村、工业反对地产、货币经济反对自然经济的斗争，在这一斗争中，资产者的决定性的武器是他们的**经济上的**权力手段，这些手段由于工业（起初是手工业，后来扩展成为工场手工业）的发展和商业的扩展而不断增长起来。在这整个斗争中，政治暴力始终在贵族方面，只有一个时期是例外，那时王权利用资产阶级反对贵族，以便利用一个等级去控制另一个等级；但是，自从政治上还软弱无力的资产阶级因其经济力量的增长而开始变得危险起来的时候起，王权又和贵族联合起来，因而起初在英国随后在法国引起了资产阶级的革命。在法国，在"政治状态"还没有发生变化的时候，"经济状况"已经发展得超过它了。就政治状态来说，贵族拥有一切，资产者一无所有；可是就社会状况来说，那时资产者是国家里最重要的阶级，而贵族已经丧失了他们的全部社会职能，他们只是继续取得固定收入，以作为失去这些职能的补偿。不仅如此，资产阶级在他们的全部生产中，还受到早已被这种生产（不但被工场手工业，而且甚至被手工业）所超过的中世纪封建政治形式的钳制，受到所有那些已经成为生产的障碍和桎梏的无数行会特权以及各地和各省的关税壁垒的钳制。资产阶级的革命结束了这种状况。但是，革命不是按照杜林先生的原则，使经济状况适应政治状态（贵族和王权在长时期内正是枉费心机地企图这样做的），而是相反，把陈腐的政治废物抛开，并造成使新的"经济状况"能够存在和发展的政治状态。"经济状况"在这个与之适合的政治的和法的氛围中蓬勃地发展起来，以致资产阶级已经接近贵族在1789年所处的地位了：它不仅日益成为社会的多余，而且日益成为社会的障碍；它日益脱离生产活动，日益像旧时的贵族那样成为一个只收取固定收入的阶级；它不是用任何暴力的戏法，而是以纯经济的方法，实现了它自己的地位的变革，并造成了新的阶级，即无产阶级。此外，它决不愿意它自己的行为和活动产生这样的结果，相反，这种结果是在违背它的意志和愿望的情况下以不可抗拒的力量实现的；它拥有的生产力发展得超过了它的驾驭能力,好似以自然的必然性把整个资产阶级社会推向毁灭,或者推向变革。资产者现在求助于暴力,以挽救日趋瓦解的"经济状况"免于崩溃,他们这样做只是证明:他们陷入了杜林先生陷入的那条迷途,以为"政治状态是经济状况的决定性的原因",他们完全和杜林先生一样想入非非,以为用"本原的东西",用"直接的政治暴力"就能改造那些"次等的事实",即经济状况及其不可避免的发展,用克虏伯炮和毛瑟枪就能把蒸汽机和由它推动的现代机器的经济结果,把世界贸易以及现代银行和信用的发展的经济结果从世界上消除掉。

……

四 暴力论(续完)

一个非常重要的情况是:事实上,对自然界的统治,无论如何〈!〉,只是通过对人的统治才实现的〈实现统治!〉。如果事先没有奴役人们,强迫他们从事某种形式的奴隶劳役或徭役,在任何时候和任何地方大面积的地产经营都是不可能实现的。对物的经济统治的建立,是以人对人的政治、社会和经济的统治为前提的。如果不同时想到大地主对奴隶、依附农或间接不自由者的统治,怎么能想象一个大地主呢?无论过去和现在,单个人的力量,最多再加上他的家庭成员的辅助力量,对于大规模的农业耕作来说能有什么意义呢?在超出单个人的天然力量的规模上使用土地或者扩大对土地的经济统治,这在到目前为止的历史中之所以成为可能,只是因为在建立对土地的统治以前,或者与此同时,也建立了相应的对人的奴役。在发展的更后时期,这种奴役变得缓和了……在高度文明的国家里,它现在的形式是或多或少由警察统治所指挥的雇佣劳动。因此,表现为大规模土地支配和〈!〉大规模土地占有的现代财富形式的实际可能性,是以这种雇佣劳动为基础的。不言而喻,分配财富的一切其他形式,也应该按类似的方式历史地加以说明;人对人的间接依附关系,现在构成经济上最发达的制度的基本特征,这种关系是不能由它本身去理解和说明的，而只有把它看做已往的直接奴役和剥夺的稍有变化的遗物才能理解和说明。

杜林先生就是这样说的。

命题：（人）对自然界的统治，是以（人）对人的统治为前提的。

证明：**大面积的地产**的经营，在任何时候和任何地方，都是由被奴役者来进行的。

证明的证明：如果没有被奴役者，怎么能有大土地占有者呢？因为没有被奴役者，大土地占有者及其家属只能够耕种他所占有的土地的极小一部分。

所以：为了证明人要征服自然界就必须先奴役别人，杜林先生便直截了当地把"自然界"转换为"大面积的地产"，并且把这个地产——不知是谁的？——又立即转换为大地主的财产，而没有被奴役者，大地主自然是不能耕种他的土地的。

第一，"对自然界的统治"和"地产的经营"决不是一回事。对自然界的统治的规模，在工业中比在农业中大得多，直到今天，农业不但不能控制气候，还不得不受气候的控制。

第二，如果我们只限于谈大面积的地产的经营，那么，问题就在于：这个地产是属于谁的。我们在所有的文明民族的历史初期所看到的不是"大地主"——杜林先生在这里以他惯用的、被他称为"自然的辩证法"[6]的那套变戏法的手法把大地主塞了进来——，而是土地共同占有的氏族公社和农村公社。从印度到爱尔兰，大面积的地产的经营，最初正是由这种氏族公社和农村公社来进行的，同时，耕地或者以公社为单位共同耕种，或者分成小块，由公社在一定时期内分配给各个家庭去耕种，而森林和牧场继续共同使用。所有这些事情，杜林先生都毫无所知；他的全部著作都表明他完全不知道毛勒关于原始德意志马尔克制度、整个德意志法的基础的划时代的著作[7]，同时也表明他完全不知道那些主要受毛勒影响的、日益增多的其他著作，这些著作证明在所有欧洲和亚洲的文明民族中都存在过原始的土地公有，而且阐述了这种所有制的存在和解体的各种形式。杜林先生的这种无知又一次表明了他在"政治和法律的领域"中所进行的"最深刻的专门研究"的特色。杜林先生在法兰西法和英吉利法的领域中已经"自己为自己赢得他自己的全部无知"①，这种无知尽管是非常惊人的，可是他在德意志法的领域中赢得了更加惊人得多的无知。这个人对大学教授的狭隘眼界十分愤怒，而他现在在德意志法的领域中所具有的水平最多也不过是20年前大学教授的水平。

杜林先生断言，大面积的地产的经营需要有地主和被奴役者，这种说法纯粹是他的"自由创造物和想象物"。在整个东方，公社或国家是土地的所有者，在那里的语言中甚至没有地主这个名词，关于这一点，杜林先生尽可以向英国的法学家请教，他们曾在印度徒劳地苦苦思索"谁是土地的所有者？"这个问题，正像已去世的邦君亨利希七十二世·罗伊斯-施莱茨-格莱茨-洛本施泰因-埃伯斯多夫[8]徒劳地苦苦思索"谁是守夜者？"这个问题一样。只有土耳其人才第一次在被他们征服的东方国家推行了一种地主封建制度。希腊早在英雄时代就已经带着等级划分进入历史，这种等级划分本身显然只是我们所不知道的久远的史前时代的产物；但是就在这里，土地也主要是由独立的农民耕种的；成为例外的，是贵族和部落首领的较大的田产，而且它们很快就消失了。在意大利，土地主要是由农民垦殖的；在罗马共和国末期，大田庄即大庄园排挤小农而代之以奴隶，它们同时也以畜牧业代替了农业，而且像普林尼所已经知道的那样，使意大利趋于崩溃（latifundia Italiam perdidere）②。在中世纪，农民的耕作在整个欧洲占支配地位（特别是在开垦荒地方面），至于农民是否必须向某个封建主交纳贡赋，交纳什么，这对于目前的问题是无关紧要的。弗里斯兰、下萨克森、佛兰德和下莱茵的移民耕种了从斯拉夫人那里夺来的易北河以东的土地，他们作为自由农进行耕作，交纳很低的赋税，但他们决不是处

---

① 见海涅《科贝斯第一》。——编者注
② 参看普林尼《博物志》第18卷第35章。——编者注

于"某种形式的徭役"之下。——在北美洲，绝大部分的土地是自由农的劳动开垦出来的，而南部的大地主用他们的奴隶和掠夺性的耕作制度耗尽了地力，以致在这些土地上只能生长云杉，而棉花的种植则不得不越来越往西移。在澳大利亚和新西兰，英国政府人为地制造土地贵族的一切企图都遭到了失败。总之，除了气候使欧洲人无法在当地从事农业劳动的热带和亚热带的殖民地以外，利用奴隶或徭役制农奴来征服自然界和开垦土地的大地主，纯粹是幻想的产物。相反，在古代出现大地主的地方，例如意大利，他们不是把荒地变为可耕的土地，而是把农民已经开垦的土地变为牧场，把人赶走，使整片整片的土地荒芜。只是在近代，自从比较稠密的人口抬高了地价以来，特别是自从农艺学的发展使劣等的土地也较能适于耕种以来，大地产才开始大规模地参与荒地和牧场的开垦，而这主要是通过夺取农民的公地进行的，在英国是这样，在德国也是这样。但当时不是没有对应的措施。例如大土地占有者每在英格兰开垦一英亩公地，总要在苏格兰至少把三英亩耕地变成牧羊场，最后甚至把这些耕地变成单纯的猎取大猎物的围场。

这里我们只是针对杜林先生的下述论断：大面积土地的开垦，实际上差不多就是全部耕地的开垦，"在任何时候和任何地方"都只是由大地主和被奴役者来进行的。这种论断，如我们已经看到的，是以对历史的真正空前的无知"为前提的"。因此，我们在这里既不必去研究已经完全开垦或大部分开垦了的土地，在各个时代，有多少是由奴隶（如在希腊的极盛时期）所耕种或为依附农所耕种（如中世纪以来的徭役田庄），也不必去研究大土地占有者在各个时代具有什么样的社会职能。

杜林先生在我们面前展示了这样一幅独具匠心的幻想图——在这幅图中，不知是演绎的戏法还是历史的捏造更值得赞叹——，然后就得意扬扬地高呼：

　　不言而喻，分配财富的一切其他形式，也应该按类似的方式*历史地*加以说明！

这样一来，他自然就用不着再多说一句话，去解释例如资本的产生。

杜林先生断言，人对人的统治是人对自然界的统治的前提。如果他一般地只想以此来表明：我们现代的整个经济状况，目前已经达到的农业和工业的发展阶段，是在阶级对立中，在统治关系和奴役关系中展开的社会历史的结果，那么他所说的不过是《共产主义宣言》① 发表以来早已成为老生常谈的事情。问题恰恰是要去说明阶级和统治关系的产生，如果杜林先生对这个问题总是只用"暴力"这个词来回答，那么这并不能使我们前进一步。被统治者和被剥削者在任何时代都比统治者和剥削者多得多，所以真正的力量总是在前者的手里，仅仅这一简单的事实就足以说明整个暴力论的荒谬性。因此，问题仍然是要去说明统治关系和奴役关系。

这些关系是通过两种途径产生的。

人们最初怎样脱离动物界（就狭义而言），他们就怎样进入历史：他们还是半动物，是野蛮的，在自然力量面前还无能为力，还不认识他们自己的力量；所以他们像动物一样贫困，而且生产能力也未必比动物强。那时普遍存在着生活状况的某种平等，对于家长，也存在着社会地位的某种平等，至少没有社会阶级，这种状况在后来的文明民族的自然形成的农业公社中还继续存在着。在每个这样的公社中，一开始就存在着一定的共同利益，维护这种利益的工作，虽然是在全体的监督之下，却不能不由个别成员来担当：如解决争端；制止个别人越权；监督用水，特别是在炎热的地方；最后，在非常原始的状态下执行宗教职能。这样的职位，在任何时候的原始公社中，例如在最古的德意志的马尔克公社中可以看到，甚至在今天的印度还可以看到。不言而喻，这些职位被赋予了某种全权，这是国家权力的萌芽。生产力逐渐提高；较稠密的人口使各个公社之间在一些场合产生共同利益，在另一些场合又产生相互抵触的利益，而这些公社集合为更大的整体又引起新的分工，建立保护共同利益和防止相互抵触的利益

---

① 即《共产党宣言》。——编者注

的机构。这些机构，作为整个集体的共同利益的代表，在对每一个公社的关系上已经处于特别的、在一定情况下甚至是对立的地位，它们很快就变得更加独立了，这种情况的出现，部分地是由于职位的世袭（这种世袭在一切事情都是自发地进行的世界里差不多是自然而然地形成的），部分地是由于同别的集团的冲突的增多，使得这种机构越来越必不可少了。在这里我们没有必要来深入研究：社会职能对社会的这种独立化怎样逐渐上升为对社会的统治；起先的公仆在情况有利时怎样逐步变为主人；这种主人怎样分别成为东方的暴君或总督，希腊的部落首领，凯尔特人的族长等等；在这种转变中，这种主人在什么样的程度上终究也使用了暴力；最后，各个统治人物怎样结合成一个统治阶级。在这里，问题仅仅在于确定这样的事实：政治统治到处都是以执行某种社会职能为基础，而且政治统治只有在它执行了它的这种社会职能时才能持续下去。不管在波斯和印度兴起和衰落的专制政府有多少，每一个专制政府都十分清楚地知道它们首先是河谷灌溉的总管，在那里，没有灌溉就不可能有农业。只有文明的英国人才在印度忽视了这一点；他们听任灌溉渠道和水闸毁坏，现在，由于周期性地发生饥荒，他们才终于发现，他们忽视了唯一能使他们在印度的统治至少同他们前人的统治一样具有某种合理性的那种行动。

但是，除了这样的阶级形成过程之外，还有另一种阶级形成过程。农业家族内的自发的分工，达到一定的富裕程度时，就有可能吸收一个或几个外面的劳动力到家族里来。在旧的土地公有制已经崩溃或者至少是旧的土地共同耕作已经让位于各个家族分得地块单独耕作的那些地方，上述情形尤为常见。生产已经发展到这样一种程度：现在人的劳动力所能生产的东西超过了单纯维持劳动力所需要的数量；维持更多的劳动力的资料已经具备了；使用这些劳动力的资料也已经具备了；劳动力获得了某种**价值**。但是公社本身和公社所属的集团还不能提供多余的可供自由支配的劳动力。战争却提供了这种劳动力，而战争就像相邻几个公社集团的同时并存一样古老。先前人们不知道怎样处理战俘，因此就简单地把他们杀掉，在更早的时候甚至把他们吃掉。但是在这时已经达到的"经济状况"的水平上，战俘获得了某种价值；因此人们就让他们活下来，并且使用他们的劳动。这样，不是暴力支配经济状况，而是相反，暴力被迫为经济状况服务。**奴隶制**被发现了。奴隶制很快就在一切已经发展得超过古代公社的民族中成了占统治地位的生产形式，但是归根到底也成为它们衰落的主要原因之一。只有奴隶制才使农业和工业之间的更大规模的分工成为可能，从而使古代世界的繁荣，使希腊文化成为可能。没有奴隶制，就没有希腊国家，就没有希腊的艺术和科学；没有奴隶制，就没有罗马帝国。没有希腊文化和罗马帝国所奠定的基础，也就没有现代的欧洲。我们永远不应该忘记，我们的全部经济、政治和智力的发展，是以奴隶制既成为必要、又得到公认这种状况为前提的。在这个意义上，我们有理由说：没有古希腊罗马的奴隶制，就没有现代的社会主义。

讲一些泛泛的空话来痛骂奴隶制和其他类似的现象，对这些可耻的现象发泄高尚的义愤，这是最容易不过的事情。可惜，这样做仅仅说出了一件人所共知的事情，这就是：这种古希腊罗马的制度已经不再适合我们目前的状况和由这种状况所决定的我们的感情。但是，这种制度是怎样产生的，它为什么存在，它在历史上起了什么作用，关于这些问题，我们并没有因此而得到任何的说明。如果我们深入地研究一下这些问题，我们就不得不说——尽管听起来是多么矛盾和离奇——在当时的情况下，采用奴隶制是一个巨大的进步。人类是从野兽开始的，因此，为了摆脱野蛮状态，他们必须使用野蛮的、几乎是野兽般的手段，这毕竟是事实。古代的公社，在它们继续存在的地方，从印度到俄国，在数千年中曾经是最野蛮的国家形式即东方专制制度的基础。只是在公社瓦解的地方，各民族才靠自身的力量继续向前迈进，它们最初的经济进步就在于借助奴隶劳动来提高和进一步发展生产。有一点是清楚的：当人的劳动的生产率还非常低，除了必要生活资料只能提供很少的剩余的时候，生产力的提高、交往的扩大、国家和法的发展、艺术和科学的创立，都只有通过更大的分工才有可能，这种分工的基础是从事单纯体力劳动的群众同管理劳动、经营商业和掌管国事以及后来从事艺术和科学的少数特权分子之间的大分工。这种分工的最简单的完全自发的形式，正是奴隶制。在古代世界、特别是希腊世界的历史前提之下，进步到以阶级对立为基础的社会，这只能通过奴隶制的形式来完成。甚至对奴隶来说，这也是一种进步；成为大批奴隶来源的战俘以前都被杀掉，在更早的时候甚至被吃掉，现在至少能保全生命了。

在这里我们顺便补充一下，剥削阶级和被剥削阶级、统治阶级和被压迫阶级之间的到现在为止的一切历史对立，都可以从人的劳动的这种相对不发展的生产率中得到说明。只要实际从事劳动的居民必须占用很多时间来从事自己的必要劳动，因而没有多余的时间来从事社会的公共事务——劳动管理、国家事务、法律事务、艺术、科学等等，总是必然有一个脱离实际劳动的特殊阶级来从事这些事务；而且这个阶级为了它自己的利益，从来不会错过机会来把越来越沉重的劳动负担加到劳动群众的肩上。只有通过大工业所达到的生产力的极大提高，才有可能把劳动无例外地分配给一切社会成员，从而把每个人的劳动时间大大缩短，使一切人都有足够的自由时间来参加社会的公共事务——理论的和实际的公共事务。因此，只是在现在，任何统治阶级和剥削阶级才成为多余的，而且成为社会发展的障碍；也只是在现在，统治阶级和剥削阶级，无论拥有多少"直接的暴力"，都将被无情地消灭。

因此，既然杜林先生因为希腊文化是以奴隶制为基础而对它嗤之以鼻，那他可以用同样的理由去责备希腊人没有蒸汽机和电报。既然他断言，我们现代的雇佣奴役制只能解释为奴隶制的稍有变化和稍微缓和的遗物，而不能从它本身（即从现代社会的经济规律）去加以说明，那么这种论断，要么只是说雇佣劳动同奴隶制一样，是奴役和阶级统治的形式——这是每个小孩子都知道的——，要么就是错误的。因为根据同样的理由，我们也可以说，雇佣劳动只能被解释为缓和的吃人形式，现在到处都已经证实，吃人曾是处理战败的敌人的原始形式。

由此可以清楚地看到，对于经济的发展，暴力在历史中起着什么样的作用。第一，一切政治权力起先都是以某种经济的、社会的职能为基础的，随着社会成员由于原始公社的瓦解而变为私人生产者，因而和社会公共职能的执行者更加疏远,这种权力不断得到加强。第二,政治权力在对社会独立起来并且从公仆变为主人以后,可以朝两个方向起作用。或者它按照合乎规律的经济发展的精神和方向发生作用,在这种情况下,它和经济发展之间没有任何冲突,经济发展加快速度。或者它违反经济发展而发生作用,在这种情况下,除去少数例外,它照例总是在经济发展的压力下陷于崩溃。这少数例外就是个别的征服事件:比较野蛮的征服者杀光或者驱逐某个地方的居民,并且由于不会利用生产力而使生产力遭到破坏或衰落下去。例如在摩尔西班牙,基督徒就是这样对待摩尔人赖以从事高度发展的农业和园艺业的大部分灌溉工程的。由比较野蛮的民族进行的每一次征服,不言而喻,都阻碍了经济的发展,摧毁了大批的生产力。但是在长时期的征服中,比较野蛮的征服者,在绝大多数情况下,都不得不适应由于征服而面临的比较高的"经济状况";他们为被征服者所同化,而且多半甚至不得不采用被征服者的语言。但是,如果撇开征服的情况不谈,当某一个国家内部的国家权力同它的经济发展处于对立地位的时候——直到现在,几乎一切政治权力在一定的发展阶段上都是这样——,斗争每次总是以政治权力被推翻而告终。经济发展总是毫无例外地和无情地为自己开辟道路,最近这方面最显著的例子,就是我们已经提到过的法国大革命。如果根据杜林先生的学说,某个国家的经济状况以及与此相关的经济制度完全依赖于政治暴力,那就根本不能理解,为什么弗里德里希-威廉四世在1848年之后,尽管有"英勇军队"[9],却不能把中世纪的行会制度和其他浪漫的狂念,嫁接到本国的铁路、蒸汽机以及刚刚开始发展的大工业上去;或者为什么强暴得多的俄国沙皇①不但不能偿付他的债务,而且如果不利用西欧的"经济状况"不断借债,甚至不能保持他的"暴力"。

在杜林先生看来,暴力是绝对的坏事,第一次暴力行为是原罪,他的全部叙述只是哀诉这一暴力行为怎样作为原罪玷污了到现在为止的全部历

---

① 亚历山大二世。——编者注

史,一切自然规律和社会规律怎样被这种恶魔力量即暴力可耻地歪曲了。但是,暴力在历史中还起着另一种作用,革命的作用;暴力,用马克思的话说,是每一个孕育着新社会的旧社会的助产婆①;它是社会运动借以为自己开辟道路并摧毁僵化的垂死的政治形式的工具——关于这些,杜林先生一个字也没有提到。他只是在叹息和呻吟中承认这样一种可能性:为了推翻进行剥削的经济,也许需要暴力,这很遗憾!因为在他看来,暴力的任何使用都会使暴力使用者道德堕落。他说这话竟不顾每一次革命的胜利带来的道德上和精神上的巨大跃进!而且这话是在德国说的,在那里,人民可能被迫进行的暴力冲突至少有一个好处,即扫除三十年战争[10]的屈辱在民族意识中造成的奴才气。而这种枯燥的、干瘪的、软弱无力的传教士的思维方式,竟要强加给历史上最革命的政党!

……

第三编 社会主义

……

五 国家,家庭,教育

……

但是,一切宗教都不过是支配着人们日常生活的外部力量在人们头脑中的幻想的反映,在这种反映中,人间的力量采取了超人间的力量的形式。在历史的初期,首先是自然力量获得了这样的反映,而在进一步的发展中,在不同的民族那里又经历了极为不同和极为复杂的人格化。根据比较神话学,这一最初的过程,至少就印欧语系各民族来看,可以一直追溯到它的起源——印度的吠陀[11],以后又在印度人、波斯人、希腊人、罗马

---

① 参看马克思《资本论》第1卷,《马克思恩格斯文集》第5卷,第861页。——编者注

人、日耳曼人中间，而且就材料所及的范围而言，也可以在凯尔特人、立陶宛人和斯拉夫人中间得到详尽的证明。但是除自然力量外，不久社会力量也起了作用，这种力量和自然力量本身一样，对人来说是异己的，最初也是不能解释的，它以同样的表面上的自然必然性支配着人。最初仅仅反映自然界的神秘力量的幻想的形象，现在又获得了社会的属性，成为历史力量的代表者①。在更进一步的发展阶段上，许多神的全部自然属性和社会属性都转移到一个万能的神身上，而这个神本身又只是抽象的人的反映。这样就产生了一神教，从历史上说它是后期希腊庸俗哲学的最后产物，并在犹太的独一无二的民族神雅赫维身上得到了体现。在这个适宜的、方便和普遍适用的形式中，宗教可以作为人们对支配着他们的异己的自然力量和社会力量的这种关系的直接形式即感情上的形式而继续存在，只要人们还处在这种力量的支配之下。但是，我们已经不止一次地看到，在目前的资产阶级社会中，人们就像受某种异己力量的支配一样，受自己所创造的经济关系、自己所生产的生产资料的支配。因此，宗教反映活动的事实基础就继续存在，而且宗教反映本身也同这种基础一起继续存在。即使资产阶级经济学对这种异己力量的支配作用的因果关系有一定的认识，事情并不因此而有丝毫改变。资产阶级经济学既不能制止整个危机，又不能使各个资本家避免损失、负债和破产，或者使各个工人避免失业和贫困。现在还是这样：谋事在人，成事在神（即资本主义生产方式的异己力量的支配作用）。仅仅有认识，即使这种认识比资产阶级经济学的认识更进一步和更深刻，也不足以使社会力量服从于社会的支配。为此首先需要有某种社会的**行动**。当这种行动完成的时候，当社会通过占有和有计划地使用全部生产资料而使自己和一切社会成员摆脱奴役状态的时候

---

① 神的形象后来具有的这种两重性，是比较神话学（它片面地以为神只是自然力量的反映）所忽略的、使神话学以后陷入混乱的原因之一。这样，在若干日耳曼部落里，战神，按古斯堪的纳维亚语，称为提乌，按古高地德语，称为齐奥，这就相当于希腊语里的宙斯，拉丁语里的"丘必特"（替代"迪斯必特"）；在其他日耳曼部落里，埃尔、埃奥尔相当于希腊语的亚力司、拉丁语的玛尔斯。

(现在，人们正被这些由他们自己所生产的、但作为不可抗拒的异己力量而同自己相对立的生产资料所奴役)，当谋事在人，成事也在人的时候，现在还在宗教中反映出来的最后的异己力量才会消失，因而宗教反映本身也就随着消失。理由很简单，因为那时再没有什么东西可以反映了。

……

在杜林先生看来，现代人的民族狭隘性还是过于世界化了。他还想消灭在目前的世界上至少有可能使人超越狭隘的民族观点的两种杠杆，一个是至少为各民族中受过古典教育的人展现一个共同的广阔视野的古代语言知识，一个是可以使各国人民相互了解并熟悉本国以外所发生的事情的现代语言知识。相反，他认为应该把本族语言的语法读得烂熟。但是，要了解"本族语言的质料和形式"，就必须追溯本族语言的形成和它的逐步发展，如果一不考察它自身的已经消亡的形式，二不考察同源的各种活的和死的语言，那么这种追溯是不可能的。而如果进行这种考察，我们就再次进入了明确划定的禁区。杜林先生既然把整个现代的历史语法从他的教育计划中勾掉，那么在他的语言教学上就只剩下一种老式的、完全按照旧的古典语文学仿造的技术语法了，这种语法由于缺乏历史的基础而带有自己的全部的诡辩性和任意性。对旧的语文学的憎恨，使他把旧的语文学的最坏的产品奉为"真正有教益的语言教育的中心"。显然，我们与之打交道的这位语言学家，从来没有听说过近60年来这样有力地和这样成功地发展起来的全部历史语言学，所以他不是到博普、格林和狄茨那里，而是到已故的海泽和贝克尔那里去寻求语言教育的"非常现代的教育因素"。

……

弗·恩格斯写于1876年9月~1878年6月
载于1877年1月3日~1878年7月7日《前进报》

原文是德文
选自《马克思恩格斯文集》第9卷，人民出版社，2009，第108~113、145~146、153~156、165~173、181~192、333~334、337~338页

注释：

[1]《反杜林论》是恩格斯阐述马克思主义基本理论的重要著作。在这部著作中，恩格斯通过对欧根·杜林在哲学、经济学和社会主义领域宣扬的错误观点的批判，对马克思主义的三个组成部分——哲学、政治经济学和科学社会主义作了全面系统的阐述，揭示了这三个组成部分之间的内在联系，指出唯物辩证法和唯物史观作为科学的世界观和方法论，贯穿于马克思主义政治经济学和科学社会主义，唯物史观和剩余价值理论的创立使社会主义由空想变为科学。

在哲学编中，恩格斯批判了杜林的先验主义，指出"原则不是研究的出发点，而是它的最终结果"（见《马克思恩格斯文集》第9卷，第38页）；阐述了"世界的真正的统一性在于它的物质性"，"一切存在的基本形式是空间和时间"，"运动是物质的存在方式"（见《马克思恩格斯文集》第9卷，第47、56、64页）等辩证唯物主义的基本原理；论述了唯物辩证法的基本规律，指出"辩证法不过是关于自然界、人类社会和思维的运动和发展的普遍规律的科学"（见《马克思恩格斯文集》第9卷，第149页）；还阐明了人类认识的辩证过程、相对真理和绝对真理的关系以及马克思主义的道德观、平等观和自由观，等等。

在政治经济学编中，恩格斯批判了杜林的庸俗经济学观点，概述了马克思的经济学理论，特别是价值和剩余价值理论，并阐明了"经济科学的任务在于：证明现在开始显露出来的社会弊病是现存生产方式的必然结果，同时也是这一生产方式快要瓦解的征兆，并且从正在瓦解的经济运动形式内部发现未来的、能够消除这些弊病的、新的生产组织和交换组织的因素"（见《马克思恩格斯文集》第9卷，第156页）。恩格斯还批判了杜林的唯心主义暴力论，阐明了经济决定政治的历史唯物主义基本原理，分析了暴力在历史上的作用，指出暴力不是绝对的坏事，它在历史中还起着革命作用，"是每一个孕育着新社会的旧社会的助产婆"（见《马克思恩格斯文集》第9卷，第191页）。

在社会主义编中，恩格斯批判了杜林的冒牌社会主义，阐明了科学社会主义产生的经济、政治和思想条件，揭示了资本主义的基本矛盾即社会化生产与资本主义私人占有之间的矛盾,并根据这一矛盾的分析论证了资本主义为共产主义取代的历史必然性;在揭示由资本主义向共产主义过渡的规律性时,科学地预言了未来共产主义社会的基本特征,并指出:"只是从这时起,人们才完全自觉地自己创造自己的历史;只是从这时起,由人们使之起作用的社会原因才大部分并且越来越多地达到他们所预期的结果。这是人类从必然王国进入自由王国的飞跃。"

恩格斯还为《反杜林论》三个德文版写了序言。他在序言中说明了本书写作的历史背景和目的,同时说明了这部著作是在马克思的支持下完成的,反映了他们共同的观点。他说:"本书所阐述的世界观,绝大部分是由马克思确立和阐发的,而只有极小的部分是属于我的,所以,我的这种阐述不可能在他不了解的情况下进行,这在我们相互之间是不言而喻的。在付印之前,我曾把全部原稿念给他听,而且经济学那一编的第十章(《〈批判史〉论述》)就是马克思写的"(见《马克思恩格斯文集》第9卷,第11页)。恩格斯在序言中还着重论述了辩证唯物主义的自然观和历史观的创立过程及其自然科学基础,指出:马克思和他"可以说是唯一把自觉的辩证法从德国唯心主义哲学中拯救出来并运用于唯物主义的自然观和历史观的人"(见《马克思恩格斯文集》第9卷,第13页);"辩证的同时又是唯物主义的自然观"是奠立在19世纪自然科学成就的基础上的;自然科学家应当掌握唯物辩证法,克服形而上学的思维方法。

《反杜林论》是德国社会民主党内思想斗争的直接产物。19世纪70年代中期,杜林的思想在德国社会民主党人中间的影响颇大,爱·伯恩施坦、约·莫斯特等都成了杜林的积极追随者,甚至奥·倍倍尔也一度受杜林的影响。杜林的著作《国民经济学和社会主义批判史》第二版(1874年11月出版)和《哲学教程》(最后一册在1875年2月出版)的出版尤其助长了这种势头。在这两本书中,自命为社会主义信徒的杜林,对马克思主义进行了猛烈攻击,这就促使威·李卜克内西在1875年2月1日和4月21日致信恩格斯,请他在《人民国家报》上反击杜林。1875年10月和1876年5月,李卜克内西把该报拒绝发表的阿·恩斯特和约·莫斯特吹捧杜林的文章寄给了恩格斯。

早在1868年初,马克思和恩格斯因杜林在1867年12月《现代知识补充材料》杂志第 3 卷第 3 期上发表了对《资本论》第一卷的评论而开始关注他的观点。从马克思和恩格斯 1868 年 1~3 月的书信中,可以看出他们对杜林观点的批判态度。1876 年 2 月,恩格斯在《人民国家报》上发表的《德意志帝国国会中的普鲁士烧酒》一文中指名批判了杜林的言论(见《马克思恩格斯全集》中文第 2 版第 25 卷,第 54 页)。鉴于杜林的思想对 1875 年 5 月成立的德国社会主义工人党造成的危害,恩格斯决定中断《自然辩证法》的写作,全力反击杜林,捍卫马克思主义这一无产阶级政党的科学世界观。

恩格斯在 1876 年 5 月 24 日给马克思的信中表示打算批判杜林的著作,马克思于 5 月 25 日回信表示坚决支持。于是恩格斯立即着手这项工作。他在 5 月 28 日给马克思的信中阐述了他的著作的总计划和性质(见《马克思恩格斯文集》第 10 卷,第 414~415 页)。

恩格斯写作《反杜林论》用了两年时间,从 1876 年 5 月底开始做准备工作,到 1878 年 6 月完成。

《反杜林论》第一编正式写于 1876 年 9 月~1877 年 1 月。这一编以《欧根·杜林先生在哲学中实行的变革》为题,以一组论文的形式陆续发表于 1877 年 1~5 月的《前进报》。这一编还包括后来第一次出版该著单行本时抽出来作为整个三编的引论的第一章和第二章。

该书的第二编写于 1877 年 6~12 月。这一编的最后一章即论述政治经济学史的第十章是马克思写的,恩格斯作了修改。第二编以《欧根·杜林先生在政治经济学中实行的变革》为题发表于 1877 年 7~12 月《前进报》学术附刊和附刊。

该书的第三编写于 1878 年上半年。这一编以《欧根·杜林先生在社会主义中实行的变革》为题发表于 1878 年 5~7 月的《前进报》附刊。

《反杜林论》的发表引起了杜林追随者的不满。1877 年 5 月 27~29 日在哥达举行的党代表大会上,他们力图阻止在党的中央机关报《前进报》上发表恩格斯的这部著作。由于他们的影响和干扰,该报发表《反杜林论》时断时续。

1877 年 7 月,这部著作的第一编以《欧根·杜林先生在科学中实行的变革。一、哲学》为题在莱比锡出版了单行本。1878 年 7 月,第二编和第三篇以《欧根·杜林先生在科学中实行的变革。二、政治经济学·社会主义》为题也在莱比锡出版了单行本。1878年7月,在莱比锡还出版了《反杜林论》第一版,标题为《欧根·杜林先生在科学中实行的变革。哲学·政治经济学·社会主义》。1886年该书第二版在苏黎世出版。1894年经过修订的第三版在斯图加特出版。第二版和第三版均以《欧根·杜林先生在科学中实行的变革》为标题。恩格斯为这三个版本写了序言。

恩格斯这部著作的书名讽刺性地套用了1865年在慕尼黑出版的杜林的著作《凯里在国民经济学和社会科学中实行的变革》的书名。杜林在该书中吹捧庸俗经济学家查·凯里,凯里实际上是他在政治经济学方面的导师。恩格斯在1879年11月14日给奥·倍倍尔的信中把《欧根·杜林先生在科学中实行的变革》称作《反杜林论》。后来这部著作以《反杜林论》这一书名广为流传,载入史册。

1880年,恩格斯应保·拉法格的请求,把《反杜林论》的三章(《引论》的第一章以及第三编的第一章和第二章)改编成一本独立的通俗著作,由保·拉法格译成法文并经恩格斯本人审定,书名为《空想社会主义和科学社会主义》,1883年出版德文单行本时书名改为《社会主义从空想到科学的发展》。马克思称它为"科学社会主义的入门"(见《马克思恩格斯文集》第3卷,第493页)。

列宁认为,《反杜林论》"分析了哲学、自然科学和社会科学中最重大的问题"(见《列宁全集》中文第2版第2卷,第9页),它同《共产党宣言》一样,是"每个觉悟工人必读的书籍"(同上,第23卷,第42页)。

《反杜林论》的第一个中译本由吴黎平翻译,1930年上海江南书店出版;同年上海昆仑书店还出版了钱铁如翻译的《反杜林论》上册。

[2] 见马克思《资本论》第1卷,《马克思恩格斯文集》第5卷,第75页。恩格斯在《反杜林论》中引用的是《资本论》第一卷德文第二版,只是在为出版《反杜林论》第二版而修改第二编第十章时,才引用了《资本论》第 卷德文第三版。因此,《反杜林论》中《资本论》的有些引文与现在通行的《资本论》德文第四版的文字略有差异。

[3] 恩格斯在这里引用了莎士比亚的历史剧《亨利四世》(奥·威·施勒格尔的德译本)前篇第2幕第4场中福斯泰夫的话:"即使论据像乌莓子一样便宜,我也不会在人家的强迫之下给他一个论据。"

[4] 重大政治历史事件的德文原文是 Haupt-und Staatsaktion，其原意是大型政治历史剧，指 17 世纪和 18 世纪上半叶德国巡回剧团演出的戏剧。这些戏剧用夸张的、同时也用粗俗的和笑剧的方式展现悲剧性的历史事件。

[5] 恩格斯的这些材料引自恩·库尔齐乌斯的《希腊史》1869 年柏林第 3 版第 2 卷，第 48、731 页。大约在 1876 年 3 月底至 5 月底，恩格斯对该书全三卷曾作过大量摘录。

[6] 杜林把自己的"辩证法"称做"自然的辩证法"，以便区别于黑格尔的"非自然的"辩证法。见杜林《自然的辩证法。科学的和哲学的新的逻辑基础》1865 年柏林版。

[7] 格·路·毛勒研究中世纪德国的土地制度、城市制度和国家制度以及马尔克的经济社会作用的著作共 12 卷。这些著作是：《马尔克制度、农户制度、乡村制度、城市制度和公共政权的历史概论》1854 年慕尼黑版；《德国马尔克制度史》1856 年埃朗根版；《德国领主庄园、农户和农户制度史》1862～1863 年埃朗根版第 1～4 卷；《德国乡村制度史》1865～1866 年埃朗根版第 1～2 卷；《德国城市制度史》1869～1871 年埃朗根版第 1～4 卷。在第一、二、四部著作中，对德国马尔克制度作了专门研究。

[8] 恩格斯讽刺性地改变了亨利希七十二世的称号。德国一小邦罗伊斯幼系的两个领主之一亨利希七十二世的称号是罗伊斯-洛本施泰因-埃伯斯多夫。格莱茨是罗伊斯长系（罗伊斯-格莱茨）公国的首都。施莱茨是罗伊斯幼系另一领主（罗伊斯-格莱茨）的领地，它不属于亨利希七十二世。

[9] 引自弗里德里希-威廉四世给普鲁士军队的新年文告（1849 年 1 月 1 日）。1849 年以来，这一用语就在革命的工人运动中被用来表示普鲁士德意志的军国主义行为。对这一文告的批判，见马克思《新年贺词》（《马克思恩格斯全集》中文第 1 版第 6 卷，第 186～192 页）。

[10] 三十年战争（1618～1648 年）是一次全欧洲范围的战争，由新教徒和天主教徒之间的斗争引起，是欧洲国家集团之间矛盾尖锐化的结果。德国是这场战争的主要场所，是战争参加者进行军事掠夺和侵略的对象。

　　三十年战争分为四个时期：捷克时期（1618～1624 年），丹麦时期（1625～1629 年），瑞典时期（1630～1635 年）以及法国瑞典时期（1635～1648 年）。

三十年战争以1648年缔结威斯特伐利亚和约而告结束，和约的签订加深了德国政治上的分裂。

[11] 吠陀是印度最古老的宗教历史文献，梵文原义为"知识"，是对神的颂歌和祷文的文集。吠陀有狭义和广义之分，狭义指最古的四部吠陀本集，亦称四吠陀，广义除四吠陀外，还包括解释四吠陀的梵书、森林书、奥义书以及经书，亦称吠陀文献。吠陀中年代最久的作品可上溯到公元前约1500年以前，最晚的作品形成于公元前约6～4世纪。吠陀在被规定为神圣的经典以后，就成为神秘的著作，只许祭司和属于高等种姓的人学习，不许低等种姓的人接触。以祭司为职业的婆罗门垄断了这些古代的经典，把它们作为高踞于人民之上的凭借。他们为了保持垄断地位，只在内部口头传授这些典籍，不肯写成文字。直到19世纪吠陀才刊行于世。

弗·恩格斯

*论德意志人的古代历史[1]

[凯撒和塔西佗]

德意志人决不是他们现在所占据的领土上的最初居住者①。在他们以前,至少有三个种族在这里居住过。

人类在欧洲的最古遗迹,发现于南英格兰的若干地层中,这些地层的年代直到现在还不能确切断定,大概处在所谓冰河时代的两个冰期之间。

第二冰期以后,气候逐渐变暖,人类开始出现于整个欧洲、北非、前亚细亚以至印度。和人类一同出现的,有已经绝种的巨大的厚皮动物(毛象、有直牙的象、毛犀)、肉食动物(穴狮、洞熊)以及现在还生存着的动物(驯鹿、马、鬣狗、狮子、野牛、原牛)。这一时代的工具,表明了很低的文化发展阶段:极其粗糙的石刀、无柄的梨形石锄或石斧、清理兽皮用的削刀、钻,所有这些都是用燧石做成的,这大致相当于现今澳洲土人的发展阶段。到现在为止,所发现的骨骼残骸,使我们还无法对这些人的身体结构作出结论,但就其分布地域之广和到处都有同样的文化来看,可以断定这个时期延续得很久。

---

① 我在这里主要依据博伊德·道金斯《不列颠的原始人》,1880年伦敦版。

这些早期旧石器时代的人类的结局怎样，我们不知道。在他们出现过的地方，没有一个地方，包括印度在内，还保存有什么种族可以作为他们在现代人类中的代表。

在英国、法国、瑞士、比利时和德国南部的洞穴里，大多只是在土壤沉积的最下层中，发现有这些已经灭绝的人类的工具。在这个最低的文化层上面（中间往往隔着一层厚薄不等的钟乳石），发现有第二个有着种种工具的沉积层。这些工具属于一个较晚的时代，它们的制作精巧得多，它们的材料也更加多种多样。石器固然还没有磨光，但在设计和制造上比较实用了。此外，还发现有石制的、驯鹿角制的和骨制的箭头和枪头，骨制的和鹿角制的短剑和缝针，动物牙齿钻孔后串成的项链等物。在某些器物上，我们有时看到很生动的动物画，如驯鹿、毛象、原牛、海豹、鲸鱼等，也有赤身人物狩猎图，甚至还可看到兽角上的原始雕刻。

早期旧石器时代人类大半来自南方的动物一起出现，而和晚期旧石器时代人类同时出现的，则是产自北方的动物：两种现在还生存着的北方熊、北极狐、狼獾、白枭。这些人大概就是和这些动物一起从东北方面迁移来的，他们残存在今日世界上的后代，看来就是爱斯基摩人。这两种人的工具，不仅个别是、而且整批都是完全一致的；图画也是如此；这两种人的食物，取自几乎完全相同的动物；他们的生活方式（就我们对已经灭绝的种族所能下的判断来说）是完全一样的。

这些爱斯基摩人（到现在为止，只能证明他们曾生存在比利牛斯山脉及阿尔卑斯山脉以北地区）在欧洲土地上也绝迹了。就像美洲的红种人在前一世纪通过残酷的歼灭战争，将爱斯基摩人驱逐到极北那样，那时在欧洲出现的新种族，大概也逐渐把他们赶了回去，并最后把他们消灭干净，而没有和他们混合起来。

这个新种族至少在西欧是来自南方。他们大概从非洲进入欧洲，当时这两块大陆在直布罗陀和西西里还是由陆地连接着的。他们处于比他们的前人高得多的文化发展阶段上。他们已经知道耕作。他们有家畜（狗、马、绵羊、山羊、猪、牛）。他们会用手工制作陶器，他们会纺纱和织布。

他们的工具虽然还是石制的，但是已经做得很精致，而且大多数都磨得很光滑（这些工具被称为新石器，以区别于从前各时期的工具）。斧子装上了柄，因而第一次可以用它来砍伐树木；这样，就有可能将树干挖成小舟，就有可能乘小舟到达由于陆地逐渐下沉这时已经和大陆分离了的不列颠群岛。

这种人和他们的前人截然不同。他们细心地埋葬他们的死者；因此给我们保存了足够的骨骼和头骨，据此来推断他们的身体结构。长长的头骨、小小的身材（女子身高平均约1.46米，男子1.65米）、低额、鹰鼻、浓眉、不很高的颧骨和中度发达的颚骨，都可证明这一人种在今天的最后代表是**巴斯克人**。不仅西班牙新石器时代的居民，就连法国、英国和至少莱茵河以南整个地区的新石器时代居民，大概都属于伊比利安种族。在雅利安人[2]到达以前，意大利也住着和伊比利安人相似的身材短小的黑发种族。这个种族跟巴斯克人亲属关系的远近问题，现在还很难判断。

微耳和考察这种长长的巴斯克人头骨，最远到德国北部和丹麦①。阿尔卑斯山北坡上最古的新石器时代的木桩建筑物，也是属于巴斯克人的。另一方面，沙弗豪森则宣称，在莱茵河附近发现的一系列头骨肯定是芬兰人的，尤其是拉普人的[3]，而在古代史上，斯堪的纳维亚的德意志人及俄罗斯的立陶宛人和斯拉夫人的北方邻人，只有芬兰人。这两个身材矮小的深色头发的种族，一个是从地中海对岸迁来的，一个是直接从亚洲里海北面迁来的，后来这两种人大概是在德国相遇了。这是在什么样的情形下发生的，还完全没有弄清楚。

在这许多次迁徙以后，终于（也还是在史前时代）发生了最后一个大系统即**雅利安人**的迁徙，这些民族的语言是以其中最古的一种语言——梵语为中心而形成的。最早的迁入者是希腊人和拉丁人，他们占据了欧洲东南部的两个半岛。其次迁入的或许是现在业已绝迹了的西徐亚人，他们是

---

① 鲁·微耳和：《关于梅诺卡岛头盖骨的报道》，载于《民族学杂志》1878年（柏林）第10卷，第418～424页。——编者注

黑海以北草原上的居民，和米底—波斯部落或许亲属关系最近。接着来到的是克尔特人。关于克尔特人的迁徙，我们只知道这是发生在黑海北面，而且经过了德国。他们最前面的集团，进入了法兰西，占领了直到加龙河一带的土地，甚至征服了西班牙西部和中部的一部分。一面有海，另一面又有伊比利安人的抵抗，他们不得不停止前进。同时在他们后面，从多瑙河两岸又有其他的克尔特部落向这里涌来。希罗多德正是在海岸上和多瑙河发源地发现了这些克尔特人。他们一定老早就迁移到这里了。法国和比利时的坟墓和其他出土文物证明，克尔特人在占领这一带土地的时候，还没有金属工具；相反，在不列颠，他们一开始出现就已有了青铜工具。由此可见，克尔特人从征服高卢到迁入不列颠，一定经过了相当时期，在这个时期内，克尔特人由于跟意大利和马赛发生了贸易关系，才知道了青铜，并且输入了青铜。

在这期间，本身遭受德意志人逼迫的后面的克尔特部落，愈益加紧向前推进；但前进的道路已被封锁，于是出现了向东南方向的回流，这种情形我们以后在日耳曼民族和斯拉夫民族迁徙时期还会看到。各克尔特部落越过阿尔卑斯山，进入了意大利、色雷斯半岛和希腊，一部分灭亡了，一部分定居于波河谷地和小亚细亚。在那个时期（-400年至-300年）①，在直到加龙河一带的高卢地区，在不列颠和爱尔兰，在阿尔卑斯山以北，在多瑙河两岸，直达美因河和理森山甚至更远的地方，我们都可以看到这个部落的人。虽然德国北部的山河带有克尔特人名称的，比起南部来不那么多，不那么可靠，但是决不能认为，克尔特人只选择了一条通过南德山区比较难走的道路，而没有同时利用那条横贯开阔的北德平原的比较便利的道路。

克尔特人的迁徙，只赶走了本地居民的一部分。尤其在高卢南部和西部，本地居民虽然处于被压迫种族的地位，但当时仍占居民中的多数，并

---

① 为了简便起见，我用数学上的负号（-）来表示公元前的年代。

把他们的体型遗传给现在的居民。不仅克尔特人还有日耳曼人在他们新定居的地区，都对深色头发的本地居民进行了统治，这一点可以从这两个种族都有用皂把头发染成黄色的习俗上看出来。浅色头发是统治种族的标志，因此，凡是由于种族混合而失去这个标志的地方，就必须用皂来补救。

在克尔特人以后迁来的是德意志人。德意志人迁徙的时期，我们在这里至少大体上可以比较确实地指出来。这大约在-400多年以前不久已经开始，在凯撒时代还没有完全结束。

皮提亚斯在他-325年左右的旅行记中，给我们提供了关于德意志人的最初的一些确实材料[4]。他从马赛前往琥珀海岸，记载了居住在那里的无疑是德意志民族的古顿人和条顿人的情况。但是，这个琥珀海岸究竟在哪里呢？通常当然都只能理解为东普鲁士海岸，而如果把古顿人称为这个海岸的邻人，这肯定是不错的。但是皮提亚斯记载的里程，和这个地方不相符合，它对北德意志海岸和基姆布里半岛之间的北海大海湾倒很适合。同样被称为邻人的条顿人也适合那个地方。那里，在石勒苏益格和日德兰半岛的西面，也有一个琥珀海岸。灵克宾今天还在进行着相当规模的当地采集的琥珀的贸易。此外，皮提亚斯在这样早的时期，就能远航到完全不熟悉的海面，似乎太不可能了，况且，从卡特加特海峡到东普鲁士这一段艰难的航程，在他那些非常详细的记载中，不仅完全没有提到，而且写进去也风马牛不相及。因此，我们应该坚决同意列列韦尔首先发表的意见：如果不是由于只可能住在波罗的海沿岸的古顿人这一名称，那么皮提亚斯所说的琥珀海岸就应该到北海沿岸去找。弥伦霍夫更进一步消除了这个最后的障碍，他认为古顿人一词是从条顿人错写而来的①。

公元前180年左右，无疑是德意志人的巴斯泰尔人出现于多瑙河下游，几年以后，他们已在马其顿国王柏修斯和罗马人打仗的军队中当雇佣兵，

---

① 参看卡·弥伦霍夫《德国考古学》，1870年柏林版第1卷，第479页。——编者注

即最初的雇佣步兵。这是些狂暴的战士:

> 一些既不善耕作,也不善航行,也不会从事畜牧以为生计的男人,相反他们只爱好一件事情,一种技艺,就是不断战斗和荡平一切阻碍。

是普卢塔克给我们提供了关于一支德意志民族生活方式的这个最早报道①。数世纪后,我们在多瑙河以北稍稍偏西的地方又发现了这种巴斯泰尔人。50年以后,基姆布里人和条顿人侵入了克尔特人居住的多瑙河地区,但被住在波希米亚的克尔特部落的波伊人击退。于是他们便分做许多群,向高卢前进,侵入西班牙,打败了一批一批的罗马军队,最后,马略消灭了他们那无疑已大为削弱的大军(条顿人是-102年在普罗旺斯的艾克斯被消灭的,基姆布里人则在-101年被歼于意大利北部的韦尔切利),从而结束了他们差不多20年之久的迁徙。

半个世纪以后,凯撒在高卢和日耳曼人的两支新部队冲突起来,开始是在上莱茵和阿里奥维斯特的军队发生了冲突。阿里奥维斯特这支军队代表了七个不同的民族,其中有马可曼尼人和苏维汇人。其后不久,又在下莱茵和乌西佩特人及邓克泰人的军队发生了冲突。这两种人是受到苏维汇人的排挤,离开以前居住的地方,过了三年流浪生活以后,才来到莱茵河的。这两支军队都败于罗马部队的正规作战,而乌西佩特人和邓克泰人,除此之外还败于罗马人的背信行为。狄奥·卡西乌斯说到过,在奥古斯都统治的初年,巴斯泰尔人一度侵入色雷斯;马可·克拉苏在希布勒斯河(现在的马里查河)打败了他们。这个历史编纂学家还提到赫蒙朴利人的一次迁徙,他们在公元初年不知道为了什么缘故离开了自己的家乡,被罗马的指挥官多米齐乌斯·阿赫诺巴尔布斯移住在"马可曼尼人的一部分土

---

① 参看普卢塔克《希腊罗马名人传》中的《埃米利乌斯·保罗传第12章》。——编者注

地上"①。这是那个时代最后的几次迁徙。在莱茵河和多瑙河流域已经巩固起来的罗马统治，长期地限制了民族迁徙。但是有许多迹象表明，在东北方面，在易北河及理森山那一边，各民族很久还没有定居下来。

日耳曼人这几次迁徙，是民族大迁徙的序幕。这种民族大迁徙，在300年中被罗马的抵抗所阻止，可是到了3世纪末，却以不可遏止的声势，冲过边境上的两条河流，泛滥到南欧和北非，直至公元568年，伦巴德人占领意大利时方才结束。这所谓结束，只是指日耳曼人所参加的迁徙而言，不是指斯拉夫人，他们在日耳曼人迁徙以后，还在很长时期继续移动。这是名副其实的民族大迁徙。整个整个部落，至少是这些部落中的大部分，带着妻子儿女和全部家当，登上征途。用兽皮搭盖起来的车辆用做住所，并用来装载妇女、儿童和少量家用器具。家畜也赶着一起走。男子都武装起来，编制起来，准备摧毁一切抵抗和防备袭击。白天进行战斗行军，夜晚宿营在用车子做成的堡垒中。在这样的征途上，由于不断的战斗，由于疲劳、饥饿和疾病，人员的损失一定是很大的。这是生死攸关的孤注一掷。如果行军成功，活着的这部分人就可以在异乡土地上住下来。如果行军失败，移出的部落就从地球上消失了。不是在战斗的屠杀中死去，便是因受奴役而沦亡。被凯撒挡住其迁徙的海尔维第人及其同盟者，出发时共有368000人，其中有战斗力的92000人；被罗马人打败后，只剩下11万人，这些人，凯撒出于政治上的考虑而破例地把他们放归故乡。乌西佩特人和邓克泰人，是以18万人之众渡过莱茵河的；他们几乎全部在战斗中和溃逃中死去了。在这个漫长的迁徙期间，整个整个的部落往往消逝得无影无踪，这是不足为奇的。

凯撒在莱茵河畔所发现的情况，同日耳曼人不稳定的生活方式完全相符。莱茵河决不是高卢人和德意志人之间的一条精确界线。比利时—高卢族的梅那普人在莱茵河右岸的韦瑟尔地区拥有村落和耕地；而莱茵河左岸的马斯河三角洲，却被日耳曼族的巴达维人占据着，同时在沃尔姆斯直达

---

① 参看狄奥·卡西乌斯《罗马史》第55卷第10章。——编者注

斯特拉斯堡一带，也住着日耳曼族的梵乡人、特里包克人和涅麦特人，他们是从阿里奥维斯特时代起住在这里的呢，还是在更早的时候就住在这里的呢，那就不能肯定了。比利时人经常跟德意志人作战，到处都还是有争议的领土。在美因河和厄尔士山脉以南，那时还没有德意志人居住。海尔维第人是在不久以前才被苏维汇人从美因河、莱茵河、多瑙河及波希米亚林山之间的地带驱逐出来的，正如波伊人从至今还带着他们的名字的波希米亚（Boihemum）被驱逐出来一样。但是，苏维汇人并没有占领这块土地，他们把这块土地改变成长达600罗马里（150德里）^①的林野，作为他们南面的屏障。凯撒还知道，再往东去，在多瑙河北面住着克尔特人（沃尔克—特克托扎格人），即塔西佗后来称为德意志族的魁代人。一直到奥古斯都的时候，马罗博杜斯才率领他的苏维汇族的马可曼尼人来到波希米亚；同时，罗马人却把莱茵河和多瑙河之间这一块地区用防御设施封锁起来，让高卢人移住。这样一来，边境墙的那一面大概就被赫蒙杜利人占领了。从这里可以毫无疑问地得出这样一个结论，即日耳曼人是经过喀尔巴阡山和波希米亚边境山脉以北的平原来到德意志的，在他们占领了北方的平原以后，才把住在南方山中的克尔特人赶过了多瑙河。

根据凯撒的描写，日耳曼人的生活方式也表明他们还根本没有在他们的领土上定居下来。他们主要以畜牧为生，食用干酪、奶和肉，较少食用谷物。男子的主要工作是打猎和习武。他们也搞一点农业，但只是附带的，采用的方法也非常原始。凯撒报道说，他们的耕地只种一年，第二年总要耕种一块新土地^②。大概是刀耕火种，直到现在，在斯堪的纳维亚和芬兰北部，还采用这种方法：把森林（除森林以外，只有沼泽地和泥炭地，这些土地当时不适于耕作）烧掉，把树根马马虎虎地清除掉，再把这些树根和松过的表层土壤一起烧一遍，然后在这块施过灰肥的土地上播种谷物。可是，甚至在这种情形下，也不应该从字面上去理解凯撒关于每年

---

① 一罗马里约等于1.5公里；一德里（地理里）等于7.420公里。——编者注
② 参看凯撒《高卢战记》第4卷第1章。——编者注

更换耕地的记载；通常总在起码收获两三次以后，才按照习惯换种新土地①。非德意志人所有的那种由君主和官吏分配土地的办法，尤其是强加在日耳曼人身上的这种迅速更换土地的动因，所有这些地方，都反映了罗马人的观念。对于罗马人来说，这种土地更换的办法是不可思议的。对于正在定居下来的莱茵河畔的德意志人来说，这种土地更换的办法可能是一种留传下来的习惯，逐渐失去了目的和意义。相反，对于内地的德意志人来说，对于刚刚到达莱茵河畔的苏维汇人来说（这种土地更换的办法主要也适用于他们），这种土地更换的办法却仍然是一种生活方式的基本条件，在这种生活方式下，整个民族以当前遇到的抵抗所许可的方向和速度，慢慢向前推进。他们的制度也和这种生活方式相适应：苏维汇人分为100个区，每一个区每年派1000个人去当兵，其余的男子都留在家里，耕种土地并照管家畜，到了第二年，他们再去替换那些出征的人。只有在占领了新土地以后，携妻带子的人群才跟在军队的后面前去。这比起基姆布里人时代的行军生活来，已经是向定居生活前进了一步。

凯撒不止一次地提到德意志人有一种习俗，在面向着敌人即任何异族的那一面，用广阔的林野来保护自己。这种习俗一直盛行到中世纪后期。为保护易北河以北的萨克森人而防御丹麦人的，有艾德河和施莱湾之间的边境森林（古代丹麦语叫 Jarnwidhr），防御斯拉夫人的，有从基尔湾到易北河一带的萨克森林地，而勃兰登堡的斯拉夫名字 Branibor，也是指防护森林（捷克语 braniti 是防护的意思。bor 是松树和松树林的意思）。

了解了这一切情况以后，对于凯撒所看到的德意志人的文明发展阶段，不可能再有任何疑问。他们决不是像现在亚洲游牧民族那样的游牧人。游牧民族必须有草原，而德意志人却住在原始森林里。但是，他们同样也远没有到达定居的农业民族的阶段。60 年以后，斯特拉本就这样谈到过他们：

---

① 参看凯撒《高卢战记》第4卷第3章。——编者注

> 所有这些〈德意志〉民族的共同的地方，是他们由于生活方式简单而便于**迁移**，因为他们不从事耕作，不搜集财宝；他们住的是茅舍，这些茅舍他们每天都可以搭起来；他们像游牧人那样，吃的大部分是畜产品；他们还有一点也很像游牧人，那就是他们也用车来搬运自己的财物，赶着畜群，想到哪里，就到哪里。①

比较语言学证明，他们从亚洲带来了农业知识。凯撒指出，他们没有忘掉这种农业知识。但是，对于一个穿过中欧森林平原慢慢移动的半游牧的武士部落来说，这种农业不过是一种应急手段和次要的生活来源。

由此可见，德意志人向多瑙河、莱茵河和北海之间新的家乡的迁徙，在凯撒时代还没有结束，或者说是刚刚结束。在皮提亚斯时代，条顿人，也许还有基姆布里人，可能已经达到了日德兰半岛，而德意志人的先头部队或许已经达到莱茵河畔（由于缺乏关于他们到达的任何报道，可以作这样的推断），这和前面的说法一点也不矛盾。只能和经常的迁徙相适应的生活方式，向西方和南方的多次进军，最后，凯撒看见他所熟悉的最大一个集团（苏维汇人）当时还处于经常移动状态的事实，所有这些只能使我们得出一个结论：我们在这里所看到的，显然只是关于日耳曼人向他们欧洲主要居住地实行大规模迁徙的最后阶段的一些残缺不全的情况。罗马人在莱茵河畔和以后在多瑙河上的抵抗，阻止了这种迁徙，把德意志人限制在他们现在占据的领土上，从而迫使他们定居下来。

此外，根据凯撒的观察，我们的祖先是真正的野蛮人。他们允许商人入境，只不过为了向某个商人出卖战利品，他们自己从商人那里几乎什么东西都不买。他们需要什么外来的东西呢？他们甚至喜欢自己那种矮小的驽马，而不愿要漂亮的高卢骏马②。苏维汇人根本不允许把酒运入境内，认为它会使人身体衰弱。在这方面，他们的亲戚巴斯泰尔人要文明一些。

---

① 斯特拉本：《地理学》第7卷第1章。——编者注
② 参看凯撒《高卢战记》第4卷第2章。——编者注

巴斯泰尔人那次侵入色雷斯的时候①,曾向克拉苏派遣过使节,克拉苏灌醉了这些使节,盘问出关于巴斯泰尔人阵地和意图的重要情报,以后便诱使巴斯泰尔人中了埋伏,消灭了他们。还在伊迪斯塔维索谷地会战(公元16年)以前,盖尔马尼库斯就向他的士兵描述过德意志人,说他们不戴甲胄,只拿着柳条编成的或薄板做成的盾牌,而且只有最前列的士兵才拿着真的长矛,后面的人只拿着用火烤硬并削尖了的棍棒。由此可见,威悉河畔的居民当时还未必知道金属的加工,而且罗马人想必也不让商人把武器偷运到德意志去。

凯撒逝世一百五十多年以后,塔西佗供给我们一本关于德意志人的名著②。在这本书里,有许多事情看来已经完全不同了。直到易北河,甚至更远,漂泊不定的部落都已安定下来,有了固定的住处。城市当然还完全谈不到。一部分人居住在村落里,这种村落有的由一些独家院子组成,有的由一些毗连的院子组成;就是在后一场合,每一所房子也是单独建立的,周围都有一片空地。房屋都是简陋地用没有加过工的原木(*materia informi* 在这里指的就是这个,同 *caementa* 和 *tegulae* 相反)盖起来的,还没有使用粗石和瓦。在斯堪的纳维亚北部,现在还有这样的木房,但它们已经不是斯特拉本所说的一天之内就可以建造起来的那种茅舍了。关于耕作制度,下面再谈。德意志人已经有了地下仓库(一种地下室),冬天他们躲在里面御寒,根据普林尼的记载,妇女在里面纺织。可见耕作已经有了比较重要的意义,可是家畜还是主要的财富。家畜虽多,但品种不好,马长得很难看,没有善跑的骏马,牛羊的形体小,牛没有角。食品有肉、奶、野苹果,没有面包。不再经常打猎,猎物从凯撒时代起已大大减少。衣服也非常原始,大多数人以粗布遮体,其余的赤裸着身子(和卡弗尔—祖鲁人差不多),但是最富有的人已经有了贴身的衣服;也使用毛皮;妇女的衣着和男子差不多,但是她们已经常穿没有袖子的亚麻布衣裳了。小

---

① 见《马克思恩格斯全集》(第二版)第25卷,第199页。——编者注
② 塔西佗:《日耳曼尼亚志》。——编者注

孩子都光着身体跑来跑去。有关读书写字的情况不详，但是有一处说到，僧侣已经使用借用拉丁字母创制的鲁恩文字，把它们刻在木杆上。内地的德意志人并不看重金银，罗马人赠送给君主和使节的银器，像陶器一样在日常生活中使用。小规模的商业交往是一种简单交换。

男人还完全保持着一切原始人所共有的习惯。把家务和耕作看成是没有丈夫气的事情，交给妇女、老人和儿童去做。但是，他们却染上了两种文明的习俗：饮酒和赌博，而且是用从未见过世面的野蛮人那种毫无节制的方式去喝和赌，直至赌到把本人也输掉。内地男人们的饮料，是大麦或小麦做成的啤酒。如果当时已经发明了烧酒，那么世界史恐怕会有另一种发展过程。

在和罗马领土接界的地区，更加进步了：这里喝输入的葡萄酒，对金钱已比较习惯，当然他们更愿意要那些便于进行小规模交换的银子，同时按照野蛮人的习惯，也更愿意要那些铸有他们早就熟悉的图案的硬币。我们下面就会看到，他们这种小心谨慎是非常有根据的。同日耳曼人的贸易，只在莱茵河岸进行。只有住在边境墙以外的赫蒙杜利人，为了进行贸易，已进出于高卢和雷蒂亚。

这样看来，从凯撒到塔西佗这段时间，是德意志人历史的第一个大段落，在这段时间内，从游牧生活最后过渡到了定居生活，至少这个民族的大部分，自莱茵河起至易北河以东是这样。各个部落的名称，开始或多或少地和一定的地区结合了起来。但是，由于古人的记载有矛盾，由于名称的变化不定，往往不能说定每一个部落的确切居住地点。而且这样做，也会使我们离题太远。这里，我们只举出普林尼的一段总的叙述就够了。

德意志人的大系统有五个：**温底尔人**，其中包括勃艮第人、瓦林人、喀林人和古顿人；第二个大系统是**印格伏南人**，其中有基姆布里人、条顿人和乔克人。紧靠莱茵河居住的是**易斯卡伏南人**，其中有西干布尔人；住在这块土地中央的是**赫米奥南人**，其中有苏维汇人、赫蒙杜利人、卡滕人、凯鲁斯奇人。第五个大系统是和达克人为邻的佩夫金人及巴斯泰尔人。①

此外，还有住在斯堪的纳维亚的第六个分支——希列维昂人。

在古人的所有记载中，普林尼的这段文字，最符合以后的事实和留传给我们的语言遗物。

温底尔人包括说**哥特**语的各个民族，他们占据了易北河至魏克瑟尔河之间波罗的海沿岸直到内地一些地区；魏克瑟尔河对岸新泻湖周围住着古顿人（哥特人）。保留下来的稀少的语言遗物，使我们毫不怀疑，汪达尔人（他们无论如何是应该属于普林尼所说的温底尔人的，因为他把这部分人的名称转用到整个大系统上去了）和勃艮第人讲的都是哥特人的方言。可能引起怀疑的只有瓦伦人（或称瓦林人），根据5世纪和6世纪的史料，通常认为他们属于图林根人；关于他们的语言，我们一无所知。

第二个大系统是印格伏南人，它首先包括说**弗里西安**语的各个民族，住在北海沿岸和基姆布里半岛上的居民，非常可能还包括住在易北河与威悉河之间说萨克森语的各个民族；如果这样，凯鲁斯奇人也应该算入这个大系统以内。

易斯卡伏南人也包括西干布尔人这一事实，立刻表明他们是后来的法兰克人，他们住在莱茵河右岸，由陶努斯山脉起，直到兰河、锡格河、鲁尔河、利珀河和埃姆斯河的发源地，北面则和弗里西安人及乔克人为界。

赫米奥南人，塔西佗更正确地把他们叫做赫米诺南人②，就是后来的高地德意志人，他们包括赫蒙杜利人（图林根人）、苏维汇人（士瓦本人和马可曼尼人—巴伐利亚人）、卡滕人（黑森人）等等。把凯鲁斯奇人也算在这个大系统里面，毫无疑问是一个错误。这是普林尼这方面的全部记载中惟一的明显错误。

---

① 盖尤斯·普林尼·塞孔德：《博物志》（三十七卷本）第4卷第14章。——编者注
② 参看塔西佗《日耳曼尼亚志》。——编者注

第五个大系统（佩夫金人和巴斯泰尔人）已经灭绝了。雅科布·格林把他们算做哥特人①，无疑是正确的。

最后，第六个大系统是希列维昂人，这包括丹麦群岛和大斯堪的纳维亚半岛的居民。

这样看来，普林尼的划分以令人吃惊的准确程度符合于后来实际出现的德意志的方言的分类。我们不知道有哪些方言是不属于哥特语、弗里西安—下萨克森语、法兰克语、高地德意志语或斯堪的纳维亚语的，即使今天，我们仍然可以承认普林尼的划分堪称典范。或许会有些不同见解的地方，我都在关于德意志诸部落的注释中加以考察②。

因此，关于德意志人向他们新家乡的最初迁移，我们大致可以这样推断：最先沿着南部山地和波罗的海及北海之间的北德平原腹地推进的，是易斯卡伏南人，紧跟在他们后面但更靠近海岸的，是印格伏南人。在他们之后的，大概是希列维昂人，但他们转向岛屿方面去了。跟在这些人后面的可能是哥特人（即普林尼所说的温底尔人），他们把佩夫金人和巴斯泰尔人留在东南方了；瑞典有哥特人的名字，证明哥特人的个别分支参加过希列维昂人的迁徙。最后，在哥特人南面移动的是赫米诺南人，他们（至少其中的大部分）直到凯撒时代甚至直到奥古斯都时代才进驻他们的居住地，这些居住地他们一直保持到民族大迁徙时期。③

……

[民族大迁徙以前的进步]

在塔西佗和扎勒密以后，关于德意志内地情况和事件的文字史料便中断了。但是我们却得到了其他一系列形象得多的史料，这就是可以归入我

---

① 雅·格林：《德意志语言史》1848年莱比锡版第1卷，第462页。——编者注
② 见《马克思恩格斯全集》（第二版）第25卷，第241～254页。——编者注
③ 手稿这里有一个用铅笔字作的注："下一章讲土地制度和军事制度。"——编者注

们研究的这个时代的许多古代出土文物。

我们已经看到，在普林尼和塔西佗时代，罗马人跟德意志内地的贸易几乎等于零。但是我们也看到，在普林尼的著作中隐约地提到一条在他那个时代有时就已利用过的、来自卡农图姆（对着马尔希河流入多瑙河的河口）的旧通商道路，这条道路沿着马尔希河与奥得河直通到琥珀海岸。这条道路，和通过波希米亚沿着易北河前进的第二条道路一样，大概在很早的时候就已经由伊特剌斯坎人使用着，而伊特剌斯坎人曾生活在阿尔卑斯山脉北面的谷地里，这已经被许多文物特别是哈尔施塔特出土的文物[5]所证明。高卢人一侵入北部意大利，大概就终止了这种贸易（约在-400年）（根据博伊德·道金斯的看法①）。如果这种看法得到证实，那么和伊特剌斯坎人发生这种以输入青铜器为主的贸易关系的，一定是在德意志人之前就占据着魏克瑟尔河和易北河这一地区的那些民族，也就是克尔特人，而德意志人的移入正像克尔特人向意大利的回流一样，恐怕都同这种贸易关系的中断有关。看来只是在这种关系中断以后，才出现了从黑海沿岸的希腊城市沿着德涅斯特河和第聂伯河直通到魏克瑟尔河河口地区的那条更偏东的通商道路。在布龙贝格、厄瑟尔岛及其他地方所发现的希腊古币，证明了这一点；在这些古币中间，有的是在公元前4世纪也许是公元前5世纪在希腊、意大利、西西里岛、昔兰尼等地铸造的。

当迁徙的民族一旦安定下来的时候，奥得河和易北河沿岸中止不用的两条通商道路一定又自然而然地恢复了。在托勒密时代，看来不仅仅这两条道路，而且还有其他经过德意志的通道也重新得到了利用。在这方面，托勒密的证明中断的地方，出土的文物便接下去加以证明。

卡·弗·维贝格②把文物仔细地分类比较，在这方面弄清了许多问题，

---

① 威·博·道金斯：《不列颠的原始人及其在第三纪的地位》，1880年伦敦版，第466～472页。——编者注
② 《希腊人和罗马人通过北方商路同北方交往的研究》，德译者约·梅斯托尔夫：《古典民族通过商业对北方各国的影响》，1867年汉堡版。

并证明,在公元2世纪,人们又使用了通过西里西亚沿奥得河顺流而下和通过波希米亚沿易北河顺流而下的那两条通商道路。塔西佗早就提到波希米亚那些

> 从我国行省去的战利品收购人和商人(lixae ac negotiatores),他们由于贪图金钱和忘了祖国而跑到敌人的地区和马罗博杜斯的军营去。①

赫蒙杜利人也是一样,他们老早就跟罗马人友好,而且按照塔西佗的说法,他们在德库马特地区②和雷蒂亚直到奥格斯堡自由地来往,当然也把罗马人的货物和硬币从美因河上游运到萨勒河和威拉河去。再往前去,在罗马边境墙附近,在兰河河畔,也显示出有一条通往内地的通商道路的痕迹。

最重要的道路,看来始终是横贯摩拉维亚和西里西亚的那一条。马尔希河(或叫贝奇瓦河)和奥得河的分水岭,是惟一须要翻越的分水岭,它穿过一个开阔的丘陵地区,海拔在325米以下;铁路现在也通到这个地方了。从下西里西亚起,展开了北德的低平原,使得四面八方的道路,都能够弯向魏克瑟尔河和易北河。在西里西亚和勃兰登堡,公元2世纪和3世纪的时候,一定有罗马商人常住。在那里,我们不仅发现有玻璃罐、小泪壶和刻有拉丁文的骨灰坛(在西里西亚的特雷布尼茨附近的马瑟尔及其他地方),而且甚至有完整的罗马人的墓穴,内有放骨灰坛的壁龛(骨灰盒存放处)(在格洛高附近的纳海尔恩)。在梅克伦堡的瓦林附近,也发现了毫无疑问是罗马人的坟墓。出土的硬币、罗马的金属制品、黏土制的灯具等等文物,同样证明了贸易往来是沿着这条道路进行的。一般地说,整个

---

① 塔西佗:《编年史》第2卷第62章。——编者注
② 德库马特地区(Decumatländer),拉丁文是agri decumates,位于今莱茵河上游和多瑙河上游之间。——编者注

德意志东部，罗马军队虽然从来没有踏上过，却到处散布着罗马的硬币和制品；这些制品上面，往往也可以通过在罗马帝国各行省发掘出来的文物上的同一工厂戳记所证实。在西里西亚发现的黏土制的灯具，和其他在达尔马提亚、维也纳等处发现的灯具上有同样的工厂戳记。例如在两个青铜花瓶上都有《Ti. Robilius Sitalces》这样的戳记，而其中一个是在梅克伦堡发现的，另一个是在波希米亚发现的；这证明了沿着易北河的这条通商道路。

但在奥古斯都以后的头几个世纪，罗马人的商船也来到了北海。在奥斯特河畔的诺伊豪斯（易北河口）所发现的、属于尼禄到马可·奥勒留时代的344个罗马银币和一条大概在那里遇难的海船的残骸，都证明了这一点。沿波罗的海南岸也有一条海上航线，直通丹麦群岛、瑞典、哥得兰岛；关于这条航线我们还要作更详细的研究。托勒密和马尔齐安（约在400年）所说的各个沿海地点彼此之间的距离，只能以沿那一带海岸航行过的商人们的报告为根据。这些商人从梅克伦堡沿岸到但泽，并从这里到斯堪的亚。最后，在荷尔斯泰因、石勒苏益格、梅克伦堡、前波美拉尼亚、丹麦群岛及瑞典南部发掘出来的罗马制造的许多其他文物，也证明了这一点；这些文物的出土地点，离海岸都很近，而且密集。

在同罗马人的这种贸易交往中，向德意志的武器输入占多大比重，很难判断。在德意志发现的大量罗马武器也可能是战利品，在边境上的罗马当局理所当然要竭力阻止把武器输送给德意志人。但是有些东西可能是从海路运去的，特别是运给较远的，例如基姆布里半岛上的民族。

通过上述各种不同道路而输入德意志的其他罗马商品，有家用器具、装饰品、梳妆用品等。家用器具之中，有青铜制的碗、尺子、杯子、容器、烹饪用具、筛子、匙子、剪子、勺子等以及个别的金银制的容器和传布很广的黏土制的灯具。青铜或金银制的装饰品有：颈饰、头饰、手镯、指环和同我们的胸针相似的扣子。在梳妆用品中，我们发现有梳子、镊子、耳挖勺等，至于那些用途尚未弄清楚的物品就不谈了。这些制品，按照沃尔索的意见，大多数都是1世纪时在罗马流行的风尚的影响下产生的①。

从凯撒时代甚至塔西佗时代的德意志人，到使用这些器具的这个民族（纵然可以认为，使用这些东西的只是少数豪门巨富）之间有很大的差距。塔西佗所说德意志人用以"充饥"的那种"既未细心烹调（sine apparatu），也不加调味品"的"简单食物"②，现在则为另一种食物所代替，这种食物在烹饪上已经使用相当配套的设备，此外还有从罗马人那里弄来的各种适当的调味品。他们不再轻视金银饰品，出现了以金银饰品装饰自己的爱好；他们改变了漠视罗马货币的心理，出现了罗马货币流通于日耳曼尼亚全境的情况。至于说到这些梳妆用品，单单它们存在于一个民族那里，不就说明这个民族的习俗在开始彻底改变吗，虽然据我们所知，他们曾经发明了皂，但他们只懂得用皂来把头发染成黄色。

德意志人用什么东西向罗马商人换取所有这些现金和商品呢，对此我们首先是依靠古人的报道去了解，但是，我们已经说过，古人几乎没有给我们提供任何情况。普林尼说蔬菜、鹅毛、毛织品和皂是罗马帝国从德意志输入的物品。但是，这种在边境上刚刚开始的贸易，不能为以后时代提供衡量的尺度。我们所知道的主要商品是琥珀，但琥珀并不足以说明那样遍及整个地区的贸易。构成德意志人主要财富的家畜，想必也是最重要的输出品，单是部署在国境上的军团，就保证了对肉类有大量的需要。在约尔南德时代由斯堪的纳维亚输往魏克瑟尔河河口、再由这里输入罗马帝国的兽皮和毛皮商品，一定在更早的时代，就从德意志东部的森林中找到了通往罗马帝国的道路。马戏团中的野兽，维贝格认为是罗马的航海者从北方运来的。但是除了熊、狼，也许还有野牛以外，那里什么也不能弄到，而狮子、豹，甚至熊，却可以比较近便和比较容易地从非洲和亚洲输入。

---

① 耶·雅·阿·沃尔索：《当时文献中的北方各国古代史》，德译者约·梅斯托尔夫，1878年汉堡版，第109页。——编者注
② 塔西佗：《日耳曼尼亚志》第23章。——编者注

是不是奴隶呢？维贝格最后近乎羞怯地问道。这想必被他言中了。事实上，除开家畜以外，奴隶是德意志为了和罗马取得贸易平衡而能够大量输出的惟一商品。单单意大利就在城市和大庄园使用着大量的奴隶人口，而这些奴隶中极少有人繁衍后代。全部罗马大土地占有经济都以大规模输入贩卖的战俘为前提，这些战俘是在日趋没落的共和国时代以及奥古斯都时代不断发动的侵略战争中涌入意大利的。现在这种现象已经结束。帝国已在固定的国境线上转向防御。从中可以征集大量奴隶的战败的敌人，在罗马部队那里越来越少了。必须向野蛮人购买奴隶。难道德意志人不能以贩卖者的身份出现在市场上吗？按照塔西佗的记载，德意志人早就在贩卖奴隶了（《日耳曼尼亚志》第24章），他们彼此之间经常发生战争，他们，例如弗里西安人，在金钱不足时就拿自己的妻子和儿女作为奴隶向罗马人交纳赋税，他们在3世纪的时候（如果不是更早的话）就已经在波罗的海上航行，并且从3世纪萨克森人的航行开始到10世纪诺曼人的航行为止，除开进行其他的海盗活动以外，他们在北海上所进行的远征，最直接的目的主要是猎取奴隶——猎取奴隶差不多专门是为了贩卖吧？就是这些德意志人，在几世纪之后，不论在民族大迁徙时期或者在他们对斯拉夫人作战时期，不都是当时第一流的奴隶掠夺者和奴隶贩卖者吗？除非我们必须认为，2世纪和3世纪的德意志人全然不同于罗马人的其他一切邻人，全然不同于自3、4、5世纪起他们自己的后代，否则我们就必须承认，他们也大规模地参加了向意大利贩卖奴隶的贸易，而这种奴隶贸易，当时被认为是相当体面的，甚至是光荣的。这样，那遮掩着当时德意志出口贸易的神秘面纱就脱落下来了。

我们在这里应该回过头来谈谈当时波罗的海上的贸易。在卡特加特海峡沿岸几乎没有发现任何罗马文物，但在波罗的海南岸直至利夫兰内地，在石勒苏益格—荷尔斯泰因，在丹麦群岛的南岸及内部地区，在瑞典的南岸和东南岸，在厄兰岛和哥得兰岛，却有大量罗马文物。这些文物，绝大部分是属于所谓迪纳里时期的。关于这个时期，我们到下面再谈。这个时期一直延续到塞普蒂米乌斯·谢维路斯统治的初期，也就是说大约延续到公元200年。塔西佗已经谈到苏伊翁人，说他们因有桨划船的舰队而强大起来，他们都敬重财富。① 可见他们大概早就从事海上贸易了。当他们的航海事业首先在大小贝尔特海峡、厄勒海峡、厄兰海峡以及近海航行中发展起来以后，他们就一定要冒险到大海上去，企图把博恩霍尔姆岛和哥得兰岛纳入他们的活动圈内。他们在船只的操纵上一定很有把握，所以能够发展繁盛的贸易，而贸易的中心正是在离大陆最远的哥得兰岛。事实上，到1837年为止②，在这里已找到了3200多个罗马银迪纳里，而在厄兰岛发现的约有100，在瑞典大陆不到50，在博恩霍尔姆岛200，在丹麦和石勒苏益格600（其中428个是在西兰岛的斯劳厄尔瑟惟一一次发掘中出土的）。对这些文物的研究证明，在161年马可·奥勒留即位当皇帝的那一年以前，流入哥得兰岛的罗马迪纳里很少，但从这一年起直到该世纪末，迪纳里却大量流入该岛。由此可见，在这个世纪的下半叶，波罗的海的航海事业一定已经有了很大的发展。至于波罗的海的航海事业以前早就存在这一事实，已为托勒密的记载③所证明，根据这个记载，从魏克瑟尔河河口到斯堪的亚的距离是1200～1600斯达第（30～40地理里）④。这两个距离，就布莱金厄的东端和厄兰岛或哥得兰岛的南端来说，大致都是不错的，要看是从里克斯赫夫特角量起，还是从诺伊法尔瓦塞尔或皮劳量起。这两个距离，完全跟其他关于沿德意志海岸到魏克瑟尔河口的距离的说法一样，都只能以海员的报道为根据。

在波罗的海上从事这种航行的不是罗马人，其证明有二：第一，罗马人关于斯堪的纳维亚的所有概念都很模糊；第二，在卡特加特海峡和挪威没有找到过一个罗马硬币。罗马人在奥古斯都时代到过基姆布里海角（斯卡恩），他们在这里看到了一望无际的海洋，这个地方看来始终是他们直

---

① 塔西佗：《日耳曼尼亚志》第44章。——编者注
② 汉斯·希尔德布兰德：《瑞典的异教时代》，德译者梅斯托尔夫，1873年汉堡版。
③ 托勒密：《地理学》第2卷第11章。——编者注
④ 大约220～290公里。——编者注

接进行海上贸易的终点。由此可见，当时日耳曼人自己航行于波罗的海，进行贸易，并往斯堪的纳维亚运送罗马的货币和罗马的制品。而且事情也只能是这样。从3世纪的下半叶起，萨克森人的海上船队十分突然地出现在高卢和不列颠海岸，他们表现出来的那种勇气和信心，不是一朝一夕所能取得的，事先要长期熟悉大海上的航行。而萨克森人（这个名称，我们在这里也是指基姆布里半岛上的一切民族说的，也就是说还指弗里西安人、盎格鲁人、朱特人）只能在波罗的海上练就这番本领。这是一个没有潮水涨落的大内海，大西洋上的西南风暴在北海大为减弱之后方才来到这里，这是一个伸展得很长的海域，有许多岛屿、海湾和海峡，从这一岸航行到那一岸，至多在短时间内看不到陆地，这真像是一个专为操练新发展起来的航海术而创造出来的水域。被认为是属于青铜时代的绘有许多桨划船的瑞典岩画，证明远古时这里就存在过海上航行。这里，在石勒苏益格的尼达姆沼地，发掘出一只长70英尺，宽8到9英尺的用柞木板造的船，该船建造于3世纪初，完全适合于大海航行。在这里，悄然无声中形成的造船技术和航海经验，使萨克森人和诺曼人有可能日后在大海中实行远征，而且由于这个缘故，日耳曼人直到现在还站在世界一切航海民族的前列。

直到2世纪末，流入德意志的罗马硬币，主要是银迪纳里（1迪纳里＝1.06马克）。而且德意志人，正像塔西佗告诉我们的，喜欢他们早就熟悉的边缘为锯齿形并铸有双驾马车花纹的旧硬币①。确实，在古代硬币中，可以找到很多这种serrati bigatique②硬币。这种古币含铜量只有5%～10%。图拉真已经下令把20%的铜搀到银币里去；德意志人似乎没有注意到这一点。但是，当塞普蒂米乌斯·谢维路斯从198年起将搀入物提高到50%～60%的时候，就引起了德意志人的愤恨。在出土文物中，这种后期的劣质迪纳里只有在极例外的情形下才能看到，罗马货币的输入停止了。

---

① 塔西佗：《日耳曼尼亚志》第5章。——编者注
② 锯齿形的、有双驾马车花纹的。——编者注

只有在君士坦丁于312年规定以金索里达（72个索里达等于1罗马镑，即327克纯金，也就是说，1索里达＝4.55克纯金＝12.70马克）为货币单位以后，货币才又开始输入，从这时起流入德意志的，更多是流入厄兰岛尤其是哥得兰岛的，主要是金币——索里达。这一罗马货币输入的第二个时期，即索里达时期，就西罗马硬币来说，一直继续到西罗马帝国的完结，就拜占庭硬币来说，一直继续到阿纳斯塔西乌斯（死于518年）时代。这些文物大部分是在瑞典、丹麦群岛发现的，有些是在德国波罗的海海岸上发现的；在德国内地发现的很少。

但是，塞普蒂米乌斯·谢维路斯及其后继者们的铸造伪币，还不足以说明德意志人和罗马人之间的贸易为什么突然中断。肯定还有其他的原因。原因之一显然是政治关系。从3世纪初，德意志人对罗马人开始了进攻性的战争，在250年前后，战争在从多瑙河河口直到莱茵河三角洲全线展开。在交战双方之间，当然不会有正常的贸易。但是，这种突发的全面的顽强的进攻性战争本身，需要加以说明。这些战争不是由于罗马的内部关系造成的；相反，帝国到处都进行着成功的抵抗，而且恰恰在这个时候，在各个极端混乱时期之间，还一再产生过几个强有力的帝王。可见，德意志人的进攻必然是由他们自己内部发生的变化引起的。在这里，能对此事加以说明的还是出土的文物。

在本世纪60年代初，在石勒苏益格的两处泥炭沼泽地发现了一些极重要的文物，这些文物由哥本哈根的恩格尔哈特细心地发掘，在经过许多波折之后，现在存放在基尔博物馆。这些文物和其他同类文物不同的地方是，其中的硬币可以相当确切地认定这些文物的年代。在南布拉鲁普附近的塔施贝格（丹麦人叫Thorsbjerger）沼地出土的一批文物中，有37枚从尼禄到塞普蒂米乌斯·谢维路斯时期的硬币。在尼达姆沼地（这是一个淤塞的变成了泥炭沼泽的海湾）出土的另一批文物中，有34枚从提比里乌斯到马克里努斯（218年）时期的硬币。可见，这些文物毫无疑问是220～250年期间的东西。但是在这些文物中，不仅有罗马出产的东西，而且还有许多本地制造的物品，这些物品在含有铁质的泥炭水中几乎完整地保存下来了，从而令人惊奇地向我们说明了北德意志在3世纪上半叶时的金属工业、织布业和造船业的状况，而文物上的鲁恩文字，也说明了当时使用文字的情形。

这里更使我们感到惊异的，是工业水平本身。精致的纺织物、美丽的平底鞋和制作精巧的鞍辔，都说明这个文化阶段比塔西佗时代的德意志人的文化阶段高得很多；而尤其使我们惊讶不已的，是本地的金属制品。

德意志人从亚洲故乡带来了使用金属的知识，这已为比较语言学所证明。他们也许还有过金属冶炼和金属加工的知识，但是当他们和罗马人发生冲突的时候，未必还具有这种知识。至少公元1世纪的著作家，没有任何关于在莱茵河与易北河间有冶炼和加工铁或青铜的说明，他们倒使人得出相反的结论。不错，塔西佗谈到哥汀人（在上西里西亚？）时说他们采铁，而托勒密也说到他们的邻人魁代人制造铁器，但这两种人可能是从多瑙河沿岸重新学到冶铁知识的。由硬币证明是属于1世纪的文物中，也没有任何本地制作的金属品，而只有罗马的金属品；如果德意志有自己的金属加工业，那么大量的罗马金属商品怎么还会运到那里去呢？诚然，在德意志也找到过古代的铸型、未完工的青铜铸件和青铜铸件废料，但一直没有发现可以证明年代的硬币；极有可能这些都是前日耳曼人时代的遗痕，是流浪的伊特剌斯坎人青铜铸工干活的残迹。不过，提出关于迁移来的德意志人是否**完全**忘掉了金属加工这样的问题，是没有意义的；全部事实都说明，德意志人在1世纪的确没有或者几乎没有从事金属加工。

但是此时塔施贝格沼地的文物突然出土了，并向我们表明，本地的金属工业有出乎意料的高水平。钮扣、饰有兽头和人头的装饰用的金属片，一顶除眼鼻口以外把全部面孔掩盖起来的银盔，用金属丝编的锁子甲——这需要付出极端艰苦的劳动，因为金属丝一定是预先锤打而成的（拔制金属丝到1306年才发明出来）和一个金发箍，至于其他一些不知是否是本地所造的物品，就不在这里列举了。和这些出土物品相一致的，还有尼达姆沼地出土的、菲英岛沼地出土的以及在波希米亚（在霍若维采）出土（也是60年代初）的物品，如饰有人头的华美的青铜盘、钮扣和带扣等。

这些物品同塔施贝格的完全属于一个类型，因此也必定同属于一个时代。

从3世纪开始，日益进步的金属工业一定遍及整个德意志地区；到了民族大迁徙时代，我们说，到了5世纪末，它已达到比较而言很高的水平。不单是铁和青铜，就连金银也经常加工制作了，用金片仿造了罗马硬币，对非贵金属镀金；还出现了镶饰、珐琅和金银丝编织的饰品；在造型往往很笨拙的整个物件上，可以看到有高度艺术性的、饶有风趣的、只是部分模仿罗马人的装饰——这主要是指都有一定特殊外形的钮扣、带扣和胸针说的。在英国博物馆里，来自亚速海滨刻赤的带扣和在英国发现的非常相像的带扣同时陈列着；它们可能是一个作坊的出品。这些制品的风格，虽然往往带有鲜明的地方特色，但从瑞典到多瑙河下游，从黑海到法国和英国，基本上是一样的。德意志人金属工业的这个第一时期，在大陆上，随着民族大迁徙的告终和普遍信奉基督教而逐渐结束；在英格兰和斯堪的纳维亚，维持得稍久一些。

这种工业在6、7世纪时在德意志人中间传播得多么广泛，并在多大的程度上已作为单独的行业部门分离出来，可由《民族法》[6]来作证。铁匠、刀剑铸造匠、金银匠常被提到，在《阿勒曼尼法典》中甚至还说到经过官府审查（publice probati）过的工匠。《巴伐利亚法典》对于在教堂、公爵庄园、铁匠铺或磨坊的盗窃行为课以更多的罚金，"因为这四种建筑物是公用的房子，而且总是开放的"。按照《弗里西安法典》，杀害金匠的杀人罚金要比杀害同一等级的其他人多四分之一。《萨利克法典》规定普通农奴的价格是12索里达，而铁匠（faber）的价格则为35索里达。

关于**造船业**，我们已经谈过了。尼达姆沼地出土的船是桨划船；较大的是柞木船，要14对人划桨，较小的是用松木造的。桨、舵和水斗还都放在船里。只有在德意志人也开始在北海航行以后，他们似乎才从罗马人和克尔特人那里学会使用船帆。

制陶业，他们在塔西佗时代就已经有了，大概只是手工制陶。在边界上，特别是在士瓦本和巴伐利亚的边境墙以内，罗马人有大规模的制陶作坊，烧在陶器上的工人名字，证明在作坊里面也使用德意志人。关于釉和陶工旋盘的知识以及更高级的技能，必定通过他们而传入到德意志。横渡多瑙河而入侵的德意志人，也知道了玻璃制造法；在巴伐利亚和士瓦本，常常发现玻璃器皿、彩色的玻璃珠和金属制品上的玻璃镶饰，所有这些东西都是在德意志制造的。

最后我们看到，鲁恩文字这时已经得到普遍的传播和采用。在塔施贝格出土的文物中，有刻着鲁恩文字的一个刀鞘和一个盾牌的带扣。这种鲁恩文字，我们在瓦拉几亚发现的一个金戒指上，在巴伐利亚和勃艮第出土的扣子上，以及在斯堪的纳维亚最古的鲁恩文字石上都可以看到。这是一种比较完善的鲁恩文字母，日后便进而形成了盎格鲁撒克逊鲁恩文字；它比后来在斯堪的纳维亚占支配地位的北方鲁恩文字多七个字母，它也表明这是比流传到现代的、最古老的北方语语言形式更早的一种语言形式。再者，这是一种极端笨拙的文字体系，渊源于罗马字母和希腊字母，但是为了便于刻在石头上金属上特别是木杆上，这些字母已经作了改变。圆形的字体被有棱有角的字体所代替；只能写直画或斜画，不能写横画，这都是为了适应木材的纤维。正因为这样，在羊皮纸或普通纸上写这种有棱有角的字体，是极不方便的。根据我们的判断，这种文字实际上几乎只适用于祭礼、巫术和题词方面，也许还适用于其他简短的通报；只要产生了真正书籍文字的需求（像在哥特人中和以后在盎格鲁撒克逊人中那样），这样的文字就被抛弃，重新改变希腊字母或罗马字母，而只保留个别鲁恩字母。

最后，德意志人在我们所研究的这个时期里，在耕作和畜牧上一定也有显著的进步。限制在固定的住地使他们不得不这样做；不定居，人口就不可能激增，以致造成民族大迁徙时期人口泛滥。原始森林中的许多地段一定已经开垦了出来，从这里大概就产生了处在当时德意志境内的大部分"熟荒地"（即带有古代耕作遗迹的森林地段）。关于这方面的特别证据当然是没有的。但是，如果说普罗布斯在将近3世纪末时喜欢为他的骑兵挑选德意志人的马，如果说在不列颠的撒克逊地区排挤克尔特人的小黑牛的大白牛，像现在所认为的那样是盎格鲁撒克逊人带去的，那么，这就证明在德意志人的畜牧并从而在耕作方面也发生了根本的革命。

——

我们研究的结论是：德意志人从凯撒到塔西佗时期，在文明方面有了显著的进步，而从塔西佗直到民族大迁徙开始（公元400年左右），他们的进步更要快得多。商业传播到了他们那里，并为他们运来了罗马人的工业品，因而至少也带来了罗马人的一部分需求；商业唤起了本地的工业，这个工业固然仿效了罗马人的榜样，然而它是完全独立发展起来的。石勒苏益格沼地出土的文物，代表这种工业的可以确定其年代的第一阶段；民族大迁徙时代的文物，代表有了更高发展程度的第二阶段。这里有一个特点是，更往西的各部落显然落后于内地各部落，尤其落后于波罗的海沿岸各部落。法兰克人和阿勒曼尼人以及更晚的萨克森人所提供的金属商品，做工都不如盎格鲁撒克逊人、斯堪的纳维亚人和从内地迁来的各民族——黑海沿岸及多瑙河下游的哥特人、法兰西的勃艮第人。从多瑙河中游沿易北河与奥得河前进的那几条旧商道所发生的影响，在这里是不容否认的。同时，沿海居民逐渐变成了造船的能工巧匠和勇敢的水手；人口数目到处都在急剧增加；被罗马人限制起来的领土再也不够了。首先从遥远的东部发生了寻求土地的各部落的新的迁徙；最后，四面八方蜂拥的人群从陆地和海上不可遏止地涌向新的地区。

注释：德意志诸部落

……

为了使［塔西佗的］《日耳曼尼亚志》和托勒密关于各民族的分类彼此协调，并且使它们同其他混乱的古代史料也能协调，曾经有两本古典著作在这方面作了徒然的努力，这便是卡斯帕尔·措伊斯的《德意志人［和邻近各部落］》和雅科布·格林的《德意志语言史》。这两位天才的学者以及后来的研究者没有做到的事情，或许可以看成是利用我们现有的资料无法解决的。资料的不足，从这两位学者不得不建立一些错误的辅助性的理论这一事实中可以看出：揩伊斯以为，一切有争议的问题的最后结论应该从托勒密的著作中去寻找，虽然恰恰是他比任何人都更尖锐地指明了托勒密的根本错误；格林以为，推翻罗马世界帝国的那种力量，应该是在比莱茵河、多瑙河和魏克瑟尔河之间这一块地方更为广阔的地区成长起来的，因此多瑙河下游的北部及东北部的大部分土地，应该和哥特人及达克人的土地一起，同样看做是德意志人的。不论是揩伊斯的或者是格林的假设，今天都已经过时了。

让我们把问题缩小，设法至少把几个问题搞清楚。如果我们能够把各民族更加概括地划分为少数几个大系统，那就可以为进一步详细研究打下一个牢靠的基础。在这里，普林尼的著作的那段话给我们提供了一个支点，这个支点的稳固性，在研究的进程中越来越证明是可靠的，无论如何，这比任何其他的说法所碰到的困难要小些，使我们所牵涉到的矛盾要少些。

但是，当我们以普林尼为出发点时，必须拒绝无条件地利用塔西佗的三位一体说和关于曼努斯的三个儿子印格、易斯克和赫明的古代神话。第一，塔西佗自己根本不知道怎样处理印格伏南人、易斯卡伏南人和赫米诺南人；他丝毫没有想把他所一一列举出来的民族纳入这三个大系统。第二，以后也没有一个人做成这件工作。揩伊斯拼命要把他认为"易斯泰伏南人"的哥特各民族塞到那个三位一体说中去，因而造成了更大的混乱。他从来没有打算把斯堪的纳维亚人包括在这里面，他把他们构成为第四个大系统。但是这样一来，三位一体说就被打破了，正像普林尼的五个大系统使它被打破一样。

现在，让我们分别来看看这五个大系统吧。

一、*Vindili, quorum pars Burgundiones, Varini, Carini, Guttones* [**温底尔人，其中包括勃艮第人、瓦林人、喀林人、古顿人**]。

这里有三个民族：汪达尔人、勃艮第人和哥特人自己。关于他们，可以确定的是：第一，他们说的都是哥特方言；第二，他们当时都住在日耳曼尼亚的最东部：哥特人住在魏克瑟尔河河口和河口彼岸；勃艮第人，按照托勒密的说法,住在瓦尔塔河流域直至魏克瑟尔河一带;汪达尔人,据狄奥·卡西乌斯(他像汪达尔人那样来称呼理森山)说,住在西里西亚。如果按照语言来称谓部落,我们自然可以无条件地把格林认为其方言均源出于哥特方言的一切民族,都列入这个**哥特人**的大系统中去,这首先包括普罗科皮乌斯明确认为说哥特语的那些地方,正如他认为汪达尔人也说哥特语那样。他们以前的居住地点我们毫无所知。我们也不知道海鲁莱人的住处,格林是把这些海鲁莱人同斯基尔人和鲁吉人一道算做哥特人的。普林尼提到过魏克瑟尔河畔的斯基尔人,塔西佗提到过紧靠哥特人住在海滨的鲁吉人。这样看来,哥特方言在汪达尔山(理森山)、奥得河和波罗的海之间,直到魏克瑟尔河及魏克瑟尔河彼岸,占据了一块相当完整的地区。

喀林人是什么样的人,我们不知道。瓦伦人也引起了一些麻烦。塔西佗把他们和盎格鲁人一起列入供奉纳塔斯神的七个民族之中;关于这七个民族措伊斯已经正确地指出,他们具有印格伏南人所特有的外貌。托勒密却把盎格鲁人列为苏维汇人,这显然是错误的。措伊斯则把这位地理学家所写错的一两个名称,认作是瓦伦人,因而将他们安置在哈弗尔兰,并将他们划为苏维汇人。古代《民族法》的标题干脆就把瓦伦人和图林根人等同了,而法律本身却是瓦伦人和盎格鲁人共有的。根据上述种种情况来看,瓦伦人应该算是哥特大系统还是印格伏南大系统,仍然是一个疑问;不过他们已经完全消失,所以这个问题也就没有什么特殊的意义了。

二、*Altera pars Ingaevones, quorum pars Cimbri, Teutoni ac Chaucorum gentes* [**另一部分是印格伏南人,其中包括基姆布里人、条顿人和乔克人**]。

普林尼在这里首先指出,基姆布里半岛及易北河与埃姆斯河之间的沿海地带是印格伏南人的居住地。在上面举出的三个民族当中,乔克人毫无疑问是弗里西安人最近的亲属。弗里西安语今天还在北海沿岸、荷兰和西弗里斯兰、奥尔登堡的萨特兰和石勒苏益格的北弗里斯兰占着支配的地位。在加洛林王朝时代,从辛克法尔湾(这个海湾现在还是比利时的佛兰德和荷兰的泽兰省的分界线）到叙尔特岛和石勒苏益格的维德河的全部沿海地区，很可能在更北面的一大片土地上，差不多说的都是弗里西安语；只有在易北河河口两边直到海岸，才说萨克森语。

普林尼说的基姆布里人和条顿人显然是指当时基姆布里半岛的居民，可见他们都是属于乔克-弗里西安语族的。所以我们可以同措伊斯和格林一起，把北弗里西安人看做是古代半岛上的德意志人的直系子孙。

诚然，达尔曼（《丹麦史》）曾经断言，北弗里西安人是直到5世纪时才从西南方面迁移到半岛上来的。但是他没有给他的论断提出任何证据，而他的论断即使在以后的全部研究中也理所当然地完全没有为人注意。

我们是根据惟有为我们保留下古代文物并仍然存在的那个方言，来称呼整个语族的；在这个意义上，印格伏南语首先就等于弗里西安语。不过，印格伏南大系统的范围是否就以此为限呢？还是说格林把他不完全确切地称为低地德意志人的那些人，即除弗里西安人以外也包括萨克森人都归入印格伏南大系统，是正确的呢？

我们一开头就承认，普林尼把凯鲁斯奇人算做赫米诺南人，从而给萨克森人指定了一个完全不正确的位置。我们下面就会看到，事实上，我们只好把萨克森人也算做印格伏南人，从而把这个大系统看作是弗里西安—萨克森大系统。

这里应当谈一谈盎格鲁人。塔西佗是假定地而托勒密则是肯定地把他们列为苏维汇人。托勒密把他们安置在易北河右岸，伦巴德人的对面；如果这个意见总还有若干正确成分的话，那也只能是指易北河下游的**真正的**伦巴德人。照这样说，盎格鲁人从劳恩堡大概一直到了普里格尼茨。后来我们就在半岛上发现了他们，那里保存有他们的名字，他们是从那里，和萨克森人一同迁往不列颠去的。他们的语言是现在盎格鲁撒克逊语的组成部分，而且是这种新形成的方言中明显的**弗里西安语**的那一部分。不管停留在德意志腹地的或者失散了的盎格鲁人发生了什么事情，单单这个事实就迫使我们把盎格鲁人算做印格伏南人，并且要把他们列入其中弗里西安人那一支。盎格鲁撒克逊语的与其说是萨克森语式的倒不如说大部分是弗里西安语式的整个元音系统,以及盎格鲁撒克逊语以后的发展在许多场合同弗里西安诸方言发展的异乎寻常地类似,这都应归功于这些盎格鲁人。在大陆上的各种方言中,弗里西安方言现在和英语最接近。例如,英语中喉音向咝音的转变,不是渊源于法语,而是渊源于弗里西安语。英语的 ch=č 代替 k,英语在软元音前用 dž 代替 g,这可能渊源于弗里西安语的用 tz、tj 代替 k,用 dz 代替 g,而决不可能渊源于法语的 ch 和 g。

我们应该把朱特人和盎格鲁人一同归入弗里西安-印格伏南大系统,不管他们是在普林尼时代或塔西佗时代就已经住在半岛上,还是后来才迁移到这里的。格林在塔西佗时代信奉纳塔斯神的一个民族——**欧多兹人**的名称中发现了他们的名称;如果盎格鲁人属于印格伏南大系统,那就很难把这一集团中的另一些民族划入其他大系统。这样的话,印格伏南人可能已经伸展到奥得河口地区,他们和各哥特民族之间的空白也许就填补上了。

三、Proximi autem Rheno Iscaevones(alias Istaevones),quorum pars Sicambri[**紧靠莱茵河居住的是易斯卡伏南人(或称易斯泰伏南人),其中包括西干布尔人**]。

格林和他以后的其他人,例如瓦茨①,都已经或多或少把易斯卡伏南人和法兰克人混同了起来。是语言把格林搞糊涂了。自 9 世纪中叶以后,法兰克王国的一切德意志语文献,都是用一种和古代高地德意志语无法区分的方言写成的;因此格林就认为,古代法兰克语在外国已经死亡,而在本国又被高地德意志语所代替,所以他最后把法兰克人划入高地德意志人之列。

作为对保存下来的语言遗物进行研究所取得的成果,格林自己指出:古代法兰克语具有独立方言的价值,它在萨克森语和高地德意志语之间保持着一种中间状态。关于这一点暂时说到这里就够了;法兰克语的情况还

---

① 格·瓦茨:《德国国家制度史》1844 年基尔版第 1 卷。——编者注

非常不清楚,对于它的比较详细的研究,只好留给另一个专门的注释①。

无论如何,归易斯卡伏南部落所有的领土,对一个完整的德意志人的大系统来说,尤其对一个在历史上起过那样重大作用的大系统来说,显得是比较小了。这块领土,从莱茵高起,沿莱茵河伸展到迪尔河、锡格河、鲁尔河、利珀河和埃姆斯河的发源地直至内地,在北部弗里西安人和乔克人把它同海隔开,在莱茵河河口还住着其他系统(主要是卡滕人系统)残存的民族:巴达维人、哈图阿里人等。属于法兰克人的,还有居住在莱茵河下游左岸的德意志人,是否还有特里包克人、梵乡人、涅麦特人?这块领土面积所以这样小,是因为克尔特人及凯撒时代以来的罗马人在莱茵河畔对易斯卡伏南人的扩张进行了抵制,同时在他们后面又住上了凯鲁斯奇人,而在侧面,则像凯撒所证明的那样,苏维汇人特别是卡滕人越来越排挤他们。当时在狭小的地面上拥挤着就德意志人的情况来说是稠密的人口,这可由不断向莱茵河对岸的推进来证明:起初是通过大批征服者,以后像乌比人那样用自愿向罗马领土移住的办法。由于同样的原因,罗马人老早就能够轻易地在这里而且也只有在这里把易斯卡伏南各部落为数可观的部分迁移到罗马领土上去。

在关于法兰克方言的注释中所要进行的研究,将提供证明,法兰克人是德意志人的一个内部划分为许多不同部落的独立集团,他们讲一种分裂为各式各样土话的特殊方言,总之,他们拥有一个日耳曼人大系统的一切特征,这正是为了说明他们和易斯卡伏南人是同一类人所需要的。有关属于这个大系统的各民族的情况,雅·格林把必要的话都已经说了。除去西干布尔人以外,他还把乌比人、哈马维人、布鲁克泰人、邓克泰人和乌西佩特人都包括在这个大系统里面,这些人也就是住在我们前面称之为易斯卡伏南人地区的莱茵河右岸的各民族。

四、Mediterranei Hermiones, quorum Suevi, Hermunduri, Chatti, Cherusci [住在这块土地中央的是赫米奥南人,其中有苏维汇人、赫蒙杜

---

① 见《马克思恩格斯全集》(第二版)第25卷,第283~318页。——编者注

利人、卡滕人、凯鲁斯奇人]。

雅·格林已经认为赫米诺南人（他采用了塔西佗的比较正确的写法）就是高地德意志人。苏维汇人的名称，按凯撒的说法是包括他所知道的一切高地德意志人在内的，现在他们开始分化。图林根人（赫蒙杜利人）和黑森人（卡滕人）成了独立的民族。其他的苏维汇人还没有分离出去。如果我们把接下来的几百年间已经消失的许多神秘名称，暂且看做无法解释的而撇开不谈，那么这些苏维汇人还是应该包括下面三个以后出现在历史上的讲高地德意志语的大部落：阿勒曼尼－士瓦本人、巴伐利亚人和伦巴德人。伦巴德人我们确切知道住在易北河下游左岸的巴登高附近，他们离开了其他同部落的人，插在印格伏南人各民族中间；他们这种须要经过长期斗争才能保持下来的孤立地位，塔西佗作了出色的描述，但他不知道其原因何在。我们从措伊斯和格林的著作问世以来，同样也知道巴伐利亚人以马可曼尼人的名称居住在波希米亚，而黑森人和图林根人则住在他们现今居住的地方和南面毗邻的地区。既然在法兰克人、黑森人和图林根人以南，就是罗马的领土，那么除去易北河与奥得河之间、今日的勃兰登堡与萨克森王国的这一片土地以外，就没有其他的地方留给士瓦本－阿勒曼尼人了；在这里我们发现了一种苏维汇民族——色姆诺南人。士瓦本－阿勒曼尼人和这些色姆诺南人可能是同一类人，他们在西北和印格伏南人为邻，在东北和东面同各哥特部落接界。

到此为止，一切都进行得相当顺利。但是普林尼却把凯鲁斯奇人也算做赫米诺南人，他在这里肯定是疏忽了。凯撒已经把凯鲁斯奇人和苏维汇人明确地区别了开来，他还把卡滕人也算做苏维汇人。塔西佗也不知道凯鲁斯奇人和任何高地德意志人部落之间有着共同性，托勒密同样不知道，虽然他甚至把苏维汇人的名称扩大到了盎格鲁人的身上。根据凯鲁斯奇人填补了南面的卡滕人与赫蒙杜利人和东北面的伦巴德人之间的空间这一事实，还远远不足以做出结论，说他们之间有较近的部落亲属关系；虽然，也许正是这一事实，在这里把普林尼引入迷途。

就我所知，在值得重视其意见的研究者中，没有一个人把凯鲁斯奇人算做高地德意志人。因此，只剩下一个问题：把他们归入印格伏南人还是归入易斯卡伏南人？留传给我们的少数名称，都带有法兰克语的特征：日后用 h 的地方用 ch，例如 Cherusci, Chariomerus，用 i 的地方用 e，例如 Segestes, Segimerus, Segimundus。但是，罗马人从莱茵河方面接受的几乎全部的德意志人名称，看来都是由法兰克人以法兰克语的形式留传给他们的。除此以外，我们不知道，在7世纪时法兰克人还发 ch 音的这个第一辅音音变的喉音送气音，是否1世纪时在所有西部德意志人中间都按 ch 发音，而只在以后才软化为大家所共有的 h 音。此外，我们也找不到凯鲁斯奇人同易斯卡伏南人之间有任何部落亲属关系，像西干布尔人收容从凯撒那里逃走的乌西佩特人和邓克泰人的残余部分时所表现出来的那种亲属关系。在瓦鲁斯时代被罗马人占领的并被他们当做行省来对待的莱茵河右岸的领土，也同易斯卡伏南人-法兰克人的领土相吻合。这里有阿利索和其他罗马要塞；在凯鲁斯奇人的土地上，看来顶多是奥斯宁山与威悉河之间的一片土地实际上被罗马人所占领；这块罗马领土的那一面，住着卡滕人、凯鲁斯奇人、乔克人、弗里西安人，这是些因畏惧而被控制住的不大可靠的同盟者，但是在他们的内部事务上却是自主的，而且摆脱了常驻的罗马人的守备部队。罗马人在这个地区遭到抵抗增强时，总是暂时地将自己的侵略行为停止在部落的边界上。凯撒在高卢也就是这样做的；他停留在比利时人的边境上，只是当他相信所谓克尔特人的高卢可靠以后，才跨过这条边境线。

因此，只能依据雅·格林和一般人的观点，把凯鲁斯奇人和跟他们有最近亲属关系的一些邻近的小民族都划归萨克森部落，从而划归印格伏南人。说明上述观点的还有，正是在古代凯鲁斯奇人的土地上，和流行在威斯特伐利亚的 o 相比较，古代萨克森语复数第二格和阳性弱变化中的 a，被最纯正地保留了下来。这样一来，一切困难都迎刃而解了；印格伏南大系统也和其他大系统一样，有一块相当完整的领土，只是赫米诺南大系统的伦巴德人，稍微向这块领土内突进了一点。这一大系统的两大支派之中，弗里西安-盎格鲁-朱特人这一支派，占了沿海一带，并且至少占了半岛的北部和西部，而萨克森人这一支派，则占据了内地，可能当时也已经占据了北阿尔宾吉亚的一部分,而在此后不久托勒密在那里第一次提到了Saxones［萨克森人］。

五、Quinta pars Peucini, Basternae contermini Dacis［第五个大系统是和达克人为邻的佩夫金人及巴斯泰尔人］。

我们对这两个民族所掌握的一点点知识以及**巴斯泰尔人**这一名称形式本身,都说明他们是哥特人的同族人。普林尼之所以把他们看成是一个特殊部落,大概是由于他是通过希腊人的介绍从多瑙河下游得到有关他们的资料的,而他对居住在奥得河和魏克瑟尔河的各哥特民族的知识,则是在莱茵河和北海沿岸取得的;因此他就忽略了哥特人和巴斯泰尔人之间的联系。巴斯泰尔人和佩夫金人,都是留在喀尔巴阡山和多瑙河河口长时间内还过着流浪生活的德意志民族,他们为以后的大哥特王国作了准备,而他们就在这个王国里面消失了。

六、希列维昂人。普林尼把日耳曼人中的斯堪的纳维亚人都列在这个总名称的下面。我现在提及他们,只是为了顺序的关系,也为了再度说明:古代的所有著作家都只把群岛(其中也包括瑞典和挪威)划归这个大系统,而把他们排除在基姆布里半岛之外。

这样,我们就有了操五种基本方言的五个日耳曼人大系统。

哥特大系统住在东部和东北部。这一大系统的阳性及中性复数第二格都有 ê,阴性都有 ô 和 ê;弱变化阳性都有 a。现在时(直陈式)变位的词形变化形式,考虑到辅音音变,同那些有原始亲属关系的语言,特别是同希腊语和拉丁语仍然有紧密的联系。

印格伏南大系统住在西北部。这一大系统的复数第二格都有 a,弱变化阳性也有 a;在现在时直陈式中,所有三种人称的复数,都有完全失去了鼻音的 d 或 dh。这个大系统分为两个主要支派——萨克森人和弗里西安人,但在盎格鲁撒克逊部落里面,他们又合而为一。在弗里西安人这一支派里面,又加上了斯堪的纳维亚大系统;他们的全部名词变化所表现出来的情形是:复数第二格是 a,弱变化阳性是 i,这是从 a 软化而来的。在现在时直陈式中,单数第二人称最初的 s 变为 r,复数第一人称保留 m,第二人称保留 dh，其他的人称也有或大或小的变化。

和以上三个大系统相对的是两个南方的大系统：易斯卡伏南大系统和赫米诺南大系统，在以后的表达方式中，称他们为法兰克人大系统与高地德意志人大系统。这两个大系统所共同的，是弱变化阳性是ô；极可能复数第二格也是ô，虽然这在法兰克语中不能得到证实，而且从最古的西部（萨利克人的）纪念碑上可以看出，复数第四格是以 as 结尾的。就我们所能提出的证据证明这一点适合法兰克语而言，两种方言在现在时变位中是互相接近的，它们在这方面和哥特语一样，同那些有原始亲属关系的语言有密切的联系。但是，整部语言史（从最古的法兰克语极显著的和古老的特点起，直到这两种方言的现代方言之间的巨大差别止）都不允许我们将这两种方言合而为一；这正如这两个民族本身的全部历史，不许可我们把这两个大系统合并为一个大系统一样。

我在上述整个研究中，只注意到词形变化形式而没有注意到音素的相互关系，这是由于在 1 世纪和我们最古的语言资料编成的时代之间，音素的相互关系（至少在许多方言里）发生了显著的变化。在德意志，我只须提一提第二辅音音变就够了；在斯堪的纳维亚，古代歌谣的头韵表明，从编成歌谣到用文字写下歌谣这段时期里，语言发生了何等巨大的变化。在这一方面还需要做的工作，德国的专业语言学家们将来大概都会做到的；在这里去做就只会使这个研究毫无必要地复杂化。

弗·恩格斯写于 1878 年中～1882 年 8 月初之间
第一次用俄文发表于 1937 年《马克思恩格斯全集》俄文第 1 版第 16 卷第 1 分册

原文是德文
选自《马克思恩格斯全集》第 25 卷，人民出版社，2001，第 191～208，226～240，243～254 页

注释：

[1] 恩格斯的《论德意志人的古代历史》手稿是研究社会发展历史早期阶段的著

作，与他完成的另一部著作《法兰克时代》一样是按照统一计划完成的。从恩格斯拟定的提纲，即最初的计划，可以看出本文原打算分为两个部分：第一部分共四章，第二部分是第一部分的注释，是从史料学，民族学及语言学方面对第一部分作进一步的补充（见《马克思恩格斯全集》（第二版）第25卷，第190页）。

本篇著作写作的确切时间因为没有直接的证据，所以无法确定，但可以推断是在1878年中~1882年之间完成的。在写作过程中原来拟定的计划有所改变（见《马克思恩格斯全集》（第二版）第25卷，第734~735页注157）。恩格斯生前这一著作没有发表过。

[2] 雅利安人是欧洲19世纪文献中对印欧语系各民族的总称。

[3] 海·沙弗豪森于1875年8月11日在慕尼黑举行的德国人类学、民族学和原始史第六届大会作了关于这一研究成果的报告。有关资料作为附录收入《德国人类学、民族学和原始史学会报道》1875年慕尼黑版第67和81页。

[4] 恩格斯在论述时引用的有关资料均出自约·列列韦尔的著作《马赛的皮提亚斯和他那个时代的地理学》，1836年布鲁塞尔版，第59~60页。

[5] 1846年在奥地利西南部哈尔施塔特城附近发现了古墓群，古墓里出土的文物证明了大约公元前700~450年的文化的发展达到了鼎盛时期，因而有哈尔施塔特文化之称。

[6] 《民族法》即蛮族法典（拉丁文为：Leges barbarorum），是对5~9世纪形成的，一些日耳曼部落法规的最初的文字记录的统称，其中主要记录了这些部落的习惯法，但也采用了符合当时需要的新的法律规范。这些部落于5~7世纪在随着民族大迁徙而分崩离析的西罗马帝国及其邻近的领土上逐渐定居并开始建立国家。蛮族是古希腊人和罗马人对古代其他各民族的蔑称。

弗·恩格斯

法兰克时代[1]
墨洛温王朝和加洛林王朝的
土地占有关系的变革

马尔克制度,直到中世纪末,依然是德意志民族几乎全部生活的基础。这种制度在存在了1500年之后,终于由于纯粹的经济原因而逐渐没落下去了。它之所以瓦解,是因为它不再适应经济上的进步。我们将在下面探讨它的衰败以及最终的灭亡。我们将会看到,这一制度的残余在今日还继续存在。

但是,马尔克制度能够维持这么久,是靠了损害它的政治意义。它在数百年间曾经是体现各日耳曼部落的自由的形式。后来它却变成了上千年之久的人民受奴役的基础。怎么可能这样呢?

最早的公社,我们知道,是包括整个民族的。全部占有的土地当初都属于整个民族。以后,彼此之间具有较近亲属关系的一个区的全体居民,成为他们所移住的地方的占有者,而民族本身就只有处置余下来的无主地带的权利了。区的居民又将他们的耕地马尔克和林地马尔克让给各个农村公社(这些农村公社同样是由近亲组成的),同时也把剩余的土地留给区支配。干村在从原始村的旧马尔克中分出土地、成立新的移民村时,情形也是一样。

血统联盟在这里,也和在任何其他地方一样,是整个民族制度的基础；而随着人口数目的增加和民族的继续发展，这种联盟越来越被人们忘却了。这种情形首先表现在整个民族上面。共同的世系越来越不被认为是实际的血缘亲属关系；关于这一方面的记忆越来越淡薄了，余下来的仅仅是共同的历史和共同的方言。相反，在一个区的居民内部，血统联盟的意识自然保存得较长久些。因此，民族便成为一种大体上牢固的区与区的联盟了。民族大迁徙[2]时代的德意志人，大概就是处在这种状态之下的。阿米亚努斯·马尔采利努斯曾经明白地讲到阿勒曼尼人的这种情形。在《民族法》上，这种情形也是随处可见。萨克森人在查理大帝时代还是处在这个发展阶段；而在弗里西安人那里则一直延续到弗里西安自由丧失的时候。

但是，向罗马境内的迁徙把区的血统联盟也破坏了，而且必然要破坏它。虽然原来打算以部落和氏族为单位来定居，但这是做不到的。长期的流动，不仅把各个部落和氏族，甚至把整个整个的民族都混合了起来。而各个农村公社的血统联盟，也是费了很大力气才维系下来。这些农村公社从而成为构成民族的实际政治单位了。罗马领土上的新区，一开始就成为多少是任意划定的（或者是由业已存在的关系所决定的）司法区，或者很快就变成这种司法区。

这样，民族就溶化在小的农村公社的联盟之中，而在这些农村公社之间没有，或者几乎没有任何经济上的联系，因为每个马尔克都是自给自足的，它们自己的需要由自己生产来满足，并且邻近的各个马尔克的产品，差不多是完全相同的。因而它们之间的交换，便几乎不可能了。这些小的公社的经济利益诚然都是相同的，但正因为这样，它们彼此之间缺乏共同的经济利益。由于民族［Volk］是由这类清一色的小公社组成的，因而，一个不是从公社内部产生、而是跟它们格格不入地对立着的、并且不断地剥削它们的国家政权，便成为民族［Nation］继续生存的条件了。

这种国家政权的形式，也是由公社当时的存在形式决定的。有的地方，如在亚洲雅利安民族和俄罗斯人那里，当国家政权出现的时候，耕地还是公社为共同的利益耕种的，或者只是在一定时间内交给各个家庭使用，因而还没有产生土地私有制，在这样的地方，国家政权便以专制政体的形式出现。相反地，在德意志人侵占的罗马领土上，我们看到，耕地和草地的各个份地，已成为自主地，成为占有者的只须负担普通的马尔克赋役的自由财产了。我们现在要研究一下，在这种自主地的基础上，一种社会制度和国家制度是怎样产生的，这种社会制度和国家制度又怎样——这是常见的历史的讽刺——最终瓦解了国家，而且在它的典型形态之下，消灭了一切自主地。

自主地使土地占有的原始平等不但可能而且必然转化为它的对立面。德意志人的自主地，在旧日罗马领土上一出现，就变成了跟它同时并存的罗马人的地产所早已变成的那种东西，即变成了商品。财产分配日益不均，贫富对立日益扩大，财产日益集中于少数人手中，这是一切以商品生产和商品交换为基础的社会的严酷无情的规律；虽然这一规律在近代资本主义生产中得到了充分的发展，但绝非一定要在资本主义生产中才起作用。所以，从自主地这一可以自由出让的地产，这一作为商品的地产产生的时候起，大地产的产生便仅仅是一个时间问题了。

可是，在我们正在考察的这个时代，耕作和畜牧是具有决定性的生产部门。地产及其产品占当时财富的绝大部分。当时存在的各种动产，自然而然跟随地产之后，同地产一样地日益聚积在同一些人手里。工业和商业在罗马崩溃时期就已经衰落了，德意志人的侵略几乎把它们全部摧毁。留下来的大半都由非自由人和外国人经营，并且仍然是被人轻视的行业。这里随着财产不均的出现而逐渐形成的统治阶级，只能是一个大土地占有者阶级，他们的政治统治形式也只能是一种贵族统治形式。因而，当我们就要看到，在这一阶级产生和形成的过程中，起作用的往往是，而且仿佛主要是政治手段即暴力和欺诈时，我们就不要忘记，这些政治手段，只是在促进和加速一个必然的经济过程。诚然，我们也会常常看到，这种政治手段如何阻挠经济的发展；这样的事情是相当经常的，而且每次都发生在不同的当事人把这样的政治手段，朝着相反的方向、或者彼此交错的方向运用的时候。

这一个大土地占有者阶级究竟是怎样产生的呢?

首先我们知道,就是在法兰克人侵占高卢以后,那里仍然保留着好多罗马的大土地占有者,他们大都让自由佃农或依附佃农耕种他们的田地并缴纳地租(Canon)。

其次,我们也看到了,王权如何通过侵略战争而在所有移居的德意志人中间成为一种经常的制度和实际的权力;它如何把旧日的全民族的田地变成王室领地,如何把罗马的国有土地也并入自己的财产。在瓜分帝国引起的多次内战期间,由于大量没收所谓造反者的土地,王室领地还不断地增加。不过它增加得快,挥霍得也快;因为国王不断赠送土地给教会和私人,给法兰克人和罗曼人,给他的侍从(Antrustionen)或其他的宠幸者。当豪族、巨室、地主、官吏和军事首领所组成的统治阶级在内战中和由于内战的影响而开始形成时,邦君也通过赠送土地来贿买他们的支持。罗特①无可辩驳地证明,所有这一切在绝大多数场合下,都是真正的馈赠,赠送的土地成为自由的、世袭的、可以出让的财产,直到查理·马特,在这方面才有了改变。

查理掌权的时候,诸王的权力已经全部崩溃,但是还远未因此而被宫相的权力所代替。在墨洛温王朝时由于牺牲王室而创造出来的豪绅显贵阶级,千方百计地促进了王权的毁灭,但绝不是为了屈从于宫相,屈从于他们同一等级的人。恰恰相反。掌握着整个高卢的,正如爱因哈德所说的,是这些

暴君,他们到处都想进行统治(tyrannos per totam Galliam dominatum sibi vindicantes)[3]。

除去世俗的豪绅显贵以外,主教们也是这样做的;他们在许多地方,

---

① 保·罗特:《从上古到10世纪的采邑制度史》,1850年埃朗根版。这是在毛勒以前时期出版的最好著作之一,我在这一章要多次引用。

攫取了对于周围伯爵领地和公爵领地的统治权，并受到豁免权和教会的牢固组织的保护。随着帝国内部的瓦解，外敌纷纷入侵；萨克森人侵入莱茵法兰克尼亚，阿瓦尔人打到巴伐利亚，阿拉伯人越过比利牛斯山脉而达到了阿基坦。在这种情势之下，仅仅镇压内乱、驱逐外敌，不能达到长治久安的目的；必须找到一种方法，把已受贬抑的豪绅显贵或者把由查理委派去接替他们的后任，跟王室更紧密地结合起来。因为他们旧日的权力是以大土地占有制为依据的，所以，为了达到这个目的，首要的条件就是要根本变革土地占有关系。这一种变革是加洛林王朝的代表作。这一变革的特点还在于：选择这一手段，是为了统一帝国，将豪绅显贵跟王室永久结合起来，从而加强王室，而结果却导致王室的彻底削弱、豪绅显贵的独立和帝国的瓦解。

为了弄清查理为什么会选择这样的手段，我们必须先研究一下当时教会的占有关系，因为这是当时土地关系的本质因素，在这里，是不能忽略过去的。

在罗马时代，教会在高卢就已经有了不少的地产，由于在捐税和其他赋役方面享有重大的特权，这些地产的收入就越加多了。不过，高卢教会的黄金时代，是在法兰克人信奉基督教以后才开始的。国王们彼此竞赛，看谁赠给教会的土地、金钱、珠宝以及教堂用具等等最多。希尔佩里克就常常说（见图尔的格雷戈里）：

> 看，我们的国库变得多么空虚！看，我们所有的财物，全部送给教会了！①

贡特朗（他是教士们的宠儿和奴仆）在位时，馈赠简直是漫无止境了。这样一来，被加上造反罪名的自由法兰克人的地产，在被没收以后，

---

① 转引自图尔的格雷戈里的著作《法兰克人史》第6册第46章。——编者注

大部分变成了教会的财产。

国王怎样，人民也怎样。不论贫富，都没完没了地向教会捐赠。

> 神奇地治好了一种真正的或臆想的病痛，实现了一种宿愿，例如生了一个儿子，避免了一种危险，都要给那个教堂捐赠，因为该教堂的圣者表现得乐于助人。在上下层居民中，流行着这样一种看法，认为向教会捐赠可以求得赦罪，所以，经常的慷慨施舍，就被认为更加必要了。（罗特，第250页）

除此以外，还有豁免权，它在接连不断的内战、抢劫、没收的年月里，保护教会财产，免遭暴力的侵犯。许多小百姓们也都认为，如果缴纳适量租金而保留他们的使用权，把他们的财产让给教会是妥当的。

但是，这一切对虔敬的教士来说，还是不够的。利用万劫不复的地狱刑罚作威胁，他们可以合法地勒索到越来越多的捐赠。查理大帝早在811年的亚琛敕令[4]里，就责备过他们这一行径，并且还责备他们

> 引诱人们发伪誓作伪证，以增加你们的〈主教和修道院院长的〉财富。

他们还诈取不合法的捐赠，因为他们确信，教会除了法律上的特权地位，还拥有足够的手段嘲弄司法。在6、7世纪，高卢的宗教会议，对于一切反对给教会捐赠的人，几乎没有一次会议，不是以逐出教会相威胁的。甚至手续上无效的捐赠，通过这一途径也就变为有效，个别僧侣的私人债务，也就赖掉不还了。

"为了不断唤起人们捐赠的兴趣，我们看到，他们采用的手段实在卑鄙。描绘天堂之乐和地狱之苦已经不再见效的时候，他们就从遥远的地方搬来圣徒的遗骨，举行巡回展览，建造新的教堂；这在9世

纪简直成为一种正式的营业部门了。"（罗特，第254页）"苏瓦松的圣梅达尔德修道院的使者，在罗马费了极多的周折，乞求到圣塞巴斯蒂安的遗体，并将格雷戈里的遗体也一同偷走。当这两具遗体放在修道院里的时候，跑来瞻仰新到的圣徒的人，多得像蝗虫一样布满了那个地区，对于求助者，不是一个一个治疗，而是成群结队一起治疗。结果是，修道士们用斗来量金钱，量了有85斗，修道院的黄金库存量达到900镑。"（第255页）

欺骗、魔术、死人特别是圣徒的显灵，都被教会用作骗取财物的手段。最后但也是最重要的方法是假造证件。

这种事我们还是让罗特说话吧："许多宗教界人士都在大规模地干……这种营业老早便已开始了……这样的营业规模到底有多大，可以从我们所搜集的大量假造文件的数目中看出来。在布雷基尼所引用的360件墨洛温王朝文书中，约有130件绝对是假的。……兰斯的欣克马尔就利用过雷米吉乌斯的假遗嘱为他的教会弄到许多财产，而这些财产在真的遗嘱里面根本没有提到过，虽然真遗嘱从未遗失，欣克马尔又清楚地知道前者是伪造的。"

甚至教皇约翰八世也企图利用一张明知是伪造的文件霸占巴黎附近圣但尼修道院的产业（罗特，第256页及以下几页）。

因此采用捐赠、勒索、欺骗、诈骗、造假以及其他带有刑事犯罪性质的勾当而巧取豪夺来的教会地产，在短短几世纪间竟然达到了极其庞大的数目，就没有什么可奇怪的了。现在坐落在巴黎境内的圣热尔门-德-普雷修道院，在9世纪初共有地产8000芒斯或胡菲①，根据盖拉尔的计算，面

---

① 芒斯或胡菲是中世纪农民的份地。——编者注

积达429987公顷,每年收益100万法郎=80万马克[5]。如果每胡菲面积平均以54公顷计算,收益以125法郎=100马克计算,那么,在同一时候,圣但尼、吕克瑟伊和图尔的圣马丁诸修道院,每处有地产15000芒斯,面积81万公顷,收益达150万马克。而这还是矮子丕平没收教会土地**以后**的情形!据罗特(第249页)估计,在7世纪末,高卢的全部教会土地,不是少于而是多于土地总面积的三分之一。

这些庞大的地产,一部分由教会的不自由的佃农耕种,也有一部分由教会的自由佃农耕种,在非自由人中间,奴隶(servi)必须向主人提供的赋役在当初是没有什么限制的,因为他们并不是有权利的人;但是即使这时,对于定居的奴隶,似乎不久也根据习惯定出了赋役的标准。与此相反,其余两种不自由的阶级,隶农和半农奴(他们当时在法律上有什么差别,没有材料可以说明),他们的赋役倒有规定,内容包括一定数目的人工、畜工,还有一定数量的土地收益。这就是从很久以前保留下来的那种依附关系。相反,自由人不在公有地上或者他们的私有地上,而在他人的土地上耕作,这对德意志人来说,却是一件新鲜事。不待说,德意志人在高卢,以及在实行罗马法的整个地区,相当经常地遇到作为佃农的自由的罗马人。但是,他们在占地时就已安排好,他们自己不要变做佃农,而能够在自有地上耕种。可见,在自由的法兰克人能够变做任何人的佃农之前,一定是由于某种原因把占地时所获得的自主地丧失了,一个特殊的无地的自由法兰克人阶级一定已经形成了。

这个阶级是由于地产开始集中,由于引起地产集中的相同原因而形成的:一方面是由于内战和没收,另一方面多半是由于时势的逼迫,为了求得安全而把土地转让给教会。而教会很快又发现了一种特殊方法,来鼓励这样的转让:它不仅让捐赠者在缴纳代役租的情况下保留他的土地使用权,而且在这以外还租给他一块教会土地。这种捐赠采取两种形式。一种是捐赠者终生保有土地使用权,只在他死后土地才成为教会的财产(donatio post obitum);在这种情况下,一般都是,而且以后在国王敕令里也明确规定,捐赠者从教会得到比捐赠的土地多一倍的纳租租种地。另一种情况是捐赠立即生效（cessio a die praesente），捐赠者根据教会颁发的文件，即所谓暂时租佃契约，得到教会的多两倍的租地（不包括他自己的土地），这些土地大多是交给他终身耕种的，但也往往只租给他一个或长或短的时期。无地的自由人阶级一经形成，其中有些人也就进入到这种关系中去了。答应给他们的暂时租佃，大概在开头的时候多数是为期5年，可是不久也都变成终身的了。

没有疑问，早在墨洛温王朝时代，在世俗豪绅显贵们的土地上，也发生了跟教会土地上发生的完全类似的关系；所以在那里，除了不自由的佃农以外，还移来了缴纳代役租的自由佃农。早在查理·马特统治下，这类自由佃农的人数必定已经很多了，不然，查理·马特所开始的、由他的儿子和孙子所完成的土地占有关系的变革，至少在一个方面，仍然无法解释。

这种变革是以两种新制度为基础的。第一，为了把帝国的豪绅显贵同王室拴在一起，王室领地以后在通常情况下就不再赠送给他们了，而是仅仅作为"采邑"授予他们，仍然终生使用；不过这是带有须要遵守的一定条件的，违反这些条件，就以收回采邑相处罚。这样一来，豪绅显贵本人也成了王室的佃农。第二，为了确保豪绅显贵的自由佃农服兵役，把区的伯爵对移居在他们领地上的自由人的部分管辖职权转交给他们，任命他们当这些自由人的"领主"。这两种变革，我们暂时只来考察前一种。

在制服了谋叛的小"暴君"以后，查理想必便按照旧日的习俗，没收了他们的地产（关于这一点缺乏材料）；但是，当他后来恢复了他们的官职的时候，便把这些地产的全部或一部，作为采邑重新授予他们。对于难以驾驭的主教们的教会土地，他还不敢贸然这样做；他撤换他们，将他们的职位赐予对他恭顺的人；在这些人中，不消说，有许多人除去行过剃发式（sola tonsura clericus）以外，是毫无僧侣资格的。这些新的主教和修道院院长，现在开始遵照他的命令，将大块的教会土地，暂时出租给俗人。这在过去并非没有先例，不过现在是大规模地进行罢了。他的儿子丕平走得更远。教会没落了，僧侣被人藐视，教皇受到伦巴德人的纠缠，只好依靠丕平的帮助。丕平帮助教皇，协助他扩大教会的统治，给予他种种支持。可是，他取得了报酬，他把绝大部分的教会土地合并于王室领地，只给主教和修道院留下为维持生存所必需的一部分。这第一次大规模的教产还俗，教会毫无抵抗地忍受了。勒斯蒂恩的正教会议批准了这件事，虽然附有限制性的条款，可是从未执行。这些极其庞大的地产，使得已经枯竭的王室土地重新站稳了脚跟，并且大部分用于以后的授予，而这些授予事实上不久便采取了一般的采邑形式。

在这里，我们必须指出，教会很快便从这种打击之下恢复过来。同丕平的冲突刚一发生，这些上帝的勇士们便立刻故技重演。捐赠又从各个方面源源而来。自由的小农们还处在 200 年以来的那种水深火热的境地。在查理大帝及其后继者们统治下，他们的境况变得更坏了，许多农民都带着自己的房屋土地，投靠主教的曲柄圭杖的庇护。国王们把一部分赃物退还给一些受到优待的修道院，把大量王室土地送给另外一些修道院，特别是在德意志的修道院。在虔诚者路易的统治下，教会的贡特朗幸运时代似乎又重新降临了。在修道院的档案里，出自 9 世纪的有关捐赠的材料格外丰富。

采邑，也就是我们现在打算比较详细研究的这一种新制度，还不是后来的封地，但已经是它的萌芽。采邑的授予，一开始就以封主和受封者双方共同的在世时间为限。双方有一方死亡，它便归还所有人或其继承人。旧有关系的更新，必须重新履行一次授予受封者或其继承人的手续。可见，按照以后的说法，采邑在封主死亡时，要归还封主，在受封者死亡时，也要归还封主。封主死亡归还封主这一办法，不久便不使用了，大的受采邑者恰恰比国王还强大。至于受封者死亡归还封主改为授予原受采邑者的继承人，早已屡见不鲜了。在欧坦附近的一个帕特里西阿克（佩西）庄园，由查理·马特作为采邑授予希尔德布兰，在他这一家里，父子相传，经过四代，直到 839 年，国王把这个庄园的全部所有权赐给第四代受采邑者的弟兄。像这样的例子，在 8 世纪中叶以后为数不少。

在发生没收财产的所有场合，封主都可以收回采邑。这样的事件，在加洛林王朝统治时期也是非常非常之多的。例如，在矮子丕平统治下的阿勒曼尼亚的暴动，图林根人的谋叛，萨克森人的屡次起义，都导致不断没收；有的是没收自由农民的土地，有的是没收豪绅显贵的庄园和采邑。在虔诚者路易和他的几个儿子统治之下，虽然契约上有不得没收的规定。但在内战中间，这样的事情仍有发生。还有一些非政治性的犯罪，也会招致财产的没收。

除此以外，倘使受采邑者玩忽了他应尽的一般臣民职责，王室也可以收回采邑；例如，滥用豁免权不交出盗匪，不带自己的甲胄上阵，不尊重国王的手谕等等。

其次，采邑的授予是附有特殊条件的，倘使违犯这些条件，采邑就可收回；当然，这并不牵涉受采邑者的其他财产。例如，在旧有的教会土地授出后，受采邑者未向教会缴纳应付的租税（nonae et decimae①）时，或者是使土地荒芜了，就要收回采邑；在后一种场合，通常先要给予一年的警告期，以便受采邑者在这期间可以改进经营，避免没收的危险，等等。此外，地产的授予，可以附带一定的服役，而且事实上，随着采邑进一步发展为真正的封地，这样的事也就越来越多了。不过，这在开头的时候，完全不是必要的；至少，就服兵役来说是这样。有许多采邑，是授予低级僧侣、修道士、教会的或世俗的妇女的。

最后，也决不排除这样的情况：王室起初授予土地也保留了收回的权利，或者规定了一定的期限，即作为暂时租佃。从个别的材料和教会的做法看来，这是很可能的。但是不管怎样，这种做法不久就停止了，因为以受采邑者须履行义务为条件而授予采邑，在9世纪已经普遍通行。

如上所述，教会过去多半把土地只是作为暂时租佃，在一定期间，交

---

① "nonae et decimae" 意为"九一税和什一税"，即收获物和其他收入的九分之一或十分之一。——编者注

给它们的自由佃农耕种,现在得仿照王室的榜样了——我们应该假定,大土地占有者和受采邑者的情况也是如此。教会不但也开始授予采邑,而且这种授予方式竟然如此盛行,以致原有的暂时租佃也变成了终身租佃,不知不觉地带上了采邑的性质,到了9世纪,暂时租佃差不多全都变为采邑者了。在9世纪后半期,教会的受采邑者以及世俗豪绅显贵的受采邑者,一定在国家中已经占有重要的地位;他们中间的许多人,一定成为拥有庞大地产的人物,成为以后的下层贵族的始祖。否则,有些人的采邑被拉昂的欣克马尔无理地夺去的时候,秃头查理也许就不会这样热心地关怀这些人了。

我们看到,采邑已经有一些方面在发展起来的封地中重新出现。封主死亡归还封主,受封者死亡归还封主,这对采邑和封地都是一样的。和封地一样,采邑也只是在特定的条件之下才能收回。由采邑造成的社会等级制度,就是从国王起,经过大的受采邑者(帝国公爵的前身),到中等受采邑者(后来的贵族),并且从中等受采邑者起,下至绝大多数生活在马尔克团体内的自由的和不自由的农民,在这样一个社会等级制度中,我们看到了以后的森严的封建等级制的基础。如果说,以后的封地在任何情形之下都是一种职田,而且对封地主负有服兵役的义务,那么,后一种情形在采邑上还未发生,前一种情形也根本不是非有不可的。可是,采邑转为职田的倾向已经不可否认地存在着,并且在9世纪,这一倾向的活动范围越来越大。随着这种倾向的自由发展,采邑也就发展成为封地了。

不过,在这一发展过程中发生作用的还有另一种因素,那就是区制度和军事制度起初在大地产的影响下,以后在大采邑的影响下发生的变化;而大采邑则是以前的大地产,由于连年内战和与之相连的没收和再度授予逐渐转化而成。

可以理解,这一章里谈的,只是纯粹的、典型形态的采邑;这种采邑当然只是一种短暂的、并非到处同时出现的形态。可是,只有在这种纯粹的形态上来把握它,才能理解经济关系的这样一些历史表现形式,而罗特的主要功绩之一就在于，他去除一切芜杂的附属物，取出了采邑这种古典形态。

……

弗·恩格斯写于1878年中~1882年初
第一次用俄文发表于《马克思恩格斯全集》1937年俄文第1版第16卷第1分册

原文是德文
选自《马克思恩格斯全集》第25卷，人民出版社，2001，第255~270页

注释：

[1]《法兰克时代》是恩格斯在1878~1882年写的手稿，恩格斯生前没有发表过。同《论德意志人的古代历史》的手稿一样，本文也是研究德意志人历史的专门著作的一部分（见《马克思恩格斯全集》（第二版）第25卷，第735页注158）。

[2] 民族大迁徙指3~7世纪日耳曼、斯拉夫及其他部落向罗马帝国的大规模迁徙。4世纪上半叶，日耳曼部落中的西哥特人因遭到匈奴人的进攻侵入罗马帝国。经过长期的战争，西哥特人于5世纪在西罗马帝国境内定居下来，建立了自己的国家。日耳曼人的其他部落也相继在欧洲和北非建立了独立的国家。民族大迁徙对摧毁罗马帝国的奴隶制度和推动西欧封建制度的产生起了重要的作用。

[3] 这句话出自爱因哈德的《查理大帝生平》第2章，转引自保·罗特《从上古到10世纪的采邑制度史》1850年埃朗根版第352页。是恩格斯本人将其译成德文的。

[4] 敕令是中世纪早期（8~9世纪）法兰克王的立法诏书和命令。亚琛敕令为当时教会封建主和世俗封建主大规模夺取农民土地的事实提供了明证，是关于法兰克王国历史的最重要的资料之一。

[5] 这里所列举的数字出自19世纪编制的圣热尔门-德-普雷修道院地产登记册（地产、人口、收入登记册）。这个登记册第一次由法国历史学家本·盖拉尔出版，并增加了注释，书名为《修道院院长伊尔米农的地产登记册》1844年巴黎版第1~2卷。恩格斯转引自保·罗特《从上古到10世纪的采邑制度史》1850年埃朗根版，第254~258页。

卡·马克思和弗·恩格斯

致日内瓦1830年波兰革命50周年纪念大会[1]

公民们：

一些波兰人在自己的国家遭受第一次瓜分以后，就离开了自己的祖国，远涉大西洋，去保卫刚刚诞生的伟大的美利坚共和国。考斯丘什科和华盛顿并肩战斗。1794年，当法国革命艰难地抵抗同盟的武力时，光荣的波兰起义使它摆脱了威胁。波兰丧失了自己的独立，法国革命却得到了拯救。起义失败的波兰人加入了"长裤汉"军队，帮助他们去推翻封建的欧洲。最后在1830年，当沙皇尼古拉和普鲁士国王①即将对法国发动一次新的入侵以实现其复兴正统王朝的计划时，你们今天所纪念的波兰革命挡住了他们的道路。"华沙恢复了秩序"。

"波兰万岁！"这个在当时响彻整个西欧的口号，不仅表达了对遭受暴力摧残的爱国战士们的同情和钦佩，人们还用这句口号向这个民族表示敬意，这个民族所举行的各次起义，尽管对它本身说来如此不幸，但却总是制止了反革命的进攻，这个民族的优秀儿子从未停止过以武力回击敌人，他们到处在人民革命的旗帜下进行着战斗。另一方

---

① 弗里德里希-威廉三世。——编者注

面，波兰的被瓜分，加强了目的在于掩饰沙皇对欧洲各国政府的霸权的神圣同盟。因此，"波兰万岁！"这个口号意味着消灭神圣同盟，消灭俄国、普鲁士和奥地利的好战分子，消灭蒙古人对现代社会的统治！

从1830年法国和英国的资产阶级在不同程度上掌握政权以来，无产阶级运动就开始显露出来。早在1840年，英国的有产阶级不得不乞灵于武力来对付工人阶级的第一个战斗组织宪章派。与此同时，在独立的波兰的最后一个角落，即在克拉科夫，于1846年爆发了第一次宣布社会主义要求的政治革命[2]。从那时起，波兰就失去了整个欧洲的任何虚伪的同情。

1847年，在伦敦秘密地召开了无产阶级的第一次国际性代表大会[3]，大会发表了《**共产党宣言**》，宣言结尾提出一个新的革命的口号："全世界无产者，联合起来！"。波兰有自己的代表出席这次代表大会。在布鲁塞尔召开的公众集会[4]上，著名的列列韦尔和他的同志们表示赞同代表大会的决议。在1848年和1849年，德国、意大利、匈牙利、罗马尼亚的革命大军都有很多波兰人。他们无论是士兵还是将军，都表现得出类拔萃。尽管这一时期的社会主义理想被淹没在六月日子的血泊中，然而1848年革命——决不可以忘记这一点——的熊熊火焰几乎燃遍了整个欧洲，有个时期曾把整个欧洲变成一个共同体，从而为国际工人协会奠定了基础。1863年的波兰起义曾引起英法工人对本国政府的国际暴行一致表示抗议，这次起义成为在波兰流亡者参与下创立的国际的起点。最后，在波兰流亡者中间也有巴黎公社的真正的领袖[5]。公社失败以后，只要是波兰人，就会被凡尔赛军事法庭下令枪杀。

总之，在自己的祖国以外，波兰人在争取无产阶级解放的斗争中起了巨大的作用，他们都是优秀的无产阶级国际战士。现在，当这一斗争正在波兰人民中间发展起来的时候，愿它得到流亡者的宣传和报刊的支持，愿它和我们俄国兄弟的卓绝的斗争联合起来；这将是重提"波兰万岁！"这一老口号的又一理由。

敬礼和兄弟情谊!

(签名):卡尔·马克思

弗里德里希·恩格斯

保尔·拉法格

弗·列斯纳

1880年11月27日于伦敦

卡尔马克思和弗恩格斯写于1880年11月27日
载于1880年12月4日《先驱者》第49期

原文是法文
中文根据《马克思恩格斯全集》1985年历史考证版第一部分第25卷翻译
选自《马克思恩格斯全集》第25卷,人民出版社,2001,第444~446页

注释:

[1] 马克思和恩格斯的这封也有保·拉法格和弗·列斯纳签名的贺信,是1880年11月29日在日内瓦召开的1830年波兰起义纪念会上宣读的。纪念会是由波兰流亡者创办的月刊《平等》杂志编辑部发起的。参加纪念会的约有500名社会主义者,是各民族革命运动的代表,其中有波兰人、俄国人、德国人、法国人、意大利人、瑞士人。

为使更多的人参加这次纪念会,《平等》杂志编辑部事先散发了传单,并在报刊上发了启事,向有关人士专门寄送请柬。恩格斯于1880年11月收到了用法文书写的请柬,上面有斯·门德尔松的签名。马克思、保·拉法格、弗·列斯纳很可能也受到了邀请,因此才会以国际工人协会总委员会前委员的身份在这份贺信上一起签名。贺信落款的日期是1880年11月27日,可以证实,贺信完稿的日期是同一天,很可能也是在同一天寄出的。当时居住在伦敦的保·拉法格和弗·列斯纳也一起签了名,从内容和格式上看,这封贺信无疑是出自马克思和恩格斯的手笔。这一点可以从1882年2月7日恩格斯给考茨基的信中得到证实。从马克思和恩格斯当时的情况来看,这封贺信很

可能是由恩格斯起草的。

贺信是用法文写的，原件没有保存下来。贺信第一次以原件的文字发表在1880年12月4日《先驱者》第49期上。

马克思和恩格斯在贺信中从分析蓬勃发展的国际工人运动入手，得出了有关波兰无产阶级应采取的策略的崭新观点，指出了正在兴起的波兰工人运动以及波兰工人运动与俄国革命民主主义、无产阶级革命运动联合起来是波兰人获得解放的必不可少的前提。这封贺信实际上间接地介入了波兰流亡者中各派组织就斗争方式和目的，尤其是与民族和社会解放的关系而展开的辩论。贺信要求并支持波兰的工人运动和俄国的革命运动实行必要的联合。1880年波兰的革命组织无产者与俄国民意党的一部分人正式完成了联合，为争取恢复波兰的独立开创了新局面。

贺信被译成波兰文收入了《纪念十一月起义50周年国际大会的报告集》1881年日内瓦版；贺信后来被译成德文发表在1880年12月19日《工人纪事周报》（布达佩斯）第51号上。

[2] 克拉科夫是由1815年维也纳会议决定宣布成为"自由城市"的，但实际上一直被奥地利军队占领。1846年2月20日，在克拉科夫首先爆发反对奥地利占领的起义。起义的主要参加者有工人、小手工业者及克拉科夫附近乡村的农民。起义的发起人是以埃·邓波夫斯基为首的波兰革命民主主义者，他们在纲领中不仅提出争取把波兰从外来势力的统治下解放出来的要求，同时还准备满足农民反封建的种种要求。

1846年2月22日，奥地利军队撤离了克拉科夫城，同一天克拉科夫的起义者宣布波兰独立并成立了波兰共和国民族政府。3月初，奥地利军队重新占领克拉科夫，起义被镇压下去，当年11月，奥地利、普鲁士和俄国签订了把克拉科夫并入奥地利帝国的条约。

[3] 指1847年11月29日~12月8日在伦敦召开的共产主义者同盟第二次代表大会。马克思和恩格斯参加了大会的工作。

[4] 指1848年2月22日在布鲁塞尔举行的纪念克拉科夫起义二周年的集会，参加集会的波兰公民大约有1000人。

[5] 大约有400名波兰流亡者参加了巴黎公社的战斗。波兰革命者瓦·符卢勃列夫斯基和雅·东布罗夫斯基曾是巴黎公社的军事领袖。

弗·恩格斯

恩格斯致爱德华·伯恩施坦

苏黎世

1881年3月12日于伦敦

……

关于爱尔兰，只说这么一点：爱尔兰人只有过分聪明，才会不知道起义对他们来说会是灭亡；只有在英国和美国之间发生战争的情况下，起义才有成功的希望。在此期间，爱尔兰人迫使格莱斯顿在议会中实行大陆式的会议规则[1]，从而破坏了整个英国议会制度。他们还进一步迫使格莱斯顿抛弃了自己的一切空话并且变得比最激烈的托利党人更象托利党人。高压法[2]通过了，土地法案[3]会被上院或者否决，或者阉割，那时就会开始争吵了，即各党派的秘密分化就会公开。从格莱斯顿上台时起，辉格党人和温和的托利党人，也就是全体大土地占有者正在悄悄地联合成一个土地占有者的大党。一旦这点完全成熟，家族的和个人的利益就会得到调整，或者，例如一旦土地法案使这个新党走上社会舞台，内阁和现在的多数马上就会垮台。那时新的资产阶级激进派会出来对抗新的保守派，但是除了工人和爱尔兰农民以外，没有任何其他后盾。为了在这里不再发生愚弄和欺骗，在约瑟夫·考恩（新堡选出的议员）的领导下刚刚在组成一个无产阶级激进派。约瑟夫·考恩是一个老宪章主义者，即使不是个完全的共产主义者，也是个半共产主义者，并且是个非常出色的人物。爱尔兰在促成一切；爱尔兰是帝国内的推动因素。……

您的 弗·恩·

选自《马克思恩格斯全集》第 35 卷，
人民出版社，1971，第 162～165 页

注释：

[1] 大概是指 1881 年 2 月 3 日下院根据格莱斯顿的提议所通过的一项在英国议会实行新的议事程序的决议。爱尔兰的反对派在下院里采取了妨碍议事的策略，使议会无法通过关于在爱尔兰实行高压法（见《马克思恩格斯全集》（第一版）第 35 卷，第 501 页注 167）法案，因此格莱斯顿就提出了议长有权随时打断发言者的发言并将其逐出会议厅的决议案。

[2] 英国议会在十九世纪曾经数次通过高压法（coercion bills）来镇压爱尔兰的革命运动和民族解放运动，其中在 1881 年初，下院通过了两个关于在爱尔兰实行高压法的法案。根据这些法律，在爱尔兰境内实行了戒严，英国当局取得了特别的全权。

[3] 1881 年土地法案从 1880 年年底起就在议会中讨论，但直到 1881 年 8 月 22 日才成为法律（见《马克思恩格斯全集》（第一版）第 35 卷，第 469～470 页注 19）。

弗·恩格斯

恩格斯致卡尔·考茨基

苏黎世

1882年2月7日于伦敦

亲爱的考茨基先生：

我终于着手答复您11月8日的来信了。

1848年革命的实际任务之一（而一次革命的**实际的**、非幻想的任务总是通过这一革命得到解决的），是恢复中欧那些被压迫、被分割的民族，因为一般说来当时它们是有生命力的，特别是已经成熟得可以独立了。对于意大利、匈牙利和德国来说，这一任务由革命的遗嘱执行人波拿巴、加富尔、俾斯麦根据当时的情况予以解决了。剩下的是爱尔兰和波兰。这里可以撇开爱尔兰不谈，它只是非常间接地影响大陆的事务。而波兰地处大陆中部，使波兰保留分割状态的，正是一再把神圣同盟[1]联结起来的那种联系，所以波兰使我们很感兴趣。

一个大民族，只要还没有实现民族独立，历史地看，就甚至不能比较严肃地讨论任何内政问题。1859年以前，在意大利根本谈不上社会主义，甚至当时算是最有活力的因素的共和主义者也并不很多。共和主义者到1861年以后才多起来，他们当中最优秀的力量后来投入了社会主义者的行列。[2]德国的情况也是这样。拉萨尔在幸运地被枪弹击中的时候,已经准备承认事业失败并准备放弃事业了。只是在1866年大普鲁士统一小德意志[3]的问题实际解决了以后,拉萨尔派[4]也好,所谓爱森纳赫派[5]也好,才有了意义;只是从1870年波拿巴进行干涉的渴望彻底破灭以后,事业才蓬勃发展起来。假如在我们这里还保留着旧的联邦议会[6],那么,我们的党会怎么样啊!匈牙利的情况也一样。只是从1860年起,它才被卷入现代的运动[7]:上层是欺诈,下层是社会主义。

无产阶级的国际运动,无论如何只有在独立民族的范围内才有可能。1830~1848年,有点共和主义色彩的国际主义寄希望于法国,认为它负有解放欧洲的使命,**其结果,法国的沙文主义日益加强**,以致法国解放世界的使命及其与此相联的领导运动的长子权利,直到现在还在步步妨碍着我们(这在布朗基主义者身上表现为滑稽的形式,在比如马隆及其同伙身上也表现得很强烈)。而在国际①中,法国人也把这个观点当做天经地义的东西来坚持。只有事变才能教育他们,而且还要天天教育他们——以及许多其他的人,使他们知道,只有在**平等者**之间才有可能进行国际合作,甚至平等者中间居首位者也只在直接行动的条件下才是需要的。只要波兰还被分割,还受压迫,那么,不仅在国内不可能形成强大的社会主义政党,而且德国和其他国家的无产阶级政党也不可能同**除流亡者以外的任何波兰人**进行真正的国际交往。每一个波兰的农民和工人,一旦从自己的闭塞状态中觉醒,参加为共同利益进行的斗争,首先就会碰到存在民族压迫的事实,这一事实到处都是他们前进道路上的第一个障碍。排除民族压迫是一切健康而自由的发展的基本条件。那些不把解放国家提到自己纲领的首要地位的波兰社会主义者,我比之为不愿意要求首先废除反社会党人法,实行新闻出版、结社和集会自由的德国社会主义者。为了能够进行斗争,首先需要有土壤、空气、光线和场地。否则,一切都是空话。

---

① 指国际工人协会。——编者注

关于在最近一次革命**之前**波兰是否能恢复的问题，没有什么意义。**我们**根本无意阻止波兰人去努力争取为自己的进一步发展所必需的条件，或者硬要他们相信，从国际观点来看民族独立是很次要的事情，恰恰相反，民族独立实际上是一切国际合作的基础。此外，在1873年，德国同俄国差一点打起仗来[8]，所以当时波兰完全可能**以某种形式**得到恢复，成为以后的真正的波兰的萌芽。如果俄国的先生们不马上停止自己的泛斯拉夫主义阴谋和在黑塞哥维那的挑唆[9]，他们就会招致一场他们自己、奥地利和俾斯麦都控制不了的战争。黑塞哥维那的事态变得严重，只有俄国的泛斯拉夫主义政党和沙皇感兴趣；波斯尼亚匪帮则同目前在那里活动的愚蠢的奥地利大臣和官僚一样，并不会引起人们多大的兴趣。因此，甚至**不经过起义**，而仅仅由于欧洲的冲突就恢复独立的小波兰，这并不是绝对不可能的。这就像资产阶级所发明的普鲁士小德意志一样，它并不是靠这个资产阶级所幻想的革命道路或议会道路，而是靠战争建立的。

因此，我认为，欧洲有**两个**民族不仅有权利，而且有义务在成为国际的民族以前先成为国家的民族：这就是爱尔兰人和波兰人。他们只有真正成为国家的民族时，才更能成为国际的民族。波兰人在历次危难中懂得了这一点，并且在历次革命战争的战场上证明了这一点。如果剥夺他们恢复波兰的期望，或者硬要他们相信一个新波兰不久就会从天上掉下来给他们，他们就会对欧洲革命失去任何兴趣。

我们尤其没有丝毫理由在波兰人不可避免地渴望独立的时候去阻挡他们。第一，他们在1863年发明和运用了俄国人现在很有成效地加以仿效的斗争方法（《柏林和彼得堡》附件二）[10]；第二，在巴黎公社中，他们是唯一可靠而有才干的统帅[11]。

而反对波兰人的民族意向的是哪些人呢？第一，是欧洲的资产者，波兰人从1846年起义[12]以来，同时也由于自己的社会主义倾向，失去了欧洲资产者的任何信任；第二，是俄国的泛斯拉夫主义者和受他们影响的人，比如以赫尔岑的眼光看问题的蒲鲁东。要知道，在俄国人中间，甚至在他们的优秀人物中间，现在已摆脱了泛斯拉夫主义的倾向和记忆的人寥寥无几；俄国负有泛斯拉夫主义的使命，在他们看来是毫无疑问的，就像法国天生享有革命倡导权在法国人看来是毫无疑问的一样。其实，泛斯拉夫主义是在并不存在的**斯拉夫**民族这一假面具之下争夺世界霸权的骗术，它是我们和俄国人的最凶恶的敌人。这种骗术总有一天会烟消云散，但目前还是会给我们造成很大的麻烦。目前正在酝酿着一场泛斯拉夫主义的战争，这是拯救俄国沙皇制度和俄国反动势力的最后一点指望；战争会不会爆发，是一个很大的疑问，但是如果战争爆发，那么只有一点是肯定的：在德国、奥地利和俄国那里朝着革命方向顺利发展的情况，将受到极大的破坏，并且会被推到现在还很难预言的其他道路上去。在最好的情况下，我们也会因此丧失三年到十年的时间，那时情况很可能是：在德国，可能也在俄国，宪制的"新纪元"[13]的死期还要推迟一段时间；德国统治小波兰；对法国进行报复战争；各民族互相进行新的挑拨离间；最后，形成新的神圣同盟。所以，泛斯拉夫主义虽然已经快进坟墓了，或者正是因为这样，它现在比任何时候都更是我们的死敌。卡特柯夫们、阿克萨科夫们、伊格纳季耶夫们及其同伙都知道，只要沙皇制度一被推翻，俄国人民一登上舞台，他们的王国就永远完蛋了。因此，在国库空虚而又没有一个银行家肯借给俄国政府一文钱的时候，就产生了进行战争的这种热望。

所有泛斯拉夫主义者都恨死了波兰人，因为波兰人是唯一**反对**泛斯拉夫主义的斯拉夫人，他们是神圣的斯拉夫事业的叛徒，因而必须用暴力将他们圈在大斯拉夫沙皇帝国之内，帝国未来的首都将是沙皇格勒，即君士坦丁堡。

您可能要问我，难道我对被插进斯拉夫民族中去的三个楔子——德意志人、马扎尔人和土耳其人——分割得支离破碎的那些小的斯拉夫民族和民族碎片不抱任何同情吗？的确是少极了。捷克斯洛伐克人呼救道："上帝啊，世界上竟没有人公正地对待斯拉夫人！"① 彼得堡予以响应，于是捷

---

① 见扬·科拉尔《光荣的女儿》第3篇《多瑙河》。——编者注

克的整个民族运动都盼望沙皇"公正地对待"他们。其他的人：塞尔维亚人，保加利亚人，斯洛文尼亚人，加利西亚的卢西人（至少是一部分）的情况也是如此。我们却不能赞同这些目的。只有在沙皇制度崩溃以后，这些小民族的民族意向同谋求世界霸权的泛斯拉夫主义倾向脱离了联系时，我们才能给予他们行动自由，而且我深信，对于多数奥地利—匈牙利的斯拉夫人来说，只要有六个月的独立，他们就会央求接受他们回去。但是无论如何不能承认这些小民族目前在塞尔维亚、保加利亚和东鲁米利亚硬说自己拥有的那种权利，即阻止修筑通向君士坦丁堡的欧洲铁路网的权利……

选自《马克思恩格斯文集》第 10 卷，
人民出版社，2009，第 471~475 页

注释：

[1] 神圣同盟是欧洲各专制君主镇压欧洲各国进步运动和维持封建君主制度的反动联盟。该同盟是战胜拿破仑第一以后，由俄国沙皇亚历山大一世和奥地利首相梅特涅倡议，于 1815 年 9 月 26 日在巴黎建立的，同时还缔结了神圣同盟条约。几乎所有欧洲君主国家都参加了该同盟。这些国家的君主负有相互提供经济、军事和其他方面援助的义务，以维持维也纳会议上重新划定的边界和镇压各国革命。神圣同盟为了镇压欧洲各国资产阶级革命和民族解放运动，先后召开过几次会议。由于欧洲诸国间的矛盾以及民族革命运动的发展，1830 年法国七月革命后神圣同盟实际上已经瓦解。

[2] 1859 年奥意战争结束以后，1861 年 3 月，通过革命群众的斗争诞生了意大利王国，但不包括威尼斯和罗马。恢复民族的统一为开展独立的工人运动提供了基础。

[3] 普鲁士在 1866 年普奥战争中取得胜利以后，于 1867 年成立了以普鲁士为首的北德意志联邦（见《马克思恩格斯文集》第 10 卷，第 751 页注 218），其成员有 19 个德意志邦和 3 个自由市。1870 年，北德意志联邦又吸收了德国西南的 4 个邦（巴登、黑森、巴伐利亚和符腾堡），并于 1871 年成立了德意志帝

国。历史上把在普鲁士领导下实现统一的德意志联邦称为"小德意志"。

[4] 拉萨尔派是19世纪60~70年代德国工人运动中的机会主义派别,斐·拉萨尔的信徒,主要代表人物是约·巴·施韦泽、威·哈森克莱维尔、威·哈赛尔曼等。该派的组织是1863年5月由拉萨尔创立的"全德工人联合会"。拉萨尔派反对暴力革命,认为只要进行议会斗争,争取普选权,就可以把普鲁士君主国家变为"自由的人民国家";主张在国家帮助下建立生产合作社,把资本主义和平地改造为社会主义;支持普鲁士政府通过王朝战争自上而下地统一德国的政策。马克思和恩格斯同拉萨尔派的机会主义路线进行了坚决的斗争。1875年,拉萨尔派与爱森纳赫派合并为德国社会主义工人党。

[5] 1869年8月7~9日在德国爱森纳赫举行了德国、奥地利和瑞士社会民主主义者全德代表大会。会上成立了德国无产阶级的独立的革命政党德国社会民主工党,即爱森纳赫派或爱森纳赫党。该党的领导人是奥·倍倍尔和威·李卜克内西。党的领导机构是由五人组成的执行委员会,会址设在不伦瑞克,通称不伦瑞克委员会。另有十一人组成的监察委员会负责对执行委员会的工作进行检查,会址设在维也纳。该党成为国际工人协会的一个支部。这次大会通过的纲领,即爱森纳赫纲领,总的来说是符合国际工人协会共同章程的精神的。

[6] 联邦议会是根据1815年维也纳会议决议成立的德意志联邦唯一的中央机关,由德意志各邦的代表组成,会址设在美因河畔法兰克福,由奥地利代表担任主席。联邦议会并不履行政府的职能,事实上成了德意志各邦政府推行反动政策的工具。它干预德意志各邦的内部事务,其目的在于镇压各邦的革命运动。1848年三月革命以后,反动势力企图加紧联邦议会的活动,以达到反对人民主权的原则和反对德意志民主联合的目的。1851~1859年,普鲁士驻联邦议会的全权代表是俾斯麦,最初他力求和奥地利结盟,后来采取了坚决反奥的立场。1859年初卡·乌泽多姆被任命为普鲁士的全权代表。1866年普奥战争时期,德意志联邦被北德意志联邦所取代,联邦议会也不复存在。

[7] 1860年,匈牙利的人民运动在争取民族独立的斗争中取得了局部的胜利,1860年颁布的《十月诏书》废除了匈牙利1848年以前的旧宪法的部分条款。1867年,匈牙利成了奥地利统治下的联盟中的一个独立王国,这是资本主义得以迅速发展和工人运动日益壮大的基础。

[8] 1873～1874年,俾斯麦政府力图挑起对法战争。在这一冲突中,俄国政府站在法国一边。由于俄国、奥地利和英国对德国政府施加压力,俾斯麦的这一企图未能实现。

[9] 1878年6月13日～7月13日,英国、德国、奥匈帝国、法国、意大利、俄国和土耳其在柏林举行了国际会议。迫于军事恐吓和外交压力,俄国政府将圣斯特凡诺初步和约提交会议审议。该和约是俄国在1877～1878年俄土战争获胜后于1878年3月3日同土耳其缔结的,它加强了俄国在巴尔干的势力,引起了得到德国暗中支持的英国和奥匈帝国的强烈抗议。柏林会议最后作出了解决东方危机的临时决议。1882年1月,在奥地利根据柏林会议决议占领的波斯尼亚和黑塞哥维那爆发了起义。起义是由于占领区兵役制实施法案的通过而引起的,在1882年2月上半月达到了高潮。沙皇政府心怀叵测,极力利用起义谋取私利。

[10] 指1863年1月在被沙皇俄国吞并的波兰领土上爆发的1863～1864年民族解放起义。起义被沙皇政府镇压下去了。1863～1864年波兰起义是波兰人民民族解放斗争中的一个重要阶段,具有重大的国际意义,它得到了俄国和欧洲革命民主派的深切同情和支持。欧洲工人同波兰民族解放运动团结一致,为建立国际工人协会创造了重要的先决条件。恩格斯在这里提到的匿名书籍《柏林和圣彼得堡。普鲁士人论俄德关系史》(1880年莱比锡版)出自德国资产阶级政论家尤·埃卡尔特的手笔。该论文集的附录二是专门论述1863～1864年波兰起义的。

[11] 在巴黎公社时期,许多波兰革命流亡者同巴黎无产阶级并肩作战。他们当中最著名的人物有瓦·符卢勃列夫斯基和雅·东布罗夫斯基。他们两人都是有才干、勇敢而忠诚的统帅。符卢勃列夫斯基被任命为将军,指挥巴黎公社的三个集团军之一。东布罗夫斯基将军起初负责极其重要的前沿阵地的守卫,后来统帅巴黎公社的第一集团军,并于1871年5月被任命为巴黎公社武装部队总司令。

[12] 1846年2月,波兰人民为争取民族解放曾准备举行起义。起义的主要发起人是波兰的革命民主主义者埃·邓波夫斯基等人。但是,由于波兰小贵族的背叛以及起义领袖遭普鲁士警察逮捕,总起义未能成功。仅在从1815年起由奥地利、普鲁士和俄国共管的克拉科夫举行了起义,起义者在2月22日获

胜并建立了国民政府，发表了废除封建徭役的宣言。克拉科夫起义在1846年3月初被镇压。1846年11月，奥地利、普鲁士、俄国签订了关于把克拉科夫并入奥地利帝国的条约。

[13] 恩格斯在这里把俄国1861年废除农奴制之后开始的改革时期比做普鲁士1858～1862年的所谓"新纪元"时期。沙皇政府在1853～1856年克里木战争失败后进行了一系列改革：1861年废除农奴制；实行地方政府的改革；1864年起实施新的法院规章制度，以及财政体制改革等等。这一系列改革使俄国在转变为资产阶级君主制国家的道路上迈出了一步。马克思曾就这个问题写了《关于俄国1861年改革和改革后的发展的札记》（见《马克思恩格斯全集》中文第1版第19卷）一文。

关于普鲁士的"新纪元"见《马克思恩格斯文集》第10卷，第744页注180。

弗·恩格斯

恩格斯致爱德华·伯恩施坦（节选）

苏黎世

1882 年 2 月 22、25 日于伦敦

……

（1）因为关于泛斯拉夫主义的问题变得越来越尖锐了，（2）因为现在，在马克思走了[1]之后，我又要真正坐下来进行工作，今后再也没有时间来作如此详细的阐述了。

……

既然您已经同情"被压迫的"南方的斯拉夫人，所以我的信并没有说服您，这是完全可以理解的。要知道，原先——因为我们大家起初都是从自由主义或激进主义走过来的——我们从那里学会了这种对一切"被压迫"民族的同情，我还记得，我花了多少时间和作了多少研究之后，才摆脱了这一套，——不过，已经彻底摆脱了。

但是，我要请您别把我从来没有发表过的意见强加在我的头上。奥格斯堡《总汇报》已经使用了多年的一些奥地利的官方论据，同我毫不相干。其中正确的东西，已经过时，而没有过时的东西，又不正确。我决没有丝毫理由抱怨奥地利的离心运动。一旦俄国爆发了革命，也就是说，一旦那里召集了某种代表会议,"对付俄国的堤防"就会变成多余的东西。从那一天起,俄国就会忙于内部事务,泛斯拉夫主义就会彻底垮台,帝国的崩溃就会开始。泛斯拉夫主义只不过是"有教养的阶层"、城市和大学、军队和官吏的人为的产物;农村对它毫无所知,甚至领地贵族也如此窘困,以致于诅咒一切战争。从1815到1859年,奥地利尽管实行胆小而愚蠢的政策,的确**曾经是**一道对付俄国的堤防。可是现在,在俄国革命的前夜,重新让它充当"堤防"角色,那就意味着延续奥地利的存在,重新为它的存在提供历史的根据,推迟它无法避免的崩溃。这真正是历史的讽刺:奥地利容许斯拉夫人进行统治,就是自己承认,至今它存在的唯一理由已经不存在了。而且,对俄国的战争,在二十四小时之内就可以结束斯拉夫人在奥地利的统治。

您说,将来一旦各斯拉夫民族(又把波兰人除外!)再也没有根据把俄国看作是他们的唯一的解放者的时候,泛斯拉夫主义就完蛋了。这说起来容易,听起来也似乎有道理。但是,第一、泛斯拉夫主义的危险——既然存在这种危险——不在边远地区,而在中心地区,不在巴尔干,而在给沙皇制度提供兵员和金钱的八千万奴隶当中。由此可见,就是应该把杠杆摆到这里,要知道它**已经**摆好了。难道要用战争再把它搬开吗?

第二、各小斯拉夫民族把沙皇看作是他们唯一的解放者,这种情况怎么会产生,我不打算作深入的研究。他们的看法是这样,这就够了;我们无法改变这种看法,而且只要沙皇制度没有推翻,这种看法会一直保持下去;一旦发生战争,这些令人感兴趣的小民族就会站在沙皇制度一边,即站在资本主义发达的整个西方的敌人一边。只要情况是这样,我就不可能对它们的**直接的**、迅速的解放感兴趣,它们同它们的盟友和庇护者沙皇一样,仍将是我们的直接的敌人。

我们应当为争取西欧无产阶级的解放而共同奋斗,应当使其他的一切都服从这个目的。不管巴尔干的斯拉夫人等等多么令人感兴趣,只要他们的解放愿望同无产阶级的利益相抵触,那我就同他们毫不相干。亚尔萨斯人也受压迫,将来我们再次丢开他们的时候,我会感到高兴。如果在迫在眉睫的革命的前夜，他们想要挑起法国和德国之间的战争，再次煽动这两国人民去互相残杀，从而把革命推迟下去的话，那我就要说："且慢！欧洲无产阶级可以忍耐多久，你们也可以忍耐多久。当他们得到解放的时候，你们自然也会得到自由，而到那个时候以前，我们不许你们阻挡正在进行斗争的无产阶级的去路。"对斯拉夫人来说也是这样。无产阶级的胜利必然会给他们带来真正的解放，而不是象沙皇能够给他们的那种虚假的和暂时的解放。因此，到现在为止不仅没有为欧洲和它的发展作任何事情、反而是这种发展的障碍的斯拉夫人，应该具有哪怕是同我们的无产者同样的耐性。为了几个黑塞哥维那人而发动一场世界大战，夺去比黑塞哥维那的全部人口还要多千倍的生命，依我看，无产阶级的政策不应当是这样的政策。

沙皇怎样去"解放"呢？请去问问乌克兰的农民，叶卡特林娜起先也曾把他们从"波兰的压迫下"解放出来过（借口是宗教），其目的仅仅是为了后来吞并他们。俄国泛斯拉夫主义的全部欺骗实质上是什么呢？就是要侵占君士坦丁堡——仅此而已。只有实行这种侵占才能有力地影响俄国农民的宗教传统，鼓动他们去保卫神圣的沙皇格勒，延长沙皇制度的寿命。只要俄国人一占领君士坦丁堡，保加利亚和塞尔维亚的独立和自由就完了：这些兄弟们（bratanki）很快会感觉到，过去甚至在土耳其人统治下他们还要好过得多。这些兄弟们完全是因为幼稚透顶，才相信沙皇关心的是他们的利益，而不是他本身的利益。

您说，大塞尔维亚也可以成为同奥地利一样的对付俄国的好堤防。我已经讲过，从革命运动已经在俄国强大起来的时候起，我就认为这种"堤防"的理论一文不值。我也说过，我怀着满意的心情期待着奥地利的崩溃。现在我们且来谈谈这些小民族的**特质**，因为当说到我们的同情心的时候，对这种特质也是应当加以考虑的。

经过两代到四代，在普遍的欧洲革命之后，建立大塞尔维亚无疑是可能的；而目前，在它的成员的现有文化水平的条件下，同样无疑，它是不可能的。

（1）按宗教信仰来说，塞尔维亚人分为三部分（数字引自沙法里克的《斯拉夫人通信集》，都是1849年的数字）：正教徒二百八十八万人；天主教徒，包括讲塞尔维亚语的所谓克罗地亚人在内，共二百六十六万四千人，不包括克罗地亚人在内，则为一百八十八万四千人；伊斯兰教徒五十五万人。而对这些人来说，现在宗教比民族性还更重要，并且每一种宗教信仰**都想**取得统治地位。在这里没有取得哪怕使信教自由成为可能的那种文化上的进步以前，建立大塞尔维亚只会导致内战。——请看附上的《旗帜报》。

（2）国内有三个政治中心：贝尔格莱德、门的内哥罗、阿格拉姆①。不管是克罗地亚人或门的内哥罗人，都不愿意服从贝尔格莱德的统治。相反地，门的内哥罗人和他们的朋友，即克里沃什②和黑塞哥维那的一些落后的小民族，都要保卫自己的"独立"，反对贝尔格莱德和任何其他的中央政府，不管它是不是塞尔维亚人的政府，他们都将象对土耳其人和奥地利人一样加以反对。这种独立的含义是，他们为了证明自己对压迫者的仇恨，就从自己的"被压迫的"塞尔维亚同胞那里盗窃牲口和其他动产，如同他们在一千年以前所做的那样；谁要侵犯他们这种抢劫的权利，谁就是侵犯他们的独立。我可以满有把握地断言：在欧洲中部存在着这样一些落后的小民族，这是时代的错误。即使这些人具有瓦尔特·司各脱所歌颂的苏格兰高地居民——其实他们也是劫夺牲口的大盗——的那些优点，我们最多也只能谴责现代社会所采用的迫害他们的**方法**。如果我们执政，**我们也**应当结束这些好汉们积习已深的、象黎纳尔多·黎纳尔丁尼和施因德汉斯一样进行抢劫的那种自古以来的传统。要是有一个大塞尔维亚政府的话，它也非这么办不可。所以，从这个观点来看，建立大塞尔维亚，意味着重新挑起现在黑塞哥维那人正在进行着的那种斗争，即挑起同门的内哥

---

① 克罗地亚称作：萨格勒布。——编者注
② 塞尔维亚称作：克里沃希埃。——编者注

罗、卡塔罗①、黑塞哥维那的一切高地居民的内战。

因此，仔细分析一下，建立大塞尔维亚，决不象泛斯拉夫主义者和腊施之流的自由派企图向我们描绘的那样简单和不言而喻。

话又说回来，您要同情这些落后的小民族，尽可听您的便；何况他们本来就够有诗意的了，并且正在创作着完全是古塞尔维亚风韵的民歌（古塞尔维亚的诗歌是很优美的）；为了证实这一点，我甚至可以把《旗帜报》上的一篇文章寄给您。但是，他们过去是、现在仍然是沙皇制度的工具，而在政治中是不容许有诗意般的同情的。假使这些好汉们的起义会引起世界大战，从而破坏我们的整个革命形势，那末，为了欧洲无产阶级的利益，应当毫不惋惜地牺牲他们以及他们盗窃牲口的权利。

总之，如果产生一个大塞尔维亚，那它只会是一个扩大了的塞尔维亚公国。塞尔维亚公国干了什么事情呢？它仿效奥地利的榜样，建立了一种由在西方——大部分是在维也纳——受过教育的贝尔格莱德人和出生于其他城市的人组成的开明的官僚制度；这些人对农民的公共所有制关系毫无所知，并且仿效奥地利的榜样，颁布沉重地打击这种关系的法律，从而，农民大批大批地遭受贫穷和剥夺，而他们在土耳其人统治时代却享有**充分的自治权**，富裕起来，纳的税也少得多。

……

选自《马克思恩格斯全集》第 35 卷，
人民出版社，1971，第 269~275 页

注释：

[1] 1882 年 2 月初，马克思根据医生的建议赴阿尔及尔治病，在那里从 1882 年 2 月 20 日住到 5 月 2 日。在赴阿尔及尔途中，马克思顺便去看望了他在阿尔让台（巴黎城郊）的大女儿燕妮·龙格，在那里从 2 月 9 日住到 2 月 16 日。

---

① 塞尔维亚称作：科托尔。——编者注

弗·恩格斯

布鲁诺·鲍威尔和原始基督教[1]（节选）

……

罗马帝国在消灭各民族政治和社会独特性的同时，也消灭了他们独特的宗教。古代一切宗教都是自发的部落宗教和后来的民族宗教，它们从各民族的社会条件和政治条件中产生，并和这些条件紧紧连在一起。宗教的这种基础一旦遭到破坏，沿袭的社会形式、传统的政治设施和民族独立一旦遭到毁灭，那么从属于此的宗教自然也就会崩溃。本民族神可以容许异民族神和自己并立（这在古代是通常现象），但不能容许他们居于自己之上。东方的祭神仪式移植到罗马，只损害罗马宗教，但不能阻止东方宗教的衰落。民族神一旦不能保卫本民族的独立和自主，就会自取灭亡。情况到处都是这样（农民，特别是山地农民除外）。庸俗哲学的启蒙作用（我简直想说是伏尔泰主义[2]）在罗马和希腊所做到的事情，在各行省由于罗马帝国的奴役，以及由于那些从前以享有自由而自豪的战士被绝望的臣民和自私的无赖所取代，同样也做到了。

这就是当时的物质和精神状况。现状不堪忍受，未来也许更加可怕。没有任何出路。悲观绝望，或从最猥鄙的感官享乐中寻求解脱——至少有可能让自己这样做的**那些人**是如此，可是这只是极少数人。其余的人就只好俯首帖耳地服从于不可避免的命运。

但是，在各阶级中必然有一些人，他们既然对物质上的得救感到绝望,就去追寻灵魂得救来代替,即追寻思想上的安慰,以免陷入彻底绝望的境地。这样的安慰既不是斯多亚学派[3],也不是伊壁鸠鲁学派所能提供的,因为第一,这两个学派是不以普通人的思想为对象的哲学体系;第二,这两个学派的门徒的生活方式,把他们的学说弄得声名狼藉。安慰不是要代替那失去了的哲学,而是要代替那失去了的宗教,它必须以宗教形式出现,当时甚至直到17世纪,一切能够打动群众的东西莫不如此。

几乎用不着说明,在追求这种思想上的安慰,设法从外在世界遁入内在世界的人中,大多数必然是**奴隶**。

正是在这经济、政治、智力和道德的总解体时期,出现了基督教。它和以前的一切宗教发生了尖锐的对立。

在以前的一切宗教中,仪式是主要的事情。只有参加祭祀和巡礼,在东方还须遵守十分烦琐的饮食和洁净方面的清规,才能证明自己的教籍。罗马和希腊在后一方面是宽容的,而在东方则盛行着一套宗教戒律,这在不小程度上促使它终于崩溃。属于两种不同宗教的人(埃及人、波斯人、犹太人、迦勒底人等等)不能共同饮食,不能共同进行日常活动,几乎不能交谈。人与人之间的这种隔绝状态,是古代东方衰落的很大一部分原因。基督教没有造成隔绝的仪式,甚至没有古典世界的祭祀和巡礼。这样一来,由于它否定一切民族宗教及其共有仪式,毫无差别地对待一切民族,它本身就成了**第一个可行的世界宗教**。犹太教由于有新的万能的神,原也有成为世界宗教的趋势。但是以色列子女在信徒和行割礼的人中,依然保持着贵族身份。连基督教也必须先打破关于犹太裔基督徒的优越地位的观念(这种观念在所谓约翰启示录中仍很流行),才能变成真正的世界宗教。另一方面,伊斯兰教由于保持着它的特殊东方仪式,它的传播范围就局限在东方以及被征服的和由阿拉伯贝都因人新垦殖的北非。在这些地方它能够成为主要的宗教,而在西方却不能。

……

弗·恩格斯

马克思主义经典作家民族问题文选

弗·恩格斯写于1882年4月下半月
载于1882年5月4日和11日《社会民主党人报》第19和20号

原文是德文
选自《马克思恩格斯文集》第3卷,人民出版社,2009,第597~599页

注释:

[1]《布鲁诺·鲍威尔和原始基督教》是恩格斯论述基督教历史问题的文章。恩格斯从历史唯物主义立场出发,分析了基督教发展成为世界宗教的经济、政治和思想文化方面的原因,批判了资产阶级官方神学家在基督教历史研究领域散布的唯心主义观点。他强调,唯物主义者不应当满足于对宗教的简单否定,而应当用科学的方法研究宗教这一社会现象,弄清它在什么样的社会条件和政治条件下引起一些人的共鸣。他指出:"对于一种征服罗马世界帝国、统治文明人类的绝大多数达1800年之久的宗教,简单地说它是骗子凑集而成的无稽之谈,是不能解决问题的。只有根据宗教借以产生和取得统治地位的历史条件,去说明它的起源和发展,才能解决问题。"(见《马克思恩格斯文集》第3卷,第592页)恩格斯肯定了布·鲍威尔对研究基督教历史起源问题所作的贡献,同时指出他的唯心主义妨碍他对基督教成为世界宗教的原因作出科学的分析和确切的说明。

这篇文章写于1882年4月下半月。1882年4月13日布·鲍威尔逝世是恩格斯撰写本文的直接原因。恩格斯早在1841~1842年在柏林服兵役期间就对基督教历史问题产生了兴趣,此后仍不断进行研究(参考《马克思恩格斯全集》中文第1版第39卷,第264~265页)。恩格斯在本文中第一次公开阐述了自己多年的研究成果。后来,他在《启示录》(《马克思恩格斯全集》中文第1版第21卷)和《论原始基督教的历史》(《马克思恩格斯文集》第4卷)中对本文的观点又作了进一步的阐发。

本文最初刊登在1882年5月4日、11日《社会民主党人报》第19、20号。

[2] 伏尔泰是自然神论者,他对僧侣主义、天主教和专制政体的猛烈抨击曾对他的同时代人产生极大的影响。因此伏尔泰主义特指18世纪末期进步的、反宗教的社会政治观点。

在马克思和恩格斯的著作里,伏尔泰主义这一概念是指资产阶级在上升

时期所持的充满矛盾的思想观点和政治态度。当时，这个阶级一方面从自然神论（见《马克思恩格斯文集》第 3 卷，第 694 页注 267）的立场出发，反对宗教狂热和封建教权主义；另一方面又认为，为了对"贱民"实行统治，宗教的存在是必要的。

[3] 恩格斯提到的这一事实，布·鲍威尔在下列著作中做了阐述：《斐洛、施特劳斯、勒南和原始基督教》1874 年柏林版及《基督和君主们。基督教起源于罗马的希腊文化》1877 年柏林版。

斯多亚派是公元前 4 世纪末产生于古希腊的一个哲学派别，因其创始人芝诺通常在雅典集市的画廊（画廊的希腊文是"στοα"）讲学，故称斯多亚派，又称画廊学派。

斯多亚派哲学分为逻辑学、物理学和伦理学，以伦理学为中心，逻辑学和物理学只是为伦理学提供基础。这个学派主要宣扬服从命运的观念和带有浓厚宗教色彩的泛神论思想，其中既有唯物主义倾向，又有唯心主义思想。早期斯多亚派认为，认识来源于对外界事物的感觉，但又承认关于神、善恶、正义等的先天观念。他们把赫拉克利特的火和逻各斯看成一个东西，认为宇宙实体既是物质性的，同时又是创造一切并统治万物的世界理性，也是神、天命和命运，或称自然。人是自然的一部分，也受天命支配，人应该顺应自然的规律而生活，即遵照理性和道德而生活。合乎理性的行为就是德行，只有德行才能使人幸福。人要有德行，成为善人，就必须用理性克制情欲，达到清心寡欲以至无情无欲的境界。中期斯多亚派强调社会责任、道德义务，加强了道德生活中的禁欲主义倾向。晚期斯多亚派宣扬安于命运，服从命运，认为人的一生是注定有罪的、痛苦的、只有忍耐和克制欲望，才能摆脱痛苦和罪恶，得到精神的安宁和幸福。晚期斯多亚派的伦理思想为基督教的兴起准备了思想条件。

弗·恩格斯

恩格斯致卡尔·考茨基（节选）

维也纳

1882年9月12日于伦敦

……您问我，英国工人对殖民政策的想法如何？这和他们对一般政策的想法一样：和资产者对它的想法一样。这里没有工人政党，只有保守派和自由主义激进派，工人十分安然地分享英国在世界市场上的垄断权和英国的殖民地垄断权。依我看，真正的殖民地，即欧洲移民占据的土地——加拿大、好望角和澳大利亚，都会独立的；相反地，那些只是被征服的、由土著人居住的土地——印度、阿尔及利亚以及荷兰、葡萄牙、西班牙的属地，无产阶级不得不暂时接过来，并且尽快地引导它们走向独立。这一过程究竟怎样展开，还很难说。印度也许会，甚至很可能会闹革命，既然争取解放的无产阶级不能进行殖民战争，那就必须容许它这样做，那时自然不会没有种种破坏，但是，这类事情恰恰是任何革命都免不了的。在其他地方，如阿尔及利亚和埃及，也可能发生同样情况，这对我们来说当然是最好不过的事情。我们在自己家里将有足够的工作要做。只要欧洲和北美一实行改造，就会产生巨大的力量和做出极好的榜样，使各个半文明国家完全自动地跟着走，单是经济上的需要就会促成这一点。至于这些国家要经过哪些社会和政治发展阶段才能同样达到社会主义的组织，我认为我们今天只能作一些相当空泛的假设。不过有一点是肯定的：胜利了的无产阶级不能强迫他国人民接受任何替他们造福的办法，否则就会断送自己的胜利。当然，这决不排除各种各样的自卫战争。

埃及的事件[1]是俄国外交制造的。让格莱斯顿侵占埃及（埃及还远未落入他的手中，他即使能得到埃及，也远不能守住），以便俄国占据亚美尼亚，按照格莱斯顿的说法，这样做又可以把一个基督教国家从伊斯兰教的压迫下解放出来。在这件事上其余的一切都是幌子、托词、借口。这种企图是否会得逞，很快就会见分晓。

热情问好。

您的弗·恩·

选自《马克思恩格斯文集》第 10 卷，人民出版社，2009，第 480～481 页

注释：

[1] 指从 1879 年延续到 1882 年的埃及人民民族解放运动后期发生的一些事件。埃及人民开展民族解放运动是为了反对已对埃及实行财政监督的英法资本家对埃及进行殖民掠夺，其导火线是英法代表以债权强国的身份于 1878 年进入埃及政府担任部长。领导民族解放运动的是资产阶级知识分子的代表和曾经提出"埃及是埃及人的"这一口号的阿拉比帕沙等进步军官。由于开罗卫戍部队起义，埃及总督（执政者）被迫于 1881 年 9 月实行宪制；12 月埃及召开了国会，在其中起主导作用的是 1879 年成立的"祖国党"，其成员是那些对外国资本的把持感到不满的自由派地主和商人，以及依靠农民和小资产阶级支持的、怀有爱国主义情绪的军官和知识分子。"祖国党"的目的是要实现埃及独立并在国内建立宪制。1882 年 2 月，埃及组成了民族政府（阿拉比在政府中担任陆军部长）。民族政府开始解除外籍官员在埃及担任的职务，并计划实

行民主改革。1882年夏天，英国挑起冲突，采取了反对埃及的军事行动。在阿拉比的率领下，埃及军队和人民群众进行了英勇抵抗。1882年9月，抵抗运动遭到失败。英国侵略者在占领开罗以后，对民族解放运动的参加者进行了野蛮屠杀，埃及成了英国的殖民地。

弗·恩格斯

马尔克[1]

在德国这样一个还有大约三分之二①人口靠种地过活的国家里，有必要使社会主义工人，并且通过他们使农民知道，当前的大小土地所有制是怎样产生的；有必要拿古代一切自由人对于当时实际上是他们的"父辈的土地"，即祖传的自由的公有土地的公有制，同当前短工的贫困和小农受债务奴役的状况对比一下。所以，我打算对最古老的德意志土地制度，作一个简短的历史叙述。这种土地制度，今天虽然只剩下了很少的残迹，但在整个中世纪里，它却是一切社会制度的基础和典范，浸透了全部的公共生活，不仅在德意志，而且在法兰西北部，在英格兰和斯堪的纳维亚。可是，它完全被人遗忘了，直到最近，格·路·毛勒才重新发现了它的真正意义。[2]

有两个自发产生的事实，支配着一切或者说几乎一切民族的原始历史：民族按亲属关系的划分和土地公有制。德意志人的情况也是如此。他们从亚洲带来了这种按部落、亲族和血族的划分，他们在罗马时代编制战斗队时就总是使有近亲关系的人并肩作战，所以，当他们占领莱茵河以东和多瑙河以北这一带新领土的时候，也受到了这种划分的支配。各个部落

---

① 在经过恩格斯修订的《社会主义从空想到科学的发展》增补第4版（1891年柏林版）（以下简称：增补第4版）所附本文中，此处为"整整一半"。——编者注

在这个新的居住地定居下来，但这不是任意的或偶然的，而是像凯撒所明白指出的那样①，以部落成员的亲属关系为依据的。亲属关系较近的较大集团，分配到一定的地区，在这个地区里面，各个包括若干家庭的血族，又按村的形式定居下来。几个有亲属关系的村，构成一个百户［Hundertschaft］（古代高地德意志语为 Huntari，古代斯堪的纳维亚语为 Heradh），几个百户构成一个区［Gau］。区的总和便是民族自身了。村没有留用的土地，都归百户支配。没有分配给百户的土地，都归区管辖。如果还有可以使用的土地（大多是很大的一个地带），则归全民族直接占有。例如，在瑞典，我们就可以看到上述各种层次的公共占有制同时并存着。每一个村都有村公有地（bys almänningar）。此外，还有百户公有地（härads）、区公有地或州（lands）公有地；最后，还有归全民族的代表者国王支配的民族公有地，在这里叫做 konungs almänningar［王有地］。不过，所有这些，连王有地在内，都可以统称为 almänningar②，即公有地。

古代瑞典的这种公有地制度，就其精确的层层划分来看，无论如何是属于较晚的发展阶段的。如果它曾经以这种形态在德国存在过，那也很快就消失了。由于人口的激增，在划归每一个村的极其广阔的土地上，也就是在**马尔克**里面，产生了一批女儿村，它们作为权利平等或者权利较小的村，跟母村一起，构成一个单一的马尔克公社。因此，我们在德国，在史料所能追溯的范围内，到处可以看到，有或多或少的村联合成**一个**马尔克公社。但在这种团体之上，至少在初期，还有百户或区这种较大的马尔克团体。最后，为了管理归民族直接占有的土地和监督在它领土以内的下级马尔克，整个民族在最初阶段构成一个单一的大马尔克公社。

一直到法兰克王国征服莱茵河东岸的德意志的时候，马尔克公社的

---

① 凯撒：《高卢战记》第4册第22章。——编者注
② 《社会主义从空想到科学的发展》1883年霍廷根—苏黎世第2版及以后各版所附本文，在此词后加上了，"Allmenden"。——编者注

重心似乎在区里，而区的范围似乎就是本来的马尔克公社。因为只有这样才能够说明，在法兰克王国划分行政区域时，为什么有那么多的古老的大马尔克作为司法区重新出现。不过，此后不久，古老的大马尔克就开始分裂。但是，在13世纪和14世纪的《帝国法》[3]里还规定，一个马尔克通常包括6个到12个村。较大的马尔克的继续存在，是德国的公有制同今天俄国的公有制的根本区别；在俄国尚未因废除农奴制而剥夺农村公社的公有地并宣布归庄园主所有时，每个村社都拥有自己单独的公有地。①

在凯撒时代，至少有一大部分德意志人，即苏维汇民族，还没有定居下来，他们的田地是共同耕作的。我们按照同其他民族的类比可以推测，这种共同耕作是这样进行的：包括若干具有近亲关系的家庭的各个血族，集体耕种分配给他们的、年年更换的土地，并把产品分配给各个家庭。但苏维汇人在公元初年在新的住所安居下来以后，这种办法很快就停止了。至少，塔西佗（在凯撒之后150年）就只知道由单个家庭耕种土地。但是，分配给这些家庭的耕地，期限也只有一年；每年都要重新进行分配和更换。

这是怎样进行的，我们今天还可以在摩泽尔河畔和霍赫瓦尔德山区的所谓农户公社中看得出来。在那里，虽然不再一年分配一次，但是每隔3年、6年、9年或12年，总要把全部耕种的土地（耕地和草地）合在一起，按照位置和土质，分成若干"大块"。每一大块，再划分成若干大小相等的狭长带状地块，块数多少，根据公社中有权分地者的人数多少而定；这些地块，采用抽签的办法，分配给有权分地的人。所以，每一个社员，在每一个大块中，也就是说，在位置与土质各不相同的每一个大块

---

① 恩格斯在这里加了一个注："我要感谢**马克思**，是他指出了就其历史后果来看极其重要的区别，在有关人类社会的原始状态的一切问题上，马克思无疑是首屈一指的权威。但愿《资本论》第2卷至少会将他研究的主要成果发表出来，因为该卷在论述地租的时候，还将论述土地所有制问题。"但在增补第4版中从"较大的马尔克"至"自己单独的公有地"这一整段话，被作者删掉了。——编者注

中，当初都分到了同样大的一块土地。现在，这些份地，由于遗产分配、出卖等种种原因，已经大小不等了，但旧有的完整的份地，仍旧是一个单位，根据这个单位来决定二分之一、四分之一、八分之一份地等等。没有耕种的土地（森林和牧场），仍然共同占有，共同利用。

这种最古老的制度，直到本世纪初，还保存在巴伐利亚的莱茵普法尔茨的所谓抽签分地制中。此后，它的耕地变成了各个社员的私有财产。农户公社也越来越感觉到，停止重新分配，变交替的占有为私有，对它们是有利的。因此，在过去40年内，大多数的甚至是全部的农户公社都消失了，变成了小农的普通村落，不过森林和牧场还是共同利用。

变成个人私有财产的第一块土地是住宅地。住所的不可侵犯性，一切个人自由的这个基础，开始于迁徙队伍的大篷车，转到定居农民的木屋，逐渐变为一种对于家宅和园地的完全所有权。这在塔西佗时代早已发生。自由的德意志人的住处，必定在那时就已经从马尔克中分离出来，因而成了马尔克公职人员不能进去的地方，成了逃亡者的安全避难所，我们看到，这在后世的马尔克章程里，部分在5到8世纪的《民族法》[4]里，就已有了记载。因为，住所的神圣不可侵犯，不是它转变为私有财产的结果，而是原因。

四五百年以后①，我们在《民族法》中还看到，耕地是各个农民世袭的地产，它虽然不是绝对自由的地产，但农民有权通过出卖或者其他方式的转让来支配。关于这种转变的原因，我们找到了两条线索。

第一，从最早的时候起，在德意志本土除了上述耕地完全共有的闭塞的村以外，还有另一种村，在这里，不单住处，就连耕地，也从公社，即马尔克中分离出来，作为世袭财产分配给各个农民。不过，这只是发生在由于地形的限制可以说不得不这样做的地方，诸如在贝格区那样的狭谷里，在威斯特伐利亚那样的狭窄、平坦、两边都是沼泽地的山背上。以

---

① 在增补第4版中，恩格斯将这句话改为"塔西佗以后四五百年"。——编者注

后，也发生在奥登林山和几乎全部阿尔卑斯山脉的山谷里。这些地方的村，现在还是这样，是由分散孤立的庄户构成的，每个庄户的四周是归它所有的耕地。耕地的更换，在这里不太可能实行，所以留给马尔克的，只有周围尚未开垦的土地。后来，当可以通过转让给第三者来支配家宅和园地的权利获得重要意义的时候，这类宅院的所有者便占了便宜。想同样得到这种便宜的愿望，可能使许多耕地共有的村停止了反复的①重新分配办法，因而使社员的各块份地同样成为可以继承和转让的。

第二，征战将德意志人带进了罗马的领土，在那里，几百年以来，土地早已成为私有财产（而且还是罗马式的、无限制的私有财产），在那里，人数不多的征服者，不可能把这样一种根深蒂固的占有形式完全废除。说明至少在旧日的罗马领土上耕地和草地的世袭私人占有制同罗马法之间的关联的，还有这样一种情况，那就是，一直保留到当代的耕地公有制的残余，恰恰存在于莱茵河左岸，即存在于被征服的但是**彻底日耳曼化了的**地区。当法兰克人5世纪在这里住下的时候，他们必定还保留着耕地公有制，否则我们今天在那里就无从找到农户公社和抽签分地制了。不过在这里，私有制也很快就不可抵挡地渗进来了，因为我们看到，6世纪《里普利安民族法》[5]在谈论耕地的时候，只提到这种私有制。在德意志内地，我已经说过，耕地不久也变成了私产。

如果德意志征服者接受了耕地和草地的私有制，也就是说，在第一次分配土地的时候，或者其后不久，就放弃了重新分配的办法（因为别无他法），那么在另一方面，他们却到处推行他们德意志人的马尔克制度，连同森林和牧场的公共占有制，以及马尔克对已分土地的最高统治权。这样做的，不仅有法兰西北部的法兰克人和英格兰的盎格鲁撒克逊人，而且还有法兰西东部的勃艮第人、法兰西南部和西班牙的西哥特人和意大利的东哥特人及伦巴德人。不过，在最后提到的这几个国家里，据悉只有在高山

---

① 在增补第4版中，恩格斯将"反复的"（wiederholte）改为"通常的"（gewohnt）。——编者注

地区，马尔克制度的痕迹还保存着①。

马尔克制度放弃重新分配耕地的办法以后所采取的形态，就是我们不仅在 5 到 8 世纪的古代《民族法》里，而且在英国和斯堪的纳维亚中世纪的法律书籍里，在 13 到 17 世纪的许多德意志的马尔克章程（即所谓判例）里②所遇到的那种形态。

马尔克公社虽然放弃了在各个社员中间有时重新分配耕地和草地的权利，但对于它在这些土地上的其他权利，却一个也没有放弃。而这些权利都是很重要的。公社把它的田地转交给个人，只是为了把它用作耕地和草地，而不是作其他的用途。除此以外，单个的占有者是没有任何权利的。所以，地下发现的宝藏，如果埋藏的地方深到犁头所不及，那就不属于他，而当初是属于公社的。关于采矿等权利，情形也是一样。所有这些权利，以后都被地主和君主为了自己的利益而侵占了。

但是耕地和草地的利用，也要接受公社的监督和调整，其形式如下。凡是实行三年轮作制的地方（差不多到处都实行这种制度），村的全部耕地被分成相等的三大块，其中每一块轮换着第一年用于秋播，第二年用于春播，第三年休耕。所以，一个村每年都有它的秋播地、春播地和休耕地。在分配土地的时候，就要注意到使每一个社员的份地均分在这三块土地上，以使每个人都能不受损失地适应公社的强制轮作制；按照这种制度，他只可以在他自己这块秋播地里进行秋播等等。

每一块休耕地，在休耕期间又归公共占有，供整个公社当牧场使用。而其他两块土地，收获一完毕直到下次播种以前，同样又回归公共占有，被当做公共牧场使用。草地在秋天割草以后，也是如此。在所有用作放牧的田地上，占有者必须把篱笆拆去。这种所谓强制放牧办法，当然要求播种和收获的时间不由个人决定，而要求它成为大家共同的时间并由公社或

---

① 在增补第 4 版中，恩格斯在"只有"前加了"差不多"，在"还保存着"前加了"直到今天"。——编者注
② 在增补第 4 版中，恩格斯在此处加了"和法兰西北部的习惯法（Coûtumes）"。——编者注

习惯作出规定。

其他一切土地，即除去家宅和园地或已经分配的村有地以外的一切，和古代一样，仍然是公共财产、共同利用。这里有森林、牧场、荒地、沼泽、河流、池塘、湖泊、道路、猎场和渔场。每一个社员从被分配的马尔克耕地中分到的份地，当初都是大小相等的，同样，他们利用"公共马尔克"的那份权利也是相等的。这种利用方法，由全体社员决定。当一向耕种的土地不够使用，需要从公共马尔克中划出一块土地来耕种的时候，耕地的分配方法也是如此。公共马尔克的主要用途，是放牧牲畜和采摘橡实来喂猪。此外，森林提供木料和燃料、厩舍的垫草、浆果和蘑菇；如果有沼泽地，它就提供泥炭。关于牧场、木材的利用等等的规定，构成了从各个不同时代留传下来的许多马尔克判例的主要内容。这些判例都是当那古老的不成文的习惯法开始变得有争议的时候写下来的。仍然保留下来的公有森林，是这些古老的、没有被分割的马尔克的可怜残余。还有另一种残余至少存在于德国西部和南部，这就是在人民意识中有一种根深蒂固的观念，认为森林是公有的财产，在森林里，每一个人都可以采集花卉、浆果、蘑菇、山毛榉实等等，并且一般地说，只要他不造成损害，他便可以在里面随意行动。可是，就是在这里，俾斯麦也要打主意，用他那有名的关于采集浆果的法令[6]使西部各省符合于旧普鲁士容克的标准。

马尔克社员拥有平等的土地份额和平等的使用权，同样，他们当初也都拥有平等的一份权利参与马尔克内部的立法、行政和司法。他们定期地或如有必要经常地举行露天集会，商定马尔克的事务，审判马尔克中的不法行为和纠纷。这是古老的德意志人的民众大会，只不过是雏形罢了，而民众大会，当初也就是一个大规模的马尔克集会。制定法律（虽然只是在少有的十分必要的情况下），推举公职人员，检查公职人员执行职务的情形，但主要还是审判。主席只能提出问题，判决由到会的全体社员决定。

马尔克制度，在古代，几乎是那些没有君王的德意志部落惟一的制度。旧日的部落贵族（他们在民族大迁徙[7]时代，或在其后不久，没落下去了）以及一切随马尔克制度自然产生的东西，很容易适应这种制度，正如克尔特人的氏族贵族,在 17 世纪还适应爱尔兰的土地公有制一样。这种制度,在德意志人的全部生活里已经扎下了深根,我们在我们民族发展史中,到处都能看到它的痕迹。古代,全部的公共权力,在和平的日子里,只限于司法权力,这种权力由百户、区和整个民族集团的民众大会掌握。但是,民众法庭不过是一个民众的马尔克法庭,它所处理的案件不是单纯马尔克的事务,而且还有属于公共权力范围以内的事情。随着区制度的形成,国家的区法庭和普通的马尔克法庭分开了,但这两种法庭里的司法权,仍保留在人民手里。只有当古老的人民自由已经大部丧失,为法庭服务和服兵役已成为贫穷了的自由民的重担的时候,查理大帝才能在大多数地方的区法庭里,用陪审员法庭①来代替民众法庭。但这丝毫也没有触动马尔克法庭。相反,它们甚至仍然是中世纪封地法庭的典范。就是在这种法庭里,封地主也仅仅是个提问题的人,判决者则是受封地者自己。村制度无非是一个独立的村马尔克的马尔克制度;村一旦变作城市,也就是说,只要它用壕沟和围墙防御起来,村制度也就变成了城市制度。后来的一切城市制度,都是从这种最初的城市马尔克制度中发展起来的。最后,中世纪无数并不以共同的地产为基础的自由公社的规章,尤其是自由行会的规章,都是模仿马尔克制度的。人们对待赋予行会专门经营某一行业的权利,和对待一个公共的马尔克完全一样。在行会里,也跟在马尔克里一样,总是用同样的热心,甚至往往用完全相同的方法,力求每一社员完全平等地或者尽可能平等地享用共同的收益来源。

马尔克制度在公共生活极不相同的各个领域中,面对各种各样的要求所发挥出的近乎神奇的适应能力,在农业的发展进程中,在同日益发展的大土地所有制的斗争中也表现了出来。马尔克制度是在德意志人定

---

① 不应把这种陪审员法庭跟俾斯麦—莱昂哈特的陪审员法庭混为一谈(见《马克思恩格斯全集》(第二版)第 25 卷,第 772 页注 331)。在后一种陪审员法庭里,判决是由陪审员和法律专家共同做出的。在古代的陪审员法庭里,根本没有法律专家,法庭庭长或审判官根本没有表决权,判决是由陪审员独立做出的。

居日耳曼尼亚时候产生的,那时畜牧还是主要的食物来源,从亚洲带来的、几乎被遗忘了的农业刚开始复苏。马尔克制度在整个中世纪时代,都是在和占有土地的贵族的不断的艰苦斗争中生存下来的。但是马尔克制度当时还是非常需要的,因此在贵族把农民土地攫为己有的地方,依附的村的制度依然是马尔克制度(虽然由于地主的侵犯已大为削弱)。关于这一点,我们到下面还要举一个例子。只要公共马尔克仍然存在,马尔克制度就能适应千变万化的耕地占有关系;在马尔克不再是自由的马尔克以后,马尔克制度同样能适应各种极不相同的对于公共马尔克的所有权。马尔克制度所以没落,是因为贵族和僧侣在君主们甘心情愿的支持下,夺去了差不多全部农民土地(不管是分配了的或没有分配的)。但是,马尔克制度在经济上落伍,作为农业经营方式已失去了生命力,这事实上是由于近百年来农业的巨大进步使种地成为一门科学,并引进了全新的经营方式。

马尔克制度的崩溃,在民族大迁徙以后不久就开始了。法兰克的国王们,作为民族的代表,把属于整个民族的辽阔土地,尤其是森林,占为己有,并把它们当作礼物,慷慨地赠送给他们的廷臣、统帅、主教和修道院院长。这些土地就构成了后世贵族和教会的大地产的基础。远在查理大帝以前,教会早就占有法兰西全部土地的整整三分之一。可以肯定,在中世纪,几乎①整个天主教西欧都保持着这样的比例。

连绵不断的国内外战争,其通常结果是土地被没收,这就使大批农民倾家荡产,所以,早在墨洛温时代,就有很多自由人没有土地。查理大帝永无休止的战争破坏了自由农民等级的主力。当初,每一个自由的土地占有者都有服兵役的义务,并且,不但要自理装备,而且在服役期间还要自理6个月的伙食。毫不奇怪,早在查理时代,在五个人中间,事实上连一个真正能服兵役的人也不大能找到了。在他的后继者的混乱统治下,农民

---

① "几乎"一词是恩格斯在《社会主义从空想到科学的发展》第2版(1883年霍廷根—苏黎世版)所附本文中增加的,以后的几个版本中仍保留了"几乎"一词。——编者注

的自由更加急速地趋于消亡。一方面，诺曼人的侵扰、国王们无尽无休的战争和豪绅显贵之间的私斗，逼迫自由农民相继寻找保护主。另一方面，这些豪绅显贵和教会的贪得无厌，也加速了这种过程。他们用欺诈、诺言、威胁、暴力，把越来越多的农民和农民土地，置于自己权力控制之下。不论在前一种场合或后一种场合，农民的土地总是变成了地主的土地，在最好的情形下，也要叫农民缴纳代役租、提供徭役，才归还给农民使用。可是，农民却从自由的土地占有者变成缴纳代役租、提供徭役的依附农民，甚至农奴。在西法兰克王国[8]，一般说，在莱茵河以西，这是通常现象。反之，在莱茵河以东，却还存在着相当多的自由农民，他们大多数是散居的，只有少数集聚在整个整个的自由的村里。但是，即使在这里，在10到12世纪，贵族和教会的强大势力，也使越来越多的农民处于受奴役的地位。

一个庄园主（不论是教会的或者世俗的）得到了一块农民土地，他同时也就在马尔克内取得了与这块土地有关的权利。这些新的地主，因此就变成了马尔克社员。他们同其他自由的和依附的社员，甚至同他们自己的农奴，原先在马尔克内只是享有平等的权利。但是不久以后，他们不顾农民的顽强抵抗，在很多地方的马尔克中取得了特权，甚至往往迫使马尔克服从他们地主的统治。不管怎样，旧的马尔克公社仍然继续存在下去，虽然是在地主监护之下。

弗里西安人、尼德兰人、萨克森人和莱茵—法兰克人向勃兰登堡及西里西亚的移民，最清楚不过地表明，那时马尔克制度对于耕作，甚至对于大土地占有，还是多么必要。这些人从12世纪起就在地主的土地上，以村的形式被安置下来，而且是按照德意志的法律，即古代的马尔克法律进行的，只要在地主的庄园上还保留着这种法律。每个人都得到了家宅和园地，从村有地中得到了同样大小的、用抽签的老方法决定的一块份地，每个人都有利用森林和牧场的权利，这多半是地主的森林，专用的马尔克比较少。所有这些都是世袭的。土地所有权还是地主的，移民必须世世代代向地主付一定的代役租，为地主服一定的徭役。但这种赋役很轻，这一带农民的境遇，比德国任何地方都好。因此，当农民战争爆发的时候，他们保持平静。他们这种对切身事业的背弃行为，使他们后来受到了严厉的惩罚。

一般说来，在13世纪中叶，发生了一种有利于农民的明显的转变。十字军远征为此做好了准备。许多出征的地主，干脆让他们的农民获得了自由。其他一些地主不在人世了，败落了，数以百计的贵族世家消失了，他们的农民也大多获得了自由。此外随着地主的需要的增加，支配农民的赋役远比支配他们的人身重要。包含着古代奴隶制的许多成分的中世纪初期的农奴制，它给予地主的权利，逐渐失去了价值。农奴制慢慢衰弱下去，农奴的地位日益接近于单纯依附农民的地位。农业的经营完全墨守旧法，庄园主要想增加收入，只有开垦新土地和建立新村。但是，要达到这样的目的，只有同移民好好商量，不管他们是庄园里的依附农民还是外来农民。所以我们看到，在这个时期，对于农民的赋役到处都有严格的规定而且大多是适度的，他们也受到了良好的待遇，尤其是在僧侣的领地里。最后，新吸引来的移民的有利地位，又反过来影响到附近依附农民的处境，以致这些依附农民在整个德国北部，尽管还继续为庄园主提供赋役，但却获得了他们的人身自由。① 然而这一切不会保持长久。

到了14世纪和15世纪，城市迅速勃兴和富裕起来。尤其是在德国南部和莱茵河畔，城市工艺美术兴旺，奢靡之风盛行。城市贵族的豪华生活，使粗食粗衣、陈设简陋的土容克不能安眠。但是，从哪儿去弄到这些好东西呢？拦路抢劫越来越危险，越来越劳而无获。要去购买，就得有钱。钱却只有农民能够供给。于是，就对农民开始了新的压迫，增加代役租和徭役，越来越热中于再度将自由农民变成依附农民，将依附农民变成农奴，把公有的马尔克土地变成地主的土地。在这些事情上面，君主和贵

---

① 在增补第4版中，恩格斯在这里加了一句话："只有斯拉夫和立陶宛—普鲁士农民还是不自由的。"——编者注

族得到了罗马法学家的帮助。这些法学家善于把罗马的法律条文,应用到大半他们不了解的德意志的关系中去,制造极度的混乱,但是他们善于这样制造混乱,就是使地主总是占便宜,农民总是吃亏。僧侣们的做法比较简单:他们伪造文件,在文件中缩小农民的权利,扩大农民的义务。为了抵抗君主、贵族和教士们的这种掠夺行为,从15世纪末叶起,农民经常分散地发动起义,到了1525年,伟大的农民战争席卷了士瓦本、巴伐利亚、法兰克尼亚,一直延伸到阿尔萨斯、普法尔茨、莱茵高和图林根。经过了艰苦的斗争,农民遭受了失败。从那时起,在德意志农民中间,农奴制度重新取得了普遍的优势。在斗争异常激烈的地方,一切还保留着的农民权利,现在都遭到了无耻的践踏,他们的公有地变成了地主的土地,他们自己也变成了农奴。德国北部处境较好的农民,保持了平静,为了对他们这样一种行为表示奖励,虽然使他们遭受同样的压迫,不过做得比较慢一点罢了。德意志农民的农奴制,在东普鲁士、波美拉尼亚、勃兰登堡、西里西亚,开始实行于16世纪中叶,在石勒苏益格—荷尔斯泰因,开始实行于16世纪末叶,并且日益普遍地强加到农民身上。

　　这种新的强暴行动,也还有它的经济原因。在宗教改革时代的斗争中,只有德意志的邦君扩大了权力。贵族们进行抢劫这一高贵行业,已经过时了。如果他们不甘心没落,就必须从他们的地产里榨取更多的收益。不过,惟一的方法是仿效更大的君主、特别是寺院的榜样,自己至少负责经营一部分土地。过去这只是一种例外,现在却成为一种必要。但是,这种新的经营方法遇到了障碍,几乎所有地方的土地都分给了纳租的农民。把自由的或依附的纳租农民变成十足的农奴,老爷们才能获得自主行动的权利。一部分农民,正如专门术语所说的被"肃清(gelegt)",这就是说,不是被撵走,便是沦为只有一间草屋和一小块园地的无地农民(Kotsassen),他们的田庄被合并成一个大规模的地主田庄,由新的无地农民和余下的农民以徭役劳动耕种。这样,不仅有大批农民干脆被赶走,而且留下来的农民所负担的徭役也日益大量地增加。资本主义时期,在农村中是作为以农奴徭役劳动为基础的农业的大规模经营时期,宣告开始的。

不过这种转变,在开头的时候进行得相当缓慢。这时发生了三十年战争[9]。在整整一代人的时间里,德意志到处都遭到历史上最没有纪律的暴兵的蹂躏。到处是烧杀、抢掠和奸淫。有些地方,除大军之外,还有小股的义勇兵,或者更确切说是土匪,他们各自为政,为所欲为,这些地方的农民受苦最多。到处是一片人去地荒的景象。当和平到来的时候,德意志已经无望地倒在地下,被踩烂撕碎,流着鲜血。然而,受苦最深的,还是农民。

占有土地的贵族,这时成了农村中惟一的主人。君主们恰巧在那时候取消了贵族在等级会议中的政治权利,为此他们便让贵族放手去对付农民。而农民最后的抵抗力,已经为战争所摧毁。这样,贵族就可以把全部农村关系安排得最适于恢复他们已经破产的财政。不但把那已经抛弃的农民田宅,直接跟地主田庄合并起来,而且正是从这个时候起才开始大规模地、系统地肃清农民。地主的田庄越大,农民的徭役劳动自然也越重。"无限制的徭役"时代又来到了。老爷可以任意命令农民、农民的家属、农民的耕畜出多少次工,干多长的时间。农奴制度现在成了普遍的制度。自由农民像白色的乌鸦一样罕见。老爷为了将农民的任何抵抗,即令是极微弱的抵抗,也能在萌芽状态中加以扑灭,他们从邦君那里取得了领主审判权,也就是说,他们被任命为审判农民任何小过失和小纠纷的惟一法官,甚至在农民和老爷本人争讼的时候,也是一样。于是,老爷就成了他自己案件的法官!从此以后,棍子和鞭子统治着农村。跟整个德国一样,德国农民这时受到最大的屈辱。跟整个德国一样,德国农民也精疲力竭,失去任何自救的能力,只有依靠外援才能得救。

这种外援终于来了。法国革命爆发以后,在德国和德国农民头上也出现了美好时代的曙光。革命军一占领莱茵河左岸,那里的徭役劳动、代役租、对老爷的各种贡赋等一大堆陈腐废物,连同老爷本身,就像被魔杖点了一下似地立即消失了。于是莱茵河左岸的农民便成了自己土地的主人,而且他们还得到了一部在革命时期起草的只不过被拿破仑弄走了样的Code civil[10]。这部法典适合他们的新处境,他们不但看得懂,而且还可以方便地带在口袋里。

不过,莱茵河右岸的农民还需要长期等待。不错,普鲁士在耶拿遭到应有的失败[11]以后,若干极端可耻的贵族特权业已废除,而且根据法律,所谓赎免农民的其他赋役也有了可能。不过,这大部分在很长时间内仅仅是一纸空文。在其他的邦中变化更少。直到1830年的法国第二次革命,才开始至少在巴登和靠近法国的其他几个小邦里实行这种赎免。当1848年法国第三次革命终于也带动了德国的时候,普鲁士的赎免还远没有完成,在巴伐利亚境内,还根本没有开始!现在,事情自然进行得快一些。这一次自己也造起反的农民的徭役劳动,已经丧失了一切价值。

赎免是怎么一回事呢?是这么一回事。老爷向农民收取一笔钱或一块地以后,就应该承认农民剩余下来的土地是他的自由的不担负赋役的产业,——尽管过去属于老爷的全部土地,都是窃据的农民土地!不仅如此。在清算的时候,派来办理此事的官吏,他们在老爷那里居住吃喝,当然差不多总是站在老爷一边,所以农民所吃的亏,甚至大大超过了法律条文的规定。

由于三次法国革命和一次德国革命,我们终于又有了自由的农民。但是,我们今天的自由农民,和古代的自由马尔克社员相比,差得多远啊!他们的田庄,一般都小得多。除了少数大大缩小了的、荒芜的公有森林以外,没有分割的马尔克已经消失了。但对小农来说,不利用马尔克就不能养家畜,没有家畜就没有粪肥,没有粪肥就没有合理的耕作。收税官和紧跟在他后面的咄咄逼人的法警,这些今日农民最熟悉不过的人物,都是古代马尔克社员没有听说过的,还有那些从事抵押放款的高利贷者,也是没有听说过的,农民的田宅①现在正一个个地落到他们的魔爪中去。但最妙的是:这批新的自由农民(他们的田地和活动自由被大大缩小),正好出

---

① 在增补第4版中,恩格斯将"农民的田宅"(Bauernhof)改为"农民的土地"(Bauerngut)。——编者注

现在一切都进行得太晚的德国,出现在这样一个时代,在这个时代里,不单是科学的农业,而且还有那些新发明的农业机械,日益使小规模的经营变成一种过时的、不再有生命力的经营方式。正如机械的纺织业排斥了手纺车与手织机一样,这种新式的农业生产方法,一定会无法挽救地摧毁农村的小土地经济,而代之以大土地所有制,——只要给这种生产方法以这样做的必要时间。

因为,处在目前经营形式下的全欧洲农业,已经受到了美洲大规模谷物生产这个占有优势的敌手的威胁。美洲的土地天然适于耕种,天然具有长年的肥力,购买它又花不了几文钱,同这样的土地,不管是我国负债的小农,或者是我国同样债台高筑的大土地占有者,都是无法进行竞争的。全欧洲的农业经营方式,在美洲的竞争下失败了。欧洲农业只有进行社会化经营和依靠社会去经营,才可能继续存在。

这就是我国农民的前景。一个尽管是衰落的自由农民阶级的复兴,却有**这样的**好处:使农民处于这样一种地位,在这个地位上,他们在自己的天然同盟者工人的协助下,能够自己帮助自己,只要他们愿意懂得**怎样做**。①

但是怎样做呢?采用恢复马尔克的方法,但不用其陈旧的过时的形式,而用更新了的形式;采用这样一种更新土地公有制的方法,以便使这种公有制不但能保证小农社员得到大规模经营和采用农业机器的全部好处,而且能向他们提供资金除农业以外去经营利用蒸汽动力或水力的大工业,并且不用资本家,而依靠公社去经营大工业。

经营大农业和采用农业机器,换句话说,就是使目前自己耕种自己土地的大部分小农的农业劳动变为多余。要使这些被排挤出田野耕作的人不致没有工作,或不会被迫涌入城市,必须使他们就在农村中从事工业劳动,而这只有大规模地、利用蒸汽动力或水力来经营,才能对他们有利。

---

① 以下三大段文字是恩格斯在1883年出版《马尔克》单行本时所作的补充,单行本的书名为《德国农民。他过去怎样?他现在怎样?他将来会怎样?》。——编者注

马克思主义经典作家民族问题文选

这究竟怎样组织呢？德国农民们，好好地想一想吧。在这方面能够帮助你们的，只有**社会民主党人**。

弗·恩格斯写于1882年9月中~12月20日之间
作为附录载于1882年霍廷根—苏黎世版《社会主义从空想到科学的发展》一书

原文是德文
选自《马克思恩格斯全集》第25卷，人民出版社，2001，第565~584页

注释：

[1]《马尔克》一文是恩格斯于1882年9月中旬至12月20日撰写的，同年，《马尔克》作为德文版《社会主义从空想到科学的发展》小册子的附录第一次公开发表；1883年由《社会民主党人报》连载并印成了单行本。

《马尔克》是马克思主义的唯物主义历史观形成过程中的一部重要文献，文章阐述了德国土地所有制产生和发展的历史，是恩格斯"研究德国历史的第一个成果"（1882年12月22日恩格斯给奥·倍倍尔的信）。在写作过程中，恩格斯利用了他研究德意志人原始历史所收集的材料，尤其是对格·路·毛勒的著作反复进行了批判性的研究，获得了不少新的认识。初稿完成后，他曾通篇修改，三易其稿，最后又寄给马克思过目，马克思对本文作了很高的评价。

本文的写作目的，正如恩格斯在《社会主义从空想到科学的发展》英文版导言中指出的那样："附录《马尔克》是为了在德国社会党内传播关于德国土地所有制的历史和发展的一些基本知识而写的。这是非常必要的，因为当时党在团结城市工人的工作方面已经完成在望，又要着手进行农业工人和农民的工作。"

恩格斯生前，本文曾作为《社会主义从空想到科学的发展》的附录用德文出了4版。此外，本文经恩格斯修订，于1883年底专门为农民读者出版了单行本，书名为《德国农民。他过去怎样？他现在怎样？他将来会怎样？》。

[2] 指格·路·毛勒研究中世纪德国土地制度、城市制度和国家制度的著作。这些著作是：《马尔克制度、农户制度、乡村制度、城市制度和公共政权的历史

概论》1854 年慕尼黑版、《德国马尔克制度史》1856 年埃朗根版；《德国领主庄园、农户和农户制度史》1862～1863 年埃朗根版第 1～4 卷；《德国乡村制度史》1865～1866 年埃朗根版第 1～2 卷；《德国城市制度史》1869～1871 年埃朗根版第 1～4 卷。

[3]《帝国法》指中世纪德意志皇帝颁布的法律，即罗马法和全帝国法律。《H.E.恩德曼博士根据 1372 年手稿（同其他手稿校订过）并附有注释的帝国法》1846 年卡塞勒版是这些法律最完备的汇编之一。恩格斯引用的材料载于《关于森林法》部分。

[4]《民族法》即蛮族法典（拉丁文为：Leges barbarorum），是对 5～9 世纪形成的，一些日耳曼部落法规的最初的文字记录的统称，其中主要记录了这些部落的习惯法，但也采用了符合当时需要的新的法律规范。这些部落于 5～7 世纪在随着民族大迁徙而分崩离析的西罗马帝国及其邻近的领土上逐渐定居并开始建立国家。蛮族是古希腊人和罗马人对古代其他各民族的蔑称。

[5]《里普利安民族法》是对古代日耳曼部落——里普利安的法兰克人的习惯法的记录。这些法兰克人于 4～5 世纪居住在莱茵河和马斯河之间。《里普利安民族法》是研究里普利安的法兰克人社会制度和封建化过程的主要材料。《里普利安法》第 82 节（表 A）和第 84 节（表 B）谈到了耕地的私人占有制。《里普利安和法兰克—哈玛维法》1883 年汉诺威版是最完备的版本之一。参看此书第 104 页。

[6] 指 1878 年 4 月 15 日颁布的林木盗窃法，该法律规定，未经警察的特别允许不准采集药草、浆果和蘑菇。

[7] 民族大迁徙指 3～7 世纪日耳曼、斯拉夫及其他部落向罗马帝国的大规模迁徙。4 世纪上半叶，日耳曼部落中的西哥特人因遭到匈奴人的进攻侵入罗马帝国。经过长期的战争，西哥特人于 5 世纪在西罗马帝国境内定居下来，建立了自己的国家。日耳曼人的其他部落也相继在欧洲和北非建立了独立的国家。民族大迁徙对摧毁罗马帝国的奴隶制度和推动西欧封建制度的产生起了重要的作用。

[8] 西法兰克王国是在查理大帝帝国瓦解后建立的，该帝国是一个暂时的不巩固的军事行动联盟。843 年帝国在查理的三个孙子之间发生了最后的分裂。其中秃头查理得到了帝国的西部领土，包括现代法国的大部分，建立了西法兰克

王国。莱茵河以东的土地（未来德国的核心部分）交给了德意志人路易。从北海到中意大利之间的狭长地带则归查理大帝的长孙洛塔尔掌管。

[9] 1618～1648年的三十年战争，是一次全欧范围的战争，是各欧洲国家集团之间矛盾尖锐化的结果，它采取了新教徒和天主教徒之间的斗争形式。德国是这次斗争的主要场所，是战争参加者进行军事掠夺和侵略的对象。战争于1648年以缔结威斯特伐利亚和约而结束，和约的签订加深了德国政治上的分裂。

[10] Code civil 指在1804年民法典的基础上于1807年产生的拿破仑第一的民法典，基本上保持了1789～1795年法国大革命的成果。这一法典也曾在法国人占领的德国西部和西南部地区实行；1815年莱茵省归并普鲁士以后，这一法典在该省仍继续有效。

[11] 1806年10月14日普鲁士军队在耶拿近郊的溃灭，迫使普鲁士向拿破仑的法国投降，这次失败彻底暴露了霍亨索伦封建君主政体的腐朽性。

弗·恩格斯

卡尔·马克思的葬仪[1]

3月17日,星期六,在海格特公墓,马克思被安葬在15个月以前安葬他的夫人的同一个墓穴里。

在墓地上,哥·莱姆克代表《社会民主党人报》编辑部和发行部,代表伦敦共产主义工人教育协会,向马克思的灵柩献上了两只系着红绸带的花圈。

随后,弗·恩格斯用英语发表了一篇讲话,内容大致如下:

"3月14日下午两点三刻,当代最伟大的思想家停止思想了。让他一个人留在房里还不到两分钟,当我们进去的时候,便发现他在安乐椅上安静地睡着了——但已经永远地睡着了。

这个人的逝世,对于欧美战斗的无产阶级,对于历史科学,都是不可估量的损失。这位巨人逝世以后所形成的空白,不久就会使人感觉到。

正像达尔文发现有机界的发展规律一样,马克思发现了人类历史的发展规律,即历来为繁芜丛杂的意识形态所掩盖着的一个简单事实:人们首先必须吃、喝、住、穿,然后才能从事政治、科学、艺术、宗教等等;所以,直接的物质的生活资料的生产,从而一个民族或一个时代的一定的经济发展阶段,便构成基础,人们的国家设施、法的观点、艺术以至宗教观念,就是从这个基础上发展起来的,因而,也必须由这个基础来解释,而不是像过去那样做得相反。

不仅如此。马克思还发现了现代资本主义生产方式和它所产生的资产阶级社会的特殊的运动规律。由于剩余价值的发现，这里就豁然开朗了，而先前无论资产阶级经济学家或者社会主义批评家所做的一切研究都只是在黑暗中摸索。

一生中能有这样两个发现，该是很够了。即使只能作出一个这样的发现，也已经是幸福的了。但是马克思在他所研究的每一个领域，甚至在数学领域，都有独到的发现，这样的领域是很多的，而且其中任何一个领域他都不是浅尝辄止。

他作为科学家就是这样。但是这在他身上远不是主要的。在马克思看来，科学是一种在历史上起推动作用的、革命的力量。任何一门理论科学中的每一个新发现——它的实际应用也许还根本无法预见——都使马克思感到衷心喜悦，而当他看到那种对工业、对一般历史发展立即产生革命性影响的发现的时候，他的喜悦就非同寻常了。例如，他曾经密切注视电学方面各种发现的进展情况，不久以前，他还密切注视马赛尔·德普勒的发现[2]。

因为马克思首先是一个革命家。他毕生的真正使命，就是以这种或那种方式参加推翻资本主义社会及其所建立的国家设施的事业，参加现代无产阶级的解放事业，正是**他**第一次使现代无产阶级意识到自身的地位和需要，意识到自身解放的条件。斗争是他的生命要素。很少有人像他那样满腔热情、坚韧不拔和卓有成效地进行斗争。最早的《莱茵报》（1842年），巴黎的《前进报》（1844年），《德意志—布鲁塞尔报》（1847年），《新莱茵报》（1848～1849年），《纽约每日论坛报》（1852～1861年），以及许多富有战斗性的小册子，在巴黎、布鲁塞尔和伦敦各组织中的工作，最后，作为全部活动的顶峰，创立伟大的国际工人协会，——老实说，协会的这位创始人即使没有别的什么建树，单凭这一成果也可以自豪。

正因为这样，所以马克思是当代最遭嫉恨和最受诬蔑的人。各国政府——无论专制政府或共和政府，都驱逐他；资产者——无论保守派或极端民主派，都竞相诽谤他，诅咒他。他对这一切毫不在意，把它们当作蛛丝一样轻轻拂去，只是在万不得已时才给以回敬。现在他逝世了，在整个欧洲和美洲，从西伯利亚矿井到加利福尼亚，千百万革命战友无不对他表示尊敬、爱戴和悼念，而我可以大胆地说：他可能有过许多敌人，但未必有一个私敌。

他的英名和事业将永垂不朽！"

……

弗·恩格斯写于1883年3月18日前后
载于1883年3月22日《社会民主党人报》第13号

原文是德文
选自《马克思恩格斯全集》第25卷，人民出版社，2001，第594~598页

注释：

[1]《卡尔·马克思的葬仪》是恩格斯应爱·伯恩施坦的请求，于1883年3月18日，即马克思安葬后的第二天为苏黎世《社会民主党人报》撰写的一篇报道。

这篇报道的重要部分是恩格斯在马克思墓前的讲话。恩格斯最初是用英文起草的，但他并未完全按照英文稿宣读。因此，后来发表的讲话的法文译本及本篇报道中的德文文本与英文草稿的内容不完全一致（见《马克思恩格斯全集》（第二版）第25卷，第773~774页注341），但是本篇讲话保留了英文草稿的基本内容，对个别部分作了进一步具体的阐述。

本篇报道发表以后，1883年4月1日布达佩斯的《工人纪事周报》第13号立即予以转载，但删去了由马克思的女婿龙格宣读的挽词和唁电。1883年4月5日《纽约人民报》第82号全文转载了这篇报道。纽约的《先驱者。人民历书画刊（1891年）》在征得恩格斯的同意后，将本篇通讯中恩格斯的讲话作为对恩格斯于1877年撰写的《卡尔·马克思》（见《马克思恩格斯全集》（第二版）第25卷，第128~139页）的补充收入了这一年鉴，个别地方只作了极其微小的改动。

弗·梅林在撰写《历书唯物主义》（1893年作为《莱辛传奇》的附录发表）一文时引用了恩格斯讲话的部分重要段落。

[2] 1882年在慕尼黑举办的国际电气技术展览会上，法国物理学家马·德普勒展

示了自己的一项研究成果,他利用普通的电报用电线成功地在米斯巴赫与慕尼黑之间架设了第一条实验性输电线路,将电力输送到57公里以外的地方。这次远距离输电的成功在当时颇为轰动。

弗·恩格斯

自然辩证法[1]（节选）

……

[自然界和社会]

劳动在从猿到人的转变中的作用[2]

政治经济学家说：劳动是一切财富的源泉。其实，劳动和自然界在一起才是一切财富的源泉，自然界为劳动提供材料，劳动把材料转变为财富。但是劳动的作用还远不止于此。劳动是整个人类生活的第一个基本条件，而且达到这样的程度，以致我们在某种意义上不得不说：劳动创造了人本身。

在好几十万年以前，在地质学家叫做第三纪的那个地质时代的某个还不能确切肯定的时期，大概是在这个时代的末期，在热带的某个地方——可能是现在已经沉入印度洋底的一大片陆地上，生活着一个异常高度发达的类人猿的种属。达尔文曾经向我们大致地描述了我们的这些祖先：它们浑身长毛，有胡须和尖耸的耳朵，成群地生活在树上。①

---

① 参看查·达尔文《人类起源和性的选择》第1卷第6章《论人类的血缘和谱系》。——编者注

这种猿类，大概首先由于它们在攀援时手干着和脚不同的活这样一种生活方式的影响，在平地上行走时也开始摆脱用手来帮忙的习惯，越来越以直立姿势行走。由此就**迈出了从猿过渡到人的具有决定意义的一步**。

　　现在还活着的一切类人猿，都能直立起来并且单凭两脚向前运动。但是只有在迫不得已时才会如此，并且非常笨拙。它们的自然的步态是采取半直立的姿势，而且用手来帮忙。大多数的类人猿是以握成拳头的手指骨支撑地面，两腿收起，身体在长臂之间摆动前进，就像跛子撑着双拐行走一样。一般说来，我们现在还可以在猿类中间观察到从用四肢行走到用两条腿行走的一切过渡阶段。但是一切猿类都只是在迫不得已时才用两条腿行走。

　　如果说我们的遍体长毛的祖先的直立行走一定是先成为习惯，并且随着时间的推移才成为必然，那么这就必须有这样的前提：手在此期间已经越来越多地从事其他活动了。在猿类中，手和脚的使用也已经有某种分工了。正如我们已经说过的，在攀援时手和脚的使用方式是不同的。手主要是用来摘取和抓住食物，就像低级哺乳动物用前爪所做的那样。有些猿类用手在树上筑巢，或者如黑猩猩甚至在树枝间搭棚以避风雨。它们用手拿着木棒抵御敌人，或者以果实和石块掷向敌人。它们在被圈养的情况下用手做出一些简单的模仿人的动作。但是，正是在这里我们看到，甚至和人最相似的猿类的不发达的手，同经过几十万年的劳动而高度完善化的人手相比，竟存在着多么大的差距。骨节和筋肉的数目和一般排列，两者是相同的，然而即使最低级的野蛮人的手，也能做任何猿手都模仿不了的数百种动作。任何一只猿手都不曾制造哪怕是一把最粗笨的石刀。

　　因此，我们的祖先在从猿过渡到人的好几十万年的过程中逐渐学会的使自己的手能做出的一些动作，在开始时只能是非常简单的。最低级的野蛮人，甚至那种可以认为已向更近乎兽类的状态倒退而同时躯体也退化了的野蛮人，也远远高于这种过渡性的生物。在人用手把第一块石头做成石刀以前，可能已经过了一段漫长的时间，和这段时间相比，我们所知道的历史时间就显得微不足道了。但是具有决定意义的一步迈出了：**手变得自由了**，并能不断掌握新的技能，而由此获得的更大的灵活性便遗传下来，并且一代一代地增加着。

所以，手不仅是劳动的器官，**它还是劳动的产物**。只是由于劳动，由于总是要去适应新的动作，由于这样所引起的肌肉、韧带以及经过更长的时间引起的骨骼的特殊发育遗传下来，而且由于这些遗传下来的灵巧性不断以新的方式应用于新的越来越复杂的动作，人的手才达到这样高度的完善，以致像施魔法一样产生了拉斐尔的绘画、托瓦森的雕刻和帕格尼尼的音乐。

但是手并不是单独存在的。它只是整个具有极其复杂的结构的机体的一个肢体。凡是有益于手的，也有益于手所服务的整个身体，而且这是以二重的方式发生的。

首先这是由于达尔文所称的生长相关律。依据这一规律，一个有机生物的个别部分的特定形态，总是和其他部分的某些形态息息相关，哪怕在表面上和这些形态似乎没有任何联系。例如，一切具有无细胞核的红血球并以一对关节（髁状突）来联结后脑骨和第一节脊椎骨的动物，无例外地也都长有乳腺来哺养幼仔。又如，在哺乳动物中，偶蹄通常是和进行反刍的多囊的胃相联系的。身体的某些特定形态的改变，会引起其他部分的形态的改变，虽然我们还不能解释这种联系。蓝眼睛的纯白猫总是或差不多总是聋的。人手的逐渐灵巧以及与之相应的脚适应直立行走的发育，由于上述相关律的作用，无疑会反过来影响机体的其他部分。但是这种影响现在研究得还太少，所以我们在这里只能作一般的叙述。

更加重要得多的是手的发展对机体其余部分的直接的、可证明的反作用。我们已经说过，我们的猿类祖先是一种群居的动物，人，一切动物中最爱群居的动物，显然不可能来源于某种非群居的最近的祖先。随着手的发展、随着劳动而开始的人对自然的支配，在每一新的进展中扩大了人的眼界。他们在自然对象中不断地发现新的、以往所不知道的属性。另一方面，劳动的发展必然促使社会成员更紧密地互相结合起来，因为劳动的发展使互相支持和共同协作的场合增多了，并且使每个人都清楚地意识到这种共同协作的好处。一句话，这些正在生成中的人，已经达到彼此间**不得不说些什么**的地步了。需要也就造成了自己的器官：猿类的不发达的喉头，由于音调的抑扬顿挫的不断加多，缓慢地然而肯定无疑地得到改造，而口部的器官也逐渐学会发出一个接一个的清晰的音节。

语言是从劳动中并和劳动一起产生出来的，这个解释是唯一正确的，拿动物来比较，就可以证明。动物，甚至高度发达的动物，彼此要传递的信息很少，不用分音节的语言就可以互通信息。在自然状态下，没有一种动物会感到不能说话或不能听懂人的语言是一种缺陷。它们经过人的驯养，情形就完全不同了。狗和马在和人的接触中所养成的对于分音节的语言的听觉十分敏锐，以致它们在它们的想象力所及的范围内，能够很容易地学会听懂任何一种语言。此外，它们还获得了如对人表示依恋、感激等等的表达感受的能力，而这种能力是它们以前所没有的。和这些动物经常接触的人几乎不能不相信：有足够的情况表明，这些动物**现在**感到没有说话能力是一个缺陷。不过，它们的发音器官可惜过分地专门朝特定方向发展了，再也无法补救这种缺陷。但是，只要有发音器官，这种不能说话的情形在某种限度内是可以克服的。鸟的口部器官和人的口部器官肯定是根本不同的，然而鸟是唯一能学会说话的动物，而且在鸟里面叫声最令人讨厌的鹦鹉说得最好。人们别再说鹦鹉不懂得它自己所说的是什么了。它一连几个小时唠唠叨叨重复它那几句话，的确纯粹是出于喜欢说话和喜欢跟人交往。但是在它的想象力所及的范围内，它也能学会懂得它所说的是什么。如果我们把骂人话教给鹦鹉，使它能够想象到这些话的意思（这是从热带回来的水手们的一种主要娱乐），然后惹它发怒，那么我们马上会看到，它会像柏林卖菜的女贩一样正确地使用它的骂人话。它在乞求美味食品时也有这样的情形。

首先是劳动，然后是语言和劳动一起，成了两个最主要的推动力，在它们的影响下，猿脑就逐渐地过渡到人脑；后者和前者虽然十分相似，但是要大得多和完善得多。随着脑的进一步的发育，脑的最密切的工具，即感觉器官，也进一步发育起来。正如语言的逐渐发展必然伴随有听觉器官的相应的完善化一样，脑的发育也总是伴随有所有感觉器官的完善化。鹰比人看得远得多，但是人的眼睛识别东西远胜于鹰。狗比人具有锐敏得多的嗅觉，但是它连被人当做各种物的特定标志的不同气味的百分之一也辨别不出来。至于触觉，在猿类中刚刚处于最原始的萌芽状态，只是由于劳动才随着人手本身而一同形成。——脑和为它服务的感官、越来越清楚的意识以及抽象能力和推理能力的发展，又反作用于劳动和语言，为这二者的进一步发展不断提供新的推动力。这种进一步的发展，并不是在人同猿最终分离时就停止了，而是在此以后大体上仍然大踏步地前进着，虽然在不同的民族和不同的时代就程度和方向来说是不同的，有时甚至由于局部的和暂时的退步而中断；由于随着完全形成的人的出现又增添了新的因素——**社会**，这种发展一方面便获得了强有力的推动力，另一方面又获得了更加确定的方向。

从攀树的猿群进化到人类社会之前，一定经过了几十万年——这在地球的历史上只不过相当于人的生命中的一秒钟①。但是人类社会最后毕竟出现了。人类社会区别于猿群的特征在我们看来又是什么呢？是**劳动**。猿群满足于把它们由于地理位置或由于抵抗了邻近的猿群而占得的觅食地区的食物吃光。为了获得新的觅食地区，它们进行迁徙和战斗，但是

---

① 这方面的一流权威威廉·汤姆生爵士曾经计算过：从地球冷却到植物和动物能在地面上生存的时候起，已经过去了**一亿年多一点**。

除了无意中用自己的粪便肥沃土地以外，它们没有能力从觅食地区索取比自然界的赐予更多的东西。一旦所有可能的觅食地区都被占据了，猿类就不能再扩大繁殖了；这种动物的数目最多只能保持不变。但是一切动物对待食物都是非常浪费的，并且常常毁掉还处在胚胎状态中的新生的食物。狼不像猎人那样爱护第二年就要替它生小鹿的牝鹿；希腊的山羊不等幼嫩的灌木长大就把它们吃光，它们把这个国家所有的山岭都啃得光秃秃的。动物的这种"掠夺行为"在物种的渐变过程中起了重要的作用，因为这种行为强迫动物去适应不同于惯用食物的食物，因此它们的血液就获得了和过去不同的化学成分，整个身体的结构也渐渐变得不同了，而从前某个时候固定下来的物种也就灭绝了。毫无疑义，这种掠夺行为有力地促进了我们的祖先转变成人。在智力和适应能力远远高于其他一切猿种的某个猿种中，这种掠夺行为必然造成的结果就是食用植物的数目越来越扩大，食用植物中可食用的部分也越来越增多，总之，就是食物越来越多样化，随之摄入身体内的物质，即向人转变的化学条件，也越来越多样化。但是，这一切还不是真正的劳动。劳动是从制造工具开始的。我们所发现的最古老的工具是些什么东西呢？根据已发现的史前时期的人的遗物来判断，并且根据最早历史时期的人群和现在最不开化的野蛮人的生活方式来判断，最古老的工具是些什么东西呢？是打猎的工具和捕鱼的工具，而前者同时又是武器。但是打猎和捕鱼的前提是从只吃植物过渡到同时也吃肉，而这又是向人转变的重要一步。**肉类食物**几乎现成地含有身体的新陈代谢所必需的各种最重要的物质；它缩短了消化过程以及身体内其他植物性过程即同植物生活相应的过程的时间，因此为过真正动物的生活赢得了更多的时间、更多的物质和更多的精力。这种正在生成中的人离植物界越远，他超出动物界的程度也就越高。如果说除吃肉外还要习惯于吃植物这一情况使野猫和野狗变成了人的奴仆，那么除吃植物外也要吃肉的习惯则大大促进了正在生成中的人的体力和独立性。但是最重要的还是肉食对于脑的影响；脑因此得到了比过去丰富得多的为脑本身的营养和发展所必需的物质,因而它就能够一代一代更迅速更完善地发育起来。请素食主义者先生们恕我直言,如果不吃肉,人是不会到达现在这个地步的,至于说在我们所知道的一切民族中,都曾经有一个时期由于吃肉而竟吃起人来(柏林人的祖先,韦累塔比人或维耳茨人,在10世纪还吃他们的父母)[3],这在今天同我们已经毫不相干。

肉食引起了两个新的有决定意义的进步,即火的使用和动物的驯养。前者更加缩短了消化过程,因为它为嘴提供了可说是已经半消化了的食物;后者使肉食更加丰富起来,因为它在打猎之外开辟了新的更经常性的肉食来源,除此以外还提供了奶和奶制品之类的新的食品,而这类食品就其养分来说至少不逊于肉类。这样,对于人来说,这两种进步就直接成为新的解放手段。这里逐一详谈它们的各种间接的影响,未免扯得太远,虽然对于人类和社会的发展来说,这些影响也具有非常重大的意义。

正如人学会吃一切可以吃的东西一样,人也学会了在任何气候下生活。人分布在所有可居住的地面上,人是唯一能独立自主地这样做的动物。其他的动物,虽然也习惯于各种气候,但这不是独立自主的行为,而只是跟着人学会这样做的,例如家畜和有害小动物就是这样。从原来居住的常年炎热的地带,迁移到比较冷的、一年中分成冬季和夏季的地带,就产生了新的需要:要有住房和衣服以抵御寒冷和潮湿,要有新的劳动领域以及由此而来的新的活动,这就使人离开动物越来越远了。

由于手、说话器官和脑不仅在每个人身上,而且在社会中发生共同作用,人才有能力完成越来越复杂的动作,提出并达到越来越高的目的①。劳动本身经过一代又一代变得更加不同、更加完善和更加多方面了。除打猎和畜牧外,又有了农业,农业之后又有了纺纱、织布、冶金、

---

① 恩格斯在此处手稿的页边上写着:"感觉器官"。——编者注

制陶和航海。伴随着商业和手工业，最后出现了艺术和科学；从部落发展成了民族和国家。法和政治发展起来了，而且和它们一起，人间事物在人的头脑中的虚幻的反映——宗教，也发展起来了。在所有这些起初表现为头脑的产物并且似乎支配着人类社会的创造物面前，劳动的手的较为简陋的产品退到了次要地位；何况能作出劳动计划的头脑在社会发展的很早的阶段上（例如，在简单的家庭中），就已经能不通过自己的手而是通过别人的手来完成计划好的劳动了。迅速前进的文明完全被归功于头脑，归功于脑的发展和活动；人们已经习惯于用他们的思维而不是用他们的需要来解释他们的行为（当然，这些需要是反映在头脑中，是进入意识的）。这样，随着时间的推移，便产生了唯心主义世界观，这种世界观，特别是从古典古代世界没落时起，就支配着人的头脑。它现在还非常有力地支配着人的头脑，甚至达尔文学派的唯物主义自然科学家们对于人类的产生也不能提出明确的看法，因为他们在那种意识形态的影响下，认识不到劳动在这中间所起的作用。

……

弗·恩格斯写于 1873～1882 年
第一次以德文和俄译文对照的形式全文
发表于 1925 年莫斯科出版的《马克思恩格斯文库》第 2 卷

原文是德文
选自《马克思恩格斯文集》第 9 卷，人民出版社，2009，第 550～558 页

注释：

[1]《自然辩证法》是恩格斯 1873～1882 年撰写的一部未完成的手稿，是他研究自然界和自然科学的辩证法问题的重要著作，由论文、札记和片断组成。在这部著作中，恩格斯为马克思主义哲学的自然辩证法学科奠定了理论基础。他用辩证唯物主义的观点和方法对 19 世纪中叶自然科学的最重要成就作了哲学概括，批判了自然科学中的形而上学和唯心主义观点；论述了自然科学和哲学的关系，指出各门自然科学的发展证明辩证唯物主义自然观产生的必然

性和科学性,唯物辩证法为自然科学提供了科学的方法,自然科学家应当自觉地学习和掌握唯物辩证法;揭示了各门自然科学的辩证内容和唯物辩证法的基本规律,把辩证法的规律概括为:"量转化为质和质转化为量的规律;对立的相互渗透的规律;否定的否定的规律"(见《马克思恩格斯文集》第9卷,第463页);阐明了辩证唯物主义的物质观和运动观、物质基本运动形式之间的区别和联系,批判了把一切运动形式归结为机械运动的机械论观点;论述了自然研究中的认识论和辩证逻辑问题,阐明了概念的辩证性质、判断的辩证分类、归纳和演绎的辩证关系等等,批判了自然研究中的不可知论。在《劳动在从猿到人的转变中的作用》一文中,恩格斯论述了劳动在人类起源中的决定性作用,指出:"劳动是整个人类生活的第一个基本条件,而且达到这样的程度,以致我们在某种意义上不得不说:劳动创造了人本身。"(见《马克思恩格斯文集》第9卷,第500页)他阐明了人与动物在对待自然界方面的本质区别在于人能够按照自己的目的来利用自然界、支配自然界;同时强调人们必须处理好人与自然界的关系,指出:"我们不要过分陶醉于我们人类对自然界的胜利。对于每一次这样的胜利,自然界都对我们进行报复。""我们每走一步都要记住:我们决不像征服者统治异族人那样支配自然界,决不像站在自然界之外的人似的去支配自然界……我们对自然界的整个支配作用,就在于我们比其他一切生物强,能够认识和正确运用自然规律。"(见《马克思恩格斯文集》第9卷,第559、560页)恩格斯还指出,随着自然科学的大踏步前进,人们越来越有可能学会认识和控制日常生产行为在自然方面所引起的较远的影响,但是在资本主义的生产方式中资本家都是为了直接的利润而从事生产和交换,他们不考虑这些行为在自然方面造成的影响,因此,要处理好人与自然的关系,"需要对我们的直到目前为止的生产方式,以及同这种生产方式一起对我们的现今的整个社会制度实行完全的变革"(见《马克思恩格斯文集》第9卷,第561页)。

《自然辩证法》是恩格斯多年对自然科学进行深入研究的成果。他最初打算写一部批判庸俗唯物主义者路·毕希纳的论战性著作,1873年1月前后写出了提纲(见《马克思恩格斯文集》第9卷,第453~455页),后来改变计划,转入写作《自然辩证法》。恩格斯在1873年5月30日给马克思的信(见《马克思恩格斯文集》第10卷,第385~389页)中,叙述了撰写《自然辩证法》的宏大计划。在以后几年，恩格斯按既定计划进行了大量工作，但原定计划未能完全实现。

列入《自然辩证法》的材料，除《〈费尔巴哈〉的删略部分》外，都是1873～1882年这一时期写成的。《自然辩证法》的写作可分为两个主要时期：从计划写这一著作到完成《反杜林论》（1873年初～1878年中）和从《反杜林论》完稿到马克思病逝前（1878年夏～1882年夏）。在前一时期，恩格斯完成了几乎所有的札记和关于细节的研究，并写了一篇较完整的论文《导言》。在后一时期，恩格斯拟定了未来著作的具体计划，写完了几乎所有的论文。马克思逝世后，恩格斯把主要精力用于完成《资本论》的编辑出版工作和领导国际工人运动，实际上停止了《自然辩证法》的写作。

恩格斯将《自然辩证法》的材料分为四束，并冠以下列标题：《辩证法和自然科学》、《自然研究和辩证法》、《自然辩证法》、《数学和自然科学。各种札记》。这里看不出这些材料是按内容划分还是严格按写作时间顺序划分。这四束手稿中只有两束（第二束和第三束）标有恩格斯编的目录，列出了该束所包括的材料。

《自然辩证法》四束手稿还包含恩格斯原定写作计划以外的一些文稿：《〈反杜林论〉旧序》、《反杜林论》三则注释（《关于现实世界中数学上的无限之原型》、《关于"机械的"自然观》和《注释（1），凯库勒》）、《〈费尔巴哈〉的删略部分》、《劳动在从猿到人的转变中的作用》和《神灵世界中的自然研究》等，此外还有几篇短小的札记材料。

《自然辩证法》的手稿在恩格斯生前没有发表过。恩格斯逝世后，德国有关报刊发表了收入《自然辩证法》手稿的两篇论文：《劳动在从猿到人的转变中的作用》发表在1896～1897年《新时代》第14年卷第1册；《神灵世界中的自然研究》于1898年发表在《世界新历画报》年鉴上。1925年《自然辩证法》用德文和俄译文对照的形式首次全文发表于《马克思恩格斯文库》莫斯科版第2卷。

《马克思恩格斯全集》历史考证版第1部分第26卷（1985年）刊出的《自然辩证法》，分别按手稿写作时间顺序编排和按手稿内容编排。后一种编排方式以恩格斯的写作计划为基本依据。《马克思恩格斯文集》第9卷采用后一种编排方式。

《自然辩证法》先后出版过几种不同的中译本：1932年上海神州国光社出版了杜畏之的译本；1950年北京三联书店出版了郑易里的译本；1955年人民出版社出版了曹葆华、于光远、谢宁的译本；1984年人民出版社出版了于光远等的译编本。

　　收入《马克思恩格斯文集》第9卷的《自然辩证法》是节选，主要选收了论述辩证自然观和辩证法规律、自然科学与哲学的关系，各门自然科学的辩证内容等等的论文、片段和札记。中译文选自《马克思恩格斯全集》中文第1版第20卷和《马克思恩格斯选集》中文第2版第4卷。

[2]《劳动在从猿到人的转变中的作用》是这篇论文在《自然辩证法》第二束材料目录中的标题。这篇论文是恩格斯原打算写的著作《奴役的三种基本形式》的导言，标题为《对劳动者的奴役。导言》。但是由于该著作没有完成，恩格斯最后给他已经写成的导言部分加上了《劳动在从猿到人的转变中的作用》的标题，这个标题符合手稿基本部分的内容。这篇论文很可能是1876年5～6月写成的。因为威·李卜克内西1876年6月10日给恩格斯的信中写道：他急切地等待着恩格斯答应给《人民国家报》写的著作《奴役的三种基本形式》。这篇论文1896年第一次发表于《新时代》杂志第14年卷第2册，第545～554页。

[3] 参看雅·格林《德国古代法》1854年格丁根第2版第488页所引用的德国修道士拉·诺特克尔（约952～1022年）的证明材料。恩格斯在其未完成的著作《爱尔兰史》中也引证了诺特克尔的这个材料（见《马克思恩格斯全集》中文第1版第16卷第559页）。

卡·马克思

资本论（节选）

第一册　资本的生产过程

第一篇　商品和货币

第一章　商品

……

4. 商品的拜物教性质及其秘密

……

现在，让我们离开鲁滨逊的明朗的孤岛，转到欧洲昏暗的中世纪去吧。在这里，我们看到的，不再是一个独立的人了，人都是互相依赖的：农奴和领主，陪臣和诸侯，俗人和牧师。物质生产的社会关系以及建立在这种生产的基础上的生活领域，都是以人身依附为特征的。但是正因为人身依附关系构成该社会的基础，劳动和产品也就用不着采取与它们的实际存在不同的虚幻形式。它们作为劳役和实物贡赋而进入社会机构之中。在这里，劳动的自然形式，劳动的特殊性是劳动的直接社会形式，而不是像在商品生产基础上那样，劳动的一般性是劳动的直接社会形式。徭役劳动同生产商品的劳动一样，是用时间来计量的，但是每一个农奴都知道，他为主人服役而耗费的，是他个人的一定量的劳动力。缴纳给牧师的什一税,是比牧师的祝福更加清楚的。所以,无论我们怎样判断中世纪人们在相互关系中所扮演的角色,人们在劳动中的社会关系始终表现为他们本身之间的个人的关系,而没有披上物之间即劳动产品之间的社会关系的外衣。

要考察共同的劳动即直接社会化的劳动,我们没有必要回溯到一切文明民族的历史初期都有过的这种劳动的原始的形式。① 这里有个更近的例子,就是农民家庭为了自身的需要而生产粮食、牲畜、纱、麻布、衣服等等的那种农村家长制生产。对于这个家庭来说,这种种不同的物都是它的家庭劳动的不同产品,但它们不是互相作为商品发生关系。生产这些产品的种种不同的劳动,如耕、牧、纺、织、缝等等,在其自然形式上就是社会职能,因为这是这样一个家庭的职能,这个家庭就像商品生产一样,有它本身的自然形成的分工。家庭内的分工和家庭各个成员的劳动时间,是由性别年龄上的差异以及随季节而改变的劳动的自然条件来调节的。但是,用时间来计量的个人劳动力的耗费,在这里本来就表现为劳动本身的社会规定,因为个人劳动力本来就只是作为家庭共同劳动力的器官而发挥作用的。

最后,让我们换一个方面,设想有一个自由人联合体,他们用公共的生产资料进行劳动,并且自觉地把他们许多个人劳动力当做一个社会劳动力来使用。在那里,鲁滨逊的劳动的一切规定又重演了,不过不是在个人身上,而是在社会范围内重演。鲁滨逊的一切产品只是他个人的产品,因而直接是他的使用物品。这个联合体的总产品是一个社会产品。这个产品的一部分重新用做生产资料。这一部分依旧是社会的。而另一部分则作为

---

① 第二版注:"近来流传着一种可笑的偏见,认为原始的公有制的形式是斯拉夫人特有的形式,甚至只是俄罗斯的形式。这种原始形式我们在罗马人、日耳曼人、凯尔特人那里都可以见到,直到现在我们还能在印度人那里遇到这种形式的一整套图样,虽然其中一部分只留下残迹了。仔细研究一下亚细亚的、尤其是印度的公有制形式,就会证明,从原始的公有制的不同形式中,怎样产生出它的解体的各种形式。例如,罗马和日耳曼的私有制的各种原型,就可以从印度的公有制的各种形式中推出来。"(卡尔·马克思:《政治经济学批判》,第10页)(参看《马克思恩格斯全集》中文第2版第31卷,第426页)

生活资料由联合体成员消费。因此，这一部分要在他们之间进行分配。这种分配的方式会随着社会生产有机体本身的特殊方式和随着生产者的相应的历史发展程度而改变。仅仅为了同商品生产进行对比，我们假定，每个生产者在生活资料中得到的份额是由他的劳动时间决定的。这样，劳动时间就会起双重作用。劳动时间的社会的有计划的分配，调节着各种劳动职能同各种需要的适当的比例。另一方面，劳动时间又是计量生产者在共同劳动中个人所占份额的尺度，因而也是计量生产者在共同产品的个人可消费部分中所占份额的尺度。在那里，人们同他们的劳动和劳动产品的社会关系，无论在生产上还是在分配上，都是简单明了的。

在商品生产者的社会里，一般的社会生产关系是这样的：生产者把他们的产品当做商品，从而当做价值来对待，而且通过这种物的形式，把他们的私人劳动当做等同的人类劳动来互相发生关系。对于这种社会来说，崇拜抽象人的基督教，特别是资产阶级发展阶段的基督教，如新教、自然神教等等，是最适当的宗教形式。在古亚细亚的、古代的等等生产方式[1]下，产品转化为商品，从而人作为商品生产者而存在的现象，处于从属地位，但是共同体越是走向没落阶段，这种现象就越是重要。真正的商业民族只存在于古代世界的空隙中，就像伊壁鸠鲁的神只存在于世界的空隙中[2]，或者犹太人只存在于波兰社会的缝隙中一样。这些古老的社会生产有机体比资产阶级的社会生产有机体简单明了得多，但它们或者以个人尚未成熟，尚未脱掉同其他人的自然血缘联系的脐带为基础，或者以直接的统治和服从的关系为基础。它们存在的条件是：劳动生产力处于低级发展阶段，与此相应，人们在物质生活生产过程内部的关系，即他们彼此之间以及他们同自然之间的关系是很狭隘的。这种实际的狭隘性，观念地反映在古代的自然宗教和民间宗教中。只有当实际日常生活的关系，在人们面前表现为人与人之间和人与自然之间极明白而合理的关系的时候，现实世界的宗教反映才会消失[3]。只有当社会生活过程即物质生产过程的形态，作为自由联合的人的产物，处于人的有意识有计划的控制之下的时候，它才会把自己的神秘的纱幕揭掉。但是，这需要有一定的社会物质基础或一系列物质生存条件，而这些条件本身又是长期的、痛苦的发展史的自然产物。

……

载于1890年由恩格斯编辑出版的《资本论》德文第4版

原文是德文
选自《马克思恩格斯文集》第5卷，人民出版社，2009，第94~97页

注释：

[1] 关于亚细亚的、古代的等等生产方式，在1857~1858年经济学手稿中已有论述，见《马克思恩格斯文集》第8卷，第145~146页和《马克思恩格斯全集》中文第2版第31卷，第413页。

[2] 古希腊哲学家伊壁鸠鲁认为有无数的世界。这些世界是按照他们本身的自然规律产生和存在的。神虽然存在，但存在于世界之外，存在于世界之间的空隙中，对宇宙的发展和人的生活没有任何影响。

[3] 在马克思1843年底写的《〈黑格尔法哲学批判〉导言》（见《马克思恩格斯文集》第1卷）中已包含了这一思想。

弗·恩格斯

家庭、私有制和国家的起源[1]

就路易斯·亨·摩尔根的研究成果而作

1884年第一版序言

以下各章，在某种程度上是实现遗愿。不是别人，正是卡尔·马克思曾打算联系他的——在某种限度内我可以说是我们两人的——唯物主义的历史研究所得出的结论来阐述摩尔根的研究成果，并且只是这样来阐明这些成果的全部意义。原来，摩尔根在美国，以他自己的方式，重新发现了40年前马克思所发现的唯物主义历史观，并且以此为指导，在把野蛮时代和文明时代加以对比的时候，在主要点上得出了与马克思相同的结果。正如德国的职业经济学家多年来热心地抄袭《资本论》同时又顽强地抹杀它一样，英国"史前史"科学的代表对摩尔根的《古代社会》①，也用了同样的办法。我这本书，只能稍稍补偿我的亡友未能完成的工作。不过，我手中有他写在摩尔根一书的详细摘要②中的批语，这些批语我在本书中有

---

① 路易斯·亨利·摩尔根：《古代社会，或人类从蒙昧时代经过野蛮时代到文明时代的发展过程的研究》1877年，伦敦麦克米伦公司。该书在美国刊印，在伦敦极难买到。作者已于数年前去世。
② 马克思：《路易斯·亨·摩尔根〈古代社会〉一书摘要》，见《马克思恩格斯全集》中文第1版第45卷。——编者注

关的地方就加以引用。

根据唯物主义观点，历史中的决定性因素，归根结底是直接生活的生产和再生产。但是，生产本身又有两种。一方面是生活资料即食物、衣服、住房以及为此所必需的工具的生产；另一方面是人自身的生产，即种的繁衍。一定历史时代和一定地区内的人们生活于其下的社会制度，受着两种生产的制约：一方面受劳动的发展阶段的制约，另一方面受家庭的发展阶段的制约。劳动越不发展，劳动产品的数量，从而社会的财富越受限制，社会制度就越在较大程度上受血族关系的支配。然而，在以血族关系为基础的这种社会结构中，劳动生产率日益发展起来；与此同时，私有制和交换、财产差别、使用他人劳动力的可能性，从而阶级对立的基础等等新的社会成分，也日益发展起来；这些新的社会成分在几个世代中竭力使旧的社会制度适应新的条件，直到两者的不相容性最后导致一个彻底的变革为止。以血族团体为基础的旧社会，由于新形成的各社会阶级的冲突而被炸毁；代之而起的是组成为国家的新社会，而国家的基层单位已经不是血族团体，而是地区团体了。在这种社会中，家庭制度完全受所有制的支配，阶级对立和阶级斗争从此自由开展起来，这种阶级对立和阶级斗争构成了直到今日的全部**成文**史的内容。

摩尔根的伟大功绩，就在于他在主要特点上发现和恢复了我们成文史的这种史前的基础，并且在北美印第安人的血族团体中找到了一把解开希腊、罗马和德意志上古史上那些极为重要而至今尚未解决的哑谜的钥匙。而他的著作也并非一日之功。他研究自己所得的材料，到完全掌握为止，前后大约有40年。然而也正因为如此，他这本书才成为今日划时代的少数著作之一。

在后面的叙述中，读者大体上很容易辨别出来，哪些是属于摩尔根的，哪些是我补充的。在关于希腊和罗马历史的章节中，我没有局限于摩尔根的例证，而是补充了我所掌握的材料。关于凯尔特人和德意志人的章节，基本上是属于我的；在这里，摩尔根所掌握的差不多只是第二手的材料，而关于德意志人的材料——除了塔西佗以外——还只是弗里曼先生的不高明的自由主义的赝品①。经济方面的论证，对摩尔根的目的来说已经很充分了，对我的目的来说就完全不够，所以我把它全部重新改写过了。最后，凡是没有明确引证摩尔根而作出的结论，当然都由我来负责。

弗·恩格斯写于1884年3月底~5月26日
载于1884年在苏黎世出版的《家庭、私有制和国家的起源》一书

原文是德文
选自《马克思恩格斯文集》第4卷，人民出版社，2009，第15~17页

注释：

[1]《家庭、私有制和国家的起源》是恩格斯阐发历史唯物主义基本原理的重要著作。在这部著作中，恩格斯用唯物史观科学地阐明了人类社会早期发展阶段的历史，论述了氏族组织的结构、特点和作用以及家庭的起源和发展，揭示了原始社会制度解体和以私有制为基础的阶级社会形成过程，分析了国家从阶级对立中产生的历史条件和本质特征，指出了国家必将随着阶级的消灭和共产主义的胜利而消亡。恩格斯对历史唯物主义关于物质生产是社会发展决定性因素的基本原理作了进一步阐述，指出："根据唯物主义观点，历史中的决定性因素，归根结底是直接生活的生产和再生产。但是，生产本身又有两种。一方面是生活资料即食物、衣服、住房以及为此所必需的工具的生产；另一方面是人自身的生产，即种的繁衍。一定历史时代和一定地区内的人们生活于其下的社会制度，受着两种生产的制约：一方面受劳动的发展阶段的制约，另一方面受家庭的发展阶段的制约"（见《马克思恩格斯文集》第4卷，第15~16页）。家庭的形式是随着生产的发展而改变的，在人类历史发展的早期阶段，家庭血缘关系曾对社会制度起过重要作用；随着私有制和阶级的产生，以血族关系为基础的社会就被受私有制支配的社会所代替；私有制是人类社会在一定历史阶段的产物，是与生产力发展到一定阶段相联系的；私有制的出现导致剥削制度的产生和对抗阶级的形成。恩格斯分析了国家的

---

① 爱·弗里曼：《比较政治》，1873年伦敦版。——编者注

起源、发展和消亡的规律，指出："国家是社会在一定发展阶段上的产物；国家是承认：这个社会陷入了不可解决的自我矛盾，分裂为不可调和的对立面而又无力摆脱这些对立面。而为了使这些对立面，这些经济利益互相冲突的阶级，不致在无谓的斗争中把自己和社会消灭，就需要有一种表面上凌驾于社会之上的力量，这种力量应当缓和冲突，把冲突保持在'秩序'的范围以内；这种从社会中产生但又自居于社会之上并且日益同社会相异化的力量，就是国家"（见《马克思恩格斯文集》第4卷，第189页）。阶级社会中的国家"是最强大的、在经济上占统治地位的阶级的国家，这个阶级借助于国家而在政治上也成为占统治地位的阶级，因而获得了镇压和剥削被压迫阶级的新手段"（见《马克思恩格斯文集》第4卷，第191页）；国家随着阶级的产生而产生，也必然随着阶级的消灭而消亡；以生产者自由平等的联合体为基础的、按新方式来组织生产的社会，即共产主义社会，将把全部国家机器放到古物陈列馆去。恩格斯在这部著作中还论证了妇女解放和社会解放的关系，阐明了在私有制统治下妇女不平等地位的经济基础，并指出，只有消灭了资本主义生产方式，婚姻自由和妇女的彻底解放才有可能。

列宁认为，《起源》"是现代社会主义的基本著作之一，其中的每一句话都是可以相信的，每一句话都不是凭空说的，而是根据大量的史料和政治材料写成的"（见《列宁全集》中文第2版第37卷，第62页）。

这部著作是恩格斯在1844年3月底~5月底撰写的。恩格斯在整理马克思的手稿时，发现了马克思在1880~1881年间对美国人类学家路·亨·摩尔根的《古代社会》一书所作的详细摘要、批语和补充材料（见《马克思恩格斯全集》中文第1版第45卷）。恩格斯确信摩尔根的这本书证实了马克思和他本人的历史唯物主义研究的结论。因此，他认为有必要利用这些材料，写一部专门的著作。恩格斯在第一版序言中称，这在某种程度上是实现马克思的遗愿。在写作过程中，恩格斯还利用了自己对古希腊罗马史、古代爱尔兰史、古代德意志史等等的研究成果（恩格斯的《马尔克》、《论德意志人的古代历史》和《法兰克时代》，见《马克思恩格斯全集》中文第2版第25卷）和其他文献，扩大了研究的视野和范围。

1884年10月初，《家庭、私有制和国家的起源》在苏黎世问世，1886年和1889年在斯图加特重新装订出版，并注明是"1886年斯图加特第二版"

和"1889年斯图加特第三版"。这部著作的波兰文、罗马利亚文和意大利文译本于1885年出版,其中意大利文译本是经恩格斯亲自审定的。此后恩格斯还审定了1888年出版的丹麦文译本。第一个塞尔维亚文译本也于19世纪80年代末出版。

1890年,恩格斯积累了有关原始社会史的新材料,于是便着手准备出版新版。他在新版中对原文作了许多修改和订正,特别是利用考古学和民族学的最新材料,对《家庭》一章作了重要补充。经过修改和补充的《家庭、私有制和国家的起源》第四版,于1891年底在斯图加特出版。该版所作的重要改动,在本卷的脚注中作了说明。

1892年和1894年,这部著作还出版了第五版和第六版,这两版都是在第四版的基础上翻印的。

这部著作在恩格斯生前还被译成法文(1893年)、保加利亚文(1893年)、西班牙文(1894年)和俄文(1894年),其中法译文由劳·拉法格校订,并经恩格斯审阅。

1920年,《家庭、私有制和国家的起源》的部分内容由恽代英译成中文,发表在上海《东方杂志》第17卷第19~20号;1929年上海新生命书局出版了李膺扬的中译本;1941年学术出版社又出版了张仲实的中译本。

1891年第四版序言[1]

本书以前各版,印数虽多,但在差不多半年以前就脱销了,出版者①早就希望我准备新版。更紧迫的工作一直拖住我,使我不能做这件事。自本书初版问世以来,已经有七年了;在这几年间,对于原始家庭形式的认识,已经获得了很大的进展。因此,在这里必须用心地加以修订和补充;加之这次文本的排印预定要铸成铅版,这将使我在相当时期内无法作进一步的修改。②

---

① 约·狄茨。——编者注
② 在《新时代》刊载的文本里,在"加之"后面是"新版将大量印行,这在德国社会主义文献中现在已经是常见的事,不过对于德国出版界来说仍然是非常罕见的"。——编者注

因此，我仔细地校阅了全文，并作了许多补充，希望在这些补充中恰如其分地照顾到了今天的科学状况。其次，在这篇序言里，我将把自巴霍芬至摩尔根对于家庭史的观点的发展，作一简短的评述；我之所以要这样做，主要是因为带有沙文主义情绪的英国史前史学派，仍然尽一切可能闭口不提摩尔根的发现在原始历史观中所引起的革命，同时却丝毫不客气地把摩尔根所得的成果掠为己有。而在其他国家，也间或有人非常热衷于效尤英国。

我的这本书已被译成了各种外文。最先译成意大利文：《家庭、私有制和国家的起源》，帕斯夸勒·马尔提涅蒂译，并经作者审阅，1885年贝内文托版。后来译成罗马尼亚文：《家庭、私有制和国家的起源》，若安·纳杰日杰译，载于1885年9月至1886年5月在雅西出版的《现代人》杂志。以后又译成丹麦文：《家庭、私有制和国家的起源》，由格尔松·特里尔1888年在哥本哈根出版。昂利·腊韦从德文本版译成的法文本，正在印刷中。

———

在60年代开始以前，根本谈不到家庭史。历史科学在这一方面还是完全处在摩西五经的影响之下。人们不仅毫无保留地认为那里比任何地方都描写得更为详尽的家长制的家庭形式是最古的形式，而且把它——除一夫多妻制外——跟现代资产阶级的家庭等同起来，这样一来，家庭实际上就根本没有经历过任何历史的发展；至多认为在原始时代可能有过杂乱的性关系的时期。——诚然，除个体婚制之外，一般所知道的还有东方的一夫多妻制及印度和西藏的一妻多夫制；可是，这三种形式并不能按历史的顺序排列起来，它们彼此并立而没有任何相互的联系。至于说在古代历史的个别民族中间，以及至今尚存的若干蒙昧人中间，世系不是依照父亲而是依照母亲计算，因此，女系被认为是唯一有效的；在今天的许多民族中间，某些相当大的集团（那时还没有被详细研究过）内部禁止通婚，而且这种习俗在各大洲都可见到——这种种事实诚然已经是众所周知，而且这样的例子搜集得一天比一天多。但是没有人知道应当怎样去处理它们，甚至在爱·伯·泰勒所著的《人类原始历史的研究》（1865年版）一书中，也还是把这些事实简单地看做"奇怪习俗"，而与某些蒙昧人不许用铁器接触燃烧的木头以及类似的宗教上的滑稽怪事相提并论。

家庭史的研究是从1861年，即从巴霍芬的《母权论》的出版开始的。作者在这本书中提出了以下的论点：（1）最初人们实行着毫无限制的性关系，他把这种性关系用了一个不恰当的名词"淫游"来表示；（2）这种关系排除了任何可以确切认知的父亲，因此，世系只能依照女系——依照母权制——计算，古代的一切民族，起初都是如此；（3）因此，妇女作为母亲，作为年轻一代的唯一确切知道的亲长，享有高度的尊敬和威望，据巴霍芬的意见，高度的尊敬和威望上升到了完全的妇女统治（Gynaikokratie）；（4）向一个女子专属于一个男子的个体婚制的过渡，含有对远古宗教戒律的侵犯（就是说，实际上侵犯了其余男子自古享有的可以占有这位女子的权利），这种侵犯要求由女子暂时有限地献身于外人来赎罪或赎买对这种行为的容忍。

巴霍芬从他极其勤奋地搜集来的无数段古代经典著作中，为这些论点找出了证据。由"淫游"到专偶婚的发展，以及由母权制到父权制的发展，据他的意见——特别是在希腊人中间——是由于宗教观念的进一步发展，由于代表新观念的新神挤入体现旧观念的传统神内部；因此，旧神就越来越被新神排挤到后边去了。所以，照巴霍芬看来，并不是人们的现实生活条件的发展，而是这些条件在这些人们头脑中的宗教反映，引起了男女两性相互的社会地位的历史性的变化。根据这一点，巴霍芬指出，埃斯库罗斯的《奥列斯特》三部曲是用戏剧的形式来描写没落的母权制跟发生于英雄时代并日益获得胜利的父权制之间的斗争。克丽达妮斯特拉为了她的情人亚格斯都士，杀死了她的刚从特洛伊战争归来的丈夫亚加米农；而她和亚加米农所生的儿子奥列斯特又杀死自己的母亲，以报杀父之仇。为此，他受到母权制的凶恶维护者依理逆司神的追究，因为按照母权制，杀母是不可赎的大罪。但是，曾通过自己的传谕者鼓励奥列斯特去做这件事情的阿波罗和被请来当裁判官的雅典娜这两位在这里代表父权制新秩序的神,则庇护奥列斯特;雅典娜听取了双方的申诉。整个争论点集中地表现在奥列斯特与依理逆司神的辩论中。奥列斯特的理由是:克丽达妮斯特拉既杀了**自己的**丈夫,同时又杀了**他的**父亲,犯了两重罪。为什么依理逆司神要追究他,而不追究罪行严重得多的她呢?回答是明确的:

她跟她所杀死的男人**没有血缘亲属关系**。①

杀死一个没有血缘亲属关系的男人,即使他是那个女凶手的丈夫,也是可以赎罪的,是跟依理逆司神毫不相干的;她们的职务只是追究血缘亲属中间的谋杀案件,在这里,按照母权制,杀母是最不可赎的大罪。这时,阿波罗出来作奥列斯特的辩护人;于是雅典娜就把问题提交阿雷奥帕格的法官们——雅典娜的陪审员们——投票表决;主张宣告无罪与主张有罪判刑的票数相等;这时,雅典娜以审判长的资格,给奥列斯特投了一票,宣告他无罪。父权制战胜了母权制;"幼辈的神"(依理逆司神自己这样称呼他们)战胜了依理逆司神,后者终于也同意担任新的职务,转而为新的秩序服务了。

对《奥列斯特》三部曲的这个新的但完全正确的解释,是巴霍芬全书中最美妙精彩的地方之一,但它同时证明,巴霍芬至少是像当年的埃斯库罗斯一样地信仰依理逆司神、阿波罗神及雅典娜神;也就是说,他相信这些神在希腊的英雄时代创造了用父权制推翻母权制的奇迹。显然,这种认为宗教是世界历史的决定性杠杆的观点,归根结底必然导致纯粹的神秘主义。所以,仔细研究巴霍芬的这部四开本的大部头著作,乃是一件吃力而绝非始终值得的事情。不过,所有这一切并不降低他开辟道路的功绩;他头一个抛弃了关于性关系杂乱的尚未认知的原始状态的空谈,而证明古代经典著作向我们提出了大量的证据,这些证据表明,在希腊人及亚洲人那

---

① 埃斯库罗斯《奥列斯特》三部曲中的《厄默尼德》。——编者注

里，在个体婚制之前，确实存在过这样的状态，即不但一个男子与几个女子发生性的关系，而且一个女子也与几个男子发生性的关系，都不违反习俗；他证明，这种习俗在消失的时候留下了一种痕迹，即妇女必须在一定限度内献身于外人，以赎买实行个体婚的权利；因此，世系最初只能依女系即从母亲到母亲来计算；女系的这种唯一有效性，在父亲的身份已经确定或至少已被承认的个体婚制时代，还保存了很久；最后，母亲作为自己子女的唯一确实可靠的亲长的这种最初的地位，便为她们，从而也为所有妇女保证了一种自此以后她们再也没有占据过的崇高的社会地位。诚然，巴霍芬并没有这样明确地表述这些论点——他的神秘主义的观点妨碍他这样做。但是他证明了这些论点，而这在1861年是一个完全的革命。

巴霍芬的这部四开本的大部头著作，是用德文写的，即用那时对现代家庭的史前史最不感兴趣的民族的语言写的。因此，他的这本书一直湮没无闻。1865年在同一领域里出现的巴霍芬的直接后继人，甚至没有听说过他。

这个后继人，就是约·弗·麦克伦南，他和他的先驱者正好相反。在这里我们所看到的，不是一个天才的神秘主义者，而是一个枯燥无味的法学家；不是诗人的才气横溢的想象，而是出庭的辩护士的振振有词的推论。麦克伦南在古代及近代的许多蒙昧民族、野蛮民族、以至文明民族中间，发现了这样一种结婚形式，即新郎必须一个人或者与他的朋友们一起假装用暴力把新娘从她的亲属手里抢过来。这个习俗，应当是较早的一种习俗的遗迹，那时一个部落的男子确实是用暴力到外边从别的部落为自己抢劫妻子。那么这种"抢劫婚姻"是怎样发生的呢？当男子在本部落内可以找到足够的妻子时，是没有任何理由这样做的。不过，我们也常常发现，在不发达的民族中间，有一些集团（在1865年时，还常常把这种集团与部落本身等同起来）禁止内部通婚，因此，男子不得不在本集团以外去娶妻，女子也不得不在本集团以外去找丈夫；而另外有些民族，却又有这样一种习俗，即某一集团的男子只能在自己本集团以内娶妻。麦克伦南把第一种集团叫做外婚制集团，把第二种集团叫做内婚制集团，并且直截了当地虚构出外婚制"部落"与内婚制"部落"的僵硬的对立。虽然他自己对外婚制的研究使他迎面就碰到这样一件事实,即这种对立即使不是在大多数场合,乃至一切场合,它在许多场合都只是存在于他的想象中,可是他仍然把这种对立作为他的整个理论的基础。根据这一说法,外婚制的部落只能从别的部落娶妻,而这在与蒙昧时代相适应的各部落之间战争不断的状态下,只有用抢劫的办法才能做到。

麦克伦南接着问道:这种外婚制的习俗是从哪里来的呢?他认为血缘亲属关系的观念和血亲婚配的观念与此毫不相干,因为这些观念只是在很久以后才发展起来的。但在蒙昧人中间广泛流行的女孩出生后立即杀死的习俗,则可能与此有关。他说,这种习俗使各个部落内发生男子过剩,其直接后果便必然是几个男子共有一个妻子,即一妻多夫制;由此又造成:人们只知道谁是孩子的母亲而不知道谁是孩子的父亲,于是,亲属关系只能依照女系,而不能依照男系计算,这就是母权制。部落内部妇女缺少——这种缺少虽然由一妻多夫制所缓和,但并未消除——的第二个后果,便是一贯地用暴力抢劫别的部落里的妇女。

> 外婚制与一妻多夫制既是起于同一原因——两性数目的不等,那么我们就应当认为,**一切外婚制的种族起初都是一妻多夫制的**……因此,我们应当认为不容争辩的是,在外婚制的种族中间,最初的亲属制度乃是仅由母亲方面来认知血缘关系的制度。(麦克伦南:《古代史研究》,1886,《原始婚姻》,第124页)[2]

麦克伦南的功绩就在于他指出了他所谓的外婚制的到处流行及其重大意义。他根本没有**发现**外婚制集团存在的事实,也完全没有理解这个事实。且不说许多观察者的更早的个别记载——这些正是麦克伦南的材料来源,莱瑟姆就精确而可靠地叙述过印度马加尔人[3]的外婚制度(《记述民族学》,1859),并且说,这种制度曾普遍流行,在各大洲都可见到——这个地方麦克伦南自己就引用过。而且,我们的摩尔根早在1847年他的关于易洛魁人的通信（发表于《美国评论》杂志上）中，以及1851年在《易洛魁联盟》一书[4]中，也证明了在这个民族集团里存在着这种制度，并正确地记述了它，可是麦克伦南的辩护士般的头脑，如我们将要看到的，在这个问题上，造成了比巴霍芬的神秘主义想象在母权制方面所造成的更大得多的混乱。麦克伦南的又一个功绩，就在于他认定母权制的世系制度是最初的制度，虽然在这一点上，像他本人后来所承认的那样，巴霍芬已比他先说过了。但即使是在这里，他也没有把问题弄清楚；他经常说到"只依照女系计算的亲属关系"（kinship through females only），并且一直把这个对较早发展阶段说来是正确的用语也应用于较后的一些发展阶段，而在这些发展阶段上，世系和继承权虽然还是只依照女系计算，但亲属关系也依照男子方面来承认和表示了。这是法学家的局限性，法学家创造了一个固定的法律用语，然后就一成不变地把它应用于早已不再适用的情况。

麦克伦南的理论，虽然好像讲得头头是道，然而即使在作者本人看来，似乎也缺乏牢固的根据。至少他本人注意到

值得注意的是，〈假装的〉抢劫妇女的形式，正是在**男子**亲属关系〈应该说依照男系计算的世系〉占统治地位的民族中间表现得最突出，最明显（第140页）。

而且，他又说：

这是一个奇怪的事实，据我们所知，在外婚制与最古的亲属关系形式并存的任何地方，都没有杀婴的习俗。（第146页）

这两点都是事实，是和他的说明方法显然矛盾的，他只能用新的更加混乱的假说来反驳它们。

可是，他的理论在英国仍然得到了很多的支持和响应：在英国，麦克伦南被普遍认为是家庭史的创始者和这个领域的第一个权威。他那外婚制

"部落"与内婚制"部落"的对立,虽然人们也认为有个别的例外并加以修改,但依然是占统治地位的观点的公认基础,而且变成了眼罩,使得任何不抱成见地通观这一研究领域,从而取得任何决定性的进步都成为不可能。鉴于在英国,而且别国也仿效英国普遍对麦克伦南的功绩估价过高,我们应当着重指出一个事实,即他那纯粹理解错了的外婚制"部落"与内婚制"部落"的对立所造成的害处,要多于他的研究所带来的益处。

而不久便开始出现越来越多的、无法装进他的理论的纤巧框框中去的事实。麦克伦南只知道三种婚姻形式:一夫多妻制、一妻多夫制和个体婚制。但是当注意力集中到这一点的时候,就发现了越来越多的证据,证明在不发达的各民族中间,存在过一列男子共同占有一列女子的婚姻形式;而**拉伯克**(《文明的起源》,1870)则认定这种群婚(Communal marriage)是历史的事实。

紧接着,在1871年,**摩尔根**又提出了新的、在许多方面都是决定性的材料。他确信,易洛魁人所通行的那种特殊的亲属制度,乃是美国的一切土著居民所共有的制度,因此,它流行于整个大陆,虽然它同那里通行的婚姻制度所实际产生的亲属等级是直接矛盾的。他促使美国联邦政府,根据他自己所拟定的问题和表格,了解有关其他各民族的亲属制度的情况。他从答案中发现:(1)美洲印第安人的亲属制度,也流行于亚洲的许多部落,并且以略有改变的形式,流行于非洲及澳洲的许多部落。(2)这种制度,在夏威夷及其他澳洲岛屿上正处于消亡阶段的群婚形式中,找到了完全的说明。(3)但是,在这些岛屿上,与这种婚姻形式并存而流行的亲属制度,则是一种只有用更为原始而如今业已消失的群婚形式才能说明的亲属制度。他把所搜集的材料与他从中得出的结论,一同发表在他的《血亲制度和姻亲制度》(1871年版)一书中,因而把争论转移到更无比广大的领域里来了。他从亲属制度出发,恢复了与之相应的家庭形式,这就开辟了一条新的研究途径及进一步追溯人类史前史的可能。如果这个方法能够成立,麦克伦南的精巧设计就要烟消云散了。

麦克伦南在《原始婚姻》的新版(《古代史研究》,1876)中起而为自己的理论辩护。他自己只根据假说完全人为地编造出一套家庭史，却要求拉伯克和摩尔根不仅要对他们的每一个论点提出证据，而且要提出只有在苏格兰法庭上才会要求的那种不可争辩的确凿证据。而提出这种要求的同一个人，却根据德意志人中的舅甥之间的密切关系（塔西佗：《日耳曼尼亚志》第20章），根据凯撒关于布列吞人每10个或12个男子有共同的妻子的记述，根据古代著作家关于野蛮人共妻的其他一切记述，毫不犹豫地作出结论说，所有这些民族都盛行过一妻多夫制！这就好像在听这样一位检察官讲话，他在起诉时可以信口开河，然而却要求辩护人每句话都要有最明确的、有法律效力的证据。

他断言群婚是纯粹的虚构，这样，他便比巴霍芬落后了许多。他认为，摩尔根所说的亲属制度，乃是纯粹的社交礼仪的规则，并拿印第安人把异族人、白种人也称呼为父亲或兄弟这一事实作为证明。这正如某人因为人们把天主教的教士和修道院女院长也称为父亲和母亲，而修士和修女，甚至共济会会员和英国同业公会会员在庄严的集会上，彼此也用兄弟和姊妹相称，就硬说父母、兄弟、姊妹等称呼是根本毫无意义的称呼一样。总之，麦克伦南的辩护是极端软弱无力的。

不过他还有一点没有被攻破。他的全部体系所依据的外婚制"部落"与内婚制"部落"的对立，不仅没有被动摇，而且甚至被公认为全部家庭史的基石。人们承认，麦克伦南试图给这个对立所作的解释是不够有力的，而且跟他自己所举出的一些事实相矛盾。不过这一对立本身，即存在着两种相互排斥的独立自主的部落，其中一种是在本部落以内娶妻，而另一种则绝对禁止这样做，却被认为是不可辩驳的真理。请参看例如日罗—特隆的《家庭的起源》（1874），甚至拉伯克的《文明的起源》（1882年第4版）。

摩尔根的主要著作《古代社会》（1877）（本书即以这部著作为基础），就是针对这一点的。摩尔根在1871年仅仅模糊地推测到的，在这里已经十分明确地发挥出来了。内婚制和外婚制根本不构成对立；外婚制"部落"的存在，直到现在也没有在任何地方找到证明。不过，在群婚还盛行的时代——群婚完全可能一度到处盛行——，一个部落分为好几个母系血缘亲属集团,即氏族,在氏族内部,严格禁止通婚,因此,某一氏族的男子,虽能在部落以内娶妻,并且照例都是如此,却必须是在氏族以外娶妻。这样,要是氏族是严格外婚制的,那么包括了所有这些氏族的部落,便成了同样严格内婚制的了。这就彻底推翻了麦克伦南人为地编造的理论的最后残余。

但是摩尔根并不满足于此。美洲印第安人的氏族还帮助他在他所研究的领域内迈出了有决定意义的第二步。他发现,这种按母权制建立的氏族,就是后来按父权制建立的氏族——即我们在古希腊罗马时代文明民族中可以看到的氏族——所由以发展起来的原始形式。希腊的和罗马的氏族,对于迄今所有的历史编纂学家来说都是一个谜,如今可以用印第安人的氏族来说明了,因而也就为全部原始历史找到了一个新的基础。

确定原始的母权制氏族是文明民族的父权制氏族以前的阶段的这个重新发现,对于原始历史所具有的意义,正如达尔文的进化理论对于生物学和马克思的剩余价值理论对于政治经济学的意义一样。它使摩尔根得以首次绘出家庭史的略图;这一略图,在目前已知的资料所容许的限度内,至少把典型的发展阶段大体上初步确定下来了。非常清楚,这样就在原始历史的研究方面开始了一个新时代。母权制氏族成了整个这门科学所围着旋转的轴心;自从它被发现以后,人们才知道,应该朝着什么方向研究和研究什么,以及应该如何去整理所得的结果。因此,目前在这一领域内正取得比摩尔根的著作出版以前更加迅速得多的进步。

摩尔根的发现,如今也为英国所有的史前史学家所承认,或者更确切些说,所窃取了。但是,他们几乎没有一个人肯公开承认,这一观点上的革命恰恰应该归功于摩尔根。在英国,人们对他的书尽可能保持沉默,而对他本人则只是以宽大地称赞他**以前的**成绩来敷衍一下;对他的叙述中的细节尽力吹毛求疵,而对他的真正伟大的发现却顽固地闭口不提。《古代社会》的第一版已经脱销;在美国,这类书没有应有的销路;在英国,这本书看来是一贯受到压制;这本划时代的著作的唯一还在出售的版本,就是德文译本。

这种冷漠态度很难不令人想到是一种共同蓄意采取的沉默抵制行为,

尤其是如果考虑到我们那些公认的史前史学家的著作中充满了仅仅是出于客气而作的许多引证，以及其他对同行表示尊敬的证据，就更会使人这样想——这种冷漠态度的原因何在呢？是不是因为摩尔根是个美国人，而令英国的史前史学家极其难堪的是，他们尽管在热心地搜集材料方面值得高度赞扬，但是在整理与分析这种材料所应用的一般观点方面，一句话，在他们的思想方面，却要依赖两个天才的外国人——巴霍芬和摩尔根呢？要是德国人的话，他们还可以容忍，但是对一个美国人怎能容忍呢？在美国人面前，每个英国人都成了爱国主义者，关于这一点，我在美国看到了许多可笑的例子。何况麦克伦南可以说是官方任命的英国史前史学派的创始人和领袖；史前史学界在某种程度上已经形成一种规矩，只能以莫大的敬意谈论他那从杀婴到一妻多夫制、抢劫婚姻再到母权制家庭的人工编造的历史理论；对于绝对相互排斥的外婚制"部落"和内婚制"部落"的存在稍有怀疑，便被视为放肆的邪说；这样，把所有这些神圣教条打得粉碎的摩尔根，就是犯了某种渎圣罪。加之，摩尔根在打破这些教条时，又是用一经说出便立即人人明白的方式；因此，一直茫然彷徨于外婚制与内婚制之间的麦克伦南的崇拜者，现在简直要用拳头敲着自己的脑门大叫起来：我们怎么会这样愚蠢，自己没有老早把它发现出来呢！

如果说这些罪过还不足以使官方学派非把摩尔根冷漠地撇在一边不可，那么他还有一个实在太过分的地方，就是他不仅用类似傅立叶使用的方式对文明，对商品生产社会，对我们现代社会的基本形式进行了批评，而且还用了卡尔·马克思才能说的话来谈论这一社会的未来的改造。所以，摩尔根就罪有应得，麦克伦南愤然地责难"他根本厌恶历史方法"[1]，而且日内瓦的教授日罗-特隆先生在1884年也重申了这一点。可是要知道，这位日罗-特隆先生在1874年（《家庭的起源》）还束手无策地徘徊于麦克伦南的外婚制的迷宫中，全仗摩尔根才被解救出来！

---

[1] 约·麦克伦南《古代史研究》，1876年伦敦版，第333页。——编者注

摩尔根在原始历史学上的其他成就，在这里没有考察的必要；在这一方面需要提到的，在本书有关的地方都可以找到。自从摩尔根的主要著作出版以来已经14年了，这14年间，关于人类原始社会史的材料，已经大大丰富起来；除了人类学家、旅行家及职业的史前史学家以外，比较法学家也参加进来了，他们有的提供了新的材料，有的提出了新的观点。结果，摩尔根有一些假说便被动摇，甚至站不住脚了。不过，新搜集的资料，不论在什么地方，都没有导致必须用其他的观点来代替他的卓越的基本观点。他给原始历史建立的系统，在基本的要点上，今天仍然有效。甚至可以说，越是有人力图隐瞒摩尔根是这一伟大进步的奠基者，他所建立的这个系统就越将获得大家的公认。①

弗里德里希·恩格斯

1891年6月16日于伦敦

弗·恩格斯写于1891年6月16日	原文是德文
载于1890～1891年《新时代》杂志第9年卷第2册第41期	选自《马克思恩格斯文集》第4卷，人民出版社，2009，第18～30页

注释：

[1] 这篇序言在《起源》第四版出版以前，经恩格斯本人同意，曾以《关于原始家庭的历史（巴芬霍、麦克伦南、摩尔根)》为题发表在1890～1891年《新时代》杂志第9年卷第2册第41期。恩格斯的《起源》1891年以后以德文和其他文字出版的各种版本，都收入了这篇序言。

---

① 我于1888年9月从纽约返欧途中，遇到一位罗切斯特选区的前国会议员，他认识摩尔根，可惜，关于摩尔根的事他能给我述说的并不多。摩尔根以个人的身份住在罗切斯特，仅仅从事自己的学术研究工作。他的兄弟是个上校，曾在华盛顿国防部供职；靠这位兄弟的介绍，摩尔根得以使政府对他的研究加以关注，用公款出版了他的几种著作；据我的交谈者自己说，他在任国会议员期间，也曾多次帮过摩尔根的忙。

[2] 这段引文摘自约·弗·麦克伦南《古代史研究。附重印的〈原始婚姻。关于婚礼中抢劫仪式的起源的研究〉》1886年伦敦—纽约版第124~125页。麦克伦南的《原始婚姻》最早于1865年在爱丁堡出版单行本,而收有《原始婚姻》的《古代史研究》第1版于1876年在伦敦出版。恩格斯在下面也提到了这一版本。

[3] 马加尔人过去是一个部落,现在是居住在尼泊尔西部地区的一个民族。

[4] 路·亨·摩尔根的14封《关于易洛魁人的通信》发表在纽约的《美国评论》杂志1847年2~12月第2~12期,他的著作《Ho-dé-no-sau-nee或易洛魁联盟》1851年在伦敦出版。

家庭、私有制和国家的起源

一 史前各文化阶段

摩尔根是第一个具有专门知识而尝试给人类的史前史建立一个确定的系统的人;他所提出的分期法,在没有大量增加的资料要求作出改变以前,无疑依旧是有效的。

在三个主要时代——蒙昧时代、野蛮时代和文明时代中,不消说,他所研究的只是前两个时代以及向第三个时代的过渡。他根据生活资料生产的进步,又把这两个时代中的每一时代分为低级阶段、中级阶段和高级阶段,因为,他说:

这一生产上的技能,对于人类的优越程度和支配自然的程度具有决定的意义;一切生物之中,只有人类达到了几乎绝对控制食物生产的地步。人类进步的一切大的时代,是跟生活来源扩充的各时代多少直接相符合的。①

---

① 路·亨·摩尔根:《古代社会》,1877年伦敦版,第19页,并参看马克思《路易斯·亨·摩尔根〈古代社会〉一书摘要》(《马克思恩格斯全集》,中文第1版第45卷,第331~332页。——编者注

家庭的发展与此并行,不过,这一发展对于时期的划分没有提供这样显著的标志。

1. 蒙昧时代

1. 低级阶段。这是人类的童年。人还住在自己最初居住的地方,即住在热带的或亚热带的森林中。他们至少是部分地住在树上,只有这样才可以说明,为什么他们在大猛兽中间还能生存。他们以果实、坚果、根作为食物;音节清晰的语言的产生是这一时期的主要成就。在有史时期所知道的一切民族中,已经没有一个是处在这种原始状态的了。虽然这一状态大概延续了好几千年之久,但我们却不能根据直接的证据去证明它;不过,我们既然承认人是起源于动物界的,那么,我们就不能不承认这种过渡状态了。

2. 中级阶段。从采用鱼类(我们把虾类、贝壳类及其他水栖动物都算在内)作为食物和使用火开始。这两者是互相联系着的,因为鱼类食物,只有用火才能做成完全可吃的东西。而自从有了这种新的食物以后,人们便不受气候和地域的限制了;他们沿着河流和海岸,甚至在蒙昧状态下已散布在地球上的大部分地区。石器时代早期的粗制的、未加磨制的石器,即所谓旧石器时代的石器(这些石器完全属于或大部分都属于这一阶段)遍布于各大洲,就是这种迁徙的证据。新移居的地带,以及不断的活跃的探索欲,加上掌握了摩擦取火的本领,就提供了新的食物,这就是在热灰或烧穴(地灶)中煨烤的淀粉质的根和块茎,以及随着最初武器即棍棒和标枪的发明而间或取得的附加食物——猎物。像书籍中所描写的纯粹的狩猎民族,即专靠打猎为生的民族,从未有过;靠猎物来维持生活,是极其靠不住的。由于食物来源经常没有保证,在这个阶段上大概发生了食人之风,这种风气,此后保持颇久。即在今日,澳大利亚人和许多波利尼西亚人还是处在蒙昧时代的这个中级阶段上。

3. 高级阶段。从弓箭的发明开始。由于有了弓箭,猎物便成了通常的食物,而打猎也成了常规的劳动部门之一。弓、弦、箭已经是很复杂的工具,发明这些工具需要有长期积累的经验和较发达的智力,因而也要同时熟悉其他许多发明。如果把已经知道弓箭，但还不知道制陶术（摩尔根认为向野蛮时代过渡就是从制陶术开始）的各民族，彼此对照一下，我们的确就可以看到，已经有定居而成村落的某些萌芽，以及对生活资料生产的某种程度的掌握，如：木制的容器和用具，用韧皮纤维做成的手工织物（没有织机），用韧皮或芦苇编成的篮子，以及磨制的（新石器时代的）石器。火和石斧通常已经使人能够制造独木舟，有的地方已经使人能够用方木和木板来建筑房屋了。例如，在美洲西北部的印第安人中间，我们就可以看到这一切进步，这些印第安人虽然已经使用弓和箭，但还不知道制陶术。弓箭对于蒙昧时代，正如铁剑对于野蛮时代和火器对于文明时代一样，乃是决定性的武器。

2. 野蛮时代

1. 低级阶段。从学会制陶术开始。可以证明，在许多地方，也许是在一切地方，陶器的制造都是由于在编制的或木制的容器上涂上黏土使之能够耐火而产生的。在这样做时，人们不久便发现，成型的黏土不要内部的容器，同样可以使用。

在此以前，我们可以把发展过程看做普遍适用于一切民族的一定时期的过程，而不管他们所生活的地域如何。但是，随着野蛮时代的到来，我们达到了这样一个阶段，这时两大陆的自然条件上的差异，就有了意义。野蛮时代的特有的标志，是动物的驯养、繁殖和植物的种植。东大陆，即所谓旧大陆，差不多有着一切适于驯养的动物和除一种以外一切适于种植的谷物；而西大陆，即美洲，在一切适于驯养的哺乳动物中，只有羊驼一种，并且只是在南部某些地方才有；而在一切可种植的谷物中，也只有一种，但却是最好的一种，即玉蜀黍。由于自然条件的这种差异，两个半球上的居民，从此以后，便各自循着自己独特的道路发展，而表示各个阶段的界标在两个半球也就各不相同了。

2. 中级阶段。在东大陆，是从驯养家畜开始；在西大陆，是从靠灌溉之助栽培食用植物以及在建筑上使用土坯（即用阳光晒干的砖）和石头开始。

我们先从西大陆说起，因为在这里，在被欧洲人征服以前，不论什么地方，都还没有越过这个阶段。

处于野蛮时代低级阶段的印第安人（凡是在密西西比河以东看到的都属于这种印第安人），到他们被发现的时候，已经知道在园圃里种植玉蜀黍、可能还有南瓜、甜瓜及其他园圃植物的某种方法，这些东西构成他们食物的极为重要的部分；他们住在木造的房子里，村落用木栅围起来。西北各部落，特别是住在哥伦比亚河流域的各部落，尚处于蒙昧时代高级阶段，他们既不知道制陶术，也不知道任何植物的种植。反之，新墨西哥的所谓普韦布洛印第安人[1]，以及墨西哥人、中美洲人和秘鲁人，当他们被征服时，已经处于野蛮时代中级阶段：他们住的房屋是用土坯或石头造成的，类似城堡，并且在人工灌溉的园圃内种植玉蜀黍和其他各种依所住地区和气候而不同的食用植物，这些东西是他们食物的主要来源，他们甚至已经驯养了某几种动物：墨西哥人饲养火鸡及其他禽类，秘鲁人饲养羊驼。而且，他们还知道了金属的加工——唯有铁除外，因此他们还仍然不得不使用石制的武器和工具。西班牙人的征服打断了他们的任何进一步的独立发展。

在东大陆，野蛮时代的中级阶段是从驯养供给乳和肉的动物开始的，而植物的种植，在这里似乎直到这一时期的晚期还不为人所知。牲畜的驯养和繁殖以及较大规模的畜群的形成，看来是使雅利安人和闪米特人从其余的野蛮人群中分离出来的原因。在欧亚两洲的雅利安人中间，家畜的名称还是共通的；而栽培植物的名称却几乎完全不同。

畜群的形成，在适于畜牧的地方导致了游牧生活：闪米特人在幼发拉底河和底格里斯河的草原上，雅利安人在印度、奥克苏斯河和药杀水、顿河和第聂伯河的草原上。动物的驯养，最初大概是在这种牧区的边缘上实行的。因此，后人便以为游牧民族是起源于这样一些地方，这种地方根本不会是人类的摇篮，相反，对于人类的祖先蒙昧人，甚至对于野蛮时代低级阶段的人，都几乎是不适于居住的。反之，一旦这些处于中级阶段的野蛮人习惯了游牧生活以后，就永远不会想到从水草丰美的沿河平原自愿回到他们的祖先居住过的林区去了。甚至当闪米特人和雅利安人继续被挤向北部和西部的时候,要不是他们已经能够通过谷物的种植在亚洲西部的和欧洲的森林地带这种不大适宜的土壤上养活他们的牲畜,特别是在这里过冬,那他们也是不会移居这里的。十分可能,谷物的种植在这里起初是由牲畜饲料的需要所引起的,只是到了后来,才成为人类食物的重要来源。

雅利安人和闪米特人这两个种族的卓越的发展,或许应归功于他们的丰富的肉乳食物,特别是这种食物对于儿童发育的有利影响。的确,不得不几乎专以植物为食的新墨西哥的普韦布洛印第安人,他们的脑子比那些处于野蛮时代低级阶段而吃肉类和鱼类较多的印第安人的脑子要小些。不管怎样,在这个阶段上,食人之风正在逐渐消失,仅仅当做一种宗教活动或巫术(在这里差不多是一回事)而保存着。

3. 高级阶段。从铁矿石的冶炼开始,并由于拼音文字的发明及其应用于文献记录而过渡到文明时代。这一阶段,前面已经说过,只是在东半球才独立经历过,其生产的进步,要比过去一切阶段的总和还要来得丰富。英雄时代的希腊人、罗马建城前不久的各意大利部落、塔西佗时代的德意志人、海盗[2]时代的诺曼人①,都属于这个阶段。

首先,我们在这里初次看到了带有铁铧的用牲畜拉的犁;有犁以后,大规模耕种土地,即**田野农业**,从而生活资料在当时条件下实际上无限制地增加,便都有可能了;从而也能够砍伐森林使之变为耕地和牧场了,这件事,如果没有铁斧和铁锹,也不可能大规模进行。但这样一来,人口也开始迅速增长起来,稠密地聚居在不大的地域内。而在田野农业产生以前,要有极其特殊的条件才能把50万人联合在一个统一的中央领导之下;这样的事大概从来都没有过。

野蛮时代高级阶段的全盛时期,我们在荷马的诗中,特别是在《伊利

---

① 在1844年版中不是"塔西佗时代的德意志人、海盗时代的诺曼人",而是"凯撒时代的德意志人(或者是我们更习惯说的,塔西佗时代的德意志人)"。——编者注

亚特》中可以看到。发达的铁制工具、风箱、手磨、陶工的辘轳、榨油和酿酒、成为手工艺的发达的金属加工、货车和战车、用方木和木板造船、作为艺术的建筑术的萌芽、由设塔楼和雉堞的城墙围绕起来的城市、荷马的史诗以及全部神话——这就是希腊人由野蛮时代带入文明时代的主要遗产。如果我们把凯撒，甚至塔西佗对日耳曼人的记述①跟这些成就作一比较，便可看出，野蛮时代高级阶段在生产的发展上已取得多么丰富的成就，那时日耳曼人尚处在这个文化阶段的初期，而荷马时代的希腊人已经准备由这个文化阶段过渡到更高的阶段了。

我在这里根据摩尔根的著作描绘的这幅人类经过蒙昧时代和野蛮时代达到文明时代的开端的发展图景，已经包含足够多的新特征了，而尤其重要的是，这些特征都是不可争辩的，因为它们是直接从生产中得来的。不过，这幅图景跟我们此次遨游终了时将展现在我们面前的那幅图景比较起来，就会显得暗淡和可怜；只有在那个时候，才能充分看到从野蛮时代到文明时代的过渡以及两者之间的显著对立。现在我们可以把摩尔根的分期概括如下：蒙昧时代是以获取现成的天然产物为主的时期；人工产品主要是用做获取天然产物的辅助工具。野蛮时代是学会畜牧和农耕的时期，是学会靠人的活动来增加天然产物生产的方法的时期。文明时代是学会对天然产物进一步加工的时期，是真正的工业和艺术的时期。

二 家庭

摩尔根一生的大部分，是在易洛魁人中间度过的，这种易洛魁人现在还居住在纽约州；他并且被一个易洛魁人部落（塞讷卡人部落）接纳入族。他发现，易洛魁人奉行着一种同他们的实际的家庭关系相矛盾的亲属制度。在易洛魁人中间盛行的，是一种双方可以轻易解除的个体婚姻，摩

---

① 指凯撒的《高卢战记》和塔西佗的《日耳曼尼亚志》。——编者注

尔根把它称为"对偶制家庭"。因此，这种夫妻的子女，是众所周知和大家公认的；对谁应该用父亲、母亲、儿子、女儿、兄弟、姊妹等称呼，是不会有疑问的。但是，这些称呼的实际使用，却与此矛盾。易洛魁人的男子，不仅把自己亲生的子女称为自己的儿子和女儿，而且把他兄弟的子女也称为自己的儿子和女儿，而他们都称他为父亲。他把自己姊妹的子女则称为自己的外甥和外甥女，他们称他为舅父。反之，易洛魁人的女子，把自己姊妹的子女和她自己亲生的子女一概都称为自己的儿子和女儿，而他们都称她为母亲。她把自己兄弟的子女则称为自己的内侄和内侄女，她自己被称为他们的姑母。同样，兄弟的子女们互称兄弟姊妹，姊妹的子女们也互称兄弟姊妹。而一个女人的子女和她兄弟的子女，则互称为表兄弟和表姊妹。这并不是一些空洞的名称，而是实际上流行的对血缘亲属关系的亲疏和辈分的观点的表达；这种观点是一种完备地制定了的亲属制度的基础，这种亲属制度可以表达单个人的数百种不同的亲属关系。不仅如此，这种亲属制度不仅在所有美洲印第安人中（直到现在还没有发现过例外）完全有效，而且在印度最古的居民中，在德干的达罗毗荼人部落和印度斯坦的戈拉人部落中，也差不多毫无变更地实行着。在南印度的泰米尔人和纽约州的塞讷卡部落的易洛魁人用来表达亲属关系的名称中，至今还有200种以上不同的亲属关系是用相同的名称来表达的。所以在印度的这些部落中间，正和在所有美洲印第安人中间一样，从现行家庭形式中产生的亲属关系，也是同亲属制度相矛盾的。

　　怎样来说明这一点呢？由于亲属关系在一切蒙昧民族和野蛮民族的社会制度中起着决定作用，因此，我们不能只用说空话来抹杀这一如此广泛流行的制度的意义。在美洲普遍流行的制度，在种族全然不同的亚洲各民族中间也存在着，在非洲和澳洲各地也经常可以发现它的多少改变了的形式，像这样的一种制度，是需要从历史上来说明的，决不能像例如麦克伦南所企图做的那样含糊过去。父亲、子女、兄弟、姊妹等称呼，并不是单纯的荣誉称号，而是代表着完全确定的、异常郑重的相互义务，这些义务的总和构成这些民族的社会制度的实质部分。说明终于找到了。在桑威奇

（夏威夷）群岛上，本世纪上半叶还存在着一种家庭形式，这种家庭所产生的父亲和母亲、兄弟和姊妹、儿子和女儿、舅父和姑母、外甥和外甥女、内侄和内侄女，正好同美洲及古印度人的亲属制度所要求的一样。然而，好奇怪！夏威夷群岛上流行的亲属制度，又是同当地事实上存在的家庭形式不相符合的。因为，那里凡是兄弟姊妹的子女，都毫无例外地是兄弟姊妹；他们不仅被看做自己母亲及其姊妹或自己父亲及其兄弟的共同的子女，而且毫无区别地被看做自己双亲的一切兄弟姊妹的共同的子女。由此可见，如果说美洲的亲属制度，是以在美洲已经不存在，而我们在夏威夷确实还找到的比较原始的家庭形式为前提，那么，另一方面，夏威夷的亲属制度却向我们指出了一种更加原始的家庭形式，诚然，这一家庭形式的存在，现在我们在任何地方都不能加以证明，但是它**一定**是存在过的，否则，就不会产生相应的亲属制度。摩尔根说：

> 家庭是一个能动的要素；它从来不是静止不动的，而是随着社会从较低阶段向较高阶段的发展，从较低的形式进到较高的形式。反之，亲属制度却是被动的；它只是把家庭经过一个长久时期所发生的进步记录下来，并且只是在家庭已经根本变化了的时候，它才发生根本的变化。①

"同样"，马克思补充说，"政治的、法律的、宗教的、哲学的体系，一般都是如此。"[3]当家庭继续发展的时候，亲属制度却僵化起来；当后者以习惯的方式继续存在的时候，家庭却已经超过它了。不过，正像居维叶可以根据巴黎附近所发现的有袋动物骨骼的骨片，来确实地断定这种骨骼属于有袋动物，并断定那里曾经生存过这种已经绝迹的有袋动物一样，我们也可以根据历史上所留传下来的亲属制度，同样确实地断定，曾经存在

---

① 路·亨·摩尔根：《古代社会》，1877年伦敦版，第435页。——编者注

过一种与这个制度相适应的业已绝迹的家庭形式。

刚刚讲过的那些亲属制度和家庭形式，同现在所盛行的亲属制度和家庭形式不同的地方，就在于每个孩子有几个父亲和母亲。按照美洲的亲属制度（夏威夷的家庭是与它相适应的），兄弟和姊妹不能成为同一个孩子的父亲和母亲；反之，夏威夷的亲属制度，却以通常都是这种情形的家庭为前提。在这里，我们可以看见一系列家庭形式，这些家庭形式，同那些迄今习惯上认为唯一通行的形式正相矛盾。传统的观念只知道有个体婚制，以及和它并存的一夫多妻制，至多还有一妻多夫制，同时，正如满口道德的庸人所应当做的那样，还把实践偷偷地但毫不知耻地逾越官方社会所定的界限这一事实隐瞒起来。反之，原始历史的研究却向我们展示了这样一种状态，在这种状态下，男子过着多妻制的生活，而他们的妻子同时也过着多夫制的生活，所以，他们两者的子女都被看做大家共有的子女；这种状态本身，在最终分解为个体婚姻以前，又经历了一系列的变化。这些变化是这样的：被共同的婚姻纽带所联结的范围，起初是很广泛的，后来越来越缩小，直到最后只留下现在占主要地位的成对配偶为止。

摩尔根在这样考证过去的家庭的历史时，同他的多数同行一致，也认为曾经存在过一种原始的状态，那时部落内部盛行毫无限制的性关系，因此，每个女子属于每个男子，同样，每个男子也属于每个女子①。这种原始状态，早在上一个世纪就有人谈过，不过只是一般谈谈而已；只有巴霍芬才第一个认真对待这个问题，并且到历史的和宗教的传说中寻找这种原始状态的痕迹②，这是他的伟大功绩之一。现在我们知道，他所找出的这些痕迹，决没有追溯到杂乱的性关系的社会阶段，而只是追溯到晚得多的

---

① 以下直到"1. **血缘家庭**"（《马克思恩格斯文集》第4卷，第47页）以前是恩格斯在1891年版中增补的。1884年版中是："这种原始状态的发现，是巴霍芬的第一个伟大功绩。从这种原始状态中，大概很早就发展出以下几种家庭形式。"——编者注
② 约·雅·巴霍芬：《母权论。根据古代世界的宗教的和法的本质对古代世界的妇女统治的研究》，1861年斯图加特版。——编者注

一个形式,即群婚制。那个原始社会阶段,如果确实存在过的话,也是属于非常遥远的时代,以致在社会的化石,即在落后的蒙昧人中间,我们未必可以找到它在过去存在的**直接**证据了。巴霍芬的功绩,就在于他把这个问题提了出来作为考察的中心。①

近年来,否认人类性生活的这个初期阶段,已成时髦了。人们想使人类免去这一"耻辱"。在这里,人们不仅以缺乏任何直接的证据为口实,而且还特别引用其他动物界的例子;从其他动物界里,勒土尔诺(《婚姻和家庭之进化》,1888)搜集了许多事实,表明完全杂乱的性关系即使在这里也应该属于低级发展阶段。但是,我从这一切事实中只能得出这样一个结论,即它们对于人类及其原始生活条件绝对证明不了任何东西。脊椎动物长期的成对同居,用生理的原因足以说明,例如在鸟类中,是由于雌鸟在孵卵期间需要扶助;在鸟类中存在的忠实的专偶制的例子,对于人类丝毫不能有所证明,因为人类并非起源于鸟类。如果严格的专偶制是各种美德的最高峰,那么优胜的棕叶就应当属于绦虫了,因为绦虫在其50～200个关节或体节的每一节中都有完备的雌雄性器官,终生都在每个体节中自行交合。而如果我们只限于谈哺乳动物,那么我们在这里就可以找出性生活的一切形式——杂交、类似群婚的形式、多妻制、个体婚制;所缺乏的只是多夫制,这一点只有人类才能做得出来。甚至我们的近亲——猿猴类,在雌雄的配合上也显露了种种可能的差别;如果再缩小范围,仅仅考察一下四种类人猿,那么在这里勒土尔诺只能说,它们有时是专偶制,有时是多偶制,而从日罗-特隆的著作来看,索绪尔则断言它们是专偶

---

① 约·雅·巴霍芬把这种原始状态叫做**淫游**,从而表明,他是多么不了解他所发现的,或者更确切地说,他所猜到的东西。希腊人使用淫游这个名词,是表示未婚男子或过个体婚生活的男子跟未婚的女子的性关系;这种淫游,总是以一定的婚姻形式的存在为前提,在这个婚姻形式之外发生这种性关系,并且包含着至少一种可能性的卖淫。这个名词,从来没有在别的意义上使用过,我和摩尔根就是在这个意义上使用它的。巴霍芬的极端重要的发现,到处都被他的幻想——即认为历史上发生的男女之间的关系,总是起源于当时人们的宗教观念,而不是起源于人们的现实生活条件——弄得神秘化了,令人难以置信。

制。[4] 最近韦斯特马克（《人类婚姻史》1891年伦敦版）关于类人猿是专偶制的断语，也远不能作为证据。总之，现有材料的性质使得诚实的勒土尔诺承认：

不过，在哺乳动物中，智力发展的程度和性关系的形式之间，根本没有严格的关系。①

而埃斯皮纳斯（《论动物的社会》，1877）则率直地说：

群是我们在动物中所能看到的最高的社会集团。它**大概**是由家庭构成的，但是**家庭和群**一开始就**处在对抗之中**，它们是以反比例发展的。

从上述情况已经可以看出，我们关于类人猿的家庭集团及其他共居生活集团还几乎没有丝毫确定的知识；现有的材料都是直接互相矛盾的。这也没有什么稀奇。甚至我们所掌握的关于蒙昧人类族系的一切材料，也是十分矛盾，十分需要严格考证和精选的；而观察猿猴社会，比观察人类社会，还要困难得多。因此，凡根据这样绝对不可靠的报告而作的任何结论，我们都必须加以摒弃。

反之，上面所引的埃斯皮纳斯的命题却给了我们一个较好的论据。高等动物的群和家庭并不是互相补充，而是互相对立的。埃斯皮纳斯非常清楚地说明了，雄性在交配期内的忌妒是怎样削弱或者暂时瓦解任何共居生活的群。

在家庭紧密结合的地方，群只是一种稀有的例外。反之，在自由的

---

① 沙·勒土尔诺：《婚姻和家庭之进化》，1888年巴黎版，第41页。——编者注

性关系或多偶制盛行的地方,群差不多是自动地形成的……为了使群能够组成,家庭的纽结必然要放松,个体必然要重新自由。因此,我们在鸟类中才极少见到有组织的群……反之,我们在哺乳动物中之所以能发现在某种程度上有组织的社会,正因为个体在这里没有被家庭所吞没……所以,群的集体感在其发生时的大敌,莫过于家庭的集体感。我们可以毫不迟疑地说:如果说一种比家庭更高级的社会形式已经发展起来,那么这只是由于它把遭受了彻底变化的家庭容纳于自身之中才能发生;这并不排除,这些家庭正是由于这一点以后才有可能在无限优越的环境中重新组成。(埃斯皮纳斯:《论动物的社会》,转引自日罗-特隆《婚姻与家庭的起源》,1884,第518~520页)

由此可见,动物社会对于推断人类社会确有某种价值——但只是反面的价值而已。在较高等的脊椎动物中,据我们所知,只有两种家庭形式:多妻制和成对配偶制;在这两种家庭形式中,都只许有**一个**成年的雄者,只许有**一个**丈夫。雄者的忌妒,既联结又限制着动物的家庭,使动物的家庭跟群对立起来;由于这种忌妒,作为共居生活较高形式的群,在一些场合成为不可能,而在另一些场合则被削弱,或在交配期间趋于瓦解,在最好的情况下,其进一步的发展也受到阻碍。单是这一点就足以证明,动物的家庭和人类的原始社会是两不相容的东西;正在努力脱离动物状态的原始人类,或者根本没有家庭,或者至多只有动物中所没有的那种家庭。像正在形成中的人这样一种没有武器的动物,即使互相隔绝,以成对配偶为共居生活的最高形式,就像韦斯特马克根据猎人的口述所断定的大猩猩和黑猩猩的情况那样,也是能够以不多的数量生存下去的。为了在发展过程中脱离动物状态,实现自然界中的最伟大的进步,还需要一种因素:以群的联合力量和集体行动来弥补个体自卫能力的不足。用现今类人猿那样的生活条件根本无法解释向人类状态的过渡;这种类人猿给我们的印象,毋宁说是一种正在逐渐灭绝的、至少也是处于衰落状态的脱离正轨的旁系。只此一点,就足以驳倒由它们的家庭形式类推原始人类的家庭形式的任何论调了。而成年雄者的相互宽容，没有忌妒，则是形成较大的持久的集团的首要条件，只有在这种集团中才能实现由动物向人的转变。的确，我们发现历史上可以确切证明并且现在某些地方还可以加以研究的最古老、最原始的家庭形式是什么呢？那就是群婚，即整群的男子与整群的女子互为所有，很少有忌妒余地的婚姻形式。其次，在较晚的一个发展阶段上，我们又发现了多夫制这种例外形式，这一形式更是直接同一切忌妒的感情相矛盾，因而是动物所没有的。不过，我们所知道的群婚形式都伴有特殊复杂的条件，以致必然使我们追溯到各种更早、更简单的性关系的形式，从而归根结底使我们追溯到一个同从动物状态向人类状态的过渡相适应的杂乱的性关系的时期，这样，动物婚姻形式的引证，就使我们恰好回到这些引证本来要使我们永远离开的那一点上去了。

那么，杂乱的性关系究竟是什么意思呢？这就是说，现在或较早时期通行的禁规在那时是没有效力的。我们已经看到，忌妒所造成的限制是怎样崩溃的。如果说有什么可以确定的话，那就是：忌妒是一种较后发展起来的感情。血亲婚配的观念，也是如此。不仅兄弟和姊妹起初曾经是夫妇，而且父母和子女之间的性关系今日在许多民族中也还是允许的。班克罗夫特（《北美太平洋沿岸各州的土著民族》1875年版第1卷）证明，白令海峡沿岸的加惟基人、阿拉斯加附近的科迪亚克岛上的人、英属北美内地的提纳人，都有这种关系；勒土尔诺也提出了关于印第安赤北韦人、智利的库库人、加勒比人、印度支那半岛的克伦人的同样事实的报告；至于古希腊人和古罗马人关于帕提亚人、波斯人、西徐亚人、匈奴人等的故事，在这里就不必说了。在血亲婚配尚未发明之前（这的确是一种发明，而且是一种极其宝贵的发明），父母和子女之间的性关系所引起的憎恶，并不大于其他不同辈的人们之间的性关系；而后者即使今日在最市侩气的国家里也还在发生，而且并不引起多大的惊骇；甚至年逾60的老"姑娘"，如果她们十分富有的话，有时也可以嫁给一个30来岁的青年男子。不过，如果我们从我们所知道的最原始的家庭形式上抛弃那种与它们连在一起的血亲婚配的观念——这种观念跟我们的观念完全不同，而且往往是跟它们直接冲突的——，那么我们就得出一种只能叫做杂乱的性关系的形式了。所谓杂乱，是说后来由习俗所规定的那些限制那时还不存在。但是由此决不能说，在日常实践中也必然是一片混乱。短时期的成对配偶决不是不可能的，正如在群婚制中，当时的多数情况也是成对配偶那样。所以，如果说韦斯特马克（他是最近的一个否认这种原始状态的人）把两性在生孩子以前一切成对同居状态，都叫做婚姻，那么就应该说，这种婚姻完全可以在杂乱的性关系状态下发生，而它跟杂交状态，即不存在习俗规定的对性关系的限制的那种状态不相矛盾。当然，韦斯特马克是从如下的观点出发的，他认为：

"杂交状态包含着对个人爱恋的压抑"，因而"卖淫是这种状态的最真实的形式"①。

而我却以为，只要还戴着妓院眼镜去观察原始状态，便永远不可能对它有任何理解。我们在研究群婚时，再来谈这个问题吧。

按照摩尔根的意见，从这种杂乱的性关系的原始状态中，大概很早就发展出了以下几种家庭形式：

1. 血缘家庭——这是家庭的第一个阶段。在这里，婚姻集团是按照辈分来划分的：在家庭范围以内的所有祖父和祖母，都互为夫妻；他们的子女，即父亲和母亲，也是如此；同样，后者的子女，构成第三个共同夫妻圈子。而他们的子女，即第一个集团的曾孙子女们，又构成第四个圈子。这样，这一家庭形式中，仅仅排斥了祖先和子孙之间、双亲和子女之间互为夫妻的权利和义务（用现代的说法）。同胞兄弟姊妹、从（表）兄弟姊妹、再从（表）兄弟姊妹和血统更远一些的从（表）兄弟姊妹，都互为兄弟姊妹，**正因为如此**，也一概互为夫妻。兄弟姊妹的关

---

① 爱·韦斯特马克：《人类婚姻史》，1891年伦敦—纽约版，第70～71页。——编者注

系，在家庭的这一阶段上，也自然而然地包括相互的性关系。① 这种家庭的典型形式，应该是一对配偶的子孙中每一代都互为兄弟姊妹，正因为如此，也互为夫妻。

血缘家庭已经绝迹了。甚至在历史所记载的最粗野的民族中间，也找不出一个可以证实的例子来。不过，这种家庭**一定**是存在过的，如今还在整个波利尼西亚通行的夏威夷亲属制度使我们不能不承认这一点，因为它所表现的血缘亲属等级只有在这种家庭形式之下才能产生；家庭后来的全部发展，使我们不能不承认这一点，因为这一家庭形式作为必然的最初阶段决定着家庭后来的全部发展。

2. 普那路亚家庭。如果说家庭组织上的第一个进步在于排除了父母和子女之间相互的性关系，那么，第二个进步就在于对于姊妹和兄弟也排除了这种关系。这一进步，由于当事者的年龄比较接近，所以比第一个进步重要得多，但也困难得多。这一进步是逐渐实现的，大概②先从排除同胞的（即母方的）兄弟姊妹之间的性关系开始，起初是在个别场

---

① 恩格斯在1884年版上加了一个注："马克思在1882年春季所写的一封信[5]中，以最强烈的措辞，批评瓦格纳的《尼贝龙根》歌词中比比皆是的对原始时代的完全曲解。歌词中说：'谁曾听说哥哥抱着妹妹做新娘？'[6]瓦格纳的这些'色情之神'，完全以现代方式，通过一些血亲婚配的情节使自己的风流勾当更加耸人听闻；马克思对此回答道：'在原始时代，姊妹曾经是妻子，**而这是合乎道德的**'。"

恩格斯在1891年版上补加的注文："瓦格纳的一位法国友人和崇拜者，不同意这个注，说在瓦格纳所根据的老《艾达》中，在《厄革斯德列克》中，洛基就曾指责弗莱雅说：'在诸神面前，你拥抱自己的哥哥。'可见，兄弟姊妹婚姻在那时候已经被弃。不过，《厄革斯德列克》乃是对古代神话的信仰已经完全丧失的那一时代的表现；这是纯粹琉善式的对神的讽刺。要是作为摩菲斯特斐勒司的洛基在这里对弗莱雅作了这样的指责，那么这倒是反驳了瓦格纳。而且，在后边数行诗中，洛基对尼奥德尔说：'你同你的妹妹生了一个（这样的）儿子'（**vidh systur thinni gaztu slikan mög**）。[7]尼奥德尔本不是亚萨神，而是瓦那神，所以他在《英格林加传说》中说，兄弟姊妹婚姻，在瓦那国是很普通的，但在亚萨神中间并不如此。[8]这大概是表明，瓦那神是比亚萨神更古的神。无论如何，尼奥德尔是作为同亚萨神一样的神生活在亚萨神中间的，因此，《厄革斯德列克》毋宁说是证明，在挪威的关于诸神的传说产生的时代，至少诸神之间的兄弟姊妹婚姻尚未引起任何憎恶。要是想为瓦格纳辩护，引用《艾达》倒不如引用歌德，歌德在关于神和舞妓的叙事诗中，说到妇女在寺院献身的宗教义务时也犯了同样的错误，他过于把这种风俗习惯比做现代的卖淫了。"——编者注

② "大概"是恩格斯在1891年版上增补的。——编者注

合，以后逐渐成为惯例（在夏威夷群岛上，在本世纪尚有例外），最后甚至禁止旁系兄弟姊妹之间结婚，用现代的称谓来说，就是禁止同胞兄弟姊妹的子女、孙子女以及曾孙子女之间结婚；按照摩尔根的看法，这一进步可以作为

自然选择原则在发生作用的最好说明①。

不容置疑，凡近亲繁殖因这一进步而受到限制的部落，其发展一定要比那些依然把兄弟姊妹婚姻当做惯例和规定的部落更加迅速，更加完全。这一进步的影响有多么大，可以由**氏族**的建立来证明，氏族就是由这一进步直接引起的，而且远远超出了最初的目的，它构成地球上即使不是所有的也是大多数野蛮民族的社会制度的基础，并且在希腊和罗马我们还由氏族直接进入了文明时代。

每个原始家庭，至迟经过几代以后是一定要分裂的。原始共产制的共同的家户经济（它毫无例外地一直盛行到野蛮时代中级阶段的后期），决定着家庭公社的最大限度的规模，这种规模虽然依条件而变化，但是在每个地方都是相当确定的。不过，认为同母所生的子女之间的性关系不妥的观念一旦发生，这种观念就一定要影响到旧家庭公社的分裂和新家庭公社的建立（这种新的家庭公社这时并不必然同家庭群体相一致）。一列或者数列姊妹成为一个公社的核心，而她们的同胞兄弟则成为另一个公社的核心。摩尔根称之为普那路亚家庭的形式，便经过这样或类似的途径而由血缘家庭产生出来了。按照夏威夷的习俗，若干数目的姊妹——同胞的或血统较远的即从（表）姊妹，再从（表）姊妹或更远一些的姊妹——是她们共同丈夫们的共同的妻子，但是在这些共同丈夫之中，排除了她们的兄弟；这些丈夫彼此已不再互称兄弟，他们也不再必须是兄弟了，而是互称

---

① 路·亨·摩尔根：《古代社会》，1877年伦敦版，第425页。——编者注

普那路亚,即亲密的同伴,即所谓 associé。同样,一列兄弟——同胞的或血统较远的——则跟若干数目的女子(只要**不是自己的姊妹**)共同结婚,这些女子也互称普那路亚。这是古典形式的一种家庭结构;这种形式后来又有一系列变种,它的主要特征是一定的家庭范围内相互的共夫和共妻,不过,妻子的兄弟(起初是同胞的,以后更及于血统较远的)被排除在这个家庭范围以外,另一方面也把丈夫的姊妹除外。

这种家庭形式十分精确地向我们提供了美洲的制度所表现的亲属等级。我母亲的姊妹的子女,依然是我母亲的子女,同样,我父亲的兄弟的子女,也依然是我父亲的子女,他们全都是我的兄弟姊妹;但是我母亲的兄弟的子女,现在都是我母亲的内侄和内侄女,我父亲的姊妹的子女,现在都是我父亲的外甥和外甥女,而他们全都是我的表兄弟和表姊妹了。因为,固然我母亲的姊妹的丈夫们依然是我母亲的丈夫们,同样,我父亲的兄弟的妻子们也依然是我父亲的妻子们——即使事实上不总是如此,在道理上却是如此——,但由于社会禁止兄弟姊妹之间的性关系,结果就使迄今不加区别地被作为兄弟姊妹来对待的兄弟姊妹的子女划分为两类:有一些人像过去一样,相互之间依然是(血统较远的)兄弟姊妹,另一些人即一方面兄弟的子女和另一方面姊妹的子女,再也**不能**是兄弟姊妹,再也不能有共同的双亲了——无论是共同的父亲,共同的母亲,或是共同的父母;因此,在这里,第一次发生了分为外甥和外甥女、内侄和内侄女、表兄弟和表姊妹这一类别的必要,而这一类别在从前的家庭制度之下恐怕是没有任何意义的。美洲的亲属制度,在以某种个体婚为基础的任何家庭形式下,看来都是极其荒诞的事情,现在它在普那路亚家庭中,连最细微的地方,都获得了合理的解释和自然的根据。只要美洲的亲属制度流行过,普那路亚家庭或某种与它类似的形式①至少也应该同样存在过。

如果虔诚的传教士,像美洲早先的西班牙修道士一样,在这种反基督

---

① "或某种与它类似的形式"是恩格斯在1891年版上增补的。——编者注

教的关系中,除去简单的"丑事"① 外能够看一看更多的东西,那么,大概在整个波利尼西亚都可以找到这种已被证明确实存在于夏威夷群岛上的家庭形式。如果说,凯撒在谈到当时处于野蛮时代中级阶段的布列吞人时曾告诉我们说,他们"每10个或12个男子共妻,而且多半是兄弟和兄弟,父母和子女",[10]那么,这最好解释为群婚②。野蛮时代的母亲不会有10个至12个这样年龄的儿子,以致可以有共同的妻子们;而跟普那路亚家庭相适应的美洲的亲属制度,却能提供好多兄弟,因为每个男子的一切血统近的和远的从(表)兄弟都是他的兄弟。所谓"父母和子女",大概是凯撒弄错了;在这个制度下,固然还没有绝对排除父亲和儿子或母亲和女儿属于同一婚姻集团的可能性,但是却不许父亲和女儿或母亲和儿子处在同一婚姻集团内。同样,这种群婚形式或与它类似的群婚形式③,最容易说明希罗多德及其他古代著作家关于蒙昧民族和野蛮民族中共妻情况的报告。这也可以说明沃森和凯(《印度的居民》[11])所叙述的关于奥德(在恒河以北)的蒂库尔人的情况,即:

> 他们共同地〈即在性关系上〉生活在大公社中,差不多毫无区别,要是他们之间有二人被视为夫妻,那么,这种关系只不过是名义上的。

看来,**氏族**制度,在绝大多数情况下,都是从普那路亚家庭中直接发生的。诚然,澳大利亚的级别制度也可以成为产生氏族的出发点;[12]澳大

---

① 约·雅·巴霍芬认为是他发现的不加区别的性关系,即他所谓的"污泥生殖"(**Sumpfzeugung**)的遗迹,这些遗迹是来自群婚制,现在关于这一点再也不容怀疑了。"如果巴霍芬认为这种普那路亚婚姻是'非法的',那么,那一时代的人也许要认为大多数今日血统近的和远的从兄弟姊妹或表兄弟姊妹之间结婚,都是血亲婚配,正如亲兄弟和亲姊妹之间结婚一样。"(马克思语)[9]
② 在1884年版中不是"群婚",而是"普那路亚家庭"。——编者注
③ 在1884年版中不是"这种群婚形式或与它类似的群婚形式",而是"这种家庭形式"。——编者注

利亚人有氏族，但他们还没有普那路亚家庭，而只有比较粗陋的群婚形式①。

在一切形式的群婚家庭中，谁是某一个孩子的父亲是不确定的，但谁是孩子的母亲则是确定的。即使母亲把共同家庭的**一切**子女都叫做自己的子女，对于他们都担负母亲的义务，但她仍然能够把她自己亲生的子女同其余一切子女区别开来。由此可知，只要存在着群婚，那么世系就只能从**母亲**方面来确定，因此，也只承认**女系**。一切蒙昧民族和处在野蛮时代低级阶段的民族，实际上都是这样；所以巴霍芬的第二个伟大功绩，就在于他第一个发现了这一点。他把这种只从母亲方面确认世系的情况和由此逐渐发展起来的继承关系叫做母权制；为了简便起见，我保留了这一名称；不过它是不大恰当的，因为在社会发展的这一阶段上，还谈不到法律意义上的权利。

如果我们现在从普那路亚家庭中取它的两个典型集团之一，即由一列同胞姊妹和血统较远的姊妹（亦即同胞姊妹所派生的第一等级、第二等级或更远等级的姊妹）连同她们的子女以及她们母方的同胞兄弟和血统较远的兄弟（按照我们的前提，他们**不是**她们的丈夫）所组成的典型集团来看，那么，摆在我们面前的这一群人，正是后来构成原始形式的氏族的成员。她们全体有一个共同的女始祖；由于世系出自同一个女始祖，后代的所有女性每一代都是姊妹。但是，这些姊妹的丈夫们，再也不能是她们的兄弟，从而不能是出自这个女始祖的，因而也不包括在血缘亲属集团即后来的氏族以内了；然而，他们的子女却属于这个集团，因为只有唯一确知的母方世系才具有决定的作用。一切兄弟和姊妹间，甚至母方最远的旁系亲属间的性关系的禁规一经确立，上述的集团便转化为氏族了，换言之，即组成一个确定的、彼此不能结婚的女系血缘亲属集团；从这时起，这种集团就由于其他共同的社会的和宗教的设施而日益巩固起来，并且与同一

---

① 在1884年版中不是"而只有比较粗陋的群婚形式"，而是"他们的组织具有十分个别的性质，我们就不要管它了"。——编者注

部落内的其他氏族区别开来了。关于这一点，以后还要详细谈到。不过，我们既然看到氏族不仅是必然地，而且简直是自然而然地从普那路亚家庭发展起来的，那么我们就有理由认定，在氏族制度可得到证实的一切民族中，即差不多在一切野蛮人和一切文明民族中，几乎毫无疑问地都曾经存在过这种家庭形式。①

当摩尔根写他的著作的时候，我们关于群婚的知识还是非常有限的。我们仅略略知道一点那种组织为级别的澳大利亚人的群婚，此外就是摩尔根早在1871年发表了他所得到的关于夏威夷普那路亚家庭的材料②。普那路亚家庭，一方面，给美洲印第安人中盛行的亲属制度提供了完备的说明，而这一制度曾经是摩尔根的全部研究的出发点；另一方面，它又是一个引出母权制氏族的现成的出发点；最后，它乃是远比澳大利亚的级别制度更高的一个发展阶段。因此，摩尔根把这个形式看做必然先于对偶婚存在的一个发展阶段，并且认定它在较早的时期普遍流行，这是可以理解的。自从那时以来，我们了解了群婚的一系列其他形式，现在我们知道，摩尔根在这里走得太远了。不过，他仍然很幸运，在他的普那路亚家庭中碰到了最高的、典型的群婚形式，即可以用来十分容易地说明向更高形式过渡的那种形式。

使我们关于群婚的知识大大丰富起来的，是英国传教士洛里默·法伊森，他在这种家庭形式的典型地区——澳大利亚，对群婚作了多年的研究。[13]他在南澳大利亚的芒特甘比尔地区的澳大利亚黑人中发现了最低的发展阶段。在这里，整个部落分为两个级别：克洛基和库米德。每个级别内部都严格禁止性关系；反之，一级别的每个男子生来就是另一级别的每个女子的丈夫，而后者生来也是前者的妻子。不是单个人，而是整个集团相互结婚，即级别和级别结婚。而且应当指出，这里除了两个外婚制级别的划分所造成的限制以外，年龄差别或某种特殊血缘亲属关系都没有造成

---

① 以下直到"**3. 对偶制家庭**"以前是恩格斯在1891年版上增补的。——编者注
② 路·亨·摩尔根：《人类家庭的血亲制度和姻亲制度》，1871年华盛顿版。——编者注

什么障碍。对克洛基的任何男子说来，库米德的每个女子都是他的当然的妻子；但是，他自己的女儿，既是库米德女性所生，根据母权制也是库米德，所以，她生来就是每个克洛基男人的妻子，从而也是自己父亲的妻子。至少，我们所知道的这种级别组织对于这一点是没有加以禁止的。所以，或者是在这种组织产生的那个时期，虽然已有限制近亲婚配的朦胧意向，但是人们还不把父母和子女间的性关系看做特别可怕的事情——在这种情况下，级别制度就是从杂乱的性关系的状态中直接产生的；或者是在级别产生的时候，父母和子女间的性关系业已为习俗所禁止——在这种情况下，当前的状态就表明在它以前曾经存在过血缘家庭，而它是走出血缘家庭的第一步。后面这一种情况，比较可信。据我所知，在澳大利亚，父母和子女间的婚姻关系的例子，还没有人提到过；而比较晚一些的外婚形式，即母权制氏族，通常也默然以禁止这种关系为前提，把这种禁规看做一种在氏族产生时就已存在的事情。

两个级别的制度，除了南澳大利亚的芒特甘比尔地区以外，在更靠东部的达令河流域和东北部的昆士兰也有，所以，这个制度流行颇广。它只排除母方兄弟姊妹间、母方兄弟的子女间、母方姊妹的子女间的婚姻，因为他们都是属于同一级别的；反之，姊妹的子女和兄弟的子女却能相互结婚。进一步阻止近亲婚配的办法，可以在新南威尔士达令河流域的卡米拉罗依人中间看到，在那里，两个最初的级别分裂成四个，而这四个级别之中每一级别又都跟其他一定的级别整体结婚。最初的两个级别生来就互为夫妻；根据母亲属于第一或第二级别，她的子女就属于第三或第四级别；这后两个同样互相结婚的级别，其子女又加入第一和第二级别。这样，一代总是属于第一和第二级别，下一代则属于第三和第四级别，第三代又重新属于第一和第二级别。根据这一制度，兄弟姊妹的子女（母方的）不得为夫妻，但是兄弟姊妹的孙子孙女却可以为夫妻。这一特别而复杂的制度，由于母权制氏族嫁接上来——肯定是在较后的时期——而更加复杂。不过，在这里我们不能研讨这个了。这样，我们看到，阻止近亲婚配的意向，一而再再而三地表现出来，然而这是自发地摸索着进行的，并没有明确的目的意识。

群婚在澳大利亚还是一种级别婚，它是往往分布于全大陆的整个一级别的男子和同样广布的一级别的女子的群众性夫妻关系——这种群婚，如果加以详细的观察，并不完全像习惯于娼妓制度的庸人幻想所想象的那样可怕。相反，过了许多年以后，人们才猜测到有这种群婚存在，而不久以前又对它争论起来。在肤浅的观察者看来，它是一种不牢固的个体婚制，而在某些地方则是与偶尔的通奸并行的多妻制。只有像法伊森和豪伊特那样，花费许多年工夫，才能在这些使普通的欧洲人对于其实践反倒更感到亲切的婚姻关系中发现一种调节规则，根据这种规则，一个外地的澳大利亚黑人在离开本乡数千公里的地方，在说着他所不懂的语言的人们中间，往往依然可以在一个个住宿地，在一个个部落里，找到毫无反抗和怨恨地委身于他的女子，而根据这种规则有着几个妻子的男人，也要让出一个妻子给自己的客人去过夜。在欧洲人视为不道德和无规则的地方，事实上都盛行着一种严格的规则。这些女子属于客人的通婚级别，因而她们生来就是他的妻子；把双方结合起来的那个道德规则，同时又用剥夺权利的惩罚方法，禁止相互所属的通婚级别以外的任何性关系。甚至在抢劫妇女（这是经常的，某些地方还是通例）的地方，也很慎重地遵守级别的规则。

顺便提一下，抢劫妇女的现象，已经表现出向个体婚制过渡的迹象，至少是以对偶婚的形式表现出这种迹象：当一个青年男子在朋友们的帮助下劫得或拐得一个姑娘的时候，他们便轮流同她发生性关系；但是在此以后，这个姑娘便被认为是那个发动抢劫的青年男子的妻子。反之，要是被劫来的女子背夫潜逃，而被另一个男子捕获，那么她就成为后者的妻子，前者就丧失了他的特权。这样，与普遍继续存在的群婚并行，并且在它的范围以内，就形成了一种排斥他人的关系，即或长或短时期内的成对配偶制以及与此并行的多妻制，于是在这里群婚也开始消亡，问题只在于：在欧洲人的影响下，首先消失的是什么——是群婚制还是奉行群婚制的澳大利亚黑人。

像澳大利亚所盛行的那种整个级别的结婚，无论如何，乃是群婚的一种十分低级的、原始的形式；而普那路亚家庭，就我们所知道的而论，则是群婚的最高发展阶段。前者大概是同漂泊不定的蒙昧人的社会状况相适应的，后者则是以已经有了比较牢固的共产制公社的居民点为前提，并且直接导向下一个更高的发展阶段。在这两种婚姻形式之间，我们无疑还会发现某些中间阶段；在这里，摆在我们面前的还是一个刚刚敞开而尚未有人进入的研究领域。

3. 对偶制家庭。某种或长或短时期内的成对配偶制，在群婚①制度下，或者更早的时候，就已经发生了；一个男子在许多妻子中有一个主妻（还不能称为爱妻），而他对于这个女子来说是她的许多丈夫中的最主要的丈夫。这种情况，在不小的程度上助长了传教士中间的混乱，这些传教士们有时把群婚看做一种杂乱的共妻，有时又把它看做一种任意的通奸。但是，这种习惯上的成对配偶制，随着氏族日趋发达，随着不许互相通婚的"兄弟"和"姊妹"级别的日益增多，必然要日益巩固起来。氏族在禁止血缘亲属结婚方面所起的推动作用，使事情更加向前发展了。例如我们看到，在易洛魁人和其他处于野蛮时代低级阶段的大多数印第安人那里，在他们的亲属制度所点到的**一切**亲属之间都禁止结婚，其数多至几百种。由于婚姻禁规日益错综复杂，群婚就越来越不可能；群婚就被**对偶制家庭**排挤了。在这一阶段上，一个男子和一个女子共同生活；不过，多妻和偶尔的通奸，则仍然是男子的权利，虽然由于经济的原因，很少有实行多妻制的；同时，在同居期间，多半都要求妇女严守贞操，要是有了通奸的情事，便残酷地加以处罚。然而，婚姻关系是很容易由任何一方解除的，而子女像以前一样仍然只属于母亲。

在这种越来越排除血缘亲属结婚的事情上，自然选择的效果也继续表现出来。用摩尔根的话来说就是：

---

① 在1884年版中不是"群婚"，而是"普那路亚家庭"。——编者注

没有血缘亲属关系的氏族之间的婚姻，生育出在体质上和智力上都更强健的人种；两个正在进步的部落混合在一起了，新生代的颅骨和脑髓便自然地扩大到综合了两个部落的才能的程度。①

这样，实行氏族制度的部落便必然会对落后的部落取得上风，或者带动它们来仿效自己。

由此可见，原始历史上家庭的发展，就在于不断缩小最初包括整个部落并在内部盛行两性共同婚姻的那个范围。由于次第排斥亲属通婚（起初是血统较近的，后来是血统越来越远的亲属，最后甚至是仅有姻亲关系的），任何群婚形式终于在实际上成为不可能的了，结果，只剩下一对暂时松散地结合的配偶，即一旦解体整个婚姻就终止的分子。从这一点就已经可以看出，个体婚制的发生同现代字面意义上的个人性爱是多么不相干。所有正处于这一发展阶段的各民族的实践，更加证明了这一点。在以前的各种家庭形式下，男子是从来不缺乏女子的，相反，女子倒是多了一点；而现在女子却稀少起来，不得不去寻找了。因此，随着对偶婚的发生，便开始出现抢劫和购买妇女的现象，这是发生了一个深刻得多的变化的普遍**迹象**，不过只是迹象而已；但是苏格兰的学究麦克伦南，却把这些迹象，这些单纯的求妻方法，说成是"抢劫婚姻"和"买卖婚姻"，虚构为两种特殊的家庭。此外，在美洲印第安人和其他处于同一发展阶段的民族中间，缔结婚姻并不是当事人本人的事情（甚至往往不同他们商量），而是他们的母亲的事情。这样，订婚的往往是两个彼此全不相识的人，只是到婚期临近时，才告诉他们业已订婚。在婚礼之前，新郎赠送礼物给新娘的同氏族亲属（即新娘的母方亲属，而不是她的父亲和父亲的亲属）；这种礼物算是被出让的女儿的代价。婚姻可以根据夫妇任何一方的意愿而

---

① 路·亨·摩尔根：《古代社会》，1877年伦敦版，第459页；并参看马克思《路易斯·亨·摩尔根〈古代社会〉一书摘要》（《马克思恩格斯全集》中文第1版第45卷，第363页。）

解除，但是在许多部落中，例如在易洛魁人中，逐渐形成了对这种离婚采取否定态度的社会舆论；在夫妇不和时，双方的氏族亲属便出面调解，只有在调解无效时，才实行离婚，此时子女仍归妻方，以后双方都有重新结婚的自由。

这种对偶制家庭，本身还很脆弱，还很不稳定，不能使人需要有或者只是希望有自己的家户经济，因此它根本没有使早期传下来的共产制家户经济解体。而共产制家户经济意味着妇女在家内的统治，正如在不能确认生身父亲的条件下只承认生身母亲意味着对妇女即母亲的高度尊敬一样。那种认为妇女在最初的社会里曾经是男子的奴隶的意见，是18世纪启蒙时代所留传下来的最荒谬的观念之一。在一切蒙昧人中，在一切处于野蛮时代低级阶段、中级阶段、部分地还有处于高级阶段的野蛮人中，妇女不仅居于自由的地位，而且居于受到高度尊敬的地位。这种地位到了对偶婚时期是怎样的情形，可以由在塞讷卡部落的易洛魁人中做过多年传教士的阿瑟·莱特作证明。他说：

> 讲到他们的家庭，当他们还住在老式长屋〈包含几个家庭的共产制家户经济〉中的时候……那里总是由某一个克兰〈氏族〉占统治地位，因此妇女是从别的克兰〈氏族〉中招来丈夫的……通常是女方在家中支配一切；贮藏品是公有的；但是，倒霉的是那种过于怠惰或过于笨拙因而不能给公共贮藏品增加一分的不幸的丈夫或情人。不管他在家里有多少子女或占有多少财产，仍然要随时听候命令，收拾行李，准备滚蛋。对于这个命令，他不可有反抗的企图；他无法在这栋房子里住下去，他非回到自己的克兰〈氏族〉去不可；或者像他们通常所做的那样，到别的克兰内重新结婚。妇女在克兰〈氏族〉里，乃至一般在任何地方，都有很大的势力。有时，她们可以毫不犹豫地撤换酋长，把他贬为普通的战士。[14]

在共产制家户经济中，大多数或全体妇女都属于同一氏族，而男子则来自不同的氏族，这种共产制家户经济是原始时代普遍流行的妇女占统治地位的客观基础，发现妇女占统治地位，乃是巴霍芬的第三个功绩。——为补充起见，我还要指出：旅行家和传教士关于蒙昧人和野蛮人的妇女都担负过重工作的报告，同上面所说的并不矛盾。决定两性间的分工的原因，是同决定妇女社会地位的原因完全不同的。有些民族的妇女所做的工作比我们所设想的要多得多，这些民族比我们欧洲人常常对妇女怀着更多的真正尊敬。外表上受尊敬的、脱离一切实际劳动的文明时代的贵妇人，比起野蛮时代辛苦劳动的妇女来，其社会地位是无比低下的；后者在本民族中被看做真正的贵妇人（lady，frowa，Frau=女主人），而就其地位的性质说来，她们也确是如此。

要弄清现在美洲的群婚①是否已完全被对偶婚所排除的问题，必须更加仔细地研究一下还处于蒙昧时代高级阶段的西北部民族，特别是南美的各民族。关于后者，流传着各种各样的性关系不受限制的事例，使人很难设想在这里旧时的群婚已经完全克服。② 无论如何，群婚的遗迹还没有完全消失。在北美的至少40个部落中，同长姊结婚的男子有权把她的一俟达到婚龄的一切妹妹也娶为妻子——这是一整群姊妹共夫的遗风。而加利福尼亚半岛的居民（蒙昧时代高级阶段），据班克罗夫特说，则有一些节日，在节日里几个"部落"聚集在一起，不加区别地发生性关系。[15]这显然是指一些氏族，它们在这些节日里，对于从前一个氏族的妇女以另一氏族的所有男子为她们的共同丈夫，而男子则以另一氏族的所有妇女为他们的共同妻子的时代，还保留着一点朦胧的记忆。③ 这种习俗在澳大利亚仍然盛行着。有些民族中，还有这种情形，即男性长者、酋长和巫师，利用共妻

---

① 在1884年版中不是"群婚"，而是"普那路亚家庭"。——编者注
② "使人很难设想……"这句话是恩格斯在1891年版上增补的。——编者注
③ 以下直到"对偶制家庭产生于蒙昧时代和野蛮时代交替的时期"（本卷第46页）以前，在1884年版中是如下一句话："旧大陆的这一类遗迹是众所周知的，例如，腓尼基姑娘在阿斯塔尔塔节在寺庙中献身的风俗；甚至中世纪的初夜权，也是大概由凯尔特氏族（克兰）传下来的普那路亚家庭的残余，尽管德国的新浪漫派竭力掩饰这个事实，初夜权却极其确凿地存在过。"——编者注

制来为自己服务，自己独占大多数妇女；但是，他们在一定节日和民众大集会时，必须重新实行以前的共妻制，让自己的妻子去和年轻的男子们寻乐。韦斯特马克在他的《人类婚姻史》一书第28～29页，举了许多例子，表明在印度的霍人、桑塔尔人、潘札人和科塔尔人部落中，在某些非洲民族和其他民族中，都有这种定期的沙特恩节[16]，即在一个短时期内恢复旧时的自由的性关系。奇怪的是，韦斯特马克由此得出一个结论，说这并不是他所否认的群婚的残余，而是原始人和其他动物所共有的交配期的残余。

在这里，我们便接触到了巴霍芬的第四个伟大的发现：广泛流行的从群婚到对偶婚的过渡形式。被巴霍芬说成是对违反古代神戒的赎罪，即妇女用以赎买贞操权利的赎罪，事实上不过是对一种赎身办法的神秘化的说法，妇女用这种办法，把自己从旧时的共夫制之下赎出来，而获得只委身于**一个**男子的权利。这种赎身，是一种有限制的献身：巴比伦的女子每年须有一次在米莉塔庙里献身；其他前亚细亚各民族把自己的姑娘送到阿娜伊蒂斯庙去住好几年，让她们在那里同自己的意中人进行自由恋爱，然后才允许她们结婚；穿上宗教外衣的类似的风俗，差不多在地中海和恒河之间的所有亚洲民族中间都是共同的。为赎身而作出的赎罪牺牲，随着时间的进展而越来越轻，正如巴霍芬已经指出的：

> 年年提供的这种牺牲，让位于一次的供奉；从前是妇人的淫游，现在是姑娘的淫游；从前是在结婚后进行，现在是在结婚前进行；从前是不加选择地献身于任何人，现在是只献身于某些人了。（《母权论》，第XIX页）

在其他民族中，没有这种宗教的外衣；在有些民族中——在古代有色雷斯人、凯尔特人等，在现代则有印度的许多土著居民、马来亚各民族、太平洋岛屿的居民，和许多美洲印第安人——姑娘在出嫁以前，都享有极大的性的自由。特别是在南美洲，差不多到处都是如此，只要稍稍深入到该大陆内地的人，都可以证明这一点。例如，阿加西斯（《巴西旅行记》，1868年波士顿-纽约版，第266页）曾经谈到一个印第安人世系的富有家庭。当他被介绍同这一家的女儿认识时，他问到她的父亲，意思是指她母亲的丈夫，一个正在参加对巴拉圭战争的军官，但是母亲含笑回答道：Naõ tem pai, é filha da fortuna——她没有父亲，她是一个偶然生的孩子。

> 印第安妇女或混血种妇女，总是这样毫不害羞或者说毫无自责之意地谈到她们的非婚生子女；这远不是什么不寻常的事，似乎倒是相反的情形才是例外。孩子们……往往只知道母亲，因为一切的照顾和责任都落在她的身上；他们对于父亲却毫无所知；看来妇女也从来没有想到她或她的子女对他应当有什么要求。

在这里使文明人感到奇怪的事情，按照母权制和在群婚制中却是一种通例。

在另一些民族中，新郎的朋友和亲属或请来参加婚礼的客人，在举行婚礼时，都可以提出古代遗传下来的对新娘的权利，新郎按次序是最后的一个；在巴利阿里群岛和在非洲的奥及娄人中，在古时都是如此；而在阿比西尼亚的巴里人中，现在也还是如此。在另一些民族中，则由一个有公职的人——部落或氏族的头目、酋长、萨满、祭司、诸侯或其他不管是什么头衔的人，代表公社行使对新娘的初夜权。尽管新浪漫主义者竭力掩饰这一事实，但这种初夜权至今还作为群婚的残余，存在于阿拉斯加地区的大多数居民（班克罗夫特：《土著民族》第1卷，第81页）、墨西哥北部的塔胡人（同上，第584页）及其他民族中；在整个中世纪，它至少存在于原为凯尔特人的各个国家中，例如在阿拉贡；在这些地方，它是直接由群婚传下来的。在卡斯蒂利亚，农民虽然从来没有成为农奴，但在阿拉贡却盛行过极丑恶的农奴制，直到1486年天主教徒斐迪南作出裁决为止。[17]在这个文件中说：

> 兹决定并宣告，上述领主〈senyors，男爵〉……亦不得在农民娶妻时与其妻同睡第一夜，或在婚礼之夜，新娘躺在床上以后，跨越该床及该女子，作为自己统治的标志；上述领主亦不得违反农民的女儿或儿子的意志去差使他们，无论偿付报酬与否。（转引自祖根海姆《农奴制度》1861年圣彼得堡版第35页上的加泰罗尼亚语原文）

其次，巴霍芬坚决地断定，从他所说的"淫游"或"污泥生殖"向个体婚制的过渡，主要是由妇女所完成，这是绝对正确的。古代遗传下来的两性间的关系，越是随着经济生活条件的发展，从而随着古代共产制的解体和人口密度的增大，而失去森林原始生活的素朴性质，就必然越使妇女感到屈辱和压抑；妇女也就必然越迫切地要求取得保持贞操的权利，取得暂时地或长久地只同一个男子结婚的权利作为解救的办法。这个进步决不可能由男子首创，这至少是因为男子从来不会想到甚至直到今天也不会想到要放弃事实上的群婚的便利。只有在由妇女实现了向对偶婚的过渡以后，男子才能实行严格的专偶制——自然，这种专偶制只是对妇女而言的。

对偶制家庭产生于蒙昧时代和野蛮时代交替的时期，大部分是在蒙昧时代高级阶段，有些地方刚刚到达野蛮时代低级阶段。这是野蛮时代所特有的家庭形式，正如群婚之于蒙昧时代，专偶制之于文明时代一样。要使对偶制家庭进一步发展为牢固的专偶制，需要有别的原因，这种原因与我们已经看到的一直起着作用的那些原因不同。在成对配偶制中，群已经减缩到它的最后单位，仅由两个原子组成的分子，即一男和一女。自然选择已经通过日益缩小婚姻共同体的范围而完成了自己的使命；在这一方面，它再也没有事可做了。因此，如果没有新的、**社会的**动力发生作用，那么，从成对配偶制中就没有任何根据产生新的家庭形式了。但是，这种动力开始发生作用了。

我们现在撇开美洲这个对偶制家庭的典型地区不谈吧。没有任何迹象可以使我们作出结论说，在美洲曾经发展起更高级的家庭形式，或者在美洲被发现和被征服以前,在这里的什么地方曾经存在过牢固的专偶制。而旧大陆的情况却不是这样。

在旧大陆,家畜的驯养和畜群的繁殖,开发出前所未有的财富的来源,并创造了全新的社会关系。直到野蛮时代低级阶段,固定的财富差不多只限于住房、衣服、粗糙的装饰品以及获得食物和制作食物的工具:小船、武器、最简单的家庭用具。天天都要重新获得食物。现在,日益前进的游牧民族——住在印度五河地区和恒河地区,以及当时水草更丰茂的奥克苏斯河和药杀水草原的雅利安人,住在幼发拉底河和底格里斯河流域的闪米特人——已经有了马、骆驼、驴、牛、绵羊、山羊和猪等畜群,这些财产,只须加以看管和最简单的照顾,就可以越来越多地繁殖起来,供给非常充裕的乳肉食物。以前一切获取食物的方法,现在都退居次要地位了;打猎在从前曾经是必需的,如今也成了一种奢侈。

但是,这种新的财富归谁所有呢?最初无疑是归氏族所有。然而,对畜群的私有制,一定是很早就已经发展起来了。至于亚伯拉罕族长被所谓摩西一经的作者看做畜群的占有者,究竟是依据他作为家庭公社首领所拥有的权利,还是依据他作为实际上世袭的氏族酋长的身份,这是很难断定的。只有一点没有疑问,那就是我们不应该把他设想为现代意义上的财产所有者。其次,没有疑问的是,在成文史的最初期,我们就已经到处都可以看到畜群乃是家庭首领的特殊财产①,完全同野蛮时代的工艺品一样,同金属器具、奢侈品以及人畜——奴隶一样。

因为这时奴隶制度也已经发明了。对于低级阶段的野蛮人来说,奴隶是没有价值的。所以,美洲印第安人处置战败敌人的办法,与较高发展阶段上的人们的处置办法完全不同。男子被杀死或者被当做兄弟编入胜利者的部落;妇女则作为妻子,或者把她们同她们尚存的子女一起收养人族。在这个阶段上,人的劳动力还不能提供超出维持它的费用的显著的盈余。

---

① 在1884年版中不是"特殊财产",而是"私有财产"。——编者注

由于采用牲畜繁殖、金属加工、纺织以及最后田野耕作,情况就改变了。正如以前容易得到的妻子现在具有了交换价值①而可以购买一样,劳动力也发生了同样的变化,特别是在畜群完全转归家庭所有②以后。家庭并不像牲畜那样迅速繁殖。现在需要有更多的人来看管牲畜;为此正可以利用被俘虏的敌人,何况这些敌人像牲畜一样,也是可以继续繁殖的。

这些财富,一旦转归家庭③私有并且迅速增加起来,就给了以对偶婚和母权制氏族为基础的社会一个强有力的打击。对偶婚给家庭添加了一个新的因素。除了生身的母亲以外,它又确立了确实的生身的父亲,而且这个生身的父亲,大概比今天的许多"父亲"还要确实一些。按照当时家庭内的分工,丈夫的责任是获得食物和为此所必需的劳动工具,从而,他也取得了劳动工具的所有权;在离婚时,他就随身带走这些劳动工具,而妻子则保留她的家庭用具。所以,根据当时社会的习惯,丈夫也是食物的新来源即家畜的所有者,而后来又是新的劳动工具即奴隶的所有者。但是根据同一社会的习惯,他的子女却不能继承他的财产,因为关于继承问题有如下的情形。

根据母权制,就是说,当世系还是只按女系计算的时候,并根据氏族内最初的继承习惯,氏族成员死亡以后起初是由他的同氏族亲属继承的。财产必须留在氏族以内。最初,由于财物不多,在实践上大概总是转归最亲近的同氏族亲属所有,就是说,转归母方的血缘亲属所有。但是,男性死者的子女并不属于死者的氏族,而是属于他们的母亲的氏族;最初他们是同母亲的其他血缘亲属共同继承母亲的,后来,可能就首先由他们来继承了;不过,他们不能继承自己的父亲,因为他们不属于父亲的氏族,而父亲的财产应该留在父亲自己的氏族内。所以,畜群的占有者死亡以后,

---

① 在1884年版中不是"以前容易得到的妻子现在具有了交换价值",而是"以前众多的妻子现在具有了价值"。——编者注
② 在1884年版中不是"家庭所有",而是"私人所有"。——编者注
③ "家庭"是恩格斯在1891年版上增补的。——编者注

他的畜群首先应当转归他的兄弟姊妹和他的姊妹的子女，或者转归他母亲的姊妹的后代。他自己的子女则被剥夺了继承权。

因此，随着财富的增加，财富便一方面使丈夫在家庭中占据比妻子更重要的地位；另一方面，又产生了利用这个增强了的地位来废除传统的继承制度使之有利于子女的原动力。但是，当世系还是按母权制来确定的时候，这是不可能的。因此，必须废除母权制，而它也就被废除了。这并不像我们现在所想象的那样困难，因为这一革命——人类所经历过的最深刻的革命之一——并不需要侵害到任何一个活着的氏族成员。氏族的全体成员都仍然能够和以前一样。只要有一个简单的决定，规定以后氏族男性成员的子女应该留在本氏族内，而女性成员的子女应该离开本氏族，转到他们父亲的氏族中去就行了。这样就废除了按女系计算世系的办法和母系的继承权，确立了按男系计算世系的办法和父系的继承权。这一革命在文明民族中是怎样和在何时发生的，我们毫无所知。它是完全属于史前时代的事。不过这一革命确实**发生过**，关于这一点，特别是巴霍芬所搜集的关于母权制的许多遗迹的材料可以充分证明；至于这一革命是怎样容易地完成的，可以从许许多多印第安人部落的例子上看出来；在那里，部分地由于日益增长的财富和改变了的生活方式（从森林移居大草原）的影响，部分地由于文明和传教士的道德上的影响，这一革命不久以前方才发生，现在还在进行。在密苏里河流域的八个部落中，有六个是实行男系世系和男系继承制的，只有两个还按女系。在肖尼人、迈阿密人和德拉韦人各部落中，已经形成一种习俗，即用属于父亲氏族的一个氏族人名来给子女取名字，用这种方法把他们列入父亲的氏族，以便他们能继承自己的父亲。"借更改名称以改变事物，乃是人类天赋的决疑法！于是就寻找一个缝隙，当实际利益提供足够的推动力时在传统的范围以内打破传统！"（马克思语）① 因此，就发生了一个不可救药的混乱，这种混乱只有通过向父权制

---

① 马克思：《路易斯·亨·摩尔根〈古代社会〉一书摘要》，参看《马克思恩格斯全集》中文第1版第45卷，第467和469页。——编者注

的过渡才能消除，而且确实部分地被这样消除了。"这看来是一个十分自然的过渡。"（马克思语）至于①比较法学家们对这一过渡在旧大陆的各文明民族中是如何完成的说法——当然几乎全部只是一些假说而已——，见马·柯瓦列夫斯基《家庭及所有制的起源和发展概论》1890年斯德哥尔摩版。

母权制被推翻，乃是**女性的具有世界历史意义的失败**。丈夫在家中也掌握了权柄，而妻子则被贬低，被奴役，变成丈夫淫欲的奴隶，变成单纯的生孩子的工具了。妇女的这种被贬低了的地位，在英雄时代，尤其是古典时代的希腊人中间，表现得特别露骨，虽然它逐渐被粉饰伪装起来，有些地方还披上了较温和的外衣，但是丝毫也没有消除。

这样确立的男子独裁的第一个结果，表现在这时发生的家长制家庭这一中间形式上。这一形式的主要特点不是多妻制（关于这一点后边再讲），而是若干数目的自由人和非自由人在家长的父权之下组成一个家庭。在闪米特类型的家庭中，这个家长过着多妻的生活，非自由人也有妻子和子女，而整个组织的目的在于在一定的地域范围以内照管畜群。② 这种家庭的根本之处在于，一是把非自由人包括在内，一是父权；所以，这种家庭形式的完善的典型是罗马人的家庭。Familia 这个词，起初并不表示现代庸人的那种由脉脉温情同家庭龃龉组合起来的理想；在罗马人那里，它起初甚至不是指夫妻及其子女，而只是指奴隶。Famulus 的意思是一个家庭奴隶，而 familia 则是指属于一个人的全体奴隶。还在盖尤斯时代，familia, id est patrimonium（即遗产），就是通过遗嘱遗留的。这一用语是罗马人所发明，用以表示一种新的社会机体，这种机体的首长，以罗马的父权支配着妻子、子女和一定数量的奴隶，并且对他们握有生杀之权。

---

① 从这里起到本段结束是恩格斯在1891年版上增补的。——编者注
② 参看路·亨·摩尔根《古代社会》，1877年伦敦版，第465～466页，以及马克思《路易斯·亨·摩尔根〈古代社会〉一书摘要》（《马克思恩格斯全集》中文第1版第45卷，第364页）。——编者注

因此，这一用语不会比拉丁部落的严酷的家庭制度更早，这种家庭制度是在采用田野耕作和奴隶制合法化以后，也是在雅利安意大利人同希腊人分离以后发生的。①

对这一点，马克思补充说："现代家庭在萌芽时，不仅包含着奴隶制（servitus），而且也包含着农奴制，因为它从一开始就是同田野耕作的劳役有关的。它**以缩影的形式**包含了一切后来在社会及其国家中广泛发展起来的对立。"②

这种家庭形式表示着从对偶婚向专偶婚的过渡。为了保证妻子的贞操，从而保证子女出生自一定的父亲，妻子便落在丈夫的绝对权力之下了；即使打死了她，那也不过是行使他的权利罢了。③

随着家长制家庭的出现，我们便进入成文史的领域，从而也进入比较法学能给我们以很大帮助的领域了。而比较法学在这里也确实给我们带来了重大的进步。我们感谢马克西姆·柯瓦列夫斯基（《家庭及所有制的起源和发展概论》1890年斯德哥尔摩版第60～100页），他向我们证明了，今天我们在塞尔维亚人和保加利亚人中还可以见到的那种称为扎德鲁加[18]（大意为大家庭）和 Bratstvo（兄弟社）的家长制家庭公社，以及在东方各民族中所见到的那种形式有所改变的家长制家庭公社，乃是一个由群婚中产生的母权制家庭和现代世界的个体家庭之间的过渡阶段。至少对于旧大陆各文明民族说来，对于雅利安人和闪米特人说来，这一点看来已经得到证明了。

南方斯拉夫的扎德鲁加是这种家庭公社现存的最好的例子。它包括一个父亲所生的数代子孙和他们的妻子，他们住在一起，共同耕种自己的田

---

① 路·亨·摩尔根：《古代社会》，1877年伦敦版，第470页。——编者注
② 马克思：《路易斯·亨·摩尔根〈古代社会〉一书摘要》，参看《马克思恩格斯全集》中文第1版第45卷，第366页。——编者注
③ 以下直到"在说到随着母权制的覆灭"以前是恩格斯在1891年版上增补的。——编者注

地，衣食都出自共同的储存，共同占有剩余产品。公社处于一个家长（domaćin）的最高管理之下，家长对外代表公社，有权出让小物品，掌管财务，并对财务和对整个家务的正常经营负责。他是选举产生的，完全不一定是最年长者。妇女和她们的工作受主妇（domaćica）领导，主妇通常是家长的妻子。在为姑娘择婿时，主妇也起着重要的，而且往往是决定性的作用。但是，最高权力集中在家庭会议，即全体成年男女社员的会议。家长向这个会议作报告；会议通过各项重大决议，对公社成员进行审判，对比较重要的买卖特别是地产的买卖等作出决定。

只是在大约十年以前，才证明了在俄国也还继续存在着这种大家庭公社[19]；现在大家都承认，这种家庭公社，像农村公社一样在俄国的民间习俗中深深地扎下了根子。它们出现在俄罗斯最古的法典，即《雅罗斯拉夫的真理》[20]中，其名称（vervj）和达尔马提亚法典[21]中所用的相同；它们在波兰和捷克的史料中也可以得到证明。

根据霍伊斯勒（《德意志私法制度》）的意见，德意志人的经济单位起初也不是现代意义上的个体家庭，而是由几代人或者说几个个体家庭所构成的，并且往往还包括许多非自由人的"家庭公社"。罗马的家庭也被归入这种类型，因此，家长的绝对权力，其他家庭成员对家长的无权地位，近来是受到很大怀疑的。在爱尔兰的凯尔特人中，据说也存在过类似的家庭公社；在法国的尼韦奈，直到法国革命时期，这种家庭公社还以parçonneries为名称保存着；而在弗朗什孔泰，它直到现在也还没有完全消失。在卢昂地区（在索恩－卢瓦尔省），还可以见到巨大的农民住房，中间是公用的、很高的、直达屋顶的大厅，四周是卧室，由六级至八级的梯子登入，在这里住着同一家庭的好几代人。

在印度，实行共同耕作的家庭公社，在亚历山大大帝时代奈阿尔科斯就已经提到过①，它今天也还存在于原来那些地方，即旁遮普和该国的整

---

① 参看斯特拉本《地理学》第15卷第1章。——编者注

个西北部。在高加索，柯瓦列夫斯基本人就可以证明这种家庭公社的存在。在阿尔及利亚，它还存在于卡比尔人中间。其至在美洲，据说它也曾经存在过；苏里塔所记述的古墨西哥的"calpullis"[22]，人们就想把它看做是家庭公社；而库诺（1890年《外国》杂志第42～44期）十分清楚地证明，在秘鲁被征服时，存在过一种马尔克制度（而且很奇怪，这种马尔克[Mark]叫做marca），实行定期的重新分配耕地，从而实行个体耕作。①

无论如何，实行土地的共同占有和共同耕作的家长制家庭公社，现在就具有了和以前完全不同的意义。我们对于它在旧大陆各文明民族和其他若干民族中，在母权制家庭和个体家庭之间所起的重要的过渡作用，已不能有所怀疑了。在以后的阐述中，我们还要说到柯瓦列夫斯基所作的进一步的结论，即这种家长制家庭公社也是实行个体耕作以及起初是定期的而后来是永久的分配耕地和草地的农村公社或马尔克公社从中发展起来的过渡阶段。

谈到这种家庭公社内部的家庭生活，应当指出，至少在俄国，大家都知道，家长对于公社的年轻妇女，特别是对他的儿媳常常滥用他的地位，而且往往把她们作为后房；俄罗斯民歌对于这点的描述很有说服力。

在说到随着母权制的覆灭而迅速发展起来的专偶制以前，我们再就多妻制和多夫制说几句话。这两种婚姻形式，只能算是例外，可以说是历史的奢侈品，除非它们在某一个国家内同时并存，但是大家知道这是没有的事。因此，由于被排除在多妻制以外的男子并不能从因多夫制而成为多余的妇女那里求得安慰，而且男女的数目，不管社会制度如何，迄今又差不多是相等的，所以，不论多妻制或多夫制的婚姻形式都不能上升为普遍通行的形式。事实上，一夫多妻制显然是奴隶制度的产物，并且限于个别占据特殊地位的人物。在闪米特人的家长制家庭中，只有家长本人，至多还有他的几个儿子，过着多妻制的生活，其余的人都以一人一妻为满足。现

---

① 参看亨·库诺《古秘鲁的农村公社和马尔克公社》，载于1890年10月20、27日和11月3日《外国》杂志第42～44期。——编者注

在整个东方还是如此；多妻制是富人和显贵人物的特权，多妻主要是用购买女奴隶的方法取得的；人民大众都是过着专偶制的生活。印度和西藏的多夫制，也同样是个例外；关于它起源于群婚①这个肯定并非无关紧要的问题，还需要作进一步的研究。而在实践上，多夫制的容让性看来要比伊斯兰教徒的富于忌妒的后房制度大得多。例如至少在印度的纳伊尔人中间，虽然每三四个或更多的男子共有一个妻子，但是他们每人同时还可以和别的三个或更多的男子共有第二个，甚至第三个、第四个……妻子。奇怪的是，麦克伦南在叙述这种婚姻俱乐部时（其成员可以同时加入几个俱乐部），竟没有发现**俱乐部婚姻**这个新类别。不过，这种婚姻俱乐部的制度，决不是真正的多夫制；恰好相反，正如日罗-特隆已经指出的，这只是群婚的一种特殊化了的形式；男子过着多妻制的生活，而妇女则过着多夫制的生活。②

4. 专偶制家庭。如上所述，它是在野蛮时代的中级阶段和高级阶段交替的时期从对偶制家庭中产生的；它的最后胜利乃是文明时代开始的标志之一。它是建立在丈夫的统治之上的，其明显的目的就是生育有确凿无疑的生父的子女；而确定这种生父之所以必要，是因为子女将来要以亲生的继承人的资格继承他们父亲的财产。专偶制家庭和对偶制不同的地方，就在于婚姻关系要牢固得多，这种关系现在已不能由双方任意解除了。这时通例只有丈夫可以解除婚姻关系，赶走他的妻子。对婚姻不忠的权利，这时至少仍然有习俗保证丈夫享有（拿破仑法典明确规定丈夫享有这种权利，只要他不把姘妇带到家里来③）；而且随着社会的进一步发展，这种权利也行使得越来越广泛；如果妻子回忆起昔日的性的实践而想加以恢复时，她就要受到比过去任何时候都更严厉的惩罚。

这种新的家庭形式的全部严酷性，我们在希腊人那里可以看到。正如

---

① 在1884年版中不是"群婚"，而是"普那路亚家庭"。——编者注
② 最后一句话是恩格斯在1891年版上增补的。——编者注
③ 1804年拿破仑统治时期通过的《民法典》第230条。——编者注

马克思所指出的,神话中的女神的地位给我们展示了一个更早的时期,那时妇女还享有比较自由和比较受尊敬的地位,[23]但是到了英雄时代,我们就看到妇女已经由于男子的统治和女奴隶的竞争而被贬低了。① 只要读一下《奥德赛》,就可以看到特里曼珠是怎样打断他母亲的话并要求她缄默的。② 在荷马的史诗中,被俘虏的年轻妇女都成了胜利者的肉欲的牺牲品;军事首领们按照他们的军阶依次选择其中的最美丽者;大家也知道全部《伊利亚特》都是以阿基里斯和亚加米农二人争夺这样一个女奴隶的纠纷为中心的。荷马的史诗每提到一个重要的英雄,都要讲到同他共享帐篷和枕席的被俘的姑娘。这些姑娘也被带回胜利者的故乡和家里去同居,例如在埃斯库罗斯的作品中,亚加米农对珈桑德拉就是这样做的③;同这些女奴隶所生的儿子可以得到父亲遗产的一小部分,并被认为是自由民;特夫克尔就是铁拉孟的这样一个非婚生的儿子,他可以按父名给自己取名字。对于正式的妻子,则要她容忍这一切,同时还要她自己严格保持贞操和对丈夫的忠诚。虽然英雄时代的希腊妇女比文明时代的妇女较受尊敬,但是归根结底,她对于男子说来仍不过是他的婚生的嗣子的母亲、他的最高的管家婆和女奴隶的总管而已,他可以随意纳这些女奴隶为妾,而且事实上也是这样做的。正是奴隶制与专偶制的并存,正是完全受**男子**支配的年轻美貌的女奴隶的存在,使专偶制从一开始就具有了它的特殊的性质,使它成了**只是对妇女**而不是对男子的专偶制。这种性质它到现在还保存着。

谈到较后时期的希腊人,应该把多立斯人同伊奥尼亚人区别开来。前

---

① 在1884年版中,这句话的末尾是这样的:"但是到了英雄时代,我们就看到,妇女处于半囚禁的隔绝状态,以便保证子女确实出自父亲。"自此以下直到"但是,尽管有这些幽禁和监视"以前的几大段文字,都是恩格斯在1891年版上增补的,以代替1884年版中的如下一段话:"相反,男人却以被俘的女奴隶、他的战时共享帐篷的女伴来寻欢作乐。古典时期的情况未必更好。从贝克尔《哈里克尔》一书我们可以较为详细地查阅到希腊人如何对待妇女的情形。她们虽说不是被幽禁,但也是与世隔绝的,她们成了自己丈夫最高等的婢女,只能主要同其他的婢女来往。姑娘们则干脆被幽禁起来;妇女们只有由女奴作伴才能离家外出。如有男子来访,妇女就躲进自己的房间里去。"——编者注
② 荷马:《奥德赛》第1首歌。——编者注
③ 埃斯库罗斯:《奥列斯特》三部曲中的《亚加米农》。——编者注

者以斯巴达为典范，他们的婚姻关系在许多方面甚至比荷马本人所描写的婚姻关系还要古老。在斯巴达，是一种由国家根据当地的观点而改变了的对偶婚制，这种对偶婚制在有些方面还像群婚。不育子女的婚姻可以解除；国王阿拿克散德里德（约公元前650年）在一个不育的妻子以外又娶了一个，有着两个家；大约在同一时期，国王阿里斯东除了有两个不育的妻子以外还娶了第三个，而把前两妻中的一个退了。另一方面，几个兄弟可以有一个共同的妻子；一个人如果喜欢自己朋友的妻子，就可以和那个朋友共同享有她；而且把自己的妻子交给一个像俾斯麦所说的壮健的"种马"去支配，即使这个家伙本人并不属于公民之列，也被认为是合乎体统的事情。在普卢塔克的作品中，有一个地方谈到，一个斯巴达妇女叫一个向她求爱的情人去找她的丈夫商量；因此，按照舍曼的看法，可以认为在习俗上甚至存在着更大的自由。① 所以，真正的通奸，妻背夫不贞，是从来没有听说过的。另一方面，斯巴达至少在其全盛时代，还没有家务奴隶，而处于农奴地位的黑劳士则另外居住在庄园里，因此，斯巴达人[24]占有他们妻子的机会比较少。在这些条件下，斯巴达的妇女自然享有比其他希腊妇女受人尊敬得多的地位。斯巴达的妇女和少数优秀的雅典淫游女，是受古人尊崇并认为她们的言行是值得记载的举世无双的希腊妇女。

我们看到，在以雅典人为代表的伊奥尼亚人中间，情况就完全不同了。姑娘们只学习纺织缝纫，至多也不过学一点读写而已。她们差不多是被幽禁起来，只能同别的妇女有所交往。妇女所住的房间是家中的单独一部分，在楼上或者在后屋中，男子，特别是陌生人不容易入内，如果有男子来到家里，妇女就躲到那里去。妇女没有女奴隶作伴就不能离家外出；她们在家里实际上受着监视；阿里斯托芬曾经提到摩罗西狗，说人们饲养它们是为了吓走奸夫②，而且，至少在亚洲各城市，还用阉人来监视妇女，

---

① 参看普卢塔克《斯巴达妇女的格言》第5章，以及格·弗·舍曼《希腊的古代文化》，1855年柏林版第1卷，第268页。
② 阿里斯托芬：《费斯莫佛里节日中的妇女》。——编者注

早在希罗多德时代，在希俄斯岛上就制造这种阉人出售，据瓦克斯穆特说，并不是只卖给野蛮人。① 在欧里庇得斯的作品中，妻子被称为oikurema②，即用来照管家务的一种物件（这个词是一个中性名词）；在雅典人看来，妻子除生育子女以外，不过是一个婢女的头领而已。丈夫从事竞技运动和公共事业，而妻子不许参加；此外，丈夫还常常有女奴隶供他支配，而在雅典的全盛时期，则广泛盛行至少是受国家保护的卖淫。希腊妇女那超群出众的品性，正是在这种卖淫的基础上发展起来的，她们由于才智和艺术上的审美教养而高出于古代妇女的一般水平之上，正如斯巴达妇女由于性格刚烈而高出一般水平之上一样。但是，要成为妇人，必须先成为淫游女，这是对雅典家庭的最严厉的判决。

这种雅典家庭随着时间的进展，成了一种范例，不仅其余的伊奥尼亚人，而且本土和殖民地的所有希腊人都逐渐按照这种范例来建立他们的家庭关系。但是，尽管有这些幽禁和监视，希腊妇女仍然常常可以找到欺瞒自己丈夫的机会。那些似乎耻于对自己妻子表示任何爱情的丈夫，就同淫游女纵情取乐；但对妇女的侮辱，却在男子身上得到了报复并侮辱了男子本身，直到他们堕落到玩弄男童的丑恶地步，并且通过加尼米德的神话使他们的神同他们自己一样都受到侮辱。

根据我们对古代最文明、最发达的民族所能作的考察，专偶制的起源就是如此。它决不是个人性爱的结果，它同个人性爱绝对没有关系，因为婚姻和以前一样仍然是权衡利害的婚姻。专偶制是不以自然条件为基础，而以经济条件为基础，即以私有制对原始的自然产生的公有制的胜利为基础的第一个家庭形式。③ 丈夫在家庭中居于统治地位，以及生育只可能是他自己的并且确定继承他的财产的子女，——这就是希腊人坦率宣布的个

---

① 参看希罗多德《历史》第8卷第104和105章，以及威·瓦克斯穆特《从国家观点研究希腊古代》1830年哈雷版第2部第2篇，第77页。——编者注
② 欧里庇得斯：《奥列斯特》。——编者注
③ 在1884年版中这句话是"专偶制是不以自然条件为基础，而以社会条件为基础的第一个家庭形式。"——编者注

体婚制的唯一目的。其实，个体婚制对希腊人说来就是一种负担，是一种必须履行的对神、对国家和对自己祖先的义务。在雅典，法律不仅规定必须结婚，而且规定丈夫必须履行一定的最低限度的所谓婚姻义务。①

可见，个体婚制在历史上决不是作为男女之间的和好而出现的，更不是作为这种和好的最高形式而出现的。恰好相反。它是作为女性被男性奴役，作为整个史前时代所未有的两性冲突的宣告而出现的。在马克思和我于1846年合写的一个旧的、未发表的手稿中，我发现了如下一句话："最初的分工是男女之间为了生育子女而发生的分工。"[25]现在我可以补充几句：在历史上出现的最初的阶级对立，是同个体婚制下夫妻间的对抗的发展同时发生的，而最初的阶级压迫是同男性对女性的压迫同时发生的。个体婚制是一个伟大的历史的进步，但同时它同奴隶制和私有制一起，却开辟了一个一直继续到今天的时代，在这个时代中，任何进步同时也是相对的退步，因为在这种进步中，一些人的幸福和发展是通过另一些人的痛苦和受压抑而实现的。个体婚制是文明社会的细胞形态，根据这种形态，我们就可以研究文明社会内部充分发展着的对立和矛盾的本质。

旧时性关系的相对自由，决没有随着对偶婚或者甚至个体婚的胜利而消失。

> 旧的婚姻制度，虽然由于普那路亚集团的逐渐消亡而缩小到更加狭小的范围内，但仍然围绕着正在向前发展的家庭，并且伴随着它直到文明时代的最初期……这种旧制度最后终于消失在新型的淫游制中，这种新型的淫游制伴随着人类直到进入文明时代，就像一个阴影笼罩在家庭上面。②

摩尔根所说的淫游制，是指**与个体婚制并存**的男子和未婚妇女在婚姻

---

① 最后一句话是恩格斯在1891年版上增补的。——编者注
② 路·亨·摩尔根：《古代社会》，1877年伦敦版，第504页。——编者注

之外发生的性关系，这种性关系，大家知道，以各种不同的形式盛行于整个文明时代，而且日益变为公开的卖淫了。① 这种淫游制直接起源于群婚制，起源于妇女为赎买贞操权利而作的献身牺牲。为金钱而献身，最初是一种宗教行为，它是在爱神庙举行的，所得的钱最初都归于神庙的财库。亚美尼亚的阿娜伊蒂斯庙、科林斯的阿芙罗狄蒂庙的庙奴[26]，以及印度神庙中的宗教舞女，即所谓 Bajaderen（葡萄牙语 bailadeira——舞女一词的讹误），都是最初的娼妓。这种献身起初是每个妇女的义务，后来便只由这些女祭司代替其他所有妇女来实行了。在其他一些民族中，这种淫游制起源于允许姑娘们在结婚前有性的自由，因此也是群婚制的残余，只不过这种残余是通过另外一种途径传到今天的。随着财产差别的产生，亦即早在野蛮时代高级阶段，与奴隶劳动并存就零散地出现了雇佣劳动，同时，作为它的必然补充，也出现了与女奴隶的强制献身并存的自由妇女的职业卖淫。由此可见，群婚制传给文明时代的遗产是两重的，正如文明时代所产生的一切都是两重的、双面的、分裂为二的、对立的一样：一方面是专偶制，另一方面则是淫游制以及它的最极端的形式——卖淫。淫游制和社会的任何其他制度一样，也是一种社会的制度；它使旧时的性的自由继续存在，以利于男子。在实际上不仅被容忍而且特别为统治阶级所乐于实行的淫游制，在口头上是受到诅咒的。但是实际上，这种诅咒决不是针对着参与此事的男子，而只是针对着妇女：她们被剥夺权利，被排斥在外，以便用这种方法再一次宣布男子对妇女的无条件统治乃是社会的根本法则。

但是，在专偶制内部，第二种对立也因此而发展起来了。同靠淫游制来使自己的生活更美好的丈夫并存的还有一个被冷落的妻子。② 正如吃了半个苹果以后就再不能有一个整苹果一样，没有对立的另一面，就不可能有对立的这一面。尽管如此，男子的想法似乎仍然不是这样，直到他们的

---

① 以下直到"淫游制和社会的任何其他制度一样"以前是恩格斯在1891年版上增补的。——编者注
② 这两句话是恩格斯在1891年版上增补的。——编者注

妻子教训了他们，使他们醒悟为止。随着个体婚制，出现了两种经常性的、以前所不知道的特有的社会人物：妻子的经常的情人和戴绿帽子的丈夫。男子获得了对妇女的胜利，但是桂冠是由失败者宽宏大量地给胜利者加上的。虽然加以禁止、严惩但终不能根除的通奸，已成为与个体婚制和淫游制并行的不可避免的社会的制度了。子女是否确凿无疑地出自父亲，像从前一样，至多只能依据道德的信念；所以，为了解决这个无法解决的矛盾，《拿破仑法典》第312条规定：

"L'enfant conçu pendant le mariage a pour père le mari"——凡在结婚以后怀胎的婴儿，以丈夫为父。

这便是个体婚制3000年的最后结果。

这样，在个体家庭中，在仍然忠实于其历史起源并使由于丈夫的独占统治而出现的男女之间的冲突的场合，我们就看到了自文明时代开始分裂为阶级的社会在其中运动的、既不能解决又不能克服的那些对立和矛盾的一幅缩图。自然，我在这里所说的，只是个体婚制的如下一些场合，即夫妻生活确实是按照这整个制度的最初性质的规则来进行而妻子反抗丈夫统治的场合。至于说并不是一切婚姻都是这样进行的，这一点没有人比德国庸人知道得更清楚了，他不知道怎样维护他在家中的统治，正如他不知道怎样维护他在国家中的统治一样，所以，他的妻子有充分权利操起不配由他掌握的权柄。但是他却自以为，他比他的同样不幸的、比他本人更常遇到恶劣得多的境遇的法国难友要优越得多。

不过，个体家庭决不是在任何地方和任何时候都具有像在希腊人中间所有的那种古典的粗野形式。罗马人作为世界的未来征服者，具有虽不如希腊人细致但比他们远大的见识，在罗马人中间，妇女是比较自由和受尊敬的。罗马的男子认为，妻子的贞操已经由于他对妻子有生杀之权而得到了充分的保证。此外，这里的妇女同男子一样，可以自愿解除婚姻关系。但是，在个体婚制发展方面的最大进步，无疑是随着德意志人登上历史舞台而发生的,因为在德意志人中间,大概由于他们贫穷的缘故,专偶制看来在那个时候还没有从对偶制中完全发展起来。我们是根据塔西佗所提到的如下三种情况而得出这个结论的。第一,尽管十分尊重婚姻,——"他们以一个妻子为满足,妇女生活在被贞操防卫起来的环境中"[①],——但是在他们的显要人物和部落首长中间却实行多妻制,同我们在实行对偶婚的美洲人中间看到的情况类似。第二,从母权制向父权制的过渡,在他们那里可能只是在前此不久的时候才完成的,因为母亲的兄弟——按照母权制是最近的男性的同氏族亲属——在他们那里仍然被认为是比自己的父亲更亲近的亲属,这一点也是与美洲印第安人的观点相一致的;正如马克思所常常说的,他在美洲印第安人中间找到了一把了解我们自己的原始时代的钥匙。第三,在德意志人中间,妇女很受尊敬并且对公共事务也有很大的影响,这同专偶制所特有的男子统治是直接对立的。差不多在这一切方面,德意志人都与斯巴达人相一致;正如我们已经看到的,在斯巴达人中间,对偶婚也还没有完全被放弃。[②] 因此,在这方面,一个崭新的要素也随着德意志人的出现而获得了在世界上的统治地位。在各民族混合的过程中,在罗马世界的废墟上发展起来的新的专偶制,使男子的统治具有了比较温和的形式,而使妇女至少从外表上看来有了古典古代所从未有过的更受尊敬和更加自由的地位。这样就第一次造成了一种可能性,在这种可能性的基础上,从专偶制之中——因情况的不同,或在它的内部,或与它并行,或与它相反——发展起来了我们应归功于专偶制的最伟大的道德进步:整个过去的世界所不知道的现代的个人性爱。

但是,这个进步无疑是由这样的情况引起的,即德意志人还生活在对偶制家庭中,他们在可能的范围内把适应于对偶制家庭的妇女地位嫁接到专偶制上来;这一进步决不是由于德意志人的什么传奇性的、道德上纯洁得令人惊奇的天性所引起的,这种天性只不过是:对偶制实际上并不像专

---

① 塔西佗:《日耳曼尼亚志》第18~19章。——编者注
② 后半句话是恩格斯在1891年版上增补的。——编者注

偶制那样在明显的道德对立中发展。恰好相反，德意志人在其迁徙时期，特别是在向东南方，即黑海沿岸草原游牧民族区迁徙时期，在道德上堕落得很厉害，除骑马术以外，他们还从这些游牧民族那里染上了丑恶的反常情的恶习，阿米亚努斯关于泰发耳人，普罗科皮乌斯关于海鲁莱人的叙述就是明显的证明。①

不过，如果说在我们所知道的一切家庭形式中，专偶制是现代的性爱能在其中发展起来的唯一形式，那么这并不是说，现代的性爱作为夫妇相互的爱完全或主要是在这一形式中发展起来的。在男子统治下的牢固的个体婚制的整个本质，是排斥这一点的。在一切历史上主动的阶级中间，即在一切统治阶级中间，婚姻的缔结和对偶婚以来的做法相同，仍然是一种由父母安排的、权衡利害的事情。所以，第一个出现在历史上的性爱形式，表现为热恋，作为每个人（至少是统治阶级中的每个人）都能享受到的热恋，表现为性的冲动的最高形式（这正是性爱的特性），而第一个出现的性爱形式，中世纪的那种骑士之爱，根本不是夫妇之爱。恰好相反，古典方式的、普罗旺斯人的骑士之爱，正是极力要破坏夫妻的忠实，而他们的诗人们所歌颂的也正是这个。Albas，用德文来说就是破晓歌，是普罗旺斯爱情诗②的精华。它用热烈的笔调描写骑士怎样睡在他的情人——别人的妻子——的床上，门外站着侍卫，当晨曦（alba）初露时，便通知骑士，使他能悄悄地溜走，而不被人发觉；接着是叙述离别的情景，这是歌词的最高潮。北部法兰西人和老实的德意志人，也学到了这种诗体和与它相适应的骑士之爱的方式，而我们的老沃尔弗拉姆·冯·埃申巴赫也以这种挑逗性的主题留下了三首美妙的破晓歌，我觉得这些诗歌比他的三篇很长的英雄诗更好。

在今日的资产阶级中间，缔结婚姻有两种方式。在天主教国家中，父

---

① 参看阿米亚努斯·马尔采利努斯《罗马史》第31卷第9章，以及凯撒里亚的普罗科皮乌斯《查士丁尼同波斯人、汪达尔人及哥特人的战争》第6卷。——编者注
② 指11世纪末至13世纪初法国南部的行吟诗人们的诗歌。——编者注

母照旧为年轻的资产阶级儿子选择适当的妻子,其结果自然是专偶制所固有的矛盾得到了最充分的发展:丈夫方面是大肆实行淫游,妻子方面是大肆通奸。天主教会禁止离婚,恐怕也只是因为它确信对付通奸就像对付死亡一样,是没有任何药物可治的。相反,在新教国家中,通例是允许资产阶级的儿子有或多或少的自由去从本阶级选择妻子;因此,一定程度的爱可能成为结婚的基础,而且,为了体面,也始终以此为前提,这一点符合新教伪善的精神。在这里,丈夫实行淫游并不那么厉害,而妻子的通奸也比较不那么常见。不过,在任何婚姻形式下,人们结婚后和结婚前仍然是同样的人,而新教国家的资产者又大多是些庸人,所以,这种新教的专偶制,即使拿一般最好的场合来看,也只不过是导致被叫做家庭幸福的极端枯燥无聊的婚姻共同体罢了。小说就是这两种缔结婚姻的方法的最好的镜子:法国的小说是天主教婚姻的镜子;德国的①小说是新教婚姻的镜子。在这两种场合,"他都有所得";在德国小说中是青年得到了少女;在法国小说中是丈夫得到了绿帽子。两者之中究竟谁的处境更坏,不是常常都可以弄清楚的。因此,德国小说的枯燥之于法国资产者,正如法国小说的"不道德"之于德国的庸人一样是令人不寒而栗的。可是,最近,自从"柏林成为世界都市"以来,德国小说也开始不那么胆怯地描写当地早就为人所知的淫游和通奸了。

但是,在这两种场合,婚姻都是由当事人的阶级地位来决定的,因此总是权衡利害的婚姻。② 这种权衡利害的婚姻,在两种场合都往往变为最粗鄙的卖淫——有时是双方,而更常见的是妻子。妻子和普通的娼妓不同之处,只在于她不是像雇佣女工做计件工作那样出租自己的身体,而是把身体一次永远出卖为奴隶。所以,傅立叶的一句话,可适用于一切权衡利害的婚姻,他说:

---

① 在1884年版中是"德国的和瑞典的"。——编者注
② 以下直到"只有在被压迫阶级中间"(本卷第85页)以前是恩格斯在1891年版上增补的。——编者注

正如在文法上两个否定构成一个肯定一样,在婚姻道德上两个卖淫则算做一个美德。[27]

只有在被压迫阶级中间,而在今天就是在无产阶级中间,性爱才成为而且也才可能成为对妇女的关系的常规,不管这种关系是否为官方所认可。不过,在这里,古典的专偶制的全部基础也就除去了。在这里没有任何财产,而专偶制和男子的统治原是为了保存和继承财产而建立的;因此,在这里也就没有建立男子统治的任何推动力了。况且,在这里也没有达到这个目的的手段:维护男子统治的资产阶级法律,只是为了维护有产者和他们同无产者的相互关系而存在的;它是要花费金钱的,而因为工人贫穷的缘故,它对于工人同他的妻子的关系就没有效力了。在这里,起决定作用的完全是另一种个人的和社会的关系。此外,自从大工业迫使妇女从家庭进入劳动市场和工厂,而且往往把她们变为家庭的供养者以后,在无产者家庭中,除了自专偶制出现以来就蔓延开来的对妻子的野蛮粗暴也许还遗留一些以外,男子统治的最后残余也已失去了任何基础。这样一来,无产者的家庭,甚至在双方都保持最热烈的爱情和最牢固的忠实的情况下,并且不管有可能得到什么样的宗教的和世俗的祝福,也不再是严格意义上的专偶制的家庭了。所以,专偶制的经常伴侣——淫游和通奸,在这里只有极其微小的作用;妻子事实上重新取得了离婚的权利,当双方不能和睦相处时,他们就宁愿分离。一句话,无产者的婚姻之为专偶制,是在这个名词的词源学意义上说的,决不是在这个名词的历史意义上说的。①

诚然,我们的法学家认为,立法的进步使妇女越来越失去申诉不平的任何根据。现代各文明国家的法律体系越来越承认,第一,为了使婚姻有效,它必须是一种双方自愿缔结的契约;第二,在结婚同居期间,双方在相互关系上必须具有平等的权利和义务。如果这两种要求都能彻底实现,

---

① 以下直到"现在让我们再回过来谈摩尔根吧"以前是恩格斯在1891年版上增补的。——编者注

那么妇女就有了她们所能希望的一切了。

这种纯法律的论据,同激进的共和派资产者用来击退和安抚无产者的论据完全一样。劳动契约据说是由双方自愿缔结的。而只要法律**在字面上**规定双方平等,这个契约就算是自愿缔结。至于不同的阶级地位给予一方的权力,以及这一权力加于另一方的压迫,即双方实际的经济地位——这是与法律毫不相干的。在劳动契约有效期间,只要此方或彼方没有明白表示放弃,双方仍然被认为是权利平等的。至于经济地位迫使工人甚至把最后一点表面上的平等权利也放弃掉,这又是与法律无关的。

在婚姻问题上,法律,即使是最进步的法律,只要当事人让人把他们出于自愿一事正式记录在案,也就十分满足了。至于法律幕后的现实生活发生了什么事,这种自愿是怎样造成的,法律和法学家都可以置之不问。但是,最简单的法制比较,在这里也会向法学家们表明,这种自愿究竟是怎么一回事。在法律保证子女继承父母财产的应得部分,因而不能剥夺他们继承权的各国——在德国,在采用法国法制的各国以及其他一些国家中——,子女的婚事必须得到父母的同意。在采用英国法制的各国,法律并不要求结婚要得到父母的同意,在这些国家,父母对自己的财产也有完全的遗赠自由,他们可以任意剥夺子女的继承权。很明显,尽管如此,甚至正因为如此,在英国和美国,在有财产可继承的阶级中间,结婚的自由在事实上丝毫也不比在法国和德国更多些。

男女婚后在法律上的平等权利,情况也不见得更好些。我们从过去的社会关系中继承下来的两性的法律上的不平等,并不是妇女在经济上受压迫的原因,而是它的结果。在包括许多夫妇和他们的子女的古代共产制家户经济中,由妇女料理家务,正如由男子获得食物一样,都是一种公共的、为社会所必需的事业。随着家长制家庭,尤其是随着专偶制个体家庭的产生,情况就改变了。料理家务失去了它的公共的性质。它与社会不再相干了。它变成了一种**私人的服务**;妻子成为主要的家庭女仆,被排斥在社会生产之外。只有现代的大工业,才又给妇女——只是给无产阶级的妇女——开辟了参加社会生产的途径。但在这种情况下,如果她们仍然履行自己对家庭中的私人的服务的义务,那么她们就仍然被排除于公共的生产之外,而不能有什么收入了;如果她们愿意参加公共的事业而有独立的收入,那么就不能履行家庭中的义务。不论在工厂里,或是在一切行业直到医务和律师界,妇女的地位都是这样的。现代的个体家庭建立在公开的或隐蔽的妇女的家务奴隶制之上,而现代社会则是纯粹以个体家庭为分子而构成的一个总体。现今在大多数情形之下,丈夫都必须是挣钱的人,赡养家庭的人,至少在有产阶级中间是如此,这就使丈夫占据一种无需有任何特别的法律特权加以保证的统治地位。在家庭中,丈夫是资产者,妻子则相当于无产阶级。不过,在工业领域内,只有在资本家阶级的一切法定的特权被废除,而两个阶级在法律上的完全平等的权利确立以后,无产阶级所受的经济压迫的独特性质,才会最明白地显露出来;民主共和国并不消除两个阶级的对立,相反,正是它才提供了一个为解决这一对立而斗争的地盘。同样,在现代家庭中丈夫对妻子的统治的独特性质,以及确立双方的真正社会平等的必要性和方法,只有当双方在法律上完全平等的时候,才会充分表现出来。那时就可以看出,妇女解放的第一个先决条件就是一切女性重新回到公共的事业中去;而要达到这一点,又要求消除个体家庭作为社会的经济单位的属性。

———

这样,我们便有了三种主要的婚姻形式,这三种婚姻形式大体上与人类发展的三个主要阶段相适应。群婚制是与蒙昧时代相适应的,对偶婚制是与野蛮时代相适应的,以通奸和卖淫为补充的专偶制是与文明时代相适应的。在野蛮时代高级阶段,在对偶婚制和专偶制之间,插入了男子对女奴隶的统治和多妻制。

以上全部论述证明,在这种顺序中所表现的进步,其特征就在于,妇女越来越被剥夺了群婚的性的自由,而男性却没有被剥夺。的确,群婚对于男子到今天事实上仍然存在着。凡在妇女方面被认为是犯罪并且要引起严重的法律后果和社会后果的一切,对于男子却被认为是一种光荣,至多也不过被当做可以欣然接受的道德上的小污点。但是,自古就有的淫游制现今在资本主义商品生产的影响下变化越大,越适应于资本主义商品生产,越变为露骨的卖淫,它在道德上的腐蚀作用也就越大。而且它在道德上对男子的腐蚀,比对妇女的腐蚀要厉害得多。卖淫只是使妇女中间不幸成为受害者的人堕落,而且她们也远没有堕落到普通所想象的那种程度。与此相反,它败坏着全体男子的品格。所以,举例来说,长期的未婚夫状态,十有八九都是婚后不忠实的真正的预备学校。

但是,我们现在正在走向一种社会变革,那时,专偶制的迄今存在的经济基础,正像它的补充物即卖淫的经济基础一样,不可避免地都要消失。专偶制的产生是由于大量财富集中于一人之手,也就是男子之手,而且这种财富必须传给这一男子的子女,而不是传给其他人的子女。为此,就需要妻子方面的专偶制,而不是丈夫方面的专偶制,所以这种妻子方面的专偶制根本不妨碍丈夫的公开的或秘密的多偶制。但是,行将到来的社会变革至少将把绝大部分耐久的、可继承的财富——生产资料——变为社会所有,从而把这一切对于传授遗产的关切减少到最低限度。可是,既然专偶制是由于经济的原因而产生的,那么当这种原因消失的时候,它是不是也要消失呢?

可以不无理由地回答:它不仅不会消失,而且相反,只有那时它才能完全地实现。因为随着生产资料转归社会所有,雇佣劳动、无产阶级,从而一定数量的——用统计方法可以计算出来的——妇女为金钱而献身的必要性,也要消失了。卖淫将要消失,而专偶制不仅不会灭亡,而且最后对于男子也将成为现实。

这样一来,男子的地位无论如何要发生很大的变化。而妇女的地位,**一切**妇女的地位也要发生很大的转变。随着生产资料转归公有,个体家庭就不再是社会的经济单位了。私人的家务变为社会的事业。孩子的抚养和教育成为公共的事情;社会同等地关怀一切儿童,无论是婚生的还是非婚生的。因此,对于"后果"的担心也就消除了,这种担心在今天成了妨碍少女毫无顾虑地委身于所爱的男子的最重要的社会因素——既是道德的也是经济的因素。那么,会不会由于这个原因,就足以逐渐产生更随便的性关系，从而也逐渐产生对处女的荣誉和女性的羞耻都更加马虎的社会舆论呢？最后，难道我们没有看见，在现代世界上专偶制和卖淫虽然是对立物，却是不可分离的对立物，是同一社会秩序的两极吗？能叫卖淫消失而不叫专偶制与它同归于尽吗？

在这里，一个在专偶制发展的时候最多只处于萌芽状态的新的因素——个人的性爱，开始发生作用了。

在中世纪以前，是谈不到个人的性爱的。不言而喻，形态的美丽、亲密的交往、融洽的性情等等，都曾引起异性对于发生性关系的热望；同谁发生这种最亲密的关系，无论对男子还是对女子都不是完全无所谓的。但是这距离现代的性爱还很远很远。在整个古代，婚姻都是由父母为当事人缔结的，当事人则安心顺从。古代所仅有的那一点夫妇之爱，并不是主观的爱好，而是客观的义务；不是婚姻的基础，而是婚姻的附加物。现代意义上的爱情关系，在古代只是在官方社会以外才有。忒俄克里托斯和莫斯库斯曾歌颂其爱情的喜悦和痛苦的那些牧人，朗格的达夫尼斯和赫洛娅，全都是不参与国家事务，不参与自由民活动的奴隶。而除去奴隶以外，我们所遇到的爱情纠纷只是灭亡中的古代世界解体的产物，而且是与同样也处在官方社会以外的妇女，与淫游女，即异地妇女或被释女奴隶发生的纠纷：在雅典是从它灭亡的前夜开始，在罗马是在帝政时代。如果说在自由民男女之间确实发生过爱情纠纷，那只是就婚后通奸而言的。所以，对于那位古代的古典爱情诗人老阿那克里翁来说，现代意义上的性爱竟是如此无关紧要，以致被爱者的性别对于他来说也成了无关紧要的事情。

现代的性爱，同古代人的单纯的性要求，同厄洛斯［情欲］，是根本不同的。第一，性爱是以所爱者的对应的爱为前提的；从这方面说，妇女处于同男子平等的地位，而在古代的厄洛斯时代，决不是一向都征求妇女同意的。第二，性爱常常达到这样强烈和持久的程度，如果不能结合而彼此分离，对双方来说即使不是一个最大的不幸，也是一个大不幸；为了能彼此结合，双方甘冒很大的危险，直至拿生命孤注一掷，而这种事情在古代充其量只是在通奸的场合才会发生。最后，对于性关系的评价，产生了一种新的道德标准，人们不禁要问：它是婚姻的还是私通的，而且要问：是不是由于爱和对应的爱而发生的？自然，在封建的或资产阶级的实践中，这个新的标准，并不比其他一切道德标准的境遇更好——人们对它视若无睹。不过，它的境遇也并非更坏；它和其他道德标准一样——在理论上，在字面上，也是被承认的。而更高的要求目前它就不能提了。

中世纪是从具有性爱的萌芽的古代世界停止前进的地方接着向前走的，它以通奸的方式接着前进。我们已经叙述过那创造了破晓歌的骑士之爱。从这种力图破坏婚姻的爱情，到那应该成为婚姻的基础的爱情，还有一段漫长的路程，这段路程骑士们将永远走不到尽头。甚至我们由轻浮的罗曼语各民族进而考察有德行的德意志人时，在《尼贝龙根之歌》中也可以发现，克里姆希耳德虽然暗中钟情于齐格弗里特，而且不亚于齐格弗里特对她的钟情，但是当贡特尔宣布已把她许配给一个骑士（他没有说出他的名字）时，她却简单地回答道：

您不必问我；您要我怎样，我总是照办；老爷，您要我嫁给谁，我就乐意和他订婚。①

她甚至连想也没有想，她的爱情在这里是可以加以考虑的。贡特尔向布龙希耳德求婚，埃策耳向克里姆希耳德求婚，他们一次也不曾见过她们；同样，在《古德龙》[28]中，爱尔兰的齐格班特向挪威的乌黛求婚，黑盖林格的黑特耳向爱尔兰的希尔达求婚，以及莫尔兰的齐格弗里特、诺曼的哈尔特木特和西兰的黑尔维希向古德龙求婚，都是如此；而这里第一次出现古德龙自愿嫁给黑尔维希。按照通例，年轻王公的未婚妻都是由父母选择的，只要父母还活着；否则他就同大诸侯们商议，自行选择，大诸侯们的意见在一切场合总是起着很大的作用。而且也不能不如此。对于骑士

---

① 《尼贝龙根之歌》第10首歌。——编者注

或男爵，像对于王公一样，结婚是一种政治行为，是一种借新的联姻来扩大自己势力的机会；起决定作用的是**家族**的利益，而决不是个人的意愿。在这种条件下，爱情怎能对婚姻问题有最后决定权呢？

中世纪城市的行会师傅也是如此。单是保护着他的那些特权，带有各种限制的行会条例，在法律上把他同别的行会，或者同本行会的同事，或者同他的帮工和学徒分开的种种人为的界限，就大大缩小了他寻求适当的妻子的范围。至于这些女子当中谁是最适当的，在这种错综复杂的体系下，决定这个问题的绝对不是他个人的意愿，而是家庭的利益。

因此，直到中世纪末期，在绝大多数场合，婚姻的缔结仍然和最初一样，不是由当事人决定的事情。起初，人们一出世就已经结了婚——同整个一群异性结了婚。在较后的各种群婚形式中，大概仍然存在着类似的状态，只是群的范围逐渐缩小罢了。在对偶婚之下，通例是由母亲给自己的子女说定婚事；在这里关于新的亲戚关系的考虑也起着决定的作用，这种新的亲戚关系应该使年轻夫妇在氏族和部落中占有更牢固的地位。当父权制和专偶制随着私有财产的分量超过共同财产以及随着对继承权的关切而占了统治地位的时候，结婚便更加依经济上的考虑为转移了。买卖婚姻的**形式**正在消失，但它的实质却在越来越大的范围内实现，以致不仅对妇女，而且对男子都规定了价格，而且不是根据他们的个人品质，而是根据他们的财产来规定价格。当事人双方的相互爱慕应当高于其他一切而成为婚姻基础的事情，在统治阶级的实践中是自古以来都没有的。至多只是在浪漫故事中，或者在不受重视的被压迫阶级中，才有这样的事情。

这就是从地理发现的时代起，资本主义生产通过世界贸易和工场手工业而准备取得在世界上的统治地位的时候它所遇到的状况。人们想必认为，这种结婚方式对于资本主义生产是非常合适的，而事实上也确实如此。但是——世界历史的讽刺神秘莫测——正是资本主义生产注定要把这种结婚方式打开一个决定性的缺口。它把一切都变成了商品，从而消灭了过去留传下来的一切古老的关系，它用买卖、"自由"契约代替了世代相因的习俗，历史的法。英国的法学家亨·萨·梅恩说，同以前的各个时代相比，我们的全部进步就在于从身份进到契约，从过去留传下来的状态进到自由契约所规定的状态。① 他自以为他的这种说法是一个伟大的发现，其实，这一点，就其正确之处而言，在《共产党宣言》中早已说过了。

然而，只有能够自由地支配自己的人身、行动和财产并且彼此权利平等的人们才能缔结契约。创造这种"自由"和"平等"的人们，正是资本主义生产的主要工作之一。虽然这在最初不过是半自觉地发生的，并且穿上了宗教的外衣，但是自路德和加尔文的宗教改革以来，就牢固地确立了一个原则，即一个人只有在他以完全自由的意志去行动时，他才能对他的这些行动负完全的责任，而对于任何强迫人从事不道德行为的做法进行反抗，乃是道德上的义务。但是这同迄今为止的订立婚约的实践怎么能协调起来呢？按照资产阶级的理解，婚姻是一种契约，是一种法律行为，而且是一种最重要的法律行为，因为它就两个人终身的肉体和精神的问题作出规定。虽然这种契约那时在形式上是自愿缔结的；没有当事人双方的同意就不能解决问题。不过人人都非常明白，这一同意是如何取得的，实际上是谁在订立婚约。然而，在缔结别的契约时要求真正自由的决定，那么在订立婚约时为什么不要求这种自由呢？难道两个将要被撮合的青年人没有权利自由地支配他们自己、他们的身体以及身体的器官吗？难道性爱不是由于骑士而成为时髦，与骑士的通奸之爱相比，难道夫妇之爱不是性爱的正确的资产阶级形式吗？既然彼此相爱是夫妇的义务，那么相爱者彼此结婚而不是同任何别人结婚不同样也是他们的义务吗？难道相爱者的这种权利不是高于父母、亲属以及其他传统的婚姻中介人和媒妁的权利吗？既然自由的、个人审定的权利已经无礼地侵入教会和宗教的领域，它怎么能在老一代支配下一代的肉体、灵魂、财产、幸福和不幸这种无法容忍的要求面前停步呢？

这些问题，在社会的一切旧有的联系正在松弛，一切因袭的观念正在

---

① 参看亨·萨·梅恩《古代法；它与社会早期历史的联系和它与现代观念的关系》，1866年伦敦第3版，第170页。

动摇的时候,是必然要提出来的。世界一下子大了差不多十倍;现在展现在西欧人眼前的,已不是一个半球的四分之一,而是整个地球了,他们正忙着去占据其余的七个四分之一。传统的中世纪思想方式的千年藩篱,同旧日的狭隘的故乡藩篱一样崩溃了。在人的外在的眼睛和内心的眼睛前面,都展开了无比广大的视野。在为印度的财富、墨西哥和波托西的金矿银矿所引诱的青年男子看来,尊长们的赞许以及世代相传的荣耀的行会特权能有什么意义呢?这是资产阶级的漫游骑士的时代;这个时代也有自己的浪漫故事和爱情幻想,但都是按照资产阶级的方式,而且归根到底是抱着资产阶级的目的。

于是就发生了这样的情况:正在兴起的资产阶级,特别是在现存制度最受动摇的新教国家里,都越来越承认在婚姻方面也有缔结契约的自由,并用上述方式来实现这一自由。婚姻仍然是阶级的婚姻,但在阶级内部则承认当事者享有某种程度的选择的自由。在字面上,在道德理论上以及在诗歌描写上,再也没有比认为不以夫妻相互性爱和真正自由的协议为基础的任何婚姻都是不道德的那种观念更加牢固而不可动摇的了。总之,恋爱婚姻被宣布为人权,并且不仅是 droit de l'homme①,而且在例外的情况下也是妇女的权利。

但是,这种人权有一点是与其他一切所谓人权不同的。当后者实际上只限于统治阶级即资产阶级,而对于被压迫阶级即无产阶级则直接或间接地被削减了的时候,历史的讽刺又应验了。统治阶级仍然为众所周知的经济影响所支配,因此在他们中间,真正自由缔结的婚姻只是例外,而在被统治阶级中间,像我们所已看到的,这种婚姻却是通例。

因此,结婚的充分自由,只有在消灭了资本主义生产和它所造成的财产关系,从而把今日对选择配偶还有巨大影响的一切附加的经济考虑消除以后,才能普遍实现。到那时,除了相互的爱慕以外,就再也不会有别的

---

① "droit de l'homme" 既有"人的权利"的意思,也有"男子的权利"的意思。——编者注

动机了。

既然性爱按其本性来说就是排他的，——虽然这种排他性今日只是在妇女身上无例外地得到实现，——那么，以性爱为基础的婚姻，按其本性来说就是个体婚姻。我们已经看到，巴霍芬认为由群婚向个体婚过渡这一进步主要应归功于妇女，是多么的正确；只有由对偶婚制向专偶制的进步才是男子的功劳；在历史上，后一进步实质上是使妇女地位恶化，而便利了男子的不忠实。因此，那种迫使妇女容忍男子的这些通常的不忠实行为的经济考虑——例如对自己的生活，特别是对自己子女的未来的担心——一旦消失，那么由此而达到的妇女的平等地位，根据以往的全部经验来判断，与其说会促进妇女的多夫制，倒不如说会在无比大的程度上促进男子的真正的专偶制。

但是，专偶制完全肯定地将要失掉的东西，就是它因起源于财产关系而被烙上的全部特征，这些特征是：第一，男子的统治，第二，婚姻的不可解除性。男子在婚姻上的统治完全是他的经济统治的结果，它将自然地随着后者的消失而消失。婚姻的不可解除性，部分地是专偶制所赖以产生的经济状况的结果，部分地是这种经济状况和专偶制之间的联系还没有被正确地理解并且被宗教加以夸大的那个时代留下的传统。这种不可解除性现在就已经遭到千万次的破坏了。如果说只有以爱情为基础的婚姻才是合乎道德的，那么也只有继续保持爱情的婚姻才合乎道德。不过，个人性爱的持久性在各个不同的个人中间，尤其在男子中间，是很不相同的，如果感情确实已经消失或者已经被新的热烈的爱情所排挤，那就会使离婚无论对于双方或对于社会都成为幸事。只是要使人们免于陷入离婚诉讼的无益的泥潭才好。

这样，我们现在关于资本主义生产行将消灭以后的两性关系的秩序所能推想的，主要是否定性质的，大都限于将要消失的东西。但是，取而代之的将是什么呢？这要在新的一代成长起来的时候才能确定：这一代男子一生中将永远不会用金钱或其他社会权力手段去买得妇女的献身；而这一代妇女除了真正的爱情以外，也永远不会再出于其他某种考虑而委身于男子，或者由于担心经济后果而拒绝委身于她所爱的男子。这样的人们一经出现，对于今日人们认为他们应该做的一切，他们都将不去理会，他们自己将做出他们自己的实践，并且造成他们的与此来适应的关于各人实践的社会舆论——如此而已。

现在让我们再回过来谈摩尔根吧，我们已经把他丢开很远了。对于在文明时期发展起来的社会制度进行历史的考察，是超出了他的著作的范围的。所以，他只是非常简单地论述了一下专偶制在这一时期的命运。他也认为专偶制家庭的进一步发展是一种进步，是一种向两性权利完全平等的接近，而这一目标他并不认为已经达到了。不过，他说：

> 如果承认家庭已经依次经过四种形式而现在正处在第五种形式中这一事实，那就要产生一个问题：这一形式在将来会不会永久存在？可能的答案只有一个：它正如迄今的情形一样，一定要随着社会的发展而发展，随着社会的变化而变化。它是社会制度的产物，它将反映社会制度的发展状况。既然专偶制家庭从文明时代开始以来，已经改进了，而在现代特别显著，那么我们至少可以推测，它能够进一步完善，直至达到两性的平等为止。如果专偶制家庭在遥远的将来不能满足社会的需要，那也无法预言，它的后继者将具有什么性质了。①

三 易洛魁人的氏族

我们现在来谈一谈摩尔根的另一发现，这一发现至少与他根据亲属制度恢复原始家庭形式有着同等重要的意义。摩尔根证明：美洲印第安人部落内部用动物名称命名的血族团体，实质上是与希腊人的氏族［genea］、

---

① 路·亨·摩尔根：《古代社会》，1877年伦敦版，第491~492页；并参看马克思《路易斯·亨·摩尔根〈古代社会〉一书摘要》（《马克思恩格斯全集》中文第1版第45卷，第375页）。——编者注

罗马人的氏族［gentes］相同的；美洲的形式是原始的形式，而希腊-罗马的形式是晚出的、派生的形式；原始时代希腊人和罗马人的氏族、胞族和部落的全部社会组织，跟美洲印第安人的组织极其相似；氏族，直到野蛮人进入文明时代为止，甚至再往后一点，是一切野蛮人所共有的制度（就现有资料而言）。摩尔根证明了这一切以后，便一下子说明了希腊、罗马上古史中最困难的地方，同时，出乎意料地给我们阐明了原始时代——**国家**产生以前社会制度的基本特征。虽然这个发现在人们一旦知道它之后显得十分简单，但是，摩尔根只是最近才做到这一点的；在他于1871年出版的前一部著作中，他还没有看透这个秘密，而这个秘密揭开之后，就使一向那样自信的英国原始史学家们一时[1]沉默了下去。

摩尔根普遍用以表示这种血族团体的拉丁语氏族［gens］一词，像同意义的希腊语 genos 一词一样，来源于共同的雅利安语的词根 gan（德语为 kan，因为在德语中，通例是用 k 代替雅利安语的 g），gan 的意思是"生育"。gens, genos, 梵语的 dschanas，哥特语（依照上面所说的通例）的 kuni，古斯堪的纳维亚语和盎格鲁撒克逊语的 kyn，英语的 kin，中古高地德语的 künne，都同样表示血族、世系。不过拉丁语的 gens 和希腊语的 genos，都是专用以表示这样的一种血族团体，这种团体自夸有共同的世系（这里指的是出自一个共同的男始祖），并且借某种社会的和宗教的制度而组成一个特殊的公社。但是这种血族团体的起源与本性，我们的一切历史编纂学家迄今为止却一直弄不清楚。

我们在前面，在研究普那路亚家庭时，已经看到原始形式的氏族是怎样构成的。凡由于普那路亚婚姻，并且依照这种婚姻中必然占统治地位的观念而成为一个确定的女始祖即氏族创立者的公认后代的人，都是这种氏族的成员，这样就组成了氏族。由于在这种家庭形式下父系血统不能确定，所以只承认女系。又由于兄弟不得娶自己的姊妹为妻，只能同其他世

---

[1] "一时"是恩格斯在1891年版上增补的。——编者注

系的妇女结婚,所以,根据母权制,同这些异族妇女所生的子女,便列在氏族以外。这样,留在血族团体内部的只有各代**女儿**的子孙;儿子的子孙则归入其母亲的氏族。一俟这种血缘亲属集团构成一个面对同一部落内其他类似集团的特殊集团,它又是什么样子呢?

摩尔根举出易洛魁人的氏族,特别是塞讷卡部落的氏族,作为这种原始氏族的古典形式。这个部落内有八个氏族,都以动物的名称命名:(1)狼,(2)熊,(3)龟,(4)海狸,(5)鹿,(6)鹬,(7)苍鹭,(8)鹰。每个氏族内都盛行以下的习俗:

1. 氏族选举一个酋长(平时的首脑)和一个酋帅(军事领袖)。酋长必须从本氏族成员中选出,他的职位在氏族内世袭,一旦出缺,必须立刻重新补上;军事领袖,也可以从氏族以外的人中选出并且有时可以暂缺。由于易洛魁人奉行母权制,因而酋长的儿子属于另一氏族,所以从不选举前一酋长的儿子做酋长,而是往往选举他的兄弟做酋长,或者选举他的姊妹的儿子做酋长。所有的人,无论男女,都参加选举。不过选举须经其余七个氏族确认,只有在这以后,当选为酋长的人才被隆重地,就是说由全易洛魁联盟的联合议事会委任。这样做的意义,在后面就可以看出来。酋长在氏族内部的权力,是父亲般的、纯粹道义性质的;他手里没有强制的手段。此外,由于他的职位,他也是塞讷卡部落议事会以及全体易洛魁人联盟的议事会的成员。酋帅仅仅在出征时才能发号施令。

2. 氏族可以任意罢免酋长和酋帅。这仍是由男女共同决定的。被罢免的人,此后便像其他人一样成为普通战士,成为私人。此外,部落议事会也可以其至违反氏族的意志而罢免酋长。

3. 氏族的任何成员都不得在氏族内部通婚。这是氏族的根本规则,维系氏族的纽带;这是极其肯定的血缘亲属关系的否定表现,赖有这种血缘亲属关系,它所包括的个人才成为一个氏族。摩尔根由于发现了这个简单的事实,就第一次揭示了氏族的本质。从前关于蒙昧人和野蛮人的报告,把构成氏族制度的各种集团,糊里糊涂地、不加分别地混为一谈,统称为部落、克兰[29]、萨姆[30]等等,而且往往说,在这种集团内部禁止通婚,这证明以前人们对于氏族是多么不了解。这便造成了一种不可救药的混乱，麦克伦南先生就在这个混乱中得以充当拿破仑，用最后的判决建立了这样的秩序：一切部落分为部落内部禁止通婚的（外婚制的）和许可通婚的（内婚制的）两种。他这样把问题更加彻底混淆以后，便埋头于最深沉的研究中，去探讨在他的两个无聊乏味的类别中，究竟哪一种更加古老：是外婚制还是内婚制。自从发现了以血缘亲属关系为基础的，因此其成员间不能通婚的氏族之后，这种荒谬的说法就不攻自破了。不言而喻，在我们见到的易洛魁人所处的那种发展阶段，氏族内部禁止通婚是被严格遵守着的。

4. 死者的财产转归同氏族其余的人所有，它必须留在氏族中。因为易洛魁人所能遗留的东西为数很少，所以他的遗产就由他最近的同氏族亲属分享；男子死时，由他的同胞兄弟、姊妹以及母亲的兄弟分享；妇女死时，由她的子女和同胞姊妹而不是由她的兄弟分享。根据同一理由，夫妇不能彼此继承，子女也不得继承父亲。

5. 同氏族人必须互相援助、保护，特别是在受到外族人伤害时，要帮助报仇。个人依靠氏族来保护自己的安全，而且也能做到这一点；凡伤害个人，便是伤害了整个氏族。因而，从氏族的血族关系中便产生了为易洛魁人所绝对承认的血族复仇的义务。假使一个氏族成员被外族人杀害了，那么被害者的全氏族就有义务实行血族复仇。起初是试行调解；行凶者的氏族议事会开会，大抵用道歉与赠送厚礼的方式，向被害者的氏族的议事会提议和平了结事件。如果提议被接受，事情就算解决了。否则，受害的氏族就指定一个或几个复仇者，他们的义务就是去追寻行凶者，把他杀死。如果这样做了，行凶者的氏族也没有诉怨的权利，事情就算了结了。

6. 氏族有固定的人名或几套人名，在全部落内只有该氏族才能使用这些人名，因此，氏族个别成员的名字，也就表明了他属于哪一氏族。氏族的人名自始就伴有氏族的权利。

7. 氏族可以接纳外人入族，并由此吸收他们为整个部落的成员。例如在塞讷卡部落中，未杀死的俘虏，由于被一个氏族接纳入族，就成为部落的成员，从而获得了氏族和部落的一切权利。接纳外人入族的事情，是根据氏族的个别成员的提议而实行的：男子可以提议接纳外人为兄弟或姊妹；女子可以提议接纳外人为自己的孩子；为了确认这种接纳，必须举行入族仪式。个别因特殊情形而人丁不旺的氏族，常常由于大批接纳别一氏族（得到它的同意）的人入族而重新兴旺起来。在易洛魁人中间，入族仪式在部落议事会的公共集会上举行，实际上已经变为一种宗教仪式。

8. 印第安人的氏族有无专有的宗教祭祀，很难确定；不过印第安人的宗教仪式多少都是和氏族联系在一起的。在易洛魁人的六个一年一度的宗教节日期间，各个氏族的酋长和酋帅，由于他们的职位，都被列为"信仰守护人"，而执行祭司的职能。

9. 氏族有着共同的墓地。纽约州境内四周都为白种人包围的易洛魁人，他们的墓地现在已经绝迹了，但从前是存在过的。在其他印第安人那里，这种墓地还保存着；例如，和易洛魁人有近亲关系的吐斯卡罗腊人，他们虽然是基督徒，但在教堂墓地中，每一氏族都独成一排，所以，总是把母亲而不是把父亲和孩子埋在同一排。而在易洛魁人中间，死者的全氏族都要参加葬仪，营造坟墓，致悼词等等。

10. 氏族有议事会，它是氏族的一切成年男女享有平等表决权的民主集会。这种议事会选举、罢免酋长和酋帅，以及其余的"信仰守护人"；它作出为被杀害的氏族成员接受赎罪献礼（杀人赔偿金）或实行血族复仇的决定；它收养外人加入氏族。总之，它是氏族的最高权力机关。

典型的印第安人氏族的职能就是这样。

　　它的全体成员都是自由人，都有相互保卫自由的义务；在个人权利方面平等，不论酋长或军事领袖都不能要求任何优先权；他们是由血亲纽带结合起来的同胞。自由、平等、博爱，虽然从来没有明确表达出来，却是氏族的根本原则，而氏族又是整个社会制度的单位，是有组织的印第安人社会的基础。这就可以说明，为什么印第安人具有那种受到普遍承认的强烈的独立感和自尊心。①

到发现美洲的时候,全北美洲的印第安人都是按照母权制组成为氏族。仅在某几个部落如达科塔人的部落,氏族已然衰落;在另外几个部落中间,如在奥季布瓦,奥马哈等部落中间,氏族已经是按照父权制组成了。

在许多有五六个以上氏族的印第安人部落中间,我们遇到,每三四个或更多的氏族联合成一个特殊的集团,摩尔根据希腊语对类似集团的称呼,忠实地把印第安语的名称译过来,把这种集团叫做 Phratrie(胞族)。例如,塞讷卡部落有两个胞族;第一个胞族包括1～4四个氏族,第二个胞族包括5～8四个氏族。更详细的研究表明,这种胞族大抵是当初由部落分裂成的最初的氏族;因为在氏族内部禁止通婚的情况下,每个部落必须至少包括两个氏族才能独立存在。随着部落的增殖,每个氏族又分裂成两个或两个以上的氏族,这些氏族如今也作为单个的氏族而存在;而包括一切女儿氏族的最初的氏族,则作为胞族继续存在。在塞讷卡人和大多数其他印第安人中间,一个胞族内的各氏族被认为是兄弟氏族,而其他胞族的各氏族则被认为是它们的从兄弟氏族——这种称呼,在美洲亲属制度中,像我们在前边所看到的,都具有极其真实而明确的意义。塞讷卡人起初在胞族内也不能通婚,但是这种习俗久已废除了,如今只限于氏族。塞讷卡部落有一种传说,"熊"和"鹿"两个氏族是最初的氏族,其他氏族都是从这两个氏族分化出来的。这个新组织扎下根以后,便根据需要而改变;要是某一胞族的一些氏族灭亡了,那么为均衡起见,有时就从别的胞族中拨几个氏族去补充它。因此,我们在不同的部落中间,可以看到名称相同的氏族以不同的方式集结在各胞族中。

---

① 路·亨·摩尔根:《古代社会》,1877年伦敦版,第85～86页;并参看马克思《路易斯·亨·摩尔根〈古代社会〉一书摘要》(《马克思恩格斯全集》中文第1版第45卷,第416页)。——编者注

易洛魁人的胞族的职能,部分地是社会性质的,部分地是宗教性质的。(1)胞族间互相赛球竞技;每一胞族派出自己的优秀球员,其余的人按胞族旁立观看,并以本胞族球员的获胜打赌。(2)在部落议事会上,每个胞族的酋长和军事领袖坐在一起,两个胞族彼此相对,每个发言者都面对各胞族的代表讲话,把他们当做特别的团体。(3)如果部落内发生杀人事件,当行凶者与被害者不属于同一个胞族时,被害者的氏族往往诉诸自己的兄弟氏族;于是这些氏族就举行胞族议事会,把对方胞族作为一个整体进行交涉,使对方胞族也召集自己的议事会,以谋求事件的解决。因此,在这里,胞族又以最初的氏族的资格出现,并且比它派生的较微弱的单个氏族更有获胜的希望。(4)在重要人物死亡时,对方胞族办理安葬和丧礼,而死者胞族的成员则以死者的近亲服丧人资格参与葬仪。酋长死时,对方胞族将出缺一事通知易洛魁人的联盟议事会。(5)在选举酋长时,胞族议事会也出面参与。兄弟氏族对选举的确认,被认为是一种当然的事情;但另一个胞族的氏族则可能提出异议。在这种情况下,这个胞族的议事会即召开会议;如果议事会认为异议是正当的,选举就算无效。(6)从前,易洛魁人有一些特殊的宗教神秘仪式,白种人把它称为巫术集会。这种神秘仪式在塞讷卡人那里,是由两个宗教团体举行的;新会员入会时还举行正式的入会的仪式;两个胞族中各有一个这样的团体。(7)在征服时期①,住在特拉斯卡拉四个区的四个 lineages(血族),如果是——而这差不多是肯定的——四个胞族的话,那么这证明,像希腊人的胞族以及德意志人的类似的血族团体一样,这种胞族也都有军事单位的意义;这四个血族在作战时各成一队,各穿自己的制服,有自己的旗帜和自己的首领。

正如几个氏族组成一个胞族一样,几个胞族就古典形式来说则组成一个部落;而那些大大衰微的部落则往往没有胞族这种中间环节。那么,美

---

① 指1519~1521年西班牙侵略者征服墨西哥的时期。——编者注

洲印第安人部落有什么特征呢？

1. 有自己的地区和自己的名称。每一部落除自己实际居住的地方以外，还占有相当大的地区供打猎和捕鱼之用。在这个地区之外，还有一块广阔的中立地带，一直延伸到邻近部落的地区边上；在语言接近的各部落中间，这种中立地带比较狭小，在语言不接近的各部落中间，中立地带比较宽大。这种地带跟德意志人的边境森林、凯撒的苏维汇人在他们地区四周所设的荒地相同；这也跟丹麦人和德意志人之间的 îsarnholt（丹麦语为 jarnved，limes Danicus）、德意志人和斯拉夫人之间的萨克森森林和 branibor（斯拉夫语，意即"防卫林"，勃兰登堡这一名称即由此而来）相同。由这种不确定的疆界隔开的地区，乃是部落的公有土地，而为相邻部落所承认，并由部落自己来防卫，以免他人侵占。疆界的不确定，多半仅在人口大量增加的时候，才会在实际上感到不方便。部落的名称，看来多半是偶然形成的，而不是有意选择的。随着时间的推移，往往一个部落被邻近各部落取了另外的名称，与该部落自己使用的名称不同，像德意志人历史上最初的统称"日耳曼人"是由凯尔特人给他们取的一样。

2. 有独特的、仅为这个部落所用的**方言**。事实上，部落和方言在实质上范围是一致的；因分裂而形成新部落与新方言的事情，不久以前还在美洲发生，时至今日，也未必完全停止。在两个衰落的部落合而为一的地方，有时例外地在同一个部落内说着两种极为相近的方言。美洲各部落的平均人数在2000人以下；但是彻罗基部落却有26000人，这是在合众国说同一方言的数目最多的印第安人。

3. 有隆重委任氏族所选出的酋长和军事领袖的权利。

4. 有罢免他们的权利，甚至可以违反他们氏族的愿望而罢免他们。由于这些酋长和军事领袖都是部落议事会的成员，部落对他们有这种权利是当然的。凡已经组成部落联盟而且一切部落都有代表参加联盟议事会的地方，上述权利便转归联盟议事会了。

5. 有共同的宗教观念（神话）和崇拜仪式。

印第安人，是按照野蛮人方式信仰宗教的人民。①

他们的神话迄今还远没有得到考证性的研究；他们已经给自己的宗教观念——各种精灵——赋予人的形象，但是他们还处在野蛮时代低级阶段，所以还不知道具体的造像，即所谓偶像。这是一种正向多神教发展的自然崇拜与自然力崇拜。各部落都有其定期的节日和一定的崇拜形式，特别是舞蹈和竞技；舞蹈尤其是一切宗教祭祀的主要组成部分；每一部落各自庆祝自己的节日。

6. 有管理公共事务的部落议事会。它是由各个氏族的酋长和军事领袖组成的——这些人是氏族的真正代表，因为他们是随时都可以罢免的；议事会公开开会，四周围着其余的部落成员，这些成员有权加入讨论和发表自己的意见；决议则由议事会作出。按照通例，每个出席的人都可以随意发表意见，妇女也可以通过她们所选出的演说人陈述自己的意见。在易洛魁人中间，最后的决定需要一致通过，跟德意志人的马尔克公社在作出某些决定时一样。部落议事会特别负有调整同其他部落的关系的责任；它接待和派遣使者，宣战及媾和。要是发生战争，大多由志愿者去作战。在原则上，每一个部落只要没有同其他部落订立明确的和平条约，它同这些部落便都算是处在战争状态。反对这种敌人的军事行动，大多由一些优秀的战士来组织；这些战士发起一个战争舞蹈，凡参加舞蹈的人，就等于宣告加入了出征队，队伍便立刻组织起来，即刻出动。部落的领土若被侵犯，其防卫也大多由志愿者来担任。这种队伍的出发和归来，总要举行公共的典礼。这种出征并不需要得到部落议事会的同意，没有人去征求这种同意，也没有人给予这种同意。这正和塔西佗所记述的德意志人扈从队的私

---

① 路·亨·摩尔根《古代社会》，1877年伦敦版，第115页；并参看马克思《路易斯·亨·摩尔根〈古代社会〉一书摘要》(《马克思恩格斯全集》中文第1版第45卷，第436页)。——编者注

人出征一样①，不过德意志人的扈从队伍，已具有比较常备的性质，而成为一种在平时也有组织，在战时集结其他志愿兵的强固核心了。这种武装队伍的人数一般不多；印第安人的最重要的出征，即使到距离很远的地方去，也是由不大的战斗力量来进行的。假如有几支这样的扈从队为了一次大规模战事而联合起来时，其中每支队伍只服从它自己的首领；作战计划的统一，好歹由这些首领的议事会来保证。据阿米亚努斯·马尔采利努斯的记载，4世纪阿勒曼尼人在上莱茵的作战方法，就是如此。

7. 在有些部落中间，有一个最高的首领，但他的权力很小。他是酋长之一，当需要紧急行动时，他应当在议事会召集会议作出最后决定之前采取临时的措施。这是一种具有执行权力的官员的微弱萌芽，不过它在进一步发展中多半都没有什么结果；这种官员，如我们在后面将要看到的，虽不是到处，但在大多数场合，都是由最高军事首长发展来的。

大多数的美洲印第安人，都没有超过联合为部落的阶段。他们的人数不多的部落，彼此由广大的边境地带隔离开来，而且为不绝的战争所削弱，这样他们就以少数的人口占有辽阔的地区。亲属部落间的联盟，常因暂时的紧急需要而结成，随着这一需要的消失即告解散。但在个别地方，最初本是亲属部落的一些部落从分散状态中又重新团结为永久的联盟，这样就朝民族［Nation］的形成跨出了第一步。在合众国，我们在易洛魁人中间，便可以见到这种联盟的最发达的形式。他们从密西西比河以西的地方（在这里，他们大概是很大的达科塔族系的一个分支）迁移出来，经过长期漂泊才定居在今日的纽约州，并分成了五个部落：塞讷卡，卡尤加，奥嫩多加，欧奈达及摩霍克。他们以捕鱼、打猎及原始园艺为生；住在大多用栅栏防卫起来的村落中。他们的人数从未超过两万；五个部落中有几个氏族是共同的；他们说着同一种语言的非常近似的方言，占有互相接壤的、为五个部落所瓜分的地区。因为这个地区是他们不久以前才征服来的，所以这些部落惯于团结起来对付被他们驱逐的部落，是自然而然的

---

① 塔西佗:《日耳曼尼亚志》。——编者注

事。这样至迟到 15 世纪初，就发展成为一种正式的"永世联盟"，这种联盟，一经意识到它的新的实力，便立刻具有了进攻的性质，在 1675 年前后，当它达到了极盛的时候，便征服了它四周的广大土地，把这些地方上的居民一部分驱逐出境，一部分使之纳贡。易洛魁人联盟是尚未越过野蛮时代低级阶段的印第安人（因而，墨西哥人、新墨西哥人和秘鲁人除外）所曾达到的最进步的社会组织。联盟的基本特点如下：

1. 五个血缘亲属部落以完全平等和在部落的一切内部事务上的独立为基础，结成永世联盟。这种血缘亲属关系是联盟的真实基础。五个部落中有三个称为父亲部落，互为兄弟部落；其余两个称为儿子部落，也互为兄弟部落。有三个氏族——最老的——在五个部落中都还存在着，另外有三个氏族在三个部落中都还存在着；这些氏族中的每一个氏族，其成员在所有五个部落中都被认为是兄弟。仅在方言上有差异的共同语言，便是共同世系的表现和证明。

2. 联盟的机关是联盟议事会，由 50 个地位和威信平等的酋长组成；这个议事会对联盟的一切事务作最后的决定。

3. 这 50 个酋长，在联盟成立时，被分配在各部落和氏族中，担任专为联盟目的而设立的新的公职。当出缺时，有关的氏族便重新进行选举，同时有关的氏族也可以随时罢免他们；不过委任权则属于联盟议事会。

4. 联盟的这些酋长们，在他们各自的部落中也是酋长，享有参加部落议事会和表决的权利。

5. 联盟议事会的一切决议，须经全体一致通过。

6. 表决是按部落举行的，这样，每个部落以及每个部落内的议事会全体成员，都必须一致赞成，决议才算有效。

7. 五个部落议事会中每一个都可以召集联盟议事会，但联盟议事会本身不得自行召集。

8. 会议在聚集起来的民众面前公开举行，每个易洛魁人都可以发言；但只有议事会才能作决定。

9. 联盟没有一长制首长，即没有主掌执行权的首脑。

10. 但联盟有两个具有平等职能和平等权力的最高军事首长（类似斯巴达人的两"王"，罗马的两执政官）。

易洛魁人在其中生活了400余年、而且直至今日还生活于其中的整个社会制度，就是如此。我依据摩尔根，比较详细地叙述了这种制度，因为我们在这里有机会研究一种尚不知有**国家**为何物的社会的组织情况。国家是以一种与全体固定成员相脱离的特殊的公共权力为前提的，所以毛勒凭其正确的直觉，确认德意志的马尔克制度是一种纯粹社会的制度，虽然它以后大部分成了国家的基础，但在本质上它是和国家不同的。因此，毛勒在他的一切著作中所研究的，是公共权力逐渐从马尔克、乡村、农户、城市等最初的组织中产生和与之并行产生的情形。[31]我们从北美印第安人那里可以看出，一个原来统一的氏族集团怎样逐渐散布于辽阔的大陆；各部落怎样通过分裂而转化为各民族［Volker］，转化为整个的部落集团；语言怎样改变，以致不仅成了互相不懂的东西，而且差不多失去了原来统一性的任何痕迹；与此同时，在部落内部，单个的氏族怎样分裂为好几个氏族，老的母亲氏族作为胞族保存下来，但是这些最老的氏族的名称，在彼此相距极远的、老早就分离了的部落中间仍是一样的——"狼"和"熊"在大多数印第安人部落中仍然是氏族的名称。一般说来，上述的社会制度适用于印第安人的一切部落，只是有许多部落没有达到亲属部落联盟的程度罢了。

但是，我们也看到，氏族作为社会单位出现以后，氏族、胞族和部落这整个社会组织就怎样以几乎不可抗拒的必然性（因为是天然性）从这种单位中发展出来。这三种集团代表着不同层次的血缘亲属关系，每个都是闭关自守，自己的事情自己管理，但是又互相补充。归它们管辖的事情，包括低级阶段上的野蛮人的全部公共事务。所以，我们凡遇见某一民族是把氏族作为社会单位时，我们也就可以去寻找类似前面所讲的那种部落组织；凡有充足资料的地方，如在希腊人和罗马人那里，我们不仅能找出这种组织，而且也会确信，即使在没有资料作为依据的地方，只要与美洲社会制度作一比较，也有助于我们解决最困难的疑难和哑谜。

而这种十分单纯质朴的氏族制度是一种多么美妙的制度呵！没有大

兵、宪兵和警察，没有贵族、国王、总督、地方官和法官，没有监狱，没有诉讼，而一切都是有条有理的。一切争端和纠纷，都由当事人的全体即氏族或部落来解决，或者由各个氏族相互解决；血族复仇仅仅当做一种极端的、很少应用的威胁手段；我们今日的死刑，只是这种复仇的文明形式，而带有文明的一切好处与弊害。虽然当时的公共事务比今日多得多——家户经济是由一组家庭按照共产制共同经营的，土地是全部落的财产，仅有小小的园圃归家户经济暂时使用——，可是，丝毫没有今日这样臃肿复杂的管理机关。一切问题，都由当事人自己解决，在大多数情况下，历来的习俗就把一切调整好了。不会有贫穷困苦的人，因为共产制的家户经济和氏族都知道它们对于老年人、病人和战争残废者所负的义务。大家都是平等、自由的，包括妇女在内。他们还不曾有奴隶；奴役异族部落的事情，照例也是没有的。当易洛魁人在1651年前后征服伊利部落和"中立民族"[32]的时候，他们曾建议这两个部落作为完全平等的成员加入他们的联盟；被征服者只是在拒绝了这个建议之后，才被驱逐出自己所居住的地区。凡与未被腐蚀的印第安人接触过的白种人，都称赞这种野蛮人的自尊心、公正、刚强和勇敢，这些称赞证明了，这样的社会能够产生怎样的男子，怎样的妇女。

不久以前，我们在非洲看到了这种勇敢的例证。祖鲁卡菲尔人在数年前，也像努比亚人在数月前一样——两者都是至今还保存着氏族制度的部落——曾做出了任何欧洲军队都不能做到的事情。[33]他们没有枪炮，仅仅用长矛和投枪武装起来，在英国步兵——在密集队形战斗上被公认为世界第一——的后装枪的弹雨之下，竟然一直向前冲到刺刀跟前，不止一次打散英军队伍，甚至使英军溃退，尽管在武器上非常悬殊，尽管他们根本没有服过兵役，也不知道什么是操练。英国人诉苦说，卡菲尔人比马走得还快，一昼夜比马走得还远，这就可以证明这种野蛮人的能力和毅力。"他们的最小的一条筋都暴粟起来，坚硬如钢，像鞭条一样。"——一位英国的画家这样说。

在没有分化为不同的阶级以前，人类和人类社会就是如此。要是我们把他们的状况和现代绝大多数文明人的状况作一比较，那么就可以看出，在今日的无产者和小农同古代自由的氏族成员之间，差距是巨大的。

这是一个方面。但我们不要忘记，这种组织是注定要灭亡的。它没有超出部落的范围；部落联盟的建立就已经标志着这种组织开始崩溃，这一点我们在后面将会看到，易洛魁人征服其他部落的企图也表明了这一点。凡是部落以外的，便是不受法律保护的。在没有明确的和平条约的地方，部落与部落之间便存在着战争，而且这种战争进行得很残酷，使别的动物无法和人类相比，只是到后来，才因物质利益的影响而缓和一些。全盛时期的氏族制度，如我们在美洲所见的，其前提是生产极不发展，因而广大地区内人口极度稀少；因此，人类差不多完全受着同他异己地对立着的、不可理解的外部大自然的支配，这也就反映在幼稚的宗教观念中。部落始终是人们的界限，无论对其他部落的人来说或者对他们自己来说都是如此：部落、氏族及其制度，都是神圣而不可侵犯的，都是自然所赋予的最高权力，个人在感情、思想和行动上始终是无条件服从的。这个时代的人们，虽然令我们感到值得赞叹，但他们彼此完全没有差别，他们都仍依存于——用马克思的话说——自然形成的共同体的脐带①。这种自然形成的共同体的权力必然要被打破，而且也确实被打破了。不过它是被那种使人感到从一开始就是一种退化，一种离开古代氏族社会的纯朴道德高峰的堕落的势力所打破的。最卑下的利益——无耻的贪欲、狂暴的享受、卑劣的名利欲、对公共财产的自私自利的掠夺——揭开了新的、文明的阶级社会；最卑鄙的手段——偷盗、强制、欺诈、背信——毁坏了古老的没有阶级的氏族社会，把它引向崩溃。而这一新社会自身，在其整整两千五百余年的存在期间，只不过是一幅区区少数人靠牺牲被剥削和被压迫的大多数人而求得发展的图画罢了，而这种情形，现在比从前更加厉害了。

---

① 参看马克思《资本论》第1卷，《马克思恩格斯全文集》第5卷，第97页。——编者注

四　希腊人的氏族

希腊人，像皮拉斯基人以及其他起源于同一部落的民族一样，在史前时代，就已经按照美洲人的那种有机的序列——氏族、胞族、部落、部落联盟组织起来了。胞族可能是没有的，在多立斯人中间就是这样；部落联盟也不是到处都有成立的必要，但无论如何氏族是基本的单位。希腊人，在他们出现在历史舞台上的时候，已经站在文明时代的门槛上了；他们与上述美洲部落之间，横亘着差不多整整两个很大的发展时期，亦即英雄时代的希腊人超过易洛魁人两个时期。所以，希腊人的氏族也决不再是易洛魁人的那种古老的氏族了，群婚①的痕迹正开始显著地消失。母权制已让位给父权制；正在产生的私有制就这样在氏族制度上打开了第一个缺口。第二个缺口是第一个缺口的自然结果：由于在实行父权制以后，富有的女继承人的财产在她出嫁时应当归她的丈夫所有，从而归别的氏族所有，所以，这便摧毁了整个氏族权利的基础，在这种情况下，为了把少女的财产保存在氏族以内，不仅容许少女在氏族内出嫁，而且也**规定**要这样做。

根据格罗特的《希腊史》，其中雅典的氏族是建立在以下的基础上的：

1. 共同的宗教祭祀和祭司为祀奉一定的神所拥有的特权。这种神被假想为氏族的男始祖，并用独特的名称作这种地位的标志。

2. 共同的墓地（参看狄摩西尼《反驳欧布利得》[34]）。

3. 相互继承权。

4. 在受到侵害时提供帮助、保护和支援的相互义务。

5. 在一定情况下，特别是在事关孤女或女继承人的时候，在氏族内部通婚的相互权利和义务。

6. 至少在某些情况下拥有共同财产，有自己的一位 Archon（酋长）和一位司库。

---

① 在1884年版中不是"群婚"，而是"普那路亚家庭"。——编者注

此后，几个氏族结合为一个比较不那么密切的胞族；但是在这里我们也可以看到类似的相互权利与义务，特别是共同举行一定的宗教仪式以及在胞族成员被杀害时进行追究的权利。一个部落的所有胞族，又有共同的定期举行的祭祀，由一个从贵族（Eupatriden）中间选出的Phylobasileus（部落酋长）主持。①

格罗特所说的，就是这样。马克思补充说："但是，透过希腊氏族，也可以清楚地看到蒙昧人（例如易洛魁人）。"② 要是我们作进一步的研究，那就看得更加清楚。

希腊的氏族还具有以下这几个特征：

7. 按照父权制计算世系。

8. 禁止氏族内部通婚，但女继承人例外。这一例外及其确立成为规定，就证明旧时的规则仍然有效。这也是从下述普遍通行的原则中产生的，即妇女出嫁后，就不再参加本氏族的宗教仪式，而改行她丈夫的氏族的宗教仪式，注籍于她丈夫的胞族。根据这一点以及狄凯阿尔科斯的著名的一段话[35]看来，可知外婚乃是规则，而贝克尔在《哈里克尔》一书中径直认为，无论什么人都不得在本氏族内部通婚。[36]

9. 接纳外人入族的权利；这是用家庭接纳的办法来实现的，不过要有公开的仪式，而且只限于例外情形。

10. 选举和罢免酋长的权利。我们知道，每一氏族都有自己的酋长；但是，任何地方都没有说过这一职务是在一定的家庭里世袭的。在野蛮时代结束以前，不大可能有严格的③世袭制，因为这种世袭制是同富人和穷人在氏族内部享有完全平等权利的秩序不相容的。

---

① 参看乔·格罗特《希腊史》1869年伦敦版第3卷，第54~55页，以及马克思《路易斯·亨·摩尔根〈古代社会〉一书摘要》（《马克思恩格斯全集》中文第1版第45卷，第496~497页）。——编者注
② 马克思：《路易斯·亨·摩尔根〈古代社会〉一书摘要》，参看《马克思恩格斯全集》中文第1版第45卷，第497页。——编者注
③ "严格的"是恩格斯在1891年版上增补的。——编者注

不仅格罗特,而且尼布尔、蒙森以及迄今为止的其他一切古典古代历史编纂学家,都没有解决氏族问题。不论他们多么正确地叙述了氏族的许多特征,但是他们总是把氏族看做**家庭集团**,因此便不能理解氏族的本性和起源。在氏族制度之下,家庭从来不是,也不可能是一个组织单位,因为夫与妻必然属于两个不同的氏族。氏族整个包括在胞族内,胞族整个包括在部落内;而家庭却是一半包括在丈夫的氏族内,一半包括在妻子的氏族内。国家在公法上也不承认家庭,到今日为止,家庭不过存在于私法上而已。然而我们的全部历史编纂学直至现在都是从以下一个荒诞的,尤其在18世纪已成为不可侵犯的假定出发的:与文明时代几乎同时出现的专偶制个体家庭,曾是社会和国家围绕它而逐渐萌发起来的核心。

马克思补充说:"格罗特先生应当进一步注意到,虽然希腊人是从神话中引申出他们的氏族的,但是这些氏族比**他们自己**所创造的神话及其诸神和半神要古老些。"①

摩尔根爱引用格罗特的话,因为后者是一个很有名望的和十分受人信任的证人。格罗特又说到,每个雅典氏族都有一个从它的假想的男始祖留传下来的名称;在梭伦时代以前,死者的财产一律由同氏族人(gennêtes)继承,在梭伦时代以后,死者如无遗言,其财产亦由同氏族人继承;遇有杀害事件,首先是被害者的亲属有权利和义务向法庭控告犯罪者,其次是同氏族人,最后是同胞族人:

> 我们所知道的关于最古的雅典法律的一切,都是以划分成氏族和胞族为基础的。②

---

① 马克思:《路易·亨·摩尔根〈古代社会〉一书摘要》,参看《马克思恩格斯全集》中文第1版第45卷,第500页。——编者注
② 乔·格罗特:《希腊史》1869年伦敦版第3卷,第66页,并参看马克思《路易斯·亨·摩尔根〈古代社会〉一书摘要》(《马克思恩格斯全集》中文第1版第45卷,第501页)。——编者注

氏族起源于共同祖先，成了"庸人学者"（马克思语）[①] 绞尽脑汁而不能解决的难题。既然他们很自然地认为这种祖先纯粹是神话人物，他们便根本没有可能解释氏族是怎样从许多彼此相邻的、起初完全没有亲属关系的家庭中产生出来的，然而单是为了解释氏族的存在，他们还是非这样做不可。这样他们便陷入了说空话的圈子，不能超出这样一个论题：族系的确是一种虚构，但氏族是一个现实，因之，格罗特终于说（括弧内的话是马克思加的）：

> 我们只是偶尔听到这种族系，因为仅仅在一定的、特别隆重的场合才公开把它提出来。可是，比较卑微的氏族也有其共同的宗教仪式（这真奇怪，格罗特先生！），有一个共同的超人的男始祖和族系，像比较有名的氏族那样（格罗特先生，这在**比较卑微**的氏族那里真十分奇怪呵！）；根本的结构和观念的基础（亲爱的先生！不是**观念的**而是物质的，直白地说是**肉欲的**！）在一切氏族中都是相同的。[②]

马克思把摩尔根对这个问题的答案概括如下："与原始形态的氏族——希腊人像其他凡人一样也曾有过这种形态的氏族——相适应的血缘亲属制度，保存了全体氏族成员彼此之间的亲属关系的知识。他们从童年时代起，就在实践上熟悉了这种对他们极其重要的事物。随着专偶制家庭的产生，这种事物就湮没无闻了。氏族名称创造了一个族系，相形之下，个体家庭的族系便显得没有意义。氏族名称的作用就在于使具有这种名称的人不忘他们有共同世系的事实；但是氏族的族系已经十分久远，以致氏族的成员，除了有较近的共同祖先的少数场合以外，已经不能证明他们相互之间有事实上的亲属关系了。氏族名称本身就是共同世系的证据，而且

[①] 马克思《路易斯·亨·摩尔根〈古代社会〉一书摘要》，参看《马克思恩格斯全集》第45卷，第502页。
[②] 乔·格罗特：《希腊史》1869年伦敦版第3卷，第60页，并参看马克思《路易斯·亨·摩尔根〈古代社会〉一书摘要》（《马克思恩格斯全集》中文第1版第45卷，第503页）。——编者注

除了接纳外人入族的情形以外，也是不可更改的证据。反之，像格罗特①和尼布尔所作的那样，把氏族变为纯粹虚构和幻想的产物，从而事实上否定氏族成员之间的任何亲属关系，这是只有'观念的'、亦即蛰居式的书斋学者才能干出来的事情。由于血族联系（尤其是专偶制发生后）已经湮远，而过去的现实看来是反映在神话的幻想中，于是老实的庸人们便作出了而且还在继续作着一种结论，即幻想的族系创造了现实的氏族！"②

胞族，像在美洲人那里一样，是一种分裂成几个女儿氏族同时又把它们联合起来的母亲氏族，这种母亲氏族常常还能表明所有这些女儿氏族出自一个共同的男始祖。比如，据格罗特说：

> 赫卡泰胞族的所有同时代的成员，都承认在第十六亲属等级内有一个共同的神为其男始祖。③

所以，这一胞族的一切氏族都是真正的兄弟氏族。在荷马的诗篇中，还把胞族看做军事单位，在那著名的一段中，奈斯托尔劝告亚加米农说：要按照部落和胞族来编制军队，以便胞族帮助胞族，部落帮助部落。④ 此外，胞族在其成员被害时有追究的权利和义务；可见在较早的时代，胞族也有血族复仇的义务。其次，胞族有共同的神殿和节日，而且，从古代雅利安人的传统的自然崇拜而来的全部希腊神话，其发展本身，实质上也是由氏族及胞族所制约并在它们内部进行的。再次，胞族有一个胞族长（phratriarchos），据德·库朗日说，它还有全体大会，通过必须执行的决定，

---

① 在马克思的手稿中不是格罗特，而是格罗特经常引用其著作的公元2世纪的古希腊学者波卢克斯。——编者注
② 马克思：《路易斯·亨·摩尔根〈古代社会〉一书摘要》，参看《马克思恩格斯全集》中文第1版第45卷，第503~504页。——编者注
③ 乔·格罗特：《希腊史》1869年伦敦版第3卷，第58~59页，并参看马克思《路易斯·亨·摩尔根〈古代社会〉一书摘要》（《马克思恩格斯全集》中文第1版第45卷，第505页）。编者注
④ 参看荷马《伊利亚特》第2首歌，以及马克思《路易斯·亨·摩尔根〈古代社会〉一书摘要》（《马克思恩格斯全集》中文第1版第45卷，第506页）。——编者注

拥有法庭和行政机关。[37]甚至以后的轻视氏族的国家，也给胞族保留下了若干公共的行政性的职能。

几个亲属胞族构成一个部落。在阿提卡，共有四个部落，每个部落有三个胞族，每个胞族有三十个氏族。这样细密的集团划分，是以有意识地和有计划地干涉自然形成的秩序为前提的。至于这是怎样发生的，什么时候发生的，发生的原因何在，希腊历史都没有提到，希腊人自己关于他们的历史所保存下来的记忆仅仅追溯到英雄时代为止。

拥挤在一个比较小的地区上的希腊人，其方言上的差异不像在广大的美洲森林中那样显著；但是就是在这里我们也看到，只有主要方言相同的部落才联合成为一个大的整体；甚至小小的阿提卡也有独特的方言，这一方言后来获得了统治地位而成为共同的散文语言。

在荷马的诗中，我们可以看到希腊的各部落大多数已联合成为一些小民族［kleine Volkerschaften］；在这种小民族内部，氏族、胞族和部落仍然完全保持着它们的独立性。它们已经住在有城墙保护的城市里；人口的数目随着畜群的增加、农业的扩展以及手工业的萌芽而日益增长；与此同时，产生了财产上的差别，随之也就在古代自然形成的民主制内部产生了贵族分子。各个小民族［Volkchen］，为了占有最好的土地，也为了掠夺战利品，进行着不断的战争；以俘虏充做奴隶，已成为公认的制度。

这些部落和小民族的组织如下：

1. 常设的权力机关为**议事会**（bulê），这种议事会最初大概是由各氏族的酋长组成的，后来，由于其人数增加得太多，便由其中选出的一部分人组成，这就造成了发展和加强贵族分子的机会；狄奥尼修斯所描述的英雄时代的议事会正是这样由贵族（kratistoi）组成的。① 议事会对于一切重

---

① 参看哈利卡纳苏的狄奥尼修斯《古代罗马史》第2册第12章，以及马克思《路易斯·亨·摩尔根〈古代社会〉一书摘要》（《马克思恩格斯全集》中文第1版第45卷，第508～509页）。编者注

要问题作出最后决定；例如，在埃斯库罗斯的作品中就谈到过忒拜议事会曾作了一个对当时局势有决定意义的决议，即为伊托克列斯举行荣誉葬礼，而波吕涅克斯的尸体则扔出去让狗吃掉。① 随着国家的设立，这种议事会就变为元老院了。

2. 人民大会（阿哥腊[agora]）。我们在易洛魁人中间已经看到，当议事会开会时，人民——男男女女都站在周围，有秩序地参加讨论，这样来影响它的决定。在荷马所描写的希腊人中间，这种"围立"[Umstand]（这是古代德意志人的法庭用语）已经发展成为一种真正的人民大会，这种情形在古代德意志人那里也有。人民大会由议事会召集，以解决各项重要事务；每个男子都可以发言。决定是用举手（埃斯库罗斯的《乞援人》）或欢呼通过的。人民大会是最高级的权力，因为，正如舍曼所说（《希腊的古代文化》），

当谈到一件需要人民协助来办的事情的时候，荷马并未向我们指出任何可以违反人民意志而强迫他们来这样做的手段②。

原来，当部落中每个成年男子都是战士的时候，那脱离了人民的、有可能和人民对抗的公共权力还不存在。自然形成的民主制还处于全盛时期，所以无论在判断议事会的或者巴赛勒斯的权力与地位时，都应当以此为出发点。

3. 军事首长（巴赛勒斯[Basileus]）。关于这一点马克思说道："欧洲的学者们大都是天生的宫廷奴才，他们把巴赛勒斯变为现代意义上的君主。共和党人美国佬摩尔根是反对这一点的。他极其辛辣地，但很公正地

---

① 参看埃斯库罗斯《七雄攻打忒拜》，以及马克思《路易斯·亨·摩尔根〈古代社会〉一书摘要》（《马克思恩格斯全集》中文第1版第45卷，第508~509页）。——编者注
② 格·弗·舍曼：《希腊的古代文化》1855年柏林版第1卷，第27页，并参看马克思《路易斯·亨·摩尔根〈古代社会〉一书摘要》（《马克思恩格斯全集》中文第1版第45卷，第510页）。——编者注

说到油滑的格莱斯顿先生和他的《世界的少年时代》一书①：

'格莱斯顿先生向我们把英雄时代的希腊酋长描写成国王和公侯，而且还给他们加上绅士的资格，但是他本人不得不承认：总的说来，我们发现在他们那里似乎有长子继承制的习惯或法律，而且规定得很充分但是并不十分明确'。②

看来，格莱斯顿先生本人也会觉得，这样一种带有种种附加条件的长子继承制十足是没有意义的东西，尽管这一点还不是表现得十分明确。

我们已经看到，易洛魁人和其他印第安人的酋长职位是怎样继承的。一切职位多半都是在氏族内部选举的，因而是在氏族范围内继承的。出缺时，最亲近的同氏族男亲属——兄弟，或姊妹的儿子，逐渐享有了优先权，除非有理由屏弃他。因此，如果说在希腊人中间，在父权制统治之下，巴赛勒斯的职位通常是传给儿子或儿子中的一个，那么这仅仅证明，儿子们在这里很有可能通过人民选举而获得继承权，但决不证明不经过人民选举就实行合法继承。这里所说的情况，在易洛魁人和希腊人那里，就是氏族内部特殊的贵族家庭的最初萌芽，而在希腊人那里，除此之外还是未来的世袭元首或君主制的最初萌芽。因此，这种推想说明，希腊人的巴赛勒斯，正像罗马的"王"（勒克斯）一样，必定是或者由人民选举的，或者为人民的公认的机关——议事会或人民大会——所认可的。

在《伊利亚特》里，勇士的统领亚加米农，并不是作为希腊人的最高国王，而是作为围城盟军的最高统帅而出现的。当希腊人中间发生内讧时，奥德赛在一段著名的话中指明了他的这一地位：多头指挥是不好的，

---

① 指威·尤·格莱斯顿：《世界的少年时代。英雄时代的神和人》第11章，见该书1869年伦敦版，第428页。编者注
② 路易斯·亨·摩尔根：《古代社会》，1877年伦敦版，第248页，并参看马克思《路易斯·亨·〈古代社会〉一书摘要》(《马克思恩格斯全集》中文第1版第45卷，第510页)。——编者注

应该由一个人做统帅等等（此外还有一节人人爱诵的关于权杖的诗，但这是后人加的）。① "奥德赛在这里并不是讲述统治的形式，而是要求服从战争中的最高统帅。对于在特洛伊城下仅仅作为军队出现的希腊人说来，人民大会是进行得十分民主的。阿基里斯在说到赠品，即说到分配战利品时，总是既不让亚加米农也不让其他某个巴赛勒斯来分配，而是让'亚该亚人的儿子们'即人民来分配。'宙斯所生的'，'宙斯所养的'这一类称号，不能证明任何东西，因为**每个**氏族都起源于一个神，而部落首长的氏族则起源于一个'更显赫'的神，在这里就是起源于宙斯。甚至人身不自由的人，例如牧猪人优玛士等人，也都是'神的'（dioi and theioi），这是在《奥德赛》中所描述的情形，即在比《伊利亚特》晚得多的时期中发生的情形；在这本《奥德赛》中，'英雄'的称号还给予传令官木利奥斯和盲人歌手德莫多克。② 简言之，希腊著作家用来表示荷马所说的王权的巴赛勒亚〔basileia〕一词（因为这一权力的主要特征是军事的统率），在同时存在议事会和人民大会的情况下，其意不过是军事民主制而已。"（马克思语）③

巴赛勒斯除军事的权限以外，还有祭祀的和审判的权限；审判的权限没有详细规定，但祭祀的权限是他作为部落或部落联盟的最高代表而被赋予的。关于民政、行政的权限从来没有提到过；但是巴赛勒斯由于职位的关系大概也是议事会的成员。可见，用 König 来翻译 Basileus 一词，在语源上是完全正确的，因为 König（Kuning）是由 Kuni、Künne 而来的，即氏族酋长的意思。不过，古希腊文的 basileus 跟现代意义的 König 一词是完全不相符合的。修昔的底斯把古代的 basileia 很确定地叫作 patrikê，即由氏

---

① 参看荷马《伊利亚特》第 2 首歌，以及马克思《路易斯·亨·摩尔根〈古代社会〉一书摘要》（《马克思恩格斯全集》中文第 1 版第 45 卷，第 506 页）。
② 在马克思的手稿中接着还有一句为恩格斯所省略的话："奥德赛用来称呼亚加米农的'科伊腊诺斯'Koipauog 这个词和'巴赛勒斯'这个词一样，也仅仅意味着'战争中军队的统帅'。"——编者注
③ 马克思：《路易斯·亨·摩尔根〈古代社会〉一书摘要》，参看（《马克思恩格斯全集》中文第 1 版第 45 卷，第 511~512 页）。——编者注

族产生的意思,并说 basileia 有明确规定的、因而是有限的权限。① 亚里士多德也说,英雄时代的 basileia 是对自由人的统率,巴赛勒斯是军事首长、法官和最高祭司②;可见,巴赛勒斯并未握有后来的意义上的统治权力。③

这样,我们看到,在英雄时代的希腊社会制度中,古代的氏族组织还是很有活力的,不过我们也已经看到,它的瓦解已经开始:由子女继承财产的父权制,促进了财产积累于家庭中,并且使家庭变成一种与氏族对立的力量;财产的差别,通过世袭贵族和王权的最初萌芽的形成,对社会制度发生反作用;奴隶制起初虽然仅限于俘虏,但已经开辟了奴役同部落人甚至同氏族人的前景;古代部落对部落的战争,已经逐渐蜕变为在陆上和海上为攫夺牲畜、奴隶和财宝而不断进行的抢劫,变为一种正常的营生,一句话,财富被当做最高的价值而受到赞美和崇敬,古代氏族制度被滥用来替暴力掠夺财富的行为辩护。所缺少的只是一件东西,即这样一个机关,它不仅保障单个人新获得的财富不受氏族制度的共产制传统的侵犯,不仅使以前被轻视的私有财产神圣化,并宣布这种神圣化是整个人类社会的最高目的,而且还给相继发展起来的获得财产从而不断加速财富积累的新的形式,盖上社会普遍承认的印章;所缺少的只是这样一个机关,它不仅使正在开始的社会分裂为阶级的现象永久化,而且使有产者阶级剥削无产者阶级的权利以及前者对后者的统治永久化。

而这样的机关也就出现了。**国家**被发明出来了。

---

① 参看修昔的底斯《伯罗奔尼撒战争史》第1卷第13章,以及马克思《路易斯·亨·摩尔根〈古代社会〉一书摘要》(《马克思恩格斯全集》中文第1版第45卷,第513页)。——编者注
② 参看亚里士多德《政治学》第3篇第10章,以及马克思《路易斯·亨·摩尔根〈古代社会〉一书摘要》(《马克思恩格斯全集》中文第1版第45卷,第513页)。——编者注
③ 就像希腊的巴赛勒斯一样,阿兹特克人的军事首长也被误解为近代的王公。摩尔根最先对于西班牙人的起初是出于误会和夸张,后来简直是说谎的报告作了历史的考证,并证明,墨西哥人处于野蛮时代中级阶段,但他们的发展程度超过了新墨西哥的普韦布洛印第安人,根据被曲解了的报告所提供的资料来判断,他们的社会制度相当于以下的情形:这是一个包括三个部落的联盟,它征服了其他几个部落并使之纳贡;它由联盟议事会和联盟军事首长来管理,西班牙人就是把这个联盟军事首长变成了"皇帝"。

五　雅典国家的产生

国家怎样靠部分地改造氏族制度的机关，部分地用设置新机关来排挤掉它们，并且最后完全以真正的国家机关来取代它们而发展起来；与此同时，受这些国家机关支配的，因而也可以被用来反对人民的、武装的"公共权力"，又怎样代替了氏族、胞族和部落中自己保卫自己的、真正的"武装的人民"——关于这一切，至少是它的初始阶段，最好是从古雅典来加以研究。各种形式的更替，基本上已由摩尔根描绘出来了；我所要补充的，多半是引起这种形式更替的经济内容。

在英雄时代，雅典人的四个部落，还分居在阿提卡的各个地区；甚至组成这四个部落的十二个胞族，看来也还有自己单独的居住地，即凯克罗普斯的十二个城市。制度也是英雄时代的制度：人民大会，人民议事会和巴赛勒斯。从有成文历史的时候起，土地已被分割而成了私有财产，这种情形正是和野蛮时代高级阶段末期已经比较发达的商品生产以及与之相适应的商品交易相符合的。除了谷物以外，还生产葡萄酒和植物油；爱琴海的海上贸易，逐渐脱离腓尼基人的控制而大半落于阿提卡居民之手。由于地产的买卖，由于农业和手工业、商业和航海业之间的分工的进一步发展，氏族、胞族和部落的成员，很快就都杂居起来；在胞族和部落的地区内，移来了这样的居民，他们虽然也是本民族的同胞，但并不属于这些团体，因而他们在自己的居住地上被看做外人。在和平时期，每一个胞族和每一个部落都是自己管理自己的事务，也不向雅典的人民议事会或巴赛勒斯请示。但是那些住在胞族或部落的地区内而不属于这个胞族或部落的人，自然是不能参与这种管理的。

这就扰乱了氏族制度机关的正常活动，以致在英雄时代就需要设法补救。于是实行了据说是提修斯所规定的制度。这一改变首先在于，在雅典设立了一个中央管理机关，就是说，以前由各部落独立处理的一部分事务，被宣布为共同的事务，而移交给设在雅典的共同的议事会管辖了。由于这一点，雅典人比美洲任何土著民族都前进了一步：相邻的各部落的单纯的联盟,已经由这些部落融合为单一的民族[Volk]所代替了。于是就产生了凌驾于各个部落和氏族的法的习惯之上的在雅典普遍适用的民族法[Volksrecht];只要是雅典的公民,即使在非自己部落的地区,也取得了确定的权利和新的法律保护。但这样一来就跨出了摧毁氏族制度的第一步,因为这是后来容许不属于全阿提卡任何部落并且始终都完全处于雅典氏族制度以外的人也成为公民的第一步。据说是提修斯所规定的第二个制度,就是把全体人民,不问氏族、胞族或部落,一概分为 Eupatriden 即贵族、Geomoren 即农民和 Demiurgen 即手工业者三个阶级,并赋予贵族以担任公职的独占权。不过这一划分,除了由贵族担任公职以外,并没有起什么作用,因为除此以外,它并没有规定各个阶级之间的任何权利上的差别。①但它有着重大的意义,因为它向我们展示了新的、悄悄发展起来的社会要素。它表明,由一定家庭的成员担任氏族公职的习惯,已经变为这些家庭担任公职的无可争辩的权利;这些因拥有财富而本来就有势力的家庭,开始在自己的氏族之外联合成一种独特的特权阶级;而刚刚萌芽的国家,也就使这种霸占行为神圣化。其次,它表明,农民和手工业者之间的分工已经如此牢固,以致以前氏族和部落的划分在社会意义方面已不是最重要的。最后,它宣告了氏族社会和国家之间的不可调和的对立;建立国家的最初企图,就在于破坏氏族的联系,其办法就是把每一氏族的成员分为特权者和非特权者,把非特权者又按照他们的职业分为两个阶级,从而使之互相对立起来。

以后的雅典政治史,直到梭伦时代,人们知道得很不完全。巴赛勒斯一职已经废除;国家首脑人物已由贵族中所选出的执政官来充任。贵族的统治日益加强,到了公元前600年前后,已经变得令人不能忍受了。这时,货币和高利贷已成为压制人民自由的主要手段。贵族们的主要居住地是雅典及其近郊,在那里,海上贸易以及附带的有时仍然进行的海上掠夺,使

---

① 在1884年版中这句话的结尾是这样写的:"因为其余两个阶级并未获得任何特殊的权利"。——编者注

贵族们发财致富，并使货币财富集中在他们手中。由此而日益发达的货币经济，就像腐蚀性的酸类一样，渗入了农村公社的以自然经济为基础的传统的生活方式。氏族制度同货币经济绝对不能相容；阿提卡小农的破产是与保护他们的旧的氏族联系的松弛同时发生的。债务契约和土地抵押（雅典人已经发明了抵押办法）既不理会氏族，也不理会胞族。而旧的氏族制度既不知有货币，也不知有贷款，更不知有货币债务。因此，贵族的日益扩展的货币统治，为了保护债权人对付债务人，为了使货币占有者对小农的剥削神圣化，也造成了一种新的习惯法。在阿提卡的田地上到处都竖立着抵押柱，上面写着这块地已经以多少钱抵押给某某人了。没有竖这种柱子的田地，大半都因未按期付还押款或利息而出售，归贵族高利贷者所有了；农民只要被允许做佃户租种原地，能得自己劳动生产品的**六分之一**以维持生活，把其余**六分之五**作为地租交给新主人，那他就谢天谢地了。不仅如此，如果出卖土地所得的钱不够还债，或者债务没有抵押保证，那么债务人便不得不把自己的子女出卖到国外去做奴隶，以偿还债务。父亲出卖子女——这就是父权制和专偶制的第一个果实！要是吸血鬼还不满足，那么他可以把债务人本身卖为奴隶。雅典人民的文明时代的欢乐的曙光，就是如此。

　　以前，当人民的生活条件和氏族制度还相适应时，这样的变革是不可能的；但是现在这一变革发生了，人们不知道它是怎样发生的。我们暂且回转来看一下易洛魁人吧。这时强加在雅典人身上而他们可以说并未参与策划并且又确乎违反他们意志的状况，在易洛魁人中间是不能想象的。在易洛魁人那里，年年不变的生产生活资料的方式，决不会产生这种仿佛从外面强加的冲突，这种富人与穷人、剥削者与被剥削者之间的对立。易洛魁人离支配自然的地步还远得很，但是在他们能起作用的自然界限以内，他们是支配着自己的生产的。除开他们的小小园圃的歉收，他们的河流湖泊内的鱼类的罄竭以及森林中猎物的绝迹以外，他们知道他们获取生活资料的方式会产生什么结果。所必然产生的结果是生活资料，尽管有时少，有时多；但是决不会产生那种无意中产生的社会变革，氏族联系的破裂，或同氏族人和同部落人分裂为互相斗争的对立阶级。生产是在极狭隘的范围内进行的，但生产品完全由生产者支配。这是野蛮时代的生产的巨大优越性，这一优越性随着文明时代的到来便丧失了。夺回这一优越性，但是以今日人类所获得的对自然的有力支配以及今日已有可能的自由联合为基础，这将是下几代人的任务。

希腊人的情形就不同了。业已出现的对畜群和奢侈品的私人占有，引起了单个人之间的交换，使产品变成了**商品**。这就包含着随之而来的全部变革的萌芽。当生产者不再直接消费自己的产品，而是通过交换把它转让出去的时候，他们就失去了对自己的产品的支配权力。他们已不再知道产品的结局如何，于是产品有那么一天被用来反对生产者、剥削和压迫生产者的可能性便产生了。因此，不论哪一个社会，只要它不消灭单个人之间的交换，它便不能长久保持对它自己的生产的支配，不能长久保持对自己生产过程的社会效果的控制。

然而，产品是怎样在单个人之间的交换发生以后以及随着产品变成商品而迅速地支配了它的生产者的——这一点雅典人不得不亲自来体验了。随着商品生产，出现了个人单独经营的土地耕作，以后不久又出现了个人的土地所有制。随后就出现了货币，即其余一切商品都可以与之交换的普遍商品。但是当人们发明货币的时候，他们并没有想到，这样一来他们就创造了一种新的社会力量，一种整个社会都要向它屈膝的普遍力量。这种未经它自身创造者的预知并违反其意志而突然崛起的新力量，就以它全部青春时代的粗暴性使雅典人感受到它的支配了。

怎么办呢？古老的氏族制度，不仅无力反对货币的胜利进军，而且也绝对没有办法能在自己的结构内部给货币、债权人、债务人以及逼债等找到立足之地。但是新的社会力量已经存在；挽回旧的美好时光的虔诚愿望和渴望，都没有能再把货币和高利贷从世界上消除。而且，在氏族制度中已经打开了一系列其他的次要缺口。在全部阿提卡境内，特别是在雅典城本身，各氏族和胞族的成员相互杂居，已经一代比一代厉害了，尽管这时雅典人仍然只能把土地而不能把自己的住宅卖给本氏族以外的人。随着工业和交换的进一步发展，各种生产部门——农业、手工业（在手工业内又有无数行业）、商业、航海业等——之间的分工日益充分地发展起来；居民现在依其职业分成了相当稳定的集团；其中每个集团都有好多新的共同的利益，这种利益在氏族或胞族内是没有存在的余地的，因而就需要创设新的公职来处理这种利益。奴隶的数量已经大大增加，那个时候肯定就已经远远超过自由的雅典人的数量；氏族制度最初并没有奴隶制，因而也就没有控制这大批非自由人的手段。最后，贸易把许多外地人吸引到雅典来，这些外地人是为了易于赚钱而定居这里的；按照旧制度，他们既没有权利，也不受法律保护，所以尽管有传统的容忍精神，他们仍然是人民中间令人不安的异己分子。

一句话，氏族制度已经走到了尽头。社会一天天成长，越来越超出氏族制度的范围；即使是最严重的坏事在它眼前发生，它也既不能阻止，又不能铲除了。但在这时，国家已经不知不觉地发展起来。最初在城市和乡村间，然后在各种城市劳动部门间实行的分工所造成的新集团，创立了新的机关以保护自己的利益；各种公职都设置起来了。这时，年轻的国家首先就需要一支自己的军事力量，而在操航海业的雅典人中间，起初只能是一支海上的军事力量，用以进行个别的小规模战争和保护商船。在梭伦以前的一个不能确知的时期，设置了诺克拉里，即小规模的区，每个部落设十二个；每一诺克拉里必须提供一只战船，配备上武器和船员，此外，还要提供两个骑士。这种设置对氏族制度起了双重的破坏作用；第一，它造成了一种已不再直接等同于武装起来的全体人民的公共权力；第二，它第一次不依亲属集团而依**共同居住地区**为了公共目的来划分人民。这有什么意义，可以从下面看出来。

既然氏族制度对于被剥削的人民不能有任何帮助，于是就只有期望正在产生的国家。而国家也确实以梭伦制度的形式给予了这种帮助，同时它又靠牺牲旧制度来增强自己。梭伦揭开了一系列所谓政治革命，而且是以侵犯所有制来揭开的，至于他在公元前594年实现改革的方式，我们在这里可以不谈。迄今的一切革命，都是为了保护一种所有制而反对另一种所有制的革命。它们如果不侵犯另一种所有制，便不能保护这一种所有制。在法国大革命时期，是牺牲封建的所有制以拯救资产阶级的所有制；在梭伦所进行的革命中，应当是损害债权人的财产以保护债务人的财产。债务简单地被宣布无效了。详情我们虽然不太清楚，但是梭伦在他的诗中自夸说，他清除了负债土地上的抵押柱，使那些因债务而被出卖和逃亡到海外的人都重返家园。这只有通过公开侵犯财产所有权才能做到。的确，一切所谓政治革命，从头一个起到末一个止，都是为了保护**某种**财产而实行的，都是通过没收（或者也叫作盗窃）**另一种**财产而进行的。所以毫无疑问，2500年来私有财产之所以能保存下来，只是由于侵犯了财产所有权的缘故。

但现在必须防止这种使自由的雅典人变为奴隶的情形重演。这一点，首先是通过普遍实行的措施而做到的，例如禁止缔结以债务人的人身作抵押的债务契约。此外，又规定了个人所能占有的地产的最大数额，以便至少把贵族对于农民土地的无限贪欲限制一下。然后又对制度本身作了修改；对我们说来，最重要的有以下几点：

议事会规定由400人组成，每一部落为100人；因此在这里，部落依然是基础。不过这是新的国家组织从旧制度中接受下来的唯一方面。至于其他方面，梭伦把公民按照他们的地产和收入分为四个阶级；500、300及150袋谷物（1袋约等于41公升），为前三个阶级的最低限度的收入额；只有较少地产或完全没有地产的人，则属于第四阶级。一切公职只有三个上等阶级的人才能担任；最高的公职只有第一阶级的人才能担任；第四阶级只有在人民大会上发言和投票的权利，但是，一切官吏都是在这里选出的，一切官吏都要在这里报告自己的工作；一切法律都是在这里制定的；而第四阶级在这里占多数。贵族的特权，部分地以财富特权的形式得到更新；但人民却保留有决定的权力。此外，四个阶级都是新的军队组织的基础。前两个阶级提供骑兵，第三阶级提供重装步兵，第四阶级提供不穿甲胄的轻装步兵或在海军中服务，大概还领薪饷。

这样，在制度中便加入了一个全新的因素——私有财产。公民的权利和义务，是按照他们的地产的多寡来规定的，于是，随着有产阶级日益获得势力，旧的血缘亲属团体也就日益遭到排斥；氏族制度遭到了新的失败。

然而，按照财产来规定政治权利，并不是国家不可缺少的办法。虽然这种办法在国家制度史上起过很大的作用，但是许多国家，而且恰好是最发达的国家，都是不需要它的。即使在雅典，它也只起了暂时的作用；从亚里斯泰迪兹的时候起，一切公职对每个公民都是开放的。[38]

其后80年间，雅典社会就逐渐采取了一个它在以后数百年中都遵循着的发展方向。在梭伦以前的时代盛行的农村高利贷，以及地产的无限制的集中，都受到了节制。商业以及靠奴隶劳动日益大规模发展起来的手工业和工艺，都成了流行的职业。人们也比较开通了。旧时残酷剥削自己同胞的方法，已经弃而不用，如今主要是剥削奴隶和雅典以外的买主了。动产，即由货币、奴隶以及商船构成的财富，日益增加，但是，这时它已经不是单单用作购置地产的手段，像在眼光狭小的最初时期那样。它已经变成目的本身了。结果，一方面形成了新阶级即从事工商业的富人对旧的贵族权力的胜利竞争，而另一方面，也使旧的氏族制度的残余失去了它的最后地盘。现在氏族、胞族和部落的成员遍布于全阿提卡并完全杂居在一起，因此，氏族、胞族和部落已不适宜于作为政治集团了；大量的雅典公民不属于任何氏族；他们是移民，他们虽然取得了公民权，但是并没有被接纳入任何旧的血族团体；此外，还有不断增加的仅仅被保护的外来的移民。[39]

这时，帮派斗争在进行着；贵族想夺回他们以前的特权，并在短时期内占了上风，直到克利斯提尼革命（公元前509年）[40]最终把他们推翻，但与之同时也推翻了氏族制度的最后残余。

克利斯提尼的新制度撇开了以氏族和胞族为基础的四个旧部落。代替它们的是一种全新的组织，这种组织是以曾经用诺克拉里试验过的只依居住地区来划分公民的办法为基础的。有决定意义的已不是血族团体的族籍，而只是常住地区了；现在要加以划分的，不是人民，而是地区了；居民在政治上已变为地区的简单的附属物了。

全阿提卡被划分成一百个区域,即所谓德莫,分别实行自治。居住在每个德莫内的公民(德莫特),选举出自己的区长(德马赫)和司库、以及审理轻微案件的30个法官。各个德莫同样也有自己的神庙及守护神或英雄,并选出侍奉他们的祭司。德莫的最高权力属于德莫特大会。摩尔根说得对,这是实行自治的美洲市镇区的一种原型。当时在雅典正在产生的国家借以开始的单位,正好和现代国家在其最高发展阶段上借以完结的单位相同。

十个这样的单位,即德莫,构成一个部落,但是这种部落和过去的血族部落不同,现在它被叫做地区部落。地区部落不仅是一种自治的政治组织,而且也是一种军事组织;它选出一个菲拉尔赫①即部落长,指挥骑兵;一个塔克色阿赫,指挥步兵;一个将军,统率在部落境内征召的全体军人。其次,它提供5艘配有船员和船长的战船,并且有阿提卡的一位英雄作为自己的守护神,英雄的名字也就是部落的名称。最后,它选举50名代表参加雅典议事会。

结果组成了雅典国家,它是由10个部落所选出的500名代表组成的议事会来管理的,最后一级的管理权属于人民大会,每个雅典公民都可以参加这个大会并享有投票权;此外,有执政官和其他官员掌管各行政部门和司法事务。在雅典没有总揽执行权力的最高官员。

由于实施这个新制度和容纳大量被保护民——一部分是移民,一部分是被释奴隶——,血族制度的各种机关便受到排挤而不再过问公事;它们下降为私人性质的团体和宗教社团。不过,旧氏族时代的道德影响、传统的观点和思想方式,还保存了很久才逐渐消亡下去。这一点从下面的一个国家设施中可以看出来。

我们已经看到,国家的本质特征,是和人民大众分离的公共权力。雅

---

① 来源于古希腊文的"菲拉"(部落)一词。——编者注

典在当时只有一支国民军和一支直接由人民提供的舰队，它们被用来抵御外敌和压制当时已占人口绝大多数的奴隶。对于公民，这种公共权力起初只不过作为警察而存在，警察和国家一样古老，所以18世纪的质朴的法国人就不讲文明民族而讲警察民族（nations policées）①。这样，雅典人在创立他们的国家的同时，也创立了警察，即由步行的和骑马的弓箭手组成的真正的宪兵队，也就是德国南部和瑞士所说的 Landjager②。不过，这种宪兵队却是由**奴隶**组成的。这种警察职务，在自由的雅典人看来是非常卑贱的，以致他们宁愿让武装的奴隶逮捕自己，而自己却不肯去干这种丢脸的工作。这仍是旧的氏族观念。国家是不能没有警察的，不过国家还很年轻，还未享有充分的道义上的威望，使那种必然要被旧氏族成员视为卑贱的行业受到尊敬。

现在已经大体上形成的国家是多么适合雅典人的新的社会状况，这可以从财富、商业和工业的迅速繁荣中得到证明。现在社会制度和政治制度所赖以建立的阶级对立，已经不再是贵族和平民之间的对立，而是奴隶和自由民之间的对立、被保护民和公民之间的对立了。到了雅典全盛时期，自由公民的总数，连妇女和儿童在内，约为9万人，而男女奴隶为365000人，被保护民——外地人和被释奴隶为45000人。这样，每个成年的男性公民至少有18个奴隶和2个以上的被保护民。大量奴隶聚集在一起，是由于许多奴隶在监工的监督下在手工工场，在大房间内一起工作。但是，随着商业和工业的发展，发生了财富积累和集中于少数人手中，以及大批自由公民贫困化的现象；摆在自由公民面前的只有两条道路：或者从事手工业去跟奴隶劳动竞争，而这被认为是可耻的、卑贱的职业，而且也不会有什么成效；或者就变成穷光蛋。他们在当时条件下必不可免地走上了后一条道路；由于他们数量很大，于是就把整个雅典国家引向了灭亡。所以，使雅典灭亡的并不是民主制，像欧洲那些讨好君主的学究们所断言的那

---

① 法文"police"（警察）的形容词"policé"意为"文明的"。——编者注
② 方言，意即宪兵。——编者注

样，而是排斥自由公民劳动的奴隶制。

雅典人国家的产生乃是一般国家形成的一种非常典型的例子，一方面，因为它的形成过程非常纯粹，没有受到任何外来的或内部的暴力干涉——庇西特拉图的篡位为时很短，并未留下任何痕迹[41]——另一方面，因为它使一个具有很高发展形态的国家，民主共和国，直接从氏族社会中产生；最后，因为我们是充分知道这个国家形成的一切重要详情的。

六　罗马的氏族和国家

从罗马建城的传说中可以看出，最早在这里定居的是由许多拉丁氏族（传说有 100 个）联合而成的一个部落；不久又加入了一个萨伯力安部落，据说也有 100 个氏族；最后加入的是一个由各种不同的分子构成的第三个部落，传说它也有 100 个氏族。初看起来，这全部故事表明，在这里除了氏族以外，很少再有自然形成的东西，连氏族本身在许多情况下，也只不过是在故土上继续存在的母亲氏族的分支。各个部落都带有人为构成的痕迹，但它们大部分都是由有亲属关系的分子构成的，并且不是按照人为的部落而是按照古代的已经长成的部落的样子构成的；同时仍不排除三个部落中每一个部落的核心都是一个真正的老部落。中间环节——胞族，是由 10 个氏族组成的，叫做库里亚；因此，共有 30 个库里亚。

人们公认，罗马氏族的制度和希腊氏族的制度是相同的；如果说，希腊氏族是我们在美洲红种人中间发现其原始形态的那种社会单位的进一步发展，那么，这对于罗马氏族也完全适用。因此，我们在这里可以谈得简单些。

罗马的氏族，至少在该城存在的早期，有以下的制度：

1. 氏族成员的相互继承权；财产仍保留在氏族以内。在罗马氏族里，也像在希腊氏族里一样，因为父权制已经盛行，所以女系后裔已经没有继承权。根据我们所知道的最古的罗马成文法即十二铜表法[42]，首先是子女作为直系继承人继承财产；要是没有子女，则由父方宗亲（**男系**亲属）继承；倘若连父方宗亲也没有，则由同氏族人继承。无论在哪种情况下，财产都是留在氏族以内的。在这里我们看到，由财富的增加和专偶制所产生的新的法律规范已逐渐渗入氏族的习俗：同氏族人的原先是平等的继承权，起初——如前面所说的在很早的时期——在实践上只限于父方宗亲，最后只限于亲生子女及其男系后裔；不言而喻，这和十二铜表法上的顺序是相反的。

2. 拥有共同的墓地。克劳狄名门氏族，在由雷吉尔城迁到罗马时，得到了一块土地，此外还在城内得到了一块共同墓地。还在奥古斯都时代，死在条顿堡林山的瓦鲁斯[43]的首级运到罗马后，即埋在氏族坟地；可见他的氏族（昆提利）还有专用的坟地。①

3. 共同的宗教节日。这些氏族祭典是众所周知的。

4. 氏族内部不得通婚。这在罗马似乎从来没有成为一种成文法，但一直是一种习俗。在名字一直保存到今天的大量罗马人夫妇中，没有一对夫妇的氏族名称是相同的。继承权也证实了这一规则。妇女出嫁后就丧失了她的父方宗亲的权利，而退出自己的氏族；不论她或她的子女都不能继承她的父亲或父亲的兄弟，因为不然的话，父亲的氏族就会失掉一部分财产。这一惯例只有在女子不能和同氏族人结婚的前提下才有意义。

5. 共同的地产。这在原始时代，从部落土地开始实行分配的时候起，始终是存在的。在各拉丁部落中间，我们看到，土地一部分为部落占有，一部分为氏族占有，一部分为家户占有，那时这种家户未必是②个体家庭。相传罗慕洛第一次把土地分配给了个人，每人大约一公顷（二罗马亩）。但是后来我们也还看到氏族掌握的地产，至于成为共和国全部内政史的轴心的国有土地，就更不必说了。

6. 同氏族人有互相保护和援助的义务。关于这一点，成文史仅有片断的记载；罗马国家，一开始就表现为这样一种超乎一切的力量，以致防御

---

① "可见他的氏族（昆提利）还有专用的坟地"是恩格斯在1891年版上增补的。——编者注
② 在1884年版中不是"未必是"，而是"并不必定是"。——编者注

侵害的权利转到了它的手里。当亚庇乌斯·克劳狄乌斯[44]被捕时，他的氏族的全体成员，包括他的私敌在内，都穿上丧服。在第二次布匿战争[45]时，各氏族都联合起来，赎回他们的被俘的同氏族人；元老院则**禁止**它们这样做。

7. 使用氏族名称的权利。这种权利一直保持到帝政时代；被释奴隶可以采用他们从前的主人的氏族名称，但不能获得氏族的权利。

8. 接纳外人入族的权利。其办法是接纳到某一家庭中（像印第安人所做的那样），这同时也就是接纳入族。

9. 选举和罢免酋长的权利，在任何地方都没有被提到过。但是，由于在罗马存在的最初时期，从选举产生的王起，自上而下一切官职都是选举或任命的，同时，库里亚的祭司也是由库里亚选举的，因此我们可以推断，氏族酋长（principes）也定然如此，虽然氏族酋长从氏族内同一家庭选出的办法可能已成为规则。

这就是罗马氏族的职能。除了已经完成向父权制的过渡这一点以外，这些职能完全是易洛魁氏族的权利与义务的再版；在这里也"可以清楚地看到易洛魁人"①。

今天②甚至最著名的历史编纂学家们在谈到罗马的氏族制度时还是怎样的一片混乱，仅举一例就可以看出。在蒙森关于共和时代和奥古斯都时代罗马氏族名称的论著（《罗马研究》1864年柏林版第1卷）中，有这样一段话：

> 除了血族的一切男性成员以外——被接纳入族和受保护的人包括在内，但奴隶当然除外——，血族的名称也给予妇女……部落〈蒙森

---

① 参看马克思《路易斯·亨·摩尔根〈古代社会〉一书摘要》（《马克思恩格斯全集》中文第1版第45卷，第497页）。——编者注
② 从本段开始到"在罗马建城差不多300年后"以前是恩格斯在1891年版上增补的。——编者注

在这里如此翻译 gens 一词〉是……一个从共同的——真实的或推测的或甚至虚构的——世系中产生的,由共同的节日、墓地和继承权联合起来的共同体,一切有人身自由的个人,因而也包括妇女,都可以而且必须算在该共同体内。但是,确定已婚妇女的血族名称却成了一种困难。当妇女只能同自己血族的成员结婚时,这一困难自然是不存在的;而可以证明的是,在长时期内,妇女和血族以外的人结婚比同血族以内的人结婚要困难得多,因为这种在血族以外结婚的权利(gentis enuptio)到 6 世纪时,还被当做赏给个人的特权……但是,凡是实行这种外婚制的地方,妇女在上古时代是转入夫方部落的。毫无疑问,依照古代的宗教婚姻,妇女完全加入夫方的法的和宗教的公社,而脱离她自己的公社。妇女出嫁就丧失了在本氏族内继承遗产或将自己的遗产传给本氏族成员的权利,而加入自己的丈夫、子女以及他们的所有同氏族人的继承团体,有谁不知道这一点?假使她被她的丈夫接纳而加入他的家庭,那么她怎能和他的血族不相干呢?(第 9~11 页)

可见,蒙森断言,属于某一氏族的罗马女子,最初只能在她的氏族**内部**结婚,因而,罗马的氏族是内婚制,不是外婚制。这种跟其他民族的全部经历相矛盾的观点,主要是(即使不完全是)以李维著作中唯一的一段引起很多争论的话(第 39 卷第 19 章)① 为依据的。这段话说,元老院于罗马建城 568 年即公元前 186 年,曾作出如下的决议:

> uti Feceniae Hispalae datio, deminutio, gentis enuptio, tutoris optio item esset quasi ei vir testamento dedisset; utique ei ingenuo nubere liceret, neu quid ei qui eam duxisset, ob id fraudi ignominiaeve esset——费策妮娅·希斯帕拉应有处理她的财产、减少她的财产、在氏族以外

---

① 梯特·李维:《罗马建城以来的历史》。——编者注

结婚、给自己选定保护人的权利，就像她的〈已故的〉丈夫曾用遗嘱把这个权利授予她一样；她可以和一个完全自由的人结婚，不能认为娶她为妻的人是做了不好的或可耻的事情。

毫无疑问，在这里，一个被释女奴隶费策妮娅获得了在氏族以外结婚的权利。同样无疑的是，丈夫也有权用遗嘱的方式允许妻子在他死后有权在氏族以外结婚。但是在**哪一个**氏族以外呢？

如果像蒙森所推测的那样，妇女必须在她氏族内部结婚，那么她在结婚以后也仍然留在该氏族以内。不过，第一，正是这个关于氏族内婚的断言，尚待证明。第二，如果妇女必须在她的氏族内部结婚，那么，男子自然也应当如此，否则他就会找不到妻子。这样一来，就成了丈夫可以用遗嘱把一项他自己也没有并且自己也享受不到的权利传给他的妻子了；这从法律的观点来看是荒谬的。蒙森也感觉到了这一点，因此，他又推测道：

> 为了在血族以外结婚，在法律上，大概不仅需要得到掌权者的同意，而且需要得到全体氏族成员的同意。

首先是一个非常大胆的推测；其次，它跟那个决议的明确语意相矛盾；元老院是**代替她的丈夫**把这个权利给予她的；元老院给予她的显然不多不少恰恰和她的丈夫可能给予她的一样多；但是元老院给予她的乃是没有任何其他限制的**绝对**权利，她如果使用这个权利，她的新丈夫也不应因此受到损害；元老院甚至责成现在的和将来的执政官和大法官注意不要使她因此遭受任何委屈。这样，蒙森的推测便全然不能成立了。

或者，再假定，一个妇女和别的氏族的男子结婚，而她本人仍留在她原来的氏族内。这样一来，依照上面所引的那个决议，她的丈夫就有权允许他的妻子在她自己的氏族以外结婚。这就是说，他有权处理他所不归属的那个氏族的事务了。这是十分荒谬的事,用不着多说的。

因此,剩下的只有这样一个推测,即妇女第一次结婚是嫁给别的氏族的男子,结婚后她便立即转入夫方的氏族,如蒙森事实上在这类场合所承认的那样。这样一来,一切相互关系立刻就不言自明了。妇女由于结婚而脱离她的老氏族,加入新的、夫方的氏族团体,这样她便在那里占着一个完全特殊的地位。虽然她也是氏族的一员,但她并不是血缘亲属;她加入氏族的方式,从一开始就使她不受因结婚而加入的那个氏族禁止内部通婚的一切规定的束缚;其次,她已经被接受到氏族的继承团体中来,可以在她的丈夫死亡时继承他的财产,即一个氏族成员的财产。为了把财产保存在氏族以内,她必须同她的第一个丈夫的同氏族人结婚而不得同别的任何人结婚,这岂不是再自然不过的事吗?如果一定要造成例外,那么除了把这份财产遗留给她的第一个丈夫之外,试问谁还有资格授权她这样做呢?在他把一部分财产遗留给她,同时允许她通过结婚或由于结婚而把这一部分财产转移到别的氏族的瞬间,这份财产还是属于他的;因而,他实际上只是处置他自己的财产。至于这个妇女本身以及她和她的丈夫的氏族的关系,那么,正是他通过自由意志的行为——结婚,使她加入了这个氏族;因此,同样自然的是,也正是他可以授权她通过第二次结婚而退出这个氏族。总之,只要我们抛弃罗马氏族实行内婚制的奇怪观念,而同摩尔根一起承认它最初是实行外婚制的氏族,那么问题就很简单而不言自明了。

还有最后一种推测,这种推测也有它的拥护者,而且它的拥护者似乎最多。根据这个推测,那个决议只是说:

> 被释奴婢(libertae)没有特别的许可,不得 e gente enubere〈在氏族以外结婚〉,也不得作出任何由于丧失家庭权利而使被释奴婢脱离氏族团体的行为。(朗格:《罗马的古代文化》1856年柏林版第1卷,第195页,那里谈到我们从李维著作中引用的那段话时,引用了胡施

克的话[46]）

如果这一推测是正确的，那么那个决议对于完全自由的罗马妇女的地位根本就什么也没有证明；更谈不上她们应在氏族内部结婚的义务了。

在氏族以外结婚［Enuptio gentis］一语，只出现在上面那个决议中，在全部罗马文献中再没有遇见过；enubere——与外人结婚——一语只遇见过三次，也是在李维的著作中，而且和氏族无关。那种虚幻的、认为罗马妇女只能在本氏族内部结婚的看法，其来源仅仅是那个决议。但是这种看法是绝对站不住脚的。因为，那个决议或者只是与被释女奴隶所受的特殊限制有关，那么它对于完全自由的妇女（ingenuae）就什么都没有证明；或者它也适用于完全自由的妇女，那么它倒证明妇女按照通例是在本氏族以外结婚，而结婚以后便转入夫方的氏族，从而证明蒙森说得不对，而摩尔根是正确的。

在罗马建城差不多300年后，氏族联系还这样牢固，以致一个名门氏族，即法比氏族，经元老院许可，竟以自己的力量征伐了邻近的维爱城。据说有306个法比人出征，尽为伏兵所杀；唯一剩下的一个男孩，延续了这个氏族。

我们已经说过，10个氏族构成一个胞族，胞族在这里叫作库里亚，它有着比希腊胞族更重要的社会职能。每一个库里亚都有自己的宗教仪式、圣物和祭司；全体祭司构成罗马祭司团之一。10个库里亚构成一个部落，这种部落，像其余的拉丁部落一样，最初大概有一个选举产生的酋长——军事首长兼最高祭司。所有三个部落合在一起，构成罗马人民，即populus romanus。

这样，只有身为氏族成员，并且通过自己的氏族而为库里亚成员和部落成员的人，才能属于罗马人民。罗马人民最初的制度是这样的：公共事务首先由元老院处理，而元老院，正像尼布尔最先正确地看到的那样，是由300个氏族的酋长组成的[47]；正因为如此，他们作为氏族的长老被称为patres，即父老，而他们全体则构成元老院（长老议事会，由senex——老者一词而来)。氏族酋长总是从每个氏族的同一家庭中选出的习俗,在这里也造成了最初的部落显贵;这些家庭自称为贵族,并且企求进入元老院和担任其他一切官职的独占权。随着时间的推移,人民容忍了这种企求,这种企求就变成实际的权利,这一点在关于罗慕洛赐给第一批元老及其子孙以贵族身份和特权的传说中得到了反映。元老院像雅典议事会一样,在许多事情上有决定权,对比较重要的事情,尤其是新法律有权预先讨论。这些新法律,最后由叫做 comitia curiata(库里亚大会)的人民大会通过。来参加大会的人民按库里亚分组,而在每个库里亚内大概又按氏族分组;在通过决议时30个库里亚各有一票表决权。库里亚大会通过或否决一切法律,选举包括勒克斯(所谓王)在内的一切高级公职人员,宣战(但由元老院媾和),并以最高法院资格,在一切事关判处罗马公民死刑的场合,根据当事人的上诉作最后的决定。最后,与元老院和人民大会并列的,还有勒克斯,他完全相当于希腊的巴赛勒斯,但决不像蒙森所描述的那样[48]几乎是专制的王。① 他同样也是军事首长、最高祭司和某些法庭的审判长。他决没有民政方面的权力,换句话说,决没有处理公民的生命、自由和财产的权力,除非这些权力来自军事首长的惩戒权或法庭审判长的判决执行权。勒克斯的职位不是世袭的;相反,他大概是由其前任推荐,先由库里亚大会选出,然后在第二次大会上被隆重委任。他也是可以罢免的,高傲的塔克文的命运,便是证明。

像英雄时代的希腊人一样,罗马人在所谓王政时代也生活在一种以氏族、胞族和部落为基础,并从它们当中发展起来的军事民主制之下。尽管

---

① 拉丁语的 rex [勒克斯],相当于凯尔特-爱尔兰语的 righ(部落长)和哥特语的 reiks [勒克斯]。哥特语的这个词,像德语 Fürst 的本义(与英语的 first,丹麦语的 förste 相同,意即"第一")一样,也是氏族酋长或部落酋长的意思,这从哥特人在4世纪时对于后世的王即全体人民的军事首长已有特别名称即 thiudans [狄乌丹斯] 一事中已可以看出来。在乌尔菲拉所翻译的圣经中,阿尔塔薛西斯和希律从来不叫 reiks [勒克斯],而是叫作 thiudans [狄乌丹斯],提比里乌斯皇帝的国家从来不叫做 reiki,而叫做 thiudinassus。在源自哥特的 thiudans(这个词我们不大确切地译为"王")的名字 Thiudareiks [狄奥达勒克斯]、Theodorich [狄奥多里希],亦称 Dietrich [迪特里希] 中,两个名称合而为一了。

库里亚和部落可能一部分是人为的组织，但它们都是按照它们所由发生并且从四面包围着它们的那种真正的、自然形成的社会的模型造成的。尽管自然形成的罗马贵族已经获得了牢固的基础，尽管担任勒克斯的人力图逐渐扩大自己的权力，但是所有这一切并没有改变制度的最初的根本性质，而全部问题就在于这个最初的根本性质。

这时，罗马城以及靠征服而扩大了的罗马地区的人口日益增加；增加的人口中一部分是外来移民，一部分是被征服地区，主要是拉丁地区的居民。所有这些新的国民（关于被保护民的问题，这里暂且不谈），都处在旧的氏族、库里亚和部落之外，因而，不是 populus romanus 即本来的罗马人民的组成部分。他们是人身自由的人，可以占有地产，必须纳税和服兵役。可是他们不能担任任何官职；既不能参加库里亚大会，也不能参与征服得来的国有土地的分配。他们构成被剥夺了一切公权的平民。由于他们的人数不断增加，由于他们受过军事训练并有武装，于是就成了一种同这时根本禁止增加外人口的旧的 populus 相对抗的可怕力量了。加之土地看来几乎是平均分配于 populus 和平民之间的，而商业和工业的财富，虽然还不十分发达，可能也主要是在平民手中。

由于全部传说的罗马原始史都被浓厚的黑暗所笼罩，这种黑暗又因后世受过法学教育的史料典籍著作家们试图作唯理主义-实用主义的解释和报告而更加浓厚，因而，关于使古代氏族制度终结的革命发生的时间、进程和动因，都不可能说出什么确定的意见。只有一点是肯定的，这就是革命的原因在于平民和 populus 之间的斗争。

据说是由塞尔维乌斯·土利乌斯这位勒克斯依照希腊的榜样特别是梭伦的榜样制定的新制度，设立了新的人民大会；能参加或不得参加这个大会的，不分 populus 和平民，都依是否服兵役而定。凡是应服兵役的男子，都按其财产分为六个阶级。前五个阶级中每个阶级的最低财产额为：一、10万阿司；二、75000阿司；三、5万阿司；四、25000阿司；五、11000阿司；据杜罗·德拉马尔计算，这些数目大约相当于14000、10500、7000、3600和1540马克。[49]第六阶级为无产者，是由那些没有什么财产、不服兵役和不纳税的人构成的。在新的百人团人民大会（comitia centuriata）上，公民以军队方式按连队来编组，每队100人，称百人团，每个百人团有1票表决权。但是，第一阶级出80个百人团，第二阶级出22个，第三阶级出20个，第四阶级出22个，第五阶级出30个，而第六阶级，为了体面起见，也准出一个。此外，还有从最富裕的公民中征集的骑士所组成的18个百人团；一共有193个百人团；多数票为97票。但骑士和第一阶级合在一起就有98票，即占多数；只要他们意见一致，就可以不征询其余阶级的意见，决议也就有效了。

以前库里亚大会的一切政治权利（除了若干名义上的权利以外），现在都归这个新的百人团大会了；这样一来，库里亚和构成它们的各氏族，像在雅典一样，就降为纯粹私人的和宗教的团体，并且作为这样的团体还苟延残喘了很久，而库里亚大会不久就完全消失了。为了把三个旧的血族部落也从国家中排除出去，便设立了四个地区部落，每个地区部落居住罗马城的四分之一，并享有一系列的政治权利。

这样，在罗马也是在所谓王政被废除之前，以个人血缘关系为基础的古代社会制度就已经被炸毁了，代之而起的是一个新的、以地区划分和财产差别为基础的真正的国家制度。公共权力在这里体现在服兵役的公民身上，它不仅被用来反对奴隶，而且被用来反对不许服兵役和不许有武装的所谓无产者。

只是在僭取了真正王权的最后一个勒克斯，即高傲的塔克文被驱逐以后，在两个拥有同等职权（像在易洛魁人那里那样）的军事首长（执政官）代替了一个勒克斯以后，这个新制度才得到了进一步的发展，而罗马共和国的全部历史也就在这个制度的范围内演变，这里包括，共和国的贵族与平民为了担任官职以及分享国有土地而进行种种斗争，最后贵族溶化在大土地占有者和大货币占有者的新阶级中，这种大土地占有者和大货币占有者逐渐吞并了因兵役而破产的农民的一切地产，并使用奴隶来耕种由此产生的大庄园，把意大利弄到十室九空的地步，从而不仅给帝政而且也给帝政的后继者德意志野蛮人打开了门户。

七　凯尔特人和德意志人[50]的氏族[51]

由于篇幅的原因，我们不能详细研究今天仍然在各种不同的蒙昧民族和野蛮民族中间以比较纯粹或比较模糊的形式存在着的氏族制度，或者亚洲的文明民族古代历史上的氏族制度的痕迹了。① 这两者是到处都可以见到的。只举几个例子：在人们还不知道什么是氏族的时候，那位曾经费了莫大气力去误解氏族问题的麦克伦南，就已经证实了氏族的存在，并且大体上正确地描述了卡尔梅克人、切尔克斯人、萨莫耶特人②的氏族，以及三个印度民族——华拉耳人、马加尔人、曼尼普尔人的氏族。③ 不久以前，马·柯瓦列夫斯基也发现并描述了北萧胡人、显胡苏人、斯万人和其他高加索部落的氏族。在这里，我们只对凯尔特人和日耳曼人的氏族的存在，作若干简短的记述。

凯尔特人的保存到今天的最古的法律，使我们看到了仍然充满着活力的氏族；在爱尔兰，甚至到今天，在英国人用暴力炸毁了氏族以后，它至少还本能地存在于人民的意识中；在苏格兰，在上世纪中叶，它还处于全盛时期，在这里它也只是由于英国人的武器、立法和法庭才被消灭的。

在威尔士被英国人征服以前数世纪[52]，即至迟于11世纪所制定的古代威尔士的法律，还表明有整个村落共同耕作的事情，虽然这只是一种普遍流行的早期习俗的稀有残余；每个家庭有供自己耕作的五英亩土地；此外，另有一块土地共同耕种，收获物实行分配。从它跟爱尔兰和苏格兰类似这一点来看，毫无疑问这种农村公社乃是一种氏族或氏族分支，即使对威尔士法律的重新考查——我没有时间去这样做（我的摘要是在1869年作的[53]）——未必能直接证实这一点。然而，威尔士以及爱尔兰

---

① 以下直到本段结束是恩格斯在1891年版上增补的。——编者注
② 涅涅茨人的旧称。——编者注
③ 约·弗·麦克伦南：《原始婚姻》，1865年爱丁堡版。——编者注

的材料却直接证明，在 11 世纪时，凯尔特人的对偶婚还根本没有被专偶制所代替。在威尔士，婚姻只有满了七年之后才不能解除，或者更确切些说，才不能终止。甚至只差三夜就满七年，夫妻还是可以分离的。那时便要分家：由妻子来分，丈夫取他的一份。家具是按一定的非常有趣的规则来分的。如果是丈夫提出离婚的，那他必须把妻子的嫁妆和其他某些东西还给她；如果是妻子提出离婚的，那她便少得一点。如有三个子女，丈夫分两个，妻子分一个，即中间那一个。如果妻子在离婚后重新结婚，而她的前夫想重新要她时，即使她的一只脚已经踏上新夫的婚床，也要顺从前夫的要求。而如果已经同居七年，即使以前并未正式结婚，他们也是夫和妻。在结婚以前，少女的贞操完全不严格遵守，也不要求遵守；与此有关的规定，具有非常轻佻的性质，同资产阶级的道德完全不符。如果妻子与人通奸，丈夫可以殴打她（这是允许他这样做的三种情况之一，在其余场合殴打妻子是要受罚的），但是这样一来，他就无权要求别的补偿了；因为

  对于同一过错，或者要求赎罪，或者要求报复，但两者不可得兼。①

  妻子可据以要求离婚而且在分财产时自己的权利又不受损失的理由，范围非常广：只要丈夫有口臭就够了。为赎回初夜权而付给部落首领或国王的赎金（gobr merch，中世纪的 marcheta 这个名称、法语的 marquette 就是由此而来的）在法典上起着很大的作用。妇女在人民大会上享有表决权。如果我们补充下面几点：在爱尔兰已经证明有类似情况存在；在那里，暂时性的婚姻也非常流行，在离婚时，妻子享有很大的明确规定的照顾，甚至对她的家务操持也要给以赔偿；在那里，还有"长妻"与

---

① 《威尔士的古代法律和规章》，1841 年版第 1 卷，第 93 页。

其他诸妻并存的事,而在分配遗产时,婚生子女和非婚生子女没有任何差别——这样,我们便看到了一幅对偶婚的图景,与这种对偶婚比较起来,北美现行的婚姻形式就显得严格了,不过,对于一个在凯撒时代还过着群婚生活的民族来说,在11世纪有这种情形,是不足为奇的。

爱尔兰氏族(即塞普特[sept];部落称为clainne,即克兰)不仅由古代法典,而且还由17世纪被派到那里去把克兰领地变成英王王室领地的英国法学家们所证实并作过记述。直到那时,土地只要未被首领变为自己的私有领地,就仍是克兰或氏族的公共财产。如果某一氏族成员死亡,因而一户经济不再存在,首领(英国法学家称之为宗族长[caput cognationis])便把全部土地在其他各户中间进行一次重新分配。这种分配,大体上应该是依照在德意志通行的规则来进行的。即在今日,还可以见到一些属于所谓朗得尔[rundale]制度的村田,在四五十年前,这种村田是很多的。农民们,即租种被英国征服者所掠夺的先前属于氏族公有的土地的个体佃农们,每人为自己承租的地段交纳租金,但是却把全部耕地和草地合并起来,按照方位和土质分成许多"大块"["Gewanne"],如摩泽尔河沿岸所称呼的那样;每个人在每一大块中都有一份;沼泽地和牧场共同使用。就在50年前,有时还重新分配土地,有些时候每年都重新分配。这种实行朗得尔制度的村落的地界图,看上去极似摩泽尔河沿岸或霍赫瓦尔德地区的一个德意志人农户公社的地界图。氏族此外还继续存在于"帮"["factions"]中。爱尔兰农民常常分成各种帮派,它们是建立在看起来毫无意思和十分荒诞的、为英国人所完全不理解的差别的基础之上的,并且它们除了彼此之间进行心爱的盛大殴斗而外,似乎别无任何目的。这是被消灭了的氏族的人为的复活,是氏族灭亡后产生的代替物,这种代替物以特殊的方式证明了流传下来的氏族本能的继续存在。此外,有些地方,同氏族人还一道住在他们旧有的地区内;比如在30年代,莫纳亨郡的大多数居民只有四个姓,换言之，即起源于四个氏族或克兰。①

在苏格兰，氏族制度是随着1745年起义被镇压而灭亡的。[55]至于苏格兰的克兰是这个制度的哪一个环节，尚待研究；但它是这样一个环节，则是没有疑问的。在瓦尔特·司各脱的小说中，我们可以看到关于苏格兰高地的这种克兰的生动描写。摩尔根说，这种克兰，

> 就组织和精神而言，乃是氏族的最好典型，也是氏族生活支配氏族成员的突出例证……从他们的结世仇和血族复仇上，从按克兰划分地区上，从他们的共同使用土地上，从克兰成员对于酋长的忠诚以及彼此间的忠诚上，我们都看到了氏族社会的那种通常的、持久的特征……世系是按照父权制计算的，因此男子的子女仍留在克兰内，而妇女的子女则转到他们父亲的克兰里去②。

至于从前在苏格兰盛行过母权制，有下述事实为证：据贝达说，皮克特人的王室是按照女系继承的。③ 甚至普那路亚家庭的残余，在威尔士人以及苏格兰人中间还以初夜权的形式一直保存到中世纪，那时，只要是初夜权没有赎回，克兰的首领或国王，便可以作为以前的共同丈夫的最后代

---

① 在爱尔兰度过的那几天中[54]，我重新明确地意识到那里的乡村居民还是多么明显地生活在氏族时代的观念中。土地占有者在他的佃户农民的眼中还俨然是一种为了全体的利益而管理土地的克兰首领；农民以租金的形式向他纳贡，但认为在困难时也应得到他的帮助。同样，一切比较富裕的人，也被认为当自己的比较贫苦的邻居有急需时，有责任接济他们，这种帮助并不是施舍，而是比较富有的克兰成员或克兰首领理所当然地应给予比较贫苦的克兰成员的。政治经济学家和法学家们抱怨无法使爱尔兰农民接受现代资产阶级的财产概念，这是可以理解的；只有权利而无义务的财产概念，绝不能灌输到爱尔兰人头脑中去。当具有这种素朴氏族观念的爱尔兰人突然流落到英国或美国的大城市，置身于道德观念和法律观念全然不同的居民中时，他们在道德和法律问题上会多么容易迷惑惶乱，失去一切依托并且往往大批地道德沦丧——这也是可以理解的。
② 路·亨·摩尔根：《古代社会》，1877年伦敦版，第357~358页。——编者注
③ 贝达：《盎格鲁教会史》第1册第1章。——编者注

表者，对每个新娘行使这个权利。①

德意志人在民族大迁徙以前，曾组织成为氏族，这是没有疑问的。他们只是在公元前数世纪，才有可能占据了多瑙河、莱茵河、维斯瓦河和北方诸海之间的地区；基姆布利人和条顿人当时正处在大迁徙中，而苏维汇人只是到凯撒时代才稳定地定居下来。凯撒谈到苏维汇人时明确地说过：他们是按氏族和亲属关系（gentibus cognationibusque）分开居住的②；而在尤利氏族〔gens Julia〕的罗马人的口中，gentibus 这个名词有着不容误解的确定的意义。这适用于全体德意志人；甚至在被征服的罗马各行省，他们似乎还按氏族③定居。从《阿勒曼尼亚法典》[56]中可以得到证实，在多瑙河以南的被征服的土地上，人们是按血族（genealogiae）分开居住的。这里使用的 genealogia 一词，与后来的马尔克公社或农村公社的意义完全

---

① 在1884年版中在这句话后面接着还有两段话，第一段是："这种权利——在北美洲的最西北部地区经常可以见到——在俄国人当中也流行过；到10世纪时被奥丽珈女大公废除。"这一段话在1891年版中被恩格斯略去。第二段话是："在法国，特别是在尼韦奈和弗朗什孔泰，直到法国革命时期还存在着与塞尔维亚—克罗地亚地区的斯拉夫人的家庭公社相似的由农奴家庭组成的共产制家户，这也是从前氏族组织的残余。这种共产制家户还没有完全消亡，例如在卢昂地区（在索恩-卢瓦尔省）还可以看到一些巨大的、造型别致的农民住房，中间是公用的大厅，四周是卧室，住着同一家庭的好几代人。"这一段话在1891年版中被恩格斯修改后补入第二章。（见《马克思恩格斯文集》第4卷，第71页）——编者注
② 凯撒：《高卢战记》第6卷第22章。——编者注
③ 以下直到"像在墨西哥人和希腊人那里一样，在德意志人那里"（本卷第155页）以前的段落，是恩格斯在1891年版中增补的；在1884年版中原是如下一段话："……还按氏族居住。在公元8世纪的《阿勒曼尼亚法典》中 genealogia 一词完全与马尔克公社一词同义。这样我们就看到，德意志民族之一，并且恰恰又是苏维汇人，在这里是按血族即gentes 分居的，每个氏族都分有确定的地区。勃艮第人和伦巴德人的氏族称为 fara，而《勃艮第法典》中所使用的氏族成员（faramanni）一词，同时也指勃艮第人，这是针对着罗马居民说的，后者自然不包括在勃艮第氏族内。因而在勃艮第人那里，土地的分配也是按照氏族进行的。日耳曼法学家们一百年来为之绞尽脑汁的 faramanni 问题，这样就可解决。在德意志人中并不是到处都把氏族称为 fara，尽管我们在一个哥特系的民族和另一个赫米诺南（高地德意志）系的民族那里可以发现这个名称。在德语中用来表示亲属关系的词根是很多的，这些词根同样使用在我们可以推断是和氏族有关的词语中。"——编者注

相同。不久以前，柯瓦列夫斯基提出了一种见解，说这些 genealogiae 都是大家庭公社，土地在它们之间进行分配，农村公社只是后来才从它们当中发展起来的。[57]所以关于 fara 也可以这样说，这个词在勃艮第人和伦巴德人那里——自然也在哥特部落和赫米诺南部落或高地德意志部落那里——的含义和《阿勒曼尼亚法典》上的 genealogia 一词的含义虽不完全相同，却也大体一致。这里摆在我们面前的究竟是氏族还是家庭公社，还需要作进一步研究。

在一切德意志人中是否有一个表示氏族的共同名词，这个名词又是什么，关于这个问题，古代语言研究文献没有给我们提供答案。在语源上，哥特语的 kuni，中古高地德语的 künne 是和希腊语的 genos，拉丁语的 gens 相当的，而且是在相同的意义上来使用的。妇女的名称来自同一个词根，如希腊语的 gyne、斯拉夫语的 žena、哥特语的 qvino，以及古斯堪的纳维亚语的 kona、kuna 等，这表明曾存在过母权制时代。——在伦巴德人和勃艮第人那里，像刚才说过的，我们看到 fara 一词，这个词被格林假定来源于词根 fisan，意即生育。我则倾向于认为它来源于更显而易见的词根 faran，意即乘车①、迁徙，用来表示当然只由亲属构成的迁徙队伍的一个固定的分队。这个词，在起初是向东方，后来又向西方迁徙的许多世纪中，渐渐地被用来指血族共同体本身了。其次，哥特语的 sibja，盎格鲁撒克逊语的 sib，古高地德语的 sippia、sippa，都是亲属②的意思。在古斯堪的纳维亚语中，亲属一词仅有复数的 sifjar；单数只用做女神西芙［Sif］的名字。最后，在《希尔德布兰德之歌》[58]中还见到另外一种用语，它出现在希尔德布兰德问哈杜布兰德的话中：

这群人中的男子，谁是你的父亲……或你是哪一血族的？（eddo huêlîhhes *conuosles* du sîs）

---

① 德语是 fahren。——编者注
② 德语是 Sippe。——编者注

要是德语有表示氏族的共同名称，那么这恐怕就是哥特语的 kuni 了；这不仅因为它和亲属语中相应的说法一致，而且因为最初表示氏族酋长或部落酋长的 kuning（王［König］）一词就是从 kuni 这个字演变来的。sibja（亲属）这个词似乎无须加以考虑；至少，sifjar 在古代斯堪的纳维亚语中，不仅表示血缘亲属，而且也表示姻亲亲属，即包括至少**两个氏族**的成员；因此，sif 这个词本身不可能是表示氏族的用语。

像在墨西哥人和希腊人那里一样，在德意志人那里，骑兵队和楔形步兵纵队的战斗队形，也是按氏族的组织来编的；如果塔西佗说的是按家庭和亲属关系①，那么这种不明确的用语的来由是，在塔西佗时代氏族在罗马早已不再是一个有生命力的团体了。

有决定意义的是塔西佗的这一段话，那里说：母亲的兄弟把他的外甥看做自己的儿子；有些人甚至认为舅父和外甥之间的血缘关系，比父子之间的血缘关系还要神圣和密切，所以当要求人质的时候，那个将受到约束的人的姊妹的儿子被认为是比他自己的儿子还要大的保证。在这里，我们看到了按照母权制组织起来的，因而是最初的氏族的活生生的残余，而且这种残余还被当做德意志人特有的一种东西。② 某一个这样的氏族，其成员假如把自己的儿子当做某一庄严义务的担保物，而这个儿子却成了父亲违约的牺牲品，那么这位父亲就责任自负。但是假如成为牺牲品的是姊妹的儿子，那么这就违反了最神圣的氏族法规；男孩子或少年的最近的同氏族亲属，即首先负有保护他的义务的人，便对他的死负有罪责；这个同氏

---

① 塔西佗：《日耳曼尼亚志》第7章。——编者注
② 起源于母权制时代并在许多民族中间都可以看到的舅父和外甥之间的特别密切的关系，在希腊人那里只是在英雄时代的神话中才能看到。据狄奥多鲁斯（第4卷第34章）说，梅里格尔杀死了铁斯特士的儿子们，也就是自己母亲阿耳泰娅的兄弟们。阿耳泰娅认为这种行为是一种无可饶恕的罪行，她诅咒凶手——她自己的儿子，并祈求他死。"据说，诸神听从了她的愿望，结束了梅里格尔的生命。"又据狄奥多鲁斯（第4卷第44章）说，海格立斯率领下的亚尔古船英雄在色雷斯登陆，他们在那里发现，菲尼士受他新妻子的教唆，残酷虐待被他遗弃的前妻——博雷阿德族的克利奥帕特拉所生的两个儿子。而在亚尔古船英雄中间，也有博雷阿德族的人，即克利奥帕特拉的兄弟们，也就是被虐待者的母亲的兄弟们。他们立刻保护他们的两个外甥，释放他们并杀死看守者。[59]

族亲属或者是不应当把他作为人质,或者是必须履行契约。即使我们在德意志人那里没有发现氏族制度的其他任何痕迹,那么有上面这一段话也就够了。①

在古代斯堪的纳维亚关于诸神的黄昏和世界的毁灭的一首歌即《Völuspâ》[《女预言者的预言》][60]中,有一个地方更具有决定的意义,因为那是大约800年以后写的。这首《女预言者的预言》——如现在班格和布格所证明的②,这首歌中也包含有基督教的因素——,在描述大灾难前的普遍堕落和道德败坏的时代时说道:

"Broedhr munu berjask ok at bönum verdask,
munu *systrungar* sifjum spilla."
"兄弟们将互相仇视,互相杀戮,
姊妹的儿女们就要毁坏亲属关系了。"

Systrungar 一字是母亲的姊妹的儿子的意思,在诗人看来,姊妹的子女否认相互之间的血缘亲属关系比兄弟互相残杀的罪还要大。起加强作用的是表示母方亲属关系的 systrungar 一词;要是不用这个词,而用 syskina-börn(兄弟姊妹的子女)或 syskinasynir(兄弟姊妹的儿子们),那么第二行对于第一行就不是加强,而是减弱了。由此可见,甚至在产生《女预言者的预言》的海盗时代,在斯堪的纳维亚对于母权制的回忆还没有消失。

此外,在塔西佗时代,至少在他较为熟悉的③德意志人中间,母权制已经让位给父权制了:父亲的遗产由子女继承;如果没有子女,就由兄弟

---

① 以下直到"……还没有消失。"是恩格斯在1891年版上增补的。——编者注
② 安·克·班格:《女预言者的预言和西维拉的卜辞》,1879,索·布格:《斯堪的纳维亚关于神和英雄的传说的起源问题探讨》,1881~1889年克里斯蒂安尼亚版。——编者注
③ "至少在他较为熟悉的"是恩格斯在1891年版上增补的。——编者注

及叔伯和舅父继承。容许母亲的兄弟参加继承这一事实，是和刚刚所说的习俗的保存有关系的，同时也证明德意志人的父权制在当时还是多么年轻。直到进入中世纪很久之后，也仍然可以见到母权制的遗迹。那时，在人们中间，特别是在农奴中间，似乎仍然不大信赖父系血统；所以，当封建领主向某个城市要求追回逃亡的农奴的时候，例如在奥格斯堡、巴塞尔和凯泽斯劳滕，就要求有六个最近的血缘亲属，而且是只限于母方的亲属来宣誓证实被告的农奴身份（毛勒：《城市制度》第1版，第381页）。

当时刚刚灭亡的母权制，还有一个残余，这就是在罗马人看来几乎是不可理解的、德意志人对于女性的尊敬。在同德意志人缔结条约时，贵族家庭的少女被认为是最可靠的人质；想到自己的妻女可能被俘而沦为奴隶，这对于德意志人说来是很可怕的，并且最能激励他们的战斗士气；他们认为妇女体现着某种神圣的和先知的东西，他们甚至在最重要的事情上也听取妇女的意见，例如，利珀河畔布鲁克泰人的女祭司魏勒姐，就曾经是推动巴达维人起义的灵魂，在这次起义中，齐维利斯领导德意志人和比利时人动摇了罗马人在高卢的全部统治。[61]在家里妻子的统治看来是无可争辩的；自然，一切家务也都由妻子、老人和子女关照；丈夫则打猎，饮酒或游手好闲。塔西佗就是这样说的；但是由于他没有说谁耕田种地，并且确定地说，奴隶只纳贡，不服任何劳役，因此，耕种土地所需要的少量劳动，看来仍须由众成年男子来承担。

如前所述，婚姻的形式是逐渐接近专偶制的对偶制。这还不是严格的专偶制，因为还允许显要人物实行多妻制。少女的贞操，一般说来，是严格遵守的（这和凯尔特人相反），同样，塔西佗也特别热情地说到德意志人的婚姻关系的牢不可破。他举出只有妻子通奸，才是离婚的理由。不过，他的话在这里留下了一些漏洞，而且过分明显地用来给放荡的罗马人作美德的镜子了。有一点是可以肯定的：如果说德意志人在自己的森林中曾经是这种世上少有的美德骑士，那么，只要和外界稍一接触，便足以使他们堕落到其余一般欧洲人的水平；在罗马世界中，恪守道德准则的最后痕迹消失得比德语还要快得多。只消读一读图尔的格雷戈里的作品，就可以相信这点了。不言而喻，在德意志人的原始森林中，不可能像在罗马那样，盛行骄奢淫逸的享乐生活，因此，在这方面，即使我们没有硬给德意志人加上无论何时何地都没有在整个民族中盛行过的节欲行为，他们也比罗马世界优越得多。

从氏族制度中产生了把父亲或亲属的仇敌关系像友谊关系一样继承下来的义务；同样，也继承用以代替血族复仇的、为杀人或伤人赎罪的赔偿金。这种赔偿金在上一代还被认为是德意志人特有的制度，但现在已经证明，在成百个民族中都是这样，这是起源于氏族制度的血族复仇的一种普遍的较缓和的形式。这种赔偿金，就像款待客人的义务一样，我们在美洲印第安人中间也可以看到；塔西佗关于款待客人的情形的描述（《日耳曼尼亚志》第21章），与摩尔根关于印第安人款待客人的情形的描述，几乎在细节上都是一致的。

塔西佗时代的德意志人是否已经最终分配了耕地以及与此有关的那几段文字应如何解释，像这种热烈而无休止的争论，如今已经是过去的事了。自从证明差不多一切民族都实行过土地由氏族后来又由共产制家庭公社共同耕作——据凯撒证明①，在苏维汇人当中就是如此——，继而差不多一切民族都实行过把土地分配给单个家庭并定期实行重新分配以来；自从确定耕地的这种定期重新分配的办法在德意志本土有些地方还保存到今日以来，关于这个问题就不必再费一词了。如果从凯撒到塔西佗的150年间，德意志人从凯撒所明确指出的苏维汇人的共同耕作（他说，他们完全没有被分割的或私有的土地）过渡到了土地每年重新分配的个体耕作，那么这确实是个很大的进步；在这样短的时间内，而且没有任何外来干涉，要从那个阶段过渡到土地完全私有，是根本不可能的。因此，我在塔西佗的著作中只读到他说得很简洁的话：他们每年更换（或重新分配）耕地一次，同时还留下充分的公有土地。② 这是和德意志人当时的氏族制度完全

---

① 凯撒：《高卢战记》第4卷第1章。——编者注
② 塔西佗：《日耳曼尼亚志》第26章。——编者注

相适应的一个耕作和土地占有阶段。①

上面这一段,我仍照以前各版的样子保留下来,未作更改。在此期间,问题已转到另外一个方面了。柯瓦列夫斯基已经证明(见前引书,第44页),家长制家庭公社乃是母权制共产制家庭和现代的孤立的家庭之间的中间阶段,它虽不是到处流行,但是流行很广。在这以后,问题已经不再像毛勒和瓦茨争论的那样——土地是公有还是私有,而是公有的**形式**是什么了。毫无疑问,在凯撒时代,苏维汇人不仅有过土地公有,而且也有过共同核算的共同耕作。至于他们的经济单位是氏族,还是家庭公社,或者是介于两者之间的某种共产制亲属集团,或者所有三种集团依土地条件的不同都存在过,关于这些问题将来还会长久争论。但柯瓦列夫斯基认定,塔西佗所描述的状况,不是以马尔克公社或农村公社为前提,而是以家庭公社为前提的;只是过了很久,由于人口增加,农村公社才从这种家庭公社中发展出来。

按照这个观点,德意志人在罗马时代他们所占据的土地上的居住区,以及后来他们从罗马人那里夺取的土地上的居住区,不是由村组成,而是由大家庭公社组成的,这种大家庭公社包括好几代人,耕种着相当应的地带,并和邻居一起,作为共同的马尔克来使用四周的荒地。在这种情况下,塔西佗著作中谈到更换耕地的那个地方,实际上就应当从农学意义上去理解:公社每年耕种另一个地带,而将上年的耕地休耕,或令其全然抛荒。由于人口稀少,荒地总是很多的,因此,任何争夺地产的纠纷,就没有必要了。只是经过数世纪之后,当家庭成员的人数过多,以致在当时的生产条件下共同经营已经成为不可能的时候,这种家庭公社才解体;以前公有的耕地和草地,就按人所共知的方式,在此后正在形成的单个农户之间实行分配,这种分配起初是暂时的,后来便成为永久的,至于森林、牧场和水域则依然是公共的。

---

① 以下直到"在凯撒时代,一部分德意志人……"(本卷第161页)以前是恩格斯在1891年版上增补的。——编者注

这一发展过程，对于俄国，看来已经是历史上完全证实了的。至于德意志，乃至其余的日耳曼诸国，不可否认，这个推测，在许多方面，较之迄今流行的把农村公社的存在追溯到塔西佗时代的推测，能更好地诠释典籍，更容易解决困难。最古的文件，例如《洛尔希寺院文书》[62]，一般说来，用家庭公社来解释，就比用农村马尔克公社来解释要好得多。另一方面，这种家庭公社又造成了新的困难和引起了新的需要解决的问题。在这里只有新的研究才能作出结论；但是，我不能否认，作为中间阶段的家庭公社，在德国、斯堪的纳维亚以及英国很可能也都有过。

在凯撒时代，一部分德意志人刚刚定居下来，一部分人尚在找寻定居的地方，但在塔西佗时代，他们已有整整百年之久的定居生活了；与此相适应，在生活资料的生产方面也有了无可怀疑的进步。他们居住在木屋中，穿的还是很原始的森林居民的衣服：粗糙的羊毛外套，兽皮；妇女和显要人物则穿麻布内衣。食物为乳、肉、野生果实，以及像普林尼所补充的燕麦粥①（直到今日，这还是爱尔兰和苏格兰的凯尔特人的民族食物）。他们的财富是家畜，但是品种很差；牛矮小难看，没有角；马是小马，不善奔驰。钱币很少使用，数量有限，而且只是罗马钱币。他们不制造金银饰品，也不重视这些。铁是很少见的，看来至少在莱茵河和多瑙河诸部落中间差不多全靠输入，而不是自行冶炼。鲁恩文字（模仿希腊和拉丁字母造成的文字）仅仅用作暗语文字，并且专供宗教巫术之用。把人当做祭品的做法还在流行。一句话，我们在这里所看到的，是一个刚从野蛮时代中级阶段进到高级阶段的民族。不过，虽然与罗马人直接接壤的各部落由于输入罗马的工业品方便，因而其独立的金属业和纺织业的发展受到了阻碍，但是在东北部，在波罗的海沿岸诸部落中，则无疑发展起了这样的工业。在石勒苏益格沼地所发现的武器——长的铁剑、环甲、银盔等等，还有2世纪末的罗马铸币——以及由于民族大迁徙而流传各地的德意志金属

---

① 普林尼：《博物志》第18卷第17章。——编者注

制品，即使起初是模仿罗马式样的，但都相当讲究和独具风格。向文明的罗马帝国迁徙，使这种土生土长的工业，除了在英国以外，到处都绝迹了。至于这种工业是怎样一致地出现和发展起来的，可以拿青铜手镯为例来说明。在勃艮第、罗马尼亚、亚速海沿岸发现的青铜手镯，看来可能跟英国和瑞典的青铜手镯同出于一个作坊，因而同样无疑地是由日耳曼人生产的。

他们的制度也是跟野蛮时代高级阶段相适应的。据塔西佗说，到处都有氏族酋长（principes）议事会，它处理比较小的事情，而比较重大的事情则由它提交人民大会去解决；这种人民大会，在野蛮时代低级阶段上，至少在我们知道有人民大会的地方，例如在美洲人那里，仅仅氏族才有，而部落或部落联盟是没有的。氏族酋长（principes）和军事头领（duces）还有显著的区别，正像在易洛魁人那里一样。氏族酋长已经部分地靠部落成员的献礼如家畜、谷物等来生活；他们——如在美洲一样——大半是从同一家庭中选举出来的；向父权制的过渡，例如在希腊和罗马，促进了选举制逐渐变为世袭制，从而促进了每个氏族形成一个贵族家庭。这种古代的所谓部落贵族，大多数在民族大迁徙中或在它以后不久便衰落了。军事首长完全是按才能来选举的，不问世系如何。他们的权力很小，必须以自己的榜样来发挥作用；至于军队的实际惩戒权，塔西佗确定地说，是握在祭司们手里的。真正的权力集中在人民大会上。大会由王或部落酋长主持；决定由人民来做：怨声表示反对，喝彩、敲打武器表示赞成。人民大会同时也是审判法庭；各种控诉都向它提出，并由它作出判决，死刑也在这里宣判，但只有对卑怯、背叛民族和反自然的淫行才判处死刑。在氏族和其他分支中，也是由以氏族酋长为主席的全体大会进行审判；像在德意志人的一切最早的法庭上一样，氏族酋长可能只是诉讼的领导者和审问者；德意志人的判决，不论何时何地，都是由全体作出的。

部落联盟从凯撒时代起就组成了；其中有几个联盟已经有了王；最高军事首长，像在希腊人和罗马人中间一样，已经图谋夺取专制权，而且有时也达到了目的。这种侥幸的篡夺者决不是绝对的统治者；不过他们已经开始粉碎氏族制度的枷锁了。被释奴隶一般处于低微地位，因为他们不能属于任何氏族，而在新王的手下，这样一些宠儿却往往获得高官、财富和荣誉。罗马帝国被征服以后，在如今成了大国国王的军事首长那里也发生了同样的事。在法兰克人中间，国王的奴隶和被释奴隶，起初在宫廷里，后来在国家中，都起了重要的作用；新的贵族有很大一部分是从他们当中产生的。

有一种设施促进了王权的产生，这就是扈从队。我们在美洲红种人中间就已经看到，与氏族制度并行，还形成了一种独立自主地从事战争的私人团体。这种私人团体，在德意志人中间，已经成为经常性的团体了。博得了声誉的军事领袖，在自己周围集合一队掠夺成性的青年人，他们对他个人必须忠诚，而他对他们亦然。首领供给吃喝并奖赏他们，把他们编成等级；对于小规模的征战，他们充当卫队和随时可以战斗的队伍；对于大规模的征战，他们是现成的军官团。不管这种扈从队必然是多么弱小，像后来例如在意大利奥多亚克麾下所表现的那样，但是他们仍然成为古代的人民自由走向衰落的开端；在民族大迁徙时期和迁徙以后，他们也表明自己的作用正是这样。因为，第一，他们促进了王权的产生；第二，如塔西佗已经指出的，只有通过不断的战争和抢劫，才能把他们纠合在一起。掠夺成了目的。如果扈从队首领在附近地区无事可做，他就把自己的人马带到发生了战争、可以指望获得战利品的别的民族那里去；由德意志人组成的辅助军，在罗马的旗帜下，甚至大举对德意志人作战，这种辅助军有一部分就是由这种扈从队编成的。德意志人的耻辱和诅咒——雇佣兵制度，在这里已经初具雏形。在罗马帝国被征服以后，国王们的这种扈从兵，就同非自由人和罗马人出身的宫廷奴仆一起，成了后来的贵族的第二个主要组成部分。

由此可见，一般说来，在联合为民族〔Volk〕的德意志各部落中，也曾发展出像英雄时代的希腊人和所谓王政时代的罗马人那样的制度，即人民大会、氏族酋长议事会和已在图谋获得真正王权的军事首长。这是氏族制度下一般所能达到的最发达的制度；这是野蛮时代高级阶段的典型制度。只要社会一越出这一制度所适用的界限,氏族制度的末日就来到了;它就被炸毁,由国家来代替了。

八 德意志人国家的形成

据塔西佗说,德意志人是人口众多的民族。我们从凯撒的著作中可以得出一个关于各德意志民族人数的大致概念;他认为住在莱茵河左岸的乌济佩特人和邓克泰人的人口,包括妇女和儿童在内,共为18万人。因而,每个民族大约有10万人①,这已经大大超过例如易洛魁人在其全盛时代的总数,那时易洛魁人不到2万人,但已成为自大湖至俄亥俄河和波托马克河整个地区的可怕力量。如果我们根据现有材料,把莱茵河附近定居的大家知道得比较确切的民族试着划分一下,那么每一个这样的民族在地图上所占的面积平均约等于普鲁士的一个行政区,即约为1万平方公里,或182平方德里。但是,罗马人的大日耳曼尼亚〔Germania Magna〕,直到维斯瓦河为止,占有依整数计共50万平方公里的面积。如果一个民族的平均人口为10万人,那么整个大日耳曼尼亚的人口总数,应达500万;对于野蛮时代的民族集团来说,这是一个很大的数目,而就今日的情况来说——1平方公里10人,或1平方德里550人——这是极其微小的数目。但是这并不包括生活在那个时候的全部德意志人。我们知道,沿喀尔巴阡山脉直至多瑙河口,都居住着哥特系统的德意志民族——巴斯塔尔人、佩夫金人等等,——它们的人数非常之多,因而,普林尼认为他们是德意志人的第五个大系统②,而这些在公元前180年已经替马其顿王柏修斯做过雇佣兵的德意志人,还在奥古斯都在位的初年就已突进到阿德里安堡附近了。假定他们的人数只有100万人,那么到公元初,德意志人的大概数目,就全

---

① 这里所推测的数字,在狄奥多鲁斯关于高卢的凯尔特人的一段文字中可以得到证实。他说:"在高卢住着人口不等的许多民族,其中最大者,人口约为20万人,最小者约为5万人。"(西西里的狄奥多鲁斯:《史学丛书》第5卷第25章)因而,平均起来约125000人;由于各个高卢民族发展程度较高,应该把他们的人口设想得比德意志人多一些。
② 普林尼:《博物志》第4卷第14章。——编者注

少有 600 万了。

在他们定居日耳曼尼亚以后，人口一定是日益迅速地增长的；单是上面提到的工业方面的进步，就足以证明这一点。在石勒苏益格沼地所发现的古物，就其中的罗马铸币来判断，是属于 3 世纪的。由此可见，到这个时候，在波罗的海沿岸金属业和纺织业已经很发达了，跟罗马帝国已有频繁的往来，比较有钱的人已享有某些奢侈品——这一切都是人口更为稠密的迹象。而在这个时期，德意志人在莱茵河、罗马边墙和多瑙河全线，从北海起到黑海止，也开始了总进攻——这也是人口日益增多，竭力向外扩张的直接证明。斗争持续了 300 年，在斗争期间，哥特民族的整个大系统（斯堪的纳维亚的哥特人和勃艮第人除外）向东南推进，形成了漫长的进攻线的左翼；进攻线的中央是高地德意志人（赫米诺南人），沿多瑙河上游突进；右翼是易斯卡伏南人即现今所谓法兰克人，沿莱茵河突进；征服不列颠，则是印格伏南人的事情。到 5 世纪末，罗马帝国已是那么衰弱，毫无生气和束手无策，因而为德意志人的入侵敞开了大门。

上面我们是站在古希腊罗马文明的摇篮旁边。这里我们却站在这一文明的棺木旁边了。罗马的世界霸权的刨子，刨削地中海盆地的所有地区已经有数百年之久。凡在希腊语没有进行抵抗的地方，一切民族语言都不得不让位于被败坏的拉丁语；一切民族差别都消失了，高卢人、伊比利亚人、利古里亚人、诺里克人都不复存在，他们都变成罗马人了。罗马的行政和罗马的法到处都摧毁了古代的血族团体，这样也就摧毁了地方的和民族的自主性的最后残余。新出炉的罗马公民身分并没有提供任何补偿；它并不表现任何民族性，而只是民族性欠缺的表现。新民族［neue Nationen］的要素是到处都具备的；各行省的拉丁方言差别越来越大；一度使意大利、高卢、西班牙、阿非利加成为独立区域的自然疆界依然存在，依然使人感觉得到。但是，任何地方都不具备能够把这些要素结成新民族［neue Nation］的力量，任何地方都还没有显示出发展能力或抵抗力的痕迹，更不用说创造力了。广大领土上的广大人群，只有一条把他们联结起来的纽带，这就是罗马国家，而这个国家随着时间的推移却成了他们最凶恶的敌人和压迫者。各行省消灭了罗马，罗马本身变成了行省城市，像其他城市一样；它虽然有特权，但已经不再居于统治地位，已经不再是世界帝国的中心了，甚至也不再是皇帝和副皇帝的所在地了，他们现在住在君士坦丁堡、特里尔、米兰。罗马国家变成了一架庞大的复杂机器，专门用来榨取臣民的膏血。捐税、国家徭役和各种代役租使人民大众日益陷于穷困的深渊；地方官、收税官以及兵士的勒索，更使压迫加重到使人不能忍受的地步。罗马国家及其世界统治引起了这样的结果：它把自己的生存权建立在对内维持秩序对外防御野蛮人的基础上；然而它的秩序却比最坏的无秩序还要坏，它借口保护公民防御野蛮人，而公民却把野蛮人奉为救星来祈望。

社会状况同样也是绝望的。从共和制的末期起，罗马统治的目的已经放在残酷剥削被征服的各行省上了；帝制不但没有消除这种剥削，反而把它变成了常规。帝国越是走向没落，捐税和赋役就越是增加，官吏就越是无耻地进行掠夺和勒索。商业和工业向来不是统治着各民族的罗马人的事业；只有在高利贷方面，他们做到了空前绝后。商业所得到所保持的东西，都在官吏的勒索下毁灭了；而残存下来的东西，仅在帝国东部的希腊部分才有，不过，这一部分不在我们研究范围之内。普遍的贫困化，商业、手工业和艺术的衰落，人口的减少，都市的衰败，农业退回到更低的水平——这就是罗马人的世界统治的最终结果。

农业是整个古代世界的决定性的生产部门，现在它更是这样了。在意大利，从共和制衰亡的时候起就几乎遍布全境的面积巨大的大庄园（Latifundien），是用两种方法加以利用的：或者当做牧场，在那里居民就被牛羊所代替，因为看管牛羊只用少数奴隶就行了；或者当做田庄，使用大批奴隶经营大规模的园艺业——一部分为了满足主人的奢侈生活，一部分为了在城市市场上出售。大牧场保存了下来，甚至还扩大了；但田庄田产及其园艺业却随着主人的贫穷和城市的衰落而衰败了。以奴隶劳动为基础的大庄园经济，已经不再有利可图；而在当时它却是大规模农业的唯一可能的形式。现在小规模经营又成了唯一有利的形式。田庄一个一个地分成了小块土地，分别租给缴纳一定款项的世袭佃农，或者租给分成制农民，这种分成制农民只能获得他们一年劳动生产品的六分之一，或者仅仅九分之一，他们与其说是佃农，毋宁说是田产看管人。但是这种小块土地主要是交给隶农，他们每年缴纳一定的款项，被束缚在土地上，并且可以跟那块土地一起出售；这种隶农虽不是奴隶，但也不是自由的，他们不能和自由民通婚，他们相互间的婚姻也不被看做完全有效的，而是像奴隶的婚姻一样，只被看作简单的同居（contubernium）。他们是中世纪农奴的前辈。

古典古代的奴隶制，已经过时了。无论在乡村的大规模农业方面，还是在城市的工场手工业方面，它都已经不能提供值得费力去取得的收益，因为它的产品市场已经消失了。帝国繁荣时代的庞大的生产已经收缩为小农业和小手工业，这种小农业和小手工业都不能容纳大量奴隶了。只有富人的家庭奴隶和供他们显示豪华的奴隶，在社会上还有存在余地。但是，日趋灭亡的奴隶制仍然能够使人认为，一切生产劳动都是奴隶的事，让自由的罗马人来做有失他们的身份，而现在人人都是这种自由的罗马人了。结果，一方面，多余而成了累赘的被释奴隶的人数日益增加；另一方面，隶农的人数，破产的自由民（类似美国从前各蓄奴州的白种贫民）的人数，也日益增多。基督教对于古典古代奴隶制的逐渐灭亡是完全没有罪过的。它在罗马帝国和奴隶制同流合污达数世纪之久，以后也从来没有阻止过基督徒买卖奴隶——既没有阻止过德意志人在北方，或威尼斯人在地中海买卖奴隶，也没有阻止过后世买卖黑奴。① 奴隶制已不再有利，因此也就灭亡了。但是垂死的奴隶制却留下了它那有毒的刺，即鄙视自由民的生产劳动。在这里罗马世界就陷入了绝境：奴隶制在经济上已经不可能了，而自由民的劳动却在道德上受鄙视。前者是已经不能再作为社会生产的基

---

① 据克雷莫纳的主教利乌特普朗德说，10世纪在凡尔登，也就是说，在神圣德意志帝国，制造阉人成了一个主要的行业，因为把这些阉人输入西班牙，供摩尔人的后宫使用，可获厚利。[63]

本形式，后者是还不能成为这种形式。只有一次彻底革命才能摆脱这种绝境。

各行省的情况，也不见得好些。我们所有的材料，以关于高卢的为最多。在这里，与隶农并存的，还有自由的小农。他们为了不受官吏、法官和高利贷者的侵害，往往托庇于有权势者以求保护；不仅农民个人这样做，而且整个公社也这样做，以致4世纪的皇帝们屡次发布命令，禁止这种行为。而寻求保护的人这样做有什么好处呢？保护者向他们提出了这样的条件：他们把自己那块土地的所有权转让给他，而他则保证他们终身使用这块土地——这是一个诡计，对此神圣的教会心领神会，并且在9世纪和10世纪竭力仿效以扩张神的王国和教会地产。诚然，在那个时候，即公元475年前后，马赛的主教萨尔维安还对这种掠夺表示愤慨，并且说，罗马官吏和大地主的压迫已经如此严重，以致许多"罗马人"纷纷逃往野蛮人所占领的地方，而移居那里的罗马公民最怕的是重新落入罗马统治之下。① 那时父母常常因贫穷而把自己的子女卖为奴隶，为禁止这种行为而颁布的法律就证明了这一点。

德意志野蛮人把罗马人从他们自己的国家里解放了出来，为此他们便强夺了罗马人全部土地的三分之二在自己人当中分配。这一分配是按照氏族制度进行的；由于征服者的人数相对来说较少，仍有广大的土地未被分配，一部分归全体人民占有，一部分归各个部落和氏族占有。在每个氏族内，则用抽签方法把耕地和草地平均分给各户；后来是否进行过重新分配，我们不得而知，但无论如何，这样的做法在罗马各行省不久就取消了，单块的份地变成了可以转让的私有财产即自主地。森林和牧场始终没有分配而留做共同使用；森林和牧场的使用，以及被分配下去的耕地的耕种方式，都是按照古代的习俗和全体的决定来调整的。氏族在自己的村落里定居越久，德意志人和罗马人越是逐渐融合，亲属性质的联系就越是让

---

① 参看萨尔维安《论神的统治》第5册第8章。——编者注

位于地区性质的联系；氏族消失在马尔克公社中了，但在马尔克公社内，它起源于各成员的亲属关系的痕迹往往还是很显著的。可见，至少在保存着马尔克公社的各个国家——在法国北部、英国、德国和斯堪的纳维亚，氏族制度不知不觉地变成了地区制度，因此得以和国家相适应。但是，它仍保存了它那种自然形成而为整个氏族制度所特有的民主性质；甚至在它后来被迫蜕变的时候，也还留下了氏族制度的片断，从而在被压迫者手中留下了一种武器，直到现代还有其生命力。

这样，如果说氏族中的血缘纽带很快就丧失了自己的意义，那么，这是血缘纽带的各种机关在部落和整个民族内由于征服而同样发生蜕变的结果。我们知道，对被征服者的统治，是和氏族制度不相容的。在这里我们可以很普遍地看到这一点。各德意志民族做了罗马各行省的主人，就必须把所征服的地区组织管理起来。但是，它们既不能把大量的罗马人吸收到氏族团体里来，又不能通过氏族团体去统治他们。必须设置一种代替物来代替罗马国家，以领导起初大都还继续存在的罗马地方行政机关，而这种代替物只能是另一种国家。因此，氏族制度的机关必须转化为国家机关，并且为时势所迫，这种转化还非常迅速。征服者民族的最近的代表人是军事首长。被征服地区对内对外的安全，要求增大他的权力。于是军事首长的权力转变为王权的时机来到了，这一转变发生了。

就拿法兰克王国来说，在这里，胜利了的撒利法兰克人不仅完全占有了广大的罗马国有领地，而且完全占有了一切不曾分配给大大小小的区域公社和马尔克公社的大片土地，特别是全部较大的林区。从一个普通的最高军事首长变成了真正君主的法兰克国王做的第一件事，便是把这种人民的财产变为王室的财产，从人民方面把它盗窃过来而赠送或赏赐给他的扈从队。这种起初由他的私人军事扈从以及其余的下级军事首长组成的扈从队，不久就膨胀了起来，这不仅由于补入了罗马人即罗马化的高卢人，这些人因为能书写、有教养，懂得罗曼口语、拉丁文言和当地法律很快就变成他所离不开的人，而且还由于也补入了奴隶、农奴和被释奴隶，这些人构成了他的宫廷，他从他们中间挑选自己的宠儿。所有这些人都得到了大片的人民的田地，这些田地起初多半是赠送给他们，后来就以采邑[64]的形式赏赐给他们——起初多半是享用到国王去世时为止。这样，就靠牺牲人民而造成了新贵族的基础。

不仅如此，由于王国幅员广阔，就不能再用旧的氏族制度的手段来管理了；氏族酋长议事会即使没有老早消失，也已经不能召集了，它很快就被国王的固定亲信所代替；旧的人民大会还继续存在着做做样子，但是也越来越变成纯粹是下级军事首长和新贵的会议。占有土地的自由农民，即法兰克人的主体，正如以前共和制末期的罗马农民一样，由于连年内战和征服战争，特别是查理大帝时期的征服战争而被弄得疲惫不堪和贫困衰败。这种起初构成全部军队，而在征服法兰西地区以后，又构成该地区的核心的农民，到9世纪之初，已穷困到五个人之中难得抽出一个人出去作战了。以前由国王直接召募的自由农民的卫国军，现在已经由新贵的仆从所组成的军队代替。在这些仆从中，还有一些依附农民，他们是那些先前只知有国王而不知有主人，而更早一点根本不知有任何主人，甚至也不知有国王的农民的后裔。在查理大帝的后代统治时，由于国内战争、王权的削弱和相应的贵人跋扈（在这种贵人之中还加上了查理大帝所任命的那些力图把自己的职位变成世袭的郡守[65]），最后，还由于诺曼人的侵犯，法兰克的农民等级就完全破产了。查理大帝死后50年，法兰克王国便毫无反抗地匍匐在诺曼人的脚下，正和400年前罗马帝国匍匐在法兰克人的脚下一样。

不仅对外软弱无能，而且内部的社会秩序（不如说是社会无秩序），差不多也是一样。自由的法兰克农民陷入了与他们的前辈即罗马的隶农一样的处境。他们被战争和掠夺弄得破产，不得不去乞求新贵或教会的保护，因为国王的权力太弱了，已经不能保护他们；不过这种保护使他们不得不付出很高的代价。像以前高卢农民那样，他们必须将自己那块土地的所有权交给保护人，再以各种不同的和变化的形式——不过总不外是劳役和代役租——从他那里把这块土地作为租地而租回来。一经陷入这种依附形式，他们也就逐渐地丧失了自己的人身自由；过不了几代，他们大多数已经都是农奴了。自由的农民等级灭亡得多么迅速，这从伊尔米农所编的圣日尔（耳）曼-德-普雷修道院（当时在巴黎附近，现在巴黎市内）的地产登记册[66]中可以得到证明。这个修道院的地产散布四周，面积极为广大，还在查理大帝在世的时候，就住有2788户人家，差不多全是取德意志名字的法兰克人。其中2080户是隶农，35户是半农奴，220户是奴隶，只有8户是自由的佃农！保护人让农民把自己那块土地交归他所有，然后仅仅是再将这块土地交回农民终身使用，这个曾被萨尔维安宣布为背神行为的习俗，如今到处被教会施加在农民身上了。现在日益盛行的徭役，其原型既是罗马的安加利[67]，即为国家所服的强制劳役，又是德意志马尔克公社成员为修桥、筑路，以及其他共同目的而出的劳役。这样一来，居民的主体在过了400年以后好像完全又回到起初的状况去了。

然而，这不过证明两点：第一，没落时期罗马帝国的社会分化和财产分配，是跟当时的农业和工业的生产水平完全相适应的，因而是不可避免的；第二，这一生产水平在以后400年间，并没有根本性的下降和上升，因此，才以同样的必然性重新产生了同样的财产分配和同样的居民阶级。在罗马帝国的最后数百年间，城市丧失了它从前对乡村的统治，而在德意志人统治的最初数百年间，也没有把它恢复起来。这是由农业与工业的发展程度很低决定的。这样一个总的状况，必然产生居于统治地位的大地主和依附的小农。要把使用奴隶劳动的罗马大庄园经济或使用徭役的新的大规模经营嫁接在这种社会上面是多么不可能，这可以从查理大帝用著名皇室田庄所作的几乎没有留下痕迹的庞大实验中得到证明。只有修道院才又继续了这种实验，也只是对修道院说来才获益甚丰；但是修道院是以独身生活为基础的非正常的社会团体；它们可能会有例外的成绩，然而正因为如此，才不能不永远是一个例外。

但在这400年间，毕竟是继续前进了。即使我们在这一时期末所看到的主要阶级差不多跟初期一样，但构成这些阶级的人却已经不同了。古典古代的奴隶制已经消失；破产的、贫穷的、视劳动为奴隶贱事的自由民也已经消失。介于罗马隶农和新的农奴之间的是自由的法兰克农民。奄奄一息的罗马世界的"无益的回忆与徒然的斗争"已经死亡并且被埋葬了。9世纪的社会阶级,不是在垂死文明的沉沦中,而是在新文明诞生的阵痛中形成的。新的世代,无论是主人还是仆从,跟他们的罗马前辈比较起来,已经是成年人的世代了。有权势的地主和服劳役的农民之间的关系,对罗马前辈来说曾经是古典古代世界毫无出路的没落形式,现在对新的世代来说则是新发展的起点。其次,不论这400年看起来多么没有成果,可是却留下了**一个**重大的成果:这就是一些现代的民族[moderne Nationalitäten],亦即西欧人类为了未来的历史而实行的分化和改组。德意志人确实重新使欧洲有了生气,因此,日耳曼时期的国家解体过程才不是以诺曼-萨拉森人的征服而告终,而是以采邑制度和保护关系(依附制度[68])的进一步发展为封建制度而告终,① 而人口也有了这样巨大的增长,以致能够完好无恙地经受了不到200年后的十字军征讨的大流血。

然而,德意志人究竟是用了什么神秘的魔法,给垂死的欧洲注入了新的生命力呢?是不是像我们的沙文主义的历史编纂学所虚构的那样,德意志种族天生有一种特别的魔力呢?决不是。德意志人,尤其在当时,是一个天资高的雅利安族系,并且正处在生机勃勃的发展中。但是使欧洲返老还童的,并不是他们的特殊的民族特点,而只是他们的野蛮状态,他们的氏族制度而已。

他们的个人才能和勇敢,他们的自由意识,以及把一切公共的事情看做是自己的事情的民主本能,总之,是罗马人所丧失的一切品质,而只有这些品质才能从罗马世界的污泥中造成新的国家,培养出新的民族[neue Nationalitaten]——所有这一切,如果不是高级阶段野蛮人的特征,即他们的氏族制度的果实,又是什么呢?

如果说,德意志人改革了专偶制的古代形式,缓和了男子在家庭中的统治,给了妇女比古典世界任何时期都更高的地位,那么,使他们能够做

---

① 以下直到本段结束是恩格斯在1891年版上增补的。——编者注

到这一点的，如果不是他们的野蛮状态、他们的氏族习惯，如果不是他们仍有母权制时代的遗风，又是什么呢？

如果说，他们至少在三个最重要的国度——德国、法国北部和英国——以马尔克公社的形式保存下来一部分真正的氏族制度，并把它带到封建国家里去，从而使被压迫阶级即农民甚至在中世纪农奴制的最严酷条件下，也能有地方性的团结和抵抗的手段，而这一手段无论在古典古代的奴隶那里或者在近代的无产阶级那里都没有这样现成，那么，造成这种情况的，如果不是他们的野蛮状态、如果不是他们的纯粹野蛮人的按血族定居的方式，又是什么呢？

最后，如果说，他们能把那种在他们的故乡已经实行的比较温和的隶属形式——在罗马帝国，奴隶制也日益转化为这种形式——发展起来，并使之成为唯一的形式，而这种隶属形式，正如傅立叶最早强调指出的①，给被奴役者提供了一个使自己**作为阶级**而逐渐获得解放的手段（给土地耕种者提供一个获得**集体和逐渐**解放的手段），因此，这种形式大大胜过奴隶制——在奴隶制下，只能有单个人不经过过渡状态而立即获得释放（古代是没有用胜利的起义来消灭奴隶制的事情的），而中世纪的农奴实际上却作为阶级而逐渐实现了自己的解放——，如果是这样的话，那么，这一切如果不是归功于他们的野蛮状态（由于这种野蛮状态，他们还没有达到充分发展的奴隶制：既没有达到古典古代的劳动奴隶制，也没有达到东方的家庭奴隶制），又归功于什么呢？

凡德意志人给罗马世界注入的一切有生命力的和带来生命的东西，都是野蛮时代的东西。的确，只有野蛮人才能使一个在垂死的文明中挣扎的世界年轻起来。而德意志人在民族大迁徙之前已经达到并努力开拓的野蛮时代高级阶段，对于这一过程恰好最为适宜。这就说明了一切。

---

① 参看沙·傅立叶《关于四种运动和普遍命运的理论》1846年巴黎第3版（《傅立叶全集》）第1卷，第220页）。——编者注

九　野蛮时代和文明时代

我们已经根据希腊人、罗马人和德意志人这三大实例，探讨了氏族制度的解体。最后，我们来研究一下那些在野蛮时代高级阶段已经破坏了氏族社会组织，而随着文明时代的到来又把它完全消灭的一般经济条件。在这里，马克思的《资本论》对我们来说是和摩尔根的著作同样必要的。

氏族在蒙昧时代中级阶段发生，在高级阶段继续发展起来，就我们现有的资料来判断，到了野蛮时代低级阶段，它便达到了全盛时代。所以现在我们就从这一阶段开始。

这一阶段应当以美洲红种人为例；在这一阶段上，我们发现氏族制度已经完全形成。一个部落分为几个氏族，通常是分为两个;① 随着人口的增加，这些最初的氏族每一个又分裂为几个女儿氏族，对这些女儿氏族来说，母亲氏族便是胞族；部落本身分裂成几个部落，在其中的每一个部落中，我们多半又可以遇到那些老氏族；部落联盟至少是在个别情况下把亲属部落联合在一起。这种简单的组织，是同它所由产生的社会状态完全适应的。它无非是这种社会状态所特有的、自然长成的结构；它能够处理在这样组织起来的社会内部一切可能发生的冲突。对外的冲突，则由战争来解决；这种战争可能以部落的消灭而告终，但从没能以它的被奴役而告终。氏族制度的伟大，但同时也是它的局限，就在于这里没有统治和奴役存在的余地。在氏族制度内部，还没有权利和义务的分别；参与公共事务，实行血族复仇或为此接受赎罪，究竟是权利还是义务这种问题，对印第安人来说是不存在的；在印第安人看来，这种问题正如吃饭、睡觉、打猎究竟是权利还是义务的问题一样荒谬。同样，部落和氏族分为不同的阶级也是不可能的。这就使我们不能不对这种状态的经济基础加以研究了。

人口是极其稀少的；只有在部落的居住地才比较稠密，在这种居住地

---

① "通常是分为两个；"是恩格斯在1891年版上增补的。——编者注

的周围，首先是一片广大的狩猎地带，其次是把这个部落同其他部落隔离开来的中立的防护森林。分工是纯粹自然产生的；它只存在于两性之间。男子作战、打猎、捕鱼，获取食物的原料，并制作为此所必需的工具。妇女管家，制备衣食——做饭、纺织、缝纫。男女分别是自己活动领域的主人：男子是森林中的主人，妇女是家里的主人。男女分别是自己所制造的和所使用的工具的所有者：男子是武器、渔猎用具的所有者，妇女是家内用具的所有者。家户经济是共产制的，包括几个、往往是许多个家庭。① 凡是共同制作和使用的东西，都是共同财产：如房屋、园圃、小船。所以，在这里，而且也只有在这里，才真正存在着文明社会的法学家和经济学家所捏造的"自己劳动所得的财产"——现代资本主义所有制还依恃着的最后一个虚伪的法律借口。

但是，人们并不是到处都停留在这个阶段。在亚洲，他们发现了可以驯服并且在驯服后可以繁殖的动物。野生的雌水牛，需要去猎取；但已经驯服的雌水牛，每年可生一头小牛，此外还可以挤奶。有些最先进的部落——雅利安人、闪米特人，也许还有图兰人——，其主要的劳动部门起初就是驯养牲畜，只是到后来才又有繁殖和看管牲畜。游牧部落从其余的野蛮人群中分离出来——这是**第一次社会大分工**。游牧部落生产的生活资料，不仅比其余的野蛮人多，而且也不相同。同其余的野蛮人比较，他们不仅有数量多得多的乳、乳制品和肉类，而且有兽皮、绵羊毛、山羊毛和随着原料增多而日益增加的纺织物。这就第一次使经常的交换成为可能。在更早的阶段上，只能有偶然的交换；制造武器和工具的特殊技能，可能导致暂时的分工。例如，在许多地方，都发现石器时代晚期的石器作坊的无可置疑的遗迹；在这种作坊中发展了自己技能的匠人们，大概是为全体工作，正如印度的氏族公社的终身手艺人至今仍然如此一样。在这个阶段

---

① 特别是在美洲的西北沿岸，见班克罗夫特的著作。在夏洛特皇后群岛上的海达人部落中，还有700人聚居在一所房屋中的家户经济。在努特卡人那里，整个部落都聚居在一所房屋中生活。

上，除了部落内部发生的交换以外，决不可能有其他的交换，而且，即使是部落内部的交换，也仍然是一种例外的事件。但是，自从游牧部落分离出来以后，我们就看到，各不同部落的成员之间进行交换以及把交换作为一种经常制度来发展和巩固的一切条件都具备了。起初是部落和部落之间通过各自的氏族酋长来进行交换；但是当畜群开始变为特殊财产①的时候，个人交换便越来越占优势，终于成为交换的唯一形式。不过，游牧部落用来同他们的邻人交换的主要物品是牲畜；牲畜变成了一切商品都用来估价并且到处都乐于与之交换的商品——一句话，牲畜获得了货币的职能，在这个阶段上就已经起货币的作用了。在商品交换刚刚产生的时候，对货币商品的需要，就以这样的必然性和速度发展起来了。

园圃种植业大概是亚洲的低级阶段野蛮人所不知道的，但它在那里作为田野耕作的先驱而出现决不迟于中级阶段。在图兰高原的气候条件下，在漫长而严寒的冬季，没有饲料储备，游牧生活是不可能的；因此，牧草栽培和谷物种植，在这里就成了必要条件。黑海以北的草原，也是如此。但谷物一旦作为家畜饲料而种植，它很快也成了人类的食物。耕地仍然是部落的财产，最初是交给氏族使用，后来由氏族交给家庭公社使用，最后②交给个人使用；他们对耕地或许有一定的占有权，但是没有更多的权利。

在这一阶段工业的成就中，特别重要的有两件。第一是织布机；第二是矿石冶炼和金属加工。铜、锡以及二者的合金——青铜是顶顶重要的金属；青铜可以制造有用的工具和武器，但是并不能排挤掉石器；这一点只有铁才能做到，而当时还不知道冶铁。金和银已开始用于首饰和装饰，其价值肯定已比铜和青铜高。

一切部门——畜牧业、农业、家庭手工业——中生产的增加，使人的劳动力能够生产出超过维持劳动力所必需的产品。同时，这也增加了氏

---

① 在1884年版中不是"特殊财产"，而是"私有财产"。——编者注
② "交给家庭公社使用，最后"是恩格斯在1891年版上增补的。——编者注

族、家庭公社或个体家庭的每个成员所担负的每日的劳动量。吸收新的劳动力成为人们向往的事情了。战争提供了新的劳动力:俘虏变成了奴隶。第一次社会大分工,在使劳动生产率提高,从而使财富增加并且使生产领域扩大的同时,在既定的总的历史条件下,必然地带来了奴隶制。从第一次社会大分工中,也就产生了第一次社会大分裂,分裂为两个阶级:主人和奴隶、剥削者和被剥削者。

至于畜群怎样并且在什么时候从部落或氏族的共同占有变为各个家庭家长的财产,我们至今还不得而知。不过,基本上,这一过渡一定是在这个阶段上发生的。随着畜群和其他新的财富的出现,便发生了对家庭的革命。谋取生活资料总是男子的事情,谋取生活资料的工具是由男子制造的,并且是他们的财产。畜群是新的谋取生活资料的工具,最初对它们的驯养和以后对它们的照管都是男子的事情。因此,牲畜是属于他们的;用牲畜交换来的商品和奴隶,也是属于他们的。这时谋生所得的全部剩余都归了男子;妇女参加它的享用,但在财产中没有她们的份儿。"粗野的"战士和猎人,以在家中次于妇女而占第二位为满足,但"比较温和的"牧人,却依恃自己的财富挤上了首位,把妇女挤到了第二位。而妇女是不能抱怨的。家庭内的分工决定了男女之间的财产分配;这一分工仍然和以前一样,可是它现在却把迄今所存在的家庭关系完全颠倒了过来,这纯粹是因为家庭以外的分工已经不同了。从前保证妇女在家中占统治地位的同一原因——妇女只限于从事家务劳动——,现在却保证男子在家中占统治地位;妇女的家务劳动现在同男子谋取生活资料的劳动比较起来已经相形见绌;男子的劳动就是一切,妇女的劳动是无足轻重的附属品。在这里就已经表明,只要妇女仍然被排除于社会的生产劳动之外而只限于从事家庭的私人劳动,那么妇女的解放,妇女同男子的平等,现在和将来都是不可能的。妇女的解放,只有在妇女可以大量地、社会规模地参加生产,而家务劳动只占她们极少的工夫的时候,才有可能。而这只有依靠现代大工业才能办到,现代大工业不仅容许大量的妇女劳动,而且是真正要求这样的劳动,并且它还力求把私人的家务劳动逐渐融化在公共的事业中。

随着男子在家中的实际统治的确立，实行男子独裁的最后障碍便崩毁了。这种独裁，由于母权制的倾覆、父权制的实行、对偶婚制向专偶制的逐步过渡而被确认，并且永久化了。但是这样一来，在古代的氏族制度中就出现了一个裂口：个体家庭已经成为一种力量，并且以威胁的姿态起来与氏族对抗了。

下一步把我们引向野蛮时代高级阶段，一切文化民族都在这个时期经历了自己的英雄时代：铁剑时代，但同时也是铁犁和铁斧的时代。铁已在为人类服务，它是在历史上起过革命作用的各种原料中最后的和最重要的一种原料。所谓最后的，是指直到马铃薯的出现为止。铁使更大面积的田野耕作，广阔的森林地区的开垦，成为可能；它给手工业工人提供了一种其坚硬和锐利非石头或当时所知道的其他金属所能抵挡的工具。所有这些，都是逐渐实现的；最初的铁往往比青铜还软。所以，石制武器只是慢慢地消失的；不仅在《希尔德布兰德之歌》中，而且在1066年的黑斯廷斯会战中都还使用石斧。但是，进步现在是不可遏止地、更少间断地、更加迅速地进行着。用石墙、城楼、雉堞围绕着石造或砖造房屋的城市，已经成为部落或部落联盟的中心；这是建筑艺术上的巨大进步，同时也是危险增加和防卫需要增加的标志。财富在迅速增加，但这是个人的财富；织布业、金属加工业以及其他一切彼此日益分离的手工业，显示出生产的日益多样化和生产技术的日益改进；农业现在除了提供谷物、豆科植物和水果以外，也提供植物油和葡萄酒，这些东西人们已经学会了制造。如此多样的活动，已经不能由同一个人来进行了；于是发生了**第二次大分工**：手工业和农业分离了。生产的不断增长以及随之而来的劳动生产率的不断增长，提高了人的劳动力的价值；在前一阶段上刚刚产生并且是零散现象的奴隶制，现在成为社会制度的一个根本的组成部分；奴隶们不再是简单的助手了；他们被成批地赶到田野和工场去劳动。随着生产分为农业和手工业这两大主要部门，便出现了直接以交换为目的的生产，即商品生产；随之而来的是贸易，不仅有部落内部和部落边境的贸易，而且海外贸易也有了。然而，所有这一切都还很不发达；贵金属开始成为占优势的和普遍性的货币商品，但是还不是铸造的货币，只是不作加工按重量交换罢了。

除了自由民和奴隶的差别以外，又出现了富人和穷人的差别——随着新的分工，社会又有了新的阶级划分。各个家庭家长之间的财产差别，炸毁了各地迄今一直保存着的旧的共产制家庭公社；同时也炸毁了为这种公社而实行的土地的共同耕作。耕地起初是暂时地，后来便永久地分配给各个家庭使用，它向完全的私有财产的过渡，是逐渐进行的，是与对偶婚制向专偶制的过渡平行地发生的。个体家庭开始成为社会的经济单位了。

住得日益稠密的居民，对内和对外都不得不更紧密地团结起来。亲属部落的联盟，到处都成为必要的了；不久，各亲属部落的融合，从而分开的各个部落领土融合为一个民族［Volk］的整个领土，也成为必要的了。民族的军事首长——勒克斯、巴赛勒斯、狄乌丹斯——，成了不可缺少的常设的公职人员。还不存在人民大会的地方，也出现了人民大会。军事首长、议事会和人民大会构成了继续发展为军事民主制的氏族社会的各机关。其所以称为"军事"，是因为战争以及进行战争的组织现在已经成为民族生活的正常功能。邻人的财富刺激了各民族的贪欲，在这些民族那里，获取财富已成为最重要的生活目的之一。他们是野蛮人：掠夺在他们看来比用劳动获取更容易甚至更光荣。以前打仗只是为了对侵犯进行报复，或者是为了扩大已经感到不够的领土；现在打仗，则纯粹是为了掠夺，战争成了经常性的行当。在新的设防城市的周围屹立着高峻的墙壁并非无故：它们的堑壕成了氏族制度的墓穴，而它们的城楼已经高耸入文明时代了。内部也发生了同样的情形。掠夺战争加强了最高军事首长以及下级军事首长的权力；习惯地由同一家庭选出他们的后继者的办法，特别是从父权制实行以来，就逐渐转变为世袭制，他们最初是耐心等待，后来是要求，最后便僭取这种世袭制了；世袭王权和世袭贵族的基础奠定下来了。于是，氏族制度的机关就逐渐挣脱了自己在民族中，在氏族、胞族和部落中的根子，而整个氏族制度就转化为自己的对立物：它从一个自由处理自己事务的部落组织转变为掠夺和压迫邻近部落的组织，而它的各机关也相应地从人民意志的工具转变为独立的、压迫和统治自己人民的机关了。但是，如果不是对财富的贪欲把氏族成员分裂成富人和穷人，如果不是"同一氏族内部的财产差别把利益的一致变为氏族成员之间的对抗"（马克思语）①，如果不是奴隶制的盛行已经开始使人认为用劳动获取生活资料是只有奴隶才配做的、比掠夺更可耻的活动，那么这种情况是决不会发生的。

———

这样，我们就走到文明时代的门槛了。它是由分工方面的一个新的进步开始的。在野蛮时代低级阶段，人们只是直接为了自身的消费而生产；间或发生的交换行为也是个别的，只限于偶然的剩余物。在野蛮时代中级阶段，我们看到游牧民族已经有牲畜作为财产，这种财产，到了畜群具有相当规模的时候，就可以经常提供超出自身消费的若干余剩；同时，我们也看到了游牧民族和没有畜群的落后部落之间的分工，从而看到了两个并存的不同的生产阶段，也就是看到了进行经常交换的条件。在野蛮时代高级阶段，又进一步发生了农业和手工业之间的分工，于是劳动产品中日益增加的一部分是直接为了交换而生产的，这就把单个生产者之间的交换提升为社会的生活必需。文明时代巩固并加强了所有这些已经发生的各次分工，特别是通过加剧城市和乡村的对立（或者是像古代那样，城市在经济上统治乡村，或者是像中世纪那样，乡村在经济上统治城市）而使之巩固和加强，此外它又加上了一个第三次的、它所特有的、有决定意义的重要分工：它创造了一个不再从事生产而只从事产品交换的阶级——**商人**。在此以前，阶级的形成的一切萌芽，还都只是与生产相联系的；它们把从事生产的人分成了领导者和执行者，或者分成了规模较大和较小的生产者。这里首次出现一个阶级，它根本不参与生产，但完全夺取了生产的领导权，并在经济上使生产者服从自己；它成了每两个生产者之间的不可缺少的中间人，并对他们双方都进行剥削。在可以使生产者免除交换的辛劳和

---

① 马克思：《路易斯·亨·摩尔根〈古代社会〉一书摘要》，参看《马克思恩格斯全集》中文第1版第45卷，第522页。——编者注

风险，可以使他们的产品的销路扩展到遥远的市场，而自己因此就成为居民当中最有用的阶级的借口下，一个寄生阶级，真正的社会寄生虫阶级形成了，它从国内和国外的生产上榨取油水，作为对自己的非常有限的实际贡献的报酬，它很快就获得了大量的财富和相应的社会影响；正因为如此，它在文明时期便取得了越来越荣誉的地位和对生产的越来越大的统治权，直到最后它自己也生产出自己的产品——周期性的商业危机为止。

不过，在我们正在考察的这个发展阶段上，年轻的商人阶级还丝毫没有预感到它未来的伟大事业。但是这个阶级正在形成并且使自己成为必不可少的，而这就够了。随着这个阶级的形成，出现了**金属货币**即铸币，随着金属货币就出现了非生产者统治生产者及其生产的新手段。商品的商品被发现了，这种商品以隐蔽的方式包含着其他一切商品，它是可以任意变为任何值得向往和被向往的东西的魔法手段。谁有了它，谁就统治了生产世界。但是谁首先有了它呢？商人。他们把货币崇拜牢牢掌握在自己的手中。他们尽心竭力地叫人们知道，一切商品，从而一切商品生产者，都应该毕恭毕敬地匍匐在货币面前。他们在实践上证明，在这种财富本身的化身面前，其他一切财富形式都不过是一个影子而已。以后货币的权力再也没有像在它的这个青年时代那样，以如此原始的粗野和横暴的形式表现出来。在使用货币购买商品之后，出现了货币借贷，随着货币借贷出现了利息和高利贷。后世的立法，没有一个像古雅典和古罗马的立法那样残酷无情地、无可挽救地把债务人投在高利贷债权人的脚下——这两种立法都是作为习惯法而自发地产生的，都只有经济上的强制。

除了表现为商品和奴隶的财富以外，除了货币财富以外，这时还出现了表现为地产的财富。各个人对于原来由氏族或部落给予他们的小块土地的占有权，现在变得如此牢固，以致这些小块土地作为世袭财产而属于他们了。他们最近首先力求实现的，正是要摆脱氏族公社索取这些小块土地的权利，这种权利对他们已成为桎梏了。这种桎梏他们是摆脱了，但是不久他们也失去了新的土地所有权。完全的、自由的土地所有权，不仅意味着不折不扣和毫无限制地占有土地的可能性，而且也意味着把它出让的可能性。只要土地是氏族的财产，这种可能性就不存在。但是，当新的土地占有者彻底摆脱了氏族和部落的最高所有权这一桎梏的时候，他也就挣断了迄今把他同土地密不可分地连在一起的纽带。这意味着什么，和土地私有权同时被发明出来的货币，向他作了说明。土地现在可以成为出卖和抵押的商品了。土地所有权刚一确立，抵押就被发明出来了（见关于雅典的一章）。像淫游和卖淫紧紧跟着专偶制而来一样，如今抵押也紧紧跟着土地所有权而来了。你们曾希望有完全的、自由的、可以出售的土地所有权，那么好了，现在你们得到它了——这就是你所希望的，乔治·唐丹！①

这样，随着贸易的扩大，随着货币和货币高利贷、土地所有权和抵押的产生，财富便迅速地积聚和集中到一个人数很少的阶级手中，与此同时，大众日益贫困化，贫民的人数也日益增长。新的财富贵族，只要从一开始就恰巧不是旧的部落显贵，便把部落显贵完全排挤到后面去了（在雅典，在罗马，以及在德意志人中间）。随着这种按照财富把自由民分成各个阶级的划分，奴隶的人数特别是在希腊便大大增加②，奴隶的强制性劳动构成了整个社会的上层建筑所赖以建立的基础。

现在我们来看看，在这种社会变革中，氏族制度怎么样了。面对着没有它的参与而兴起的新因素，它显得软弱无力。氏族制度的前提，是一个氏族或部落的成员共同生活在纯粹由他们居住的同一地区中。这种情况早已不存在了。氏族和部落到处都杂居在一起，到处都有奴隶、被保护民和外地人在公民中间居住着。直到野蛮时代中级阶段末期才达到的定居状态，由于居住地受商业活动、职业变换和土地所有权转让的影响而变动不定，所以时常遭到破坏。氏族团体的成员再也不能集会来处理自己的共同事务了；只有不重要的事情，例如宗教节日，还勉强能够安排。除了氏族团体有责任并且能够予以保证的需要和利益以外，由于谋生条件的变革及

---

① 莫里哀：《乔治·唐丹》第1幕第9场。——编者注
② 雅典奴隶的人数见前第136页。在科林斯城全盛时代，奴隶的人数达46万人，在埃吉纳达47万人；在这两个地方奴隶的人数都等于自由民的10倍。

其所引起的社会结构的变化，又产生了新的需要和利益，这些新的需要和利益不仅同旧的氏族制度格格不入，而且还千方百计在破坏它。由于分工而产生的手工业集团的利益，城市的对立于乡村的特殊需要，都要求有新的机构；但是，每一个这种集团都是由属于极不相同的氏族、胞族和部落的人们组成的，甚至还包括外地人在内；因此，这种机构必须在氏族制度以外，与它并列地形成，从而又是与它对立的。——同时，在每个氏族团体中，也表现出利益的冲突，这种冲突由于富人和穷人、高利贷者和债务人结合于同一氏族和同一部落中而达到最尖锐的地步。——此外，又加上了大批新的、氏族公社以外的居民，他们在当地已经能够成为一种力量，像罗马的情况那样，同时他们人数太多，不可能被逐渐接纳到血缘亲属的血族和部落中来。氏族公社作为一种封闭的享有特权的团体与这一批居民相对立；原始的自然形成的民主制变成了可憎的贵族制。——最后，氏族制度是从那种没有任何内部对立的社会中生长出来的，而且只适合于这种社会。除了舆论以外，它没有任何强制手段。但是现在产生了这样一个社会，它由于自己的全部经济生活条件而必然分裂为自由民和奴隶，进行剥削的富人和被剥削的穷人，而这个社会不仅再也不能调和这种对立，反而必然使这些对立日益尖锐化。一个这样的社会，只能或者存在于这些阶级相互间连续不断的公开斗争中，或者存在于第三种力量的统治下，这第三种力量似乎站在相互斗争着的各阶级之上，压制它们的公开的冲突，顶多容许阶级斗争在经济领域内以所谓合法形式决出结果来。氏族制度已经过时了。它被分工及其后果即社会之分裂为阶级所炸毁。它被**国家**代替了。

———

前面我们已经分别考察了国家在氏族制度的废墟上兴起的三种主要形式。雅典是最纯粹、最典型的形式：在这里，国家是直接地和主要地从氏族社会本身内部发展起来的阶级对立中产生的。在罗马，氏族社会变成了封闭的贵族制，它的四周则是人数众多的、站在这一贵族制之外的、没有权利只有义务的平民；平民的胜利炸毁了旧的血族制度，并在它的废墟上面建立了国家，而氏族贵族和平民不久便完全融化在国家中了。最后，在战胜了罗马帝国的德意志人中间，国家是直接从征服广大外国领土中产生的，氏族制度不能提供任何手段来统治这样广阔的领土。但是，由于同这种征服相联系的，既不是跟旧有居民的严重斗争，也不是更加进步的分工；由于被征服者和征服者差不多处于同一经济发展阶段，从而社会的经济基础依然如故，所以，氏族制度能够以改变了的、地区的形式，即以马尔克制度的形式，继续存在几个世纪，甚至在以后的贵族血族和城市望族的血族中，甚至在农民的血族中，例如在迪特马申①，还以削弱了的形式复兴了一个时期。

可见，国家决不是从外部强加于社会的一种力量。国家也不像黑格尔所断言的是"伦理观念的现实"，"理性的形象和现实"。② 确切地说，国家是社会在一定发展阶段上的产物；国家是承认：这个社会陷入了不可解决的自我矛盾，分裂为不可调和的对立面而又无力摆脱这些对立面。而为了使这些对立面，这些经济利益互相冲突的阶级，不致在无谓的斗争中把自己和社会消灭，就需要有一种表面上凌驾于社会之上的力量，这种力量应当缓和冲突，把冲突保持在"秩序"的范围以内；这种从社会中产生但又自居于社会之上并且日益同社会相异化的力量，就是国家。

国家和旧的氏族组织不同的地方，第一点就是它**按地区**来划分它的国民。正如我们所看到的，由血缘关系形成和联结起来的旧的氏族公社已经很不够了，这多半是因为它们是以氏族成员被束缚在一定地区为前提的，而这种束缚早已不复存在。地区依然，但人们已经是流动的了。因此，按地区来划分就被作为出发点，并允许公民在他们居住的地方实现他们的公共权利和义务，不管他们属于哪一氏族或哪一部落。这种按照居住地组织国民的办法是一切国家共同的。因此，我们才觉得这种办法很自然；但是

---

① 对于氏族的本质至少已有大致概念的第一个历史编纂学家是尼布尔，这应归功于他熟悉迪特马申[69]的血族。但是他的错误也是直接由此而来的。
② 黑格尔：《法哲学原理》第257和360节。——编者注

449

我们已经看到，当它在雅典和罗马能够代替按血族来组织的旧办法以前，曾经需要进行多么顽强而长久的斗争。

第二个不同点，是**公共权力**的设立，这种公共权力已经不再直接就是自己组织为武装力量的居民了。这个特殊的公共权力之所以需要，是因为自从社会分裂为阶级以后，居民的自动的武装组织已经成为不可能了。奴隶也包括在居民以内；9万雅典公民，对于365000奴隶来说，只是一个特权阶级。雅典民主制的国民军，是一种贵族的、用来对付奴隶的公共权力，它控制奴隶使之服从；但是如前所述，为了也控制公民使之服从，宪兵队也成为必要了。这种公共权力在每一个国家里都存在。构成这种权力的，不仅有武装的人，而且还有物质的附属物，如监狱和各种强制设施，这些东西都是以前的氏族社会所没有的。在阶级对立还没有发展起来的社会和偏远的地区，这种公共权力可能极其微小，几乎是若有若无的，像有时在美利坚合众国的某些地方所看到的那样。但是，随着国内阶级对立的尖锐化，随着彼此相邻的各国的扩大和它们人口的增加，公共权力就日益加强。就拿我们今天的欧洲来看吧，在这里，阶级斗争和争相霸占已经把公共权力提升到大有吞食整个社会甚至吞食国家之势的高度。

为了维持这种公共权力，就需要公民缴纳费用——**捐税**。捐税是以前的氏族社会完全没有的。但是现在我们却十分熟悉它了。随着文明时代的向前进展，甚至捐税也不够了；国家就发行票据，借债，即发行**公债**。关于这点，老欧洲也已经屡见不鲜了。

官吏既然掌握着公共权力和征税权，他们就作为社会机关而凌驾于社会之上。从前人们对于氏族制度的机关的那种自由的、自愿的尊敬，即使他们能够获得，也不能使他们满足了；他们作为同社会相异化的力量的代表，必须用特别的法律来取得尊敬，凭借这种法律，他们享有了特殊神圣和不可侵犯的地位。文明国家的一个最微不足道的警察，都拥有比氏族社会的全部机构加在一起还要大的"权威"；但是文明时代最有势力的王公和最伟大的国家要人或统帅，也可能要羡慕最平凡的氏族酋长所享有的，不是用强迫手段获得的、无可争辩的尊敬。后者是站在社会之中,而前者却不得不企图成为一种处于社会之外和社会之上的东西。

由于国家是从控制阶级对立的需要中产生的,由于它同时又是在这些阶级的冲突中产生的,所以,它照例是最强大的、在经济上占统治地位的阶级的国家,这个阶级借助于国家而在政治上也成为占统治地位的阶级,因而获得了镇压和剥削被压迫阶级的新手段。因此,古希腊罗马时代的国家首先是奴隶主用来镇压奴隶的国家,封建国家是贵族用来镇压农奴和依附农的机关,现代的代议制的国家是资本剥削雇佣劳动的工具。但也例外地有这样的时期,那时互相斗争的各阶级达到了这样势均力敌的地步,以致国家权力作为表面上的调停人而暂时得到了对于两个阶级的某种独立性。17世纪和18世纪的专制君主制,就是这样,它使贵族和市民等级彼此保持平衡;法兰西第一帝国特别是第二帝国的波拿巴主义,也是这样,它唆使无产阶级去反对资产阶级,又唆使资产阶级来反对无产阶级。使统治者和被统治者都显得同样滑稽可笑的这方面的最新成就,就是俾斯麦国家的新的德意志帝国:在这里,资本家和工人彼此保持平衡,并为了破落的普鲁士土容克的利益而遭受同等的欺骗。

此外,在历史上的大多数国家中,公民的权利是按照财产状况分级规定的,这直接地宣告国家是有产阶级用来防御无产阶级的组织。在按照财产状况划分阶级的雅典和罗马,就已经是这样。在中世纪的封建国家中,也是这样,在那里,政治上的权力地位是按照地产来排列的。现代的代议制的国家的选举资格,也是这样。但是,对财产差别的这种政治上的承认,决不是本质的东西。相反,它标志着国家发展的低级阶段。国家的最高形式,民主共和国,在我们现代的社会条件下正日益成为一种不可避免的必然性,它是无产阶级和资产阶级之间的最后决定性斗争只能在其中进行到底的国家形式——这种民主共和国已经不再正式讲什么财产差别了。在这种国家中,财富是间接地但也是更可靠地运用它的权力的。其形式一方面是直接收买官吏(美国是这方面的典型例子),另一方面是政府和交易所结成联盟,而公债越增长,股份公司越是不仅把运输业而且把生产本身集中在自己手中,越是把交易所变成自己的中心,这一联盟就越容易实现。除了美国以外,最新的法兰西共和国,也是这方面的一个显著例证,甚至一本正经的瑞士,在这方面也作出了自己的成绩。不过,为了使政府和交易所结成这种兄弟般的联盟,并不一定要有民主共和国,除英国以外,新的德意志帝国也证明了这一点,在德国,很难说普选制究竟是把谁抬得更高,是把俾斯麦还是把布莱希勒德。最后,有产阶级是直接通过普选制来统治的。只要被压迫阶级——在我们这里就是无产阶级——还没有成熟到能够自己解放自己,这个阶级的大多数人就仍将承认现存的社会秩序是唯一可行的秩序,而在政治上成为资本家阶级的尾巴,构成它的极左翼。但是,随着被压迫阶级成熟到能够自己解放自己,它就作为独立的党派结合起来,选举自己的代表,而不是选举资本家的代表了。因此,普选制是测量工人阶级成熟性的标尺。在现今的国家里,普选制不能而且永远不会提供更多的东西;不过,这也就足够了。在普选制的温度计标示出工人的沸点的那一天,他们以及资本家同样都知道该怎么办了。

所以,国家并不是从来就有的。曾经有过不需要国家,而且根本不知国家和国家权力为何物的社会。在经济发展到一定阶段而必然使社会分裂为阶级时,国家就由于这种分裂而成为必要了。现在我们正在以迅速的步伐走向这样的生产发展阶段,在这个阶段上,这些阶级的存在不仅不再必要,而且成了生产的真正障碍。阶级不可避免地要消失,正如它们从前不可避免地产生一样。随着阶级的消失,国家也不可避免地要消失。在生产者自由平等的联合体的基础上按新方式来组织生产的社会,将把全部国家机器放到它应该去的地方,即放到古物陈列馆去,同纺车和青铜斧陈列在一起。

―――――

所以,根据以上所述,文明时代是社会发展的这样一个阶段,在这个阶段上,分工、由分工而产生的个人之间的交换,以及把这两者结合起来的商品生产,得到了充分的发展,完全改变了先前的整个社会。

先前的一切社会发展阶段上的生产在本质上是共同的生产,同样,消费也是在较大或较小的共产制共同体内部直接分配产品。生产的这种共同性是在极狭小的范围内实现的,但是它随身带来的是生产者对自己的生产过程和产品的支配。他们知道,产品的结局将是怎样:他们把产品消费掉,产品不离开他们的手;只要生产在这个基础上进行,它就不可能越出生产者的支配范围,也不会产生鬼怪般的、对他们来说是异己的力量,像在文明时代经常地和不可避免地发生的那样。

但是,分工慢慢地侵入了这种生产过程。它破坏生产和占有的共同性,它使个人占有成为占优势的规则,从而产生了个人之间的交换——这是如何发生的,我们前面已经探讨过了。商品生产逐渐地成了占统治地位的形式。

随着商品生产,即不再是为了自己消费而是为了交换的生产的出现,产品必然易手。生产者在交换的时候交出自己的产品;他不再知道产品的结局将会怎样。当货币以及随货币而来的商人作为中间人插进生产者之间的时候,交换过程就变得更加错综复杂,产品的最终命运就变得更加不确定了。商人是很多的,他们谁都不知道谁在做什么。商品现在已经不仅是从一手转到另一手,而且是从一个市场转到另一个市场;生产者丧失了对自己生活领域内全部生产的支配权,这种支配权商人也没有得到。产品和生产都任凭偶然性来摆布了。

但是,偶然性只是相互依存性的一极,它的另一极叫作必然性。在似乎也是受偶然性支配的自然界中,我们早就证实,在每一个领域内,都有在这种偶然性中去实现自身的内在的必然性和规律性。而适用于自然界的,也适用于社会。一种社会活动,一系列社会过程,越是超出人们的自觉的控制,越是超出他们支配的范围,越是显得受纯粹的偶然性的摆布,它所固有的内在规律就越是以自然的必然性在这种偶然性中去实现自身。这些规律也支配着商品生产和商品交换的偶然性:它们作为异己的、起初甚至是未被认识的、其本性尚待努力研究和探索的力量,同各个生产者和交换的参加者相对立。商品生产的这些经济规律,随这个生产形式的发展阶段的不同而有所变化,但是总的说来,整个文明期都处在这些规律的支配之下。直到今天，产品仍然支配着生产者；直到今天，社会的全部生产仍然不是由共同制定的计划，而是由盲目的规律来调节，这些盲目的规律，以自发的威力，最后在周期性商业危机的风暴中显示着自己的作用。

上面我们已经看到，在相当早的生产发展阶段上，人的劳动力就能够提供大大超过维持生产者生存所需要的产品了，这个发展阶段，基本上就是产生分工和个人之间的交换的那个阶段。这时，用不了多久就又发现一个伟大的"真理"：人也可以成为商品；如果把人变为奴隶，人力①也是可以交换和消费的。人们刚刚开始交换，他们本身也就被交换起来了。主动态变成了被动态，不管人们愿意不愿意。

随着在文明时代获得最充分发展的奴隶制的出现，就发生了社会分成剥削阶级和被剥削阶级的第一次大分裂。这种分裂继续存在于整个文明期。奴隶制是古希腊罗马时代世界所固有的第一个剥削形式；继之而来的是中世纪的农奴制和近代的雇佣劳动制。这就是文明时代的三大时期所特有的三大奴役形式；公开的而近来是隐蔽的奴隶制始终伴随着文明时代。

文明时代所由以开始的商品生产阶段，在经济上有下列特征：（1）出现了金属货币，从而出现了货币资本、利息和高利贷；（2）出现了作为生产者之间的中间阶级的商人；（3）出现了土地私有制和抵押；（4）出现了作为占统治地位的生产形式的奴隶劳动。与文明时代相适应并随之彻底确立了自己的统治地位的家庭形式是专偶制、男子对妇女的统治，以及作为社会经济单位的个体家庭。国家是文明社会的概括，它在一切典型的时期毫无例外地都是统治阶级的国家，并且在一切场合在本质上都是镇压被压迫被剥削阶级的机器。此外，文明时代还有如下的特征：一方面，是把城市和乡村的对立作为整个社会分工的基础固定下来；另一方面，是实行所有者甚至在死后也能够据以处理自己财产的遗嘱制度。这种同古代氏族制

---

① 在 1884 年版中不是"人力"，而是"人的劳动力"。——编者注

度直接冲突的制度，在雅典直到梭伦时代之前还没有过；在罗马，它很早就已经实行了，究竟在什么时候我们不知道①；在德意志人中间，这种制度是由教士引入的，为的是使诚实的德意志人能够毫无阻碍地将自己的遗产遗赠给教会。

文明时代以这种基本制度完成了古代氏族社会完全做不到的事情。但是，它是用激起人们的最卑劣的冲动和情欲，并且以损害人们的其他一切秉赋为代价而使之变本加厉的办法来完成这些事情的。鄙俗的贪欲是文明时代从它存在的第一日起直至今日的起推动作用的灵魂；财富，财富，第三还是财富——不是社会的财富，而是这个微不足道的单个的个人的财富，这就是文明时代唯一的、具有决定意义的目的。如果说在文明时代的怀抱中科学曾经日益发展，艺术高度繁荣的时期一再出现，那也不过是因为现代的一切积聚财富的成就不这样就不可能获得罢了。

由于文明时代的基础是一个阶级对另一个阶级的剥削，所以它的全部发展都是在经常的矛盾中进行的。生产的每一进步，同时也就是被压迫阶级即大多数人的生活状况的一个退步。对一些人是好事，对另一些人必然是坏事，一个阶级的任何新的解放，必然是对另一个阶级的新的压迫。这一情况的最明显的例证就是机器的采用，其后果现在已是众所周知的了。如果说在野蛮人中间，像我们已经看到的那样，不大能够区别权利和义务，那么文明时代却使这两者之间的区别和对立连最愚蠢的人都能看得出来，因为它几乎把一切权利赋予一个阶级，另方面却几乎把一切义务推给另一个阶级。

---

① 拉萨尔的《既得权利体系》[70]一书第二部的中心，主要是这样一个命题：罗马的遗嘱制同罗马本身一样古老，以致在罗马历史上，从来"没有过无遗嘱制的时代"，遗嘱制确切些说是在罗马以前的时代从对死者的崇拜中产生的。拉萨尔作为一个虔诚的老年黑格尔派，不是从罗马人的社会关系中，而是从意志的"思辨概念"中引伸出罗马的法的规定，从而得出了上述的完全非历史的论断。这在该书中是不足为奇的，因为该书根据同一个思辨概念得出结论，认为在罗马的继承制中财产的转移纯粹是次要的事情。拉萨尔不仅相信罗马法学家，特别是较早时期的罗马法学家的幻想，而且还比他们走得更远。

但是，这并不是应该如此的。凡对统治阶级是好的，对整个社会也应该是好的，因为统治阶级把自己与整个社会等同起来了。所以文明时代越是向前进展，它就越是不得不给它所必然产生的种种坏事披上爱的外衣，不得不粉饰它们，或者否认它们——一句话，即实行流俗的伪善，这种伪善，无论在较早的那些社会形式下还是在文明时代初期阶段都是没有的，并且最后在下述说法中达到了极点：剥削阶级对被压迫阶级进行剥削，完全是为了被剥削阶级本身的利益；如果被剥削阶级不懂得这一点，甚至想要造反，那就是对行善的人即对剥削者的一种最卑劣的忘恩负义行为。①

现在把摩尔根对文明时代的评断引在下面作一个结束：

> 自从进入文明时代以来，财富的增长是如此巨大，它的形式是如此繁多，它的用途是如此广泛，为了所有者的利益而对它进行的管理又是如此巧妙，以致这种财富对人民说来已经**变成了一种无法控制的力量。人类的智慧在自己的创造物面前感到迷惘而不知所措了**。然而，总有一天，人类的理智一定会强健到能够支配财富，一定会规定国家对它所保护的财产的关系，以及所有者的权利的范围。社会的利益绝对地高于个人的利益，必须使这两者处于一种公正而和谐的关系之中。只要进步仍将是未来的规律，像它对于过去那样，那么单纯追求财富就不是人类的最终的命运了。自从文明时代开始以来所经过的时间，只是人类已经经历过的生存时间的一小部分，只是人类将要经历的生存时间的一小部分。社会的瓦解，即将成为以财富为唯一的最终目的的那个历程的终结，因为这一历程包含着自我消灭的因素。管理上的民主，社会中的博爱，权利的平等，教育的普及，将揭开社会

---

① 我最初打算引用散见于沙尔·傅立叶著作中的对文明时代的卓越的批判，同摩尔根和我自己对文明时代的批判并列。可惜我没有时间来做这个工作了。现在我只想说明，傅立叶已经把专偶制和土地所有制作为文明时代的主要特征，他把文明时代叫作富人对穷人的战争。同样，我们也发现他有一个深刻的观点，即认为在一切不完善的、分裂为对立面的社会中，个体家庭（les familles incohérentes）是一种经济单位。

的下一个更高的阶段，经验、理智和科学正在不断向这个阶段努力。**这将是古代氏族的自由、平等和博爱的复活，但却是在更高级形式上的复活。**（摩尔根《古代社会》，第 552 页）

弗·恩格斯写于 1884 年 3 月底～5 月底　　　　　　　　　　原文是德文
1884 年以小册子形式在苏黎世出版　　　　　　选自《马克思恩格斯文集》第 4 卷，人民出版社，2009，第 32～198 页

注释：

[1] 普韦布洛印第安人是原居住在新墨西哥（今美国西南部和墨西哥北部）的一个部落集团的名称。他们的村庄是要塞式建筑，有五六层，可容纳上千人。因西班牙殖民者称这些宅居群为 pueblo（意为人民、村庄、公社）故而得名。普韦布洛印第安人同属史前阿纳萨齐人的有史时期的后裔，但他们的语言并不相同，分为四大语系。他们按居住地分为东西两支，东支有较发达的农业，种植多种农作物，并具有灌溉系统，掌握了复杂的、水平较高的建筑术，已接近阶级社会；西支则仍保留氏族制度。在路·亨·摩尔根《古代社会》一书中普韦布洛印第安人一般指印第安人的村庄；在休·豪·班克罗夫特《北美太平洋沿岸各州的土著民族》中，被用做美国西南部部落集团的总称。

[2] 这里的海盗是指中世纪斯堪的纳维亚各国侵扰英国、法国、南意大利、俄国等国沿海地区的半商海盗。

[3] 马克思在《路易斯·亨·摩尔根〈古代社会〉一书摘要》中写道："家庭是一个能动的要素，它从来不是静止不动的，而是由较低级的形式进到较高级的形式。反之，亲属制度却是被动的，它把家庭经过一个长久时期所发生的进步记录下来，并且只有当家庭已经根本变化了的时候，它才发生根本的变化。

　　　［同样，政治的、宗教的、法律的、哲学的体系，一般都是如此。］"从"反之，亲属制度……"开始，一直到这段结束，旁边有用红笔画的线："一般都是如此"下面有用红笔画的线（参看《马克思恩格斯全集》中文第 1 版第 45 卷，第 353～354 页）。

[4] 亚·日罗-特隆在《婚姻与家庭的起源》1884年日内瓦—巴黎版第 XV 页的脚注中沿用了索绪尔本人的这种提法。

[5] 马克思给恩格斯的这封信没有保存下来。但恩格斯在1884年4月11日给卡·考茨基的信中提到了这封信:"如果杜西能把信找到,书中还将包括马克思对理·瓦格纳的批评;这里有何联系,请您自己去想吧。"

[6] 这是理·瓦格纳的大型组歌剧《尼贝龙根的指环》的一句歌词,引自《瓦尔库蕾》第2幕。这部歌剧是作曲家瓦格纳根据斯堪的纳维亚史诗《艾达》(见注13)和德国史诗《尼贝龙根之歌》写成的。它包括以下四部歌剧:《莱茵的黄金》、《瓦尔库蕾》、《齐格弗里特》和《神的灭亡》。

《尼贝龙根之歌》是根据民族大迁徙时期(3~5世纪)的古代德意志神话和传说创作的德意志民间英雄史诗。这部叙事诗形成于公元1200年前后,作者不详。

[7] 《艾达》是一部斯堪的纳维亚各民族的神话和英雄的传说与歌曲的集子;保存下来的有两种形式,一种是13世纪的手稿,1643年为冰岛主教斯维因松所发现(即所谓老《艾达》,另一种是13世纪初诗人和编年史家斯诺里·斯图鲁逊所编的古代北欧歌唱诗人诗歌论集(即所谓小《艾达》)。《艾达》中的诗歌反映了氏族制度解体和民族大迁徙时期斯堪的纳维亚的社会状况。从中可以看到古代日耳曼人民间创作中的一些形象和情节。

《厄革斯德列克》是老《艾达》诗歌集中属于较晚时期的歌词之一。恩格斯在这里引的是这首诗歌的第32和36节。

[8] 亚萨神和瓦那神是斯堪的纳维亚神话中的两类神。

《英格林加传说》是中世纪冰岛诗人和编年史家斯诺里·斯图鲁逊所著关于挪威国王(从远古到12世纪)的《环球》一书中的第一个传说,该书是作者在13世纪上半叶根据有关挪威国王的历史记述以及冰岛和挪威的氏族传说编写成的。恩格斯在这里引的是第一个传说的第4章。

[9] 雅·巴霍芬的观点见他的《母权论》1861年斯图加特版第 XXIII 页。马克思的话引自《路·亨·摩尔根〈古代社会〉一书摘要》(参看《马克思恩格斯全集》中文第1版第45卷,第565页)。

[10] 见凯撒《高卢战记》第5卷第14章,他在这一章中谈到了野蛮时代中级阶段布列吞人的婚姻情况。

[11]《印度的居民》由约·福·沃森和约·威·凯编，1868～1872年伦敦版。下面的引文，见该书1868年伦敦版第2卷，第85页。

[12] 这里所谓级别制度中的级别是指婚姻等级或组别，澳大利亚的大多数部落都分成二至四个等级或组别。每一组别的男子只能与另一个一定的组别的女子通婚。

[13] 洛·法伊森和阿·威·豪伊特多年研究澳大利亚群婚制，他们共同取得的研究成果，见法伊森和豪伊特《卡米拉罗依人和库尔纳依人》（1880年墨尔本—悉尼—阿德莱德—布里斯班版）一书。

[14] 这段引文出自阿·莱特1874年5月19日写给路·亨·摩尔根的信，这封信曾全文发表在美国威斯康星州默纳沙出版的《美国人类学家》杂志（新辑）1933年第1期第138～140页。恩格斯转引自摩尔根《古代社会》1877年伦敦版第455页（摩尔根指明该信写于1873年），马克思在《路易斯·亨·摩尔根〈古代社会〉一书摘要》中也摘录了这段引文（参看《马克思恩格斯全集》中文第1版第45卷，第361页）。

[15] 见休·豪·班克罗夫特《北美太平洋沿岸各州的土著民族》1875年伦敦版第1卷，第565页。恩格斯在《休·豪·班克罗夫特〈北美太平洋沿岸各州的土著民族〉一书摘要》第10页上写道"……在节日里几个部落聚集在一起，目的是不加区别地发生性关系（这显然是古老的，是通过脱离了平日生活的旧习俗来重温往昔岁月的部落集团）。"恩格斯在1883年2月10日写给卡·考茨基的信中，也提到班克罗夫特谈到的加利福尼亚居民的情况。

[16] 沙特恩节是古罗马重要的节日之一，每年冬季农事结束后都要举行纪念农神沙特恩的节日。节日从12月17日开始，起初为一至三天，后来延长到五至七天。在节日期间举行群众性的盛宴和狂饮；奴隶得到暂时的自由，也可以参加沙特恩节，并与自由民同席。在沙特恩节期间盛行性关系的自由。"沙特恩节"遂成了表示纵情欢乐、盛宴狂饮的代名词。

[17] 1486年4月21日，西班牙国王天主教徒斐迪南五世在加泰罗尼亚农民起义的压力下，以起义农民和封建主之间的仲裁人的身份作出裁决，颁布了所谓《瓜达卢佩诏谕》，这一裁决因国王召见农民和封建主代表的地方而得名。裁决规定不得再把农民固定在土地上，并且取消了封建主裁判权和一些羞辱性的封建习俗，其中包括初夜权；为此农民必须付出大量的赎金。

[18] 扎德鲁加是塞尔维亚—克罗地亚人大家族,由同一父亲的若干后代及其妻子儿女组成的家庭公社(20～30人);大家共同生产,共同消费,19世纪后半期扎德鲁加逐渐解体。

[19] 见马·马·柯瓦列夫斯基的著作《原始的法》第一分册《氏族》1886年莫斯科版第32～38页。在这一著作中,柯瓦列夫斯基引用了1875年奥尔山斯基和1878年亚·雅·叶菲缅科提供的关于俄国的家庭公社的资料。

[20] 《雅罗斯拉夫的真理》是古俄罗斯的法典《俄罗斯的真理》古本第一册的名称,它是11世纪上半叶在当时习惯法的基础上产生的,其中既有封建权利的法规也有原始公社制度下形成的古老法规。这些法规反映了11～12世纪俄罗斯社会的经济和社会关系。

[22] Calpullis(卡尔普里)是墨西哥的印第安人被西班牙人征服时期的家庭公社。每一个家庭公社的全体成员都有着共同的世系,家庭公社占有一块公共的土地,土地不得让渡,也不得在继承者之间分配。阿·德·苏里塔在其著作《关于新西班牙的各类首领、法律、民俗、被征服前后确定的赋税等等的报告》中记述了calpullis,这一著作收入《有关美洲发现史的游记、报告和回忆录原本》,由泰尔诺-孔庞第一次用法文发表,1840年巴黎版第11卷,第50～64页。

[23] 马克思在《路易斯·亨·摩尔根〈古代社会〉一书摘要》中有这样一段文字:"而对奥林波斯山的女神们的态度,则反映了对妇女以前更自由和更有势力的地位的回忆。……"

[24] 斯巴达人是古斯巴达享有充分权利的公民。

黑劳士是被斯巴达征服的南伯罗奔尼撒的农民,属于古斯巴达无权的居民。黑劳士属于国家,并隶属于斯巴达人的土地,他们耕种斯巴达人个人使用的土地,向斯巴达人交纳国家规定的地租(约占收成的一半)。

[25] 恩格斯引用的可能是马克思和恩格斯的著作《德意志意识形态》手稿中未保留下来的10页上的一句话。不过在《德意志意识形态》中也表达过类似的思想。

[26] 庙奴是古希腊和希腊殖民地中属于神庙的男女奴隶。在许多地方,包括小亚细亚和科林斯,女庙奴都在神庙中从事卖淫活动。

[27] 恩格斯在这里套用了沙·傅立叶的话,见傅立叶的著作《关于普遍统一的理

论》1841年巴黎第2版第3卷(《傅立叶全集》第4卷),第120页;这部著作第1版书名为《论家务农业协作》1822年巴黎—伦敦版第1~2卷。

[28]《古德龙》又称《库德龙》,是13世纪德国的一部叙事诗。13世纪上半叶形成,作者不详,在16世纪的一部手稿中保存下来,直到19世纪初才被发现。

[29] 克兰即氏族,在凯尔特民族中,除指氏族外偶尔也指部落;在氏族关系解体时期,则指一群血缘相近且具有想象中的共同祖先的人们。克兰内部保存着土地公有制和氏族制度的古老习俗。在苏格兰和威尔士的个别地区,克兰一直存在到19世纪。

[30] 萨姆是马加尔人(见注20)的血缘团体的称谓,参看路·亨·摩尔根《古代社会》1977年商务印书馆版下册,第359页。

[31] 格·路·毛勒的主要著作有:《马尔克制度、农户制度、乡村制度、城市制度和公共政权的历史概论》1854年慕尼黑版;《德国马尔克制度史》1856年埃朗根版;《德国领主庄园、农户和农户制度史》1862~1863年埃朗根版第1~4卷;《德国乡村制度史》1865~1866年埃朗根版第1~2卷和《德国城市制度史》1869~1871年埃朗根版第1~4卷。

[32] "中立民族"指17世纪居住在伊利湖北岸的几个与易洛魁人血缘相近的印第安部落所组成的军事联盟。因为这些部落在易洛魁人和古朗人的战争中保持中立,因此法国殖民者称其为"中立民族"。

[33] 指祖鲁人和努比亚人反对英国殖民者的民族解放斗争。

1879年1月英国人向祖鲁人进攻,祖鲁人在自己的领袖开芝瓦约的领导下非常顽强地抵抗了英国殖民军达半年之久。英国殖民者只是由于在武器装备方面占巨大优势而在经过一系列战斗之后才取得胜利。直到1887年,英国人由于利用了他们在祖鲁人中间挑起的连续几年的部落混战,才得以最后征服祖鲁人。

19世纪70年代英国殖民者开始侵入苏丹,遇到苏丹各族人民的顽强抵抗。1881年爆发了以穆斯林传教主穆罕默德-艾哈默德(他自称"马赫迪",意即"救世主")为首的苏丹的努比亚人、阿拉伯人和其他民族的民族解放起义,起义于1883~1884年获得胜利,从英国殖民军手中解放了几乎全部国土。在起义的过程中成立了独立的统一的马赫迪国家。1899年,英国殖民军趁这个国家因连年战事和发生部落纷争而内部削弱之机，依靠武器的绝对优势，征服了苏丹。

[34] 指狄摩西尼在法庭上反驳欧布利得的演说词。演说词提到了共同的墓地只能埋葬本氏族死人的习俗。

[35] 恩格斯在这里提到的古希腊哲学家狄凯阿尔科斯没有保存下来的著作的片断，引自威·瓦克斯穆特的著作《从国家观点研究希腊古代》1826年哈雷版第1部第1篇，第312页。

[36] 见威·阿·贝克尔《哈里克尔。古代希腊习俗状况。对希腊人的私生活的较详细的介绍》1840年莱比锡版第2部447页；并参看马克思《路易斯·亨·摩尔根〈古代社会〉一书摘要》（《马克思恩格斯全集》中文第1版第45卷，第498页）。

[37] 参看菲斯泰尔·德·库朗日《古代城市》第3册第1章。见该书1864年巴黎—斯特拉斯堡版，第146页；并参看马克思《路易斯·亨·摩尔根〈古代社会〉一书摘要》（《马克思恩格斯全集》中文第1版第45卷，第506~507页）。

[38] 公元前477年通过的选举资格法规定，允许雅典公民第四阶级，即最低阶级自由的贫民担任民政职务。一部分历史学家曾认为这是从亚里斯泰迪兹时期开始的。

[39] 在古希腊城邦定居的外来移民被称做麦特克。他们虽有人身自由，但没有雅典的公民权利。他们不能参加人民大会，担任公职和占有不动产，不允许和雅典公民通婚等；他们可以从事手工业、商业等职业并参加祭祀庆祝活动，必须交纳特别的捐税和服兵役，但必须有全权的公民作为自己的保护人，在法庭上也只能由全权公民代为辩护。公元前5~4世纪，麦特克成为阿提卡的城市人口中重要的部分，在阿提卡的经济生活，尤其是贸易方面起了重要作用。

[40] 克利斯提尼革命指公元前509年雅典平民反对旧氏族贵族统治的斗争，其领袖是阿尔克梅奥尼德氏族的代表克利斯提尼。这次革命推翻了贵族的统治，并于公元前508年前后实行改革，消灭了氏族制度残余，为雅典民主制度的发展奠定了基础。

[41] 公元前560年贫困破产的贵族氏族的代表庇西特拉图夺取了雅典的政权，建

立了个人统治的制度即僭主政体。这种制度在庇西特拉图公元前527年去世前曾因他两次被逐出雅典而中断,后来一直延续到公元前510年庇西特拉图之子希庇亚斯被逐为止。不久,在雅典建立了以克利斯提尼为首的奴隶主民主派的统治。庇西特拉图旨在保护中小地主的利益反对氏族贵族的活动,没有引起雅典国家政治结构的重大改变。

[42] 十二铜表法是古罗马最早的成文法,它代替了原先在罗马有效的习惯法。习惯法的解释权原先操在贵族手中,在平民的要求下,成立了以亚庇乌斯·克劳狄乌斯为首的十人委员会(十人团),该委员会受托编制法律,公元前451年编出十表,次年又成立新的十人委员会,再编两表,先后刻在十二块铜牌上公布,故而得名,原物已散失,仅在拉丁作家文集中保存下来不完整的法律条文。十二铜表法反映了罗马社会财产分化的过程,奴隶制的发展和奴隶主国家的形成过程。十二铜表法是后来罗马法以及欧洲法学的渊源。

[43] 公元9年,在条顿堡林山会战中,阿尔米纽斯领导的德意志部落起义军歼灭了三个罗马军团,罗马军队的统帅普卜利乌斯·昆提利乌斯·瓦鲁斯自杀身亡。

  构成罗马人名的中间部分是表明其氏族属性的原名,由此可以推断瓦鲁斯是昆提利氏族的成员。

[44] 亚庇乌斯·克劳狄乌斯在公元前451年和450年被选进十人委员会(十人团),委员会受托制定法律,即著名的十二铜表法(见注49);在此期间,委员会享有充分权力,在期满以后,亚庇乌斯·克劳狄乌斯同十人团的其他人一起企图把委员会的权力延长到公元前449年;但是十人团尤其是亚庇乌斯·克劳狄乌斯的专横和暴力引起了平民的起义,十人团被推翻;亚庇乌斯·克劳狄乌斯被监禁,此后不久死在监狱。

[45] 布匿战争是古代地中海地区两个最大的奴隶制国家罗马和迦太基为了确立在地中海西部的统治,争夺新的土地和奴隶而进行的三次战争。第二次布匿战争发生于公元前218~201年,以迦太基的失败而告终。

[46] 路·朗格在《罗马的古代文化》一书中引用了路·胡施克论文中的这段话,见胡施克的学位论文《关于元老院决议赋予费策妮娅·希斯帕拉的特权》;同时参看梯特·李维《罗马建城以来的历史》,1822年格丁根版,第39卷第19章。

[47] 见巴·格·尼布尔《罗马史》1828年柏林修订第3版第1部，第352页。恩格斯的这段话转引自路·亨·摩尔根《古代社会》第315页的脚注。参看马克思《路易斯·亨·摩尔根〈古代社会〉一书摘要》(《马克思恩格斯全集》中文第1版第45卷，第418~419页)。

[48] 参看泰·蒙森《罗马史》1881年柏林第7版第1卷，第62~63页。该书第1卷第1版于1854年在莱比锡出版。

[49] 杜罗·德拉马尔的计算，见其著作《罗马人的政治经济学》1840年巴黎版第1卷第39及以下几页和第448页。该卷卷末附有新旧度量衡以及货币单位比较表。

[50] "德意志人"过去译为"日耳曼人"。在我国习惯上，"日耳曼人"是指中古以前的德意志人，"德意志人"是指中古以后的德意志人。但在德文中和恩格斯著作中，却没有这样的区别。恩格斯在本卷第105页指明："德意志人历史上最初的统称'日耳曼人'是由凯尔特人给他们取的……"本书中所用的"德意志人"、"德语"、"高地德意志语"、"德意志国家"等词，都译为"德意志"，不再一一加以区别。恩格斯在个别地方使用日耳曼一词的，则依原文译为"日耳曼"。

[51] 路·亨·摩尔根《古代社会》第2编第15章(《人类其他部落中的氏族》)对凯尔特人和日耳曼人的氏族阐述得比较简单，于是恩格斯决定撰写这一章。

摩尔根在上述著作第15章中还扼要地对其他各民族的氏族发表了看法。马克思在他的《路易斯·亨·摩尔根〈古代社会〉一书摘要》第2编第15章《人类其他部落中的氏族》(见《马克思恩格斯全集》中文第1版第45卷)中完全略去了摩尔根的这些见解。除一小段关于凯尔特人的摘录外，他集中摘记了日耳曼人氏族的材料，同时根据凯撒和塔西佗著作的拉丁文版本核对了摩尔根所引用的资料，在核对过程中又摘录了比摩尔根更多的原始资料。恩格斯在论述日耳曼人时使用了马克思搜集的原始资料。至于凯尔特人，他可能依据了自己在1869~1870年间写的《爱尔兰史》(见《马克思恩格斯全集》中文第1版第16卷)；在论述日耳曼人时，他利用了自己的《马尔克》、《论德意志人的古代历史》和《法兰克时代》(见《马克思恩格斯全集》中文第2版第25卷)等著作。

[52] 威尔士在1283年被英格兰人征服,但在这以后继续保持自治,直到16世纪中叶才完全并入英国。

[53] 1869~1870年,恩格斯着手编写一部长篇历史著作《爱尔兰史》。为此他曾开列了一个多达150余种图书的有关爱尔兰的书目,从这些著作中作的摘要共有15本,此外还有札记、单页资料、剪报等准备材料。但是1870年7月开始出现的一些重大历史事件迫使恩格斯中止了写作,这部未完成的《爱尔兰史》收入《马克思恩格斯全集》中文第1版第16卷。准备材料中的《戈尔德温·斯密斯〈爱尔兰历史和爱尔兰性格〉一书札记》和《有关爱尔兰没收土地历史的材料》收入《马克思恩格斯全集》中文第1版第45卷。后来,在写作《起源》时,恩格斯利用了这些准备材料和研究成果。这里谈到的有关威尔士法律的摘要,是指他当时对安·欧文受官方委托于1841年出版的历史资料集《威尔士的古代法律和规章》一书所作的摘要,见恩格斯1870年7月6日写给马克思的信。

[54] 1891年9月8~23日,恩格斯同玛·埃·罗舍和路·考茨基在苏格兰和爱尔兰旅行。

由于恩格斯是在1891年9月底拿到最后的清样的,所以这个注是后来才加上的。

[55] 1745~1746年苏格兰山民举行起义,反对英格兰—苏格兰的土地贵族和资产阶级的夺地运动。苏格兰高地的一部分贵族,为了保存封建宗法的氏族制度,并支持被推翻的斯图亚特王朝的代表们对英国王位的要求,利用了山民的不满。起义的失败彻底破坏了苏格兰山地氏族制度,加剧了剥夺苏格兰农民土地的进程。

[56] 阿勒曼尼亚法典是从5世纪起占有现在的阿尔萨斯、瑞士东部和德国西南部的阿勒曼尼亚德意志部落联盟的习惯法汇编;这一法典产生于6世纪末7世纪初和8世纪。恩格斯在这里引用的是《阿勒曼尼亚法典》第八十一(在另一版本中是八十四)条。

[57] 见马·马·柯瓦列夫斯基《原始的法》第一分册《氏族》1886年莫斯科版和《家庭及所有制的起源和发展概论》1890年斯德哥尔摩版。

[58] 《希尔德布兰德之歌》这部英雄史诗,是古代德意志叙事诗文献,反映了民族大迁徙后期东哥特人的习俗,流传于8世纪,保留下来的仅是一些片断。

[59] 见西西里的狄奥多鲁斯《史学丛书》第 4 卷第 34、43～44 章。

[60] 《女预言者的预言》（《Völuspá》）是《老艾达》（见注 13）中最著名的一首歌。描述了世界从创始到毁灭及其再生——和平与公正的胜利。下文引述的两行诗中的德译文为恩格斯所译。

[61] 齐维利斯领导的德意志部落和高卢部落反对罗马统治的起义发生在 69～70 年（有些史料记载发生在 69～71 年），这次起义是由于增加赋税、加紧募兵和罗马官吏的胡作非为所引起的。起义席卷了大部分高卢和被罗马统治的德意志地区，从而使罗马有失去这些地区的危险。起初起义者打了几次胜仗，之后却屡屡受挫，最后被迫同罗马媾和。

[62] 《洛尔希寺院文书》（《Codex Laureshamensis》）是授予洛尔希寺院的证书和特权的副本集子。洛尔希寺院是 764 年在法兰克王国建立，距沃尔姆斯城不远，是德国西南部的一个大封建领地。《洛尔希寺院文书》于 12 世纪编成，它汇集了有关特权和馈赠的各类寺院档案证书 3836 份。其中 2700 份是涉及 8～9 世纪的档案，是关于德国西南部农民和封建土地所有制的重要史料之一。

[63] 见克雷莫纳的利乌特普朗德《奖赏》第 6 卷第 6 章。

[64] 采邑（beneficium，字面意思是"恩赐"）是 8 世纪上半叶在法兰克王国盛行的一种赏赐土地的形式。一块块的土地连同居住在土地上的依附的农民一起以采邑的形式授予领用人（采邑主）终身享用，条件是要完成一定的、多半是军事性的义务。在领用人或采邑主死亡，或未完成义务以及田园荒芜的情况下，采邑就应当归还给原主或交给他的继承人，若要恢复采邑关系，就须第二次赏赐。实行分配采邑的不仅有王权，教会，而且还有豪绅巨富。采邑制度促进了封建主阶级、特别是中小贵族的形成，使农民群众处于更加受奴役的地位，同时促进了藩属关系和封建等级制的发展。后来采邑变成了世袭封地。恩格斯在《法兰克时代》这篇著作（见《马克思恩格斯全集》中文第 2 版第 25 卷）中揭示了采邑制度在封建制度形成史上的作用。

[65] 郡守是法兰克王国担任州郡领导的王室官吏。每位郡守在自己的区域内都享有司法权，可以征税和管辖军队，并在出征时统率军队。郡守在任内可以享有王室在该郡收入的三分之一，并获得赏赐的土地作为酬劳。后来郡守逐渐由王室委派的官员演变成大封建领主，他们拥有自主权，在 877 年正式建立

郡守官职的世袭制度以后，这种权力得到了加强。

[66] 指9世纪编成的圣日耳曼-德-普雷修道院地产登记册（地产、人口和收入登记册），以《修道院院长伊尔米农的地产登记册》的名称而闻名。恩格斯从地产登记册中引用的材料大概载于保·罗特《采邑制度史》1850年埃朗根版，第378页。

[67] 安加利是罗马帝国时期派给居民的义务，规定居民必须提供马匹和挑夫为政府运输，后来范围更加扩大了，成为居民的沉重负担。

[68] 依附制度是从8~9世纪起在欧洲盛行的农民受封建主"保护"，或者小封建主受大封建主"保护"的形式之一，接受保护需要一定的条件，即为"保护人"服兵役和承担其他徭役，并把自己的土地交给"保护人"，然后以有条件地占有的形式赎回这些土地。这对于那些迫于暴力而不得不这样做的农民来说，意味着人身自由的丧失，而对于小封建主来说，则意味着处于大封建主的藩属的地位。这种依附制度使农民陷于受奴役的境地，使封建等级制度得以巩固。

[69] 迪特马申是德国北部的一个地区，曾是自由民的一个要塞。自由民曾长期保留公社制度，反抗德国和丹麦封建主的征服。从12世纪中叶起迪特马申的居民逐渐取得独立。旧的地方贵族到13世纪事实上已经消失，在独立时期迪特马申仍是自治的农民公社的总和，这些农民公社的基础在许多地方都是旧有的农民氏族。到14世纪，迪特马申的最高权力属于全体土地自由占有者大会，后来转归三个由选举产生的委员会。1559年丹麦国王弗雷德里克二世、荷尔斯泰因公爵约翰和阿道夫的军队镇压了迪特马申居民的反抗，胜利者瓜分了这个地区。但是公社制度和部分自治在迪特马申一直保存到19世纪下半叶。

[70] 斐·拉萨尔《既得权利体系》第2部：《罗马和日耳曼继承权在历史—哲学发展中的实质》。该书第1版于1861年在来比锡出版。

弗·恩格斯

* 论封建制度的瓦解和
民族国家的产生[1]

当居于统治地位的封建贵族的疯狂争斗的喧嚣充塞着中世纪的时候，被压迫阶级的静悄悄的劳动却在破坏着整个西欧的封建制度，造成封建主的地位日益削弱的局面。固然，在农村里贵族老爷们还是作威作福，折磨农奴，靠他们的血汗过着奢侈生活，骑马践踏他们的庄稼，强奸他们的妻女。但是，周围已经兴起了城市：在意大利、法国南部和莱茵河畔，古罗马的自治市从灰烬中复活了；在其他地方，特别是在德意志内部，兴建着新的城市；这些城市总是用护城墙和护城壕围绕着，只有用大量军队才能攻下，因此是比贵族的城堡坚固得多的要塞。在这些城墙和城壕的后面，发展了中世纪手工业（十足行会的和小规模的），积累起最初的资本，产生了城市相互之间和城市与外界之间商业来往的需要，而与此同时，也逐渐产生了保护这种商业来往的手段。

在15世纪，城市市民在社会中已经比封建贵族更为不可或缺。诚然，农业仍旧是广大居民的营生，因而是主要的生产部门。但是，少数分散的在某些地方顶着贵族的侵夺而保存下来的自由农民却充分证明，在农业中重要的并不是贵族的寄生和压榨，而是农民的劳动。而且，贵族的需要也大大增加和改变了，甚至对于他们来说城市也是不可或缺的了；他们唯一的生产工具（铠甲和武器）还是从城市得到的！本国的织物、家具和装饰品,意大利的丝织品,布拉班特的花边,北方的毛皮,阿拉伯的香水,黎凡特的水果,印度的香料——所有这一切,除了肥皂以外,贵族都是从市民那里买到的。某种程度的世界贸易发展起来了;意大利人在地中海上航行,并越过地中海沿大西洋岸直达佛兰德;汉撒同盟的人在荷兰人和英国人加紧竞争的情况下仍然控制着北海和波罗的海。北方和南方各海上贸易中心之间通过陆地保持联系,实现这种联系的道路经过德意志。贵族越来越成为多余并且阻碍着发展,而城市市民却成为体现着进一步发展生产、贸易、教育、社会制度和政治制度的阶级了。

……

从中世纪早期的各族人民混合中,逐渐发展起新的民族[Nationalitäten],大家知道,在这一发展过程中,大多数从前罗马行省内的被征服者即农民和市民,把胜利者即日耳曼统治者同化了。因此,现代的民族[Nationalitäten]也同样是被压迫阶级的产物。关于怎样在一个地方发生了融合,而在另一个地方却发生了分离,我们从门克编制的中洛林各区地图上①可以看到一个明确的图景。只要看一下这个地图上的罗曼语和德语地名的分界线就会确信,这条分界线在比利时和下洛林一段上,和一百年前法语与德语的分界线基本上是一致的。某些地方还可以看到狭窄的争议地带,即两种语言争夺优势的地方;但是大体上已确定,哪儿应该仍然是德语地区,哪儿应该仍然是罗曼语地区。地图上大多数地名所具有的古下法兰克语形式和古高地德语形式证明,它们属于9世纪,最迟是10世纪的,所以,分界线到加洛林王朝末期就已经基本上划定了。在罗曼语的那一面,特别是在语言分界线附近,可以找到由德语的人名和罗曼语的地名合成的混合地名,例如,在马斯河以西凡尔登附近有:Eppone curtis, Rotfridi curtis, Ingolini curtis, Teudegisilo-villa,即今天的伊佩库尔、勒库尔—拉克勒、艾尔河畔昂布兰库尔、梯也尔维尔。

---

① 卡·施普鲁斯和泰·门克《中古史和近代史袖珍地图集》1874年哥达第3版第32图。

它们是罗曼语土地上的法兰克封建主领地、小块德意志移民区，先后被罗曼化了。在城市和某些农村地区有较大的德意志移民区，它们较长时间保留了自己的语言，例如《路易之歌》[2]就是9世纪末从这样一个移民区里出现的；但是，842年的国王和王公的誓文[3]（在誓文中罗曼语已经作为法兰克王国的正式语言出现）则证明，法兰克的大部分封建主在更早的时候就已罗曼化了。

语族一旦划分（撇开后来的侵略性的和毁灭性的战争，例如对易北河地区斯拉夫人[4]的战争不谈），很自然，这些语族就成了建立国家的一定基础，民族［Nationalitäten］开始向民族［Nationen］发展。洛林这个混合国家[5]的迅速崩溃，说明了早在9世纪的时候这一自发过程就已何等强烈。虽然在整个中世纪时期，语言的分界线和国家的分界线远不相符，但是每一个民族［Nationalität］，也许意大利除外，在欧洲毕竟都有一个特别的大的国家成为其代表；所以，日益明显日益自觉地建立民族国家［nationale Staaten］的趋向，成为中世纪进步的最重要杠杆之一。

在每一个这种中世纪的国家里，国王高踞于整个封建等级制的顶端，是附庸们不能撇开不要的最高首脑，而同时他们又不断反叛这个最高首脑。整个封建经济的基本关系（分封土地以取得一定的人身劳役和贡赋），在处于最初和最简单的形式时，就已经为斗争提供了充分的材料；特别是当有这样多的人有意寻衅的时候更是如此。而到中世纪后期，当各地的采邑关系造成了一团乱麻般的权利和义务——赐给的、剥夺的、重新恢复的、因罪过丧失的、作了改变的或另作限制的——，而这团乱麻又无法解开的时候，情况是怎样的呢？例如，大胆查理在他的一部分土地上是皇帝的臣仆，而在另一部分土地上则是法兰西国王的臣仆；但另一方面，法兰西国王，即大胆查理的领主，在某些地区同时又是其附庸大胆查理的臣仆。这样，冲突怎能避免呢？因此，才有向心力和离心力在漫长的世纪中变化不定地起着作用，向心力使附庸归向中心即王权，因为只有这个中心才能保护他们防御外敌和互相防御，而向心力则经常地、必然地变为离心力；因此，便有了王权和附庸之间的不断的斗争，他们的疯狂的喊叫在这整个漫长时期中淹没了一切，这时掠夺是自由的男子唯一值得干的行业；因此，才发生无穷无尽的、接连不断的一大串背叛、暗杀、毒害、阴谋和各种简直无法想象的卑鄙勾当，这些勾当又都隐藏在骑士精神的美名之下，并且不断地被传颂为荣誉和忠诚。

在这种普遍的混乱状态中，王权是进步的因素，这一点是十分清楚的。王权在混乱中代表着秩序，代表着正在形成的民族［Nation］而与分裂成叛乱的各附庸国的状态对抗。在封建主义表层下形成的一切革命因素都依赖王权，正像王权依赖它们一样。王权和市民阶级的联盟发端于10世纪；这一联盟往往因冲突而破裂（要知道在整个中世纪期间，事情并不是一直朝一个方向发展的），破裂后又重新恢复，并且越发巩固、越发强大，直到这一联盟帮助王权取得最后胜利，而王权则以奴役和掠夺回报它的盟友。

无论国王或市民，都从新兴的**法学家**等级中找到了强大的支持。随着罗马法被重新发现，教士即封建时代的法律顾问和非宗教界的法学家之间出现了分工。不言而喻，这批新的法学家一开始在实质上就属于市民等级；而且，他们本身所学的、所教的和所应用的法律，按其性质来说实质上也是反封建的，在某些方面还是市民阶级的。罗马法是纯粹私有制占统治的社会的生活条件和冲突的十分经典性的法律表现，以致一切后来的立法都不能对它做任何实质性的修改。但是，中世纪的市民阶级所有制还同封建的限制密切交织在一起，例如，这种所有制主要由特权构成。因此，从这个意义上来说，罗马法比当时的市民阶级的关系要先进得多。但是，市民阶级所有制在历史上的进一步发展，只能使这种所有制变成纯粹的私有制，而实际情况也正是如此。这种发展理应在罗马法中找到强大的助力；因为在罗马法中，凡是中世纪后期的市民阶级还在不自觉地追求的东西，都已经现成地存在了。

诚然，在很多情况下，罗马法为贵族进一步压迫农民提供了借口，例如，当农民不能提出书面证明使自己免除普通的义务的时候就是这样。但这并没有使问题的实质有所改变。即使没有罗马法，贵族也能找到各种这样的借口，并且每天都在找到这样的借口。不管怎样，实施这种绝对不承认封建关系和充分预料到现代私有制的法律，是一个重大的进步。

我们已经看到，在中世纪后期的社会中，封建贵族是怎样在经济方面开始成为多余，甚至成为障碍；它是怎样在政治上也已阻碍城市的发展，阻碍当时只有在君主制形式中才有可能存在的民族国家的发展。尽管如此，还是有一种情况在维持着封建贵族：直到此时为止他们仍然保持着军事上的垄断地位，没有他们就不能进行战争，一仗也不能打。这种局面也必须改变，应该采取最后步骤向封建贵族表明：他们统治社会和国家的时期结束了，他们的骑士身份再也没有用了，即使在战场上也是如此。

同封建经济作斗争而使用本身就是封建的军队（这种军队的士兵同他们的直接的封建领主的联系要比他们同国王军队指挥部的联系更为紧密），显然意味着陷入绝境，寸步难行。所以，从14世纪初起，国王们就力图摆脱这种封建军队，建立自己的军队。从这时起我们就看到，在国王军队中，由招募或雇佣的部队组成的部分不断增长。最初建立的多半是步兵部队，它们由城市游民和逃亡农奴组成，其中包括伦巴第人、热那亚人、德意志人、比利时人等等，他们被用来驻防城市或进行围攻，起初在野战中几乎不被使用。但是到中世纪末，我们就已经看到，有些骑士连同他们的不知用什么方法招募的扈从队投奔外国君主，受雇为他们服务，这种迹象表明了封建军事制度的彻底崩溃。

同时，在城市和在自由农民中间（在还保留着自由农民或重新出现自由农民的地方），形成了建立能征善战的步兵的基本条件。在这以前，骑士和他们的骑兵扈从与其说是军队的核心，不如说就是军队本身；随军征伐的大群农奴后备步兵是不算数的，看来他们到战场上只是为了逃跑和抢劫。在封建制度继续繁荣时期，即13世纪末以前，进行和决定一切战争的是骑兵。从这以后，情况改变了，而且各地是同时改变的。在英国，农奴制度逐渐消灭，形成了一个人数众多的自由农民即土地占有者（自耕农）或佃农的阶级，他们是善于使用当时英国的民族武器——弓箭——的新步兵的来源。这种射箭手不论在行军中是否骑马，在作战时总是徒步的，他们的出现促使英国军队的战术发生了根本变化。从14世纪起，在地形和其他条件容许的地方，英国的骑士是选择徒步战斗的。射箭手先开始战斗，挫折敌人的斗志，后边就是徒步骑士的密集方阵等候敌人的攻击，或者待适当时机向前冲锋，只有一部分骑士仍然骑着马，以便在紧要关头侧击增援。当年英国人在法国不断取得胜利[6]，主要是由于在军队中恢复了防御因素。这些战役大部分是采用了进攻性反击的防御战，就像威灵顿在西班牙和比利时进行的战役一样。[7]随着法国人采用新战术（可能是从他们雇用的意大利弩手起着英国射箭手的作用的时候起），英国人的胜利就告终了。

同样，在14世纪初期，佛兰德各城市的步兵已经敢于在野战中对抗法国的骑士，并且时常取胜；而阿尔布雷希特皇帝企图把帝国的瑞士自由农民出卖给奥地利大公（皇帝本人也是奥地利大公），由此推动了第一支现代的、负有全欧威名的步兵的建立。[8]由于瑞士人战胜了奥地利人，特别是战胜了勃艮第人，才最终使铠甲骑士（骑马的或下马的）屈服于步兵，使封建军队屈服于新兴的现代军队，使骑士屈服于市民和自由农民。瑞士人为了一开始就证明自己的共和国——欧洲第一个独立的共和国——的资产阶级性质，便立即把他们的军事荣誉**变成了金钱**。一切政治上的考虑全都消失了：各州变成了招募事务所，为出价最高的人鸣鼓招募雇佣兵。在其他地方，特别是在德意志，也响起了募兵的鼓声；但是，瑞士政府的厚颜无耻（它好像只是为了出卖自己的国民而存在），直到德意志各邦君在民族耻辱最深重时期超过它以前，始终是无人能及的。

后来，同样在14世纪，阿拉伯人把火药和大炮经过西班牙传到了欧洲。直到中世纪末，小型火器还不重要，这一点是可以理解的，因为在克雷西作战的英国射箭手的弓箭同在滑铁卢作战的步兵的滑膛枪射得一样远，而且或许射得更准些（虽然效果不同）。野炮也同样处于幼年时期；

相反，重炮却已经多次打穿骑士城堡的无掩蔽的石墙，向封建贵族宣告：他们的统治随着火药的出现而告终了。

印刷术的推广，古代文献研究的复兴，从1450年起日益强大和日益普遍的整个文化运动，[9]所有这一切都有利于市民阶级和王权反对封建制度的斗争。

所有这些原因的共同作用（由于这些原因日益增强的、越来越朝同一方向发展的相互影响，这种共同作用也逐年增强），在15世纪下半叶就决定了对封建制度的胜利，尽管这还不是市民阶级的胜利，而是王权的胜利。在欧洲各个地方，直到尚未走完封建制度道路的边远地区，王权都同时取得了胜利。在比利牛斯半岛，当地的两个罗曼语部落合并成西班牙王国，于是说普罗旺斯语的阿拉贡王国就屈从于卡斯蒂利亚的标准语①；第三个部落则把它的各语言区（加利西亚除外）合并成为葡萄牙王国即伊比利亚的荷兰，它从内地分了出去，并且用它的海上活动证明了它独立存在的权利。

在法国，路易十一在勃艮第这个中间国家灭亡[10]以后，终于在当时还是极为残缺不全的法国领土上广泛恢复了以王权为代表的民族统一，以致他的继承者②已经能够干涉意大利的内乱[11]；而这个统一仅仅由于宗教改革[12]才一度在短期内成为问题。

英国终于停止了它在法国的会使它继续流血的唐·吉诃德式的侵略战争；封建贵族在蔷薇战争[13]中寻找补偿，而收获超过了他们原来的打算：他们互相消耗殆尽，结果使都铎王朝登上了王位，其拥有的王权超过了以前和以后的所有王朝。斯堪的纳维亚各国早已合并。波兰自从和立陶宛合并[14]以后，在王权尚未削弱的情况下，进入了它的光辉时期；甚至在俄国，在征服诸侯的同时，又摆脱了鞑靼人的压迫，这种局面由伊万三世最后固定下来。全欧洲只剩下两个国家，在那里，王权和那时无王权便不可

---

① 阿拉贡王国和卡斯蒂利亚王国于1479年合并。——编者注
② 查理八世。——编者注

能出现的民族统一根本不存在,或者只是名义上存在,这就是意大利和德意志。

弗·恩格斯写于 1884 年底
第一次用俄文发表于《无产阶级革命》杂志 1935 年第 6 期

原文是德文
中文根据《马克思恩格斯全集》德版第 21 卷翻译
选自《马克思恩格斯文集》第 4 卷,人民出版社,2009,第 215～216、218～225 页

注释:

[1]《论封建制度的瓦解和民族国家的产生》是恩格斯阐述马克思主义民族理论的重要著作。恩格斯在这篇文章中揭示了 15～16 世纪西欧资本主义生产关系和社会关系在封建制度的解体中逐渐形成和发展的历史过程,论述了欧洲民族国家的形成及其特点,为无产阶级政党深入了解民族国家的历史、现状和发展前景,批判资产阶级在民族国家问题上散布的历史唯心主义观点,提供了锐利的理论武器。

　　这篇文章写于 1884 年底,是恩格斯为准备新版《德国农民战争》写的未完成的文稿。恩格斯在 1844 年 12 月 31 日写给弗·阿·左尔格的信中,谈到他打算彻底修订《德国农民战争》一书,将把 1525 年农民战争"作为全部德国历史的轴心"加以论述,因此要对全书的开头和结尾从史实方面加以充实。在修订《德国农民战争》时,恩格斯利用了自己以前写的德国历史提纲,特别是《关于德国的札记》的手稿。从这篇文稿的内容来判断,它应该是新版《德国农民战争》引言的一部分或第一章的内容。但是,恩格斯由于工作繁忙,出版《德国农民战争》新版的计划未能实现。这篇文章在写作时未加标题,现在的标题系编者所加。这篇文章第一次用俄文发表于 1935 年《无产阶级革命》杂志第 6 期。

[2]《路易之歌》是中世纪一位无名诗人的诗作,是用古高地德语(莱茵法兰克语)于 9 世纪末完成的叙事诗。这首诗是献给西法兰克王路易三世的颂词,赞扬他在 881 年打败了诺曼人。

[3] 指842年在东法兰克王德意志路德维希和西法兰克王秃头查理及其封臣们在斯特拉斯堡相互间所作的效忠誓约的文本,文本保存完好,采用古高地德语和古法兰西语写成。

[4] 易北河地区斯拉夫人是指居住在从易北河到奥得河的中欧地区的西方斯拉夫人组成的部落。沿易北河地区斯拉夫人曾多次击退德意志部落的频繁的入侵,而从10世纪起,他们又不断遭到德意志封建主的进犯。虽然他们顽强抵抗,但在12世纪,经过血腥的侵略战争,德意志封建主们占领了他们的土地。一部分斯拉夫居民被杀灭,一部分受德意志征服者奴役,并在暴力下被迫德意志化。

[5] 指中法兰克国家。中法兰克国家是9世纪中叶,由斯海尔德河、莱茵河、马斯河和索恩河之间的地区组成,是洛塔尔二世从其父亲洛塔尔一世皇帝那里继承的土地,这个国家按洛塔尔二世的名字得名为洛林。870年洛塔尔二世死后,洛林大致按语言的分界线被分给他的两个兄弟即东法兰克王德意志路德维希和西法兰克王秃头查理。

[6] 指英国人在英法百年战争时期(1337~1453年)取得的胜利。战争的起因是两国封建贵族争夺佛兰德地区的工商业城市,因为这些城市是英国羊毛的主要购买地。此外,英国国王爱德华三世(法王菲力浦四世的外孙)觊觎法国王位,他提出继承王位的要求,并于1337年11月对法宣战。英国于战争初期连续获胜,1360年双方缔结布雷蒂尼和约,法国大片领土划归英国。14世纪60年代末法国军队连续发动攻势,至70年代,英国人几乎全部被赶出法国。

[7] 指阿·威灵顿在1808~1813年伊比利亚半岛战争期间反对法国的战争和1815年6月18日滑铁卢(比利时)会战中取得了胜利。最为著名的是1809年的塔拉韦拉会战和1812年的萨拉曼卡会战,在这两次战斗中,威灵顿因采取了进攻性反击的战术而大获全胜。

[8] 1346年8月26日,在法国西北部克雷西附近进行了百年战争中的一个大战役;以自由农民组成的步兵为基干的英国军队重挫了以纪律松弛的骑士队为主力的法国军队。

1815年6月18日,拿破仑的军队在滑铁卢(比利时)会战中被阿·威灵顿指挥的英荷联军及格·布吕歇尔指挥的普鲁士军队击败。这次会战在1815

年的战局中起了决定性作用,它预示了第七次反法同盟的彻底胜利和拿破仑帝国的崩溃。

[9] 15世纪中叶,约·谷登堡发明的活字印刷术成了推动15～16世纪科学和文化发展的主要因素之一,并最终促进了世界生产力的提高。

[10] 勃艮第公国是9世纪在法国东部塞纳河和卢瓦尔河上游地区建立的,后来兼并了大片领土(弗朗什孔泰,法国北部一部分和尼德兰),在14～15世纪发展成了独立的封建国家,15世纪下半叶在勃艮第公爵大胆查理时代达到鼎盛。勃艮第公国力图扩张自己的属地,成了建立中央集权的法兰西君主国的障碍;勃艮第的封建贵族和法国封建主结成联盟,共同对抗法国国王路易十一的中央集权政策,并对瑞士和洛林发动了侵略战争。路易十一建立了瑞士人和洛林人的联盟来对付勃艮第。在反对联盟的战争(1474～1477年)中大胆查理的军队被击溃,他本人在南锡附近的会战(1477年)中被瑞士、洛林联军击毙;勃艮第公国本土遂为法国所并,尼德兰部分则转归哈布斯堡王朝。

[11] 1494年法国国王查理八世利用意大利政治上的分裂和意大利各邦之间的纷争,入侵意大利并占领了那不勒斯王国。但是第二年,意大利各邦联盟就在德意志皇帝马克西米利安一世和西班牙国王斐迪南二世的支持下把法国军队驱逐出去了。查理八世的远征军是所谓意大利战争(1494～1559年)的开端,战争期间,意大利屡遭法国、西班牙和德国侵略者进犯,成了他们为争夺亚平宁半岛统治权而长期斗争的场所。

[12] 指胡格诺运动。16世纪胡格诺运动虽然是在加尔文教派的宗教口号下开展起来的,但是实质上却与该教的资产阶级内容毫不相干。参加运动的是不同的社会阶层,也包括农民和手工业者;这一运动被封建显贵和贵族所利用,他们对正在形成的专制国家的中央集权政策不满,力图恢复他们曾享有的中世纪的地方"自由"。胡格诺派与天主教集团之间的内战,即所谓胡格诺战争,断断续续地从1562年延续到1594年。封建主和资产阶级十分害怕具有反封建性质和一定规模的人民运动,战争驱使他们联合在胡格诺教徒的前领袖纳瓦拉的亨利(波旁新王朝的代表)的周围。1593年纳瓦拉的亨利放弃加尔文教派,改宗天主教,次年在巴黎正式加冕成为法国国王,号亨利四世,胡格诺战争遂告结束。

[13] 蔷薇战争亦称玫瑰战争，是1455~1485年在英国约克家族和兰开斯特家族之间为争夺王位而进行的战争。约克家族的族徽上饰有白色蔷薇，兰开斯特家族的族徽上则饰有红色蔷薇。站在约克家族一方的有经济比较发达的南部的一部分大封建主，以及骑士和市民阶层；支持兰开斯特家族的则是北部诸郡的封建贵族。这场家族之间自相残杀的战争几乎使古老的封建家族消灭殆尽，其后英国建立了新的都铎王朝，并实行专制政体。

[14] 波兰和立陶宛于1385年尝试进行第一次合并，当时两国签订了所谓克拉科夫合并条约，其目的主要在于共同抵御日益严重的条顿骑士团的侵略。15世纪中叶以前，合并曾数度被废除和恢复，并逐渐从防御性的联合变成了波兰的和立陶宛的封建主反对乌克兰人和白俄罗斯人的联合。1569年签订了卢布林合并条约，根据这个条约波兰和立陶宛合并成一个国家，称为波兰贵族共和国；立陶宛保持自治权。

弗·恩格斯

路德维希·费尔巴哈和德国古典哲学的终结（节选）[1]

……

三

我们一接触到费尔巴哈的宗教哲学和伦理学，他的真正的唯心主义就显露出来了。费尔巴哈决不希望废除宗教，他希望使宗教完善化。哲学本身应当融化在宗教中。

> 人类的各个时期仅仅由于宗教的变迁而彼此区别开来。某一历史运动，只有在它深入人心的时候，才是根深蒂固的。心不是宗教的形式，因而不应当说宗教也存在于心中；心是宗教的本质。[2]（引自施达克的书，第168页）

按照费尔巴哈的看法，宗教是人与人之间的感情的关系、心灵的关系，过去这种关系是在现实的虚幻映象中（借助于一个神或许多神，即人类特性的虚幻映象）寻找自己的真理，现在却直接地而不是间接地在我和你之间的爱中寻找自己的真理了。归根到底，在费尔巴哈那里，性爱即使不是他的新宗教借以实现的最高形式,也是最高形式之一。

人与人之间的、特别是两性之间的感情关系,是自从有人类以来就存在的。而性爱在最近800年间获得了这样的发展和地位,竟成了这个时期中一切诗歌必须环绕着旋转的轴心了。现存的通行的宗教只限于使国家对性爱的管理即婚姻立法神圣化;这些宗教也许明天就会完全消失,但是爱情和友谊的实践并不会发生丝毫变化。在法国,从1793年到1798年,基督教的确曾经消失到这种程度,连拿破仑去恢复它也不能不遇到抵抗和困难,但是在这一期间,并没有感觉到需要用费尔巴哈意义上的宗教去代替它。

在这里,费尔巴哈的唯心主义就在于:他不是抛开对某种在他看来也已成为过去的特殊宗教的回忆,直截了当地按照本来面貌看待人们彼此间以相互倾慕为基础的关系,即性爱、友谊、同情、舍己精神等等,而是断言这些关系只有在用宗教名义使之神圣化以后才会获得自己的完整的意义。在他看来,主要的并不是存在着这种纯粹人的关系,而是要把这些关系看作新的、真正的宗教。这些关系只是在盖上了宗教的印记以后才被认为是完满的。宗教一词是从 religare 一词来的,本来是联系的意思。因此,两个人之间的任何联系都是宗教。这种词源学上的把戏是唯心主义哲学的最后一着。这个词的意义,不是按照它的实际使用的历史发展来决定,而竟然按照来源来决定。因此,仅仅为了使宗教这个对唯心主义回忆很宝贵的名词不致从语言中消失,性爱和性关系竟被尊崇为"宗教"。在40年代,巴黎的路易·勃朗派改良主义者正是这样说的,他们也认为不信宗教的人只是一种怪物,并且对我们说:因此,无神论就是你们的宗教!费尔巴哈想以一种本质上是唯物主义的自然观为基础建立真正的宗教,这就等于把现代化学当做真正的炼金术。如果无神的宗教可以存在,那么没有哲人之石的炼金术也可以存在了。况且,炼金术和宗教之间是有很紧密的联系的。哲人之石有许多类似神的特性,公元头两世纪埃及和希腊的炼金术士在基督教学说的形成上也出了一份力量。柯普和拜特洛所提供的材料就证明了这一点。

费尔巴哈的下面这个论断是绝对错误的：

人类的各个时期仅仅由于宗教的变迁而彼此区别开来。

重大的历史转折点有宗教变迁**相伴随**，只是就迄今存在的三种世界宗教——佛教、基督教和伊斯兰教而言。古老的自发产生的部落宗教和民族宗教是不传布的，一旦部落或民族的独立遭到破坏，它们便失掉任何抵抗力；拿日耳曼人来说，甚至他们一接触正在崩溃的罗马世界帝国以及它刚刚采用的、适应于它的经济、政治、精神状态的世界基督教，这种情形就发生了。仅仅在这些多少是人工造成的世界宗教，特别是基督教和伊斯兰教那里，我们才发现比较一般的历史运动带有宗教的色彩，甚至在基督教传播的范围内，具有真正普遍意义的革命也只有在资产阶级解放斗争的最初阶段即从13世纪到17世纪，才带有这种宗教色彩；而且，这种色彩不能像费尔巴哈所想的那样，用人的心灵和人的宗教需要来解释，而要用以往的整个中世纪的历史来解释，中世纪的历史只知道一种形式的意识形态，即宗教和神学。但是到了18世纪，资产阶级已经强大得足以建立他们自己的、同他们的阶级地位相适应的意识形态了，这时他们才进行了他们的伟大而彻底的革命——法国革命，而且仅仅诉诸法律的和政治的观念，只是在宗教挡住他们的道路时，他们才理会宗教；但是他们没有想到要用某种新的宗教来代替旧的宗教；大家知道，罗伯斯比尔在这方面曾遭受了怎样的失败。

同他人交往时表现纯粹人类感情的可能性，今天已经被我们不得不生活于其中的、以阶级对立和阶级统治为基础的社会破坏得差不多了。我们没有理由把这种感情尊崇为宗教，从而更多地破坏这种可能性。同样，对历史上的重大的阶级斗争的理解，特别是在德国，已经被流行的历史编纂学弄得够模糊了，用不着我们去把这些斗争的历史变为教会史的单纯附属品，使这种理解成为完全不可能。由此可见，现在我们已经离开费尔巴哈多么远了。他那赞美新的爱的宗教的"最美丽的篇章"现在已经不值一读了。

　　费尔巴哈认真地研究过的唯一的宗教是基督教，即以一神教为基础的西方的世界宗教。他指出，基督教的神只是人的虚幻的反映、映象。但是，这个神本身是长期的抽象过程的产物，是以前的许多部落神和民族神集中起来的精华。与此相应，被反映为这个神的人也不是一个现实的人，而同样是许多现实的人的精华，是抽象的人，因而本身又是一个思想上的形象。费尔巴哈在每一页上都宣扬感性，宣扬专心研究具体的东西、研究现实，可是这同一个费尔巴哈，一谈到人们之间纯粹的性关系以外的某种关系，就变成完全抽象的了。

　　……

四

　　……

　　但是，社会发展史却有一点是和自然发展史根本不相同的。在自然界中（如果我们把人对自然界的反作用撇开不谈）全是没有意识的、盲目的动力，这些动力彼此发生作用，而一般规律就表现在这些动力的相互作用中。在所发生的任何事情中，无论在外表上看得出的无数表面的偶然性中，或者在可以证实这些偶然性内部的规律性的最终结果中，都没有任何事情是作为预期的自觉的目的发生的。相反，在社会历史领域内进行活动的，是具有意识的、经过思虑或凭激情行动的、追求某种目的的人；任何事情的发生都不是没有自觉的意图，没有预期的目的的。但是，不管这个差别对历史研究，尤其是对各个时代和各个事变的历史研究如何重要，它丝毫不能改变这样一个事实：历史进程是受内在的一般规律支配的。因为在这一领域内，尽管各个人都有自觉预期的目的，总的说来在表面上好像也是偶然性在支配着。人们所预期的东西很少如愿以偿，许多预期的目的在大多数场合都互相干扰，彼此冲突，或者是这些目的本身一开始就是实现不了的，或者是缺乏实现的手段的。这样，无数的单个愿望和单个行动的冲突，在历史领域内造成了一种同没有意识的自然界中占统治地位的状况完全相似的状况。行动的目的是预期的，但是行动实际产生的结果并不是预期的，或者这种结果起初似乎还和预期的目的相符合，而到了最后却完全不是预期的结果。这样，历史事件似乎总的说来同样是由偶然性支配着的。但是，在表面上是偶然性在起作用的地方，这种偶然性始终是受内部的隐蔽着的规律支配的，而问题只是在于发现这些规律。

无论历史的结局如何，人们总是通过每一个人追求他自己的、自觉预期的目的来创造他们的历史，而这许多按不同方向活动的愿望及其对外部世界的各种各样作用的合力，就是历史。因此，问题也在于，这许多单个的人所预期的是什么。愿望是由激情或思虑来决定的。而直接决定激情或思虑的杠杆是各式各样的。有的可能是外界的事物，有的可能是精神方面的动机，如功名心、"对真理和正义的热忱"、个人的憎恶，或者甚至是各种纯粹个人的怪想。但是，一方面，我们已经看到，在历史上活动的许多单个愿望在大多数场合下所得到的完全不是预期的结果，往往是恰恰相反的结果，因而它们的动机对全部结果来说同样地只有从属的意义。另一方面，又产生了一个新的问题：在这些动机背后隐藏着的又是什么样的动力？在行动者的头脑中以这些动机的形式出现的历史原因又是什么？

旧唯物主义从来没有给自己提出过这样的问题。因此，它的历史观——如果它有某种历史观的话，——本质上也是实用主义的，它按照行动的动机来判断一切，把历史人物分为君子和小人，并且照例认为君子是受骗者，而小人是得胜者。旧唯物主义由此得出的结论是，在历史的研究中不能得到很多有教益的东西；而我们由此得出的结论是，旧唯物主义在历史领域内自己背叛了自己，因为它认为在历史领域中起作用的精神的动力是最终原因，而不去研究隐藏在这些动力后面的是什么，这些动力的动力是什么。不彻底的地方并不在于承认**精神的**动力，而在于不从这些动力进一步追溯到它的动因。相反，历史哲学，特别是黑格尔所代表的历史哲学，认为历史人物的表面动机和真实动机都决不是历史事变的最终原因，认为这些动机后面还有应当加以探究的别的动力；但是它不在历史本身中寻找这种动力,反而从外面,从哲学的意识形态把这种动力输入历史。例如黑格尔,他不从古希腊历史本身的内在联系去说明古希腊的历史,而只是简单地断言,古希腊的历史无非是"美好的个性形式"的制定,是"艺术作品"本身的实现。① 在这里,黑格尔关于古希腊人作了许多精彩而深刻的论述,但是这并不妨碍我们今天对那些纯属空谈的说明表示不满。

因此,如果要去探究那些隐藏在——自觉地或不自觉地,而且往往是不自觉地——历史人物的动机背后并且构成历史的真正的最后动力的动力,那么问题涉及的,与其说是个别人物、即使是非常杰出的人物的动机,不如说是使广大群众、使整个整个的民族,并且在每一民族中间又是使整个整个阶级行动起来的动机;而且也不是短暂的爆发和转瞬即逝的火光,而是持久的、引起重大历史变迁的行动。探讨那些作为自觉的动机明显地或不明显地,直接地或以意识形态的形式,甚至以被神圣化的形式反映在行动着的群众及其领袖即所谓伟大人物的头脑中的动因——这是能够引导我们去探索那些在整个历史中以及个别时期和个别国家的历史中起支配作用的规律的唯一途径。使人们行动起来的一切,都必然要经过他们的头脑;但是这一切在人们的头脑中采取什么形式,这在很大程度上是由各种情况决定的。现在工人不再像1848年在莱茵地区那样简单地捣毁机器,但是,这决不是说,他们已经容忍按照资本主义方式应用机器。

但是,在以前的各个时期,对历史的这些动因的探究几乎是不可能的,因为它们和自己的结果的联系是混乱而隐蔽的,在我们今天这个时期,这种联系已经简化了,以致人们有可能揭开这个谜了。从采用大工业以来,就是说,至少从1815年签订欧洲和约以来,在英国,谁都知道,土地贵族(landed aristocracy)和资产阶级(middle class)这两个阶级争夺统治的要求,是英国全部政治斗争的中心。在法国,随着波旁王室的返国,同样的事实也被人们意识到了;复辟时期的历史编纂学家,从梯叶里到基

---

① 参看黑格尔《历史哲学讲演录》第2部第2篇。——编者注

佐、米涅和梯也尔,总是指出这一事实是理解中世纪以来法国历史的钥匙。而从1830年起,在这两个国家里,工人阶级即无产阶级,已被承认是为争夺统治而斗争的第三个战士。当时关系已经非常简化,只有故意闭起眼睛的人才看不见,这三大阶级的斗争和它们的利益冲突是现代历史的动力,至少是这两个最先进国家的现代历史的动力。

但是,这些阶级是怎样产生的呢?初看起来,那种从前是封建的土地占有制的起源,还可以(至少首先可以)归于政治原因,归于暴力掠夺,但是对于资产阶级和无产阶级,这就说不通了。在这里,显而易见,这两大阶级的起源和发展是由于纯粹经济的原因。而同样明显的是,土地占有制和资产阶级之间的斗争,正如资产阶级和无产阶级之间的斗争一样,首先是为了经济利益而进行的,政治权力不过是用来实现经济利益的手段。资产阶级和无产阶级这两个阶级是由于经济关系发生变化,确切些说,是由于生产方式发生变化而产生的。最初是从行会手工业到工场手工业的过渡,随后又是从工场手工业到使用蒸汽和机器的大工业的过渡,使这两个阶级发展起来了。在一定阶段上,资产阶级推动的新的生产力——首先是分工和许多局部工人在一个综合性手工工场里的联合——以及通过生产力发展起来的交换条件和交换需要,同现存的、历史上继承下来的而且被法律神圣化的生产秩序不相容了,就是说,同封建社会制度的行会特权以及许多其他的个人特权和地方特权(这些特权对于非特权等级来说都是桎梏)不相容了。资产阶级所代表的生产力起来反抗封建土地占有者和行会师傅所代表的生产秩序了;结局是大家都知道的:封建桎梏被打碎了,在英国是逐渐打碎的,在法国是一下子打碎的,在德国还没有完全打碎。但是,正像工场手工业在一定发展阶段上曾经同封建的生产秩序发生冲突一样,大工业现在已经同代替封建生产秩序的资产阶级生产秩序相冲突了。被这种秩序、被资本主义生产方式的狭隘范围所束缚的大工业,一方面使全体广大人民群众越来越无产阶级化,另一方面生产出越来越多的没有销路的产品。生产过剩和大众的贫困,两者互为因果,这就是大工业所陷入的荒谬的矛盾,这个矛盾必然要求通过改变生产方式来使生产力摆脱桎梏。

因此，在现代历史中至少已经证明，一切政治斗争都是阶级斗争，而一切争取解放的阶级斗争，尽管它必然地具有政治的形式（因为一切阶级斗争都是政治斗争），归根到底都是围绕着**经济**解放进行的。因此，至少在这里，国家，政治制度是从属的东西，而市民社会，经济关系的领域是决定性的因素。从传统的观点看来（这种观点也是黑格尔所尊崇的），国家是决定的因素，市民社会是被国家决定的因素。表面现象是同这种看法相符合的。就单个人来说，他的行动的一切动力，都一定要通过他的头脑，一定要转变为他的意志的动机，才能使他行动起来，同样，市民社会的一切要求（不管当时是哪一个阶级统治着），也一定要通过国家的意志，才能以法律形式取得普遍效力。这是问题的形式方面，这方面是不言而喻的；不过要问一下，这个仅仅是形式上的意志（不论是单个人的或国家的）有什么内容呢？这一内容是从哪里来的呢？为什么人们所期望的正是这个而不是别的呢？在寻求这个问题的答案时，我们就发现，在现代历史中，国家的意志总的说来是由市民社会的不断变化的需要，是由某个阶级的优势地位，归根到底，是由生产力和交换关系的发展决定的。

但是，既然甚至在拥有巨量生产资料和交往手段的现代，国家都不是一个具有独立发展的独立领域，而它的存在和发展归根到底都应该从社会的经济生活条件中得到解释，那么，以前的一切时代就必然更是这样了，那时人们物质生活的生产还没有使用这样丰富的辅助手段来进行，因而这种生产的必要性必不可免地在更大程度上支配着人们。既然在今天这个大工业和铁路的时代，国家总的说来还只是以集中的形式反映了支配着生产的阶级的经济需要，那么，在以前的时代，国家就必然更加是这样了，那时每一代人都要比我们今天更多得多地耗费一生中的时间来满足自己的物质需要，因而要比我们今天更多地依赖于这种物质需要。对从前各个时代的历史的研究，只要在这方面是认真进行的，都会最充分地证实这一点；但是，在这里当然不能进行这种研究了。

……

国家作为第一个支配人的意识形态力量出现在我们面前。社会创立一个机关来保护自己的共同利益,免遭内部和外部的侵犯。这种机关就是国家政权。它刚一产生,对社会来说就是独立的,而且它越是成为某个阶级的机关,越是直接地实现这一阶级的统治,它就越独立。被压迫阶级反对统治阶级的斗争必然要变成政治的斗争,变成首先是反对这一阶级的政治统治的斗争;对这一政治斗争同它的经济基础的联系的认识,就日益模糊起来,并且会完全消失。即使在斗争参加者那里情况不完全是这样,但是在历史编纂学家那里差不多总是这样的。在关于罗马共和国内部斗争的古代史料中,只有阿庇安一人清楚而明确地告诉我们,这一斗争归根到底是为什么进行的,即为土地所有权进行的。

但是,国家一旦成了对社会来说是独立的力量,马上就产生了另外的意识形态。这就是说,在职业政治家那里,在公法理论家和私法法学家那里,同经济事实的联系就完全消失了。因为经济事实要以法律的形式获得确认,必须在每一个别场合都采取法律动机的形式,而且,因为在这里,不言而喻地要考虑到现行的整个法的体系,所以,现在法律形式就是一切,而经济内容则什么也不是。公法和私法被看做两个独立的领域,它们各有自己的独立的历史发展,它们本身都可以系统地加以说明,并需要通过彻底根除一切内部矛盾来作出这种说明。

更高的即更远离物质经济基础的意识形态,采取了哲学和宗教的形式。在这里,观念同自己的物质存在条件的联系,越来越错综复杂,越来越被一些中间环节弄模糊了。但是这一联系是存在着的。从15世纪中叶起的整个文艺复兴时期,本质上是城市的从而是市民阶级的产物,同样,从那时起重新觉醒的哲学也是如此。哲学的内容本质上仅仅是那些和中小市民阶级发展为大资产阶级的过程相适应的思想的哲学表现。在上一世纪的那些往往既是哲学家又是政治经济学家的英国人和法国人那里,这种情形是表现得很明显的,而在黑格尔学派那里,这一情况我们在上面已经说明了。

现在我们再简略地谈谈宗教,因为宗教离开物质生活最远,而且好像同物质生活最不相干。宗教是在最原始的时代从人们关于他们自身的自然和周围的外部自然的错误的、最原始的观念中产生的。但是，任何意识形态一经产生，就同现有的观念材料相结合而发展起来，并对这些材料作进一步的加工；不然，它就不是意识形态了，就是说，它就不是把思想当做独立地发展的、仅仅服从自身规律的独立存在的东西来对待了。人们头脑中发生的这一思想过程，归根到底是由人们的物质生活条件决定的，这一事实，对这些人来说必然是没有意识到的，否则，全部意识形态就完结了。因此，大部分是每个有亲属关系的民族集团所共有的这些原始的宗教观念，在这些集团分裂以后，便在每个民族那里依各自遇到的生活条件而独特地发展起来，而这一过程对一系列民族集团来说，特别是对雅利安人（所谓印欧人）来说，已由比较神话学详细地证实了。这样在每一个民族中形成的神，都是民族的神，这些神的王国不越出它们所守护的民族领域，在这个界线以外，就无可争辩地由别的神统治了。只要这些民族存在，这些神也就继续活在人们的观念中；这些民族没落了，这些神也就随着灭亡。罗马世界帝国使得古老的民族没落了（关于罗马世界帝国产生的经济条件，我们没有必要在这里加以研究），古老的民族的神就灭亡了，甚至罗马的那些仅仅适合于罗马城这个狭小圈子的神也灭亡了；罗马曾企图除本地的神以外还承认和供奉一切多少受崇敬的异族的神，这就清楚地表明了有以一种世界宗教来充实世界帝国的需要。但是一种新的世界宗教是不能这样用皇帝的敕令创造出来的。新的世界宗教，即基督教，已经从普遍化了的东方神学，特别是犹太神学同庸俗化了的希腊哲学，特别是斯多亚派哲学的混合中悄悄地产生了。我们必须重新进行艰苦的研究，才能够知道基督教最初是什么样子，因为它那流传到我们今天的官方形式仅仅是尼西亚宗教会议[3]为了使它成为国教而赋予它的那种形式。它在250年后已经变成国教这一事实，足以证明它是适应时势的宗教。在中世纪，随着封建制度的发展，基督教成为一种同它相适应的、具有相应的封建等级制的宗教。当市民阶级兴起的时候，新教异端首先在法国南部的阿尔比派[4]中间，在那里的城市最繁荣的时代，同封建的天主教相对抗而发展起来。中世纪把意识形态的其他一切形式——哲学、政治、法学，都合并到神学中，使它们成为神学中的科目。因此，当时任何社会运动和政治运动都不得不采取神学的形式；对于完全由宗教培育起来的群众感情说来，要掀起巨大的风暴，就必须让群众的切身利益披上宗教的外衣出现。市民阶级从最初起就给自己制造了一种由无财产的、不属于任何公认的等级的城市平民、短工和各种仆役所组成的附属品，即后来的无产阶级的前身，同样，宗教异端也早就分成了两派：市民温和派和甚至也为市民异教徒所憎恶的平民革命派。

新教异端的不可根绝是同正在兴起的市民阶级的不可战胜相适应的；当这个市民阶级已经充分强大的时候，他们从前同封建贵族进行的主要是地方性的斗争便开始采取全国性的规模了。第一次大规模的行动发生在德国，这就是所谓的宗教改革[5]。那时市民阶级既不够强大又不够发展，不足以把其他的反叛等级——城市平民、下层贵族和乡村农民——联合在自己的旗帜之下。贵族首先被击败；农民举行了起义，形成了这次整个革命运动的顶点；城市背弃了农民，革命被各邦君主的军队镇压下去了，这些君主攫取了革命的全部果实。从那时起，德国有整整三个世纪从那些能独立地干预历史的国家的行列中消失了。但是除德国人路德外，还出现了法国人加尔文，他以真正法国式的尖锐性突出了宗教改革的资产阶级性质，使教会共和化和民主化。当路德的宗教改革在德国已经蜕化并把德国引向灭亡的时候，加尔文的宗教改革却成了日内瓦、荷兰和苏格兰共和党人的旗帜，使荷兰摆脱了西班牙和德意志帝国的统治，并为英国发生的资产阶级革命的第二幕提供了意识形态的外衣。在这里，加尔文教派显示出它是当时资产阶级利益的真正的宗教外衣，因此，在1689年革命[6]由于一部分贵族同资产阶级间的妥协而结束以后，它也没有得到完全的承认。英国的国教会恢复了，但不是恢复到它以前的形式，即由国王充任教皇的天主教，而是强烈地加尔文教化了。旧的国教会庆祝欢乐的天主教礼拜日，反对枯燥的加尔文教派礼拜日。新的资产阶级化的国教会，则采用后一种礼拜日，这种礼拜日至今还在装饰着英国。

在法国，1685年加尔文教派中的少数派曾遭到镇压，被迫皈依天主教或者被驱逐出境。[7]但是这有什么用处呢？那时自由思想家皮埃尔·培尔已经在忙于从事活动，而1694年伏尔泰也诞生了。路易十四的暴力措施只是使法国的资产阶级更便于以唯一同已经发展起来的资产阶级相适应的、非宗教的、纯粹政治的形式进行自己的革命。出席国民议会的不是新教徒，而是自由思想家了。由此可见，基督教进入了它的最后阶段。此后，它已不能成为任何进步阶级的意向的意识形态外衣了；它越来越变成统治阶级专有的东西，统治阶级只把它当做使下层阶级就范的统治手段。同时，每个不同的阶级都利用它自己认为适合的宗教：占有土地的容克利用天主教的耶稣会派或新教的正统派，自由的和激进的资产者则利用理性主义，至于这些先生们自己相信还是不相信他们各自的宗教，这是完全无关紧要的。

这样，我们看到，宗教一旦形成，总要包含某些传统的材料，因为在一切意识形态领域内传统都是一种巨大的保守力量。但是，这些材料所发生的变化是由造成这种变化的人们的阶级关系即经济关系引起的。在这里只说这一点就够了。

……

弗·恩格斯写于1886年初
载于1886年《新时代》杂志第4年卷第4、5期

原文是德文
选自《马克思恩格斯文集》第4卷，人民出版社，2009，第287~290、301~312页

注释：

[1]《路德维希·费尔巴哈和德国古典哲学的终结》是恩格斯阐述马克思主义哲学基本原理的重要著作。在这篇著作中，恩格斯论述了马克思主义哲学形成和发展的历史过程，具体说明了它的理论来源和自然科学基础，详细论证了马克思主义哲学同德国古典哲学之间的批判继承关系和本质区别，深刻地分析

了马克思主义哲学的诞生在哲学领域中引起革命变革的实质和意义,系统地阐述了辩证唯物主义和历史唯物主义的基本原理。他第一次提出"全部哲学,特别是近代哲学的重大的基本问题,是思维和存在的关系问题"(见本卷第277页),哲学家们依照对思维和存在、精神和物质何者为本原的问题的不同回答而分成唯物主义和唯心主义两大阵营。恩格斯同时指出,思维和存在的关系问题还有另一个方面,即我们的思维能不能正确认识世界的问题,对这一问题的不同回答形成可知论和不可知论。恩格斯批驳了怀疑和否定人认识世界的可能性的错误观点,指出对这一哲学怪论的"最令人信服的驳斥是实践,即实验和工业"(见本卷第279页)。他论述了马克思主义哲学产生的自然科学基础,阐明了自然科学的发展,特别是19世纪中叶自然科学领域中的三大发现对辩证唯物主义的自然观和历史观形成的作用,指出:"随着自然科学领域中每一个划时代的发现,唯物主义也必然改变自己的形式"(见本卷第281页)。他阐明了辩证唯物主义的自然观和社会历史观的一致性,同时论述了社会发展史不同于自然发展史的特点,指出"在社会历史领域内进行活动的,是具有意识的、经过思虑或凭激情行动的、追求某种目的的人",但社会发展史与自然发展史的不同特点"丝毫不能改变这样一个事实;历史进程是受内在的一般规律支配的";"在表面上是偶然性在起作用的地方,这种偶然性始终是受内部的隐蔽着的规律支配的,而问题只是在于发现这些规律"(见本卷第302页)。这篇著作还系统地论述了历史发展的动力、经济基础的决定作用和上层建筑的反作用、人民群众是历史的创造者等历史唯物主义基本原理。

列宁认为,这篇著作"同《共产党宣言》一样,都是每个觉悟工人必读的书籍"(见《列宁全集》中文第2版第23卷,第42页)。

这部著作写于1886年初,最初刊登在德国社会民主党的理论杂志《新时代》1886年第4年卷第4、5期;1888年在斯图加特出版了单行本。恩格斯专门写了序言,并在该书附录中第一次发表了马克思的《关于费尔巴哈的提纲》(见《马克思恩格斯文集》第1卷)。

1889年圣彼得堡出版的杂志《北方通报》第3、4期刊登了恩格斯这篇著作的俄译文,标题为《德国古典唯心主义哲学的危机》;1890年,这篇著作被译成波兰文;1892年,日内瓦劳动解放社全文发表了格·普列汉诺夫翻译的俄译文,同年葡萄牙文译文面世;1894 年,在巴黎出版的法国社会主义月刊《新纪元》第 4 期和第 5 期刊载了劳·拉法格翻译并经恩格斯审阅的法译文。

这篇著作最早由林超真译成中文,发表在 1929 年 10 月上海沪滨书局出版的《宗教·哲学·社会主义》一书;1929 年 12 月上海南强书局出版了彭嘉生的中译本;1937 年上海生活书店出版了张仲实的中译本。

[2] 这段引文摘自路·费尔巴哈的著作《哲学原理。变化的必然性》,见卡·格律恩《路德维希·费尔巴哈的书简、遗稿及其哲学特征的阐述》1874 年莱比锡-海德堡版第 1 卷,第 407 页。

[3] 尼西亚宗教会议是基督教会第一次世界性主教会议。这次会议是 325 年由罗马皇帝君士坦丁一世在小亚细亚的尼西亚城召开,约 300 名主教或代表主教的长老出席。会议针对当时教会存在的"三位一体"派和阿里乌派的信仰分歧,通过了一切基督徒必须遵守"三位一体"的信条(正统基督教教义的基本原则),不承认信条以叛国罪论。会议还制定了教会法规,以加强主教权力,实为加强皇帝权力。因主教由皇帝任免,从此基督教变为罗马帝国国教。

[4] 阿尔比派是基督教的一个教派,12～13 世纪广泛传播于法国南部和意大利北部的城市,其主要发源地是法国南部阿尔比城。阿尔比派反对天主教的豪华仪式和教阶制度,它以宗教的形式反映了城市商业和手工业居民对封建制度的反抗。法国南部的部分贵族也加入了阿尔比派,他们企图剥夺教会的土地。法国北部的封建主和教皇称该派为南方法兰西的"异教徒"。1209 年教皇英诺森三世曾组织十字军征讨阿尔比派。经过 20 年战争和残酷的镇压,阿尔比派运动终于失败。

[5] 指 16 世纪德国马丁·路德领导的宗教改革运动。参看恩格斯《德国农民战争》第二章(《马克思恩格斯全集》第 2 卷)。

[6] 1689 年革命指 1688 年英国政变。这次政变驱逐了斯图亚特王朝的詹姆斯二世,宣布荷兰共和国的执政者奥伦治的威廉三世为英国国王。从 1689 年起,在英国确立了以土地贵族和大资产阶级的妥协为基础上的立宪君主制。这次没有人民群众参加的政变被资产阶级史学家称做"光荣革命"。

[7] 17 世纪 20 年代起对胡格诺教徒(加尔文派新教徒)施加的政治迫害和宗教迫害加剧,路易十四于 1685 年取消了亨利四世 1598 年颁布的南特敕令。这

个敕令曾给予胡格诺教徒以信教和敬神的自由；由于南特敕令的取消，数十万胡格诺教徒离开了法国。

恩格斯在这封信里答复了纽文胡斯在把小册子《社会主义从空想到科学的发展》翻译成荷兰文时向他提出的一些问题。在这本小册子里还收入了恩格斯的文章《马尔克》（见《马克思恩格斯全集》中文版第 19 卷，第 351~369 页）作为附录。

弗·恩格斯

恩格斯致斐迪南·多梅拉·纽文胡斯[1]

海 牙

1886年2月4日于伦敦

尊敬的同志：

您的《我国是如何管理的》一书，我看得津津有味：首先，因为我根据它重新学习荷兰的口语，其次，因为我从书中知道不少有关荷兰国内管理的情况。除了英国和瑞士，荷兰在16至18世纪是唯一的非君主专制政体的西欧国家，因此有它某些优越的地方，其中残存的地方自治和省的自治就没有法国或普鲁士气味的那种真正官僚机构。这对发展民族性格，以及对今后的发展，有很大的好处；只要稍许起一些变化，劳动［人民］① 就能够在这里建立起自由的自治，而这种自治在变革生产方式时应当是我们的最好武器。无论在德国，还是在法国，根本没有这种优点，在那里这还得要重新创造。对于您的成功的通俗叙述，我不能不向您表示钦佩。

……

---

① 手稿此处缺损。——编者注

您的弗·恩格斯

选自《马克思恩格斯全集》第 36 卷，人民出版社，1974，第 425 页

注释：

[1] 恩格斯在这封信里答复了纽文胡斯在把小册子《社会主义从空想到科学的发展》翻译成荷兰文时向他提出的一些问题，在这本小册子里还收入了恩格斯的文章《马尔克》（见《马克思恩格斯全集》中文版第 19 卷第 351～369 页）作为附录。

弗·恩格斯

恩格斯致若昂·纳杰日杰（节选）

雅 西

1888年1月4日于伦敦
西北区瑞琴特公园路122号

……

使我非常满意的是，我可以深信，贵国的社会党人在自己的纲领中接受了我的已故的朋友卡尔·马克思所创立的理论的基本原则，这个理论已经成功地把欧美绝大多数社会主义者团结在统一的战士队伍中。当这位伟大的思想家逝世的时候，我们党在所有文明国家中的社会地位、政治地位以及所取得的成绩，使他可以瞑目，因为他可以深信，他为把两半球的无产者在一面旗帜下团结成一支大军所做的努力，定将取得彻底胜利。但是，如果他能够看到，从那时以后我们在美洲和欧洲所取得的巨大成绩，那该是多么好呵！

这些成绩是这样大，以致有必要制定共同的国际政策，至少对于欧洲的党是这样。在这一方面，我再一次满意地指出，您在原则上同我们，以及同多数西欧社会主义者是一致的。您翻译我的《欧洲政局》一文，以及您写给《新时代》编辑部的信，向我充分证明了这一点。的确，我们都遇到同一个巨大的障碍，它阻碍一切民族的以及每个民族的自由发展，而没有这种自由发展，我们既不能在各国开始社会革命，更不能在彼此合作下完成社会革命。这个障碍就是旧的神圣同盟,即三个扼杀波兰的刽子手的同盟,这个同盟从1815年以来一直受俄国沙皇政府的领导,尽管发生过种种暂时的内讧,但是继续存在到现在。1815年,这个同盟的成立就是为了与法国人民的革命精神相对抗;1871年,这个同盟由于兼并了亚尔萨斯和洛林而得到巩固,这种兼并把德国变成了沙皇政府的奴隶,而把沙皇变成了欧洲命运的主宰;1888年,这个同盟继续保存,是为了镇压三个帝国主义内部的革命精神和民族要求,同样也是为了镇压劳动者阶级的政治运动和社会运动。由于俄国具有几乎攻不破的战略地位,俄国沙皇政府便成为这个同盟的核心,成为整个欧洲反动派的主要后备力量,推翻沙皇政府,消灭这个威胁着整个欧洲的祸害,——我认为,这就是解放中欧和东欧各民族的首要条件。一旦沙皇政府垮了台,那末,现在以俾斯麦为代表的那个倒霉的国家就丧失了它极其有力的支持,也就会跟着完蛋和崩溃①。奥地利将要解体,因为它存在的唯一意义即将丧失;奥地利的存在是为了阻止穷兵黩武的沙皇政府吞并喀尔巴阡和巴尔干各分散的民族。波兰将要复兴。小俄罗斯将要自由地选择自己的政治立场。罗马尼亚人、马扎尔人、南方斯拉夫人将能自己调整彼此之间的关系,并且不受任何外来干涉而确定自己的新疆界。最后,高贵的大俄罗斯民族所竭力追求的,将不再是为沙皇政府的利益充当凶恶的征服者,而是对亚洲负起自己真正传播文明的使命,并且在同西方的合作中发挥出自己广博的才智,而不是用绞架和苦役去摧残自己的优秀人物。

……

弗·恩格斯

选自《马克思恩格斯全集》第37卷,
人民出版社,1971,第4~5页

---

① 草稿中还写道:"于是我们工人政党就会大踏步地走向革命。"——编者注

弗·恩格斯

暴力在历史中的作用[1]

现在,让我们把我们的理论应用于今天的德国历史,应用于它的血和铁的暴力实践。从这里,我们将会清楚地看到,为什么血和铁的政策暂时必然得到成功,为什么它最终必然破产。

维也纳会议在1815年瓜分了并卖掉了欧洲,它的这种做法向全世界表明了君主们和国家要人们完全无能。各民族反对拿破仑的普遍战争,是各民族的遭拿破仑践踏的民族意识的反映。为了报答这一点,参加维也纳会议的国君们和外交家们更加无耻地践踏了这种民族意识。最小的王朝比最大的民族还受重视。德国和意大利又被分割为各个小邦,波兰第四次被瓜分,匈牙利仍然被奴役。甚至不能说,这样对待这些民族是不公道的,谁叫它们容许这样做,谁叫它们把俄国沙皇①当做自己的解放者来欢迎呢?

可是,这种情况是长不了的。从中世纪末期以来,历史就在促使欧洲形成为各个大的民族国家。只有这样的国家,才是欧洲占统治地位的资产阶级的正常政治组织,同时也是建立各民族协调的国际合作的必要先决条件,没有这种合作,无产阶级的统治是不可能存在的。要保障国际和平,首先就必须消除一切可以避免的民族摩擦,每个民族都必须获得独立,在

---

① 亚历山大一世。——编者注

自己的家里当家做主。这样,随着商业、农业和工业的发展,从而随着资产阶级社会势力的增长,民族意识也就到处发扬,被分割、被压迫的各民族都要求统一和独立。

因此,1848年革命的目的,到处(法国除外)都是既要满足自由要求又要满足民族要求。可是,在第一次冲击得胜的资产阶级的背后,到处都出现了威胁性的无产阶级形象;争得胜利的实际上是这一阶级,这就把资产阶级驱入了刚被打败的敌人亦即君主、官僚、半封建和军事的反动派的怀抱,革命在1849年也就败在这些反动派手里。在匈牙利,情况并不是如此,但俄国人闯进了匈牙利,镇压了革命。俄国的沙皇①并不以此为满足,他还来到了华沙,在那里,他以欧洲仲裁人的身分进行裁判。他任命他的驯服工具——格吕克斯堡的克里斯提安为丹麦的王位继承者。他使普鲁士遭到了前所未有的屈辱,因为他不许普鲁士有一点点利用德国人的统一意愿的欲望,强迫它恢复联邦议会,强迫它屈服于奥地利。这样,革命的全部结果乍看起来似乎只是:在奥地利和普鲁士建立了外表上立宪但精神上依旧的政体;俄国的沙皇比以前更甚地统治着欧洲。

可是,事实上,革命已用它的巨大力量甚至使各个四分五裂国家的资产阶级、特别是德国的资产阶级脱离了旧的传统的常规。资产阶级取得了一部分、即使是小小的一部分政治权力,而资产阶级的每一个政治成就都被它用在促进工业繁荣方面。幸运地度过了的"疯狂年"[2]清楚地向它证明:现在必须永远结束旧日的昏睡和懒散状态。由于加利福尼亚和澳大利亚的黄金雨以及其他种种情况,世界市场的联系空前扩大了,商业空前繁荣起来;在这里,就是要抓紧时机,要保证自己得到应得的一份东西。从1830年、特别从1840年以来,在莱茵河地区、萨克森、西里西亚、柏林以及南部个别城市出现的大工业萌芽,现在已迅速地发展和扩充起来,农业地区的家庭工业散布得日益广泛,铁路建筑的速度加快了,而这时已达

---

① 尼古拉一世。——编者注

到巨大规模的移民,则造成了不需要任何津贴的德国横渡大西洋的轮船航运业。德国商人规模空前地在一切海外商埠站住了脚,他们在世界商业中所起的作用愈来愈大,并且慢慢地不仅推销英国的工业品,而且开始推销起德国的工业品来。

可是,德国的小邦割据状况及其形形色色的工商业立法,必然很快就变成了束缚这种猛烈增长的工业以及与此相联系的商业的一种不堪忍受的桎梏。每走几里路,便出现不同的票据法,不同的工业活动条件,到处都会碰到各种不同的挑剔、官僚的和国库的刁难,甚至还常常碰到行会限制,使官方的特许证也无济于事!此外,还有许许多多不同的户籍立法[3]和居留限制,使资本家无法把他们所支配的劳动力以足够的数量投到那些有矿石、有煤、有水力以及有其他有利的自然条件因而给工业企业提供了基础的地方去!无阻碍地大量利用本国劳动力的这种可能性,是工业发展的首要条件;可是,爱国的厂主从各处召集工人每到一个地方,就有警察当局和济贫所反对新移民定居。统一的全德国的公民权,全体帝国公民迁徙完全自由,统一的工商业立法——这些现在已不再是狂热的大学生们的爱国幻想,而是工业生存的必要条件了。

加之,在每一个邦和小邦里,都有各不相同的货币,各不相同的度量衡,往往在同一个邦里就有两三种度量衡。而在所有这些种类繁多的钱币和度量衡中,没有一种是得到世界市场承认的。因此,毫不奇怪:往来于世界市场或者被迫同进口商品竞争的商人和厂主们,除了使用自己的所有这许多钱币和度量衡以外,还必须使用外国的;棉线要按英磅来称,丝绸料子要按公尺来量,对外国要按英镑、美元和法郎来计算!在币制流通范围受到这种限制的情况下,怎样能产生大的信用机关呢?这里是古尔登纸币,那里是普鲁士塔勒,此外还有金塔勒,"新三分之二"塔勒,银行马克,流通马克,二十古尔登币制,二十四古尔登币制,而所有这一切又都是处在无限的行市计算和行市波动之中的。[4]

即使这一切最终都能克服,但是在所有这些摩擦中已花费了多少力量,消耗了多少金钱和时间啊!同时,在德国,人们最后也开始注意到:

在今天，时间即金钱。

年轻的德国工业必须在世界市场上显一显身手，它只有通过输出才能壮大起来。为此，它在外国就必须享有国际法的保护。英、美、法三国的商人在国外甚至比在家里更能自由行动。他们的大使馆保护他们，必要时还有几艘军舰来保护他们。但是德国人呢？在近东，至少奥地利人在一定程度上还能指望自己的大使馆，在其他地方，大使馆对他们就没有多大帮助。可是，当一个普鲁士商人在国外向他的大使诉说遭到损害时，他几乎总是得到这样的回答："你完全自作自受，你在这儿寻求什么呢？你为什么不安安静静地呆在家里呢？"而小邦的臣民则到处都是完全没有权利的。德国商人不管走到哪里，到处都请求外国——法国、英国和美国——保护，或者很快就归化于新的祖国。① 即使他们的大使想保护他们，但又有什么用呢？德国大使本身，在海外也是被人看做像擦皮鞋的人那样的。

由此可见，对于一个统一的"祖国"的要求，是有一种强烈的物质背景的。这种要求已不再是德国大学生联合会会员们在瓦特堡纪念大会[5]期间所表现的一种烟雾般模糊的冲动了，那时，"勇气和力量在德国人的心灵中燃烧"，那时，按照法国的调子唱着：这种要求"使青年们怀着剧烈的痛苦为祖国而战，为祖国牺牲"②，以求恢复想像中的中世纪的帝国庄严，然而这些怀着剧烈痛苦的青年一上年纪，就变成了极平常的、专制君主的忠实奴仆。同时，这种要求也已不再是律师们和其他资产阶级思想家们在汉巴赫大典[6]期间所发出的那种离地面近得多的统一呼声了，这些人自以为爱好自由和统一是为了自由和统一本身，他们根本没有注意到：按照瑞士的方式把德国变成由各个州组成的共和国（这是他们中间最清醒的人的理想）是不可能实现的，就像上述大学生们的霍亨施陶芬帝国[7]一样。不，这是从讲求实际的商人和工业家的直接的业务需要中冒出的渴望，他们渴望扫清从历史上遗留下来的阻碍工商业自由发展的全部小邦废

---

① 恩格斯用铅笔在页边上写着："维尔特"。——编者注
② 这两处引文，都引自卡·欣克耳的诗"同盟之歌"。——编者注

物,他们渴望消除一切不必要的摩擦,因为要是德国商人想插足世界市场,就先要在家里消除这种摩擦,而他们的所有竞争者都已避免了这种摩擦。德国的统一已成了经济上的必要。而现在要求统一的人都知道,他们想要什么东西。他们是在商业中受的教育,并且是为了商业而受教育的,他们善于经营商业,并且善于讲价钱。他们知道:讨价必须很高,但让价也必须慷慨。他们歌唱"德国人的祖国",其中也包括施梯里亚、提罗耳和"充满胜利和荣誉的奥地利强国"①,他们并且歌唱:

> 从麦士到默麦尔,
> 从艾契河到贝耳特,
> 德国呀,至高无上的德国,
> 超过世界上的一切。②

可是,在现金交易中,他们甘愿同意给这一势将日益变得更辽阔的祖国[8]打一个相当大的折扣——25%～30%。他们的统一计划已制订好了,可能很快就会实现。

但是,德国的统一不光是德国的问题。从三十年战争以来,如果没有外国的非常明显的干涉,就不再能解决一项全德性的事务。③ 1740年,弗里德里希二世在法国人的帮助下征服了西里西亚。[9] 1803年,法国和俄国直接强迫按照帝国代表会议的总决议对神圣罗马帝国进行了改组。[10] 后来,拿破仑根据自己的方便安排了德国。最后,在维也纳会议上④,主要是俄国,其次是英国和法国,又把德国分割成三十六个邦,共二百多块互相隔绝的大大小小土地,同时,德国的君主们,完全像在1802～1803年的累根

---

① 引自恩·摩·阿伦特的诗"德国人的祖国"。——编者注
② 引自霍夫曼·冯·法勒斯累本的诗"德国人之歌"。——编者注
③ 恩格斯在页边上用铅笔写着:"威斯特伐里亚和帖欣的和约"。——编者注
④ 在手稿上,恩格斯在这一行上面亲笔写着:"德国—波兰"。——编者注

斯堡帝国议会上一样[11],真心一意地帮助这样做,从而使这种分割情况更加恶化。另外,德国有若干块土地还被割让给外国君主。这样一来,德国不仅变得软弱无力、孤立无援,在内部争斗中弄得精疲力尽,注定在政治上、军事上、甚至工业上都处于微不足道的地位。而且,更坏的是,法国和俄国由于已成的习惯,取得了分割德国的权利,正像法国和奥地利攫取了监视意大利、使它始终处于四分五裂状态的权利一样。沙皇尼古拉在1850年由于享有这种所谓的权利,才极端蛮横地不许擅自对宪法做任何修改,强迫恢复联邦议会——德国虚弱无力的象征。

可见,争取德国的统一不仅要反对君主和其他内部敌人,而且也要反对外国。不然的话,就要依靠外国的帮助。而当时外国的情况是怎样的呢?

……

路易—拿破仑现在成了欧洲资产阶级的偶像。这不仅是因为他在1851年12月2日"拯救了社会",当时,他虽然借此消灭了资产阶级的政治统治,但只是为了拯救它的社会统治。不仅是因为他表明了,普选制在有利的情况下可以变成压迫群众的工具;不仅是因为在他的统治下工业、商业、特别是投机事业和交易所欺骗勾当盛况空前。而首先是因为,资产阶级认为他是同它骨肉相连的第一个"大政治家"。他像任何真正的资产者一样,也是暴发户。他曾"历尽千辛万苦":在意大利是烧炭党人的密谋家,在瑞士是炮兵军官,在英国是负债累累的贵族流浪汉和特别警察[12],可是,无论在何时何地,他都是王位追求者,——就是这样一个人以自己的冒险经历,以自己在一切国家里的道德败坏行为,使自己成了法国人的皇帝,并成为欧洲命运的主宰,就像典型的资产者——美国人通过一系列真正的和欺骗性的破产使自己成为百万富翁一样。他做了皇帝之后,不仅使政治为资本家发财致富和交易所欺骗勾当服务,而且完全按照证券交易所的规则来推行政治本身,用"民族原则"[13]来进行投机。使德国和意大利处于分割状态,对法国以往所执行的政策来说,曾经是法国的一种不可让予的基本权利;路易—拿破仑则立即着手零星售卖这种基本权利以换取所谓补偿。他愿意帮助意大利和德国消除分割状态，但是有一个条件：德国和意大利向民族统一方面每前进一步，都要割让领土给他做报酬。这样一来，不仅使法国沙文主义得到满足，不仅使帝国逐步向1801年的疆界[14]扩展，而且又使法国重新处于特别开明的、解放各民族的强国地位，使路易—拿破仑处于各被压迫民族的保卫者的地位。于是，整个开明的、为民族理想所振奋的资产阶级——因为它非常关心从世界市场上肃清一切阻碍商业的东西，——都异口同声地欢呼这一解放世界的开明活动。

这种情况在意大利首先开始。① 在这里，从1849年起便是奥地利的无限统治，而当时奥地利是全欧洲的替罪羊。克里木战争的小得可怜的结果，人们不是归罪于只想进行一场假装的战争的西方强国的不坚决，而是归罪于奥地利的动摇态度，但这种动摇态度却是西方列强本身应负最大责任的。而俄国则由于奥地利人进军普鲁特河——这是报答俄国1849年在匈牙利的帮助的——而遭到过伤害（虽然正是这种进军拯救了俄国），所以很高兴奥地利遭到任何攻击。普鲁士已不再算数了，在巴黎和会上它就已受到了en canaille〔毫不客气的〕侮辱。因此，在俄国协助下准备好的解放意大利"一直到亚得利亚海"的战争，在1859年春天开始，到夏天就在明乔河地区结束了。奥地利没有被赶出意大利，意大利没有"一直解放到亚得利亚海"，也没有得到统一，撒丁的领土是扩大了，但是，法国占领了萨瓦和尼斯，从而达到了它在意大利那边的1801年的疆界。

可是，意大利人是不以此为满足的。在意大利，当时纯粹的工场手工业还占统治地位，大工业还处于襁褓之中。工人阶级还远远没有被完全剥夺和无产阶级化；它在城市中还占有它自己的生产资料，在农村里，工业劳动是占有土地的小农或者佃农的副业。因此，资产阶级的毅力还没有受到它和有阶级觉悟的现代无产阶级之间的对立的破坏。而因为意大利的分割状态仅仅是由于外来的奥地利统治才存在下来，在这种统治的保护下，

---

① 恩格斯用铅笔在页边上写着："奥尔西尼"。——编者注

君主们把苛政推行到登峰造极的地步,所以,占有土地的大贵族和城市人民群众也都站在资产阶级这一争取民族独立的先锋战士一边。可是,在1859年,外来的统治除了在威尼斯以外都被推翻,法俄两国已使奥地利不能再干涉意大利,已不再有人害怕这种干涉了。而意大利也出了一个有古代风的英雄——加里波第,他能够创造奇迹,并且已创造了奇迹。他率领千人志愿军,推翻了整个那不勒斯王国,实际上统一了意大利,粉碎了波拿巴政策的人为罗网。意大利得到了自由,而且实际上得到了统一,——但是,这并不是由于路易-拿破仑施展了阴谋,而是由于进行了革命。

从意大利战争以来,法兰西第二帝国的对外政策对任何人都不再是秘密了。战胜大拿破仑的人应受到惩罚,——但是,l'un après l'autre——一个挨一个来。俄国和奥地利都已得到自己应得的一份,接着就是普鲁士了。而普鲁士这时正遭到空前的鄙视;它在意大利战争期间的政策是胆怯的、可怜的,同它在1795年巴塞尔和约时期的政策一样。[15]由于实行"行动自由政策"[16],它落得这样一个结果:它在欧洲完全陷于孤立;它的所有大小邻邦都喜欢看到普鲁士如何被粉碎这样一出戏;它的行动自由原来只是为了可以把莱茵河左岸割让给法国而已。

的确,在1859年以后的最初几年里,到处,首先在莱茵河地区本身,人们普遍都相信:莱茵河左岸不可挽救地要落到法国手里。诚然,人们并不怎样希望出现这种情况,可是都认为:这就同命中注定的厄运一样要来临的,同时——让我们尊重真实情况——人们也并不特别害怕。农民和小资产者,又想起了真正给他们带来了自由的法国人时代;在资产阶级中间,金融贵族,特别是科伦的金融贵族,已被深深地卷进巴黎的《Crédit Mobilier》[17]和其他波拿巴主义的空头公司的骗局,并且大声叫喊兼并。①

---

① 当时,这是莱茵河地区的普遍情绪,这种情况,是马克思和我在当地屡次体验到的。顺便提一下,莱茵河左岸的工业家当时常问我:在实行法国的关税税率下,他们的工业将会怎么样。

但是，莱茵河左岸的丧失不仅会削弱普鲁士，而且也会削弱德国。而德国已比先前更加分裂了。由于普鲁士在意大利战争中采取中立，奥地利和普鲁士之间比以往更加疏远了，小君主败类们以恐惧而又渴望的眼光注视着路易—拿破仑，把他看做是将来重新建立的莱茵联邦[18]的保护者——这就是官方德国的状况。而这种状况又发生在这样的时刻：只有全民族的联合力量才能避免分裂的危险。

……

写于1887年12月底~1888年3月

第一次发表于1895年~1896年《新时代》杂志第1卷第22~26期

原文是德文

选自《马克思恩格斯全集》第21卷，人民出版社，1965，第463~469、471~474页

注释：

[1] 本著作是恩格斯打算写、但没有完成的题为"暴力在历史中的作用"这一小册子的一部分。原先，即在1886年底，恩格斯准备修改并单独出版《反杜林论》第二编中的三章，这三章所用的统一的标题是"暴力论"，目的是批评杜林的暴力论，并与此相对地阐明关于经济和政治的相互关系的唯物主义观点；恩格斯还计划把该著作第一编中有关道德和法的两章——"永恒的真理"和"平等"（见《马克思恩格斯全集》俄文第2版第20卷）加以修改同上述三章编在一起。恩格斯本来打算把这本书叫做"论世界历史中的法和暴力"。后来，恩格斯改变了自己的计划，决定只出版一个小册子，内容包括上述三章和新加的第四章，这一章把前三章中所说的基本原理具体运用于1848年到1888年的德国历史，从批判"俾斯麦的全部政策"的观点来分析这段历史。小册子的书名先定为"暴力在历史中的作用"。第四章的写作工作，恩格斯大约是在1887年底开始的，一直继续到1888年的最初几个月。可是，他因忙于其他工作，在1888年3月中断了这一工作，看来，他后来就没有再进行下去。恩格斯逝世以后，在他的文稿里，在一个标有"暴力论"字样的专门封套中，发现了"反杜林论"的上述三章、计划写的小册子的未完成的第四章

手稿和该小册子的前言的草稿、第四章的全部提纲、这一章的没有写完的结尾部分的提纲，以及从十九世纪七十至八十年代德国历史、特别是从康·布勒的"现代史．1815～1885"1888年柏林第2版第1～4卷（C. Bulle.《Geschichte der neuesten Zeit. 1815—1885》．2. Aufl．，Bd。Ⅰ-Ⅳ，Berlin，1888）中所作的年表摘要。

未完成的一章的手稿、前言的草稿和一些准备材料，第一次由爱·伯恩施坦发表在1895～1896年"新时代"杂志第22～26期上，标题为"新德意志帝国建立时期的暴力和经济"。伯恩施坦为手稿付印所做的准备工作，是右翼社会民主党人肆无忌惮地对待恩格斯遗稿的一个例子：伯恩施坦竟不是复制手稿，而是擅自把手稿分成若干篇，给每一篇都按上一个他自己臆想出来的小标题，编上注释号码，并在恩格斯的原文中添进自己的话。可能是由于伯恩施坦采取令人不能容忍的草率态度，有一部分手稿（见本卷第506～513页）已经遗失。1896年，手稿译成法文发表在"社会发展"（《Devenir Social》）杂志第6～9期上，一起发表的还有"反杜林论"的上述三章。1899年，恩格斯的著作以意大利文在罗马出版单行本，它是完全从发表在《新时代》上的德文转译的。这一著作的不完全的俄译文，于1898年发表在彼得堡的"科学评论"（《Научное обозрение》）杂志第5期上。第一个同样不完全的俄文单行本，于1905年在基辅出版。在1923年于莫斯科出版的、题为"德意志帝国形成时期的暴力和经济"的版本中，除了第四章的手稿以外，还第一次用俄文发表了曾刊载在"新时代"上的为写小册子而准备的材料。

在"马克思恩格斯全集"第一版（1937年版第16卷第1部）中，恩格斯这一著作第一次不是按照在《新时代》上所发表的样子，而是按照手稿本身刊载，并从原文中消除了由伯恩施坦所加的一切东西（如分篇，加小标题等等）。并且使标题也按恩格斯的想法作了更改。为写该著作而作的准备材料和摘要，第一次用俄文全文发表在《马克思恩格斯文库》1948年俄文版第10卷上。

在本版中，除了"暴力在历史中的作用"这一小册子的第四章手稿以外，还发表了为小册子写的前言的草稿、第四章整章的提纲和这一章的结尾部分的提纲，该提纲揭示了该著作中还没有完成的那一篇的内容。

[2] "疯狂年"（《das tolle Jahr》）是德国一些反动作家和历史学家对1848年的称

507

呼。这一用语是从作家路德维希·贝希施坦那里借用来的,他在1833年曾用这一名称出版了一部描写1509年爱尔福特骚动的小说。

[3] 户籍立法(Heimatgesetzgebung)规定了定居在某一地点的国家公民的权利,还规定了贫困家庭从所属乡镇得到物质帮助的权利。

[4] 普鲁士塔勒合1/14马克(重量单位)纯银;1750年,它在普鲁士被采用,19世纪上半叶(直到1857年),它也在德国北部各邦以及其他一些邦被采用;普鲁士塔勒分为银格罗申、先令和分尼的情况,在德国各个邦里是各不相同的。

金塔勒是自由市不来梅的货币单位,它与德国的其他所有币制不同,一直到1872年还保留金本位;大约等于3.32马克。

"新三分之二"塔勒是通行于汉诺威、梅克伦堡以及其他一些德国北部邦的一种银币,大约等于2.34马克。

银行马克(Mark Banko)是汉堡银行用以计算批发商业的一种铸币,在很长时期内被用作国际计算单位。流通马克(Mark Courant)是一种流通铸币;从十七世纪起,就这样称呼票面额一直到0.5马克的银币,它是同金币、小辅币和纸币对立的。

二十古尔登币制(Zwanzig-Guldenfuβ)是一种币制,按照这种币制,把一马克(重量单位)的纯银制造成20个古尔登或者$13^{1/3}$塔勒;1748年,奥地利采用了这种币制,巴伐利亚、萨克森选帝侯国、德国西部和南部的许多邦很快也采用了这种币制;在奥地利,这种币制一直存在到1857年。

二十四古尔登币制(Vierundzwanzig-Guldenfuβ)是一种币制,按照这种币制,把一马克(重量单位)的纯银制造成24个古尔登;从1776年起,通用于巴伐利亚、巴登、维尔腾堡和德国南部其他各邦。

[5] 瓦特堡纪念大会是1817年10月18日为了纪念宗教改革三百周年和1813年的莱比锡会战四周年而举行的。纪念大会的发起者是德国大学生联合会——一个在反对拿破仑的解放战争影响下产生的,拥护德国统一的德国大学生的组织。纪念大会成了反对派大学生反对梅特涅反动统治和拥护德国统一的示威游行。

[6] 汉巴赫大典于1832年5月27日在巴伐利亚普法尔茨地方的一个城堡汉巴赫附近举行,这是德国资产阶级自由派和激进派代表组织的一次政治性示威。参

加大典的人发言号召全体德国人团结一致，反对德意志各邦君主，为争取资产阶级自由和制宪改革而斗争。

[7] 指创立于962年的中世纪的神圣罗马帝国；在霍亨施陶芬王朝时期（1138～1254），它是各封建公国和自由市的不巩固的联盟，其领土包括中欧的其他许多国家、部分意大利以及东欧一些由德国封建主所占领的斯拉夫人地区。

[8] 在这里，恩格斯讽刺地套用了恩斯特·摩里茨·阿伦特的名诗"德国人的祖国"中的一个叠句，该诗写于1813年，它号召德国人把"只要是说德语的"所有国家都联合起来。在阿伦特的诗中，这个叠句原来是这样的："让祖国变得更辽阔"。

[9] 普鲁士国王弗里德里希二世在奥地利王位继承战争中（1740～1748）占领了西里西亚，引起战争的原因是欧洲许多封建国家，首先是普鲁士，对奥地利哈布斯堡王朝的领土野心，这些领地是在查理六世皇帝死后，鉴于没有男嗣而留给他的女儿玛丽—泰莉莎的。1740年12月，普鲁士国王弗里德里希二世进攻属于奥地利的西里西亚。法国和巴伐利亚对普鲁士采取友好的中立态度，而在奥地利军队遭到几次失败以后，它们就公开同普鲁士联合起来。站在奥地利一边的有英国——法国在商业上的竞争者，在军事上和外交上支持奥地利人的有撒丁、荷兰和俄国。弗里德里希二世在这一战争中两次出卖了它的盟国，同奥地利单独媾和（1742年和1745年）；1742年，确认大部分西里西亚归普鲁士管辖，而在战争结束以后，则确认整个西里西亚都归普鲁士管辖。

[10] 1801年10月法国和俄国缔结了一项秘密协定，该协定借口补偿德意志各邦由于法国在反对第一次和第二次同盟的战争后占去了莱茵河左岸属地而受到的领土损失，规定了有利于拿破仑法国的解决德国莱茵省领土问题的办法。在协定条款实现以后，有总人口为300万的112个德意志邦（几乎包括全部教会领地和帝国城市）被取消，它们的领地很大一部分划归完全依附拿破仑法国的巴伐利亚、维尔腾堡和巴登以及普鲁士。这些措施在形式上是根据所谓帝国代表会议——这是一个早在1801年10月由帝国议会选出的德意志帝国各邦代表组成的委员会——的决议来实现的，这个决议经过了长时间的讨论并在法国和俄国代表的压力下才于1803年2月25日由会议通过。

[11] 指累根斯堡帝国议会——神圣罗马帝国的由德意志各邦代表组成的最高机关——讨论和批准由法俄两国强加的关于解决德国莱茵河地区领土问题的决

议（见注[10]）一事。

[12] 1848年4月10日，住在英国的路易·波拿巴参加了破坏宪章派示威游行的活动，他加入了特别警察部队即所谓特别警察的行列。

[13] "民族原则"是第二帝国的当权派提出的，他们普遍地利用它来从思想上掩盖侵略计划和对外政策上的冒险。拿破仑第三冒充是"民族的保卫者"，利用被压迫民族的民族利益进行投机，以便巩固法国的霸权并扩大其疆域。"民族原则"与承认民族自决权毫无共同之处，其目的是挑起民族不和，把民族运动特别是小民族的运动变成互相竞争的大国的反革命政策的工具。对波拿巴的"民族原则"的揭露，见卡·马克思的抨击性著作"福格特先生"（《马克思恩格斯全集》中文版第14卷，第526～587页）和弗·恩格斯的著作"工人阶级同波兰有什么关系？"（《马克思恩格斯全集》中文版第16卷，第170～183页）。

[14] 指吕内维尔和约所规定的法国疆域，该和约是法奥之间于1801年2月9日在第二次反法同盟军队失败以后签订的。和约确认由于反对第一次和第二次同盟的战争结果而扩大的法国疆域，包括对莱茵河左岸、比利时和卢森堡的兼并；和约并且准许法国实际上统治1795～1798年建立的依附于它的巴达维亚、海尔维第、利古里亚和南阿尔卑斯等共和国。

[15] 1795年巴塞尔和约是普鲁士在4月5日单独同法兰西共和国签订的，因而普鲁士就在第一次反法同盟中出卖了自己的盟国。

[16] 普鲁士外交大臣冯·施莱尼茨在1859年以此说明普鲁士在法国和皮蒙特对奥地利战争时期所执行的对外政策。按照当权派的官方解释，这一政策就在于：既不参与斗争的任何一方，也不宣布中立。

[17] 《Crédit Mobilier》，全名为《Société Générale du Crédit Mobilier》，是法国的一家大股份银行，1852年创办。它的收入的主要来源是用它所开办的股份公司的有价证券进行投机。《Crédit Mobilier》同第二帝国政府有密切的联系。1867年，该银行破产，1871年停业。马克思在"纽约每日论坛报"（《New-York Daily Tribune》）发表的许多文章中揭示了《Crédit Mobilier》的真正本质（见《马克思恩格斯全集》中文版第12卷，第23～40、218～227、313～317页）

[18] 莱茵联邦是1806年7月在拿破仑第一的保护下成立的德国南部和西部各邦

的联盟。由于1805年击溃了奥地利,所以拿破仑得以在德国建立这样一个军事政治堡垒。最初有16个邦(巴伐利亚、维尔腾堡、巴登等)参加这个联邦,后来又有5个邦(萨克森、威斯特伐里亚等)加入,它们实际上成了法国的藩属。由于拿破仑军队战败,莱茵联邦在1813年瓦解。

弗·恩格斯

俄国沙皇政府的对外政策[1]

一

我们，西欧的工人政党①，加倍地关心俄国革命政党的胜利。

第一，因为沙皇帝国是欧洲反动势力的主要堡垒、后备阵地和后备军；因为单是它的消极存在，对我们来说已经是一种威胁和危险。

第二，——对于这一点，我们这方面一直还强调得不够——因为这个帝国以其对西方事务的不断干涉，阻挠和破坏我们的正常发展，而且其目的是占领一些可以保证它对欧洲的统治并从而使欧洲无产阶级的胜利成为不可能的地理据点。②

卡尔·马克思的功劳就在于，他第一个在1848年指出，并从那时起不止一次地强调：正是由于这个原因，西欧的工人政党必须与俄国沙皇政府作殊死的斗争。在这里，当我根据这同样的精神发表意见时，我也仅仅是作为我的亡友的继承者，完成他未竟的事业。③

---

① 在发表于《时代》杂志的英译文中不是"我们，西欧的工人政党"，而是"不仅社会主义者，而且西欧任何国家的每一个进步政党"。——编者注
② 在英译文中不是"使欧洲无产阶级的胜利成为不可能"，而是"使进步的一切可能性都消灭在沙皇的铁路蹄之下"。——编者注
③ 这一段在英译文中是："在英国，论述俄国的对外政策时是不能不提到戴　（转下页注）

……

我们来看看上一世纪中叶俄国的情况。那时它就拥有一大片国土，它的居民完全属于同一种族。人口稀少，但增长迅速，因此，单是时间的推移就足以保证国家威力的增长。这些居民在精神上停滞不前，缺乏创造性，但是在其传统的生活方式的范围内，他们无所不能；他们坚韧顽强，大胆无畏，忠贞不贰，吃苦耐劳，对于由密集的人群决定战局的时代的战争来说，他们是最出色的兵源。这个国家的本土只有一面边界，即西部边界面向欧洲，因此也只有这一面易受攻击；国内没有一旦攻下来就可以迫使它媾和的中心；这个国家由于道路交通不畅，幅员广阔，补给资源缺乏，几乎是根本无法征服的——这里为任何善于利用它的人提供了一个无懈可击的坚强阵地，他可以从这里不受惩罚地在欧洲玩弄各种把戏，把任何一个别国政府拖入无休止的战争。

俄国在防御方面强大到几乎牢不可破，而在进攻方面却相当软弱无力。在国内，军队的征集、组织、装备和调动，都碰到极大的障碍，不仅

（接上页注③）维·乌尔卡尔特的名字的。50年来，他孜孜不倦地致力于向自己同胞介绍他所认真研究过的俄国外交的目的和方式；而对他的全部劳绩的唯一奖赏就是：他成了取笑的对象，并被称为讨厌的饶舌者。的确，平凡的庸人总是这样称呼任何一再谈论不愉快的事情的人，而不管这些事情多么重要。不过，乌尔卡尔特虽然痛恨庸人，但是他既不了解他们的本性，也不了解他们在我们时代存在的历史必然性，所以他的失败是注定了的。在他这位旧派托利党人看来，至今在英国只有托利党人能够给俄国以有效的抵制，而英国的和外国的自由党人的活动以及大陆上的各种革命运动通常只对俄国有利，因此他认为：要有效地反对俄国干涉，就得成为托利党人（或土耳其人）；每个自由党人或革命家都有意无意地充当着俄国的工具。对俄国外交的系统的研究使乌尔卡尔特深信：它是万能的，它确实是现代历史中的唯一积极因素，而所有其他各国政府只是它手中的消极工具；因此，如果不是他那么夸大土耳其的实力，那就不可理解，为什么这个万能的俄国外交不早把君士坦丁堡夺去。因此，为了竭力把从法国革命起的全部现代历史归结为俄国和土耳其之间的外交象棋戏，其他欧洲国家在其中只是充当俄国的小卒，乌尔卡尔特就必须装扮成这样一个东方先知：他不是宣告简单的历史事实，而是用玄秘的夸张的外交语言宣告一个秘密的、神秘的学说，即充满了许多关于很少有人知道，甚至是难以肯定的事实的暗示的学说。他建议恢复那种把叛国的大臣送交法庭审判的做法，并用枢密院代替内阁，认为这是克服俄国外交对英国外交优势的万应良药。乌尔卡尔特是一个有巨大功劳的人，而且是一个地道的英国旧派人物，但是，俄国外交家完全可以说：'即使不存在乌尔卡尔特先生，也应该创造出这样一个人来'。"——编者注

物质上有种种困难，而且官吏和军官的贪污现象也极端严重。直到今天，所有想使俄国具备大规模进攻能力的尝试都遭到了失败；很可能，最近一次即目前所做的实行普遍义务兵役制[2]的尝试，也会遭到完全的失败。可以说，在这方面障碍几乎与需要组织的群众的数字的平方成正比地增长，更不用谈在少得可怜的城市居民中找不到现在所需的大量军官了。这一弱点对俄国外交来说从来不是秘密；因此，俄国外交历来尽力设法避免战争，只是把它当做万不得已的手段，并且只是在最有利的条件下才进行战争。俄国只愿意进行这样的战争：由俄国的盟国来挑主要的担子，由它们的领土承受战场的破坏，由它们提供众多的士兵，而俄国军队则担任后备军这种在大多数战斗中都受到保护，但在所有的大战役中却能以相对少的牺牲换得决定战局的荣誉的角色；在1813年～1815年的战争[3]中就是这样。但是，在这样有利条件下进行的战争是不常有的，所以俄国外交宁愿利用其他强国的互相矛盾的利益和贪欲来达到自己的目的，唆使这些强国互相倾轧，从它们的敌对关系中坐收渔利，以便推行俄国的侵略政策。沙皇政府只是在对付那些显然弱小的敌人如瑞典人、土耳其人或波斯人时，才自己把战争担当起来，在这种情况下它就无须跟任何人分享战利品。

然而再回过来看看1760年的俄国。这个由单一种族构成的不可攻克的国家的邻国，全都是这样一些国家：它们或者表面上或者实际上已趋于衰落，濒于崩溃，因此成了真正的征服对象［matière à conquêtes］。北部是瑞典，它的实力和威望正是由于查理十二作了入侵俄国的尝试而丧失的；查理十二由此毁灭了瑞典，并清楚地向大家表明了俄国是不可攻克的。南部是已成强弩之末的土耳其人和他们的纳贡者克里木鞑靼人；土耳其人的进攻力量早在一百年前已被摧毁，他们的防御力量还算可观，但也日益减弱；这一日益扩大的弱点的最好标志是：在被他们征服的基督教徒（构成巴尔干半岛人口多数的斯拉夫人、罗马尼亚人和希腊人）中已开始出现反抗。这些基督教徒，几乎全属于希腊正教派，因此是俄国人的教友，而其中的斯拉夫人——塞尔维亚人和保加利亚人——又是他们的同族。因此，只要俄国一宣布自己的使命是保护被压迫的希腊正教教会和被奴役的斯拉夫人，就会在这里为在解放的幌子下的侵略准备好基础。高加索山脉以南，还有一些在土耳其统治下的小的基督教国家和信奉基督教的亚美尼亚人，对于他们，沙皇政府也同样可以自称是"解放者"。而且，在这里，在南方，还有一件使贪婪的侵略者着迷的、在欧洲无与伦比的战利品：东罗马帝国的旧都，整个希腊正教世界的都城；这个城市，单是它的俄国名称——君士坦丁堡—沙皇格勒，就表明了对东方的统治，表明了它的统治者在东方基督教世界中享有的威望。

然而，沙皇格勒作为俄国的第三都城而与莫斯科和彼得堡并列，这不仅会意味着对东方基督教世界的精神统治，而且也是确立对欧洲的统治的决定性的一步。这会意味着对黑海、小亚细亚、巴尔干半岛的独占统治。这会意味着，只要沙皇高兴，他随时都可以封锁黑海，禁止除俄国之外的任何别的商船和舰队航行，会意味着把黑海变为俄国的军港和俄国舰队独占的演习场所，俄国舰队可以在任何时刻从这个安全的后备阵地由设防的博斯普鲁斯海峡出击，也可以返回这个港口隐蔽。那时，俄国只要再取得对松德海峡和两个贝尔特海峡的同样的（直接或间接）控制，它在海上也就会是不可攻克的了。

对巴尔干半岛的统治将把俄国的疆界扩展到亚德里亚海。但是如果不相应地扩展俄国整个西部边界，不大大地扩张它的势力范围，西南部的这段边界就是不稳固的。而在这方面，形势可以说是更加有利的。

首先拿波兰来说，这个以掠夺和压迫农民为基础的贵族共和国处于完全土崩瓦解的状态；它的宪法使得任何全国性的行动都无法采取，因而使国家成为邻国可以轻取的战利品。根据波兰人自己的说法，从本世纪初开始，波兰就靠混乱维持着（polska nierzadem stoi）；外国军队不断地侵占波兰全部国土或取道波兰；它成了他们的客栈和小饭店（如波兰人所说的：karczma zajezdna），不过他们通常总是忘了付钱。彼得大帝有步骤地毁坏了波兰，他的继承者只要伸手去拿就行了。而且对此他们还有"民族原则"这样一个借口。[4]波兰不是一个单一种族的国家。当大俄罗斯受到蒙古人压迫的时候，白俄罗斯和小俄罗斯归并于所谓立陶宛公国以寻求保护，防御来自亚洲的侵犯。后来，这个公国自愿地同波兰合并[5]。此后，由于波兰文明程度更高，白俄罗斯和小俄罗斯的贵族在很大程度上波兰化了，而在16世纪，耶稣会会士统治波兰时期，波兰的信奉希腊正教的俄罗斯人被迫改宗罗马天主教。这就给了大俄罗斯的沙皇们一个称心如意的借口，使他们能够把过去的立陶宛公国当做一个俄罗斯民族的，但是遭受到波兰压迫的地区，而对之提出领土要求，尽管根据最伟大的现代斯拉夫学家米克洛希奇的意见，至少小俄罗斯人讲的并不就是一种俄罗斯方言，而是一种完全独立的语言；另一个干涉的借口是：作为希腊正教的维护者，要保护东方礼天主教徒[6]，虽然后者早已安于自己在罗马天主教教会中的现状。

……

二

1762年，当大淫妇叶卡捷琳娜二世在丈夫被杀后登上王位的时候，世界形势从来不曾这样有利于沙皇政府的侵略计划。七年战争把整个欧洲分裂成两个阵营。英国摧毁了法国在海上、在美洲、在印度的实力，然后又背弃了自己在大陆上的同盟者普鲁士国王弗里德里希二世。这后者，在1762年，当俄国的彼得三世登上王位并且停止对普鲁士作战的时候，已经到了穷途末路；这位被自己最后和唯一的同盟者英国所抛弃，跟奥地利和法国长久敌对，在七年生死存亡的斗争中弄得筋疲力尽的弗里德里希，只得拜倒在刚即位的俄国女皇的脚下，而不能有其他的选择。这样做，他不仅获得强有力的保护，而且还有希望兼并那块将东普鲁士和他的王国的主要部分隔开的波兰土地，而占领这块土地现在已成了他一生的目标。1764年3月31日（4月11日），叶卡捷琳娜和弗里德里希签订了一个彼得堡同盟条约[7]，根据这个条约的一项秘密条款，双方承担了用武力保护波兰现行宪法这个毁灭波兰的最好工具免遭任何改良的义务。这就决定了波兰在将来要被瓜分。波兰的一块土地是女皇抛给普鲁士的一根骨头，使它在100年间驯顺地被拴在俄国的锁链上。

我不谈第一次瓜分波兰[8]的详情细节。但是值得注意的是，这次瓜分是违反守旧的玛丽—泰莉莎的意志，主要由欧洲"开明"政治的三大台柱叶卡琳娜、弗里德里希和约瑟夫进行的。后两人以具有开明的治国才智而自负，把传统的国际法准则当做成见加以践踏，然而却愚蠢到这种地步，甚至看不出，他们由于参加掠夺波兰而把自己完全置于俄国沙皇政府的控制之下。

这些开明、至尊的邻居对于叶卡琳娜是再有用不过了。"开明"① 是18世纪沙皇政府在欧洲高喊的口号，就像19世纪的"解放各族人民"一样。沙皇政府掠夺领土，使用暴力，进行压迫，没有一次不是拿开明、自由主义、解放各族人民作为幌子。而天真幼稚的西欧自由党人，直到格莱斯顿，都相信这一点②，就像同样幼稚可笑的保守党人对于官方俄国同时反复说的那些关于保卫正统主义[9]，保持秩序、宗教、欧洲均势，以及关于条约神圣的空话也深信不疑一样。俄国外交巧妙地蒙骗了欧洲的两大资产阶级党派。俄国外交，也只有这种外交，被容许同时既是正统的又是革命的，既是保守的又是自由主义的，既是传统的又是开明的。这样一位俄国外交家对"有教养的"西方所怀的藐视，是可以理解的。

波兰之后就轮到德国了。1778年，奥地利和普鲁士在争夺巴伐利亚王位继承权的战争[10]中陷于纷争，这又只对叶卡捷琳娜有利。俄国现在已经强大到不要再像彼得那样期待取得作为德意志帝国成员的权利了③；它现在力求在那里取得它已在波兰取得的和法国在德意志帝国所占据的地位，即能防止任何改良企图而保持德国混乱局面的保证人的地位。而它终于获得了这一地位。根据1779年泰申和约[11]，俄国和法国共同负责保证这项和约以及它所确认的以前各项和约，特别是1648年的威斯特伐利亚和约的

---

① 在英译文中不是"开明"，而是"'进步'和'开明'"。——编者注
② 在英译文中不是"都相信这一点"，而是"直到今天还相信这一点"。——编者注
③ 在英译文中不是"取得作为德意志帝国成员的权利"，而是"通过获得某个小的德意志公国的办法成为德意志帝国的成员"。——编者注

执行。这样，德国的弱势地位就被确定下来，德国被宣布为法国和俄国未来瓜分的对象。

土耳其也没有被遗忘。俄国对土耳其人的战争总是在俄国西部边界太平无事，而欧洲在别处忙于其他事务的时候进行的。叶卡捷琳娜进行了两次这样的战争[12]。第一次战争的结果是占领了亚速海沿岸地区，克里木宣布独立，并在四年之后成了俄国的一个省份。第二次战争使俄国的边界从布格河推进到德涅斯特河。在这两次战争当中，俄国的代理人都煽动希腊人起义反对土耳其人。自然，起义者最后都被俄国政府抛弃。

在美国独立战争[13]期间，叶卡捷琳娜以自己及自己同盟者的名义首先提出了"武装中立"的原则（1780年），即要求限制英国认为它的军舰在公海上应当享有的权利，这一要求从那时起便成为俄国政策的不变目的，并且在1856年巴黎和约中已基本上为欧洲和英国本身所承认。只有美利坚合众国直到现在还不愿意予以考虑。

法国革命的爆发给叶卡捷琳娜带来了新的时运。她毫不惧怕革命思想渗入俄国，而只是把这一事件看做是使欧洲各国彼此争吵起来，从而使俄国能自由行动的一个新的有利时机。在她的两个"开明的"朋友和邻居①死后，弗里德里希—威廉二世在普鲁士，莱奥波德在奥地利企图实行独立的政策。革命给了叶卡捷琳娜一个大好机会，使她能以反对法兰西共和国作借口重新把这两个人拴在俄国的锁链上，并且在他们两人忙于法国边界问题的时候，在波兰进行新的掠夺。普鲁士和奥地利都落入了圈套。虽然普鲁士（它从1787年到1791年扮演了波兰反对叶卡捷琳娜的同盟者的角色）还算及时地醒悟过来，并且这次要求在掠夺波兰的勾当中获得较大的份额，虽然也不得不补偿给奥地利一块波兰土地，但是猎获物的最大部分仍然落入叶卡捷琳娜手中。[14]差不多整个白俄罗斯和小俄罗斯现在都并入了大俄罗斯。

---

① 弗里德里希二世和约瑟夫二世。——编者注

但是这一次事物也有不利的一面。由于对波兰的掠夺也使用了1792～1794年同盟[15]的力量,它就削弱了同盟进攻法国的力量,法国这时就得以强大起来,以至完全独立地取得了胜利。波兰倒下了,但是它的反抗拯救了法国革命,而随着法国革命开始了连沙皇政府也无力对付的运动。波兰人的这一作用,我们西方人永远也不会忘记。而且,我们将看到,波兰人并不只是这一次拯救了欧洲的革命。

在叶卡捷琳娜的政策中已经明显地显示出俄国目前政策的所有主要的特征:兼并波兰,虽然最初还不得不把一部分猎获物让给邻居;把德国变成下一个瓜分对象;把夺取君士坦丁堡当做永不忘记的、可以逐渐实现的最主要目标;夺取芬兰作为彼得堡的屏障而把挪威并给瑞典作为补偿——叶卡捷琳娜在腓特烈港就是这样向国王古斯塔夫三世提出的[16];用国际法的限制性条款来削弱英国的海上优势;在土耳其的基督教徒—莱雅中煽动起义;最后,把自由主义的和正统主义的词句巧妙地结合起来,按照需要用它来愚弄西欧相信词句的"有教养的"庸人,以及他们的所谓舆论。

到叶卡捷琳娜逝世的时候,俄国的领地已超过了甚至最肆无忌惮的民族沙文主义所能要求的一切。凡是冠有俄罗斯名字的(少数奥地利的小俄罗斯人除外),都处在她的继承者的统治之下,这个继承者现在完全可以称自己为全俄罗斯的专制君主。俄国不仅夺得了出海口,而且在波罗的海和黑海都占领了广阔的滨海地区和许多港口。受俄国统治的不仅有芬兰人、鞑靼人和蒙古人,而且还有立陶宛人、瑞典人、波兰人和德国人。——还想要什么呢?对于任何其他民族来说,这是足够了。可是对于沙皇的外交来说(民族是不必考虑的),这只不过是为现在才得以开始的真正掠夺打好了基础。

……

拿破仑率领着整个西方的联军越过了俄国的边界。波兰人有资格评断这一事件,他们劝告他停留在德维纳河和第聂伯河边,改组波兰,并在那里等待俄国人的进攻。像拿破仑这样的统帅应当懂得,这个计划是正确的。但是，拿破仑由于站在令人目眩的高处而基础又不稳固，再也**无法**进行旷日持久的战争。他需要迅速获得成功，取得辉煌的胜利，通过突击争取签订和约；他把波兰人的忠告当做耳边风，向莫斯科挺进，从而把俄国人引进了巴黎。

拿破仑的大军在从莫斯科撤退途中全军覆没，这成了西方普遍起义反对法国霸权的信号。普鲁士全民奋起，迫使怯懦的弗里德里希—威廉三世对拿破仑作战。奥地利刚一完成作战准备工作便加入了俄国和普鲁士的行列。在莱比锡会战[17]以后，莱茵联邦脱离了拿破仑，而在拿破仑攻入莫斯科之后大约18个月，亚历山大便作为欧洲的主宰进入了巴黎。

被法国出卖的土耳其，于1812年在布加勒斯特签订了和约，把比萨拉比亚让给了俄国人。维也纳会议把波兰王国给了俄国[18]，因此，过去波兰的领土现在差不多有十分之九已并入俄国。但是，更重要的是现在沙皇在欧洲所占的地位。在欧洲大陆上，他不再有对手了。奥地利和普鲁士听他使唤。法国波旁王朝在他的帮助下得以恢复王位，因此也对他俯首听命。瑞典在他的帮助下得到了挪威，作为它实行亲俄政策的回报。甚至西班牙王朝的复辟也应更多地归功于俄国人、普鲁士人和奥地利人的胜利，而不只是归功于威灵顿的胜利，因为后者的胜利永远也不可能推翻法兰西帝国。

三

对拿破仑的胜利就是欧洲的君主国对法国革命的胜利，因为拿破仑帝国是法国革命的最后阶段；恢复"正统主义"就是对这次胜利的庆祝。但是，当达来朗想用他所臆造的这个词儿使沙皇亚历山大上钩的时候，俄国的外交却反而借助这个词儿愚弄了整个欧洲。它借口保卫正统主义而建立了"神圣同盟"[19]，这个同盟是俄奥普同盟的扩大，把它变成了所有欧洲的君主在俄国沙皇领导下反对本国人民的一个阴谋。其他的君主都相信这一借口；但是沙皇及其外交如何看待这个借口，下面我们就会看到。

对俄国外交说来,问题是要利用对欧洲所取得的霸权进一步向沙皇格勒推进。为了达到这一目的,它可以利用三个杠杆:罗马尼亚人、塞尔维亚人、希腊人。最合适的是希腊人。这是个经商的民族,而商人最苦于土耳其帕沙的压迫。信基督教的农民在土耳其统治下,物质条件比任何其他地方都优越。他们保留着在土耳其人统治以前就已存在的机构,并且保持着充分的自治;只要他们缴纳赋税,土耳其人通常不管他们;他们只是间或受到像中世纪西欧农民所不得不忍受的那种来自贵族的压迫。这是一种屈辱的、勉强忍耐的生存,但是在物质方面并不太坏,也并不怎样不适合这些民族当时的文明水平;因此,只是过了很长时间之后,斯拉夫的莱雅才发觉这种生存无法忍受。相反,自从土耳其的统治使希腊人的贸易摆脱了威尼斯人和热那亚人的具有压倒优势的竞争以后,这种贸易便迅速地繁荣起来,并且达到这样巨大的规模,连土耳其的统治也不能再容忍了。的确,土耳其的统治,也和任何别的东方的统治一样,是和资本主义社会不相容的;所取得的剩余价值无法保证不受总督和帕沙的贪婪的劫掠;缺少资产阶级从事经营活动①的首要的基本条件,即保证商人的人身及其财产的安全。所以毫不奇怪,自1774年起已做过两次起义尝试的希腊人,这时又一次举行了起义。[20]

这样,希腊人的起义便提供了有利的机会;但是要使沙皇的外交能在这里展开有力的活动,必须防止西方的干涉,也就是说,必须使西方忙于自己内部的事务。而正统主义这个词儿就出色地为此做好了准备。正统主义的君主们到处招致了深仇大恨。企图恢复革命前的秩序的尝试,使整个西方的资产阶级群情激愤;在法国和德国开始酝酿风潮,在西班牙和意大利爆发了公开的起义[21]。这一切阴谋和起义都有沙皇外交插手其间。这并不是说这些阴谋和起义都是由它搞起来的,或者它们获得暂时的成功至少

---

① 在英译文中不是"资产阶级从事经营活动",而是"从事有利可图的贸易"。——编者注

是得到它的重大支持。但是沙皇外交曾通过它的半官方代理人尽其所能地在它的正统主义的同盟者的内部煽动不和①。它公开地庇护那些在同情希腊人的幌子下进行活动的西方叛乱分子,而这些募集金钱、往希腊派送志愿军及成批的武装辅助部队的希腊之友,不正是那些烧炭党人[22]及西方其他的自由党人吗?

所有这一切丝毫不妨碍开明的沙皇亚历山大在亚琛、特罗保、莱巴赫、维罗纳的会议上号召自己的正统主义同行们采取最坚决的行动来对付他们的叛逆臣民,并且为了镇压革命于1821年派遣奥地利人进入意大利,于1823年派遣法国人进入西班牙;[23]这并不妨碍他甚至还装模作样地谴责希腊人的起义,而与此同时却给这次起义煽风点火,并怂恿西方的希腊之友加倍活动。愚蠢的欧洲又令人难以置信地受到愚弄;沙皇政府向各国君主和反动派宣扬正统主义②,向自由主义的庸人宣扬各族人民的解放,宣扬开明③;而前者和后者都相信了它。

在维罗纳,法国大臣、浪漫主义者夏多勃里昂完全为沙皇所迷惑,因为沙皇向法国人表示,只要他们驯顺地追随俄国,他们就有取得莱茵河左岸的希望。俄国外交就用这种希望(后来在查理十世时又以一些有约束力的诺言来予以加强)牵着法国的鼻子走,并且直到1830年,除了少数几次中断以外一直支配着法国的东方政策。

尽管有这一切,力图在解放希腊基督教徒、使之不受伊斯兰教压迫的幌子下而自己取代伊斯兰教的地位的沙皇,他的仁爱政策并未获得预期的成功④。因为正如俄国驻伦敦大使利文公爵所写的(1825年10月18日(30日)报告):

---

① 在英译文中不是"在它的正统主义的同盟者内部煽动不和",而是"在它的正统主义的同盟者的臣民中煽动不满和内部不和"。——编者注
② 英译文中在"正统主义"的后面补充有:"和保持现状。"——编者注
③ 在英译文中"宣扬开明"这几个字被删掉了。——编者注
④ 这句话中的"他的仁爱政策并未获得预期的成功"在英译文中是"世界以不信任或者充其量是冷漠的心情看待沙皇的仁爱政策"。——编者注

整个欧洲都怀着惶恐的心情望着这个俄国巨人,他的大军只待信号一发,就会向欧洲压将过去。因此,欧洲的利益是,支持土耳其强国这个我们帝国的天然的敌人。①

……

现在我们谈到核心问题。俄国在政府政策支持下从1856年开始的内部发展,显示了它的作用;社会革命取得了巨大的进展;俄国日益西方化;大工业化和铁路的发展,一切实物贡赋之改用货币支付,以及因此而引起的旧社会基础的瓦解——所有这一切都以越来越快的速度进行着。但是沙皇专制制度同正处于形成阶段的新社会之间的不可调和性也以同样的速度显现出来。立宪的和革命的反对党成立了,政府只有用越来越野蛮的暴力才能使它们屈服。俄国外交界恐惧地看到,俄国人民自己做主的日子已经不远——到那时,俄罗斯民族由于要处理自己的内部事务,就会既没有时间,也没有心思去做夺取君士坦丁堡、印度和世界霸权那样的蠢事了。1848年停留在波兰边境上的革命,现在正在敲打俄国的大门,而在俄国国内,它也已经有足够的同盟者,他们就只等为革命打开大门的时机了。

当你读俄国报纸的时候,的确会以为整个俄国都热衷于沙皇的侵略政策;到处是沙文主义和泛斯拉夫主义,到处是把基督教徒从土耳其人的压迫下解放出来,把斯拉夫人从德国和马扎尔人的压迫下解放出来的号召。但是,第一,任何人都知道俄国报刊披戴着什么样的枷锁;第二,政府成年累月地在所有学校里培养这种沙文主义和泛斯拉夫主义;第三,如果这些报刊也表达出一点独立见解的话,那么它只是表达了城市居民的情绪,即新兴资产阶级的情绪,而资产阶级自然热衷于把新的侵略看做是扩大俄国市场的手段。但是这种城市居民在全国只占微不足道的少数。一旦国民议会使俄国人民的绝大多数即农村居民有机会发表自己的意见,我们所听

---

① 引自《关于俄国的文件汇编。鉴于目前的危机,了解这些大部分是秘密的和未经发表的文件是有益的》,1854年巴黎版,第52~53页。——编者注

到的就会完全不同。政府曾经试行建立地方自治机关，①而随后它又被迫取消这些地方自治机关，[24]从这个经验中保证可以看到这样的情况：俄国的国民议会仅仅是为了克服最严重的内部困难，也很快就会坚决打消一切发动新的侵略的意图。

决定欧洲当前局势的是以下三个事实：（1）德国吞并阿尔萨斯—洛林；（2）沙皇俄国力图占领君士坦丁堡；（3）无产阶级和资产阶级之间的斗争在所有国家中更加炽烈地燃烧起来，社会主义运动的普遍高涨是这个斗争的标志。

前两件事实使得欧洲分裂为现在的两大军事阵营。德国的吞并把法国变成俄国反对德国的同盟者，沙皇对君士坦丁堡的威胁把奥地利，甚至意大利，变成德国的同盟者。两个阵营都在准备决战，准备一场世界上从未见过的战争，一场将有1000万到1500万武装的士兵互相对峙的战争。只有两个情况至今阻碍着这场可怕的战争爆发：第一，武器技术空前迅速地发展，每一种新发明的武器甚至还没有来得及在**一支**军队中使用，就被另外的新发明所超过；第二，绝对没有可能预料胜负，完全不知道究竟谁将在这场大战中最后成为胜利者。

只有当俄国局势发生变化，使得俄国人民能够永远结束自己沙皇的传统的侵略政策，抛弃世界霸权的幻想，而关心自己在国内的受到极严重威胁的切身利益时，这种世界战争的全部危险才会消失。

到那一天，俾斯麦②将失去他的所有反法同盟者，而这些同盟者是受到俄国的威胁才投入他的怀抱的。不论对于奥地利来说还是对于意大利来说，为俾斯麦③火中取栗，去参加欧洲大战，都不会有丝毫的好处。德意志帝国又将陷于孤立，在那种情况下，用毛奇的说法是：大家全都怕它，可是谁也不喜欢它[25]，这是它的政策的必然结果。那时，甚至连为自由而

---

① 在原文中这里和下面的"地方自治机关"是用德文字母拼写的俄文；在英译文中这个词是用拉丁字母拼写的，并在括号中作了注解：（郡参议会）。——编者注
② 在英译文中不是"俾斯麦"，而是"德意志帝国"。——编者注
③ 在英译文中不是"为俾斯麦"，而是"为德国皇帝"。——编者注

斗争的俄国同共和制的法国的相互接近，对两国的局势来说都将是非常自然的，而对欧洲整个局势来说也将是没有危险的。在这种情况下，俾斯麦本人或他的继承者在决定对法国发动战争之前也必须三思，因为在这场战争中，俄国不会牵制奥地利，奥地利也不会牵制俄国，以便来掩护他的侧翼，两国反而都会为他遭到的每一个失败而高兴，这样，即使单是法国人他是否能对付得了，也是很值得怀疑的。那时所有的同情都会在法国一边，即使在最坏的情况下也会保障法国不再丧失领土。因此，那时德意志帝国将不会走上战争的道路，相反，它大概很快就会发现自己所处的孤立地位难以忍受，因而会诚心诚意地去同法国达成协议；这样一来，可怕的战争危险就会消除，**欧洲就能裁军**，而从这里得益最多的会是德国自己。

到那一天，奥地利将丧失它存在的唯一的历史根据——作为防止俄国进攻君士坦丁堡的屏障。只要俄国不再威胁博斯普鲁斯海峡，欧洲对于这堆形形色色的民族的存在就会失去任何兴趣。全部所谓的东方问题，即关于土耳其在斯拉夫人、希腊人和阿尔巴尼亚人居住区的统治的继续存在，以及关于黑海门户的占有权的争执（那时已经没有人能够独占这个门户，并用它来反对欧洲）也将失去意义。马扎尔人、罗马尼亚人、塞尔维亚人、保加利亚人、阿尔瑙特人①、希腊人②和土耳其人将终于有可能不受外来力量的干涉而自己解决相互间的纠纷，划定自己的国界，按照自己的意见处理自己的内部事务。那时很快就会发现，在喀尔巴阡山脉和爱琴海之间的地区，各民族以及各民族碎块实行自治和实行自由联合的主要障碍，原来就是那个用所谓的解放这些民族的幌子来掩盖自己的独霸世界计划的沙皇政府。

到那时，法国将摆脱由于和沙皇结盟而陷入的那种无可奈何的反常的处境。如果说沙皇厌恶与共和国结盟，那么革命的法国人民对于与暴君，与残害波兰和俄国的刽子手结盟则更加厌恶得多。法国如果在战争中站在沙皇一边，一旦失败，法国就不可能使用自己伟大的、唯一有效的自救手段，1793

---

① 土耳其人对阿尔巴尼亚人的称呼。——编者注
② 英译文中在"希腊人"的后面补充有："亚美尼亚人"。——编者注

年的挽救手段——进行革命，通过恐怖来动员全民的力量，以及在敌对的国家进行革命宣传。一旦如此，沙皇就会立即与法国的敌人联合起来，因为从1848年起时代已经大大地改变了，从那时候起沙皇已经在俄国国内亲身体验到什么是恐怖了。因此，与沙皇结盟不会加强法国的力量，相反，在最危险的关头，它会妨碍法国拔出自己的刀剑。但是，如果俄国国民议会在俄国取代了强大的沙皇的地位，那么新的解放了的俄国同法兰西共和国的同盟就是十分自然和完全正常的了，那时这个同盟将促进法国的革命运动，而不是阻碍它，那时这个同盟对于为自己的解放而斗争的欧洲无产阶级也会是有利的。由此可见，沙皇的万能权势的跌落对于法国也有好处。

那时，那种把整个欧洲变成兵营并且迫使人们把战争几乎当做救星看待的疯狂的军备竞赛的所有借口也将消失。那时甚至连德意志帝国国会也很快就会被迫拒绝关于不断增加军事拨款的要求。

而这样一来，西方就有可能不受外来干扰地、一心一意地致力于自己当前的历史任务：解决无产阶级和资产阶级之间的冲突和把资本主义社会改造为社会主义社会①。

俄国沙皇专制制度的崩溃也会直接促使这个过程加快。一旦沙皇政权这个全欧洲反动势力的最后的坚固堡垒垮台，整个欧洲的风向就会完全改变。因为欧洲的反动政府②都很清楚，它们虽然由于君士坦丁堡等等而同沙皇争吵不休，但是可能有这么一天，它们会乐意把君士坦丁堡、博斯普鲁斯海峡、达达尼尔海峡以及沙皇所要求的一切都抛给他，只要他能保护它们不受革命的危害。所以，一旦这个主要堡垒③本身转入革命的手中，欧洲的反动政府就会彻底丧失自信心和镇静；那时它们将只有指靠自身的力量，并且很快会感到局势发生了多么大的变化。也许，他们竟会派遣自

---

① 在英译文中不是"把资本主义社会改造为社会主义社会"，而是"解决与此有关的经济问题"。——编者注
② 在英译文中不是"因为欧洲的反动政府"，而是"因为柏林和维也纳的大人先生们"。——编者注
③ 英译文中在"一旦这个主要堡垒"的后面补充有："一旦俄国"。——编者注

己的军队去恢复沙皇政权——这将是世界历史的莫大讽刺!①

正是由于这些情况,整个西欧,特别是西欧的工人政党,关心着,深切地关心着俄国革命政党的胜利和沙皇专制制度的崩溃。欧洲正好像沿着斜坡一样越来越快地滑向规模空前和激烈程度空前的世界战争的深渊。能够阻止这种趋势的只有一种情况,那就是俄国制度的改变。这种改变必将在最近若干年内发生,这是毋庸置疑的。但愿这种改变及时发生,发生在没有它就无法避免的那种事情出现之前。

1890年2月底于伦敦

弗·恩格斯写于1889年12月23日前~1890年2月底
载于1890年2月和8月《社会民主党人》杂志第1期和第2期

原文是德文
选自《马克思恩格斯文集》第4卷,人民出版社,2009,第353、356~359、363~367、370~371、372~374、388~393页

注释:

[1]《俄国沙皇政府的对外政策》是恩格斯应俄国社会主义者的要求为他们准备在

---

① 在英译文中,这句话为:"也许,德国皇帝会受到诱惑,竟会派兵去恢复沙皇政权,可是这一定会成为毁灭他自己的政权的一个步骤"。接着还加了这样一段话:"事实上,毫无疑问,德国正迅速地接近革命,而完全不以俄国或法国可能采取什么行动为转移。最近的普选表明,德国社会党人的力量每隔三年便增加一倍;现在,社会党是帝国所有的政党中最强大的政党,在总数700万张选票中,它拥有1437000张,一切惩治法和非常法都完全无法阻止他们取得胜利。但是德国社会党人一方面准备接受年轻的皇帝愿意向工人阶级作的任何理所当然的经济上的让步,同时也满怀决心——在实行非常法十年之后这种决心更是空前地坚定——去争回1848年在柏林街垒战中获得的、但在曼托伊费尔和俾斯麦统治时期丧失殆尽的政治自由。他们懂得,只有这种政治自由才会为他们提供争取工人阶级经济解放的必要手段。尽管某些迹象仿佛证明着相反的情况,但是我们还是处在德国社会党人同代表专制和宗法权力的德国皇帝展开斗争的前夜。在这场斗争中,皇帝最后必定失败。选举结果表明,社会党人甚至在农村选区也迅速地取得胜利,大城市则实际上已被他们争取到手了;而在每个身体合格的成年男子都是士兵的国家中,这就意味着军队逐渐转向社会主义。只要俄国的制度突然发生变化,这一事件就会在德国产生巨大的影响;这会加快危机的到来并且使社会党人获胜的机会倍增。"——编者注

伦敦出版的《社会民主党人》杂志写的一篇文章。恩格斯在这篇文章中回顾了沙皇俄国两个世纪以来的对外侵略和战争政策,指出沙皇俄国是欧洲反动势力的堡垒,沙皇制度是扼杀欧洲革命民主运动、民族解放运动的元凶,同时揭露了西欧反动势力同沙皇俄国互相勾结的反动目的。恩格斯全面考察了19世纪80年代末90年代初的欧洲局势,揭露了欧洲列强的军国主义、军备竞赛和掠夺政策,指出"欧洲正好像沿着斜坡一样越来越快地滑向规模空前和激烈程度空前的世界战争的深渊。能够阻止这种趋势的只有一种情况,那就是俄国制度的改变"(见本卷第 394 页)。恩格斯基于这一科学的分析和预测,阐明了俄国革命者反对沙皇专制制度的斗争的国际意义,指出俄国革命政党的胜利和沙皇专制制度的崩溃与西欧工人阶级政党能否一心一意致力于完成自己的历史任务密切相关,这个历史任务就是"解决无产阶级和资产阶级之间的冲突和把资本主义社会改造为社会主义社会"(见本卷第 392 页)。这篇文章是恩格斯辩证地、历史地、富有预见性地分析形势以指导工人阶级革命斗争的典范,在各国工人运动中产生了广泛深刻的影响。

这篇文章写于 1889 年 12 月~1890 年 2 月,原文是德文、译成俄文后,以《沙皇俄国的对外政策》为标题在 1890 年 2 月出版的《社会民主党人》杂志第 1 期刊登了第一章,其余两章刊登在 1890 年 8 月出版的该杂志第 2 期。在此期间,前两章用德文原文发表在 1890 年《新时代》第 8 年卷第 4 期。但是该杂志编辑部未经恩格斯同意,擅自对文章作了修改。这些修改歪曲了恩格斯对俄国和普鲁士的统治集团所做的评论。恩格斯在 1890 年 4 月 1 日给杂志编辑卡·考茨基和出版人约·亨·狄茨的信中,对这种做法表示抗议,同时要求根据原稿重新刊登前两章。于是这两章按原稿和第三章一起发表在该杂志第 5 期。

这篇文章由恩格斯译成英文,发表在 1890 年《时代》杂志 4 月号和 5 月号。恩格斯在翻译过程中,对文章作了修改和补充。

在恩格斯生前,这篇文章已得到相当广泛的传播,先后以波兰文、罗马尼亚文、法文、保加利亚文发表。这篇文章最后阐述欧洲形势的部分,曾作为独立的文章发表在 1890 年 7 月 13 日《北方守卫者》第 28 号和 1890 年 7 月 1 日《选民报》第 113 号。

[2] 俄国 1874 年废除征兵制,实行普遍义务兵役制。根据自 1874 年 1 月 1 日起实

行的义务兵役制条例,俄国所有年龄从21岁起至43岁止的男性居民都必须在正规军、后备部队或民团中服兵役,中亚细亚、哈萨克斯坦以及西伯利亚、伏尔加河沿岸和极北地区若干民族地区的居民除外。征兵服役采用抽签的办法进行。这种制度旨在把俄国的军队变为一支资产阶级类型的居民普遍服役的军队。但是在沙皇俄国的专制贵族制度的条件下,等级特权、仅限于有产阶级享有的多种优待、各居民阶层的服役条件不平等以及其他种种因素,都妨碍了普遍义务兵役制原则的实施。

[3] 指欧洲各国第六次(1813~1814年)和第七次(1815年)反法同盟所进行的战争。

[4] 恩格斯在这里借用"民族原则"一词来说明18世纪沙皇俄国对波兰的政策。"民族原则"原本是波拿巴第二帝国(1850~1870年)统治集团使用的、反映其对外政策原则的名词。拿破仑第三自诩为"民族的保卫者",利用被压迫民族的民族利益进行投机,以图巩固法国的霸权并扩大其疆域。"民族原则"与承认民族自决权毫无共同之处。相互争斗的大国,利用所谓的"民族原则",挑起民族不和,把民族运动,特别是小民族的运动变成它们推行反革命政策的工具。马克思曾在《福格特先生》(见《马克思恩格斯全集》中文第2版第19卷)一文中,恩格斯曾在《工人阶级同波兰有什么关系?》(见《马克思恩格斯全集》中文第2版第21卷)一文中,对"民族原则"进行了揭露和批判。

[5] 这个公国是指13世纪初建立的封建国家立陶宛公国。从13世纪中叶至15世纪初,乌克兰、白俄罗斯和俄罗斯西部领土沦于立陶宛诸王公的统治之下。由于鞑靼蒙古人的入侵、封建割据和内讧的加剧,这些地区的势力有所削弱。立陶宛的封建主们在这种形势下,利用人民要求联合起来抵御蒙古侵略者的愿望,占领了这些地方。

波兰和立陶宛合并的第一次尝试是在1385年进行的,当时两国签订了所谓克拉科夫合并条约,其目的主要是共同抵御条顿骑士团的侵略。合并条约规定立陶宛公国并入波兰,并在立陶宛强制推行天主教。在15世纪中叶以前,合并曾数度废除和恢复,合并逐渐从防御性的联合演变成波兰和立陶宛的封建主反对乌克兰和白俄罗斯人民的联合。1569年卢布林合并条约签订,根据这个条约波兰和立陶宛合并成一个国家,名为波兰贵族共和国;立陶宛保持自治权。

[6] 东方天主教徒是指正教教会和罗马天主教教会合并而成的所谓东方礼天主教会的基督教徒。合并是按照波兰封建主和天主教僧侣（首先是耶稣会会士）在1596年布雷斯特宗教会议上提出的要求宣布的。根据布雷斯特合并条约，波兰贵族共和国的正教居民虽然仍旧保持正教教会的仪式，但是应承认罗马教皇为自己的首领和接受天主教的基本教义。合并是波兰的大地主和贵族巩固他们对乌克兰和白俄罗斯人民的统治的一种手段，得到了乌克兰和白俄罗斯的高级僧侣和封建上层人物的支持，却遭到人民群众的抵制，为反对合并而斗争成了人民群众的解放运动的口号之一。

[7] 彼得堡条约是俄国和普鲁士于1764年3月31日签订的防御同盟条约，有效期为八年，代表俄国签字的是尼·伊·帕宁和副总理大臣亚·米·哥利岑，代表普鲁士签字的是普鲁士驻彼得堡大使佐尔姆斯。缔约双方彼此保证领土不受侵犯，一方受到入侵时另一方给予军事和财政援助，以及在互利的基础上建立贸易关系。在条约的秘密条款中双方承诺决不修改波兰和瑞典宪法。在一项专门的秘密条款中规定，普鲁士有支持俄国提出的波兰王位候选人的义务。彼得堡同盟条约反映了俄国和普鲁士阻止奥地利和法国加强在波兰的势力的意图。

[8] 第一次瓜分波兰是普鲁士、奥地利和俄国根据1772年8月5日在圣彼得堡签订的协定进行的。奥地利分得了加利西亚，普鲁士分得了瓦尔米亚以及波美拉尼亚、库亚维恩和大波兰区的一部分；利夫兰和白俄罗斯东部的一部分划归俄国。波兰当时失去了29%的领土。

[9] 指所谓的"正统主义原则"（源于拉丁文"legitimus"即"合法的"），是法国代表沙·达来朗在1814～1815年维也纳会议上提出来的。这一原则的提出，旨在恢复欧洲18世纪末法国资产阶级革命和拿破仑战争期间被推翻的那些所谓"合法的"王朝。

[10] 指1778～1779年巴伐利亚王位继承战争。这次战争的起因是，由于马克西米利安·约瑟夫选帝侯逝世后无直接继承人，德意志各邦都企图得到巴伐利亚的领土，以及奥地利和普鲁士争夺德意志的领导权。战争以1779年5月奥地利同普鲁士、萨克森缔结泰申和约而告结束。

[11] 泰申和约是以奥地利为一方，普鲁士和萨克森为另一方于1779年5月在泰

申签订的和约。和约的签订结束了巴伐利亚王位继承战争（1778～1779年）。根据和约规定，普鲁士和奥地利各获得了巴伐利亚的一些地区，萨克森则得到了赔款。巴伐利亚王位归普法尔茨选帝侯所有。泰申和约确认了以前德意志各邦所签订的、从1648年的威斯特伐利亚和约起，至1763年的胡贝图斯堡条约止的一系列和约。俄国最初充当交战双方的调停人，后来在和约的一项专门条款中和法国一起被宣布为条约所规定的秩序的保证国，实际上获得了干涉德意志各邦事务的权利。

[12] 此处是指1768～1774年和1787～1792年俄国对土耳其的战争，两次战争均是俄国获胜。

[13] 美国独立战争即1775～1783年北美独立战争，是13个英属北美殖民地推翻英国殖民统治，争取民族独立的战争。1781年10月，英军主力被击溃后在约克镇被迫投降，交战双方最终于1783年9月签订了巴黎和约。

[14] 叶卡捷琳娜二世在1780年3月11日发表的武装中立宣言中宣布：中立国船只有权在海上以武力抵御交战国的进攻，中立国有权和交战国自由贸易，中立国船只上的敌方货载不受侵犯，只有在被封锁的港口的入口实际为海军所封闭的情况下才承认封锁。这篇宣言的矛头指向英国，当时英国正在进行镇压北美洲殖民地起义的战争（1775～1783年北美独立战争）；1780～1783年先后赞同宣言的有丹麦、瑞典、荷兰、普鲁士、奥地利、葡萄牙和双西西里亚王国。

　　武装中立的这些原则成了后来1856年4月16日奥地利、法国、英国、普鲁士、俄国、撒丁和土耳其的代表们签订《海上国际法原则宣言》的基础，并附在1853～1856年克里木战争参加国于1856年3月30日所签订的巴黎和约之后。

[15] 指欧洲各封建专制国家组成的第一次反法同盟。英国也积极参加了这次反革命同盟的建立。1792年2月，在英国和沙皇俄国的支持下，普鲁士和奥地利缔结了旨在对法国进行干涉的军事同盟。在1792年8月10日法国宣布共和以及1793年1月处死路易十六之后，英国、荷兰、西班牙、那不勒斯、撒丁和德国与意大利的一系列小邦于1793年公开参加了反法同盟。法国和第一次反法同盟参加国的战争一直持续到1797年。

[16] 1783年夏，根据瑞典国王古斯塔夫三世的提议在腓特烈港（芬兰）举行了

他和叶卡捷琳娜二世的会见。古斯塔夫前往腓特烈港的目的，是要探明叶卡捷琳娜二世对土耳其和克里木的意图，以及她对瑞典兼并挪威的计划所持的态度。由于俄国准备对土耳其作战，叶卡捷琳娜二世当时为自己利益考虑也力图和瑞典搞好关系。

[17] 莱比锡会战是1813年10月16～19日参加欧洲各国（俄国、奥地利、普鲁士、瑞典）第六次反法同盟的联军同拿破仑法国军队之间展开的决战。联军在这次会战中的胜利决定了同盟国在战争中的最后胜利，导致了莱茵联邦的瓦解，使德国摆脱了拿破仑的统治。这次会战史称"民族之战"。

[18] 维也纳会议是欧洲各国（土耳其除外）从1814年9月至1815年6月断断续续召开的会议。参加会议的有英、普、俄、奥等反拿破仑战争同盟国的君主和代表，法国复辟的波旁王朝也派代表出席了会议。

根据会议的决议，为了复辟各正统王朝，欧洲版图被违反各国人民的国家统一和独立的利益而加以重划。波兰再度被奥地利、普鲁士和俄国瓜分。按照1815年6月9日会议的决定，将拿破仑第一在1807年根据蒂尔西特和约建立的华沙大公国的大部分划归俄国，改称波兰王国。

[19] 神圣同盟是欧洲各专制君主镇压欧洲各国进步运动和维护封建君主制度的反动联盟。该同盟是战胜拿破仑第一以后，由俄国沙皇亚历山大一世和奥地利首相梅特涅倡议，于1815年9月26日在巴黎建立的，同时还缔结了神圣同盟条约。几乎所有的欧洲君主国家都参加了该同盟。这些国家的君主负有相互提供经济、军事和其他方面援助的义务，以维持维也纳会议上重新划定的边界和镇压各国革命。神圣同盟为了镇压欧洲各国资产阶级革命和民族解放运动，先后召开过几次会议。由于欧洲诸国间的矛盾以及民族革命运动的发展，1830年法国七月革命后神圣同盟实际上已经瓦解。

[20] 指发生在1821年春天，并且很快具有群众性的希腊起义。1822年1月1日在埃皮扎夫罗斯召开的国民议会宣布希腊独立，并通过了宪法。土耳其苏丹在没有外援的情况下无力镇压希腊人的起义，于是求助于他的附庸、埃及的统治者穆罕默德—阿里；1825年穆罕默德—阿里的军队在易卜拉欣帕沙的指挥下侵入摩里亚半岛（伯罗奔尼撒半岛），残暴地迫害希腊居民。起义初期，参加神圣同盟的几个大国，尤其是沙皇俄国，对起义都抱着强烈的反对态度。但是考虑到可以利用希腊人的斗争来巩固自己在巴尔干半岛南部的影响，于

是，英国、沙皇俄国和法国承认希腊为交战的一方，并对它提供了军事援助。俄国在1828～1829年的俄土战争中的胜利对希腊获得独立具有决定性意义，土耳其被迫承认希腊为独立国。但是按照欧洲几个大国统治集团的决定，希腊人民在1832年被迫接受了反动的专制君主制度。

［21］指1820～1823年在西班牙、1820～1821年在那不勒斯王国以及1821年在皮埃蒙特爆发的资产阶级革命。神圣同盟派遣法国军队到西班牙，派遣奥地利军队到意大利，镇压了这些国家的革命。

［22］烧炭党人是1806年在意大利，19世纪20年代在法国产生的秘密的政治团体的成员。意大利的烧炭党人包括城市资产阶级、资产阶级化的贵族、军官、小资产阶级和农民的代表人物，他们的目的是实现民族解放，实行政治改革，恢复意大利的统一。法国的烧炭党人包括各种政治派别的代表人物，其宗旨是推翻波旁王朝的专制制度，建立立宪政体。

［23］这里列举的神圣同盟的几次会议系1818年在亚琛、1820年在特罗保（奥帕瓦）、1821年在莱巴赫（卢布尔雅那）和1822年在维罗纳召开的会议，其目的在于镇压欧洲各国的资产阶级革命和民族解放运动。

［24］1864年俄国实行了有限的地方自治，建立了地方自治机关。然而从1866年起，沙皇俄国又开始有计划地排挤地方自治机关，在80年代残酷镇压革命运动的反动时期，这种排挤更是变本加厉。

［25］1874年2月16日赫·毛奇在德意志帝国国会发表演说时，不得不承认，德国人从打胜仗以来"谁都佩服他们，可是谁都不喜欢他们"。

弗·恩格斯

恩格斯致维拉·伊万诺夫娜·查苏利奇（节选）

墨尔纳赫（法国）

1890年4月3日于伦敦

……

我完全同意您的意见，必须同各地的民粹派作斗争，不管是德国的、法国的、英国的还是俄国的。而这并不改变我的看法，我认为，我必须说的那些东西如果让某个俄国人去说就更好。不过我承认，例如瓜分波兰的问题，从俄国的观点来看，较之从已经变为西方观点的波兰观点来看，是完全不同的。但是，我终究也应当尊重波兰人。如果波兰人要求得到被俄国人通常认为是永远得到了的并且按民族成分来说也被认为是俄国的那些领土，这个问题就不是我所能解决的了。我所能说的一切就是，照我看来，有关的居民应当自己决定自己的命运——完全象亚尔萨斯人应当自己在德国和法国之间进行选择一样。遗憾的是，我在提到俄国的外交及其对欧洲的影响时，不能不谈到被俄国当代人看作内部事务的那些东西；而不便之处（至少乍看起来是这样）就在于，谈这个问题的竟不是一个俄国人，而是一个外国人。但这是不可避免的。

……

但愿我的文章用英文发表会产生一些影响。目前,由于从西伯利亚传出的消息,由于谦楠的书[1]和最近俄国各大学的风潮[2],自由派对沙皇的解放热情的信心大大动摇了。这也就是我急于发表文章的原因;要趁热打铁。彼得堡外交当局期望,在东方未来的战役中,亲沙皇的格莱斯顿,"北方之神"(他这样称呼亚历山大三世)的崇拜者执政会对它有所帮助。克里特岛人和阿尔明尼亚人已经被动用起来,随即可能在马其顿发动佯攻;在法国对沙皇奴颜婢膝和英国表示亲善的情况下,大概会采取新的冒险行动,甚至不同德国开战就占领沙皇格勒,因为德国在这种不利的条件下是不敢作战的。而一旦占领了沙皇格勒,就会有一个很长的时期陶醉于沙文主义情绪,就象1866年和1870年[3]之后的德国那样。这就是为什么我认为,在英国自由党人中复活起来的反沙皇情绪对于我们的事业是极端重要的。斯捷普尼克在这里也有可能给他以鼓舞,[4]这是很好的。

自从俄国本身有了革命运动以来,曾经是无敌的俄国外交界就再也不能得到任何成功了。而这是非常好的,因为这种外交界无论对你们还是对我们都是最危险的敌人。这是目前俄国唯一坚定的力量,在俄国甚至军队本身也对沙皇不忠,在军官中进行大逮捕就证明了这一点,这种逮捕表明俄国军官的一般发展和道德品质要比普鲁士军官高得无可比拟。只要你们(你们或者哪怕是立宪主义者[5])在外交界获得拥护者和可靠分子,你们的事业就胜利了。

……

忠实于您的**弗·恩格斯**

选自《马克思恩格斯全集》第37卷,
人民出版社,1971,第370~372页

注释:

[1] 1888~1890年,在纽约出版的《现代插图月刊》(《The century Illustrated

monthly Magazine》）杂志上发表了美国记者乔治·谦楠于 1885～1886 年在西伯利亚旅行之后写的一组文章《西伯利亚和流放制度》，于是在西伯利亚残酷虐待政治犯的事实就广为周知了。这些文章还用德文、法文和俄文转载过。1890 年 2 月，《社会民主党人》杂志还公布了关于在亚库茨克屠杀政治流放犯的新的事实。

[2] 1887 年 11 月在莫斯科大学的学生中发生了剧烈的风潮。学生不满的基本原因是 1884 年的大学章程所规定的检查活动（这个章程完全取消了 1863 年章程规定的大学自治，而给予教育大臣撤换教授和其他人职务、规定大学生的助学金、津贴和其他优待、确定教学大纲等等的权利）。1887 年 12 月初在哈尔科夫、敖德萨、喀山、彼得堡也发生了风潮，风潮席卷这些城市的大学和其他高等学校的学生。学潮被军警镇压了下去。许多参加者被开除学籍并驱逐出境，而最积极的分子则被送入军事感化营。

[3] 恩格斯谈到波拿巴主义的墨西哥时期，是暗指法国在 1862～1867 年对墨西哥的武装干涉。这次远征的目的是镇压墨西哥革命并把墨西哥变为欧洲各国的殖民地。虽然在开始时法国军队曾经占领了墨西哥的首都，并且宣告成立了以拿破仑第三的傀儡为首的"帝国"，但是由于墨西哥人民进行了争取解放的英勇斗争，法国武装干涉者遭到了失败，被迫从墨西哥撤回了自己的军队。墨西哥的远征使法国付出了巨大的耗费，给拿破仑第三帝国带来了严重的损失。

1866 年普鲁士打败了奥地利，从而使拿破仑第三的可能的同盟者失去作战能力。

在 1870 年 9 月 1～2 日的色当会战中，普鲁士军队包围了麦克马洪的法国军队，并迫使它投降。这次会战是 1870～1871 年普法战争中具有决定性的战役。以拿破仑第三为首的八万多士兵、军官和将军被俘。色当惨败加速了第二帝国的覆灭，并导致法国于 1870 年 9 月 4 日宣告成立共和国。

[4] 由于斯捷普尼亚克（谢·米·克拉夫钦斯基）的努力，1890 年在英国成立了"俄国自由之友社"，其任务是唤起西欧对俄国革命运动的同情。1891～1900 年该社出版了《自由俄国》报（《Free Russia》）。

[5] 立宪主义者——自由主义地方自治运动的代表，力图在俄国进行温和的立宪改革。

弗·恩格斯

恩格斯致保尔·拉法格勒-佩斯（节选）

1890 年 8 月 27 日于福克斯顿贝尔维旅馆

……

柯瓦列夫斯基的书①中有一点很重要：他提出在母权制和马尔克公社（或米尔）之间隔着家长制的大家庭，这种家长制的大家庭在法国（法兰斯孔太和尼韦尔内）一直存在到1789年，在塞尔维亚人和保加利亚人中至今还存在，叫扎德鲁加。柯瓦列夫斯基对我说，这是俄国普遍的看法。如果这一点能成立，那末塔西佗和其他作者的许多不好懂的地方将得到解释，但同时也会产生新的问题。柯瓦列夫斯基书中的主要缺点就是**法学上的谬误**。我的书②再版时，我将谈这个问题。另一个缺点（也是所有研究学问的俄国人的通病），就是过分相信**公认**的权威。

……

选自《马克思恩格斯全集》第 37 卷，
人民出版社，1971，第 447～448 页

---

① 马·柯瓦列夫斯基：《家庭及所有制的起源和发展概论》。——编者注
② 弗·恩格斯：《家庭、私有制和国家的起源》。——编者注

弗·恩格斯

恩格斯致约瑟夫·布洛赫

科尼斯堡

1890年9月21[～22]日于伦敦

关于第一个问题。首先，您看《起源》第十九页的描述，普那路亚家庭形成的过程是逐步逐步的，甚至在本世纪，夏威夷群岛王室家庭中还有兄弟和姐妹（**同一母亲生的**）结婚的。而在整个古代史时期，都可以遇到这种婚姻的例子，例如托勒密王朝还有这种情况。可是在这里，也是第二点，应当区别**母亲**方面或只是**父亲**方面的兄弟和姐妹。'αδελφός，'αδελφή① 这两个词是从 δελφύs 即妈妈一词来的，因此原来的意思只是**母亲方面**的兄弟和姐妹。从母权制时期起还长期保留这样的概念：同一母亲的子女，虽然是不同父亲的，也比同一父亲但不同母亲的子女彼此更亲。普那路亚形式的家庭只排除前者之间的婚姻，而绝不排除后者之间的婚姻，因为根据相应的概念，后者**甚至根本不算亲属**（因为起作用的是母权制）。在古代看到的兄弟和姐妹之间的婚姻，据我所知，局限于夫妻双方

---

① 兄弟、姐妹。——编者注

或者是不同母亲生的，或者是不能确定但也不能排除他们是由不同母亲生的。因此，这些婚姻决不违反普那路亚的风俗。您还忽视了这一点：在普那路亚时期和希腊的一夫一妻制时期之间，发生了使情况大变的从母权制到父权制的飞跃。

瓦克斯穆特在他的《希腊古代》中写道，在英雄时代，希腊人

"很近的亲属（除了父母与子女）结成夫妻，并不引起任何反对"（第3卷第157页）。"和亲姐妹结婚，在克里特岛不认为是不道德的"（同上，第170页）。

后面的意见是根据斯特拉本（第10卷①）得出的，只是我现在找不到这个地方，因为原书没有分章。关于**亲姐妹**，在没有相反的证明时，我理解这里是指同父的姐妹。

关于第二个问题。我是这样来判定您的第一个主要论据的：根据唯物史观，历史过程中的决定性因素**归根到底**是现实生活的生产和再生产。无论马克思或我都从来没有肯定过比这更多的东西。如果有人在这里加以歪曲，说经济因素是**唯一**决定性的因素，那末他就是把这个命题变成毫无内容的、抽象的、荒诞无稽的空话。经济状况是基础，但是对历史斗争的进程发生影响并且在许多情况下主要是决定着这一斗争的**形式**的，还有上层建筑的各种因素：阶级斗争的各种政治形式和这个斗争的成果——由胜利了的阶级在获胜以后建立的宪法等等，各种法权形式以及所有这些实际斗争在参加者头脑中的反映，政治的、法律的和哲学的理论，宗教的观点以及它们向教义体系的进一步发展。这里表现出这一切因素间的交互作用，而在这种交互作用中归根到底是经济运动作为必然的东西通过无穷无尽的偶然事件（即这样一些事物，它们的内部联系是如此疏远或者是如此难于

---

① 斯特拉本：《地理学》。——编者注

确定,以致我们可以忘掉这种联系,认为这种联系并不存在)向前发展。否则把理论应用于任何历史时期,就会比解一个最简单的一次方程式更容易了。

我们自己创造着我们的历史,但是第一,我们是在十分确定的前提和条件下进行创造的。其中经济的前提和条件归根到底是决定性的。但是政治等等的前提和条件,甚至那些存在于人们头脑中的传统,也起着一定的作用,虽然不是决定性的作用。普鲁士国家也是由于历史的、归根到底是经济的原因而产生出来和发展起来的。但是,恐怕只有书呆子才会断定,在北德意志的许多小邦中,勃兰登堡成为一个体现了北部和南部之间的经济差异、语言差异,而自宗教改革以来也体现了宗教差异的强国,这只是由经济的必然性所决定,而不是也由其他因素所决定(在这里首先起作用的是这样一个情况:勃兰登堡由于掌握了普鲁士而卷入了波兰事件,并因而卷入了国际政治关系,后者在形成奥地利王室的威力时也起过决定的作用)。要从经济上说明每一个德意志小邦的过去和现在的存在,或者要从经济上说明那种把苏台德山脉至陶努斯山脉所形成的地理划分扩大成为贯穿全德意志的真正裂痕的高地德意志语的音变的起源,那末,要不闹笑话,是很不容易的。

但是第二,历史是这样创造的:最终的结果总是从许多单个的意志的相互冲突中产生出来的,而其中每一个意志,又是由于许多特殊的生活条件,才成为它所成为的那样。这样就有无数互相交错的力量,有无数个力的平行四边形,而由此就产生出一个总的结果,即历史事变,这个结果又可以看作一个作为整体的、**不自觉地**和不自主地起着作用的力量的产物。因为任何一个人的愿望都会受到任何另一个人的妨碍,而最后出现的结果就是谁都没有希望过的事物。所以以往的历史总是像一种自然过程一样地进行,而且实质上也是服从于同一运动规律的。但是,各个人的意志——其中的每一个都希望得到他的体质和外部的、终归是经济的情况(或是他个人的,或是一般社会性的)使他向往的东西——虽然都达不到自己的愿望,而是融合为一个总的平均数,一个总的合力,然而从这一事实中决不应作出结论说，这些意志等于零。相反地，每个意志都对合力有所贡献，因而是包括在这个合力里面的。

其次，我请您根据原著来研究这个理论，而不要根据第二手的材料来进行研究——这的确要容易得多。马克思所写的文章，没有一篇不是由这个理论起了作用的。特别是《**路易·波拿巴的雾月十八日**》，这本书是运用这个理论的十分出色的例子。《**资本论**》中的许多提示也是这样。其次，我也可以向您指出我的《欧根·杜林先生在科学中实行的变革》和《路德维希·费尔巴哈和德国古典哲学的终结》，我在这两部书里对历史唯物主义作了就我所知是目前最为详尽的阐述。

青年们有时过分看重经济方面，这有一部分是马克思和我应当负责的。我们在反驳我们的论敌时，常常不得不强调被他们否认的主要原则，并且不是始终都有时间、地点和机会来给其他参与相互作用的因素以应有的重视。但是，只要问题一关系到描述某个历史时期，即关系到实际的应用，那情况就不同了，这里就不容许有任何错误了。可惜人们往往以为，只要掌握了主要原理，而且还并不总是掌握得正确，那就算已经充分地理解了新理论并且立刻就能够应用它了。在这方面，我是可以责备许多最新的"马克思主义者"的；这的确也引起过惊人的混乱。

关于第一个问题，我昨天（这段是9月22日写的）又发现一个决定性的地方，可以完全证实我上面所谈的，舍曼在他的《希腊的古代》(1885年柏林版第1卷第52页) 中说：

可是，大家知道，**异母所生**的兄弟和姐妹之间的婚姻，在后来的希腊不算血亲婚配。

……

选自《马克思恩格斯全集》第 37 卷，
人民出版社，1971，第 459~463 页

弗·恩格斯

恩格斯致康拉德·施米特

柏 林

1890 年 10 月 27 日于伦敦

……

国家权力对于经济发展的反作用可能有三种：它可以沿着同一方向起作用，在这种情况下就会发展得比较快；它可以沿着相反方向起作用，在这种情况下，像现在每个大民族的情况那样，它经过一定的时期都要崩溃；或者是它可以阻止经济发展沿着某些方向走，而给它规定另外的方向——这种情况归根到底还是归结为前两种情况中的一种。但是很明显，在第二和第三种情况下，政治权力会给经济发展带来巨大的损害，并造成大量人力和物力的浪费。

此外，还有侵占和粗暴地毁灭经济资源的情况；由于这种情况，从前在一定条件下某一地方和某一民族的全部经济发展可能被毁灭。现在，这种情况多半都有相反的作用，至少在各大民族中间是如此：从长远看，战败者在经济上、政治上和道义上赢得的东西有时比胜利者更多。

……

至于那些更高地悬浮于空中的意识形态的领域，即宗教、哲学等等，那末它们都有一种被历史时期所发现和接受的史前的东西,这种东西我们今天不免要称之为愚昧。这些关于自然界、关于人本身的性质,关于灵魂、魔力等等的形形色色的虚假观念,多半只是在消极意义上以经济为基础;史前时期低水平的经济发展有关于自然界的虚假观念作为补充,但是有时也作为条件,甚至作为原因。虽然经济上的需要曾经是,而且越来越是对自然界的认识不断进展的主要动力,但是,要给这一切原始状态的愚昧寻找经济上的原因,那就太迂腐了。科学的历史,就是逐渐消除这种愚昧的历史,或者说,是用新的、但越来越不荒唐的愚昧取而代之的历史。从事这些事情的人们又属于分工的特殊部门,并且认为自己是致力于一个独立的领域。只要他们形成社会分工之内的独立集团,他们的产物,包括他们的错误在内,就要反过来影响全部社会发展,甚至影响经济发展。但是,尽管如此,他们本身又处于经济发展的起支配作用的影响之下。例如在哲学上,拿资产阶级时期来说这种情形是最容易证明的。霍布斯是第一个现代唯物主义者(18世纪意义上的),但是当专制君主制在整个欧洲处于全盛时期,并在英国开始和人民进行斗争的时候,他是专制制度的拥护者。洛克在宗教上和政治上都是1688年的阶级妥协[1]的产儿。英国自然神论者[2]和他们的更彻底的继承者法国唯物主义者都是真正的资产阶级哲学家,法国人甚至是资产阶级革命的哲学家。在从康德到黑格尔的德国哲学中始终显现着德国庸人的面孔——有时积极地,有时消极地。但是,每一个时代的哲学作为分工的一个特定的领域,都具有由它的先驱者传给它而它便由此出发的特定的思想材料作为前提。因此,经济上落后的国家在哲学上仍然能够演奏第一小提琴:18世纪的法国对英国来说是如此(法国人是以英国哲学为依据的),后来的德国对英法两国来说也是如此。但是,不论在法国或是在德国,哲学和那个时代的普遍的学术繁荣一样,也是经济高涨的结果。经济发展对这些领域也具有最终的至上权力,这在我看来是确定无疑的,但是这种至上权力是发生在各个领域本身所规定的那些条件的范围内:例如在哲学中,它是发生在这样一种作用所规定的条件的范围内,这种作用就是各种经济影响(这些经济影响多半又只是在它的政治等等的外衣下起作用）对先驱所提供的现有哲学材料发生的作用。经济在这里并不重新创造出任何东西，但是它决定着现有思想材料的改变和进一步发展的方式，而且多半也是间接发生的，因为对哲学发生最大的直接影响的，是政治的、法律的和道德的反映。

关于宗教，我在论费尔巴哈①的最后一章里已经把最必要的东西说过了。

选自《马克思恩格斯文集》第 10 卷，人民出版社，2009，第 597、598～600 页

注释：

[1] 指英国 1688 年政变。这次政变驱逐了斯图亚特王朝的詹姆斯二世，宣布荷兰共和国的执政者奥伦治的威廉三世为英国国王。从 1689 年起，在英国确立了以土地贵族和大资产阶级的妥协为基础的立宪君主制。这次没有人民群众参加的政变被资产阶级史学家称做"光荣革命"。

[2] 自然神论者是一种推崇理性原则，把上帝解释为非人格的始因的宗教哲学理论，曾是资产阶级反对封建制度和正统宗教的一种理论武器，也是无神论在当时的一种隐蔽形式。这种理论反对蒙昧主义和神秘主义，认为上帝不过是"世界理性"或"有智慧的意志"，上帝在创世之后就不再干预世界事务，而让世界按它本身的规律存在和发展下去。在封建教会世界观统治的条件下，自然神论者往往站在理性主义的立场上批判中世纪的神学世界观，揭露僧侣们的寄生生活和招摇撞骗的行为。

---

① 弗·恩格斯：《路德维希·费尔巴哈和德国古典哲学的终结》，见《马克思恩格斯文集》第 4 卷。——编者注

弗·恩格斯

恩格斯致保尔·拉法格勒-佩勒

1891 年 5 月 29 日于伦敦

您知道，麦克伦南发现了**外婚制部落**，说这种部落只能用抢劫或买进的方式从外部弄到妻子。您也知道，摩尔根（他在《血亲制度》一书里还把外婚制**氏族**称为"部落"）在《古代社会》一书中证明，外婚制部落并不存在，外婚是部落里**一部分人**或一个集团，即**氏族**的特有现象，在部落内，只要不属同一氏族，便可自由通婚。

现在看看吉罗—特龙在第104页的脚注里又是怎么说的：

摩尔根在他后来的著作中，承认不应该再把**部落**和**克兰**混为一谈，〈吉罗—特龙所说的克兰相当于摩尔根讲的氏族〉①，放弃了他对部落所下的定义，但又无意另下新的定义。

而特龙在描述划分为**克兰**（氏族）的部落时，其说法和摩尔根完全一样，但又说得好象与摩尔根毫无关联，似乎这是他吉罗—特龙的功劳。

---

① 本卷引文中凡是在尖括号〈 〉内的话和标点符号都是恩格斯加的。——编者注

他提出自己这种奢望的方式如此暧昧，使我非常怀疑。但由于这个问题是使整个关于原始社会的科学发生了革命的一个发现，故请（如果弄不到书的话）查对一下1874年的版本，并告诉我：

（1）他提出什么来反对麦克伦南的**外婚制部落**；

（2）他是否在1874年就已发现，部落划分为**外婚制克兰**，即摩尔根所说的氏族；

（3）（扼要地，几个名称即可）如确有此发现，他引用了哪些例子？他是否承认他所说的**克兰**相当于罗马、希腊的氏族？

……

您的**弗·恩**

选自《马克思恩格斯全集》第38卷，
人民出版社，1972，第102～103页

弗·恩格斯

给奥地利党第二次代表大会的贺信[1]（节选）

1891年6月26日于伦敦

……

我们党具有多么不可摧毁的内在力量，它用来证明这点的，不仅是它迅速取得一个接一个的胜利，不仅是它今年在奥地利就像去年在德国那样彻底结束了非常状态[2]。它用来证明它的这种力量的，尤其还有这样一点，即它在所有国家内都在克服所有从有产阶级中补充自己队伍的其他政党所无法应付的困难，完成它们所无能为力的事业。当法国和德国的有产阶级彼此怀恨在心，相互间存在着不可调和的敌意时，法国和德国的无产者却手携手地一致行动。而在你们奥地利，当各个省的有产阶级由于盲目的民族仇恨而丧失最后一点点统治能力时，你们的第二次党代表大会将向它们显示出一个没有任何民族纠纷的奥地利的面貌，一个工人的奥地利的面貌。

弗里德里希·恩格斯

载于1891年7月3日《工人报》第27号和1891年在维也纳出版的小册子

原文是德文
选自《马克思恩格斯全集》第22卷，

"1891年6月28、29和30日在维也纳举行的奥地利党第二次代表大会的纪录" 人民出版社，1965，第260~261页

注释：

[1] 这封贺信是恩格斯为了回答由维克多·阿德勒在1891年6月22日来信中向他转达的请他参加奥地利社会民主工党第二次代表大会的邀请而写的。

奥地利社会民主工党第二次代表大会于1891年6月28日至30日在维也纳举行。出席大会的有193名代表。代表大会讨论了关于党的状况和活动、关于争取普遍、平等和直接的选举权运动、关于庆祝五一节、关于党参加1891年在布鲁塞尔举行的国际社会主义工人代表大会、关于工会、关于奥地利的社会改革等问题。党中央机关报《工人报》在1891年7月3日的社论"在维也纳举行的我党代表大会"中总结代表大会工作时指出，奥地利社会民主党对它的代表大会是会满意的，因为在代表大会上明显地表现出了党的国际主义性质、在策略问题上的明确性和一致性。代表大会上的辩论是按照1888年在加因斐举行的第一次代表大会上通过的纲领中的主要原则进行的。

[2] 恩格斯指废除德国和奥匈帝国的反动政府为反对社会主义和工人运动而施行的非常法。

关于德国反社会党非常法，见《马克思恩格斯全集》第22卷注2（反社会主义非常法　德国于1878年10月21日颁布，直到1890年10月1日，在规模的工人运动压力之下被废除）。

奥地利于1884年在"反无政府主义者法"的名称下通过了反社会党人非常法。根据这些法令，社会主义的和工会的工人组织及其机关报刊遭到警察当局的迫害和查封，它们的领导人被驱逐出境。但是，在罢工运动增长和1890年5月1日奥地利工人群众性行动的影响下，塔菲政府于1891年6月被迫废除这些法令。

弗·恩格斯

1891年社会民主党纲领草案批判[1]（节选）

……

二 政治要求

……为了眼前暂时的利益而忘记根本大计，只图一时的成就而不顾后果，为了运动的现在而牺牲运动的未来，这种做法可能也是出于"真诚的"动机。但这是机会主义，始终是机会主义，而且"真诚的"机会主义也许比其他一切机会主义更危险。

可是这些棘手而又非常重要的问题究竟是哪些呢？

第一，如果说有什么是毋庸置疑的，那就是，我们的党和工人阶级只有在民主共和国这种形式下，才能取得统治。民主共和国甚至是无产阶级专政的特殊形式，法国大革命已经证明了这一点。要我们的优秀分子像米凯尔那样在皇帝手下做大臣，简直是不可思议的。的确，从法律观点看来，似乎是不许可把共和国的要求直接写到纲领里去的，虽然这在法国甚至在路易-菲力浦统治下都可以办到，在今天的意大利也同样可以办到。但是，在德国连一个公开要求共和国的党纲都不能提出的事实，证明了以为在这个国家可以用舒舒服服和平的方法建立共和国，不仅建立共和国，而且还可以建立共产主义社会，这是多么大的幻想。

不过，关于共和国的问题在万不得已时可以不提。但是，**把一切政治权力集中于人民代议机关之手**的要求在我看来是应该而且能够写到纲领里去的。如果我们不能再进一步，暂时做到这一点也够了。

第二，德国的改造。一方面，小邦分立状态必须消除。——只要巴伐利亚和符腾堡的保留权利[2]依然存在，而例如图林根的地图仍然呈现出目前这样一副可怜景象，看你怎么使这个社会革命化吧！另一方面，普鲁士必须停止存在，必须划分为若干自治省，以使道地的普鲁士主义不再压在德国头上。小邦分立状态和道地的普鲁士主义就是现在正钳制着德国的两个对立的方面，而且这两个方面中的一方始终必然是另一方的托辞和存在的理由。

应当用什么东西来取代呢？在我看来，无产阶级只能采取单一而不可分的共和国的形式。联邦制共和国一般说来现在还是美国广大地区所必需的，虽然在它的东部已经成为障碍。在英国，联邦制共和国将是一个进步，因为在这里，两个岛上居住着四个民族，议会虽然是统一的，但是却有三种法律体系同时并存。在小国瑞士，联邦制共和国早已成为一种障碍，之所以还能被容忍，只是因为瑞士甘愿充当欧洲国家体系中纯粹消极的一员。对德国说来，实行瑞士式的联邦制，那就是一大退步。联邦制国家和单一制国家有两点区别，这就是：每个加盟的邦，每个州都有它自己的民事立法、刑事立法和法院组织；其次，与国民议院并存的还有联邦议院，在联邦议院中，每一个州不分大小，都以州为单位参加表决。前一点我们已经顺利克服，而且不会幼稚到又去采用它，第二点在我们这里就是联邦会议，我们完全可以不需要它，而且，一般说来，我们的"联邦制国家"已经是向单一制国家的过渡。我们的任务不是要使1866年和1870年从上面进行的革命又倒退回去，而是要用从下面进行的运动给予它以必要的补充和改进。

因此，需要统一的共和国。但并不是像现在法兰西共和国那样的共和国，因为它同1798年建立的没有皇帝的帝国[3]没有什么不同。从1792年到1798年，法国的每个省、每个市镇，都有美国式的完全的自治，这是我们也应该有的。至于应当怎样安排自治和怎样才可以不要官僚制，这已经由美国和法兰西第一共和国给我们证明了，而现在又有澳大利亚、加拿大以及英国的其他殖民地给我们证明了。这种省的和市镇的自治远比例如瑞士的联邦制更自由，在瑞士的联邦制中，州对联邦而言固然有很大的独立性，但它对专区和市镇也具有很大的独立性。州政府任命专区区长和市镇长官，这在讲英语的国家里是绝对没有的，而我们将来也应该断然消除这种现象，就像消除普鲁士的县长和政府顾问那样。

以上所说的一切，应当写进纲领中去的不多。我之所以谈到这些，主要也是为了把德国的情况说明一下——那里是不容许公开谈论这类东西的，同时也以此说明，那些希望通过合法途径将这种情况搬到共产主义社会里去的人只是自己欺骗自己。再就是想要提醒党的执行委员会，除了人民直接参与立法和免费司法（没有这两项我们也总是要前进的）之外，还有另外一些重大的政治问题。在普遍不安定的情况下，这些问题一夜之间就可能变成燃眉之急的问题，如果我们对这些问题没有讨论过，没有事先取得一致意见，到那时该怎么办呢？

但是下面这个要求是可以写进纲领中去的，并且至少可以间接地作为对不能直言的事情的暗示：

"省、县和市镇通过依据普选制选出的官员实行完全的自治。取消由国家任命的一切地方的和省的政权机关。"

关于上面所讨论的几点，是否还有别的什么可以写成纲领要求，我在这里不如你们在当地好作出判断。但是这些问题最好趁现在还不太迟的时候能在党内加以讨论。

……

弗·恩格斯写于 1891 年 6 月 18 日～29 日之间
第一次发表于 1901～1902 年《新时代》杂志第 21 年卷第 1 册第 1 期

原文是德文
选自《马克思恩格斯文集》第 4 卷，人民出版社，2009，第 414～417 页

注释：

[1]《1891年社会民主党纲领草案批判》是恩格斯针对德国社会民主党执行委员会在1891年6月18日提出的党纲草案而写的一篇重要的马克思主义文献。恩格斯在这篇文章中批判了当时在德国社会民主党内出现的德国可以和平"长入"社会主义的机会主义观点，指出只有"在人民代议机关把一切权力集中在自己手里、只要取得大多数人民的支持就能够按照宪法随意办事的国家里，旧社会有可能和平长入新社会"（见《马克思恩格斯文选》第4卷，第414页），而在实行反动专制制度的德国，以为"可以用舒舒服服和平的方法建立共和国，不仅建立共和国，而且还可以建立共产主义社会，这是多么大的幻想"（见《马克思恩格斯文选》第4卷，第415页）。他指出，社会民主党和工人阶级只有在民主共和国这种政治形式下才能取得政权，"民主共和国甚至是无产阶级专政的特殊形式"（见《马克思恩格斯文选》第4卷，第415页）。他还揭露了工人阶级政党内部的机会主义的实质："为了眼前暂时利益而忘记根本大计，只图一时的成就而不顾后果，为了运动的现在而牺牲运动的未来"（见《马克思恩格斯文选》第4卷，第414页）。这篇文章对于德国社会民主党根据科学社会主义理论制定党纲起了重要的指导作用。

这篇文章写于1891年6月18～29日。1890年反社会党人法被废除后，德国社会民主党重获合法地位，进入了一个新的发展时期。在这样的形势下，党需要制定一个新的纲领，以代替1875年的哥达纲领。1891年5月，威·李卜克内西着手起草新纲领。6月，党的执行委员会经过反复讨论和修改，把草案确定下来。6月18日，执行委员会以机密文件的形式把草案寄给了恩格斯。恩格斯收到后立即进行深入的分析，肯定这个草案优于哥达纲领，并分别对草案的绪论部分、政治要求和经济要求提出具体修改意见。党的执行委员会收到恩格斯的批评意见后，对草案作了一些修改，并于1891年7月4日把修正草案公布在德国社会民主党机关报《前进报》上。修正草案吸收了恩格斯对绪论部分和经济要求部分的意见，但在政治要求部分没有什么改动。

《1891年社会民主党纲领草案批判》直到1901年才在《新时代》杂志上发表。编辑部在发表这篇文章时所加的按语中指出，这篇文章的手稿是在李卜克内西的遗物中找到的。

[2] 指德国南部各邦、主要是巴伐利亚和符腾堡的特殊权利,这些权利由关于它们加入北德意志联邦的条约(1870年11月)和德意志帝国宪法(1871年4月)确定下来。其中,巴伐利亚和符腾堡保留了特有的烧酒和啤酒税,以及独立管理邮电的特殊权利。此外,巴伐利亚在管理它的军队和铁路方面保留了独立性;巴伐利亚、符腾堡以及萨克森在联邦会议中的代表成立了一个拥有否决权的对外政策问题特别委员会。

[3] 没有皇帝的帝国指拿破仑·波拿巴于1799年雾月十八日(11月9日)发动政变,推翻了1792年8月10日在法国建立的共和制度,宣布实行以自己为第一执政的专政。1804年,在法国正式建立了帝国,拿破仑被宣布为法国的皇帝。尽管制度改变了,但第一帝国的许多官僚机构却在法国继续保存下来,甚至在1870年9月建立的第三共和国时期也是如此。

弗·恩格斯

恩格斯致奥古斯特·倍倍尔（节选）

柏 林

1891年10月24～26日于伦敦

……

我认为有必要向法国人坦率地说明真实情况，一旦战争发生，我们将处于怎样的地位，——这当然是一项非常艰巨的任务，……我告诉法国人：我们几乎可以确有把握地说，十年内，我们将取得政权；但是，在没有清算我们前人对其他民族所犯下的罪孽以前，我们既不能取得，也不能保持政权，因此，必须：（1）公开为复兴波兰铺平道路，（2）使北什列斯维希的居民和亚尔萨斯—洛林的居民有可能自由决定自己的国家归属问题。在社会主义的法国和社会主义的德国之间，根本不可能存在亚尔萨斯—洛林问题。因此，没有任何理由为亚尔萨斯—洛林而打仗。然而，假如法国资产阶级仍然要发动战争，并为此目的替俄国沙皇——他也是整个**西欧资产阶级**的敌人——效劳，这将是背弃法国的革命使命。反之，在和平得以维持的条件下，我们德国社会党人十年内就要取得政权，因此我们必须捍卫我们赢得的这个工人运动先锋队的地位，使之不仅不受内部敌人，而且不受外部敌人的侵犯。如果俄国获胜，我们就要遭到镇压。所以，俄国要是发动战争，那就前进，冲向俄国人及其同盟者，**不管他们是谁**。那时，我们就要设法用一切革命手段来进行战争，任何拒绝采取这种手段的政府将无法支撑下去，必要时，我们自己应当起而领导。

……

选自《马克思恩格斯全集》第 38 卷，
人民出版社，1972，第 185~186 页

弗·恩格斯

恩格斯致海尔曼·施留特尔（节选）

纽　约

1892 年 3 月 30 日于伦敦

……

我觉得，美国本地工人的特殊地位是你们美国的一大障碍。1848 年以前，固定的、本地的工人阶级还只能说是一种稀罕现象；当时，这个阶级为数不多的人最初在东部城市里还有可能指望变成农民或者是资产者。现在，这样一个阶级已经发展起来了，并且大部分人加入了工联。但它仍旧处于贵族式的地位，并且只要有可能，就把不需要掌握专门技术的低工资工作给移民去做，这些移民只有很少一部分人加入了贵族式的工联。但这些移民分属于许多个民族，他们之间语言不通，大部分人连美国话也不懂。而你们国家的资产阶级比奥地利政府又更善于挑拨一个民族去反对另一个民族——挑拨犹太人、意大利人、捷克人等等去反对德国人和爱尔兰人，挑拨每个民族的人去反对所有其他民族的人。因此我认为，纽约工人生活水平的差距之大是其他地方闻所未闻的。此外，在纯资本主义基础上发展起来的、毫无安宁闲逸的封建背景的社会，对在生存斗争中濒于死亡的人完全无动于衷。说什么这些可憎的"荷兰人"①、爱尔兰人、意大利人、犹太人和匈牙利人本来已经够多了,已经超过了我们的需要,而在后面还有中国约翰②,他的生存能力远远超过其他所有的人,什么东西都能用来充饥。

……

选自《马克思恩格斯全集》第 38 卷,
人民出版社,1972,第 316 页

---

① 当时在美国称德国人为"荷兰人"。——编者注
② 在美国给中国人起的绰号。——编者注

弗·恩格斯

恩格斯致劳拉·拉法格（节选）

勒—佩勒

1892年10月14日于伦敦

……

不管怎样，法国的事情在进展着（在各个方面，**日报**除外！），卡尔莫[1]不仅证明我们的思想在工人阶级中间得到了传播，而且也证明资产者和政府是**知道**这种情况的。那里的人（而且是南方人，加上又是爱吹嘘的加斯科尼人！）持独立自主的立场，以及各个社会主义市镇参议会的行动稳重而果断，丝毫没有可能派的软弱或妥协，这些都说明进步是很大的。法国人越是领先，我越是感到满意。为了使大陆上的运动取得胜利，就应当使这个运动既不是纯法国的，也不是纯德国的，而是法德的运动。如果说德国人把如何利用选举权和建立强有力的组织教给法国人，那么法国人就应当把整整一个世纪以来已经成为他们传统的革命精神传给德国人。一个民族妄想领导其他所有民族的时代已经一去不复返了。

……

*爱你的*弗·恩格斯

选自《马克思恩格斯全集》第 38 卷，人民出版社，1972，第 494 页

注释：

[1] 指卡尔莫（法国南部）矿工举行的罢工。这次由于矿井行政当局解雇被选为卡尔莫市长的当地矿工工会领导人加尔文约克而举行的罢工，自 1892 年 8 月中起一直持续到 11 月初。政府提出的仲裁，实际上认为矿井当局的决定是合法的。法国工人党支持了捍卫工人阶级政治权利的罢工工人，全国募集了罢工基金。由于工人们的坚决斗争，使加尔文约克和其他罢工参加者终于都恢复了工作。

弗·恩格斯

恩格斯致沙尔·博尼埃

牛　津

[1892年10月中于伦敦]

[草稿]

亲爱的博尼埃：

普罗托写的东西①我收到了，谢谢。但是首先我要更正一件事。

您来信说：

> 虽然法国社会主义者反对同俄国结成联盟，关于同德国打仗的事连听也不愿意听，可是您，尤其是倍倍尔，却认为对法国和俄国进行防御战争是完全可以的，而德国社会主义者就会参加这样的战争，这些责难在法国得到广泛同情，使盖得很不愉快。

如果说法国社会主义者之所以事先不特别声明，一旦发生这样的防御

---

① 欧·普罗托：《沙文主义者和反动派》。——编者注

战时，他们准备帮助打退威廉皇帝的进攻，那仅仅是因为这是人所共知和公认的，而且已经商量好了的，没有必要再说了。在德国，没有一个社会党人会怀疑法国社会主义者在这样的情况下会毫不犹豫地为保卫民族独立而去尽自己的职责；谁也不会因此责备他们，相反，只会赞扬他们。我的文章①的观点正是这样。假如我不从这样一个论点出发，即一旦发生外来的侵犯时，法国社会主义者必将拿起武器保卫他们的家园，那么我的通篇文章就毫无意义了。我要求的只是：一旦俄国发动进攻时，这一原则也适用于德国社会党人，即使这个进攻得到官方法国的支持。对倍倍尔的演说也要这样去看。在法国，根据这点来责难我们的人，显然是那一类人，他们主张高卢的丘必特可做的，德国的公牛不可做。我认为，法国社会主义者要做的事情就是使这些人明白过来，而这件事并不是太困难的②。

……

选自《马克思恩格斯全集》第 38 卷，
人民出版社，1972，第 498～499 页

---

① 弗·恩格斯：《德国的社会主义》。——编者注
② 信的草稿中接着删去了下面的一段话："我乐于相信，这些沙文主义的蠢话会盖得很不愉快，但在这方面我和倍倍尔都没有过错。而且，我把自己的文章寄往巴黎时，曾预先告诉过我的朋友们，我担心这会触动民族的偏见，但是他们答复我说，相反，正好需要这样。"——编者注

弗·恩格斯

新发现的一个群婚实例[1]

最近有些唯理论的民族学家以否认群婚为时髦；因此，下面这篇我从1892年旧历10月14日的莫斯科"俄罗斯新闻"上译出的报道是值得一读的。它不仅明确地肯定了存在着极其盛行的群婚，即一群男子和一群女子相互间性交的权利，而且肯定了这种群婚具有跟夏威夷人的普那路亚婚姻，即群婚的最发展最典型的阶段非常接近的形式。典型的普那路亚家庭是由一群兄弟（同胞的或较远的）跟一群同胞的或较远的姊妹结婚而组成的，而在库页岛上，我们看到，一个男子是跟自己兄弟的所有妻子和自己妻子的所有姊妹结成婚姻的，如果从女子方面来看，就是这个男子的妻子有权跟她的丈夫的兄弟和她的姊妹的丈夫发生性的关系。因此，它跟典型的普那路亚婚姻形式的区别，只在于丈夫的兄弟和姊妹的丈夫不一定是同一些人。

其次应该看到，我在"家庭的起源"一书第4版第28～29页所讲的，在这里也被证实了。那里讲到，群婚绝不像我们的庸人的惯于妓院的幻想所描绘的那样；实行群婚的人们，并不是公开过着庸人暗中所过的那种淫荡生活；这种婚姻形式，至少就现在还可以遇见的例子来看，与不牢固的对偶婚制或跟一夫多妻制不同的地方，实际上只不过是许多在其他条件下要遭受严厉惩罚的性交情事，在这里却为习俗所许可而已。至于这些权利的实际行使正在逐渐消灭，那只不过证明这种婚姻形式本身正在消亡，它的极少流行,也可证实这一点。

此外,整个这篇描述之所以值得注意,还因为它再一次表明:处在大致相同发展阶段上的原始民族的社会制度,在其基本特征上,是多么相似,甚至相同。关于库页岛上这些蒙古种人的记载,大部分都适用于印度的德拉维达部落、太平洋各岛屿发现时的岛上的土人,以及美洲的红种人。这篇报道写道:

> 尼·安·杨楚克10月10日〈旧历;新历为10月22日〉在莫斯科①自然科学爱好者协会人类学部会议上提出了施特恩堡先生的关于库页岛吉里亚克人[2]的有趣的报告,吉里亚克人是一个很少被人研究并处在蒙昧人的文化阶段②上的部落。吉里亚克人不知有农田耕作和陶器术,主要靠渔猎为生,用投入炽热的石头将木槽里的水温热,等等。特别有趣的是他们的家庭和氏族制度。吉里亚克人不仅把自己的生父叫做父亲,而且把自己生父的一切兄弟也叫做父亲,把生父的兄弟的妻子和自己母亲的姊妹全都叫做母亲,把所有这些"父亲"和"母亲"③的子女统通叫做自己的兄弟和姊妹。如众所周知的,北美的易洛魁人和其他印第安人部落,以及印度的一些部落,都有这样的称呼法④,不过在他们中间,这种称呼法早已跟现实不相符合了,而在吉里亚克人中间,这种称呼法却表明**迄今仍然存在着的秩序**。直到现在**每一个吉里亚克男人对自己兄弟的妻子以及对自己妻子的姊妹都有丈夫的权利**⑤,至少行使这些权利并不认为是被禁止的事情⑥。这些以

---

① "莫斯科"这个字是恩格斯加的。——编者注
② 在"俄罗斯新闻"上不是"阶段",而是"程度"。——编者注
③ 在"俄罗斯新闻"上不是"所有这些'父亲'和'母亲'",而是"所有这些亲属"。——编者注
④ 在"俄罗斯新闻"上不是"称呼法",而是"术语"。——编者注
⑤ 着重号是恩格斯加的。——编者注
⑥ 在"俄罗斯新闻"上不是"不许可的",而是"罪恶"。——编者注

氏族制度为基础的群婚①的残余，颇似本世纪上半叶还在散得维齿群岛存在着的有名的普那路亚家庭。家庭和氏族②关系的这种形式是吉里亚克人的社会组织的基础，是他们的氏族制度的基础。

吉里亚克人的氏族，是由他的父亲的一切兄弟（近的和较远的、真正的和名义的）③、由这些兄弟的父亲和母亲、由他的兄弟的子女及他自己的子女组成的。显然，这样构成的氏族，可能有大量的成员。氏族的生活是按下面的原则来进行的。氏族内部是绝对禁止通婚的。死者的妻子，根据氏族的决定，转嫁给死者的同胞的或名义的兄弟④当中的一个。氏族养活自己的一切没有劳动能力的成员。"我们没有乞丐——一个吉里亚克人对报告人说，——谁穷，哈里〈氏族〉就来养活他。"氏族成员由共同的祭祀和节日、共同的坟地等联系起来。

氏族保障自己每一个成员的生命与安全，防止不属于本氏族的人对他的侵害⑤。惩罚的手段是血族复仇⑥，但是在俄罗斯人的影响下，这一制度的作用已经大大地削弱了。妇女被完全排除在氏族复仇的行动以外。在有些场合（不过这种场合是极少见的），一氏族收养他氏族的人。通例是财产不得拿出死者的氏族以外。在这一方面，吉里亚克人一丝不苟地执行着十二铜表法的一项有名的条文：《Si suos heredes non habet, gentiles familiam habento》〈"如无继承人，应由同氏族人继承"〉。[3]吉里亚克人生活中任何一件非常的事件，都非有氏族的参与不可。氏族长者，在不久以前，大约一两代以前，还是社会的

---

① 在"俄罗斯新闻"上不是"以氏族制度为基础的群婚"，而是"氏族婚姻"。——编者注
② 在"俄罗斯新闻"上不是"家庭和氏族"，而是"家庭和亲属"。——编者注
③ 在"俄罗斯新闻"上不是"（近的和较远的、真正的和名义的）"，而是"（所有亲等的）"。——编者注
④ 在"俄罗斯新闻"上不是"同胞的或名义的兄弟"，而是"'任何亲等的'兄弟"。——编者注
⑤ 在"俄罗斯新闻"上不是"氏族"，而是"哈里"；不是"不属于本氏族的人"，而是"另一哈里的人"。——编者注
⑥ 在"俄罗斯新闻"上不是"惩罚的手段"，而是"手段"；不是"血族复仇"，而是"氏族复仇"。——编者注

部的民族。

[3] 十二铜表法是最古的罗马法文献,在公元前五世纪中叶编成,是平民反对贵族的斗争的成果,它代替了原先在罗马有效的习惯法;十二铜表法反映了罗马社会财产分化的过程;法律条文写在十二块牌子(铜表)上。

[4] "民族学评论"(《Этноιραϕическое обозрение》)是一家俄国杂志,1889年至1916年由莫斯科大学附属自然科学、人类学和民族学爱好者协会民族学部出版,每年出刊四期。

施特恩堡"库页岛的吉里亚克人"一文载于该杂志1893年第2期。

弗·恩格斯

五一节致捷克同志们[1]

1848年回忆片断

当时卡尔·马克思在维也纳[2]会晤了布拉格书商鲍洛施，他是奥地利国民议会中德意志波希米亚党团的领袖。鲍洛施痛心地诉说了波希米亚的民族纠纷以及所谓捷克人对波希米亚的德意志人的强烈仇恨。马克思问他，波希米亚的工人在这方面的情况怎么样。鲍洛施答道："那完全是另外一种样子。工人一加入运动，这种现象就告终，就不分什么捷克人或德意志人，大家就都在一起了。"

两个民族的波希米亚工人在当时只是**感觉到**的事情，现在他们**理解到了**；他们理解到：所有这些民族纠纷只是在大封建主和大资本家统治时期才有的，民族纠纷只是为永远保持这种统治服务的，捷克工人和德意志工人有着共同一致的利益，当工人阶级一取得政治统治地位，一切引起民族不和的借口就会消灭。因为工人阶级就其本性来说是国际主义的，**它将在即将来临的五一节这一天再一次证实这一点。**

弗里德里希·恩格斯
1893年4月8日于伦敦

载于在布拉格出版的专刊"1893年五一节"

原文是德文

选自《马克思恩格斯全集》第22卷，人民出版社，1965，第472页

注释：

[1] 这篇短文是恩格斯应捷克社会民主党报纸"社会民主党人报"（《Sociální Demokrat》）编辑部的请求而写的；该报编辑部曾于1893年3月写信给恩格斯，请他为捷克社会民主党人筹办的五一专刊写一篇短文。这个专刊还刊登了保·拉法格、奥·倍倍尔和其他活动家给捷克工人的贺信。

[2] 马克思曾于1848年8月底至9月初到维也纳去了一趟，目的是加强同奥地利民主主义组织和工人组织的联系，促使它们更坚决地同奥地利的反革命势力作斗争，同时也指望得到继续出版《新莱茵报》的经费。

弗·恩格斯

恩格斯致弗兰茨·梅林（节选）

柏　林

1893 年 7 月 14 日于伦敦

……

我从末尾，即《论历史唯物主义》这篇附录①谈起。在这里主要的事实您都论述得很出色，对每一个没有成见的人都是有说服力的。如果说我还有什么异议，那就是您加在我身上的功绩大于应该属于我的，即使把我经过一定时间也许会独立发现的一切都计算在内也是如此，但是这一切都已经由眼光更锐利、眼界更开阔的马克思早得多地发现了。如果一个人有幸能和马克思这样的人一起工作四十年之久，那末他在后者在世时通常是得不到本来似乎应当得到的承认的；后来，伟大的人物逝世了，他们不大出色的战友就很容易被给以过高的评价——而这种情况看来现在就正好落在我身上。历史最终会把一切都纳入正轨，到那时我已经幸福地长眠于地下，什么也不知道了。

---

① 弗·梅林：《论历史唯物主义》，作为附录收入《莱辛传奇》，1893。——编者注

此外，被忽略的还有一点，这一点在马克思和我的著作中通常也强调得不够，在这方面我们两人都有同样的过错。这就是说，我们都把重点放在从作为基础的经济事实中探索出政治观念、法权观念和其他思想观念以及由这些观念所制约的行动，而**当时是应当这样做的**。但是我们这样做的时候为了内容而忽略了形式方面，即这些观念是由什么样的方式和方法产生的。这就给了敌人以称心的理由来进行曲解和歪曲，保尔·巴尔特①就是个明显的例子。

意识形态是由所谓的思想家有意识地、但是以虚假的意识完成的过程。推动他行动的真正动力始终是他所不知道的，否则这就不是意识形态的过程了。因此，他想象出虚假的或表面的动力。因为这是思维过程，所以它的内容和形式都是他从纯粹的思维中——不是从他自己的思维中，就是从他的先辈的思维中得出的。他和纯粹的思维材料打交道，他直率地认为这种材料是由思维产生的，而不去研究任何其他的、比较疏远的、不从属于思维的根源。而且这在他看来是不言而喻的，因为在他看来，任何人的行动既然都是通过思维进行的，最终似乎都以思维为**基础**的了。

历史思想家（历史在只是政治的、法律的、哲学的、神学的，——总之，一切属于**社会**而不仅又属于自然界的领域的集合名词）在每一科学部门中都有一定的材料，这些材料是从以前的各代人的思维中独立形成的，并且在这些世代相继的人们的头脑中经过了自己的独立的发展道路。当然，属于这个领域或那个领域的外部事实作为并发的原因也能给这种发展以影响，但是这种事实又被默默地认为只是思维过程的果实，于是我们便始终停留在纯粹思维的范围之中，这种思维仿佛能顺利地消化甚至最顽强的事实。

正是宪法、法权体系、任何领域的思想观念的独立历史的这种外表，首先蒙蔽了大多数人。如果说，路德和加尔文"克服"了官方的天主教，

---

① 保·巴尔特《黑格尔和包括马克思及哈特曼在内的黑格尔派的历史哲学》。——编者注

黑格尔"克服"了费希特和康德，卢梭以其共和主义的"社会契约论"间接地"克服"了立宪主义者孟德斯鸠，那末，这仍然是神学、哲学、政治内部的一个过程，它表现为这些思维领域发展的一个阶段而且完全不越出思维的范围。而自从出现了关于资本主义生产永恒不变和绝对完善的资产阶级幻想以后，甚至重农学派和亚当·斯密"克服"重商主义者，也被看做纯思想的胜利，不是被看做改变了的经济事实在思想领域中的反映，而是被看做对随时随地都存在的实际条件最终达到的真正理解。如果狮心理查和菲力浦·奥古斯特实行了贸易自由，而不是卷入了十字军东征，那就可以避免五百年的贫穷和愚昧。

对问题的这一方面（我在这里只能稍微谈谈），我觉得我们大家都有不应有的疏忽。这种情况过去就有：起初总是因为内容而忽略形式。如上所说，我就这样做过，错误总是在事后才清楚地看到。因此，我不仅决不想为此对您提出任何责备，——我在您之前就在这方面有过错，我甚至没有权利这样做，——相反地，我只是想让您今后注意这一点。

与此有关的还有思想家的一个荒谬观念。这就是：因为我们否认在历史上起作用的各种思想领域有独立的历史发展，所以我们也否认它们对**历史**有任何影响。这是由于把原因和结果刻板地、非辩证地看做永恒对立的两极，完全忽略了相互作用。这些先生常常故意忘却，当一种历史因素一旦被其他的、归根到底是经济的原因造成的时候，它也能够对周围环境甚至对产生它的原因发生反作用。例如在您的书中第475页上巴尔特讲到教士等级和宗教的地方，就是如此。我很高兴您这样收拾了这个平庸得令人难以置信的家伙。而他们聘请这个人在莱比锡做历史教授呢！那里曾经有个老瓦克斯穆特，这个人头脑也很平庸，但对事实很敏感，完全是另一种人！

……

在研究德国历史（它完全是一篇苦难史）时，我始终认为，只有拿法国的相应的时代来作比较，才可以得出一个正确的标准，因为那里发生的一切正好和我们这里发生的相反。那里是封建国家的各个分散的成员组成一个民族国家,我们这里恰好是处于最严重的衰落时期。那里是整个发展过程中罕见的客观逻辑,我们这里是一天比一天不可救药的紊乱。那里在中世纪时期,代表外国干涉的是帮助普罗凡斯族反对北法兰西族的英国征服者。对英国人的战争可以说是三十年战争,但是战争的结果是外国干涉者被驱逐出去和南部被北部制服。随后是中央政权和依靠国外领地、起着勃兰登堡——普鲁士所起作用的勃艮第藩国①的斗争,但是这一斗争的结果是中央政权获得胜利和民族国家最后形成。[1]在我们这里当时恰好是民族国家彻底瓦解（如果神圣罗马帝国范围内的"德意志王国"可以称为民族国家的话）,德国领土开始大规模被掠夺。这对德国人说来是极其令人羞愧的对照,但是因此也就更有教益,自从我们的工人重又使德国站在历史运动的最前列以来,我们对先前的差辱就稍微容易地忍受了。

德国的发展还有一点是极其特殊的,这就是:最终共同瓜分了整个德国的两个帝国的两个组成部分,都不纯粹是德意志的,而是在被征服的斯拉夫人土地上建立的殖民地:奥地利是巴伐利亚的殖民地,勃兰登堡是萨克森的殖民地;它们所以**在德国内部**取得了政权,仅仅是因为它们依靠了国外的、非德意志的领地:奥地利依靠了匈牙利（更不用说波希米亚了）,勃兰登堡依靠了普鲁士。在最受威胁的西部边境上,这类事情是根本没有的,在北部边境上,保护德国不受丹麦人侵犯一事是让丹麦人自己去做的,而南部则很少需要保卫,甚至国境保卫者瑞士人自己就能从德国分立出去!

……

您的**弗·恩格斯**

选自《马克思恩格斯全集》第 39 卷,

---

① 大胆查理。——编者注

人民出版社，1974，第 93~96、97~98 页

注释：

[1] 勃艮第大公国是 9 世纪在法国东部塞纳河和卢瓦尔河的上游地区成立的，后来并入大片领土（法兰什孔太，法国北部一部分和尼德兰），在 14~15 世纪成了独立的封建国家，15 世纪下半叶在大胆查理大公时代达到鼎盛。力图扩张自己属地的勃艮第大公国成了建立中央集权的法兰西君主国的障碍；勃艮第的封建贵族和法国封建主结成联盟，起抵抗法国国王路易十一的中央集权政策，并对瑞士人和洛林进行了侵略战争。路易十一建立了瑞士人和洛林人的联盟来对付勃艮第。在反对联盟的战争中（1474~1477 年）大胆查理的军队被击溃，他本人在南锡附近的会战（1477 年）中战死。他的属地被分给路易十一和德意志皇帝的儿子马克西朱利安·哈布斯堡。

弗·恩格斯

恩格斯致约瑟夫·涅尔谢索维奇·阿塔贝强茨

斯图加特

1894年11月23日于伦敦
西北区瑞琴特公园路41号

敬爱的同志：

您把我的《社会主义的发展》译成您的祖国语言阿尔明尼亚文，不久前又翻译了《共产党宣言》，我十分感激。抱歉的是，我不能满足您的请求——给后一本书的译本写几行序言。我不好写什么东西用我不懂的语言发表。如果我为了帮您的忙这样做了，那我在这方面也就不能再拒绝别人。但是这种作法可能产生以下的情况：我的话公诸于世时有意无意地被歪曲了，而我只能在多年以后才知道这点，或者甚至根本不知谊。

此外，我十分感谢您对阿尔明尼亚情况的有吸引力的描述，但我还是不能认为对于不是由于**亲自研究**而得知的东西发表见解是正确和理智的。特别是谈到一个不幸地处于土耳其的**息拉**和俄国专制的**哈利勃达**之间的被压迫民族时；俄国的沙皇制度正以解放者的身分在这个民族那里进行投机，奴颜婢膝的俄国报刊不放过利用同情阿尔明尼亚人解放的每句话来为侵略性的沙皇制度帮腔。

坦率地说，我个人的意见是这样：阿尔明尼亚要从土耳其人以及俄国人的统治下解放出来，只有在俄国沙皇制度被推翻的那一天才可能。

向你们的人民致最良好的祝愿。

忠实于您的弗·恩格斯

选自《马克思恩格斯全集》第 39 卷，
人民出版社，1974，第 310～311 页

后　记

本文选于 2010 年至 2013 年编辑完成。根据分工，郑信哲、周竞红、杨华、侯发兵承担了《马克思恩格斯民族问题文选》上下册的选编，杨须爱对注释等体例做出规范性调整，肖斌做了校对，王希恩主持、参与选编并统稿。

本书对原由中国社会科学院民族研究所选编，民族出版社 1987 年出版的《马克思恩格斯论民族问题》（上下册）做了全面参考，据此向该书的编选者表示敬意和感谢。

编　者

2013 年 8 月